中國社會科學院歷史研究所文化史研究室 編

【宋】左圭 【明】吳永 馮可賓 輯

續百川學海・廣百川學海

百川學海

人民出版社

三種百川學海的刊刻與價值

《百川學海》是中國刊印最早的叢書。宋度宗咸淳九年（一二七三）左圭輯刊，書前有左氏自序。書名取於漢代學者揚雄《揚子法言》：「百川學海而至於海」。該書分甲、乙、丙、丁、戊、已、庚、辛、壬、癸十集，計一百種、一百七十七卷。內容多係唐宋人野史雜說，如掌故瑣記、朝廷故事、軼聞雜事、典章制度等，兼有部分兩晉南北朝著作，尤以宋人譜錄、詩話和書法專著為多。

此書有淳熙九年刻本，可惜已不全。明代又有華氏本及據《說郛》重輯本。明本與宋本相比，書目編次不盡相同。民國十六年，涉園陶湘影宋咸淳本刊刻，宋本缺以華氏本補刊。首有牌記「歲在丁卯武進陶氏涉園開版」，紙墨皆精，初刻初印，陶湘序文。陶湘刻本一九二七年按明本次序排列，一九三〇年改依宋本次序。

《百川學海》雖然晚於《儒學警悟》，但由於流傳廣泛，對后世影響很大，許多叢書均仿照其體例編纂。后由明代吳永續之，為《續百川學海》，至馮可賓廣之，為《廣百川學海》。兩書均以明萬曆到天啟之間刻版的《說郛》及《續》纂集而成。雖為拼湊成書，然觀今宛委山堂本《說郛》、《說郛續》多有殘損不全、漫漶不清之處，《續百川學海》、《廣百川學海》中所收，相對完好，庶有保存舊本之功。

《續百川學海》，凡三十集，選目亦參照《百川學海》的標準，有幾種書與《百川學海》重復，如《孫公談圃》等。吳氏稱「唯學海一書，皆彙唐宋名卿材大夫所別撰，大則譚經考世，次亦不失廣見博聞。」只是此書并非如吳氏所說「暇日檢敝篋手訂，采其遺佚者為續篇」，而是用明本《說郛》刻版纂輯而成。

至馮可賓《廣百川學海》又擴充十集，體例仍仿《百川學海》，多收明人雜著，兼及明以前人著作，涉及稗官野史、詩詞書畫、古玩篆刻、文房游戲等，為研究明代社會生活提供重要的資料。明以前人著作取自《說郛》，明人著作取自《說郛續》。所收書前多有某人閱、某人校閲等字樣，書后多有某書終字樣。

其所收書，與清順治四年宛委山堂本《說郛》及《說郛續》本相比，行字版式均同，然保存情況不一，數種稍有差别。

部分書缺文。如《掾曹名臣錄》，《說郛續》本缺「掾曹名臣爵里」，《致身錄》、《巖棲幽事》，《說郛續》本缺序。

文字亦有不同。如《平夏錄》首字為元，宛委山堂本《說郛》作大。《翦勝野聞》葉第六、第七及《真靈位業圖》葉第九刻版有缺文，宛委山堂本不缺。《翦勝野聞》自「亦常南御」下缺數字，補入「省耗，當時人怨之。史亦謂章聚斂刻急，胡致堂推本其殺身以為興利之戒。」實出《停驂錄摘抄》，《說郛續》本則不缺。《褚氏遺書》頁后多「此卷得於任丘度圣寺金嘉會識」。

書名不同。《戊申立春考證》，《說郛續》作《戊申立春考》。《藝花譜》，《說郛續》作《草花譜》。內容實則一致。

作者標注不同。如《香案牘》，題唐太上隱者記，陳繼儒補訂，《說郛續》只是題陳繼儒撰。《歸有園塵談》，題徐太室撰，《說郛續》作徐學謨。

書名相同，而內容不同。如《田家五行》一卷，明婁元禮輯，《說郛續》本只有「雜占」，而《廣百川學海》本多「歲時占」。《種樹書》一卷，元俞宗本輯，《說郛》本有題唐郭橐駝撰《種樹書》。

又據序前所說，增「燕都所挾抄本數種」，故有增益。如所收宋鄭景壁撰《劇談錄》，與涵芬樓本《說郛》所收不同。《武夷雜記》，《說郛續》有《武夷游記》。《驚聽錄》（宋皇甫枝撰）、《考槃餘事》（明屠隆撰）、《曲藻》（明王世貞撰）、《蜀都雜鈔》（明陸深撰）、《金山雜志》（明楊君謙撰）等，均為諸本《說郛》及《續》所無。

《百川學海》、《續百川學海》、《廣百川學海》三書收錄不少兩晉到唐宋元明的罕見著作，價值頗為可觀，還有不少古籍僅見於此，在學術界頗有影響。

此次出版《百川學海》用清陶湘影宋本，《續百川學海》、《廣百川學海》皆用明刻本。

左圭，字禹錫，號古鄭山人。吳永，事跡不詳。馮可賓，字正卿，山東益都人。明天啟壬戌（一六二二年）進士，官湖州司班，入清后隱居不仕。《廣百川學海》外，尚著有《岕茶箋》。

中國社會科學院歷史研究所文化史研究室

第一冊

第二冊

第三冊

第四冊

廣百川學海

第五冊

第一冊目次

百川學海

影宋本百川學海十集

丁卯歲寒長洲章鈺

歲在丁卯武進陶氏涉園開版

言可聞而不可殫書可觀而不可盡先儒嘗有斯語矣夫人以區區聞見將欲周天下之書言雖没世窮年曷未及太倉之稊米然則記録之書其可闕乎古今紀載至多往往好古者類於迂務奇者隣於誕詳則贅簡則略無他各局於一體也余舊裒雜說數十種日積月累殆逾百家雖編纂各殊醇疵相半大要足以識言行裨見

序 一

聞其不悖於聖賢之指歸
則一揚子雲有言百川學
海而至於海又曰川雖曲而通
諸海則由諸夫川惟其深而
不息故能合衆水而朝宗使
其或止或停或有所限而不

通則潢潦溝澮而已矣人
能由衆説之深派遡學海
之淵源則是書之成夫豈
小補因壽諸梓以溥其傳
而名之曰百川學海云
旹昭陽作噩歲柔兆執

徐月古鄭山人左圭禹錫
敘

百川學海標目

百川學海標目終

宋本缺序目以弘治年華氏翻宋本補

百川學海
甲集

李國紀聖門事業圖　學齋佔畢
康節漁樵問對
蔡邕獨斷　李涪刊誤
楊彥膽九經補韻
中華古今注　釋常談

聖門事業圖序

欲窺聖人之門牆所造之道有四焉曰明曰習曰存曰覺是也明則知之必當習則行之必熟若夫存覺則仁矣知而能行是猶適燕而北轅其所趨雖有遲速之不同終亦必至而後已苟終日談燕而駐足則亦安能至哉此版築之學所以有行之惟艱之說也雖然始條理者知之事也有知之士則必知之明擇之精苟未知而力行是猶適燕而南轅縱復疾馳心幽并而足吳越未見其能至也此大學之道必以致知爲先焉予留心道學幾三十載食息研究不忘粗亦知所趨向矣於是列爲十圖共成一編以示同志蓋欲咸知聖門事業之所在而不失其所趨向也因目曰聖門事業儻知之有所未盡幸無惜告教之乾道庚寅百鍊眞隱李元綱國紀序

序　一

傳道正統

歷代聖賢傳大中至正之道行之萬世而無弊

獨行聖賢其道可救一時不可傳於萬世

伯夷 荀況
柳下惠 揚雄

堯 舜 禹 湯 文 武 周公 孔子
顏子
曾子 子思
二程子
明道
伊川

獨行聖賢其道可救一時不可傳於萬世

瞿曇 楊朱
老聃 墨翟

一

大本達道

人性之善也此言天命之性性相近也此言生質之性天命之性論其本源生質之性論其稟受性不可一槩論學者宜審之性出於天才出於氣論性不論氣不備論氣不論性不明若夫生質之性性即氣也氣即性也稟氣有清濁故才質有厚薄而善惡知愚出焉荀揚言性皆言其才耳學以勝其氣復其性則善矣

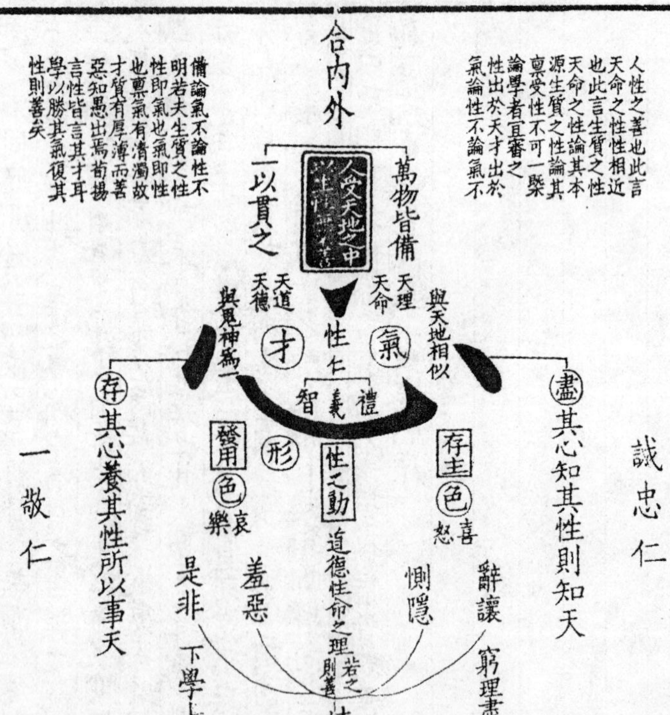

二

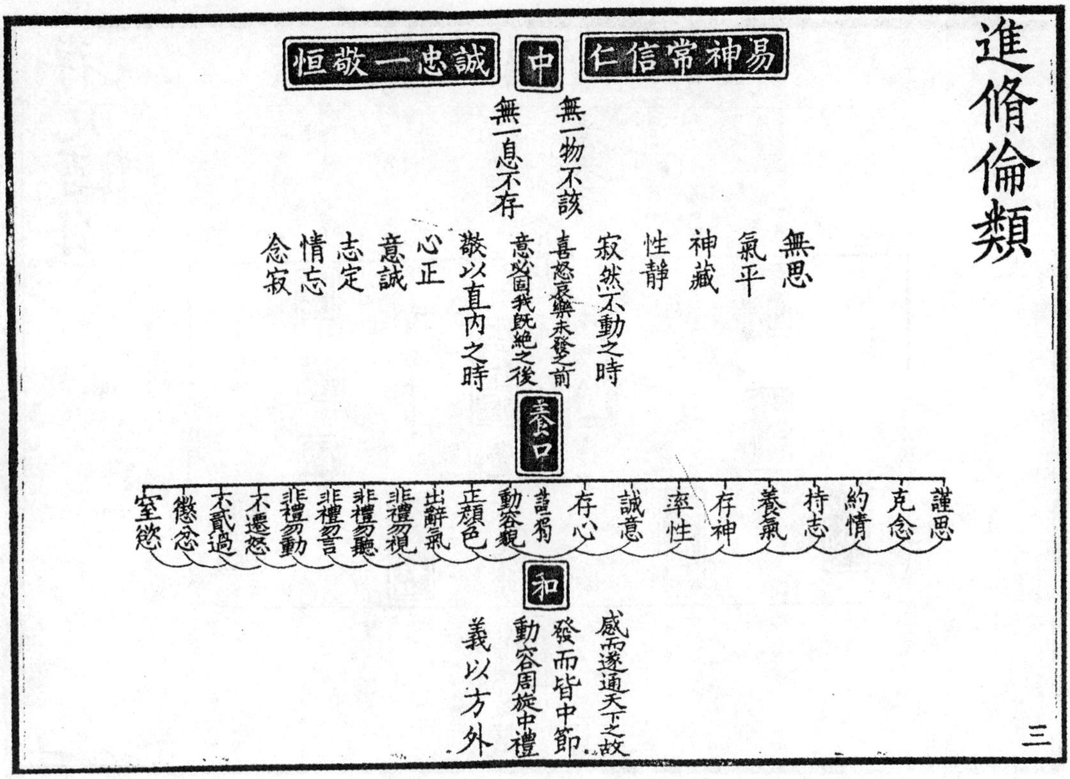
進脩倫類
易神常信仁
中
誠忠一敬恒
無一物不該
無一息不存
無思
氣平
神藏
性靜
寂然不動之時
喜怒哀樂未發之前
意必固我既絕之後
敬以直內之時
心正
意誠
志定
情忘
念寂
養
謹思
克念
約情
持志
養氣
存神
率性
誠意
存心
謹獨
動容貌
正顏色
出辭氣
非禮勿視
非禮勿聽
非禮勿言
非禮勿動
不遷怒
不貳過
懲忿
窒慾
和
感而遂通天下之故
發而皆中節
動容周旋中禮
義以方外
三

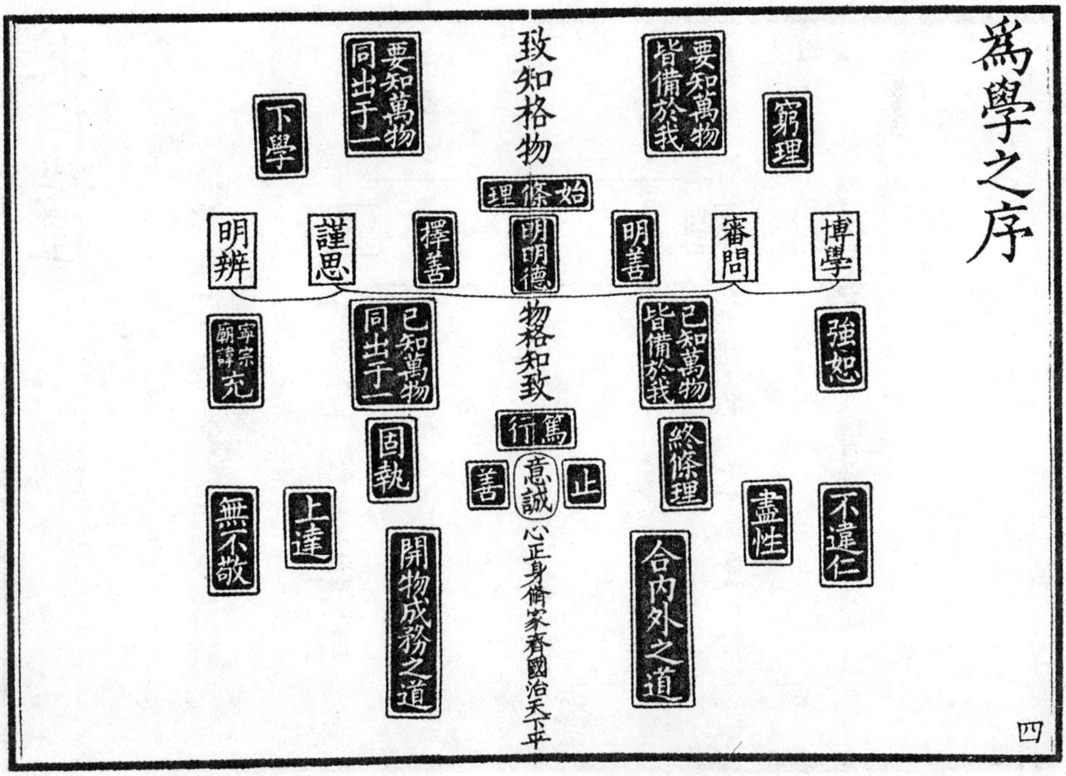
爲學之序
窮理
要知萬物皆備於我
致知格物
要知萬物同出于一
下學
始條理
博學
審問
明善
明明德
擇善
謹思
明辨
強恕
已知萬物皆備於我
物格知致
已知萬物同出于一
宁宗廟諱充
篤行
終條理
固執
上
意誠
善
心正身脩家齊國治天下平
不違仁
盡性
合內外之道
開物成務之道
上達
無不敬
四

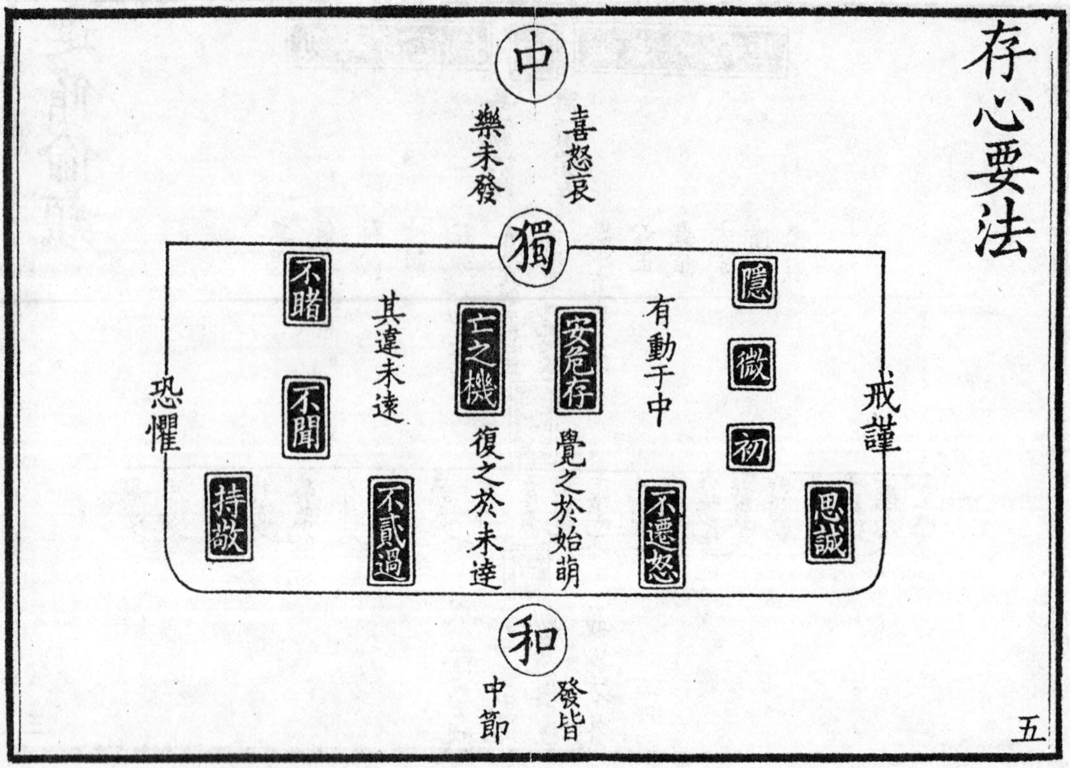
存心要法
中
喜怒哀
樂未發
獨
戒謹
隱
微
初
有動于中
安危存
亡之機
其違未遠
不睹
不聞
恐懼
思誠
不遷怒
覺之於始萌
復之於未遠
不貳過
持敬
和
發皆
中節
五

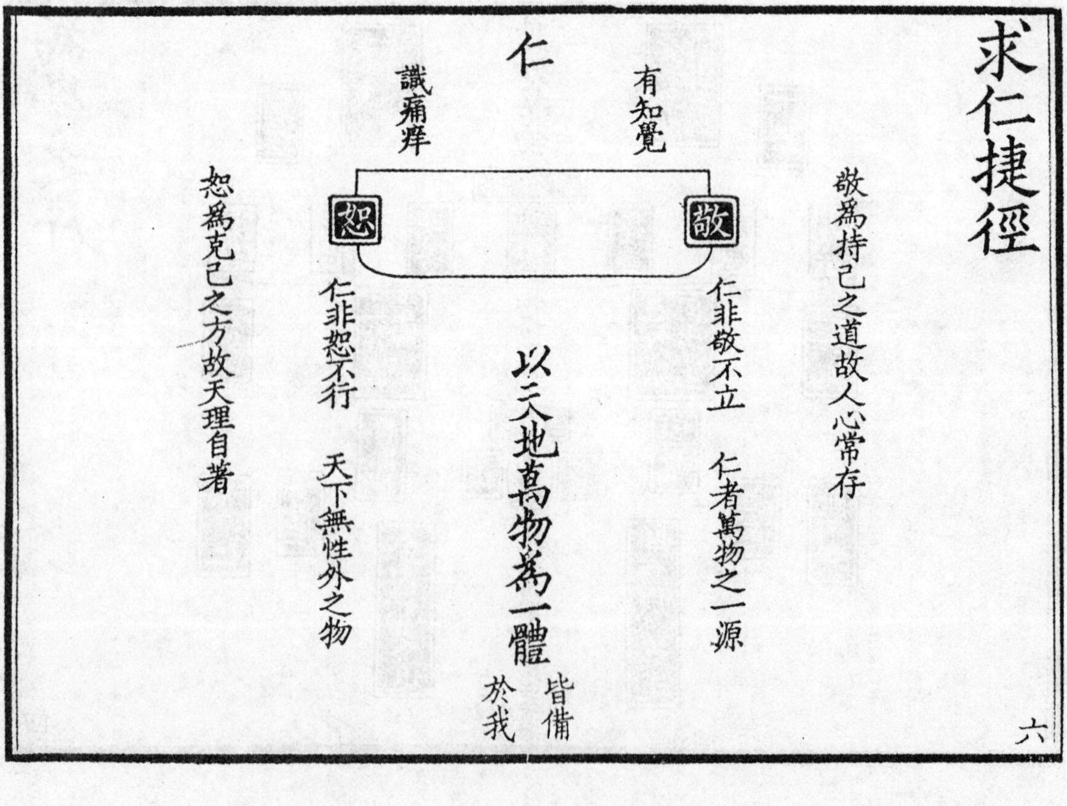
求仁捷徑
仁
有知覺
識痛痒
敬
恕
敬爲持己之道故人心常存
仁非敬不立
仁者萬物之一源
以天地萬物爲一體
皆備
於我
天下無性外之物
仁非恕不行
恕爲克己之方故天理自著
六

聚散常理

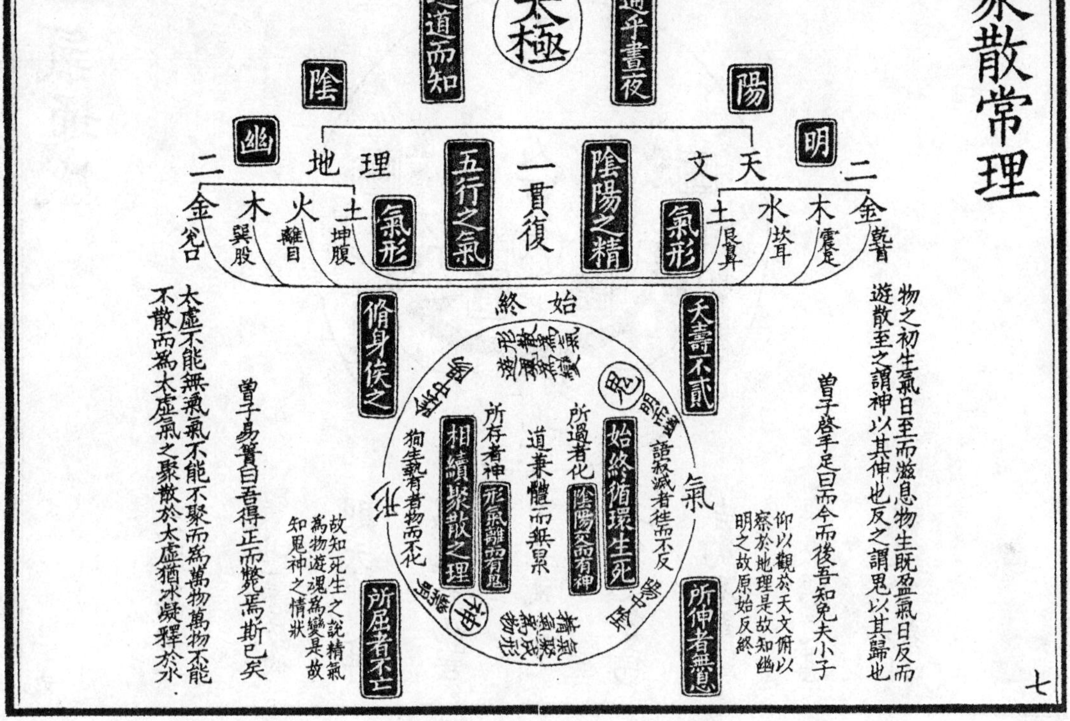
太極
通乎晝夜
之道而知
陽
陰
明
幽
天
文
理
地
二
二
陰陽之精
五行之氣
一貫復
氣形
氣形
金
木
水
土
震足
坎耳
艮鼻
乾首
土
火
木
金
坤腹
離目
巽股
兌口
始
終
夭壽不貳
脩身俟之
鬼
神
氣
形
始終循環生死
相續聚散之理
所過者化
所存者神
陰陽交而有神
形氣離而有鬼
道兼體而無累
語寂滅者往而不反
徇生執有者物而不化
所伸者無息
所屈者不亡
物之初生氣日至而滋息物生既盈氣日反而遊散至之謂神以其伸也反之謂鬼以其歸也
曾子啓手足曰而今而後吾知免夫小子
仰以觀於天文俯以察於地理是故知幽明之故原始反終
故知死生之說精氣爲物遊魂爲變是故知鬼神之情狀
曾子易簀曰吾得正而斃焉斯已矣
太虛不能無氣氣不能不聚而爲萬物萬物不能不散而爲太虛氣之聚散於太虛猶冰凝釋於水

七

傳心密旨

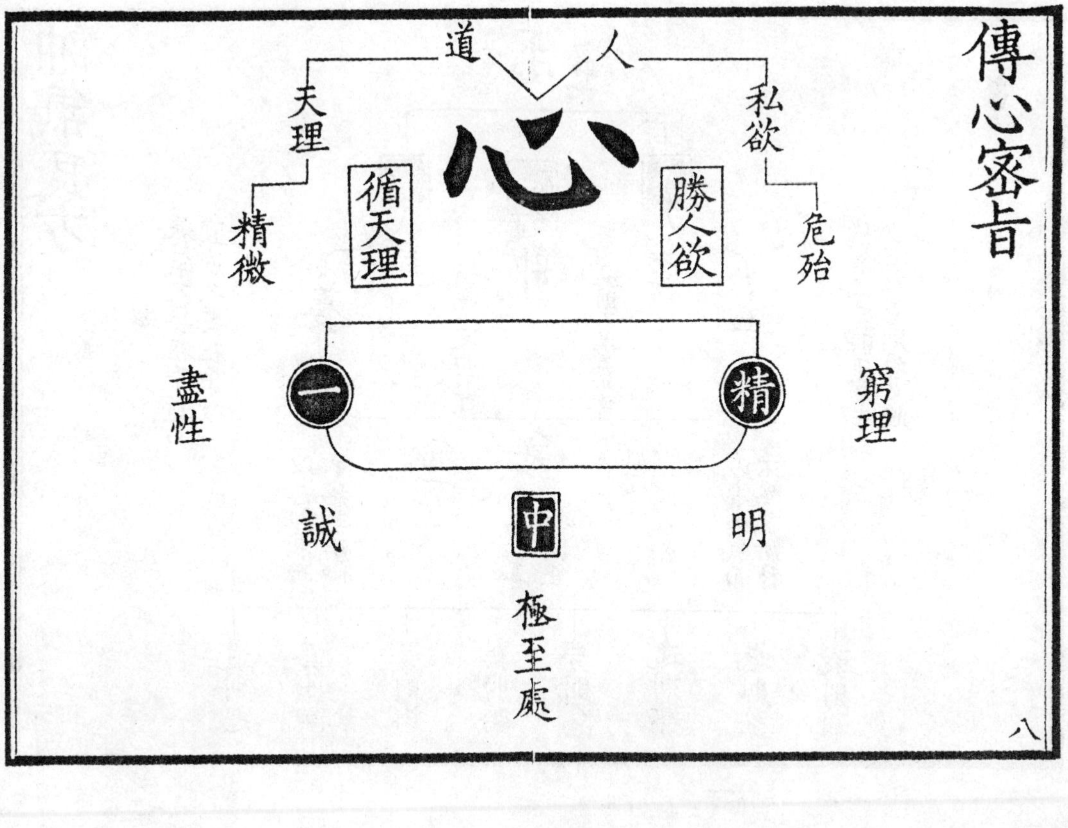
道
人
心
天理
私欲
循天理
勝人欲
精微
危殆
一
精
盡性
窮理
中
誠
明
極至處

八

一氣通感

天地萬物一氣也一動於心則天地鬼神應之矣爲善則善氣應之善氣之會爲吉爲不善則惡氣應之惡氣之會爲凶

九

帥氣良方

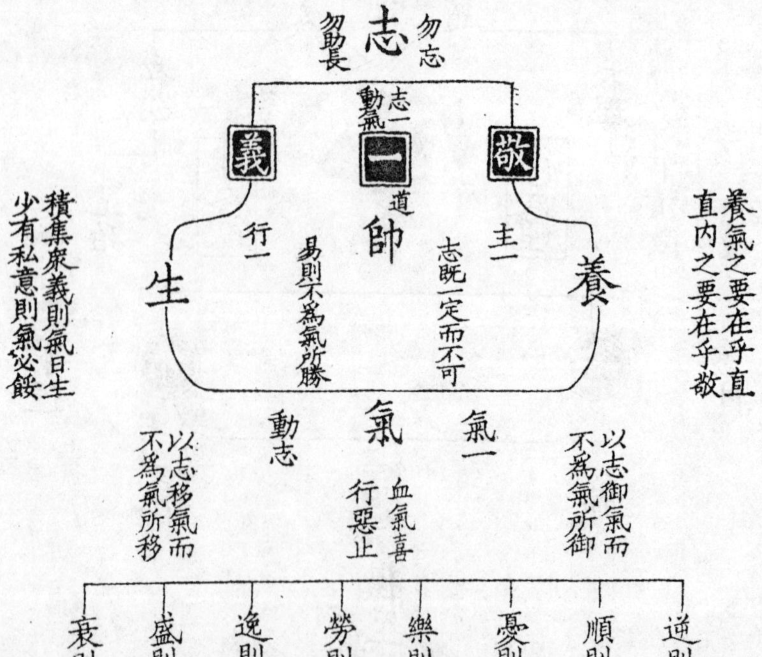
逆則怒
順則喜
憂則懾
樂則驕
勞則怠
逸則肆
盛則盈
衰則涸

十

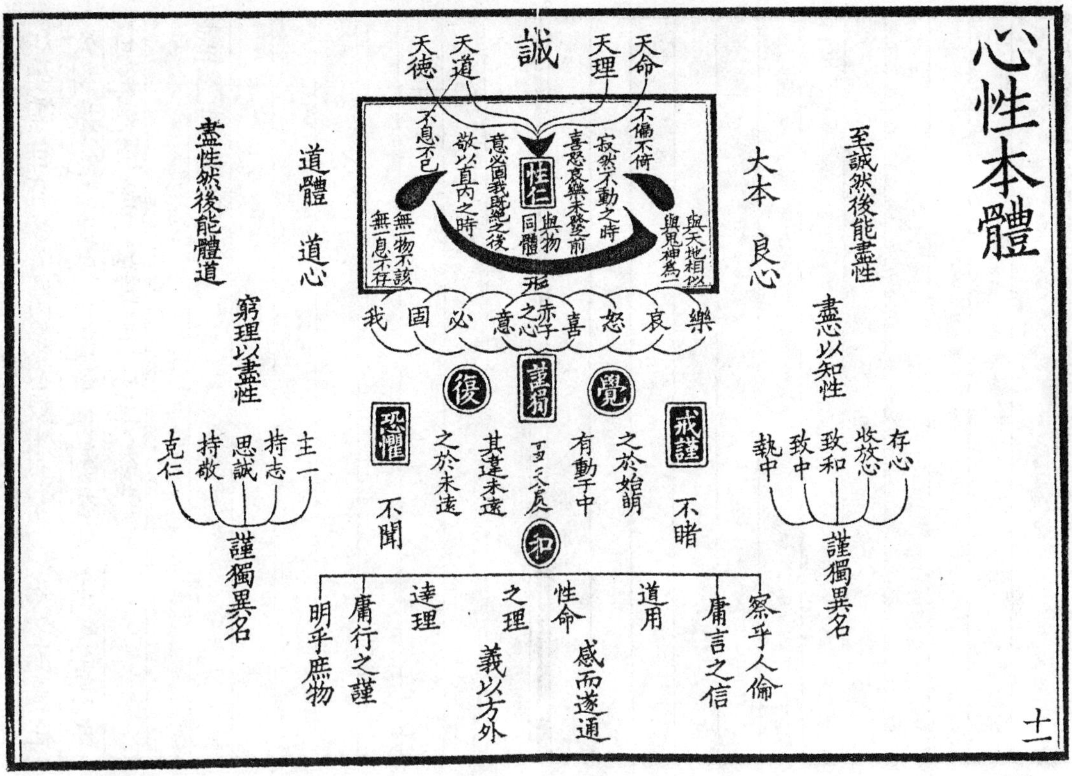

聖門事業後序

古之所謂士君子者爲己而學爲人而仕所謂爲己而學者盡其心知其性存其心養其性是也所謂爲人而仕者思天下匹夫匹婦有不與被堯舜之澤者若己推而内之溝中是也有爲己之學則必有爲人之仕矣方其務學也學以至聖人之道而後已非爲利禄計也脩其天爵而人爵從之從之者任之也是以窮則獨善其身達則兼善天下後之士君子則不然爲人而學爲己而仕所謂爲人而學者摘章繪句以祈人之知博物洽聞以求世之用是也所謂爲己而仕者富貴利達以爲榮膏粱文繡以爲樂是也有爲人之學則必有爲己之仕矣先達之士唱於上後進之士應於下父以是教其子兄以是詔其弟師以是傳其徒少習之長成之靡然成風蕩不知返本末失序故其措心積慮不出於道其處己應物之際顛倒錯亂雖欲强於爲善則亦紛然莫知所適從也吁可憐哉　友人李國紀上庠賢士也世爲錢塘人父祖登科飽聞詩禮寓居吳興之新市力學不倦操履益堅雖處困窮怡然自得不爲外物之所奪不爲異端之所誘其學以存心養性爲本所造必欲至於通晝夜之道明屈伸之理而後已日就月將撰成十圖俾後學知所趨向其志亦大矣仍集内聖外王之道三先生西銘解厚德録言行編數書版行於世亦可謂知所用心也予與之交遊非一日矣因道其詳庶

知吾儒自有妙道精義不假外求又知爲學不專在於科舉他日因時行道溥博淵泉而時出之蓋有所自也乾道壬辰端午三山王介識

聖門事業後序

孟子曰仁人心也則仁之爲言得其本心而已心之本體見於喜怒哀樂未發之前寂然不動敬以直內與天地相似與鬼神爲一無一息不存無一物不該如衡之平不加以物如鑑之明不蔽以垢初無過與不及所取準則以爲中者本心而已由是而出無有不合故謂之和學者於喜怒哀樂未發之前反求吾心則知與天地萬物本同一體何以驗之今人乍見孺子將入於井皆有怵惕惻隱之心乍見之時其心怵惕者由物之體傷於彼而吾之心感痛於此則仁之體顯矣自此而親親自此而仁民自此而愛物皆其本心隨物而見者然也惟其梏於蕞然之形體常有私意小智撓乎其間所發遂至於出入不齊而不中節天之所以降衷民之所以受天地之中者失而不守吁可憐哉此子思所以有謹獨之說也蓋謹獨者所以執中也亦聞前脩之論謹獨乎獨非交物之時有動於中其違未遠也雖非視聽所及而其幾固已瞭然心目之間矣其爲顯見孰甚焉雖欲自蔽吾誰欺欺天乎方其喜怒哀樂發而未遠意必固我微見其端安危存亡之機繫焉要當覺之於始萌復之於未遠措心積慮常務執中戒謹恐懼惟恐失之遠其察乎人倫明乎庶物庸言之信庸行之謹自然發而中節也感而遂通也義以方外也莫非順性命之理也自此而不息焉則上天之載無聲無臭可以循致矣嗚呼此道甚明學者昧焉終日營營而不知有

是道窮人欲而滅天理無足怪也殊不知古之君子莫不於喜怒哀樂未發之前以養中於喜怒哀樂始發之際以執中然後發必中節動無不和六經之說語孟之言皆所以明斯道也所學未嘗不在於是所行亦未嘗不在於是亦未有捨是能至聖賢者也雖然其學皆自窮理入窮理者致知格物是也予恐後學未知此道故作圖以示之集說以明之有志之士幸勿怠焉乾道癸巳仲秋旦日錢塘李　元綱　識

聖門事業圖跋　二

宋本缺以弘治年華氏翻宋本重校摸補

漁樵對問

康節先生邵　雍　堯夫

漁者垂釣于伊水之上樵者過之弛檐息肩坐于磐石之上而問于漁者曰魚可鈎取乎曰然曰鈎非餌可乎曰否曰非鈎也餌也魚利食而見害人利魚而蒙利其利同也其害異也敢問何故漁者曰子樵者也與吾異治安得侵吾事乎然亦可以爲子試言之彼之利猶此之利也彼之害亦猶此之害也子知其小未知其大魚之利食吾亦利乎食也魚之害食吾亦害乎食也子知魚終日得食爲利又安知魚終日不得食不爲害如是則食之害也重而鈎之害也輕子知吾終日得魚爲利又安知吾終日不得魚不爲害也如是則吾之害也重魚之害也輕以魚之一身當人之一食則魚之害多矣以人之一身當魚之一食則人之害亦多矣又安知鈎乎大江大海則無易地之患焉魚利乎水人利乎陸水與陸異其利一也魚害乎餌人害乎財餌與財異其害一也又何必分乎彼此哉子之言體也獨不知用爾樵者又問曰魚可生食乎曰烹之可也曰必吾薪濟子之魚乎曰然曰吾知有用乎子矣曰然則子知子之薪能濟吾之魚不知子之薪所以能濟吾之魚也薪之能濟魚久矣不待子而後知苟世未知火之能用薪則子之薪雖積丘山獨且奈何哉樵者曰願聞其方曰火生于動水生于靜動靜之相生水火之相息水火用也草木體也用生于利體生于害利害見乎情體用隱乎性一性一情聖人成能子之薪猶吾之魚微火則皆爲腐臭朽壤而無所用矣又安能養人七尺之軀哉樵者曰火之功大于薪固已知之矣敢問善灼物何必待薪而後傳漁者曰薪火之體也火薪之用也火無體待薪然後爲體薪無用待火然後爲用是故凡有體之物皆可焚之矣曰水有體乎曰然曰火能焚水乎曰火之性能迎而不能隨故滅水之體能隨而不能迎故熱是故有溫泉而無寒火相息之謂也曰火之道生于用亦有體乎曰火以用爲本以體爲末故動水以體爲本以用爲末故靜是火亦有體水亦有用也故能相濟又能相息非獨水火則然天下之事皆然在乎用之何如爾樵者曰用可得聞乎曰可以意得者物之性也可以言傳者物之情也可以象求者物之形也可以數取者物之體也用也者妙萬物爲言者也可以意得而不可以言傳曰不可以言傳則子惡得而知之乎曰吾所以得而知之者固不能言傳非獨吾不能傳之以言聖人亦不能傳之以言也曰聖人既不能傳之以言則六經非言也耶曰時然後言何言之有樵者贊曰天地之道備于人萬物之道備于身衆妙之道備于神天下之能事畢矣又何思何慮吾而今而後知事心踐形之爲大不及子之門則幾至于殆矣乃析薪烹魚而食之飫而論易漁者與樵者遊于伊水之上漁者歎曰熈熈乎萬物

之多而未始有雜吾知遊乎天地之間萬物皆可以無心而致之矣非子則吾孰與歸焉樵者曰敢問無心致天地萬物之方漁者曰無心者無意之謂也無意之意不我物也不我物然後能物物曰何謂我何謂物曰以我徇物則我亦物也以物徇我則物亦我也我物皆致意由是明天地亦萬物也何天地之有焉萬物亦天地也何萬物之有焉萬物亦我也何萬物之有焉我亦萬物也何我之有焉何物不我何我不物如是則可以宰天地可以司鬼神而況於人乎況於物乎

樵者問漁者曰天何依曰依乎地地何附曰附乎天曰然則天地何依何附曰自相依附天依形地附氣其形也有涯其氣也無涯有無之相生形氣之相息終則有始終始之間其天地之所存乎天以用爲本以體爲末地以體爲本以用爲末利用出入之謂神名體有無之謂聖唯神與聖能參乎天地者也小人則日用而不知故有害生實喪之患也夫名也者實之客也利也者害之主也名生于不足利喪于有餘害生于有餘實喪于不足此理之常也養身者必以利貪夫則以身徇利故有害生焉立身必以名衆人則以身徇名故有實喪焉竊人之財謂之盜其始取之也唯恐其不多也及其敗露也唯恐其多矣夫賄之與賦一物也而兩名者利與害故也竊人之美謂之徼其始取之也唯恐其不多也及其敗露也唯恐其多矣夫譽與毀一事也而兩名者名與實故也凡言朝者萃名之所也市者聚利之地也能不以爭處乎其間雖一日九遷一貨十倍何害生實喪之有耶是知爭也者取利之端也讓也者趨名之本也利至則害生名興則實喪利至名興而無害生實喪之患唯有德者能之天依地地附天豈相遠哉

漁者謂樵者曰天下將治則人必尚行也天下將亂則人必尚言也尚行則篤實之風行焉尚言則詭譎之風行焉天下將治則人必尚義也天下將亂則人必尚利也尚義則謙讓之風行焉尚利則攘奪之風行焉三王尚行者也五霸尚言者也尚行者必入于義也尚言者必入于利也義利之相去一何如是之遠耶是知言之于口不若行之于身行之于身不若盡之于心言之于口人得而聞之行之于身人得而見之盡之于心神得而知之人之聰明猶不可欺況神之聰明乎是知無愧于口不若無愧于身無愧于身不若無愧于心無口過易無身過難無身過易無心過難既無心過何難之有吁安得無心過之人與之語心哉

漁者謂樵者曰子知觀天地萬物之道乎樵者曰未也願聞其方漁者曰夫所以謂之觀物者非以目觀之也非觀之以目而觀之以心也非觀之以心而觀之以理也天下之物莫不有理焉莫不有性焉莫不有命焉所以謂之理者窮之而後可知也所以謂之

性者盡之而後可知也所以謂之命者至之而後可知也此三知者天下之真知也雖聖人無以過之也而過之者非所以謂之聖人也夫鑑之所以能爲明者謂其能不隱萬物之形也雖然鑑之能不隱萬物之形未若水之能一萬物之形也雖然水之能一萬物之形又未若聖人之能一萬物之情也聖人之所以能一萬物之情者謂其聖人之能反觀也所以謂之反觀者不以我觀物也不以我觀物者以物觀物之謂也既能以物觀物又安有我於其間哉是知我亦人也人亦我也我與人皆物也此所以能用天下之目爲己之目其目無所不觀矣用天下之耳爲己之耳其耳無所不聽矣用天下之口爲己之口其口無所不言矣用天下之心爲己之心其心無所不謀矣夫天下之觀其于見也不亦廣乎天下之聽其于聞也不亦遠乎天下之言其于論也不亦高乎天下之謀其于樂也不亦大乎夫其見至廣其聞至遠其論至高其樂至大能爲至廣至遠至高至大之事而中無一爲焉豈不謂至神至聖者乎非唯吾謂之至神至聖者乎而天下謂之至神至聖者乎非唯一時之天下謂之至神至聖者乎而千萬世之天下謂之至神至聖者乎過此以往未之或知也已

樵者問漁者曰子以何道而得魚曰吾以六物具而得魚曰六物具也豈由天乎曰具六物而得魚者人也具六物而所以得魚者非人也樵者未達請問其

方漁者曰六物者竿也綸也浮也沉也鈎也餌也一不具則魚不可得然而六物具而不得魚者非人也六物具而不得魚者有焉未有六物不具而得魚者也是知具六物者人也得魚與不得魚者天也六物不具而不得魚者非天也人也

樵者曰人有禱鬼神而求福者福可禱而求耶求之而可得耶敢問其所以曰語善惡者人也禍福者天也天道福善而禍淫鬼神其能違天乎自作之咎固難逃已天降之災禳之奚益脩德積善君子常分安有餘事於其間哉樵者曰有爲善而遇禍有爲惡而獲福者何也漁者曰有幸與不幸也幸不幸命也當不當分也一命一分人其逃乎曰何謂分何謂命曰小人之遇福非分也有命也當禍分也非命也君子之遇禍非分也有命也當福分也非命也

漁者謂樵者曰人之所謂親莫如父子也人之所謂疎莫如路人也利害在心則父子過路人遠矣父子之道天性也利害猶或奪之况非天性者乎夫利害之移人如是之深也可不慎乎路人之相逢則過之固無相害之心焉無利害在前故也有利害在前則路人與父子又奚擇焉路人之能相交以義又何況父子之親乎夫義者讓之本也利者爭之端也讓則有仁爭則有害仁與害何相去之遠也堯舜亦人也桀紂亦人也人與人同而仁與害異爾仁因義而起害因利而生利不以義則臣弑其君者有焉子弑其

父者有焉豈若路人之相逢一目而交袂于中逵者哉

樵者謂漁者曰吾甞負薪矣舉百斤而無傷吾之身加十斤則遂傷吾之身敢問何故漁者曰樵則吾不知之矣以吾之事觀之則易地皆然吾甞釣而得大魚與吾交戰欲棄之則不能捨欲取之則未能勝終日而後獲幾有没溺之患矣非直有身傷之患耶魚與薪則異也其貪而爲傷則一也百斤力分之内者也十斤力分之外者也力分之外雖一毫猶且爲害而况十斤乎吾之貪魚亦何以異子之貪薪乎樵者嘆曰吾而今而後知量力而動者智矣哉

樵者謂漁者曰子可謂知易之道矣吾敢問易有太極太極何物也曰無爲之本也太極生兩儀兩儀天地之謂乎曰兩儀天地之祖也非止爲天地而已也太極分而爲二先得一爲一後得一爲二一二謂兩儀曰兩儀生四象四象何物也曰大象謂陰陽剛柔有陰陽然後可以生天有剛柔然後可以生地立功之本於斯爲極曰四象生八卦八卦何謂也曰謂乾坤離坎兑艮震巽之謂也迭相盛衰終始於其間矣因而重之則六十四由是而生也而易之道始備矣

樵者問漁者曰復何以見天地之心乎曰先陽已盡後陽始生則天地始生之際中則當日月始周之際末則當星辰始終之際萬物死生寒暑代謝晝夜遷變非此無以見之當天地窮極之所必變變則通通則久故象言先王以至日閉關商旅不行后不省方順天故也

樵者謂漁者曰無妄災也敢問其故曰妄則欺也得之必有禍斯有妄也順天而動有禍及者非禍也災也猶農有思豐而不勤稼穡者其荒也不亦禍乎農有勤稼穡而復敗諸水旱者其荒也不亦災乎故象言先王以茂對時育萬物貴不妄也

樵者問曰姤何也曰姤遇也柔遇剛也與夬正反夬始逼壯姤始遇壯陰始遇陽故稱姤焉觀其姤天地之心亦可見矣聖人以德化及此罔有不昌故象言施命告四方履霜之慎其在此也

漁者謂樵者曰春爲陽始夏爲陽極秋爲陰始冬爲陰極陽始則温陽極則熱陰始則凉陰極則寒温則生物熱則長物凉則收物寒則殺物皆一氣其别而爲四焉其生萬物也亦然

樵者問漁者曰人之所以能靈于萬物者何以知其然耶漁者對曰謂其目能收萬物之色耳能收萬物之聲鼻能收萬物之氣口能收萬物之味聲色氣味者萬物之體也目耳鼻口者萬人之用也體無定用惟變是用用無定體惟化是體體用交而人物之道于是乎備矣然則人亦物也聖亦人也有一物之物有十物之物有百物之物有千物之物有萬物之物有億物之物有兆物之物生一一之物當兆物之物者豈非人乎有一人之人有十人之人有百人之人有千人之人有萬人之人有億人之人有兆人之人

生一之人當兆人之人者豈非聖乎是知人也者物之至者也聖也者人之至者也物之至者始得謂之物之物也人之至者始得謂之人之人也夫物之至者至物之謂也人之至者至人之謂也以一至物而當一至人則非聖而何人謂之不聖則吾不信也何哉謂其能以一心觀萬心一身觀萬身一物觀萬物一世觀萬世者焉又謂其能以心代天意口代天言手代天工身代天事者焉又謂其能以上識天時下盡地理中盡物情通照人事者焉又謂其能以彌綸天地出入造化進退今古表裏人物者焉噫聖人者非世世而效聖焉吾不得而目見之也雖然吾不得而目見之察其心觀其跡探其體潛其用雖億萬年亦可以理知之也人或告我曰天地之外別有天地萬物異乎此天地萬物則吾不得而知之也非唯吾不得而知之也聖人亦不得而知之也凡言知者謂其心得而知之也言言者謂其口得而言之也既心尚不得而知之口又惡得而言之乎以心不可得知而知之是謂妄知也以口不可得言而言之是謂妄言也吾又安能從妄人而行妄知妄言者乎

漁者謂樵者曰仲尼有言曰殷因于夏禮所損益可知也周因于殷禮所損益可知也其或繼周者雖百世可知也夫如是則何止于百世而已哉億千萬世皆可得而知之也人皆知仲尼之爲仲尼不知仲尼之所以爲仲尼不欲知仲尼之所以爲仲尼則已如其必欲知仲尼之所以爲仲尼則捨天地將奚之焉人皆知天地之爲天地不知天地之所以爲天地不欲知天地之所以爲天地則已如其必欲知天地之所以爲天地則捨動靜將奚之焉夫一動一靜者天地至妙者歟夫一動一靜之間者天地人至妙至妙者與是知仲尼之所以能盡三才之道者謂其行無轍跡也故有言曰予欲無言又曰天何言哉四時行焉百物生焉其此之謂與

漁者謂樵者曰大哉權之與變乎非聖人無以盡之變然後知天地之消長權然後知天下之輕重消長時也輕重事也時有否泰事有損益聖人不知隨時否泰之道奚由知變之所爲乎聖人不知隨時損益之道奚由知權之所爲乎運消長者變也處輕重者權也是知權之與變聖人之一道耳

樵者問漁者曰人謂死而有知有諸曰有之曰何以知其然曰以人知之曰何者謂之人曰目耳鼻口心膽脾脤之氣全謂之人心之靈曰神膽之靈曰魄脾之靈曰魂脤之靈曰精心之神發乎目則謂之視脤之精發乎耳則謂之聽脾之魂發乎鼻則謂之臭膽之魄發乎口則謂之言八者具備然後謂之人夫人也者天地萬物之秀氣也然而亦有不中者各求其類也若全得人類則謂之曰全人之人夫全類者天地萬物之中氣也謂之曰全德之人也全德之人者人之人者也夫人之人者仁人之謂也唯全人然後

能當之人之生也謂其氣行人之死也謂其形返氣行則神魂交形返則精魄存神魂行于天精魄返于地行于天則謂之曰陽行返于地則謂之曰陰返陽行則晝見而夜伏者也陰返則夜見而晝伏者也是故知日者月之形也月者日之影也陽者陰之形也陰者陽之影也人者鬼之形也鬼者人之影也人謂鬼無形而無知者吾不信也

漁者問樵者曰小人可絶乎曰不可君子稟陽正氣而生小人稟陰邪氣而生無陰則陽不成無小人則君子亦不成唯以盛衰乎其間也陽六分則陰四分陰六分則陽四分陽陰相半則各五分矣由是知君子小人之時有盛衰也治世則君子六分君子六分則小人四分小人固不勝君子矣亂世則反是君君臣臣父父子子兄兄弟弟夫夫婦婦謂各安其分也君不君臣不臣父不父子不子兄不兄弟不弟夫不夫婦不婦謂各失其分也此則由世治世亂使之然也君子常行勝言小人常言勝行故世治則篤實之士多世亂則緣飾之士衆篤實鮮不成事緣飾鮮不敗事成多國興敗多國亡家亦由是而興亡也夫興家與興國之人與亡國亡家之人相去一何遠哉

樵者問漁者曰人所謂才者有利焉有害焉者何也漁者曰才一也利害二也有才之正者有才之不正者才之正者利乎人而及乎身者也才之不正者利乎身而害乎人者也曰不正則安得謂之才曰人所不能而能之安得不謂之才聖人所以惜乎才之難者謂其能成天下之事而歸之正者寡也若不能歸之以正才則才矣難乎語其仁也譬猶藥之療疾也毒藥亦有時而用也可一而不可再也疾愈則速已不已則殺人矣平藥則常日而用之可也重疾非所以能治也能驅重疾而無害人之毒者古今人所謂良藥也易曰大君有命開國承家小人勿用如是則小人亦有時而用之時平治定用之則否詩云它山之石可以攻玉其小人之才乎

樵者謂漁者曰國家之興亡與夫才之邪正則固得聞命矣然則何不擇其人而用之漁者曰擇臣者君也擇君者臣也賢愚各從其類而爲柰何有堯舜之君必有堯舜之臣有桀紂之君而必有桀紂之臣堯舜之臣生乎桀紂之世猶桀紂之臣生于堯舜之世必非其所用也雖欲爲禍爲福其能行乎夫上之所好下必好之其若影響豈待驅率而然耶上好義則下必好義而不義者遠矣上好利則下必好利而不利者遠矣好利者衆則天下日削矣好義者衆則天下日盛矣日盛則昌日削則亡盛之與削昌之與亡豈其遠乎在上之所好耳夫治世何嘗無小人亂世何嘗無君子不用則善惡何由而行也樵者曰善人常寡而不善人常衆治世常少而亂世常多何以知其然耶曰觀之於物何物不然譬諸五穀耘之而不苗者有矣蓬莠不耘而猶生耘之而求其盡也亦未

如之何矣由是知君子小人之道有自來矣君子見善則喜之見不善則遠之小人見善則疾之見不善則喜之善惡各從其類也君子見善則就之見不善則違之小人見善則違之見不善則就之君子見義則遷見利則止小人見義則止見利則遷遷義則利人遷利則害人利人與害人相去一何遠耶家與國一也其興也君子常多而小人常鮮其亡也小人常多而君子常鮮君子多而去之者小人也小人多而去之者君子也君子好生小人好殺好生則世治好殺則世亂君子好義小人好利治世則好義亂世則好利其理一也

釣者談已樵者曰吾聞古有伏羲今日如覩其面焉拜而謝之及旦而去

漁樵對問

康節先生之學具於皇極經世是書實與觀物篇相出入刻而廣之以與同志共講焉後學趙　與旹　謹題

昔人有言讀書百遍其義自見又有云舊書不厭百回讀熟讀深思子自知此則禮經學記之呻其佔畢而多其訊也君子之學思則得之故中庸博學審問謹思明辨語亦云學而不思則罔思而不學則殆余少之時將求多能蚤夜以孜孜凡讀書有疑隨即疏而思之遇有所得質之於師友而不謬也則隨而録之積久成編弗敢自是而亦弗欲自棄盖欲告諸同志而共定之也故裒爲一編命之曰學齋佔畢覽者亦可見其願學之勤讀書之詳不爲苟且以自慊也其或矜其僞舛而忠誨之尚毋金玉其音淳祐庚戌吉日陽朔後學眉山史繩祖慶長書于梓潼極堂

學齋佔畢第一卷　凡三十八則

易太極兩儀生四象而不及五行太極圖先五行後四時

或問易有太極是生兩儀兩儀生四象而不言五行周子太極圖云無極而太極一動一靜而生陰陽分陰分陽兩儀立焉陽變陰合而生水火木金土五氣順布四時行焉何與易相戾也余應之曰不相戾也易是河圖數四十五土無成數五行不備故不言五行然五位相得而各有合至五十五而土之生成數備爲洛書數故洪範初一曰五行是也易雖無五行字而五位字即五行也故曰相得而各有合盖天一與地六合而爲水居北地二與天七合而爲火居南天三與地八合而爲木居東地四與天九合而爲金居西天五地十合而爲土居中央此五位者乃五行也易有太極兩儀生四象以天地生四方言其體也極圖以兩儀分陰分陽變合而生五氣以行四時者言其變化之用也雖言五行而槩曰四時矣五行以土而分旺四時亦由五常以信而分配四端五行相生者也故曰五氣順布四時行焉土雖分王於四季而月令中央土必次於季夏之後而孟秋之先盖冬爲水水生木爲春春爲木木生火爲夏夏爲火火生土而克金而土實生金故次中央土於季夏之後使火生中央之土而土生孟秋之金金爲秋而復生冬之水也是極圖之妙用也土能生金亦如五常之信

近於義耳學者當以理推之

土居中央王於季夏之後

或曰子謂土雖分王於四季而月令中央土次於季夏之後孟秋之前則與極圖水火木金土之序不合而子謂乃極圖之妙用何耶荅曰朱子之義詳矣其言曰以質而論其生之序則曰水火木金土以氣而論其行之序則曰木火土金水此乃五氣順布四時行之序也且横渠張子亦謂土當王於夏秋之間此乃坤奠位於西南而易係所謂相見乎離致役乎坤說言乎兌後天八卦致用之序則五行之妙又顯然於易係矣

無極而太極即易有太極

周元公無極而太極一句朱文公義之詳矣而象山陸子靜獨以爲無字分明只是老氏之言與朱文公強辨往反十餘書凡數千言竟不以無字爲經言余因作太極圖演義舉易係辭本注謂夫有必始於無太極者無稱之稱不可得而名取其有之所極況之太極者也又云太極無也此即周子所云太極本無極也是周子本諸經旨易有太極一句而言非自立無極之說也一時諸儒皆服余之舉經注爲證則陸象山數千言不辯而自明然尚有以易字非無爲疑者余因舉蔡節齋淵得文公晚年之說以證之云易有太極易者變易也夫子所謂易無體也太極至極也言變易無體而有至極之理此自無而有之確論也又曰夫子言有者主易而爲言主易則易無體故曰有主極則極有形故曰無曰有曰無由所主不同此有無玄根而有必始於無之證也或者又以陸氏言易書不曾以無字加有字及有字不與無字作對爲疑余應之曰易書以無加有不是一處如地道無成而代有終是以無加有而爲對也又有无妄然後可蓄伊川又謂无妄則爲有實則又以無與有爲對體未嘗以老氏之說闢之也至如係辭云易之爲道上下無常而終以既有典常則龜山解以始雖無施而可終亦有時而用是又以無加有而有無爲對也豈老氏無名有名之說哉疑者咸喻矣

稱物平施

遂寧府九月朔直學張季南賛講易係乾之策二百一十有六坤之策百四十有四當期之日二篇之策萬有一千五百二十當萬物之數以爲四營成易乾老陽之數九爲策三十六四其九爲三十六是乾策也坤老陰之數六爲策二十四四其六爲二十四是坤策也以乾之老陽爻一百九十二每爻以三十六衍之則積成六千九百一十二策以坤之老陰一百九十二每爻以二十四衍之則積成四千六百單八此乾坤二篇之策總計萬有一千五百二十此老陽老陰乾坤大父母九六之策推筭也若以六子之策推筭亦可蓋震坎艮少陽共數七四其少陽七數爲二十有八以乘陽爻一百九十二則積成五千三百

七十六策也巽離兑少陰其數八四其少陰八數爲三十二以乘陰爻一百九十二則積成六千一百四十四策也此以六子少陽少陰七八之數推之亦合成萬有一千五百二十是雖康節漢上推演之數然舉之的切矣惟是當萬物之數一語以爲特舉其盈數而槩論之却未精密余嚮作五量銘及易菴記凡再舉而言之今請再舉易象稱物平施一句以推其妙蓋稱即后世稱字乃權衡也今之稱自銖而兩兩而斤斤而三十斤爲一鈞銖者殊也萬物散殊也兩者以數言之則兩地二地四之數而爲六六者坤數也兩其六而爲十二象月數也兩其十二爲二十四象二十四氣乃坤之二十四爻之數而應一兩二十四銖之數又兩八卦之數爲十六而應一斤十六兩之數凡一斤十六兩計三百八十四銖應六十四卦三百八十四爻之數三十斤爲鈞凡萬有一千五百二十銖以當萬物之數鈞者均也孟子所謂鈞是人也是矣言平均以當萬物之數耳故賈誼謂大鈞播物坱圠無垠其曰大鈞播物即稱物平施耳至後漢天文志云中外官爲星二千五百而海上占未存微星之數蓋萬有一千五百二十萬物咸得係命焉則其以星數而證物數精且切矣

八卦四朞之數

或問曰子之五量銘既以三十斤爲鈞象一月之日數又以四鈞爲石取象四時凡重一百二十斤又爲十有二月之象而復歸于子於銖數得無差乎曰不然也吾之所舉以斤數而論故槩舉四鈞爲一年之月數若夫以銖數而準日則是積三十二年凡萬有一千五百二十日乃是八卦有四朞之日之數蓋老陽之數四九三十六老陰之數四六二十四少陽之數四七二十八少陰之數四八三十二老陽三十六老陰二十四合凡六十以六乘之得六六三百六十當朞之日少陽二十八少陰三十二合亦六十若以六乘之亦得六六三百六十亦可當朞之日凡八卦有四朞之日孔子止言乾坤之策舉其一而四隅可推所以不言坎離震巽艮兑之策只言乾坤而六子可知矣由是以知八卦有四朞之日四而八之爲三十二年則是萬有一千五百二十日爲萬物之成數若以四鈞爲石而當一年之數則亦合於此蓋有歲陽歲陰陽年子寅辰午申戌年是也陰年丑卯巳未酉亥年是也陽年取四陽卦乾之九數震坎艮各七合二十一加乾之九爲三十即當一鈞三十斤之數四其三十而老陽少陽之數足矣陰年取四陰卦坤之六數巽離兑各八合二十四加坤之六爲三十亦當一鈞三十斤之數四其三十而老陰少陰之數亦足此應八卦有四朞之數也

中孚起於甲子非卦起於中孚

或者又問曰子之易菴記謂上經起乾之甲子至節卦爲六十凡三百六十爻爻當一日而盡一年之候

故曰天地節而四時成此說當矣但節之後中孚等四卦以爲中孚復起甲子其說安在余應之曰先儒言卦起中孚非也中孚復起於甲子耳蓋由揚雄作太元以初卦準中孚故先儒誤以爲卦起中孚耳夫六十四卦首之以乾坤何以言起於中孚耶夫子分上下經而上經三十卦始於乾坤終於坎離下經三十四卦始於咸常終於既濟未濟且乾配甲而起於子坤配乙而起於丑故六十四卦歷乾之甲子泰之甲戌噬嗑之甲申至坎離凡三甲而上經三十卦盡矣又歷咸之甲午損之甲辰震之甲寅至節而周凡六十卦爲六六三百六十爻一年之日周矣而中孚小過既濟未濟之四卦繼節之後謂中孚復起甲子可也謂卦起中孚不可也且乾爲十一月之卦而起甲子節爲十月之卦而得癸亥由是知上經三十卦是陽生於子而終於巳下經三十卦是陰生於午而終於亥至中孚而陽氣復生於子故亦爲十一月之卦自乾之起甲子至節六十卦而終是四其河圖十五之數爲三百六十爻爻當一日而爲六十卦一年之候也自中孚之起甲子至未濟四卦而終是四其六子之數凡二十四爻而爻當一氣爲二十四氣應一年之候也或又曰何取於四其六子之數應之曰中孚巽上兌下小過震上艮下併既未濟坎離玄體爲六子少陽少陰六子之氣分布於四時故四之以應二十四氣耳亦應四其河圖十五數而日當一卦凡六十日爲六十卦一年之候也其淵妙如此

以三乘倍易數起律呂之妙

世儒皆知祖康節之學以四數乘倍等易以爲得四營成易之妙而鮮有以三數乘倍之爲尤妙也蓋三乃太極函三爲一大衍掛一象三才之數天一也三其一而爲三才地二也三其二而六爻三其天三則應洛書九疇之數矣三其地四則應十二月周朞之數矣三其天五之中數則爲河圖十五錯綜之數三其地六之中數則應十有八變成卦之數此乘倍爲易數也至若太極函三之數則行於十二辰而爲律呂相生之法始動於子黃鍾之宮子天一也參子之一於丑而爲三參丑之三於寅而爲九參寅之九於卯而爲二十七參卯之二十七於辰而爲八十一參辰之八十一於巳而爲二百四十三參巳之二百四十三於午而爲七百二十九參午之七百二十九於未而爲二千一百八十七參未之二千一百八十七於申而爲六千五百六十一參申之六千五百六十一於酉而爲一萬九千六百八十三參酉之一萬九千六百八十三於戌而爲五萬九千四十九參戌之五萬九千四十九於亥而得十七萬七千一百四十七此乃前後漢律歷志注以爲京房六十律相生之妙而爲陰陽變化之備數焉以三乘倍精密有如此者

三數乘倍乾坤之策以當朞之日

世舉知以四數乘倍乾坤之策以當朞之日矣亦鮮知三數乘倍之尤精也蓋伏羲始畫八卦皆只三爻及因而重之方爲六爻乾之策三十六坤之策二十四今以三爻之數乘乾之策三箇三十六合爲一百單八又以三爻之數乘坤之策三箇二十四合爲七十二二篇之策計一百八十若以倍數言之則合因重六爻之數二篇之策合凡三百六十當朞之日而應易係之説蓋大傳作於因重之後以三乘倍起於初畫之前也

三數乘倍八卦陰陽以成歲功

世舉知以四乘老陽老陰少陽少陰之數爲三百六十而成歲功矣然亦鮮知三數乘倍之爲尤精密也

八卦始畫皆只三爻先當以三乘之乾之數九老陽之數也三其九爲二十七坤之數六老陰之數也三其六爲十八合成四十五應河圖錯綜之數震少陽之數七三其七爲二十一巽少陰之數八三其八爲二十四亦合成四十五亦應河圖錯綜之數坎少陽之數七離少陰之數八三之如前亦四十五艮少陽之數七兌少陰之數八三之如前亦四十五三其八卦老陰老陽少陰少陽之數合凡一百八十（謂三箇老陰陽爲四十五又三箇六子少陰陽計一百三十五合凡一百八十也）凡得三甲而爲一百八十日倍其數則應因重六爻之數而爲六甲三百六十日以成歲功以三乘倍律呂固見於傳矣若夫以三乘倍易變及乾坤之策八卦陰陽之數實昉於余之積筭也

天生神物

易係是興神物以前民用又曰定天下之吉凶成天下之亹亹者莫大乎蓍龜是故天生神物聖人則之余嘗考神物莫蓍龜若也史記言下有神龜上有稠蓍稠即叢也凡下有龜而上有蓍者一叢必四十九莖以應大衍五十虛一之數又龜殼無間巨細背上中間一行五窠以應五行兩岸八窠以應八卦裙兩邊二十四窠以應二十四氣通成三十七以應乾之策三十六而太極居中不動之一數底板下爲地凡十二窠以應十二州分野之數通背上三十七計四十九窠即合大衍虛一之數此蓍龜之所以爲神物也卜筮以定吉凶淵乎哉

天地數止於九

張横渠曰天地之數止於九其言十者九之耦也揚雄亦曰五復守於五何者盖地數無過天數之理孰有地大於天乎故知數止於九九是陽極也十也者姑爲五之耦焉耳此係辭精義天一至地十之解也或有問余曰數止於九是天一至天九凡四十五爲河圖之數明矣若不加地十之數則洛書何以爲數五十有五耶予應之曰然此正揚雄所謂五復守於五而横渠所謂十者爲五之耦合於中央而爲五行之成數以足五位相得而各有合耳若夫天地自然之數則止於乾元用九三而三之歷十二辰至於十

有七萬七千一百四十七以之起律起曆而萬物之數大備無復加矣土無成數故坤止用六而云地道無成而代有終也且洛書之數雖曰五十五而箕子推洛書以明洪範只止於九疇而無復十數故九疇次五曰皇極以爲用中之數謂前四後四則五皇極居中皇極乃大中也若過九而加至十則五之極爲得爲中耶問者喻而退

易爻二五爲上下體之中

或問二與四同功而異位其善不同二多譽四多懼近也其用柔中也三與五同功而異位三多凶五多功其柔危其剛勝伊川指以爲謙六四居多懼之地在賢臣之上張橫渠以爲柔之用近又以爲進德徙

義必精刹如二先生指以爲謙之一卦何故言多字又謙之六四曰无不利撝謙初不言懼爲疑余荅曰是固然矣然又當主居中而爲說逐卦皆然故曰多不必專指謙之一卦二先生舉一卦而言之他可推矣蓋每卦二五兩位二爲下三爻之中五爲上三爻之中二與四雖俱爲陰耦之數然二居下體之中而多譽陰爲柔故曰其用柔中也四則居上爻之初牽於柔而不及故多懼也五居上體之中而多功陽爲剛而剛得中也故曰其剛勝耶三則居下爻之上而過亢故多凶也此君子所以立多凶多懼之地必憂乎過與不及必協於中而求爲多譽多功非要譽要功也以進德也故橫渠以爲進德徙義必精其說當矣

易係卑高義

余昔侍坐於鶴山魏先生先生方與諸生講易至上繫首章忽掩卷曰天尊地卑乾坤定矣卑高以陳貴賤位矣何不曰高卑而曰卑高諸家之解莫有及者其各思之余退而精思終夕翌早復於先生曰此豈謂畫卦之勢自下而上歟故曰以陳陳列也言卦畫自下而陳列至上則六爻之位自定而貴賤之位得矣貴賤者如第二爻爲臣位在下第五爻爲君位在上也孔子係易首以乾坤而定天地之尊卑次遂發明畫卦之體此其是乎先生曰子之說得之矣

乾復仁字

先儒謂仁如桃仁杏仁之說蓋本於碩果不食故生

生不窮仁者天地生物之心也仁者不是死底物事故碩果不食遇一陽而便復如桃杏核子裏的人種之即生故謂之仁易六十四卦惟有復卦及乾卦言仁字復之初九不遠復無祇悔元吉此克己復禮爲仁故獨許顏子一人而已六二休復以下仁也謂當休養生息以厚仁之發用如乾元爲善之長而體仁足以長人又曰仁以行之是自復而至乾六陽全體妙用皆歸於乾也故曰惟天爲大惟堯則之又太史公謂堯仁如天極於全體也

雷風恒風雷益

余講學規至遷善改過余因舉朱文公謂風雷益者莫疾乎風莫決乎雷遷善當如風之速改過當如雷

之決或有問曰風雷益與雷風恒何故在大象異義予應曰雷震位風巽位先震而後巽方位之序順而有常故君子體之而立不易方若夫風雷益則是先巽後震此爲變動故君子體之以遷善改過耳

洪範商書

左傳襄三年君子謂祁奚於是能舉善矣商書曰無偏無黨王道蕩蕩其祁奚之謂矣注云商書洪範也余按洪範今在周書而當時謂之商書豈以箕子爲商人耶抑不知當時編在商書而經秦火之後編入周書耶但箕子雖商人而洪範之篇寔成於武王訪問之日只當作周書爲正矣

經言

漢桓寬著鹽鐵論引孔子曰吾於河廣知德之至也又引孟子堯舜之道非遠人也而人不思之耳今皆不見所出又劉向乞封甘延壽等疏引司馬法曰軍賞不踰月欲民速得爲善之利也今禮記中自有此句向號博洽乃捨經而引兵書何耶

逸詩句

論語子夏問詩曰巧笑倩兮美目盼兮素以爲絢兮何謂也今考之碩人詩中無下一句或曰此乃刪去也余曰不然刪詩爲三百篇恐不刪句又況夫子以繪事後素而答子夏又曰起予者商也始可與言詩而美子夏禮後乎之說似不應刪此句蓋詩經秦火之後逸此一句而毛韓諸家不暇證據魯論而增入

耳余既爲此說矣後觀三山陳善子兼著捫蝨新話論及素以爲絢兮一句以爲孔子刪去且謂子曰繪事後素蓋詩人以素比質以絢爲禮夫君子不可斯須離禮而曰繪事後素則是禮爲後乎此其害禮者惟子夏知之故子曰起予者商也今詩中無此一句是夫子因而刪之矣噫陳善之說何其無稽也今考論語古注云絢文貌初不以絢比禮又注謂孔子言繪事後素子夏聞而備知以素比禮故曰禮後乎初不以素比質今以古注證經則是子謂繪事後素蓋謂美女雖有倩盼美質亦須禮以成之則素以爲絢兮一句正是一章之結語要當其義與衣錦尚褧惡其文之著也意合孔子以後素而發明子夏以禮後而荅問而孔子以爲起予楊龜山謂非得詩於言意之表有所不能朱晦菴語解亦謂素以爲絢兮一句此逸詩也豈可謂之刪去耶陋儒穿鑿經旨以傅會其臆說眞不自量也

魚須笏辯

禮記玉藻云笏天子以球玉諸侯以象大夫以魚須文竹士竹本象可也注球美玉也文飾也大夫士飾竹以爲笏不敢用純物也須音班謂以魚須文飾竹之邊也而後之俗儒承訛襲誤至馮鑑事始乃謂球玉爲珠玉不知珠豈可以爲笏耶又謂大夫用魚鬚文士以竹既誤以須爲鬚於文字下又去竹字殊失本義而李賀詩云往還誰是龍頭人公王遣秉魚鬚

笏以鬚對頭失之甚矣又漢制列侯夫人以魚須爲樀長一尺爲簪珥則直以魚須爲象耳尤可笑也

君子懷刑

論語君子懷刑先儒皆釋以爲畏法竊嘗妄謂懷字恐非畏字可解而刑字亦難拘以法字爲斷竊意刑字當解作儀刑如儀式刑文王之德及刑于寡妻之刑又當作典刑如尚有典刑及百辟其刑之之刑蓋君子所懷者儀刑典刑可則而效之小人則直惠利之是懷耳

朔月吉月

詩十月之交朔月辛卯注云朔日也而乃謂朔月蓋月朔之反辭也亦猶書之月正元日乃正月元日之比也又論語吉月必朝服而朝注謂吉月月朔也如詩二月初吉注月朔謂之吉吉月亦猶朔月也

滅威異音

毛詩正月云燎之方揚寧或滅之赫赫宗周褒姒威之注威滅也義同而字異音亦異威武劣反血音滅忙列反今或作褒姒滅之誤也然史傳亦多有誤作滅字者矣

與命與仁別句

論語謂子罕言利與命與仁古注及諸家皆以爲三者子所希言余獨疑之利者固聖人深恥而不言也雖孟子猶言何必曰利況孔聖乎故魯論中止言放於利而行多怨及小人喻於利之外深斥之而無言焉至如命與仁則自乾坤之元孔子文言已釋爲體仁矣又曰乾道變化各正性命曷嘗不言且考諸魯論二十篇問答言仁凡五十三條張南軒已集爲洙泗言仁斷之曰言矣又命字亦言之非一如道之將行命也將廢命也公伯寮其如命何又曰亡之命矣夫又曰五十知天命又曰死生有命又曰不幸短命又曰不知命無以爲君子是豈不言哉蓋子罕言者獨利而已當以此句作一義曰命曰仁皆平日所深與此句別作一義與者許也論語中與字自作兩義如吾與點也吾無行而不與二三子者又與其進與其潔也吾非斯人之徒與而誰與義之與比吾不與易也吾不與也等字皆其比也當以理推之

義利兼言

或者又曰子既言孔子不言利而言仁舉易四德文言爲證何故亦言利者義之和余應之曰此正深斥利字也聖賢言利必兼義而言之故文言謂利者必得義而後和舍義則四德之利字無所主而係辭又曰理財正辭禁民爲非曰義是於利上必欲辭正言順方爲義於語則曰君子喻於義小人喻於利子思子於大學末章乃合仁義而言之曰未有上好仁而下不好義者也又明義利之辯曰故治國者不以利爲利而以義爲利也孟子學於子思故於七篇首章合仁義以賤利曰王何必曰利亦有仁義而已矣實繼大學末章之章指也孔孟之傳淵矣哉

孟荀揚言性之所本

孟子性善之說實本於孔子係易一陰一陽之謂道

繼之者善也成之者性也朱文公謂性善之理至孟子而益明其源實出於此是也蓋聖賢之學必有所本繩祖謂孟子學於子思本於孔子係易及中庸大學之書故道性善得其正也及荀卿言性惡揚雄言善惡混意其亦必有所本及觀告子問性然後知荀揚二子之説實本於告子也告子謂性猶杞柳義猶桮棬以人性爲仁義猶以杞柳爲桮棬謂人性本無仁義若杞柳本非桮棬必強用力矯揉而後就荀子得其説而謂人之性惡其善者僞也至傳於李斯遂指天下之人爲惡嚴刑峻法以待之極於大亂之道斯固孟子謂禍仁義者必子之言明驗矣告子又謂性猶湍水也決諸東方則東流決諸西方則西流人

性之無分於善不善猶水之無分於東西揚子得其説而謂人之性也善惡混其害至於莽移漢祚莫知適從而著劇秦美新以贊之斯又體認不明之甚則又孟子謂人無有不善水無有不下之明辯晳也孟子序謂有外書四篇性善辯居其一惜其不傳若夫荀揚則醇未見其大而疵豈小耶當反韓子之言而云荀與揚小醇而大疵也

詩人風刺

龜山楊中立語録云作詩者不知風雅之意未可以言詩蓋詩尚譎諫故言之者無罪聞之者足以戒乃有所補若涉於訕謗聞者怒之何補之有觀東坡詩只是譏誚朝廷殊無温柔敦厚之氣以此時人得而罪之若是伯淳詩則聞者自然感動謂明道也予每味此言以爲深於詩教因筆其一二以發明之且詩之六義以風爲首國風之作下以風刺上也如君子偕老刺衛夫人淫亂不過盛陳其副笄六珈象服是宜而終之以子之不淑云如之何而已如叔于田之詩刺莊公而反言叔也洵美且仁且好且武而巷無居人以從叔且叔豈仁且好哉言人之從之以微婉見意而已如株林之詩刺陳靈公馳驅以淫乎夏姬也夏南乃夏姬之子不曰從夏姬而曰從夏南蓋禮寡婦之子不有見焉弗與爲友言從夏南而事可知矣此皆温柔篤厚意微而旨深語類尚多難徧舉也如東坡則雄節邁倫高氣蓋世故不深於詩只如作

唐韓文公廟碑可謂發揚蹈厲然作書詆佛譏君王一句大有節病君王豈可譏耶詩三百篇只有刺而無譏如刺者與譏字義不同詩注云風刺謂譬喻不斥言也豈譏斥之謂歟若改譏字作規君王取沔水規宣王之義豈不善哉當有知言者不以予言爲陋

稷契永世臯夔絶世

孟子謂擇術不可不謹信哉斯言余嘗於聖賢事業而有感焉堯舜禹授受以有天下蓋舜以孝絶德禹以功絶德矣而唐虞在廷稷契臯夔爲四大臣亘古今萬世以爲言今細評之稷以播時百穀烝民乃粒而拯天下之飢后世通祀以配后土之社至其孫子本支百世而繼世以有天下卜世三十卜年八百匪

獨此也篤生文王文公周公也傳聖道於天下后世遂郊祀后稷以配天周公於六經遂爲先師此教民稼穡功用之報如此契以敬敷五教在寬使百姓親而五品遜是生成湯以有天下凡六百年而賢聖之君六七作不寧惟是篤生孔聖傳道萬萬世爲斯文宗主升爲大祀此敷教之功用也至如皐陶亦以謨絶德矣然以明刑弼教故雖淑問如皐陶而后世卒不能有天下左傳又載皐陶廷堅不祀則以刑名絶世雖皐陶尚耳况不皐陶若者乎后夔制樂以和神人敎胄子可謂有益於教然左傳亦云有仍氏生女而美名曰玄妻樂正后夔取之生伯封而豕心謂之封豕有窮后羿滅之夔是以不祀則以聲色絶世雖后夔猶爾况不后夔若者乎稷契萬世而祀皐夔繼世而絶擇術之不可不謹如此

詩人詠物

東坡謂詩人詠物至不可移易之妙如桑之未落其葉沃若是也故坡之詠撖欖詩云紛紛青子落紅鹽盖凡果之生也必青及熟也必變色如梅杏半傳黄朱果爛枝繁是也惟有撖欖雖熟亦青故謂之青子不可他用也

傳注奇語

羣書注疏解説多有奇語異事不可忽略看過如鄭氏月令注引農書曰土上冒橛陳根可拔耕者急發又引孝經説曰地順受澤謙虚開張含泉任萌滋物

歸中此數語甚奇又如董仲舒救日食祝曰炤炤大明纖滅無光奈何以陰侵陽以卑凌尊見於周官太祝注又漢司徒府有大會殿亦云百官朝會殿見於周禮朝士槀人注又漢璜槃見於周官典瑞注此皆史事而見於經注盖鄭玄干寶皆漢人故引用與今云云皆漢事也至如經事而見於史注則前漢志舜修五禮五樂顔師古注謂尚書五禮五玉五玉即五瑞也伏生年老聲之訛耳且列五樂之名之用於其下甚詳經史可以互見故不可忽至如李善文選秋胡詩注引易歸藏曰君子戒車小人戒徒亦可以見亡書之語

笛見於經

宜黄李郛子經博洽之士也綴緯文瑣語其間云馬融作長笛賦云近世雙笛從羗起而風俗通以爲漢武帝時丘仲所作則非出於羗人矣然西京雜記高帝初入咸陽宫笛長二尺三寸六孔又宋玉在漢前而有笛賦不始於武帝時丘仲所作此李子經之辨足以破世俗之疑矣以余觀之馬融之妄固可嗤李子經亦爲未詳余攷之史記云黄帝使伶倫伐竹於昆谿而作笛吹之作鳳鳴是起於帝世矣藉曰太史公之言未足以深據盍不觀周禮笙師掌教龡竽笙塤籥簫篪篴管以教祴樂鄭司農注謂篪七孔音池而杜子春謂讀篴爲蕩滌之滌六孔即笛之古字也經言可證如此後世不深考而爲説紛紛可勝歎哉

立人達人

論語己欲立而立人己欲達而達人立者自立之立非成立之謂如三十而立如有所立卓爾之立達者達德之達非聞達之謂如子所云質直好義察言觀色慮以下人之爲達言己欲立欲達必以此望人猶盡己推己成己成物之謂今之士夫每於干舉干闕則必以立人達人爲辭是可羞惡也

仕學先後

李主簿有傳問子夏曰仕而優則學學而優則仕何故不首言學而先及仕余答之曰重在學也政恐其仕之優則廢學故先曰仕而優則無廢於學又恐其學未優而入仕故次曰學而優則方仕此政漆雕開

吾斯之未能信是也李曰善

利人利己

禮記云事君大言入則望大利小言入則望小利所謂利者蓋利人也非自利也今之君子反是何必事君者其事長亦然揚文之名止文之過得寶于外者皆是也否則繼之以怒而勃以沽名矣可歎也

夏屋非屋宇之屋

詩夏屋渠渠注夏屋大具也渠渠勤勤也言於我設禮食大具以食我其意勤勤然初不指屋宇也經言夏屋惟此而已至揚子雲法言乃云震風凌雨然後知夏屋之帡幪也則誤以爲屋宇矣蓋由漢人言廣夏大夏已差忒矣

儒釋老之異

易係辭云生生之謂易生生兩字疊言之此大易之妙而吾儒根極用功處易者變易也所謂生生者變化無窮生意不息才終於冬復生於春才盡於剝旋生於復靡有間斷人之一身消息盈虛死生得喪萬事萬變無出此理而道家者流乃謂修證長生若使人皆長生而不死物皆長存而不亡則一氣之消息盈虛滅矣勢無此理也釋氏又謂證無生忍法經云不生不滅則是使天下皆絕生意人人物物塊然如死灰槁木豈有是事哉方之吾儒生則烏可已之言生生之謂易之語蓋覺夢之異也世之昧者捨正學而流異端何必昧者皆然雖儒者亦間溺其說矣

哀哉

中庸大學言小人各有闕文一字

中庸第二章小人之中庸也小人而無忌憚也蓋承上句仲尼曰君子中庸小人反中庸而脫簡缺一反字故朱文公章句注云王肅本作小人之反中庸也程子亦以爲然今從之蓋小人之所以反中庸者以其有小人之心而又無所忌憚也當增一反字爲正大學末章彼爲善之小人之使爲國家菑害並至雖有善者亦無如之何矣朱文公章句云彼爲善之此句上下疑有闕文誤字今以文理推之當是脫一不字蓋指言爲不善之小人也何以知之大學第六章小人閒居爲不善無所不至見君子而后厭然揜其

不善而著其善大學卒章彼爲不善之小人是蓋復第六章小人爲不善之辭亦猶中庸小人之反中庸也亦以復上句小人反中庸之語耳此兩字乃小人的切之要故詳明之

詩諱國惡

洪氏容齋隨筆謂元稹連昌宮詞有規諷勝如白居易長恨歌然余竊謂前賢歌詠前世之事可以直言而當代君臣則冝諱國惡如陳司敗問昭公知禮乎子曰知禮蓋爲國惡諱也司敗曾不知之乃云君取於吳爲同姓謂之吳孟子君而知禮孰不知禮何其謬哉唐明皇納壽王妃楊氏本陷新臺之惡而白樂天所賦長恨歌乃謂楊家有女初長成養在深閨人

未識天生麗質難自弃一朝選在君王側則深没壽邸一段蓋得孔子荅司敗之遺意矣春秋爲尊者諱此歌深得之

致知格物

大學致知在格物物格而後知至此最是要切交會融貫處蓋欲致其知全在格物而物不能格何由可以致其知求諸孔聖之言惟子曰歲寒然後知松柏之後凋也此一句最於致知格物極其淵妙蓋松栢物也察其因何而歲寒之際獨後凋是欲格其物理也苟能格之則然後知之三字爲眞致其知矣何以見其格之正如禮器所謂如松栢之有心居天下之大端故貫四時而不改柯易葉則知其爲得氣之本

而歲寒後凋矣是也

學齋佔畢第一卷

此殘宋刻学齋佔畢一卷又舊抄一卷不足二卷亦是香嚴書屋舊藏也余有舊抄四卷足全本向曾借此殘宋刻以補其所缺今香嚴本又歸余矣余之所以出錢得此殘宋刻一卷者為其又將作續百宋一廛賦取以備種也乙丑秋八月二日秋清逸士病榻記

學齋佔畢第二卷　凡三十六條

瑟先於琴

諸子之書最有害道而無稽者如韓非子書有云齊宣王問匡倩曰儒者鼓瑟乎對曰不也瑟也者以小弦爲大聲以大弦爲小聲是細大易序貴賤易位儒者爲害義故不能宣王曰善余涉獵至此大哂之嗚呼非何爲出是言且魯論一書孔子所言諸弟子所述言瑟而不言琴如孔子取瑟而歌曾點鼓瑟希由之瑟奚爲於某之門而非乃設匡倩之辭以爲儒者不能其誰欺乎或者又曰六經言皆兼琴瑟而孔門言瑟而不及琴何也曰示有先也舉瑟而琴可知矣亦猶六經兼言鳳皇論語止言鳳而不及皇蓋言瑟而琴可知言鳳而皇可見矣按世本曰伏羲作瑟黄帝作琴琴之作後於瑟也又按爾雅注疏瑟者登歌所用之樂器故先釋之琴爲樂器通見詩書故此釋之詳此則見先後之序又如詩曰妻子好合如鼓瑟琴又如鹿鳴首章則曰鼓瑟吹笙其三章曰吹笙鼓琴琴固次於笙下義可見矣又禮記曰清廟之瑟朱弦疏越一唱而三嘆有遺音也注謂此雅淡之樂世本又謂瑟者潔也使人精潔其心淳一於行而尸子亦謂夫瑟賢者以其義鼓之雖有暴君爲之立變則尸子之審音過於非遠矣因並識之以洗韓非刑名之陋

飲食衣服今皆變古

飲食衣服有生所不免也去古愈遠錯謬日甚姑叓考而筆其一二以勉學者余嘗觀張橫渠語云曾看相國寺飯僧因嗟嘆以爲三代之禮盡在是矣誠哉斯言也余曾觀成都華嚴閣下飯萬僧始盡得橫渠之所以三嘆蓋其席地而坐不設椅卓即古之設筵敷席也未食先各出蓋孔子鄉黨所謂疏食菜羹瓜祭必齊如也朱文公注云陸氏曰魯論瓜作必古人飲食每種各出少許置之豆間之地以祭先代始爲飲食之人不忘本也齊嚴敬貌孔子雖薄物必祭其祭必敬聖人之誠也又禮記及家語有云子曰吾食於少施氏而飽少施氏食我以禮吾祭作而辭曰疏食不足祭也古人以此爲禮今之腐儒匪惟不能祭見有學者行之則指以溺佛爲笑是不曾讀書也而反使髠徒得竊吾教而堅持之又終食之間寂然無聲此又髠徒得子所謂食不語也只此三者非三代之禮而何及到石室亦看士人會飯則攫拏如猿猱者有之吼詈齋僕庖人者有之打損器皿者有之言談喧笑視飯僧爲有愧匪獨士也余嘗出入制總兩幕士夫會食亦猶是也得不動橫渠之嘆耶至如衣裳冠履則又乖甚古者有冠而無巾非無巾也蓋巾止以冪尊罍瓜果之用不以加於首也故六經止言冠下至於虞人則以皮冠野老亦以黃冠是有簪導方爲冠也至於罪人方去其冠而加黑幪漢世之冠貴者則有通天遠遊方山之類武夫則有鵕鸃閑居

則有竹皮鹿皮之類皆冠也以簪附之而所謂巾幘稍稍加於執事賤人之首如庖人綠幘是也至晉人輕浮方有接䍦白葛漉酒之巾然起於後漢郭林宗折角巾也近代反以巾爲禮而戴冠不巾者爲非禮又朝服幞頭乃後魏狄製後唐施長脚以別伶優之賤至今士夫安之曾莫議其非者至於履則古有舃有屨有屐而無靴故靴字不見於經至趙武靈王作胡服方變履爲靴而至今服之本朝徽宗政宣間嘗變靴爲履矣至高宗時務反政宣之失仍變履爲靴此由秦檜不知書而止知有北狄爲國爺也然冠履兩事反使今之道流得竊其似以堅執不變凡閒居則以巾覆冠及謁見士夫并行科升章則簪冠而徹巾穿舃是三代之制尚於羽士見之至如上衣下裳各爲長短之制衣纔至膝裳乃裙也今之祭服是也後魏胡服便於鞍馬遂施裙於衣爲横幅而綴於下謂之襴今之公裳是也則戎狄之服也是數者學士大夫皆安之而莫或建議革之匪惟不欲革之至如慶元間四凶劾朱文公之疏以深衣冠履而爲恠服妖服嗚呼可不哀哉痛哉姑筆之以俟好古博雅知禮通方之士而正焉

孔子誄

宣聖之誄數處互有不同左氏傳哀公十六年夏四月己丑孔丘卒公誄之曰旻天不弔不憖遺一老俾屏余一人以在位煢煢余在疚嗚呼哀哉尼父無自

律檀弓乃云哀公誄孔子曰天不遺耆老莫相余位焉嗚呼哀哉尼父與左氏異而史記孔子世家與左傳所載全同而班氏前漢五行志則云孔丘卒哀公誄之曰旻天不弔不慭遺一老俾屏余一人而止又與史記異夫聖人之誄尚紛紛異同如此況其下者乎

成王冠頌

家語冠頌篇周公命祝雍作成王冠頌曰祝王達而未幼祝雍辭曰使王近於民遠於年嗇於時惠於財親賢而任能其頌曰令月吉日王始加元服去王幼志心袞職欽若昊天六合是式率爾祖考永永無極而晉張華博物志乃云成王冠周公使祝雍曰辭達

而勿多也祝雍曰近於民遠於佞近於義嗇於時惠於財任賢使能擒顯先帝光耀以奉皇天之嘉祿其不同如此不知張華何所據而與家語異耶然余攷六經中三代時未嘗有先帝之言秦以後方稱先帝則華爲失據矣

麥秀之歌

史記箕子世家云箕子朝周過故殷墟感宮室毀壞生禾黍箕子傷之欲哭則不可欲泣爲其近婦人乃作麥秀之詩以歌之其詩曰麥秀漸漸兮禾黍油油彼狡童兮不與我好兮世皆熟之矣然余嘗討論尚書大傳所載則曰微子朝周過殷故墟見麥秀之蘄蘄兮禾黍之蠅蠅兮曰此故父母之國乃爲麥秀之歌歌曰麥秀漸漸兮禾黍油油彼狡童兮不我好仇史記尚書傳所載之歌只差末句一字惟書傳序與歌蘄字蠅字不同宋玉笛賦枚乘七發皆作麥秀蘄兮注麥芒也字之稍差不爲要切但史記以爲箕子而書大傳以爲微子且稱父母之國尤爲有理不知司馬何所據而與書傳牴牾耶

龍蛇之歌

史記世家晉侯賞從亡者介子推不言祿祿亦不及子推從者憐之懸書宮門曰龍欲上天五蛇爲輔龍已升雲四蛇各入其宇一蛇獨怨然不見處余嘗觀劉向新序乃云子推之詩曰有龍矯矯將失其所有蛇從之周流天下龍入深淵得其安所有蛇從之獨

不得甘雨遷向相距不遠且向號博洽羣書所載不同如此故並錄之云

坡詩不入律

黃魯直次東坡韻云我詩如曹鄶淺陋不成邦公如大國楚吞五湖三江其尊坡公可謂至而自況可謂小矣而實不然其深意乃自負而諷坡詩之不入律也曹鄶雖小尚有四篇之詩入國風楚雖大國而三百篇絕無取焉至屈原而始以騷稱爲變風矣黃又嘗謂坡公文好罵謹不可學又指坡公文章妙一世而詩句不迨古人信斯證也

漢遺文

唐柳宗直編西漢文章只據正史及文選而編之遺

軼甚多今略舉其一二如王褒祭金馬碧雞神文曰漢持節使王褒敬祭金精神馬縹碧之雞歸徠歸徠漢德無疆見於後漢史西南夷傳注又漢西都時南宮寢殿內有醇儒王史威長死葬銘曰明明哲士知存知亡崇隴原埜非寧非康不封不樹作靈乖光厥銘何依王史威長載於張華博物志雖歐陽集古趙明誠金石錄亦遺此也如董仲舒自食祝見於周官太祝注此皆文辭簡古不可缺也故錄之以資博識之士有攷焉

唐遺文

唐文多有遺軼要切者如宋璟梅花賦皮日休謂其清便富艷有南朝徐庾體因效之爲桃花賦今皮之

桃花賦尚傳而宋之梅花賦乃不傳又唐末張曙中和間舉進士避難到巴州宴於郡樓坐中作擊甌賦極精工郡樓由賦顯名後人遂命之曰擊甌樓而此賦亦不傳如姚鉉編唐文粹及蜀本唐三百家文粹唐七十家大全集及國初館閣所編文苑英華唐人花木音樂賦各有十餘卷而此兩賦俱不在惟擊甌則巴州郡樓尚有碑刻曾祖作巴倅時曾有墨本藏之家今兵火後碑亦壞矣恐其歲久則此賦亦泯沒無考故全錄之尚幾有傳如廣平梅花賦則平生訪尋終不得見是可惜也俟更博訪之今錄張之賦於后云唐張曙擊甌賦并序　宋玉九辯曰悼余生之不時今余不時也甲辰竄身巴南避許潰師郡刺史甚懽接春一日登郡東樓下臨巴江餞酒簇樂以相爲娛言間有馬處士末至善擊甌者請即清讌爰騁妙絕處士審音以知聲余審樂以知化斯可以抑揚淫放頓挫匏竹運動節奏出鬼入神太守請余賦之余曰不圖爲樂之至於斯酒酣舐筆乃爲賦云器之爲質兮白而貞水之爲性兮柔而清水投器而有象器藉水而成聲始因心而度曲俄應手以徵情莫不敲蕭熠爚撇捩縱橫胡不自匏絲而起胡不從金石而生孰爲節奏樂我生平何彼穠矣高樓燕喜叩寂含商窮玄咀祉拂綺井以連騫送楓汀之靡迤嵒限有雪彪咻而雕虎揚睛潭上無風捷獵而金虬跋尾目運心語波迴浪旋似欲奮而還駐若將窮而復連得

不似鷩沙落鴈高柳鳴蟬董雙成青璅鸞飢啄開珠網穆天子紅韁馬解踏破瓊田愕眙盱衡神清調古既嗟嘆之不足諒悲哀以爲主誓不向單于臺畔和塞樂胡笳定不入宋玉筵中隨齊竽楚舞疾徐奮袂曲折縈組潺湲下隴底之泉嗚咽上涔陽之櫓鶯隔溪而對語一浦花紅猿裊樹以哀吟千山月午斯皆從有入無妙動玄樞灧颭則水心雲母丁當則杖杪真珠於是發春卉駭靈姝羞殺兮鈿箏金鐸愁聞兮鬼嘯神呼時也曲闋酒闌煙迷霧隔覽故步以躑躅有餘聲而滴瀝臨流而欲去依依轉首而相看脉脉太守曰遭此良辰好樂還淳諷賦已勞於進牘謳歌爲序其芳塵余乃歌曰江風起兮江樓春千里萬里

兮愁殺人樓前芳草兮關山道江上孤帆兮揚柳津是何既我兮擊揖眷我兮慇懃回首而漁翁鼓枻疑眸而思婦沾巾夫當筵一曲人生一世何紛揉乎是非顧慕乎隆替飄纓宜入醉鄉來自識天人之際唐文士於尊俎頃刻之間作此等大篇之文豈不偉哉

漢鳻雀辨

漢黃霸傳鶡雀集丞相府鶡字音芬非音曷也今人例以曷字讀之誤矣按霸傳蘇林注云今武賁所著之鶡而師古注曰蘇說非也此鶡雀音芬本從鳻字通用鳻似鳳也若夫鶡雀之鶡青色好鬭不止俗謂之鶡雞音曷與此鶡雀之音芬者不同故志之以正訛舛

晉志之誤

予昔與婦弟羅君玉同讀晉書君玉曰嵇康之誅於晉文帝執魏柄之時疑不當傳於晉向秀卒於魏世其傳亦然又云君苗無姓呂安無傳與嵇康書者皆當考

錢載年號之始

馮鑑事始載後魏孝莊時用錢稍薄高道穆曰論今復古宜改鑄大錢文載年號以記其始鑑遂以錢載年號始於此余按杜佑通典歷叙古今錢幣之制載宋武帝孝建初鑄四銖錢文曰孝建一邊文曰四銖則是錢載年號實始於宋武孝建也孝建元年甲午距後魏孝莊永安二年己酉鑄永安五銖錢之歲凡七十有六年紀載昭昭豈可謂始於永安鑑讀書不精誤以高恭之奏請載年號以記其始遂以爲事始於此不知高之奏乃謂改鑄大錢年分之始非事始也此固可笑矣又舍中國正統之年號事始取諸北狄偏閏之朝見識何汙下耶恐後學承訛襲謬不得不辨

銅鼓始於漢

余嘗見陸游務觀筆記有云余初見梁歐陽頠傳稱頠在嶺南多致銅鼓獻奉珍異又云銅鼓累代所無及予在宣司見西南夷銅鼓頗精祕閣下古器庫亦有二枚此鼓乃南蠻用之不足辱祕府之藏然自梁時已珍貴之如此不知何理也如上皆放翁之筆第

余嘗觀東漢書馬伏波傳云援征交趾得駱越銅鼓改鑄馬式上之詔置宣德殿門則銅鼓已見後漢傳非異書也陸氏謂梁方珍貴已失之矣而歐陽生自梁距漢世未甚遠而謂累代所無尤可訝焉

王會貢職兩圖之異

東坡有閻立本職貢圖詩注引譚賓録載貞觀三年東蠻謝元深入朝顏師古奏昔周武王時遠國歸款乃集其事爲王會篇可圖寫遺後爲王會圖詔令閻立本圖之及考唐書亦同謂之王會圖至武宗時黠戛斯君長來朝李德裕上言有詔爲續王會圖即無職貢之名而所謂貢職圖者見於祕府羣玉帖中李公麟所述云梁元帝時蕭繹鎮荆時作貢職圖狀其

形而識其土俗首虜而後蚤凡三十餘國唐閻令作西域圖兼彼土山川而絶色伽梨凡九國中有狗頭大耳鬼國爲可駭皆所以盛會同而奢遠覽亦貢職之流也元祐元年六月望日李公麟書于奏邸竹軒詳此則是貢職圖乃蕭繹而王會及西域圖乃閻立本也坡指貢職爲閻所圖誤矣

紙筆不始於蔡倫蒙恬

傳記小說多失實只如事始謂蒙恬造筆蔡倫造紙皆未必然蒙恬乃秦時人而詩中已有彤管謂女史所載之筆又傳謂史載筆又孔子作春秋筆則筆削則削絶筆於獲麟又尚書中候云玄龜負圖出周公援筆以時文寫之又爾雅及說文云秦謂之筆楚謂之律吳謂之不聿燕謂之弗其來尚矣馬大年乃附會以爲簡牘之筆乃今竹筆非毫也至蒙恬而始用兔毫耳殊不知莊子書中有舐筆和墨之句則以毫染墨明矣竹筆豈可舐耶莊子在秦之前筆非造於蒙恬明矣況崔豹古今注蒙恬之爲筆也以柘木爲管鹿毛爲柱羊毛爲被亦非謂兔毛竹管也則又豈可謂兔毫起於蒙恬耶此端由說文秦謂之筆一句以誤後世又如蔡倫乃後漢時人而前漢外戚傳云赫蹏書注謂赫蹏乃小紙也則紙字已見於前漢恐亦非始於蔡倫但蒙蔡所造精工於前世則有之謂紙筆始此二人則不可也

漢四皓歌同異

古今樂録四皓隱居南山高祖聘之不甘仰天歎而作歌按漢書四皓即東園公綺里季夏黃公角里先生年皆八十餘鬚眉皓白故曰四皓崔鴻曰四皓爲秦博士見焚書坑儒退隱商山乃作歌曰昊天嗟嗟深谷逶迤樹木漠漠高山崔嵬岩居穴處以爲幄茵爗爗紫芝可以療飢唐虞往矣吾當安歸此載於先秦文章及文指世皆見之矣然余讀皇甫謐高士傳云四皓見秦政暴乃逃入藍田山作歌曰漠漠高山深谷逶迤爗爗紫芝可以療飢唐虞世遠吾將安歸駟馬高蓋其憂甚大富貴之畏人不如貧賤之肆志兩歌互有不同然高士傳之歌尤勝故併録之

辨蘭亭不入選之失

林之竒少穎編觀瀾文序曰文選不收蘭亭記識者以爲遺恨又陳正敏遯齋閒覽云王右軍蘭亭以天朗氣清自是秋景以此不入選然絲竹管弦語亦重複余謂陳氏之說陋矣周公作時訓以二十四氣定七十二候三月爲清明朗明也言氣候當辰爲出火清且明也非天朗氣清而何且張平子歸田賦曰仲春令月時和氣清蕭統取歸田入選而遺蘭亭正東坡所謂小兒強作解事者而陳氏又附和以絲竹管弦重複之語不知張禹傳云後堂理絲竹管弦孟堅注已作四義又舜有白玉琯唐賀懷智琵琶以鵾雞爲弦之類非必絲竹而後可以爲弦管也豈足以病右軍之文故識之以一洗蕭陳之陋

坡注之誤

坡公元脩菜詩自序云菜之美者有吾鄉之巢故人巢元脩嗜之且云使孔北海見之當復云吾家菜耶蓋謂楊梅爲楊家果孔雀爲孔家禽事耳然此非孔北海所言亦非爲楊德祖而發蓋孔融字文舉爲北海太守楊脩字德祖俱漢末同時之人並爲曹操所殺有傳在後漢書俱不載此事獨世說言語門載梁國楊氏子年九歲甚聰慧孔君平詣其父父不在乃呼兒出爲設果果有楊梅孔指以示兒曰此是君家果兒應聲荅曰未聞孔雀是君家禽其注云王隱晉書曰孔坦字君平會稽山陰人善春秋仕至廷尉卿即不曾注云楊氏子乃楊脩也今晉書自有孔坦傳仕于晉元帝成帝時距孔融楊脩之死近百年矣豈相干耶巢元脩一時誤舉以爲孔融坡遂因而筆之於序固失契勘矣而趙次公者注坡詩乃妄云世說注楊氏子楊脩也而又注贈僧惠表之詩則又直指云世說孔融指楊梅戲楊脩曰是君家果不知何所憑證而敢如是胡說趙公如此類者甚多姑舉其一以爲不揆箋注者之笑

五平五側體

西清詩話載晏元獻守汝陰梅聖俞往見之置酒潁河上晏言古人章句中全用平聲製字穩帖如枯桑知天風是也恨未見側字耳聖俞既引舟遂作五側體四十字寄公如云月出斷岸口影照別舸背云云固爲佳作然晏只引一句而梅賦全篇已覺辭費余又嘗觀陶淵明詩萬族各有託韓文公詩此日足可惜杜工部詩寂寞白獸闥皆傑句也其餘諸家五平五側句甚多至皮日休陸龜蒙又有五平五側倡和在松陵集中藉曰餘子紛紛不足數而陶杜韓之句可忽乎梅晏俱號博洽而俱云恨未之見何耶又所賦之詩果能掩三子之作乎余疑於是不得不識之

蓤菱二物

前輩筆記小說固有字誤或刊本之誤因而後生末學不稽考本出處承襲謬誤甚多今略舉其一端如馬大年永卿著嬾眞子録辨王逸注楚辭以芰爲蔆秦人曰薢茩之誤當矣惜其字有差誤義遂不明永卿謂爾雅薢茩英光注云英明也或云蔆也關西謂之薢茩音皆茍又謂爾雅蔆蕨攈注蔆今水中芰此皆馬所記也今余考爾雅正本則云薢茩芵茪注芵明也即今之決明也或曰蓤也字從卩及至蔆蕨攈然後從夌注水中芰也則是蓤與蔆其爲二物不同王逸以芰爲蓤曰薢茩而爲水中之蔆其失明甚而馬又併以從水兩蔆字交證且誤以芵光芵明爲英光英明此馬大年之誤尤可哂也

酒價緋魚

丁謂參知政事眞宗嘗問唐酒價幾何謂對以每升三十上曰何以知謂引杜詩云速來相就飲一斗恰有三百青銅錢上喜其對又蔡嶷廷試第一俄召對

徽宗問唐京官五品方賜緋佩魚借緋即不佩國朝因循其制蕤對曰在唐借緋亦佩魚因誦白居易詩爲證曰親朋相慶問何如服色恩光盡反初投老喜抛黃草峽眼明驚拆紫泥書便將朱紱還鈐閣却著青袍侍玉除無奈嬌癡三歲女遶腰啼哭覓銀魚上尤喜其對之捷二事正相類但佩魚之對尤切於典故信大臣占對不可無學也謂字謂之姑蘇人蕤字文饒河内人並見於曾慥詩選紀載後余因看李太白詩有金樽美酒斗十千之句以爲李杜同時何故詩句所言酒價頓異客有戲噱者曰太白謂美酒耳恐杜老不擇飲而醉村店壓茅柴耳坐皆大笑然亦近理也

阿房宮賦善用事

杜牧之阿房宮賦長橋卧波未雲何龍正本元是雲字後人傳寫訛云未雩何龍殊爲無理杜之意蓋謂長橋之卧波上如龍之未得雲而飛去正如蛟龍得雲雨恐終非池中物之義若加以雩字則不惟無義兼亦錯誤讀龍字耳左傳龍見而雩注謂龍星也非龍也龍星未見則不之雩今曰未雩則龍當未見何形可見龍又星名何有於長橋之勢哉又此賦善於用事凡作文之法經可證史史不可證經前代史可證後代史後代不可以證前如阿房宮賦所用事不出於秦時只煙斜霧横焚椒蘭也兩句尤不可及六經只以椒蘭爲香如有椒其馨其臭如蘭蘭有國香是也楚詞亦只以椒蘭爲香如椒漿蘭膏是也沉檀龍麝等字皆出於漢西京以後詞人方引用至唐人詩文則盛引沉檀龍麝爲香而不及椒蘭矣牧此賦獨引用椒蘭是不以秦時所無之物爲香也只如近世文人作漢宫詞婕妤怨明妃曲而引用梅粧蓮步字尤爲可笑此皆齊末以後事漢時寧見此而效之耶劉覲堂可謂不善用事爲事所使殆謂此也

二月無絲

聶夷中傷田家詩最得風人之體但二月賣新絲恐當作四月蓋二月則蠶尚未生戴勝降於桑乃三月節所在必於此時蠶事方盛蓋月令蠶事乃在季春之月而祭義蠶歲注亦云三月月盡以後蠶風蠶月條桑亦指三月二月安得有新絲耶當是四字傳寫者訛刻畫耳其曰五月糶新穀却有之

父子同名可咎

古今同姓名者多矣而祖孫父子同名爲可咎論語已有兩南宫适漢世已多至晉而尤甚如兩劉毅（晉武時一劉毅晉末時有一劉毅皆有傳）又兩周撫同時（一爲彭城内史反即誅見紀而無傳一爲王處仲將有傳）兩孫秀（一爲吳降將孫秀見賈充傳一爲趙王倫嬖人見陶侃傳）兩解系（一解系自有傳又一解系見陶璜傳）兩周訪（周訪傳時有與訪同姓名者罪當死吏誤收訪訪奮擊之吏皆走）兩王愷（一王愷武帝之舅與石崇爭侈有傳一王愷安帝時丹陽尹附王湛傳）兩王渾王澄（王渾太原人以平吳功封子澄爲亭侯渾有傳而澄無傳又王戎瑯琊人有弟曰澄又戎父渾爲涼州刺史渾無傳而澄有傳）又唐文宗詔以韓翃知制誥時又有一韓翃爲太守帝書翃寒食詩一絕云與

此韓翃縱同時而同姓同名無足怪也然容齋隨筆載拓拔魏安同父名屈同之長子亦名屈此祖孫同名也襄陽有隋處士羅君墓誌曰君諱靖父靖學優不仕此父子同名也余謂魏安同之祖孫同名誘曰元魏乃北狄之俗不足以禮義責之而羅君乃中華人又既號為處士乃至父子同名烏得而偕處士之號耶視司馬遷以趙談與父同名而稱為同子豈不萬萬相遠哉

班氏當從斑

山谷云班氏以鬭穀於菟得姓凡班姓皆當從斑史作班誤也

坡文之妙

東坡泗州僧伽塔詩耕田欲雨刈欲晴去得順風來者怨此乃隱括劉禹錫何卜賦中語曰同涉于川其時在風沿者之吉泝者之凶同藝于野其時在澤伊穜之利乃穋之厄坡以一聯十四字而包盡劉禹錫四對三十二字之義蓋奪胎換骨之妙也至於前赤壁賦尾段一節自惟江上之清風與山間之明月至相與枕藉乎舟中不知東方之既白却只是用李白清風明月不用一錢買玉山自倒非人推一聯十六字演成七十九字愈奇妙也

表忠觀碑體孝門銘

東坡表忠觀碑先列奏狀以為序至制曰可而系之以銘其格甚新乃倣柳柳州所作壽州安豐縣孝門銘蓋以忠比孝全用其體制且柳宗元孝門銘史臣既全載於唐孝友傳文甚典雅蘇軾表忠觀碑視柳有加宜乎金陵王氏以太史公所作年表許之二文旨意其允合於史法矣

周子愛蓮說如屈原橘頌

左傳云譬諸草木吾臭味也屈正平離騷經一篇之中固以香草比君子矣然於九章中特出橘頌一章朱文公謂受命不遷謂橘踰淮為枳也原自比志節如橘不可移徙也末乃言橘之高潔可比伯夷宜立以為像而效法之亦因以自托余因文公之言而謂濂溪周子作愛蓮說謂蓮為花之君子亦以自況與屈原千古合轍不寧惟是而二篇之文皆不滿二百字詠橘詠蓮皆能盡物之性格物之妙無復餘蘊蓋心誠之所發越萬物皆備於我之所著形是可敬也讀者宜精體之

正符過封禪文

司馬長卿封禪文典雅為西京之宗然未免託符瑞以啓武帝之侈心君子已耻之其後揚雄倣之作劇秦美新尤為可耻班孟堅典引亦引符瑞以效尤唐人作王諜眞紀以美元宗尤淺陋及柳宗元正符謂受命不于天于其人休符不于祥于其仁惟人之仁匪祥于天茲為正符哉未有棄仁而乂者也未有恃祥而壽者也遂一洗前作之陋為可喜也

大小各適其性

莊周之書有鷦鷯巢林不過一枝又曰鵬搏扶摇九萬里而風斯在下蓋齊物之論也後世有本其說而賦之者如張茂先賦鷦鷯自譬甚小李太白賦大鵬自譬甚大皆適其性而已不出莊周齊物之論耳

漢唐史取當代之文以爲賛敘

國朝宋祁新唐書藩鎮傳序全載杜牧守論一篇實體班固項籍傳賛全載賈誼過秦論一篇蓋守論乃藩鎮之事實而過秦實項氏之張本不嫌取當代詞人之文而證之然司馬遷亦嘗取過秦論而賛秦紀矣但没賈生之名而書其文幾若掩人之善曷若班氏直下賛曰昔賈生之過秦論曰云云如搏蛟縛虎之手何必皆自己出宋公用其體尤爲歐公之所稱美匪惟班宋擅一代之史筆而賈杜二子之文益有光於信史矣

六出四出花

呂氏春秋云草木之花皆五出雪花獨六出古今莫喻其理獨朱文公謂地六爲水之成數雪者水結爲花故六出或言花中惟巖桂四出之異余謂土之生物其成數五故草木花皆五惟桂乃月中之木居西方地四乃西方金之成數故花四出而金色且開於秋云此桂之在離騷以喻君也先師魏鶴山巖桂詩云虎頭點點開金粟犀首纍纍佩印章自注云顧虎頭善畫金粟佛公孫衍佩五國相印眞善借喻而體物矣余亦嘗賦巖桂云四出花中異三開格外芳名高評月品韻勝霸秋香或者頗許之以爲弗可移賦他花木也

加田

周禮司勳惟加田無國正加田如今之加食實封也

中書繳詞當始於唐人

邵氏聞見録唐制惟給事中得封還制書國朝康定間富弼知制誥封還詞頭中書舍人繳詞頭自公始又王鞏聞見録富弼知制誥封還遂國夫人詞頭朝論謂無近比然多是弼以余考之則是殊不知續通典中所載長慶元年中書舍人白居易繳還獨孤朗温造李肇王鎰四人除刺史詞頭云臣未敢撰進則唐中書舍人已有封還詞頭故事非始於本朝富弼也王鞏邵博俱號該洽之士而俱不知此何耶

唐給事中草制學士不草制

吳曾漫録仁宗朝胡宿武平知制誥封還楊懷敏詞頭上問宰相故事文彦博對曰唐給事中袁高不草盧杞制然則唐典故給事中亦草制耶故成袁高之志云又韓渥金鑾密記曰韋貽範於鳳翔圍城中挾李茂貞起復作相渥當草制抗䟽論其不可夜半中人以詞頭投渥曰學士無以性命爲戲渥不荅扃户而寢明日無麻制宣讀茂貞曰陛下命相學士不肯草制與反何異昭宗曰卿薦貽範朕不拒渥不草制朕亦不拒其如道理分明何至范蜀公東齋記事眞宗欲立章獻爲后楊文公不草制章獻既立楊文公

億不自安乃託母疾而行留請假榜子與孔目官而去學士不肯草制自唐韓渥始也

折梅遺使始於諸發不始於陸凱

荆州記謂陸凱與范蔚宗相善凱自江南遣使寄梅花一枝詣長安與范蔚宗并詩一絶云折花逢驛使寄與隴頭人江南無所有聊贈一枝春後世紛紛舉用多矣皆以陸范爲證不知劉向說苑已載越使諸發執一枝梅遺梁王梁王之臣曰韓子者顧左右曰烏有一枝梅乃遺列國之君則折梅遺使始此矣

學齋佔畢第二卷　二十

第二卷至四卷宋本鈌明弘治年華氏翻宋本重校摸補

學齋佔畢第三卷　凡三十五則

日隨天左旋

余鄉作補亡月采篇辯日月隨天左旋援引張横渠朱文公魏鶴山之言及朱文公援引月令注疏爲證詳無軼遺矣後因讀陸德明周易音義至明夷卦明夷于左股注馬融王肅音股字作般云旋也日隨天左旋也乃知經注已及之不待注疏及後世之辯也尤爲端的惜先儒不及引此耳故録以補其前說

稱乘易數及三數乘四之疑

余既以稱物平施及三乘四數詳於前卷矣或有拘儒問於余曰子之以稱兩乘易數又以三數乘四數固甚精詳夐無昔聞然不知先儒未有及此而子言之不幾於鑿經耶余急應之曰是何言也余非生知蓋亦敏求於先儒之言而研精覃思以推廣之昔有問伊川曰易重幾何荅曰易重一斤蓋謂一斤凡三百八十四銖而易凡三百八十四爻余得以此而乘易之數則靡不合也又蔡節齋晩年受易說於朱文公文公曰易究竟以三數乘四數方爲精密蓋天一地二而陰陽之數備天三兼之而因以起數三者天數也四者地數也只當以天數乘地豈可以地數乘天耶余因此語而以三乘四無不合者人患不精思耳豈余臆說哉或者恧而退

因重乃伏羲而非周文

昔者余作麗習堂記舉易系謂伏羲觀象畫卦八卦

成列而象在其中因而重之而爻在其中曰畫曰重皆伏羲氏也謂文王之重易特太史公之臆說而未之前聞使因重而果出於西伯則十三卦體曷爲而已具於神農堯舜之世而取象乎或者又有云易說十三卦制作之意蓋取諸易卦止是取其義與象契非必見卦而後始有爲也然則是言夫子之言耳余亟應之曰固哉子之爲易也縱以是爲夫子之言豈不可信於司馬遷之言乎且又經有明證今舉以與子明辨晳之周官太卜掌三易之法一曰連山二曰歸藏三曰周易其經卦皆八其別皆六十有四注謂易者揲著變易之數連山伏羲歸藏黃帝每卦八別者重之數或謂夏曰歸藏坤爲首商曰連山艮爲首周曰周易乾爲首詳周禮別皆六十有四而注以別爲重則是伏羲因重爲六十四明白大驗矣周官乃周公所作之書若使果是西伯重易則豈有子掩父之善而徑言三易經卦皆八其別皆六十有四哉故唐陸德明謂伏羲因河圖而始畫八卦因而重之爲六十四文王拘於羑里作卦辭周公作爻辭孔子作彖辭象辭文言系辭說卦序卦雜卦謂之十翼而伊川程子亦云上古聖人始畫八卦三才之道備矣因而重之以盡天下之變故六畫而成卦而朱子元晦易本義亦云六畫者伏羲所畫之卦伏羲仰觀俯察見陰陽有奇耦之數故畫一奇以象陽畫一耦以象陰見一陰一陽有各生一陰一陽之象故自下而上再倍而爲三以成八卦三畫已具八卦已成則又三倍其畫以成六畫而爲八卦之上各加八卦以成六十四卦其說至詳至悉可信不誣矣今子不信周孔程朱之格言而惑遷雄淺陋之誣說其爲易也固哉或者辭窮而退

傳注引逸書之誤

左傳昭十年子皮歸謂子羽曰夏書云欲敗度縱敗禮我之謂矣注云逸書也又十七年太史曰在此月也故夏書曰辰不集於房瞽奏鼓嗇夫馳庶人走此月朔之謂也注逸書也余按此兩節皆見於今文尚書如子皮所舉欲敗度縱敗禮兩言今見於太甲篇乃商書也而子皮以爲夏書固失之矣而杜預遂以爲逸書失尤甚矣至如周太史所舉辰不集於房四言今見於胤征正是夏書只差一不字無可疑者而杜乃注爲逸殊可訝焉故辨之以明傳注不可盡信如此

逸書與今古文之異

禮記緇衣引兌命曰爵無及惡德民立而正事純而祭祀是爲不敬事煩則亂與書說命不同注疑逸書也左氏傳襄二十五年太叔文子曰書云慎始而敬終終以不困注逸書也文二年狼瞫曰周志有之勇則害上不登於明堂注周志周書也哀六年夏書曰惟彼陶唐帥彼天常有此冀方今失其行亂其紀綱注逸書也毛詩駪駪征夫每懷靡及注疏引國語齊

女告重耳云西方之書有之曰懷與安實病大事國語正文作實疚大事且注云西方謂周也凡此或與今文差字脫文或不全載即是書序所謂錯亂磨滅及五十九篇之外逸書可也惟是今古文之異有出於逸書之外者今略舉數則以爲辨證如毛詩注疏鴻鴈小序注引書曰天將有立父母民之有政有居宣王之爲是務疏云今泰誓文言天將有立聖德者爲天下父母民之得有善政有安居爲重也宣王之爲是務言宣王之所爲安集萬民是以民之父母爲務意同武王所以爲美又詩注疏引臯陶謨外傳四海今定本作外敷四海恐非也疏謂見臯陶謨而今文乃載之於益稷又西漢郊祀志引泰誓曰正稽古

立功立事可以永年丕天之大律注今文泰誓也詩注疏乃孔穎達西漢注乃顏師古皆唐人也而皆引今文泰誓則非逸書今合觀古文今文尚書皆無此等語不知二者何所取證耶余家有呂大防所刋古文尚書一冊呂之序云得唐本於宋次道家皆隸古字且云其書自漢唐行於學官天寶間古文寖微下令廢其書以今文代之而頗改其辭如洪範無頗改爲無陂之類古文由此遂絕而陸德明獨存一二於釋文而已予以此本考之亦無二家所引泰誓之語也惟有費誓辨疑一語不可不正以剖析後世之惑今文尚書費誓首句云魯侯命伯禽宅曲阜予嘗疑魯侯即伯禽也如何更自出命此字極害義諸家注解咸莫能剖析今觀此古文尚書費誓篇首句元無命字其文止曰苂矦柏禽宅乃凥訓今文魯侯伯禽宅曲阜而已則今文衍字渙然冰釋矣

舜七始詠

前漢律歷志引書曰予欲聞六律五聲八音七始詠以出納五言女聽予者帝舜也言以律呂和五聲施之八音合之成樂七者天地四時人之始也順以歌詠五常之言聽之則順乎天地序乎四時應人倫本陰陽原情性風之以德感之以樂莫不同乎一惟聖人爲能同天下之意故帝舜欲聞之也七始詠三字今文尚書却只作在治忽注謂察天下治理及忽怠者在治忽三字於六律五聲八音解家頗傅會反不

若斑氏所載七始詠義訓胥協也又禮樂志房中祠歌曰七始華始肅倡和聲孟康注引斑氏所載云七始者天地四時人之始以爲樂名以此則知漢初尚存此詠施之祠樂予謂七始詠三字甚新可加以舜字作詞題賛頌之屬如徐子儀試宏詞歲舜五樂頌亦是引斑志舜修五禮五樂注謂書云五玉玉字當爲樂蓋已有五瑞即玉也且注列五樂之目於下即此類也因併記之

中庸心性

余頃在明新口講中庸大學篇義或者以其間中者乃其心常者乃其性庸者常也合中與庸亦合心性而言之也數語爲疑余既因張宰叔蘭之問而荅之

夫後又有問中庸何以一字不及心而子以中爲心邑所本乎余曰此正謂中字當指心而言而中庸一篇上言性而不及心余故斷之以中者乃其心而爲言然其說不爲無所本帝典以允執厥中而係之於道心惟微斯則朱子中庸序所云天命率性則道心之謂也故晦菴語録又云性本體也其用情也心則統性情該動靜而爲之主宰也又荅景紹問心性之別曰性是心之道理心是主宰於身情性心惟孟子橫渠說得好孟子惻隱之心仁之端仁是性惻隱是情須從心上發出來橫渠曰心統性情是也蓋性者理也性是體情是用性情者皆出於心故心能統之言有以主之也余故本此數說謂中庸首言天命之

謂性即中之所發次言中者天下之大本和者天下之達道和者乃情也亦出於中之所發是庸與和乃性情也而皆統於心之中也中可統庸故言中庸而不可言庸中心可統性故言心性而不可以言性心如胡五峯謂天命之謂性是性乃天下之大本也然堯舜禹湯文王仲尼六君子先後相詔必曰心而不曰性何也曰心者知天地宰萬物以成性者也六君子者盡心者也故能立天下之大本此則中也者天下之大本言性而心在其中矣又晦菴謂中者心之體呂氏亦云此心至虛無所偏倚故謂之中以此心而應萬物之變無往而非中矣余故斷之曰中者乃其心本諸此也

艮卦厲閽心

唐李鼎祚所集易傳李巽嵒序引頗取之予近詳觀則皆漢晉諸儒之解虞翻一家頗多而稍的切於玄弼之上宜乎自說以蒙吞三畫也其在艮卦之九三艮其限裂其夤厲閽心今易作熏心而李本作閽心且引虞翻注曰限腰帶處也坎爲腰五來之三坎爲心厲危也艮爲閽閽守門人坎盜動門故厲閽心古閽作熏字馬因言熏灼其心未聞以坎水熏灼人也荀氏以熏爲勳或又誤作動皆非也大率鼎祚六十四卦皆指動爻互體卦爲說非後人之所及又於鼎卦鼎象也注引虞翻曰六十四卦皆觀係辭而獨於鼎言象何也象事知器故獨言象也尤爲有理余又

按艮爲閽寺乃易係辭說卦虞翻援引非曲學也

三陳九卦

易大傳三陳九卦孔聖有深旨焉橫渠曰係辭獨說九卦之德切於人事以德字言之可謂深得之矣然只講得初陳之事於再於三尚有餘意今推言之自履德之基至巽德之制皆以之字發明其德此初陳也自履和而至至巽稱而隱皆以而字發九德之體此再陳也自履以和行至巽以行權皆以以字發九德之用此三陳也此九卦有德有體有用深味之則方見切於人事之要也

不徹薑食

論語鄉黨謂不徹薑食荆公嘗問其義於劉貢甫貢

甫善謔隨對之曰案本草薑多食令人損智道非明民將以愚之孔子方以道教人故勸民食薑以愚其智耳本以戲介甫之鑿於經學也介甫初然其說而徐悟其戲及晦庵朱文公詠子薑詩兩聯曰薑云能損心此謗誰與雪請誦去穢功神明看朝徹自注云本草載薑夂食去臭氣通神明或云傷心氣不可多食者非予因悟孔子不徹薑食之意於乎聖賢格物之學見之於一話一言之間無非教也彼貢甫之玩人喪德又近於侮聖言烏知其非哉

常儀常娥之辨

古今靈恠之言莫極於淮南子蓋劉安惚恍誕妄自託於仙而著鴻烈之書不足信也而後人多引淮南

子以注屈原天問朱文公嘗辨之云淮南子似因天問而設爲傳會之說也余嘗疑其所載常娥一事許慎注云常娥羿妻也羿請不死之藥於西王母常娥竊之以奔月後漢張衡靈憲論遂引之爲證且云常娥託身於月是爲蟾蜍余又笑其豈有人而變爲蟾蜍之理假如其說而化爲蟾則蠢爾何形容尚烏得爲月中仙乎其後王充論衡及謝莊月賦後漢書注承訛因陋盛賛素娥之美至明皇遊月宮而恠妄極矣余嘗觀漢志黃帝使羲和占日常儀占月車區占星而每疑所謂常娥即因常儀字之誤而起紛紛之說然亦未敢臆決之也及讀周官注云儀義二字古皆音俄而洪丞相适引詩實惟是儀協在彼中阿樂

且有儀亦協中阿太元亦以各遵其儀協不偏不頗而漢碑凡蓌義皆作蓌儀然後自信其說斷知諸人之妄以常儀爲常娥明矣後因觀天問有云胡羿射夫河伯而妻彼洛濵注水神宓妃也羿射河伯而妻其妃也若以恠證恠則羿妻乃宓妃豈常娥耶學者不觀正史及經注字義而惟恠誕之說是信是蓋吾夫子所云未見好德如好色也可不悲夫故爲之辨

曆日字所始

堯典雖曰曆象日月星辰然未嘗連文說曆日字後世方言曆日然竟莫明其所始至坡詩云老去怕看新曆日雖百家注之亦無有一人及之者余按周禮馮相氏以會天位謂合此歲日月星辰星宿五者以

爲時事之候若今曆日太歲在某月某日某甲朔日直某也又引孝經說曰故勑以天期四時節有晚早趣勉趣時無失天位皆此術也以此觀之則今之曆法已詳備於漢時然是漢世已謂之曆日矣寶祐元年改曆名會天深得曆日經注本旨

祥刑詳刑字義之通

先師鶴山在遂寧漕廨作極堂碑時攝憲書詳刑字余後繼忝漕節重新極堂仍立鶴山之碑一時僚屬咸疑詳刑字以爲尚書呂刑篇告爾祥刑監于茲祥刑只作祥字余因謂之曰唐百官志改大理正爲詳刑大夫固已用此詳刑字然不爲無所本也當時顔師古輩留意經學故於傳注咸通焉蓋呂刑篇中告

爾祥刑只作祥字注謂善用刑之道然周禮太宰之職五曰刑典以詰邦國注引書曰度作詳刑以詰四方攷今古文尚書吕刑只曰度作刑以詰四方卽無詳字然詳刑字見於經注亦可通用也

辨餕餘不祭

禮記云餕餘不祭父不祭子夫不祭妻本當三句各爲一義而本注乃於餕餘不祭下作一義注云食人之餘曰餕禮輕故不敢祭此義是也然於父不祭子夫不祭妻之下別作一義注云祭先也從卑處家故不祭則是以夫與父不得而祭其妻子也此何義也故朱文公先生嘗釐正之以爲父不祭子夫不祭妻非不祭也但明其不可以餕餘而祭耳在禮生則婦

可餕夫之餘子可餕父之餘既死矣則以鬼禮享之當用其嚴敬弗可以餕餘而祭之爲褻且慢也此說明甚而世之俗儒薄夫乃有泥古注而不祭妻子者是可哀也是可鄙也故發明朱子之說而厚俗云

輿地圖名

世言輿地圖皆謂始於漢光武披輿地圖而不知前漢淮南王安傳巳有按輿地圖之語第蘇林注曰輿猶盡載之意可謂淺陋余謂大易云坤爲輿然則地以輿名無易於此亦猶天形如倚蓋張衡作蓋天圖云

古聖賢名

余大父武陽府君好古博雅生平精於篆隷行草殘

碑斷刻靡不搜訪自集隷格一冊以補洪景伯漢隷之缺其中有一節云東州冢間得三碑高廣各五六尺皆就石室壁間刻古聖賢義夫節婦及車馬人物其質樸可笑然每事各有漢隷數字字止五六分筆法精隱可爲楷式生平所閲漢隷未有若是之小者而完好如新蓋不爲風日所剥泐且模印者尚寡故也乾道丁亥五月子堅書余每閲之恨不得見其碑石之正在何所然甚愛其伏羲神農黄帝帝尭之賛及曾子老萊丁蘭之賛文旨精嚴簡古非後世所及如祝誦氏不知其爲沮誦或祝融帝嚳字作帝佶硃可以證古辨今後因護漕攝憲梓部行部至資州則此碑在州宅博雅堂下經兵火之後刓鈌多矣制捆

又葦運寘之明新士夫殊無識者余奉祠歸過渝爲學官言其事且以祖父所隷模本付之令補完又未知其果否也因惜其漢隷存者寡矣一失其傳堙没亡考故録其碑而識其事以資考古君子之訪焉

梁高行　奉金者　使者　秋胡妻　衛將軍　蘭相如　騎都尉　休屠象　李氏遺孤　忠孝李善朱明妻　姑娣兒　弟　章孝母　董永千乘人也父邪渠哺父　揄母　蘭相如趙臣也奉壁於秦范且右第一碑伏戲倉精初造王業畫卦結繩以理海内祝誦氏無所造爲未有耆欲刑罰未施神農氏因宜教田辟土種穀以振萬民　黄帝多所改造兵　裳　宅　帝顓頊高陽者黄帝之孫而昌

子 帝佶高辛者黄帝之曽孫也 帝堯放勲其仁
如天其知如神就之如日望之如雲 帝舜名重華
夏禹長於地理泉陰隨 退爲 刑 曽子孝以通
神明貫感祗著乎來方後世凱式 綱 閔子騫母
居喪移寒御 老萊子楚人也事親至孝衣服斑連
嬰兒之態令親有驩君子嘉之孝道大烏 丁蘭二
親終後立木爲父鄰人假物報乃借與 管仲 齊
桓公 曹子刦桓 魯莊公 侍郎專諸炙魚刺殺
吴王 荆軻 秦武陽 樊於其頭右第二碑 使
者 長婦兒 梁節姑女抹者 姑女其室失火取
兄子往輙得其子赴火如亡示其誠也 後母子
前母子 齊繼母 京師節女 怨家攻者 孝孫
葬者 湯父 乞㯳者 義㯳羊公 豫讓殺身以
報知己 韓王 聶政 齊王 無鹽媿女鍾離春
處士 縣功曹右第三碑
因古碑辨後漢建武中元四字年號及永憙年
號以正史傳之誤
雅安志云雅州古碑塤有漢碑蜀郡掾治道記其碑
紀年號云建武中元二年李巽嵒先生壽仁甫爲雅
州郡從事日跋其碑云蜀郡掾治道自建武中元二
年丁巳距今紹興二十有一年辛未凡千九十有三
年蓋光武時蜀抵邛筰徼外途實由此今已蕪廢弗
治野人樵蘇見之始傳墨本漢隷未有若此竒古也
按後漢紀建武三十二年改爲中元無建武字又按

祭祀志改建武三十二年爲建武中元元年此記與
志合紀失之矣宋鄭公嘗輯紀年通譜謂紀志俱出
范氏而所載不同此必帝紀傳寫脱誤蓋官書累經
校定學者失其精審但見改元復有建武二字輙妄
以意删去故先定著建武中元元年又謂流俗以帝
紀爲正久而未悟乃并列中元之號疑以傳疑鄭公
之慎也然續漢志實司馬彪所撰鄭公謂俱出范氏
則非矣及司馬温公作資治通鑑雖存鄭公説頗從
帝紀止稱中元蓋袁宏後紀亦止稱中元不冠建武
事無明證固宜從衆也若使此記早出其眞僞立見
則鄭公必不并列兩元温公必不承范袁之誤矣温
鄭皆大儒於出入證據之學尤詳偶未見此頗有遺
恨歐陽永叔留意集古録謂可正史傳缺謬詎不信
夫惜此記又不使永叔見之也 又淳熙二年春邛
州蒲江縣上乘院僧治基增築大殿闢地九仞得古
竃甓其封石刻作兩闕狀中有文二十九字云永憙
元年二月十二日蜀郡臨邛漢安鄉安定里公乘校
官掾王幽字珍儒臨邛太守宇文紹奭字袞臣好古
博雅士也聞之亟命輦致郡齋龕之壁以余大父勤
齋先生子堅平生留意篆隷碑刻俾原而釋之勤齋
爲考訂而跋之云此固漢隷無疑其曰蜀郡臨邛蓋
兩漢因秦之舊而弗易也其鄉里則沿革不常不必
深究曰公乘云者按百官表於爵之級爲第八言其
得乘公家之車許氏子進説文表稱長安槐里公乘

是也其書爵於鄉里之下則知古人所謂爵里刺先後如此其稱校官掾按韓延壽傳令文學校官諸生皮弁執俎豆則知其人嘗爲學官之屬矣官爵皆漢制也惟永憙之號不見於史世猶疑之某以宋鄭公紀年通譜攷之自漢武以來以永名元者二十有七以熹名元者三顧未有以憙連永者謹按冲帝即位所改之元史傳相承以爲永嘉與晉懷帝同號按晉永嘉元年是歲丁夘李特據蜀改元建初已五年矣特之子權自稱太武亦已三年西晉正朔之所不及此蜀刻也又不作嘉則其非晉固不待辨然漢之永嘉止一年質帝之立乃更本初之號憙之與嘉文字易貿亂一年而改見於他文者幾希矧魯魚帝虎不啻三傳寧無訛謬宋鄭公謂官書累經校讎學者失於精審烏乎非此刻出於今日而文字初無少鈌孰知漢冲帝永嘉之爲永憙也夫自古改元不無所本是年帝甫二歲梁太后臨朝按許子重說文憙者悅也從喜從心故劉寬碑書河東聞憙皆爲聞喜取悅喜以名元而冠以長久之義其太后之意歟或一時省文以憙從喜如劉寬碑通借之類而後乃喜訛爲嘉特偏傍耳其後和憙鄧太后以謚法有功安人曰憙故取以易名恐亦必出此宋鄭公於延熹之元謂字說熹爲火熾疑漢從火德義若延其熹盛以冠元幾矣若施之熹平光熹則又跋疐故其說又謂兼取有功安人之意似亦未爲該洽某謂憙之與熹古蓋通用如廣漢屬國侯夫人碑云神窔設兮萬姓熹與滋時期叶韻其字從火此其明證安知熹平光熹與夫和憙之憙不皆通爲憙耶歐陽文忠公好集古書以爲可正史傳鈌謬信矣曩紹興辛未巽嵓李公因青衣蜀郡掾治道記始克正建武中元紀號之實某今因臨卭校官之刻乃克正漢永嘉名元之訛是用巽嵓故事且建武距辛未千九十有三年永憙距乙未千九十有一年豈物之隱見事之晦明亦自有數焉故不辟而書此二篇之文皆見於巽嵓及勤齋本集刋行於世矣余故表而出之以資學者辨證之助

古粧鏡銘

鳳州遁迹山有郭家崖景德二年軍人楊起忽入一洞穴穴中有石臺鑑架一坐鏡圍五寸背鑄水族回環有銘三十二字曰煉形神冶瑩質良工當眉寫翠對臉傳紅如珠出匣似月停空綺窻繡幌俱涵影中方取鏡而聞後有風雨聲既出穴鏡存而匣已爛矣詳其文乃是粧鏡不知何代之物而文義甚佳惜其不見於文集而獨見於郡志故傳録之以補款識之一云

夷齊泰伯封謚

國朝天禧元年封汾州介之推廟爲潔惠侯元符三年七月封伯夷爲清惠侯叔齊爲仁惠侯吳泰伯爲至德侯東方朔爲智辨侯並行制見於國朝大詔令中而諸史往往不盡登載也

改室人爲安人

政和初定命婦八階孺人次以室人後改爲安人亦見於大詔令今職源等書亦不載也

東箱字

周昌傳呂后側耳東箱聽注師古曰王寢之東西室皆曰箱言似箱篋之形余謂此説得之今世誤作東廂西廂皆非是

守令以愛民爲心

邑令乃字民之官關係攸重魯論一書吾夫子獨丁寧於爲宰爲令之戒而他職不與焉寔以得百里之地而君之乃斯民休戚之寄故曰可以寄百里之命然必在乎爲之牧守充聖門之意及聖主之心申飭而勞勉之且寬恤通情以待之其不我從而厲民者必汰斥之則民勞可小康矣余嘗觀朱文公語録所載一事云楊至説王十朋詹事守泉州初到任會七邑宰勸酒歷告以愛民之意出一絶以示之曰九重天子愛民深令尹宜懷惻隱心今日黄堂一盃酒使君端爲庶民斟邑宰皆爲感動余因歎王梅溪固自得聖門勉邑宰之遺意而朱徽文公表而出之以爲儒生作牧之式民之幸也其後眞西山希元帥牧潭州會長沙十二縣宰有詩云從來守令與斯民都是同胞一體親豈有脂膏供爾禄不思痛痒切吾身此邦祇似唐時古我輩當如漢吏循今日湘春一巵酒直須散作十分春及帥福唐又有會三山十二宰古風一長篇甚惻怛近年王實齋去非守平江作會兩倅六邑宰詩曰守令張官本爲民恫瘝無異切吾身但令六縣皆朱邑何必黄堂有信臣田里要須興孝弟閭閻謹勿致嚬呻與君共舉一盃酒化作人家點點春及移鎮宣城又有飲諸縣宰詩二賢同本於梅溪纖意固一世名德足以聳動貪酷之吏而褫其魄然余嘗觀唐呂温知衡州送毛令絶句曰布帛精麤任土宜疲人識信每先期今朝臨别無他祝雖是蒲鞭也莫施則知王梅溪又體此意而推廣之也呂温在八司馬之流何足道哉而愛民之心乃能如此則今之爲太守者不恤縣令虐取厲民於諸邑惟視其督課之多寡以爲殿最烏乎之人也不寧爲孔聖及

朱子之罪人也而實梅溪西山實齋之罪人也抑又可惜而爲三君子之罪人乃呂司馬之罪人也可不深嗟而甚疾之耶余將指梓部六年常跋視民如傷四字每銓量本部知縣即與一本蓋推廣明道先生之語也無問其知行之篤然刋諸石以上者獨江安馮宰大足先宰蓬溪吳宰三人而已吳宰又爲一跋於其下詞旨甚佳予怪其右列細訪之乃其館客令狐叔子之作也然吳宰之政民甚安之至有頌其德政而相率詣本臺借留者又歎儒冠之反不鶡冠若也

辨灰酒

陸放翁筆記又有云唐人愛飲甜酒灰酒如杜子美

詩不放春醪如蜜甜則引證切矣如灰酒又引陸龜蒙酒滴灰香似去年一句爲證余又哂其不然蓋龜蒙初冬絶句末聯云小爐低幌還遮掩酒滴灰香似去年言初冬圍爐飲酒盞瀝滴在灰中而香仍似去年光景不是酒似灰香耳以上句觀之其義昭然此老精於詩而不善觀詩如此何哉

市井字出春秋井田記

今人常談市井字莫考其證據此蓋出於後漢循吏傳中云白首不入市井注引春秋井田記曰井田之義有五一曰無泄天時地氣二曰無費一家三曰同風俗四曰合巧拙五曰通財貨因井爲市交易而退故稱市井也余因愛市井之名義起於此且春秋井田記不見於他書獨此引用故表而出之以資博聞

瓦卜

今之瓦卜蓋有取於周太卜之瓦兆注云瓦兆帝堯之兆其象似瓦原之舋鏬是用名之

學齋佔畢第三卷

學齋佔畢第四卷　　　凡二十則

天大於地而包地

張横渠書云天下之數當止於九其言十者九之耦也揚雄亦曰五復守於五何者蓋地數無過天數之理孰有地大於天乎故知數止於九是陽極也十者姑爲五之耦耳此横渠説也近世淺學徒知天大於地之説始於横渠余嘗考易注䟽坤卦彖之正義云至哉坤元言至極也但天亦至極包籠於地非但至極又大於地故乾言大哉坤言至哉則知關洛先正之言皆本於經非臆説也陋儒以爲始於關洛不曾明經耳

天地節而四時成

余鄉作易菴記其中云易上經爲卦三十下經爲卦三十有四者乾配甲而起於子故六十四卦上經起於乾之甲子歷泰之甲戌噬嗑之甲申至於離凡三十卦而三甲盡矣下經起於咸之甲午歷損之甲辰震之甲寅至於節亦三十卦而三甲又盡且自乾至節六十卦凡三百六十爻爻當一日而盡一年之候矣故曰天地節而四時成是起於子而終於亥也而中孚等四卦繼於節之後是中孚復起甲子而爲一陽來復之兆故上元太初以十一月甲子朔旦冬至爲起曆之數本諸此也此記已爲蜀郡板行繆藁有年矣洎至公安竹林書院有來問曰公之易菴記中天地節而四時成之説可謂發明至矣然節之後中

孚四卦於何施焉諸生所疑也余應之曰余於七日來復說已詳之矣余之此說蓋爲序卦而言之也孔子序卦革何以居四十九而彖曰天地革而四時成蓋革之象言君子以治曆明時欲以大衍之數作曆而大衍之數其用四十有九也唐一行作大衍曆以爲古今不易之數中黄之大寶是也節卦又何以居六十蓋節之彖言天地節而四時成蓋一爻爲一日六十卦有三百六十爻所以節之卦居六十也故象曰君子以制數則於以數而推天度之說合矣此蓋以序卦之爻數言之也若夫以六十四卦而配一年之候則其義又別蓋曆之爲書取易六十四卦先以坎離震兌四卦列子午卯酉爲冬夏春秋四時之正

每卦分内外兩之以爲八節是爲分至啓閉也四卦凡二十四爻配二十四氣每爻直十五日以應七十二候而成三百六旬之朞除此四卦之外餘六十卦以復臨泰壯夬乾姤遯否觀剝坤十二月爲自子至亥十有二月君辟之卦又以辟卦各統公卿大夫諸侯四卦凡五而共爲六十卦總成三百六十爻爲一歲直日之爻而每卦主六日七分積餘乃成閏以定四時成歲所謂君辟之卦氣皆自前月中氣而起故揚子雲作太元經以其初卦準中孚故先儒言卦起中孚此曆家以配坎之初六爲十一月中氣而爲筭曆之首蓋易以卦起乾坤至節凡六十卦爲三百六十爻而天度盡故曰天地節而四時成而中孚繼於節卦之後是陽氣復生於子故以爲十一月之中氣而七日來復以復繼中孚爲十有二月君辟之卦之首以爲陰陽消長循環之候皆自然之理也大率乾坤至節六十卦凡三百六十爻者此以序卦而言也而節之後餘中孚四卦則是已除起坎離震兌四正卦以配春夏秋冬節氣故以中孚等四卦雜揉於六十卦中而爲辟統公卿大夫諸侯之爻而中孚與乾同起於甲子實同而異異而同也易具萬變而包萬用若執一以求之可謂固矣問者說曰微公之詳辨無以祛其惑也上手稱謝而去

大過本末弱既濟六爻失位

余鄉奉祠歸里中舟過敘州易守乃江西人同倅范

以正率諸生請講余爲復講瀘南先天圖說衆皆稱聞所未聞其中有一學易士友問曰大過本末弱也注雖云初爲本而上爲末然不究其所以爲弱之義願詳聞之余曰此不難曉古文篆體木字皆無勾脚本末兩字皆當從木以一陽畫藏於木之下而根株回暖故爲本以一陽畫散於木之上而枝葉向榮故爲末而大過巽下兌上以四陽畫積於中二陰畫處於初上猶之木焉上缺下短本末弱也故曰棟橈凶是以木之字義而爲言也問者曰諸儒之解未有如此說之詳也又有一老儒問曰伊川在成都講易有一桶匠過之指未濟卦曰此卦六爻皆失位未有明其失位之說余答曰大率每卦六爻初三五爲陽位

二四六爲陰位此卦坎下離上初爻爲陽位而六以陰居之二爻爲陰位而九以陽居之餘四爻皆然是六爻失位也凡六十四卦惟未濟爲然亦猶二陰居初上四陽居中惟大過爲然也老儒曰此義亦未有如公此說之詳明也願筆之以幸後學焉然余亦未敢自是其說爲盡也

乾元用九天下治

余鄉在瀘州講先天圖卦及爲帥幹任文虎作讀易堂記詳講天地之數止於九而已是乃先天後天之同然蓋先天之數九數也後天之數上下經序卦圖反而視皆成十有八卦始終亦不出九數也故先天位乾於一以對坤八居兌於二以直艮七處離於三

以配坎六列震於四以當巽五上下相合數皆爲九此自環圖內卦觀之也自環圖外卦觀之則乾兌之間泰之外卦爲坤履之外卦爲乾即九數矣大畜之外卦爲艮夬之外卦爲兌亦九數矣由大畜而上以至於乾自兌而下以至於臨乾兌對峙之卦爲八箇九數以至兌離之間離震之間及乎巽坎艮坤之間亦莫不皆然蓋先天兩卦上下相對而爲九餘六十左右相對亦爲九以八經卦各生重卦八是三十六而因爲六十四也而爲易之體後天震兌兩卦相對爲九餘六卦左右相對上下經皆爲二九十八反覆變互爲六十四卦而約爲互體三十六以爲易之用先天因河圖之九而分左右皆疊二九而周乎六十

四後天衍洛書之九而分上下亦各二九而總乎三十六羲文之易先天後天皆以乾爲首以九爲用若知乾之一卦可以該六十四卦知九之爲數可以盡六七八之數蓋以天之終數九而乾爲天是九者數之極故曰九者究也言究極也是說已見之繆藁誤爲蜀眉雅郡刋行於時矣會余以君命召舟抵公安力上祠請因寓焉蜀士之寓於竹林南士之仕於渚宮者踵門求爲講切或有問余曰公之高文中乾元用九乃見乎天則可謂精無軼遺先賢之未盡及也敢問乾元用九天下治也何以見其用及治乎余亟應之曰大哉問也然遽數之不能終悉數之更僕未可終也今試爲子舉二帝三王之用九及治者而言

之大哉堯之爲君其治也巍巍蕩蕩無得而名然帝典之首不過曰克明俊德以親九族九族既睦而百姓昭明萬邦協和黎民於變時雍至鯀之治水亦俟其九載績用而成而後咨岳巽位是堯用九而天下治也舜之受終文祖亦首命九官俾之欽時亮功必三載考績三考黜陟幽明是通爲九載也而後釐下土設居方又作九共九篇注謂共者法也是舜用九而天下治也若夫三代則愈詳矣夏禹之治水也雖曰天錫九疇而別九州疏九江播九河迄至於九川滌源九澤既陂而六府三事允治以敘九功而作九歌不寧惟是而又收九牧之貢金以鑄九鼎鼎有三足九鼎共二十七足以應三九二十七會之數每鼎

重八千一百斤九鼎共七萬二千九百斤以應七百二十九章之數且應二朞之日則是以九疇元會章之數寓於九鼎以至田賦有上中下三等三而三之爲九等而九州攸同四海會同是禹之用九而天下治也至商湯之盤銘不過九字曰苟日新日日新又日新而誥命所言德日新萬邦惟懷志自滿九族乃離是必欲日新其德以親九族而懷萬邦也故受天命而有九有之師躋聖敬而式九圍之命皆用九以治也及成周定鼎郟鄏訪箕子而敘九疇以故三代之通制如井田之制取諸井字開方八維與其中而爲九蓋九夫爲井三三而九也四井爲邑三十六數乾之策也坤之數六以四乘之爲二十四坤之策也

以一井論之則是一生三而三生九以三井論之則是二十有七以九井論之則是八十有一應於九疇之數故內而三妃九嬪二十七世婦八十一御妻外而三公九卿二十七大夫八十一元士以理內外之治皆九數也以至成周升三辰於旗而定九章之服取八卦之名物建大常於中而定九旗之號王制之定九畿周官冢宰居六官之首而以九職任萬民以九賦斂財賄以九式節財用以九貢致邦用以九兩繫國民六典之中以九爲目不可概舉非用九致治而何匪獨以治天下也如皋陶之陳亦行有九德孔聖之言君子有九思又三陳九卦之德於大傳以爲切於人事之戒三舉九經於中庸以斷爲天下國家之要聖賢之言昭如日月帝王之治浩如乾坤三代以下因陋就寡何足以知用九之事哉其治少可知矣或者斂手曰富哉言乎又昔賢之所未及也吾乃言知學齋之所學矣因退而筆之以俟博洽者而是正焉

禹直鼎封

孔子易大傳謂聖人制器尚象以應形而下者謂之器故自包犧氏近身遠物始作八卦作結繩爲網罟以佃以漁蓋取諸離神農氏爲耒耜之利以教天下蓋取諸益日中爲市取諸噬嗑黃帝堯舜垂衣裳而天下治蓋取諸乾坤以至舟楫杵臼弧矢棟宇棺槨書契於十三卦皆有取象而五帝之後三代之先獨

遺夏禹其散在諸卦彖象之爻或云湯武革命或云文王箕子之明夷或云高宗伐鬼方或云帝乙歸妹三代之令王皆取之直卦禹乃令王之顯顯者而不取之直卦或爻甚可疑焉余曩時在鶴山書院會一老趙丈今伯美中舍之族叔祖明易有根據鶴山亦敬之余是時方從鶴山授易一日嘗以此質疑於老趙丈趙丈云禹當以鼎直卦余問其詳趙丈云余舉其要矣子詳思而求其所以直卦之由却見示可也余紬繹累日而方得其義蓋以制器尚象莫大乎鼎故鼎卦之彖曰鼎象也注云法象也余乃悟禹之明德大功固非三王之可及鼎之法象大器又非諸卦之可比因詳觀鼎之注疏云鼎者器之名也自火化

之後鑄金而爲此器一有烹飪之用一有物象之法則與左傳所云禹收九牧貢金鑄鼎以象九州使人知神姦而魑魅罔兩之莫逢事固脗合而鼎大象謂君子以正位凝命且鼎卦之下即次以震卦而孔子大傳謂主器者莫若長子故受之以震五帝皆相禪至禹方傳之子焉又合於序卦之義矣且震卦之注疏云長子則正體於上可以奉承宗廟彝器守而不失又合於大傳主器之說矣余以是復之老趙丈趙云是余之所學也子以思而得之甚可喜也余因以是復之鶴山先生先生云其義無以易此然易經三聖人矣不明言之必有其說矣且識之以資博洽云

昧谷柳穀

尚書堯典分命和仲宅西曰昧谷正經注疏云日所入處名曰昧冥之谷史記注引孔安國云日入于谷而天下冥故曰昧谷以爲羲仲宅暘谷之對其義坦然明白矣而周禮縫人衣翣柳之材注柳之言聚也諸飾之所聚且引書曰分命和仲度西曰柳穀注疏遂云柳者諸色所聚日將沒其色赤兼有餘色故曰柳穀其云書曰者是濟南伏生書柳文見今尚書云宅西曰昧谷此周禮注及疏之說也然余攷漢隸古定古文尚書止云分命咊中宅屆曰聣谷聣乃古昧字初無柳谷之文及旁攷史記堯本紀申命和仲居西土曰昧谷徐廣注曰一作柳谷亦日入處地名太史公帝紀務變易二典正文先儒固已評之徐廣因而以柳谷地名注之亦已淺陋至周禮之注又變爲柳穀則併谷字而易其文周官至劉歆時方奏立博士胡康侯父子已枚數其失而唐人正義又鑿說以諸色而易諸飾以證柳谷之義其視漢儒義益遠矣至若改谷爲穀又無其義雖漢注唐疏皆不容巧爲之說益知訓詁傳注之傳會如此也

莧陸夬夬稱人莧字甚新

易夬之九五莧陸夬夬古注云莧陸草之柔脆者也決之至易故曰夬夬則以莧陸爲一草至馬鄭云莧陸商陸也則以莧陸爲一物宋衷云莧莧菜也陸商陸也虞云莧藚也陸商也然後別而爲二至注疏正義乃引子夏傳云莧陸木根草莖剛下柔上馬融鄭玄王肅皆云莧陸一名商陸皆以莧陸爲一惟董遇云莧人莧也陸商陸也以莧陸爲二終不訂其或一或二異名之說余因謂釋經莫若爾雅爲正且祖因證之爾雅疏草部云藚赤莧釋曰赤莧一名藚今莧菜之赤莖者也又曰蓫薚釋曰藥草蔏陸也一名當陸初無莧陸一名商陸之說則莧自莧陸自陸莧爲菜陸爲草其爲二物明甚宋謂之菜虞謂之藚董謂之人莧二家之說得之矣然余又特愛人莧二字甚新可謂詩料而前人未之有舉意度世有稱馬齒莧者故以人字別之遂旁求於本草而方得之蓋本草云莧實一名馬莧行義曰苗又謂之人莧紅色者謂之紅人莧後又別載馬齒莧然後詳人莧馬莧之別

因謂君子耻一物之不知子又謂學詩可以多識草木之名因謂讀經當併傳註而讀傳註有疑則旁引百家之可證據者而攷訂方爲有益余平生愛食紅莧或以爲笑至是方知赤莧之見於注疏且閲圖經明州有赤莧山土傳赤莧仙人所種遂作小絶云易稱人莧美柔英夬決窮陰日旅辰不以色紅爲貴尚何因赤莧有仙人或者亦服其精贍也

閏月無中氣

唐人作詩雖巧麗然直有不曉義理而淺陋可笑者如李賀十二月詞又有閏月一首其中一句云天宫葭琯灰剩飛是以閏通爲十三箇月也不知葭灰之飛每月只是一次而閏無中氣雖置閏之年亦只是十二箇月二十四氣節候無十三箇月氣候之理今官曆自可見灰琯豈有剩飛一月之理乎姑舉其一如是者甚多也

九經所無之字

九經有筆墨字如史載筆工輸削墨之類而無硯字意是古人用墨以器和之如莊子所云舐筆和墨是也硯字雖見於西京雜記天子以玉爲硯及異書引帝鴻氏之硯然字不見於經也且唐人多只是以瓦爲硯故昌黎毛穎傳止稱爲陶泓及國初而硯以譜行端歙二石擅名天下矣九經中有燭字如夜行以燭隅坐執燭燭不至跋是也而無燈字至漢竹宫祠太一自昬至曉然燈故有七枝燈百枝燈之類然上林鐙字却只從金旁是以五金鑄之也九經中無麪字周禮所謂麷只是如今炒麥至王莽始有啖麪及鰒魚之文九經無茶字或言荼苦即是也見於爾雅謂之檟茗則是今之茶但經中只有荼字耳九經中無豉字至宋玉九辯大苦醎酸注大苦豉也又史記貨殖傳鹽豉千荅前漢食貨志長安樊少翁賣豉號豉樊是也九經中無醋字止有醯及和用酸而巳至漢方有此字

體用字

先儒體用字或以爲出於近世非也乾元亨利貞注疏云天者定體之名乾者體用之稱言天之體以健爲用又天行健注疏云天是體名乾是用名健是其訓三者並見最爲詳悉余謂體用字當本諸此

成王冠頌

大戴記一書雖列之十四經然其書大氐雜取家語之書分析而爲篇目又其間勸學一篇全是荀子之辭保傅一篇全是賈誼疏以子史雜之於經固可議矣其公符篇載成王冠祝曰成王冠周公使祝雍祝王（注雍太祝定左與王爲祝辭於冠告焉）曰達而勿多也（辭多則史少則不達）祝雍曰使王近於民遠於年嗇於時惠於財（及時而施）親賢使能陛下離顯先帝之光耀（離明也）以承皇天嘉禄欽順仲夏之吉日（古者冠以仲春）遵並大道邠或（當爲芬或）秉集萬福之休靈始加昭明之元服推遠稚免之幼志（免猶弱也）崇積文武之寵德肅勤高祖清廟六合之内靡不息

陛下永永與天無極（注凡一百字）然予考之於家語冠頌則大戴所取前後文皆同惟家語云周公冠成王而朝于祖命祝雍作頌曰祝王達而未幼祝雍辭曰使王近於民遠於年（壽長也）嗇於時（愛時也）惠於財親賢而任能其頌曰令月吉日王始加元服去王幼志心袞職（盛服有禮文也）欽若昊天六合是式率爾祖考永永無極此周公之制也大戴所載辭已冗長視此典雅固不類矣而祝辭內有先帝及陛下字皆秦始皇方定皇帝及陛下之稱周初豈曾有此可謂不經之甚家語止稱王字辭達而義明當以家語為正其後張華博物亦載此頌與大戴所記一同但去陛下前後四字華以陛下字出於秦去之誠是矣而不悟先帝字亦

非周語也其間又差仲夏之吉日為仲壹之言曰稚免為童稚數字余鄉刊先秦文章續集已刊張華博物志所紀偶因參攷家語及大戴記因並載而詳辨庶定家語之辭為正而不誤後學云

王霸記

周禮大司寇注引王霸記曰四面削其地又王霸記曰置之空墠之地又王霸記曰正之者殺之也又王霸記曰殘滅其為惡又王霸記曰犯令者違命也陵政者輕政法不循也又王霸記曰悖人倫內外無以異於禽獸不可親百姓則誅滅去之凡六舉於司寇之注而不見此篇於他書意其刑章之事及閱西漢藝文志春秋二十三家無此記又於刑法家亦無之又考大戴記及家語並無此篇名不知漢儒何所本也

詩史百家注淺陋

先儒謂韓昌黎文無一字無來處柳子厚文無兩字來處余謂杜子美詩史亦然惟其字字有證據故以史名而近世所集注雖曰百家實則未詳至於字稍淺近遽云此蜀之俗語以槩之何其淺陋歟今試舉其至淺者數條言之若云斟酌姮娥寡蓋出於易注疏臨卦九二正義曰須斟酌事宜有從與否若云繁枝容易紛紛落嫩蘂商量細細開蓋出於東方朔非有先生論曰談何容易及易注疏咸臨正義曰須商量事宜皆本諸經史也劉禹錫以六經注有餳字而無餻字故不敢用孰謂杜陵而輕使俗語耶可笑〻〻

騷雅只止字同義

屈原小招句句用只字蓋當時語助晦庵辨證已摘其中陟降堂只與詩陟降庭止同字義矣然余又以詩母也天只不諒人只而又云會言近止征夫邇止則騷雅只止同一字義明矣

西漢無兵志

班孟堅西漢書有刑法志而無兵志兵制列於刑法志之首先儒謂古者大刑用甲兵兵固刑之一也然余嘗推其元則帝典命皐陶曰蠻夷猾夏寇賊姦宄汝作士明于五刑以弼五教則是兵刑固合為一矣故司馬文正公作潛虛云唐虞時禮樂之官析為二兵刑之官合于一詳略之間意可見矣此說極高明

近有鼎科一士自鄂渚來說本州催糴甚急自訊而笞笞而杖杖而徒並用也余歎曰古者五刑以弼教今也五刑反以督糴而虐民耶馮宰曰此論偉矣然古者五刑以弼教而未始施之理財今郡縣以上至朝端刑專以理財而往往教之不明未嘗問也余極歎其言因哀叔末之世如此錯繆也

容齋五筆論孟子記舜事多誤之言未審

洪文敏公景盧著容齋五筆援引該洽證據辯論極爲精詳殆近世筆記之冠冕也然余見其三筆第五卷有云孟子記舜事多誤故司馬公等皆有疑非之說其最大者證萬章塗廩浚井象入舜宮之問以爲然也至桃應有瞽叟殺人之問雖曰設疑似而請然亦可謂無稽之言孟子拒而不荅可也顧再三爲之辭宜其起後學之惑余謂洪公此言過矣當七國之時處士橫議邪說殄行滋熾當時弟子如萬章之徒皆以一時所聞爲問孟子以正人心息邪說爲事正恐後世有惑其說而疑以傳疑故委曲開曉以破其說故云余豈好辯哉予不得已也而孟子題辭亦止云其難疑荅問之書今洪之所疑乃孟子因萬章而難疑非記舜事也因桃應而荅問非爲辭費也洪公疑之過矣且司馬溫公疑孟五峯胡子已著釋疑凡十四條而明之矣至桃應一條晦庵朱子又從而釋之曰龜山嘗言固無是事此只是論舜心且愚謂執之而已非洞見臯陶之心者不能言也此一章之義

則聖賢所處無所不用其極所謂止於至善者也余謂孟子深得臯陶之心朱子深得孟子之心談經固當師朱子之說而破洪公之疑也余深恐後學之惑也故引胡五峯朱考亭之言以訂之云

繪事後素

論語夫子荅子夏云繪事後素此句雖逸詩然夫子以之喻禮余已詳紀於前矣後因讀諸經若周易賁以上九白賁無咎注謂處飾之終飾終反素故象曰得志中庸謂衣錦尚絅惡其文之著也周官考工凡畫繢之事後素功注云白采後布皆繪事後素之義論語五經之管鑰遽不信歟

忠臣不私不和之辨

後漢任延傳帝謂延曰善事上官無失名譽延對曰臣聞忠臣不私私臣不忠善事上官臣不敢奉詔本傳只作私字而溫公通鑑乃作忠臣不和和臣不忠而於考異曰高峻小史私字作和義稍長今從之以繩祖繆見則不和字不長於不私字矣和者經傳聖賢所美之字不和聖賢所疾之字如乾卦利者義之和又曰保合大和又咸謂聖人感人心而天下和平詩謂既和且平穆穆厥聲至於帝典則曰同寅協恭和衷哉傳謂九官相遜和之至也豈嘗以和爲不忠耶莫極於夫子謂君子和而不同小人同而不和之語不和烏得爲忠耶至於不私則義却長矣語謂事君之道無私無私則至公公則不阿諛決無善事上

官矣於延之對光武義乃長矣當從本傳

前糖始於漢不始於唐

老學庵筆記其中一條云聞人茂德博學士也言沙糖中國本無之唐太宗時外國貢至問其使人此何物云以甘蔗汁煎用其法煎成與外國者等自此中國方有沙糖凡唐以前書傳及糖者皆糟耳是未之深考也聞人固不足責老學庵何至信其說而筆之余按宋玉大招已有柘漿字是取蔗汁已始於先秦也前漢郊祀歌柘漿析朝酲注謂取甘蔗汁以為飴也又孫亮取交州所獻甘蔗餳而二禮注飴字俱云煎米蘗也一名餳則是煎蔗為糖已見於漢時甚明而說文及集韻並以糖為蔗飴曰飴曰餳皆是堅凝

可含之物非糟之謂其曰糟字止訓酒粕不以訓糖何可謂煎蔗始於太宗時而前止是糟耶余故引經注漢傳而證其誤云

一字詩不始於東坡

坡公詩集中有和郭正輔一字詩云故居劍閣隔錦官柑果姜桂交荆營奇孤甘掛汲古綆僥覬敢揭鈎今竿已歸耕稼供藁秸公貴幹國高巾冠攺更句格各謇喫姑固狡獪加間關又有郊居江干堅關扃一首及四言一首亦名喫語詩注家及苕溪漁隱俱以為公出意以文為戲余嘗覩唐人姚合少監詩集中有洞庭蒲萄架詩云萄藤洞庭頭引葉漾盈摇皎潔鈎高掛玲瓏影落寮陰煙壓幽屋濛密夢冥苗清秋青且翠冬到凍都凋則此體已具矣坡公不過才高記博造句傑特有來處因前人之體而為戲耳若直指為坡則寡見可笑矣

學齋佔畢第四卷

學齋先生無書不讀讀而有所疑則思思而有所得則錄名之曰佔畢所以惠後學者至矣然豈

先生自為之說哉曰土王於季夏曰無極而太極曰逸詩句曰孟荀揚言性曰飲食衣服變古曰屈原橘頌曰日隨天左旋曰三數乘

四曰中庸心性曰不徹薑食曰守令愛民一以

紫陽夫子之書為證

先生學

紫陽者也

紫陽之誨人曰學問思辨四者皆所以窮理

先生此書其學問思辨而窮理者歟學者其即是書而求

先生之心因

先生而求

紫陽之心景定壬戌冬至門生鄱陽

手謹跋

獨斷卷上

漢左中郎將陳留蔡

漢天子正號曰皇帝自稱曰朕臣民稱之[illegible]言曰制詔史官記事曰上車馬衣服器械百物曰乘輿所在曰行在所所居曰禁中後曰省中印曰璽所至曰幸所進曰御其命令一曰策書二曰制書三曰詔書四曰戒書

皇帝皇王后帝皆君也上古天子庖犧氏神農氏稱皇堯舜稱帝夏殷周稱王秦承周末爲漢驅除自以德兼三皇功包五帝故并以爲號漢高祖受命功德宜之因而不改也

王者至尊四號之別名

王畿内之所稱王有天下故稱王

天王諸夏之所稱天下之所歸往故稱天王

天子夷狄之所稱父天母地故稱天子

天家百官小吏之所稱天子無外以天下爲家故稱天家

天子正號之別名

皇帝至尊之稱皇者煌也盛德煌煌無所不照帝者諦也能行天道事天審諦故稱皇帝

朕我也古者尊卑共之貴賤不嫌則可同號之義也堯曰朕在位七十載皋陶與帝舜言曰朕言惠可底行屈原曰朕皇考此其義也至秦天子獨以爲稱漢因而不改也

陛下者陛階也所由升堂也天子必有近臣執兵陳於陛側以戒不虞謂之陛下者羣臣與天子言不敢指斥天子故呼在陛下者而告之因卑達尊之意也上書亦如之及羣臣士庶相與言曰殿下閤下執事之屬皆此類也

上者尊位所在也太史令司馬遷記事當言帝則依違但言上不敢渫瀆言尊號尊王之義也

乘輿出於律律曰敢盜乘輿服御物謂天子所服食者也天子至尊不敢渫瀆言之故託之於乘輿乘猶載也輿猶車也天子以天下爲家不以京師宮室爲常處則當乘車輿以行天下故羣臣託乘輿以言之或謂之車駕

天子自謂曰行在所猶言今雖在京師行所至耳巡狩天下所奏事處皆爲宮在京師曰奏長安宮在泰山則曰奏奉高宮唯當時所在或曰朝廷亦依違尊者所都連舉朝廷以言之也親近侍從官稱曰大家百官小史稱曰天家

禁中者門户有禁非侍御者不得入故曰禁中孝元皇后父大司馬陽平侯名禁當時避之故曰省中今宜改後遂無言之者

璽者印也印者信也天子璽以玉螭虎紐古者尊卑共之月令曰固封璽春秋左氏傳曰魯襄公在楚季武子使公冶問璽書追而與之此諸侯大夫印稱璽者也衛宏曰秦以前民皆以金玉爲印龍虎紐唯其

所好然則秦以來天子獨以印稱璽又獨以玉羣臣
莫敢用也
幸者宜幸也世俗謂幸爲僥倖車駕所至民臣被其
德澤以僥倖故曰幸也先帝故事所至見長吏三老
官屬親臨軒作樂賜食皁帛越巾刀珮帶民爵有級
數或賜田租之半是故謂之幸皆非其所當必而得
之王仲任曰君子無幸而有不幸小人有幸而無不
幸春秋傳曰民之多幸國之不幸也言民之得所不
當得故謂之幸然則人主必慎所幸也御者進也凡
衣服加於身飲食入於口妃妾接於寢皆曰御親愛
者皆曰幸幸說從上章
策書策者簡也禮曰不滿百文不書於策其制長二

尺短者半之其次一長一短兩編下附篆書起年月
日稱皇帝曰以命諸侯王三公其諸侯王三公之薨
于位者亦以策書誄謚其行而賜之如諸侯之策三
公以罪免亦賜策文體如上策而隸書以尺一木兩
行唯此爲異者也
制書帝者制度之命也其文曰制詔三公赦令贖令
之屬是也刺史太守相劾奏申下土遷書文亦如之
其徼爲九卿若遷京師近官則言官具言姓名其免
若得罪無姓凡制書有印使符下遠近皆璽封尚書
令印重封唯赦令贖令召三公詣朝堂受制書司徒
印封露布下州郡
詔書者詔誥也有三品其文曰告某官官如故事是

為詔書羣臣有所奏請尚書令奏之下有制曰天子
荅之曰可若下某官云云亦曰詔書羣臣有所奏請
無尚書令奏制之字則荅曰已奏如書本官下所當
至亦曰詔
戒書戒勑刺史太守及三邊營官被勑文曰有詔勑
某官是爲戒勑也世皆名此爲策書失之遠矣
凡羣臣上書於天子者有四名一曰章二曰奏三曰
表四曰駁議
章者需頭稱稽首上書謝恩陳事詣闕通者也
奏者亦需頭其京師官但言稽首下言稽首以聞其
中者所請若罪法劾案公府送御史臺公卿校尉送
謁者臺也

表者不需頭上言臣某言下言臣某誠惶誠恐頓首
頓首死罪死罪左方下附曰某官臣某甲上文多用
編兩行文少以五行詣尚書通者也公卿校尉諸將
不言姓大夫以下有同姓官別者言姓章曰報聞公
卿使謁者將大夫以下至吏民尚書左丞奏聞報可
表文報已奏如書凡章表皆啓封其言密事得皁囊
盛
其有疑事公卿百官會議若臺閣有所正處而獨執
異意者曰駁議駁議曰某官某甲議以爲如是下言
臣愚戇議異其非駁議不言議異其合於上意者文
報曰某官某甲議可
漢承秦法羣臣上書皆言昧死言王莽盜位慕古法

去昧死曰稽首光武因而不改朝臣曰稽首頓首非朝臣曰稽首再拜公卿侍中尚書衣帛而朝曰朝臣諸營校尉將大夫以下亦爲朝臣

王者臨撫之別名

天子曰兆民諸侯曰萬民今之令長古之諸侯百乘之家曰百姓百乘之家子男之國也

天子所都曰京師京水也地下之衆者莫過於水地上之衆者莫過於人京大師衆也故曰京師也

京師天子之畿內千里象日月日月躔次千里

天子命令之別名

命出君下臣名曰命

令奉而行之名曰令

政著之竹帛名曰政

天子父事天母事地兄事日姊事月常以春分朝日於東門之外示有所尊訓人民事君之道也秋分夕月於西門之外別陰陽之義也

天子父事三老者適成於天地人也兄事五更者訓於五品也更者長也更相代至五也能以善道改更己也又三老老謂久也舊也壽也皆取首妻男女完具者古者天子親袒割牲執醬而饋三公設几九卿正履使者安車輭輪送迎而至其家天子獨拜于屏其明旦三老詣闕謝以其禮過厚故也又五更或爲叟叟老稱與三老同義也

三代建正之別名

夏以十三月爲正十寸爲尺律中大簇言萬物始簇而生故以爲正也

殷以十二月爲正九寸爲尺律中大呂言陰氣大勝助黃鍾宣氣而萬物生故以爲正也

周以十一月爲正八寸爲尺律中黃鍾言陽氣踵黃泉而出故以爲正也

三代年歲之別名

唐虞曰載載歲也言一歲莫不覆載故曰載也夏曰歲一曰稔也商曰祀周曰年

閏月者所以補小月之減日以正歲數故三年一閏五年再閏

天子諸侯后妃夫人之別名

天子之妃曰后后之言後也諸侯之妃曰夫人夫人之言扶也大夫曰孺人孺之言屬也士曰婦人婦之言服也庶人曰妻妻之言齊也公侯有夫人有世婦有妻有妾皇后赤綬玉璽貴人緺綟金印緺綟色似綠

天子后立六宮之別名

三夫人帝嚳有四妃以象后妃四星其一明者爲正妃三者爲次妃也九嬪夏后氏增以三三而九合十二人春秋天子取十二夏制也二十七世婦殷人又增三九二十七合三十九人八十一御女周人上法帝嚳正妃又九九爲八十一增之合百二十人也天子一取十二女象十二月三夫人九嬪諸侯一取九

女象九州一妻八妾卿大夫一妻二妾士一妻一妾

王者子女封邑之差

帝之女曰公主儀比諸侯帝之姊妹曰長公主儀比諸侯王異姓婦女以恩澤封者曰君比長公主

天子諸侯宗廟之别名

左宗廟東曰左帝牲牢三月在外牢一月在中牢一月在明牢一月謂近明堂也三月一時已足肥矣徙之三月示其潔也

右社稷西曰右宗廟社稷皆在庫門之内雉門之外

天子三昭三穆與太祖之廟七七廟一壇一墠曰考廟王考廟皇考廟顯考廟祖考廟皆月祭之諸侯二昭二穆與太祖之廟五五廟一壇一墠曰考廟王考

廟皇考廟皆月祭之

大夫以下廟之别名

大夫一昭一穆與太祖之廟三三廟一壇考廟王廟四時祭之也士一廟降大夫二也上士二廟一壇考廟王考廟亦四時祭之而已自立二祀曰門曰行下士一廟曰考廟王考無廟而祭之所謂祖稱曰廟者也亦立二祀與上士同府史以下未有爵命號爲庶人及庶人皆無廟四時祭於寢也

周祧文武爲祧四時祭之而已去祧爲壇去壇爲墠有禱焉祭之無禱乃止去墠曰鬼壇謂築土起堂墠謂築土而無屋者也

薦考妣於適寢之所祭

春薦韭卵夏薦麥魚秋薦黍豚冬薦稻鴈制無常牲取與新物相宜而已

天子之宗社曰泰社天子所爲羣姓立社也天子之社曰王社一曰帝社古者有命將行師必於此社授以政尚書曰用命賞于祖不用命戮于社

諸侯爲百姓立社曰國社諸侯之社曰侯社亡國之社古者天子亦取亡國之社以分諸侯使爲社以自儆戒屋之奄其上使不通天柴其下使不通地自與天地絶也面北向陰示滅亡也

大夫以下成羣立社曰置社大夫不得特立社與民族居百姓已上則共一社今之里社是也

天子社稷土壇方廣五丈諸侯半之

天子社稷皆太牢諸侯社稷皆少牢

天子爲羣姓立七祀之别名

曰司命曰中霤曰國行曰國門曰泰厲曰户曰竈

諸侯爲國立五祀之别名

曰司命曰中霤曰國門曰國行曰公厲

大夫以下自立三祀之别名

曰族厲曰門曰行

五祀之别名

門秋爲少陰其氣收成祀之於門祀門之禮北面設主于門左樞户春爲少陽其氣始出生養祀之於户祀户之禮南面設主於門内之西行冬爲太陰盛寒爲水祀之於行在廟門外之西拔壤厚二尺廣五尺

輪四尺北面設主於拔上一作軷壤竈夏為太陽其氣長養祀之於竈祀竈之禮在廟門外之東先席于門奥西東設主于竈陘也中霤季夏之月土氣始盛其祀中霤霤神在室祀中霤設主于牖下也

五方正神之别名

東方之神其帝太昊其神勾芒南方之神其帝神農其神祝融西方之神其帝少昊其神蓐收北方之神其帝顓頊其神玄冥中央之神其帝黄帝其神后土

六神之别名

風伯神箕星也其象在天能興風雨師神畢星也其象在天能興雨明星神一曰靈星其象在天舊説曰靈星火星也一曰龍星火為天田厲山氏之子柱及后稷能殖百穀以利天下摠祠此三神以報其功也漢書稱高帝五年初置靈星祠后土祠位在壬地社神蓋共工氏之子勾龍也能平水土帝顓頊之世舉以為土正天下賴其功尭祠以為社凡樹社者欲令萬民加肅敬也各以其野所宜之木以名其社及其野位在未地稷神蓋厲山氏之子柱也柱能殖百穀帝顓頊之世舉以為田正天下賴其功周棄亦播殖百穀以稷五穀之長也因以稷名其神也社稷二神功同故同堂别壇俱在未位土地廣博不可徧覆故封社稷露之者必受霜露以達天地之氣樹之者尊而表之使人望見則加畏敬也先農神先農者蓋神農之神神農作耒耜教民耕農至少昊之世置九農之官如左

春扈氏扈止也農正趣民耕種鶗鴂夏扈氏農正趣民芸除玄切秋扈氏農正趣民收斂藍切冬扈氏農正趣民蓋藏黄切棘扈氏農正常謂茅氏一曰掌人百果丹切行扈氏農正晝為民驅鳥唶唶宵扈氏農正夜為民驅獸嘖嘖桑扈氏農正趣民養蠶脂切老扈氏農正趣民收麥鷃鷃

疫神帝顓頊有三子生而亡去為鬼其一者居江水是為瘟鬼其一者居若水是為魍魎其一者居人宫室樞隅處善驚小兒於是命方相氏黄金四目蒙以熊皮玄衣朱裳執戈揚楯常以歲竟十二月從百隷及童兒而時儺以索宫中毆疫鬼也桃弧棘矢土鼓鼓且射之以赤丸五穀播洒之以除疾殃已而立桃人葦索儋牙虎神荼鬱壘以執之儋牙虎神荼鬱壘二神海中有度朔之山上有桃木蟠屈三千里卑枝東北有鬼門萬鬼所出入也神荼與鬱壘二神居其門主閲領諸鬼其惡害之鬼執以葦索食虎故十二月歲竟常以先臘之夜逐除之也乃畫荼壘并懸葦索於門户以禦凶也

四代臘之别名

夏曰嘉平殷曰清祀周曰大蜡漢曰臘

五帝臘祖之别名

青帝以未臘卯祖青帝太昊木行赤帝以戌臘午祖赤帝炎帝火行白帝以丑臘酉祖白帝少昊金行黑帝以辰臘子祖黑帝顓頊水行黄帝以辰臘未祖黄帝軒轅后土土行

天子大蜡八神之别名
蜡之言索也祭日索此八神而祭之也大同小異爲位相對向祝曰土反其宅水歸其壑昆蟲毋作豐年若土歲取千百
先嗇　司嗇　農
郵表綴　猫虎（猫食田鼠虎食田豕迎其神而祭之）　坊
水庸　昆蟲
五祀之别名（祀臣五義）
法施於民則祀以死勤事則祀以勞定國則祀能禦大災則祀能扞大患則祀
六號之别名
神號尊其名更爲美稱若曰皇天上帝也鬼號若曰

皇祖伯某祇號若曰后土地祇也牲號牛曰一元大武羊曰柔毛之屬也齊號黍曰薌合粱曰香萁之屬也幣號玉曰嘉玉幣曰量幣之屬也
凡祭宗廟禮牲之别名
牛曰一元大武豕曰剛鬣豚曰腯肥羊曰柔毛雞曰翰音犬曰羹獻雉曰疏趾兎曰明視
凡祭號牲物異於人者所以尊鬼神也脯曰尹祭槀魚曰商祭鮮魚曰脡祭水曰清滌酒曰清酌黍曰薌合粱曰香萁稻曰嘉蔬鹽曰鹹鹺玉曰嘉玉幣曰量幣
太祝掌六祝之辭
順祝順豐年也年祝求永貞也告祝祈福祥也化祝弭災兵也瑞祝逆時雨寧風旱也筴祝遠罪病也
宗廟所歌詩之别名
清廟一章八句洛邑既成諸侯朝見宗祀文王之所歌也　維天之命一章八句告太平於文王之所歌也　維清一章五句奏象武之歌也　烈文一章十三句成王即政諸侯助祭之所歌也　天作一章七句祀先王公之所歌也　昊天有成命一章七句郊祀天地之所歌也　我將一章十句祀文王於明堂之所歌也　時邁一章十五句巡守告祭柴望之所歌也　執競一章十四句祀武王之所歌也　思文一章八句祀后稷配天之所歌也　臣工一章十五句諸侯助祭遣之於廟之所歌也　噫嘻一章八句春

夏祈穀于上帝之所歌也　振鷺一章八句二王之後來助祭之所歌也　豐年一章七句烝嘗秋冬之所歌也　有瞽一章十三句始作樂合諸樂而奏之所歌也　潛一章六句季冬薦魚春獻鮪之所歌也　雝一章十六句禘大祖之所歌也　載見一章十四句諸侯始見于武王廟之所歌也　有客一章十二句微子來見祖廟之所歌也　武一章七句奏大武周武所定一代之樂所歌也　閔予小子一章十一句成王除武王之喪將始即政朝於廟之所歌也　訪落一章十二句成王謀政於廟之所歌也　敬之一章十二句羣臣進戒嗣王之所歌也　小毖一章八句嗣王求忠臣助已之所歌也　載芟一章三十

一句春耤田祈社稷之所歌也　良耜一章二十三句秋報社稷之所歌也　絲衣一章九句繹賓尸之所歌也　酌一章九句告成大武言能酌先祖之道以養天下之所歌也　桓一章九句師祭講武類禡之所歌也　賚一章六句大封於廟賜有德之所歌也　般一章七句巡狩祀四嶽河海之所歌也

右詩三十一章皆天子之禮樂也

五等爵之別名（一本云周制也）

三公者天子之相相助也助理天下其地封百里侯者候也候逆順也其地方百里伯者白也明白於德其地方七十里子者滋也奉天王之恩德其地方五十里男者任也立功業以化民其地方五十里

守者秦置也秦兼天下置三川守伊河洛也漢改曰河南守武帝會曰太守世祖都洛陽改曰正

諸侯大小之差

諸侯王皇子封爲王者稱曰諸侯王徹侯羣臣異姓有功封者稱曰徹侯武帝諱改曰通侯或曰列侯也朝侯諸侯有功德者天子特命爲朝侯位次諸卿

王者耕耤田之別名

天子三推三公五推卿諸侯九推

三代學校之別名

夏曰校殷曰庠周曰序天子曰辟雍謂流水四面如璧以節觀者諸侯曰頖宮頖言半也義亦如上

五帝三代樂之別名

黄帝曰雲門顓頊曰六莖帝嚳曰五英堯曰咸池舜曰大韶一曰大招夏曰大夏殷曰大濩周曰大武天子八佾八八六十四人八者象八風所以風化天下也公之樂六佾象六律也侯之樂四佾象四時也

朝士卿朝之法

左九棘孤卿大夫位也羣臣在其後右九棘公侯伯子男位也羣吏在其後三槐三公之位也州長衆庶在其後

四代獄之別名

唐虞曰士官史記曰皋陶爲理尚書曰皋陶作士夏曰均臺周曰囹圄漢曰獄

四夷樂之別名王者必作四夷之樂以定天下之歡心祭神明和而歌之以管樂爲之聲

東方曰韎南方曰任西方曰株離（一作禁）北方曰禁（一作昧）

獨斷卷上

獨斷卷下

漢左中郎將陳留蔡　邕撰

易曰帝出乎震震者木也言宓犧氏始以木德王天下也木生火故宓犧氏沒神農氏以火德繼之火生土故神農氏沒黃帝以土德繼之土生金故黃帝沒少昊氏以金德繼之金生水故少昊氏沒顓頊氏以水德繼之水生木故顓頊氏沒帝嚳氏以木德繼之木生火故帝嚳氏沒帝堯氏以火德繼之火生土故帝舜氏以土德繼之土生金故夏禹氏以金德繼之金生水故殷湯氏以水德繼之水生木故周武以木德繼之木生火故高祖以火德繼之

伏犧爲太昊氏炎帝爲神農氏黃帝爲軒轅氏少昊爲金天氏顓頊爲高陽氏帝嚳爲高辛氏帝堯爲陶唐氏帝舜爲有虞氏夏禹爲夏后氏湯爲殷商氏

武王爲周

高祖爲漢

高帝 在位十二年生惠帝

惠帝 七年無後

呂后攝政 八年立惠帝弟代王爲文帝

文帝 二十三年生景帝

景帝 十六年生武帝

武帝 五十四年生昭帝

昭帝 十三年無後立元衞太子孫爲宣帝

宣帝 二十五年生元帝

元帝 十六年生成帝

成帝 二十六年無後立弟定陶王子爲哀帝

哀帝 五年無後立弟中山王子爲平帝

平帝 五年王莽篡

王莽 十六年劉聖公殺之

聖公 二年光武殺之

光武 三十三年生明帝

明帝 十八年生章帝

章帝 十三年生和帝

和帝 十七年生殤帝

殤帝 一年無後取清河王子爲安帝

安帝 十九年生順帝

順帝 十九年生沖帝

沖帝 一年無後取和帝孫安樂王子是爲質帝

質帝 一年無後取河間敬王孫蠡吾侯子爲桓帝

桓帝 二十一年無後取解犢侯子立爲靈帝

靈帝 二十二年生史侯董卓殺之立史侯弟陳留王爲帝

從高帝至桓帝三百八十六年除王莽劉聖公三百六十六年從高祖乙未至今壬子歲四百一十年呂后王莽不入數高帝以甲午歲即位以乙未爲元

帝嫡妃曰皇后帝母曰皇太后帝祖母曰太皇太后其衆號皆如帝之稱秦漢已來少帝即位后代而攝政稱皇太后詔不言制漢興惠帝崩少帝弘立太后攝政哀帝崩平帝幼孝元王皇后以太皇太后攝政

和帝崩殤帝崩安帝幼和憙鄧皇后攝政孝順崩沖帝質帝桓帝皆幼順烈梁后攝政桓帝崩今上即位桓思竇后攝政后攝政則后臨前殿朝羣臣后東面少帝西面羣臣奏事上書皆爲兩通一詣太后一詣少帝

一世 二世 三世 四世 五世 六世 七世 八世 九世 十世 十一世 十二世 十三世 十四世 十五世 十六世

			高（惠帝 文帝）					
			景帝					
			武帝	長沙定王				
		戾太子	昭帝	春陵節侯				
		史皇孫		鬱林太守				
		宣帝		鉅鹿都尉				
		元帝		南頓令				
中山孝王	定陶共王	成帝		光武				
平帝	哀帝			明帝				
				章帝				
				和帝	清河孝王	千乘貞王	河間孝王	
				殤帝	安帝	樂安夷王	蠡吾侯翼	解犢亭侯淑
					順帝	勃海孝王	桓帝	解犢亭侯萇
					沖帝	質帝		靈帝
								獻帝

文帝弟雖在三禮兄弟不相爲後文帝即高祖子於惠帝兄弟也故不爲惠帝後而爲第二宣帝弟次昭帝史皇孫之子於昭帝爲兄孫以係祖不得上與父齊故爲七世光武雖在十二於父子之次於成帝爲兄弟於哀帝爲諸父於平帝爲父祖皆不可爲之後上至元帝於光武爲父故上繼元帝而爲九世故河圖曰赤九世會昌謂光武也十世以光謂孝明也十一以興謂孝章也成雖在九哀雖在十平雖在十一不稱次

宗廟之制古學以爲人君之居前有朝後有寢終則前制廟以象朝後制寢以象寢廟以藏主列昭穆寢有衣冠几杖象生之具揔謂之宮月令曰先薦寢廟詩云公侯之宮頌曰寢廟奕奕言相連也是皆其文也古不墓祭至秦始皇出寢起之於墓側漢因而不改故金陵上稱寢殿有起居衣冠象生之備皆古寢之意也居西都時高帝以下每帝各別立廟月備法駕遊衣冠又未定迭毀之禮元帝時丞相匡衡御史大夫貢禹乃以經義處正罷遊衣冠毀先帝親盡之廟高帝爲太祖孝文爲太宗孝武爲世宗孝宣爲中宗祖宗廟皆世世奉祠其餘惠景以下皆毀五年而稱殷祭猶古之禘祫也殷祭則及諸毀廟非殷祭則

祖宗而已光武中興都洛陽乃合高祖已下至平帝爲一廟藏十一帝主於其中元帝於光武爲禰故雖非宗而不毀也後嗣遵承遂常奉祀光武舉天下以再受命復漢祚更起廟稱世祖孝明臨崩遺詔遵儉毋起寢廟藏主於世祖廟孝章不敢違是後遵承藏主於世祖廟皆如孝明之禮而園陵皆自起寢廟孝明曰顯宗孝章曰肅宗是後踵前孝和曰穆宗孝安曰恭宗孝順曰敬宗孝桓曰威宗唯殤沖質三少帝皆以未踰年而崩不列於宗廟四時就陵上祭寢而已今洛陽諸陵皆以晦望二十四氣伏社臘及四時曰上飯太官送用園令食監典省其親陵所宮人隨鼓漏理被枕具盥水陳嚴具天子以正月五日畢供

後上原陵以次周徧公卿百官皆從四姓小侯諸侯家婦凡與先帝先后有瓜葛者及諸侯王大夫郡國計吏匈奴朝者西國侍子皆會尚書官屬陛西除下先帝神座後大夫計吏皆當軒下占其郡穀價四方災異欲皆使先帝魂神具聞之遂於親陵各賜計吏而遣之正月上丁祠南郊禮畢次北郊明堂高祖廟世祖廟謂之五供五供畢以次上陵也四時宗廟用牲十八太牢皆有副倅西廟五主高帝文帝武帝宣帝元帝也高帝爲高祖文帝爲太宗武帝爲世宗宣帝爲中宗其廟皆不毀孝元功薄當毀光武復天下屬弟於元帝爲子以元帝爲禰廟故列於祖宗後嗣因承遂不毀也

東廟七主光武明帝章帝和帝安帝順帝桓帝也光武爲世祖明帝爲顯宗章帝爲肅宗和帝爲穆宗安帝爲恭宗順帝爲敬宗桓帝爲威宗廟皆不毀少帝未踰年而崩皆不入廟以陵寢爲廟者三殤帝康陵沖帝懷陵質帝靜陵是也追號爲后者三章帝宋貴人曰敬隱后葬敬北陵安帝祖母也清河孝德皇后安帝母也章帝梁貴人曰恭懷后葬西陵和帝母也安帝張貴人曰恭敏后葬北陵順帝母也

兩廟十二主三少帝三后故用十八太牢也

漢家不言禘祫五年而再殷祭則西廟惠帝景昭皆別祠成哀平三帝以非光武所後藏主長安故高廟四時祠於東廟京兆尹侍祠衣冠車服如太常祠行陵廟之禮順帝母故云姓李或姓張高祖得天下而父在上尊號曰太上皇不言帝非天子也孝宣繼孝昭帝其父曰史皇孫祖父曰衞太子太子以罪廢及皇孫皆死宣帝但起園陵長承奉守不敢加尊號於祖父也光武繼孝元亦不敢加尊號於父祖也世祖父南頓君曰皇考祖鉅鹿都尉曰皇祖曾祖鬱林太守曰皇曾祖高祖舂陵節侯曰皇高祖起陵廟置章陵以奉祠之而已至殤帝崩無子弟安帝以和帝兄子從清河王子即尊號依高帝尊父爲太上皇之義追號父清河王曰孝德皇順帝崩沖帝無子弟立樂安王子是爲質帝帝偪於順烈梁后父大將軍梁冀未得尊其父而崩桓帝以蠡吾侯子即尊位追尊父

蠡吾先侯曰孝崇皇母匽太夫人曰孝崇后祖父河間孝王曰孝穆皇祖母妃曰孝穆后桓帝崩無子今上即位追尊父解犢侯曰孝仁皇母董夫人曰孝仁后祖父河間敬王曰孝元皇祖母夏妃曰孝元后

天子太社以五色土爲壇皇子封爲王者受天子之社土以所封之方色東方受青南方受赤他如其方色苴以白茅授之各以其所封方之色歸國以立社故謂之受茅土漢興以皇子封爲王者得茅土其他功臣及鄉亭他姓公侯各以其户數租入爲限不受茅土亦不立社也

漢制皇子封爲王者其實古諸侯也周末諸侯或稱王而漢天子自以皇帝爲稱故以王號加之揔名諸

侯王子弟封爲侯者謂之諸侯羣臣異姓有功封者謂之徹侯後避武帝諱改曰通侯法律家皆曰列侯功德優盛朝廷所異者賜位特進位在三公下其次朝侯位次九卿下皆平冕文衣侍祠郊廟稱侍祠侯其次下士但侍祠無朝位次小國侯以肺腑宿衛親公主子孫奉墳墓在京者亦隨時見會謂之猥朝侯也

巡狩校獵還公卿以下陳洛陽都亭前街上乘輿到公卿下拜天子下車公卿親識顔色然後還宫古語曰在車則下惟此時施行

正月朝賀三公奉璧上殿向御座北面太常贊曰皇帝爲君興三公伏皇帝坐乃進璧古語曰御坐則起

此之謂也舊儀三公以下月朝後省常以六月朔十月朔旦朝後又以盛暑省六月朝故今獨以爲正月十月朔朝也冬至陽氣始起麋鹿解角故寢兵鼓身欲寧志欲靜不聽事送迎五日臘者歲終大祭縱吏民宴飲非迎氣故但送不迎正月歲首亦如臘儀冬至陽氣起君道長故賀夏至陰氣起君道衰故不賀鼓以動衆鍾以止衆夜漏盡鼓鳴則起晝漏盡鍾鳴則息也

天子出車駕次第謂之鹵簿有大駕有小駕有法駕大駕則公卿奉引大將軍參乘太僕御屬車八十一乘備千乘萬騎在長安時出祠天於甘泉備之百官有其儀注名曰甘泉鹵簿中興以來希用之先帝時時備大駕上原陵他不常用唯遭大喪乃施之法駕公卿不在鹵簿中唯河南尹執金吾洛陽令奉引侍中參乘奉車郎御屬車三十六乘北郊明堂則省諸副車小駕祠宗廟用之每出太僕奉駕上鹵簿於尚書中中常侍侍御史主者郎令史皆執注以督整諸軍車騎春秋上陵令又省於小駕直事尚書一人從令以下皆先行

法駕上所乘曰金根車駕六馬有五色安車五色立車各一皆駕四馬是爲五時副車俗人名之曰五帝車非也又有戎立車以征伐三蓋車名耕根車一名芝車親耕耤田乘之又有蹋猪車慢輪有畫田獵乘之緑車名曰皇孫車天子孫乘之以從

凡乘輿車皆羽蓋金華爪黄屋左纛金鍐方釳繁纓重轂副牽

黄屋者蓋以黄爲裏也

左纛者以氂牛尾爲之大如斗在最後左騑馬騣上

金鍐者馬冠也高廣各四寸如玉華形在馬騣前方釳者鐵廣數寸在騣後有三孔插翟尾其中繁纓在馬膺前如索帬者是也

重轂者轂外復有一轂施牽其外乃復設牽施銅金鍐形如緹亞飛軨以緹油廣八寸長注地左畫蒼龍右白虎繫軸頭今二千石亦然但無畫耳

前驅有九斿雲罕闟戟皮軒鑾旗車皆大夫載鑾旗者編羽毛引繫橦旁俗人名之曰雞翹車非也後有

金鉦黃越黃門鼓車古者諸侯貳車九乘秦滅九國兼其車服故大駕屬車八十一乘也尚書御史乘之最後一車懸豹尾以前皆皮軒虎皮爲之也

永安七年建金根耕根諸御車皆一轅或四馬或六馬金根箱輪皆以金鎛正黃兩臂前後刻金以作龍虎鳥龜形上但以青縑爲蓋羽毛無後戶

冕冠周曰爵弁殷曰冔夏曰收皆以三十升漆布爲殼廣八寸長尺二寸加爵冕其上周黑而赤如爵頭之色前小後大殷黑而微白前大後小夏純黑而赤前小後大皆有收以持笄詩曰常服黼冔禮朱干玉戚冔而舞大武周書曰王與大夫盡弁古皆以布中古以絲孔子曰麻冕禮也今也純儉漢雲翹冠樂祠

天地五郊舞者服之冕冠垂旒周禮天子冕前後垂延朱緑藻有十二旒公侯大夫各有差別漢興至孝明帝永平二年詔有司採尚書皐陶篇及周官禮記定而制焉皆廣七寸長尺二寸前圓後方朱緑裏而玄上前垂四寸後垂三寸係白玉珠于其端是爲十二旒組纓如其綬之色三公及諸侯之祠者朱緑九旒青玉珠卿大夫七旒黑玉珠皆有前無後組纓各視其綬之色旁垂黈纊當耳郊天地祠宗廟祀明堂則冠之衣黼衣佩玉珮履絇履孔子曰服周之冕鄙人不識謂之平天冠

天子冠通天冠諸侯王冠遠遊冠公侯冠進賢冠公王三梁卿大夫尚書二千石博士冠兩梁千石六百石以下至小吏冠一梁天子公卿特進朝侯祀天地明堂皆冠平冕

天子十二旒三公九諸侯卿七其纓與組各如其綬之色衣玄上纁下日月星辰山龍華蟲祠宗廟則長冠袀玄其武官太尉以下及侍中常侍皆冠惠文冠侍中常侍加貂蟬御史冠法冠謁者冠高山冠其鄉射行禮公卿冠委貌衣玄端執事者皮弁服宮門僕射冠却非大樂郊社祝舞者冠建華其狀如婦人縷麗迎氣五郊舞者所冠亦爲冕車駕出後有巧士冠其冠似高山冠而小

幘者古之卑賤執事不冠者之所服也孝武帝幸館陶公主家召見董偃偃傅青韝緑幘主贊曰主家庖

人臣偃昧死再拜謁上爲之起乃賜衣冠引上殿董仲舒武帝時人其止雨書曰執事者皆赤幘知皆不冠者之所服也元帝額有壯髮不欲使人見始進幘服之羣臣皆隨焉然尚無巾如今半幘而已王莽無髮乃施巾故語曰王莽禿幘施屋冠進賢者宜長耳冠惠文者宜短耳各隨所宜

通天冠天子常服漢服受之秦禮無文遠遊冠諸侯王所服展筩無山禮無文高山冠齊冠也一曰側注高九寸鐵爲卷梁不展筩無山秦制行人使官所冠今謁者服之禮無文太傅胡公說曰高山冠蓋齊王冠也秦滅齊以其君冠賜謁者

進賢冠文官服之前高七寸後三寸長八寸公侯三

梁卿大夫尚書博士兩梁千石六百石以下一梁漢
制禮無文
法冠楚冠也一曰柱後惠文冠高五寸以纚裹鐵柱
卷秦制執法服之今御史廷尉監平服之謂之獬豸
獬豸獸名蓋一角今冠兩角以獬豸爲名非也太傅
胡公説曰左氏傳有南冠而縶者國語曰南冠以如
夏姬是知南冠蓋楚之冠秦滅楚以其君冠賜御史
武冠或曰繁冠今謂之大冠武官服之侍中中常侍
加黄金附貂蟬鼠尾飾之太傅胡公説曰趙武靈王
效胡服始施貂蟬之飾秦滅趙以其君冠賜侍中齊
冠或曰長冠竹裏以纚高七寸廣三寸形制如板
高祖冠以竹皮爲之謂之劉氏冠楚制禮無文鄙人

不識謂之鶡尾冠
建華冠以鐵爲柱卷貫大珠九枚今以銅爲珠形制
似縷簏記曰知天文者服之左傳曰鄭子臧好聚鷸
冠前圖（一作徒）以爲此則是也天地五郊明堂月令舞
者服之
方山冠以五采縠爲之漢祀宗廟大享八佾樂五行
舞人服之衣冠各從其行之色如其方色而舞焉
術士冠前圓吳制邐迤四重趙武靈王好服之今者
不用其説未聞
巧士冠高五寸要後相通埽除從官服之禮無文
却非冠宮門僕射者服之禮無文
樊噲冠漢將軍樊噲造次所冠以入項籍營廣七寸

前出四寸司馬殿門大護衛士服之
却敵冠前高四寸通長四寸後高三寸監門衛士服
之禮無文
珠冕爵冔收通天冠進賢冠長冠緇布冠委貌冠皮
弁惠文冠古者天子冠所加者其次在漢禮
帝謚
違拂不成曰隱　靖民則法曰黄
翼善傳聖曰堯　仁聖盛明曰舜
殘人多壘曰桀　殘義損善曰紂
慈惠愛親曰孝　愛民好與曰惠
聖善同文曰宣　聲聞宣遠曰昭
剋定禍亂曰武　聰明睿智曰獻

温柔聖善曰懿　布德執義曰穆
仁義説民曰元　安仁立政曰神
布綱治紀曰平　亂而不損曰靈
保民耆艾曰明　辟土有德曰襄
貞心大度曰匡　大慮慈民曰定
知過能改曰恭　不生其國曰聲
一德不懈曰簡　夙興夜寐曰敬
清白自守曰貞　柔德好衆曰靖
安樂治民曰康　小心畏忌曰僖
中身早折曰悼　慈仁和民曰順（一曰傾）
好勇致力曰莊　恭人短折曰哀
在國逢難曰愍　名實過爽曰繆（音穆）

壅過不通曰幽　暴虐無親曰厲
致志大圖曰景　辟土兼國曰桓
經緯天地曰文　執義揚善曰懷
短折不成曰殤　去禮遠衆曰煬
怠政外交曰攜　治典不敷曰祈一曰震

獨斷卷下

右蔡氏獨斷一編古之制度文爲類於此乎考錄本多舛今稍是正而刻之舒頖淳熙庚子六月初吉江都呂宗孟書

李涪刊誤卷上

唐國子祭酒李　涪撰

余嘗於學古問政之暇而究風俗之不正者或未造其理則病之於心爰自秦漢迨于近世凡曰乖盭豈可勝道哉前儒廣學刊正固已多矣然尚多漏略頗惑將來則書傳深旨莫測精微而沿習舛儀得陳愚淺撰成五十篇號曰刊誤雖欲自申專志亦如路瑟以掇其譏也

二都不並建

予少讀歷代史每考沿習自夏殷迄于周齊未聞兩都並置東西互處者夫殷之五遷蓋建國不安之爲也竟都于亳厎綏四方武王克殷爲周成王卜洛幽王爲犬戎所敗平王東遷自是不復都豐鎬矣更于秦漢晉魏但處一都隋以奄宅區宇公私殷富恃此繁盛遂創兩都爲巡幸不常用都爲憩息之所洎乎我唐高宗以伊洛勝槩每樂巡幸是時武后殺蕭妃寃出宮室不安竟因登封遂成都洛武氏革唐爲周乃立武氏祟先廟於東都神龍初中宗反正遷祟先於西京乃以其地爲太廟欲使四海之知我唐復有宗廟矣爾後中宗還京復享太廟時朝廷多事不暇議去東都權廟但閟而勿享玄宗巡狩駐蹕復享洛廟是時君臣安於清泰曾不論及宗廟定制遂使後人皆曰兩都不疑矣夫以出征則載遷廟之主亦有所稟既言載主則郡國豈宜復有廟主耶今二都並建各立神主都洛則有洛廟還秦則有秦廟則是便於人而不敬其神也以是而言毅然不移以朝萬國不亦宜乎昔隋時有上言者一帝二都實非舊典遂改爲京始創之日已有識者足顯二都之設可謂不經高祖武德七年正月改東都爲洛州是知稽古之帝必考是非置郡罷都垂法後世貞觀四年詔發卒修洛陽乾元殿以備巡幸給事中張玄素上書陛下頃平東都之始層樓廣殿皆令撤毀天下翕然同心歸仰豈有初則惡其侈靡後則襲其雕麗每承德音未即巡幸此則事不急之務成虛費之勞國無兼年之積何用兩都之好昔漢祖將都洛陽婁敬一言即日西駕豈不知地推中土貢賦所均但以形勢不如關内也太宗遂止玄素輿學達識爲魏文貞推重請罷修建是也兩都置宗廟不殊侍御史顏標上議東都宗廟天寶建中兩度賊陷東都神主散失之外臣據見在十一主並已瘞於兩陛之間向來遲疑未去東都之號者蓋以舊廟存焉則顏標所引原廟述漢失禮理亦至矣旋爲巨寇焚爇廟室悉成煨燼況乎城闕崩壞宮室丘墟廢之有時契於至理今請制爲藩鎮以汝洛節度爲名選帥實兵以遏東夏

春秋仲月巡陵不合擊樹

開元禮春秋二仲月司徒司空巡陵春則掃除枯朽秋則芟薙繁蕪掃除者當發生之時欲使盛茂也芟薙者當秋殺之時除去擁蔽且慮火災也以三公之

任隆位高度力展儀以巳率衆令巡陵公卿皆持小斧即其義也近代選任稍輕不逹舊禮將及陵闕則取縣吏持斧擊樹三發謂之告神其爲不經又何甚也

禮儀使

九卿太常專掌禮樂累代沿習不更其名又春官氏主國之五禮吉凶賔軍嘉也寺有少卿博士禮部有郎中員外愼選儒學逹於典禮者足以咨訪大國儀範豈有闕文而代宗皇帝用顔眞卿爲禮儀使眞卿博通典式曷不授太常卿禮部尚書而使掌國禮奈何禮儀以使爲名則何異營田租庸者乎前史所無我唐有之必爲後世之譏宜亟去其名也

開府儀同三司

周制太師太傅太保爲三公秦則有太尉司徒司空及安帝以車騎將軍鄧隲爲開府儀同三司謂別開一府得比三公皇唐用開府爲散階今有拜太師太保太尉司徒司空眞秩者反以開府儀同三司爲階授受之間莫此商較後代論者曰起自唐得不以乖舛爲愧哉若以疇賞勳伐名數寔繁秩至三公何須以階爲盛

宰相不合受節察防禦團練等使櫜鞬拜禮

今代節度使帶平章者凡經藩鎭節察使必具櫜鞬迎于道左未知禮出何代前史國典並無其文且國初州郡皆以都督敕使理之至景雲二年賀拔延嗣除涼州都督充河西節度自此始有節度之號景雲以後六典會要並無節度使觀察使戎服迎拜使相之禮若宜有之則節度使降麻防禦使制下之日便合具軍容詣中書謁謝在城既無此禮外府何爲行之宰相位雖崇重猶與九品抗禮今則俱是將相豈可倨受戎容乎常仰而思之乃悟其事必因元帥都統遂有是儀何者天寶逆胡建中叛臣既陷兩京兵連淮朔此際徵集師旅又假虜騎軍戎繁雜宜以位高威震者都統而制之哥舒翰郭子儀繼爲元帥都統時諸道節使會兵討叛者必以軍禮導之而淮朔亦不以是爲讓欲使軍中稟大將軍之命也爾後元和十一年裴度提相印充淮西節使兼淮西宣慰使會諸鎭師旅十餘萬衆指揮節制憲宗悉委於度及平逋寇李愬統兵入蔡州屯兵鞠場以待度馬首具櫜鞬度將避之愬曰此方不識上下等威久矣愬今具戎服拜相國於堂下使吏民瞻觀敬畏生焉如此可不勞理矣度然之蔡邦遂清蔡人遂寧愬以度兼宣慰處置使宰相專征不異都統之重故具戎服以申拜敬且以禮示蔡民也爾後爲藩鎭兼平章事者不謂我非元帥都統唯以宰相合當節度防禦等使櫜鞬拜禮舛誤相承所宜改正

副大使

國朝大邦土有以親王或宰相遥領者則副大使知節度事始於貞觀八年以蜀王愔遥領益州都督開

元十五年兵部侍郎河西節度副大使知節度事蕭嵩中書門下平章事節知故親王宰相遥領自此始也自後率用爲常本以大使在京則一軍之權以副大使主之今正授節度使且無遥領之名亦曰副大使知節度使藩方之選任莫重焉宜正其名以示楷則

都都統

辛丑歲大駕在蜀以巨寇未殄命中書令王鐸仗節鎮滑臺且統關東諸將收復京國時有論曰京西北言統者三四人慮不稟鐸之節制宜立其號曰都都統鐸兩朝丞相三陟台司名位顯著武將莫不望風願受其畫曷須都都方可統制自秦漢已降將相統戎蓋多無有都都統之號所引故事則曰先帝時俳優名恃恩寵願爲都知者咸允其請一日大合樂樂工諠譁上召都知止之三十人並進上曰止召都知何爲畢至梨園使奏曰三十人皆都知職列既等不能相下上乃命李可及爲都都知此則故事也然中令急於殄寇不以是爲辱曷不曰諸軍西南行營都統制帥之號莫過於斯

上事拜廳

朝廷典式出於南宫予亦爲尚書郎陪郎上事多矣是日儐者引上事官面北再拜余乃詰之曰曷拜曰拜廳予曰非也此乃拜恩也蓋京城官署皆在大内之南故先面北再拜然後踐履官常儐者不達乃曰拜廳予嘗爲河南少尹至上事日功曹吏張從玘曰請服羅巾吉衫予詢之則曰先拜恩後上事又衆官列位儐者曰面西再拜拜訖成上事之禮既事予以其有知奬而勉之吏曰非某所知某叔祖嘗爲功曹吏時李相國珏爲河南尹命功曹參軍示之曰先拜恩後上事小人傳之父祖不敢廢闕予喜小吏好善將慕李公得禮故書之以示將來

壁角

兩省官上事日宰相臨焉上事者設床几面南而坐判三道案宰相别施一床連上事官床坐於西隅謂之壁角自常侍而下以南爲上差肩相承實乖禮敬曷不爲丞相設位於衆官之南常侍諫議給事舍人循次而坐於丞相之下尊卑有序足以爲儀壁角之來莫究其始開元禮及累朝典故並無其文習俗因循莫近於理今請去壁角以釋衆疑

曾參不列四科

今人之論皆以孝者人之本也先聖重之不列四科所以曾參不列十哲之次愚謂不然夫德行之特者莫大孝焉是以夫子門人推重顔回及乎講則曾參侍坐是知聖人之旨二子莫有後先曾子不列四科者先述聖人一時列坐門人弟子耳豈是舍曾氏之大孝重宰我之言語蓋不在其席故不盡舉此如太宗文皇帝使王珪品藻李靖魏徵戴胄温彦博房玄齡時則有若高士廉杜淹岑文本楊師道劉洎李大亮褚遂良才識豈在温戴之下乎偶不在列故不徧

稱將釋衆疑方今以喻

出土牛

月令出土牛以示農耕之早晚謂於國城之南立土牛其言立春在十二月望策牛人近前示其農早也立春在十二月晦及正月朔則策牛人當中示其農中也立春在正月望策牛人在後示其農晚也爲國之大計不失農時故聖人急於養民務成東作今天下州郡立春日制一土牛飾以文彩即以綵杖鞭之既而碎之各持其土以祈豐稔不亦乖乎

侍中僕射官號

宓羲氏以龍名官神農氏以火黄帝以雲少昊氏以鳥自顓頊已降而名以民事又以五行爲官禹作司徒敬敷五教禹作司空以平水土周則以春夏秋冬配爲官名伏以古者命官以天地四氣五行雲龍爲號者皆上禀天時下達人事見聖人垂意未有不急於惠民者也後代不究深旨率爾命官僕射侍中尤爲不可秦有侍中僕射其初且非官名惟供奉左右是其職業侍中當西漢掌乘輿服御下至褻器虎子之類虎子溺器也武帝以孔安國爲侍中以其儒者特許掌御唾壺朝廷榮之云侍中本丞相吏也五人來往殿内奏事故曰侍中又僕射者射音夜尤寡其義在秦有周青臣孔衍注云僕射小官扶左右者也亦曰主射乃守門之夫在漢爲武士在宫門則曰宫門僕射在永巷則曰永巷僕射蓋言僕御執射之夫也如今宦竪之首耳皆因權倖漸峻官名開元元年改左右僕射爲左右丞相是官號之不正也又則天寵侍御者張昌宗其官號曰控鶴監向五王未復唐德則控鶴亦占丞相之名也以是而言皆因權倖漸竊相權我唐分職設官必先舊典苟踵斯弊曷範將來今請遵周故事以司徒司空爲正宰相或無勲德元臣則宜暫虚其位兼置中書而不用

士大夫立私廟不合奏請

禮嫡士立二廟庶人祭於寢累代禮文不易斯義開元十二年勑一品許祭四廟三品許祭三廟五品二廟嫡士亦許祭二廟爾後禮令並無革易古者廟連於家家主之喪則殯於西階之上鄉人儺孔子朝服立於阼階又曰喪不慮居爲無廟也則知居不違廟禮典昭然近代顯居上位率多祭寢亦嘗發問皆曰官品未宜有位至將相者奏請之詞則曰臣官階並及三品準令合立私廟是不知舊制妄有論奏廟皀申敬用展孝思豈於霜露之情合俟朝廷之命蓋以將同列戟先白有司既展哀榮宜遵典故原其奏請之因蓋立廟不在其家别於坊選吉地乃爲府縣申奏或有官居顯重慎慮是宜營構之初亦自聞奏相習既久致立廟須至聞奏

九寺皆爲棘卿

凡言九寺皆曰棘卿周禮三槐九棘槐者懷也上佐天子懷來四夷棘者言其赤心以奉其君皆三公九卿之任也近代惟大理得言棘卿下寺則否九卿皆

樹棘木大理則於棘下訊鞫其罪所謂大司寇聽刑於棘木之下

京尹不合避御史

京尹皇都專理任莫重焉且以刑法財賦統而兼制御史之職糺繆繩愆本爲避嫌不可私謁三司愼守遂絶經過今代京尹逢御史於路必避馬而敬之名分旣乖曷爲取則且秩五品不避御史比肩事主於理誠然則京尹委用之權豈輕於郎官國子博士者乎漢栢典傳曰行行且止避驄馬御史行者且止尚能記之豈漢制京尹避御史偶不載於正史耶乃知前史不書是無避馬之理必以刑賦爲嫌止於不相過從而已然相值於路但以色勑而返可也

火

論語曰鑽燧改火春榆夏棗秋柞冬槐則是四時皆改其火自秦漢已降漸至簡易唯以春是一歲之首止一鑽燧而適當改火之時是爲寒食節之後旣曰就新即去其舊今人持新火曰勿與舊火相見即其事也又禮記郊特牲云季春出火爲禁火此則禁火之義昭然可徵俗傳禁火之因皆以介推爲據是不知古故以鑽燧證之

座主當門生拜禮

春官氏每歲選升進士三十人以備將相之任是日自狀元已下同詣座主之宅座主立於庭一一而進曰某外氏某家或曰甥或曰弟又曰某大外氏某家又曰外大外氏某家或曰重表弟或曰表甥孫又有同宗座主宜爲姪而反爲叔言敘旣畢拜禮得中予輒議曰春官氏選士得其人止供職業耳而後造之士以經術待聘獲采拔於有司則朝廷與春官氏皆何恩於舉子今使謝之則與選士之旨豈不異乎有海東之子嶺嶠之人皆與華族敘中表從使拜首而已論諸事體又何有哉

非驗

咸亨三年五月咸陽公主薨于房州公主高宗同毋妹也初適杜荷貞觀中坐太子承乾事伏誅公主再行於薛瓘將成婚禮太宗使卜之卜人曰兩火俱食始則同榮末亦同悴若晝日行合巹之禮則終吉焉周以違禮亂常不可用也太宗從之而後瓘爲房剌公主隨焉皆没於任雙柩而還蘇冕書之曰卜驗矣余曰違禮而行亂也雙柩而還常也若云卜驗則是禮可廢而卜可遵豈曰守正依經之道哉

李涪刊誤卷上

李涪刊誤卷下

唐國子祭酒李　涪撰

封爵

周制五等爵以封諸侯以其有功加地進律以是所封之國固定非處一方近者凡所封邑必取得姓之地所以疇庸進爵有違王度竊以蕭何封酇侯蕭之得姓不在於酇曹參封平陽侯曹之得姓不在平陽國朝房玄齡封梁公房之得姓不在於梁杜如晦封萊公杜之得姓不在於萊古典悉然不可悉數其誤也始於幸蜀之年中書主者不閑舊制故也

祈雨

庚子歲夏旱禾黍不踰尺京城米粟日增其價一日達彼九重天子下詔宰臣禱祀所宜承命不過一二日虔誠于郊廟乃下太常擇日太卜署狀宜用來月六日癸亥至是旱苗悉爲枯荄矣

發救兵

夫請濟師者是兵力危殆求之速也不逾一兩日發之足以應其急也主帥問其來由命軍師曰爲擇一日以遂其請翌日師復命曰以後日戊午吉及乎師至軍壘已陷

進獻奇零

戊戌歲閲報狀見潤州節度進應天節白金二千六百五十七兩臣下獻壽國有常儀少曷不曰二千兩多曷不曰三千兩奇零微鮮無異償債豈臣子之禮哉

起居

今代謁見尊崇皆謹祗候起居起居者動止理固不乖近者復云謹祗候起居某官其義何在相承斯誤曾不經心

佳禮

吉凶賓軍嘉是爲五禮婚姻屬之嘉嘉者善也今代每言婚姻則曰佳期者美也婚姻之重所宜依經若用爲佳實傷古義

鵝

夫昏禮之夕壻執鴈入奠執贄之義也又以鴈是隨陽之禽隨夫所適鴈是野物非時莫能致故以鵝替之者亦曰奠鴈爾雅云舒鴈鵝鵝亦鴈之屬也其有重於嗣續切於成禮者乃以厚價致之既而獲則曰已有鵝矣何以鴈爲是以鴈爲使代鵝爲禮鴈爲長（除帳反）物典故將廢何不正之

拜客

婚期云來日婦於庭拜舅姑次謁夫之長屬中外故舊皆當婦禮即通謂之客故有拜客之名今代非親非舊皆列坐而覿婦容豈其宜哉

拜四

夫郊天祭地止於再拜其禮至重尚不可加今代婦謁姑章其拜必四予輒詳之婦初再拜次則跪獻衣服支史承其筐篚則跪而受之常於此際授受多誤

故四拜相屬因爲疑又婦拜夫家長老長老荅之則又再拜即其事也士林威儀豈可傚諸下俚耶謁拜姑章宜修典故再申揷地周禮婦拜揷地其儀可觀

婦謁姑不宜表以綃囊

投刺始於雋不疑冠進賢冠帶櫑具劍上謁暴勝之上謁如今之投刺也爾後凡言謁見必先以此道其姓名行於婦人即未知其所自然亦不失於禮敬其有違舅姑在於他國者因節序推遷亦以名紙遠申參奉之儀近代皆以綃囊緘之有同尺題重封也至於婦來面謁舅姑合申投刺之禮豈宜亦以彩帛表之卑敬有乖所宜削去

樂論

貞觀十七年太宗文皇帝與太常少卿祖孝孫論樂太宗曰治政善惡豈此之因御史大夫杜淹曰陳之將亡也爲玉樹後庭花隋之將亡也爲伴侶行路難聞之莫不悲泣所謂亡國之音以是觀之實自於樂帝曰不然夫音聲豈能感人歡者聞之則悅憂者聽之則悲悲悅在人非因樂也今玉樹伴侶其聲具存今爲公奏之知公必不悲矣予曰聖君有所未悟耳禮云國家將興必有禎祥國家將亡必有妖孽見乎蓍龜動乎四體斯曲者陳隋二主之所作也二主荒淫自娱不知將亡之音形於曲折矣是知休徵咎徵皆見其兆豈止於歌樂也哉如文皇君人之道與舜禹比隆者幼欣欣然得其所也雖聞桑間濮上如聞韶濩之音何後庭花伴侶行能感其心哉哀也樂也繫於時君記不云乎治世之音安以樂其政和亂世之音怨以怒其政乖亡國之音哀以思其民困斯之謂也

釋怪

李商隱爲文曰儒者之師曰魯仲尼仲尼師聃猶龍不知聃師竺乾善入無爲稽首正覺吾師吾師夫老子生於周爲柱下史司馬遷史記與韓非同傳曰老子無爲自化清淨自正韓非揣事情循勢理故作老子韓非同傳此則老子行藏之道盡於是矣旣正史不言老子適戎狄師於竺乾未知商隱何爲取信孔宣父於魯襄公二十一年至哀公十六年卒當周敬

王也聖自天資而能廣學師堯舜文王周公之道以老子老而能熟古事故仲尼師之師之之道謂聖人學無常師主善爲師又曰三人行必有我師焉非謂幼而師之如堯舜文王周公之聖德也故袁宏後漢書孔融荅李膺曰先君孔子與予先人李耳同德比義而相師友是也孟軻論伯夷非其君不事非其民不使治則進亂則退言伊尹也何事非君何使非民治亦進亂亦進論仲尼則曰可以仕則仕可以止則止可以久則久可以速則速乃所願學史遷直筆述乎聖德以遺後人爾來一千祀歷諸百王行其道者夷夏寧違其教者君臣亂竺乾者經史無聞佛書自言生於周昭王時言後漢明帝夢金人有傳毅對徵

於周漢正史並無此文未知聃師竺乹出於何典近世尚綺靡鄙稽古而商隱詞藻奇麗爲一時之最所著尺題篇詠少年師之如不及無一言經國無纖意奬善唯逞章句因以知夫爲錦者纖巧萬狀光輝曜目信其美矣首出百工唯是一端得其性也至於君臣長幼之義舉四隅莫反其一也彼商隱者乃一錦工耳豈妨其愚也哉

昭穆

按禮記昭明也穆美也蓋光揚先祖之德著斯美號至晉武帝以其父名昭改爲韶音歷代已遠豈宜爲晉氏之諱而行於我唐哉今請復爲昭穆

洛隨

漢以火德有天下後漢都洛陽字旁有水以水尅火故就佳隨以魏周齊不遑寧處文帝惡之遂去走單書隋字故今洛字有水有佳隨字有走無走夫文字者致理之本豈以漢隋兩朝不經之忌而可法哉今宜依古文去佳書走

僅甥傍繆廐薦

近歲精用文字者反以僅爲遠近之近僅者纔也纔以身免纔得中筭爾雅云謂我舅者曰甥近者皆去男空書生字不原聖人之旨徒欲異於經文旁者旁求諸野旁求儒雅皆是本字近日皆以旁爲傍始傳胥生近遍文史繆者名與實爽曰繆又繩從糹繆又如織紝紕繆近者凡書繆字悉皆從言遂使紕繆廢而不用又五十年來馬廄字皆書廐字廏字從殳既字從旡經史中且無此廐字殳者戈戟之類馬亦武事故曰廏庫是以廏字從殳若從旡即失武事之義薦字經史並從廾不單書廌音獬豸之廌此而不悟曷曰文人

奉陵

奉陵内官内人固有舊制其自省事六十年來常見報狀云内官某以某過奉陵内人亦時有之伏見士大夫每選兒孫主守塋域必以謹良寡過者處之夫事生尚擇其人奉先尤宜盡敬且禮云父母愛一人焉子愛一人焉自衣服飲食此無敢視父母所愛聖人垂教誠可企及今以罰過配陵宴乖嚴奉之禮其

奉陵内官伏請遵行舊制不用有過之人

宰相合與百官抗禮

宰相權重位尊夷夏瞻敬然與九品抗禮古今謂會昌已前不易斯制咸通已後每謁見丞相必先言中外申拜首乃盡具臣之儀韋庶人保衡爲相既曰外進且非公望當時崇秩宿德競造其門接跡排肩皆被傲然當其拜禮韋於中書命酒執爵揖讓之際師保尚書一時下拜自後羣官謁相府罕有不言中外曲申畢敬者昔汲黯不拜大將軍有揖客爲重豈不信哉

切韻

自周隨已降師資道廢既號傳授遂憑精音切韻始

於後魏校書令李啓撰聲韻十卷游夏侯詠撰四聲韻略十二卷撰集非一不可具載至陸法言採諸家纂述而爲已有原其著述之初士人尚多專業經史精練罕有不述之文故切韻未爲時人之所急後代學問日淺尤少專經或捨四聲則秉筆多礙自爾已後乃爲要切之具然吴音乖舛不亦甚乎上聲爲去去聲爲上又有字同一聲分爲兩韻且國家誠未得術又於聲律求人一何乖闊然有司以一詩一賦而定否臧言匪本音韻非中律於此考覈以定去留以是法言之爲行於當代法言平聲以東農非韻以東崇爲切上聲以董勇非韻以董動爲切去聲以送種非韻以送衆爲切入聲以屋燭非韻以屋宿爲切又恨怨之恨則在去聲佷戾之佷則在上聲又言辯之辯則在上聲冠弁之弁則在去聲又舅甥之舅則在上聲故舊之舊則在去聲又皓白之皓則在上聲號令之號則在去聲又以恐字苦字俱去聲今士君子於上聲呼恨去聲呼恐得不爲有知之所笑乎又舊書曰嘉謨嘉猷法言曰嘉予嘉猷詩曰載沉載浮法言曰載沉載浮伏予反夫吴民之言如病瘖風而噤每啓其口則語淚喎吶隨聲下筆竟不自悟凡中華音切莫過東都蓋居天地之中稟氣特正予嘗以其音證之必大哂而異焉且國風杕杜篇云有杕之杜其葉湑湑獨行踽踽豈無他人不如我同姓又雅大東篇曰周道如砥其直如矢君子所履小人所視此則不切聲律足爲驗矣何須東冬中終妄別聲律詩頌以聲韻流靡貴其易熟人口能遵古韻足以詠歌如法言之非疑其怍矣予今別白去上各歸本音詳較重輕以符古義理盡於此豈無知音其間乖舛既多載述難盡申之後序尚愧周詳

祭物先

禮云瓜祭上環又曰吾食於少施氏而飽少施氏食我以禮吾祭作而辭曰蔬食不足祭也此則祭物之先謂神農火食德侔造化後人追而敬之今代尚崇佛氏謂之衆生士子儒人宜遵典教

弔者跪

夫爲弔者主人當踊弔者跪以手承主人而發弔詞其有主人官高弔者位卑不敢手及尊者但跪而起起而致詞禮也今代不循其義皆先一拜謂之跪禮至有輕服主人無踊客亦先申一拜豈曰經心於展禮乎

短啓短疏

今代盡敬之禮必有短啓短疏出於晉宋兵革之代時國禁書疏非弔喪問疾不得輒行尺牘故羲之書首云死罪是違制令故也且啓事論兵皆短而緘之貴易於隱藏前進士崔旭累世藏鍾王書即有羲之啓事一帖折紙尚存蓋事出一時沿習不改我唐賢儒接武壞法必修晉宋權機焉可行於聖代今啓事弔疏皆同當代書題削去短封以絶乖謬

七曜曆

賈相國躭撰日月五星行曆推擇吉凶無不差繆夫日星行度遲速不常謹按長曆太陽與水星一年一周天今賈公言一星直一日則是唐堯聖曆甘氏星皆無準憑何所取則是知賈公之作過於率爾復有溺於陰陽曲言其理者曰此是七曜日直非干五星常度所言既有遲速焉可七日之內能致一周賈公好奇而不悟其恠妄也遂致高駢慕一公之作誑惑愚淺往往神之

廐焚

廐焚子退朝曰傷人乎不問馬注云重人而賤畜也其下曰不問馬是門弟子歎重夫子之言或有論者曰傷人乎否問馬言先問人後問馬且焚廐退朝而問曰傷人乎又問傷馬乎此乃人之常情何足紀述本以不問馬唯問人弟子慕聖人推心足以垂範又傷人乎即是問之之辭

臈日非節

夫節者因天地四時也而爲之節非人事推移而能變之禮云臈也歲十二月臈得禽獸爲祭百神以相其功夫火德之君以子祖戌臈土德之君以丑祖辰臈各繫五運盛衰推而用之非禀天地四氣是知臈月爲節則乖本義今代凡造作百物必取臈日欲其無壞腐之弊也但取臈月中合作自無朽蠹若須臈日豈謂達於事耶

繕完葺牆

左傳子産相鄭伯以如晉晉侯以魯喪未之見也子産壞客館之垣以納車馬士文伯讓之曰繕完葺牆以待賓客若皆毀之何以供命予謂垣壞葺之而已今云繕牆豈古人於文理如此不達耶所疑字誤遂有繁文予輒究其義是繕字葺牆以待賓客此則本書字誤爲完書曰峻宇雕牆足以爲比況上文云高其閈閎厚其垣牆又曰司空以時平易道路館宮室如此足以待賓客豈徒葺牆而可以崇大諸侯之館哉

論醫

夫醫切脉指下能知生死者非天受其性則因積學而致然始或著能末而寡効論者以始能命通也末繆數窮也予曰不然其初屢中喜於積財記憶未衰軫理方銳及其久也筋力已疲志怠心勞獲效遂鮮則始能末繆於斯見矣若以數之通塞豈曰知理哉

舅姑服

子夏喪服傳婦爲舅姑齊衰五升布十一月而練十三月而祥十五月而禫禫後門庭尚素婦服青縑衣以俟夫之終喪習俗以婦之服青縑謂其尚在喪制故因循亦同夫之喪紀再周而後吉禮女子在家以父爲天婦人無二天則婦之爲舅姑不服齊衰二年著矣貞元十一年河中府倉曹參軍蕭據狀稱堂兄至女子適李氏壻見居喪今時俗婦爲舅姑服三年

恐爲非禮請禮院詳定垂下詳定判官前太常博士李岧議曰謹按大唐開元禮五服制度婦爲舅姑及女子適人爲其父母皆齊衰不杖周蓋以婦之道以專一不得自達必繫於人故女子適人服夫以斬而降其父母喪服傳曰女子已適人爲父母何以周也婦人不二斬也婦人從人無專用之道故未嫁從父既嫁從夫夫死從子父者子之天也夫者妻之天也先聖格言歷代不敢易以此論之父母之喪尚止周歲舅姑之服無容三年今之學者不本其義輕重紊亂寖以成俗伏以開元禮玄宗所修上纂累聖旁求禮經其道昭明其文彰著藏之祕府垂之無窮布在有司頒行天下率土之内固宜遵行有違斯文命曰

敗法亂紀伏請正牒以明典章此李岧之論可謂正矣凡居士列得不守之

杖周議

準禮父在爲母爲所生母父爲嫡子夫爲妻皆杖周自周禮已降至于開元禮及唐史二百六十年並不易斯議未聞爲兄弟杖者自亂離以後武臣爲兄弟始行杖周之禮是賓佐不能以禮正之致其謬誤也予乾寧三年九月行弔於名士之家覩其弟爲兄杖門人知舊無有言其乖禮者實慮日久寖以爲是自今後士子好禮者於服式之中慎而行之

祭節拜戟

禮曰君有賜則拜而受之賜莫重於九錫衣服朱戶納陛乘輿樂縣虎賁弓矢鈇鉞秬鬯徧詳禮文未有拜衣服虎賁者也是物也故不宜拜若拜朱戶渠門宜謂之神禮記祭法累代祭名不聞有戟神是知無拜祭之禮也近代受節置於一室朔望必祭之非也凡戟天子二十四諸侯十今之藩鎮即古之諸侯也在地則施於衙門雖罷守藩閫有爵位崇高亦許列於私第上元元年宰相呂諲立戟有司載戟及門諲方慘服乃更吉服迎而拜之頗爲有識者所嗤則知辱君命拜賜可也拜戟祭節大乖於禮

客卿

按史記春秋之後儒術之士名聞諸侯者既適列國爲客卿乃得陳王霸之道如孟軻在齊樂毅在燕趙

西漢鄒陽在梁伍被在吳亦行斯道爾後辯說絶但不復客卿耳自中和已後藩鎮道賓者名曰客卿始則索客之徒時有斯號近者名人朝士不免繼之訛謬相承莫不因此恐誤來者故書之以示兒孫

參謀

秦漢之職在賓幕中籌畫戎機非多學深識者莫居是選自亂離已後每居藩翰必以陰陽技術者處之仍居將校之末宜重而輕誠可惜也設有文人仗節統戎舉辟名士宜於管記支使之間以正其名不亦善乎

李涪刊誤卷下

九經補韻序

字學湮廢已久學者無以寤疑辯惑僕性耆古癖書傳因涉獵諸經訓釋或同字殊音或假音如字若此者衆韻書率多不載竊有惑焉如禮部韻一書政爲聲律舉子設　紹興間三山黄進士嘗補選進上乃亦闕略弗備近嘉禾吳教杜復申明僅增三字僕之惑滋甚蓋若禮記歛般請以機封毛詩猗儺其枝之類庸可諉曰是喪制所出非程文所當用或音義弗順非韻語所可押至如周禮舍采合舞之爲釋菜毛詩鱣鮪發發之爲鱍鱍皆足正後學之傳訛助文場之窘步一切置之可乎廼即經釋蒐羅粹爲一編非敢上于官以求增補亦非敢淑諸人以侈聞見姑藏家塾以擊蒙昧博識君子幸毋我誚嘉定十有七年冬十月幾望代郡楊伯嵒彥瞻序

九經補韻

代郡楊伯嵒彥瞻　集

周易

假　更白切　家人王假有家　合於入聲二十陌韻內添入

尚書

夾　音協　禹貢夾右碣石　合於入聲三十帖協字下添入

毛詩

殷　音隱　殷其靁　合在上聲十九隱隱字下磤亦作丨

發　補末反　碩人鱣鮪發發　合在入聲十三末鱍字下亦作丨

摧　采卧切　鴛鴦摧之秣之　合於去聲三十九過韻內添入

揄　音由　生民或舂或揄　合於下平聲十九尤由字下添入

假　音格　烝民昭假于下　合於入聲二十陌格字下添入

黮　時審反　泮水食我桑黮　合在上聲四十七寑甚字下葚亦作丨

周禮

苦　音古　天官下典枲受苦切　合於上聲十姥古字下添入

槀　讀爲犒　地官上槀人　合在去聲三十七號犒字下亦作丨

政　音征　地官上小司徒施其職而平其政　合於下平聲十四清征字下添入

肆　託歷反　地官上大司徒羞其肆　合於入聲二十二錫韻內添入

奠　音定　地官下賈師展其成而奠其賈　合於去聲四十六徑定字下添入

列　祿計反　地官下稻人以列舍水　合於去聲十二霽韻內添入

果　讀爲祼　春官上大宗伯攝而載果　合在去聲二十九換祼字下亦作丨

甸　音田　春官上小宗伯若大甸　合在下平聲一先畋字下亦作丨

貍　亡皆反　春官上鬱人遂貍之　合於上平聲十四皆韻內添入

脩　讀爲滌　春官上司尊彝凡酒脩酌　合在入聲二十三錫滌字下亦作丨

簭 音筮 春官下占人以八簭占八頌 合在去聲十三祭筮字下亦作丨
舍 音釋 春官下大胥春入學舍采合舞 合在入聲二十二昔釋字下亦作丨
彌 音敉 春官下小祝彌烖兵 合在上聲四紙弭字下亦作丨
樊 步干反 春官下巾車錫樊 合於上平聲二十六歡韻內添入
條 讀爲絛 春官下巾車革路龍勒條纓 合在下平聲六豪絛字下亦作丨
前 子踐反 春官下巾車前樊鵠纓 合於上聲二十八獮韻內添入
繩 音孕 秋官下薙氏秋繩而芟之 合於去聲四十七證孕字下添入
盧 讀爲纑 冬官上秦無盧 合於上平聲十一模纑字下添入
戚 將六反 冬官上無以爲戚速也 合於入聲一屋韻內添入
眼 魚懇反 冬官上輪人爲輪欲其眼也 合於上聲二十二很韻內添入
卑 音婢 冬官上輪人爲蓋上欲尊而宇欲卑 合於上聲四紙婢字下添入
頎 讀爲懇 冬官上輈人輈欲頎典 合於上聲二十二很懇字下添入

典 讀爲殄 冬官上輈人輈欲頎典 合於上聲二十七銑殄字下添入
屬 讀爲注 冬官上函人犀甲七屬 合於去聲十遇注字下添入
空 音孔 冬官上函人眡其鑽空 合於上聲一董孔字下添入
欄 音練 冬官上㡛氏以欄爲灰 合於去聲三十二霰練字下添入
笴 讀爲槀 冬官下矢人以其笴厚 合於上聲三十二晧槀字下添入
奠 讀爲停 冬官下匠人爲溝洫凡行奠水 合於下平聲十五青停字下添入
昔 讀爲錯 冬官下弓人爲弓老牛之角紾而昔 合於入聲十九鐸錯字下添入
畏 音隈 冬官下弓人爲弓畏也者必橈 合於上平聲十五灰隈字下添入
校 讀爲絞 冬官下弓人爲弓中有變焉故校 合於上聲三十一巧絞字下添入

禮記

敖 五報反 曲禮上敖不可長 合在去聲三十七號傲字下亦作丨
繕 吉政反 曲禮上急繕其怒 合於去聲四十五勁韻內添入

載 音戴 月令載青旂 合於去聲十九代戴字下添入
術 音遂 月令審端經術 合於去聲六至遂字下添入
鮮 音獻 月令天子乃鮮羔開冰 合於去聲二十五願獻字下添入
疆 其丈反 月令可以美土疆 合於上聲三十六養韻內添入
禘 音藥 郊特牲饗禘有樂 合於入聲十八藥藥字下添入
鹽 音豔 郊特牲而流示之禽而鹽諸利 合於去聲五十五豔豔字下添入
温 於運反 內則柔色以温之 合於去聲二十三問韻內添入
有 音又 內則三王有乞言 合於去聲四十九宥又字下添入
幽 幼糾反 玉藻一命緼韍幽衡 合於上聲四十六黝韻內添入
禕 音鞠 玉藻再命禕衣 合於入聲一屋鞠字下添入
辨 讀爲貶 玉藻立容辨卑毋讇 合於上聲五十琰貶字下添入
顛 讀爲田 玉藻盛氣顛實揚休 合於下平聲一先田字下添入

賓 必刃反 玉藻必與公士爲賓也 合於去聲二十一震韻內添入
皇 音往 少儀齊齊皇皇 合於上聲三十六養往字下添入
匪 芳非反 少儀匪匪翼翼 合於上平聲八微韻內添入
美 音儀 少儀鸞和之美 合於上平聲五支儀字下添入
區 古侯反 樂記草木茂區萌達 合於下平聲十九侯韻內添入
趨 音促 樂記衛音趨數煩志 合於入聲三燭促字下添入
數 音速 同前 合於入聲一屋速字下添入
喬 音驕 樂記齊音敖辟喬志 合於下平聲四宵驕字下添入
横 古曠反 樂記號以立横 合於去聲四十二宕韻內添入
建 其展反 樂記名之曰建櫜 合於上聲二十八獮韻內添入
報 保毛反 樂記禮有報而樂有反 合於下平聲六豪韻內添入
肉 如又反 樂記廉肉節奏 合於去聲四十九宥韻內添入

羶音馨　祭義爓燎羶薌　合於下平聲十五青馨字下添入
進音餕　祭統百官進徹之　合於去聲二十二稕餕字下添入
幾音祈　哀公問車不雕幾　合於上平聲八微祈字下添入
愁子留反　鄉飲酒秋之爲言愁也　合於下平聲十八尤韻內添入
孚音浮　聘義孚尹旁達　合於下平聲十八尤浮字下添入

春秋

左氏傳

衆音終　隱公元年衆父　合於上平聲一東終字下添入
百音陌　僖公二十八年距躍三百曲踊三百　合於去聲二十陌陌字下添入
介古賀切　襄公八年亦不使一介行李　合於去聲三十八箇韻內添入
蔭於金切　昭公元年趙孟視蔭　合於下平聲二十一侵韻內添入
奭音霜　定公三年有兩肅奭馬　合於下平聲十陽霜字下添入

公羊傳

沶音流　成公五年壅河三日不沶　合在下平聲十八尤流字下亦作丨
曼音蠻　昭公四年晉人執戎曼子赤歸　合於上平聲二十七刪蠻字下添入

孟子

龍音壟　公孫丑下有私龍斷焉　合於上聲二腫壟字下添入
艾音刈　萬章上自怨自艾於桐　合於去聲二十廢刈字下添入

九經補韻終

音義弗順喪制所出不可入韻者附于後

毛詩

猗於可反　隰有萇楚　猗儺其枝
作側慮反　蕩　侯作侯祝
疑魚陟反　桑柔　靡所止疑

適直革反　殷武　勿予禍適

周禮

劀音刮　天官下　劀殺之齊
壇讀爲墠　夏官上　暴內陵外則壇之
綱讀爲亢　夏官上馬質　綱惡馬
拔方寄反　夏官下司士　作六軍之士執拔
方音罔　夏官下方相氏　毆方良
良音兩　夏官下方相氏　毆方良
犮畔末切　秋官上　赤犮氏
冥音覓　秋官下　冥氏
焉音夷　秋官下行夫　焉使則介之
春出允反　冬官下梓人爲侯　則春以功

羽音户　冬官下弓人爲弓　弓而羽閷

禮記

拘古侯反　曲禮上　以袂拘而退
橋居廟反　曲禮上　奉席如橋衡
辯音遍　曲禮上　然後辯殺
勿音沒　曲禮上　國中以策彗卹勿驅
綏湯果反　曲禮下　大夫則綏之
壇音善　曲禮下　爲壇位
假音遐　曲禮下　曰天王登假
免音問　檀弓上　檀弓免焉
居音姬　檀弓上　何居
蓋户臘反　檀弓上　子蓋言子之志於公乎

革紀力反 檀弓上 夫子之病革矣
從音揔 檀弓上 爾毋從從爾
厭于甲反 檀弓上 死而不弔者三畏厭溺
衡華彭反 檀弓上 今也衡縫
稅他外反 檀弓上 小功不稅
披彼義反 檀弓上 設披
縱音揔 檀弓上 喪事欲其縱縱爾
椑蒲歷反 檀弓上 君即位而爲椑
舍音釋 檀弓下 有司以几筵舍奠於墓左
斯音賜 檀弓下 我喪也斯沾
沾音覘 檀弓下 我喪也斯沾
蔞音柳 檀弓下 設蔞翣

封彼驗反 檀弓下 斂般請以機封
追音退 檀弓下 文子其中追然
耐音能 禮運 故聖人耐以天下爲一家
綦音忌 禮器 夏父弗綦逆祀而弗止也
將音牂 內則 炮取豚若將
接讀爲捷 內則 接以大牢
踐音翦 玉藻 弗身踐也
言魚斤反 玉藻 二爵而言言斯
辟婢支反 玉藻 大夫素帶辟垂
屈音闕 玉藻 君命屈狄
報讀爲赴 喪服小記 報葬者報虞
省仙善反 大傳 省於其君

圂音患 少儀 君子不食圂腴
提丁禮反 少儀 離而不提心
敦音純 樂記 樂者敦和
反音及 樂記 武王克殷反商
適讀爲敵 雜記上 大夫訃於同國適者
稅他喚反 雜記上 繭衣裳與稅衣纁袡爲一
純側其反 雜記下 皆爵弁純衣
差七何反 喪大記 御者差沐于堂上
僞音帷 喪大記 加僞荒
盍音渴 坊記 相彼盍旦
移昌氏反 表記 衣服以移之
純音全 投壺 二算爲純

僇音六 大學 辟則爲天下僇矣
緡音緜 大學 緡蠻黃鳥
卒音倅 燕義 庶子之卒

春秋

左氏傳

免音問 桓公五年 免而代之
瀆音豆 桓公十二年 盟于句瀆之丘
稅土活反 莊公九年 及堂阜而稅之
輅五嫁反 僖公十五年 輅秦伯
穀奴口反 僖公二十年 楚鬬穀於菟
歛音廉 僖公二十八年 盟于歛盂
棺古患反 僖公二十八年 棺而出之

泜音雉　僖公三十二年　與晉師夾泜而軍

呼呼賀　文公元年　呼役夫

鄎音西　文公十六年　盟于鄎丘

被普皮切　襄公十四年　乃祖吾離被苫蓋

含户暗切　襄公十九年　而視不可含

封求付反　襄公二十五年　封具

稅讀爲繐　襄公二十七年　公喪之如稅服終身

羨音郎　昭公十三年　不羨

苑於元切　昭公二十年　苑何忌辭曰

黨音掌　哀公十一年　俟於黨氏之溝

公羊傳

眛亡結切　隱公元年　公及邾婁儀父盟于眛

來力之反　莊公五年　倪黎來來朝

悕音希　成公十六年　在招丘悕矣

朾敕丁切　成公十八年　盟于虛朾

鸛音權　昭公二十五年　有鸛鵒來巢

穀梁傳

傎都田反　僖公二十八年　爲已傎矣

痤在禾切　襄公二十八年　宋公殺其世子痤

禮部韻以略言人多隘之而議欲增也自元祐國子博士孫諤陳乞添收繼其後則黃啓宗有補韻吳棫有補韻補音毛晃有增韻張貴謨有韻略補遺近世黃子厚蔣全甫則又各有論說然跡者隨韻補輯僅得一二詳者至盡採子史蒼雅方言欲增入二千六百五十五而難於行此禮部韻之所以至今未備也

泳齋先生治衢之暇日揖任禮於柯山堂而語曰子見吾所纂九經補韻乎

先生於書無不讀而以經爲根源補韻之作凡九經中字之假借音之旁通考訂分彙各疏其下若星象之錯落於天而粲然以明

平齋洪端明所謂杜門論著佳哉者此也

平齋欲著語而後弗果他日上之

朝而頒行於禮部使後世知

國家之淑士以經則豈但爲聲韻之助任禮敢寫

平齋之志而繫於後淳祐四年十一月初吉日

門生文林郎充衢州州學教授俞任禮謹題

中華古今注序

國子監太學博士馬縞集

昔崔豹古今注博識雖廣迨有闕文洎乎[illegible]聞見今添其注以釋其義目之爲中華古今注勒成三卷稍資後學請益前言云尓

總目

卷上

帝王宮闕都邑羽儀冕服州縣儀仗軍器等部

注凡六十六門

卷中

皇后冠帶士庶衣裳文籍書契草木沓問釋義部注凡四十四門

卷下

中華古今注卷上

國子監太學博士馬　縞集

帝王宮闕都邑羽儀冕服州縣儀仗

注凡六十六門

宮

宮謂之室室謂之宮皆所以通古今之語明同實而兩名之也秦始皇造阿房宮闕五百步南北千丈上可坐萬人下可建五丈旗幟咸陽二百里内爲宮觀二百七十所皆複道相連

闕

闕者觀也古每門樹兩觀於其前所以摽表宮門也其上可居登之則可遠觀故謂之觀人臣將朝至此則思其所闕故謂之闕其上皆丹堊其下皆畫雲氣仙靈奇禽怪獸以昭示萬民焉蒼龍闕畫蒼龍白虎闕畫白虎玄武闕畫玄武朱雀闕上有朱雀二枚

城

城者盛也所以盛受人物也城門皆築土爲之累土曰臺故亦謂之臺門也

城隍

隍者城池之無水者也

秦所築長城

秦始皇三十二年得讖書云亡秦者胡也乃使蒙恬築長城以備之蓋秦終於二世帝胡亥也非爲胡人所患秦所築城土色皆紫漢塞亦然故稱紫塞者焉

長安御溝

謂之楊溝植高楊於其上也一曰羊溝謂羊喜觝觸垣墻故為溝以隔之故曰羊溝亦曰禁溝引終南山水從宮內過所謂御溝

封壃

畫界者封土為臺以表識壃境也畫界者於二封之間又為壝埒以畫界分域也

闤闠

闤者市墻也闠者市門也

肆店

肆者所以陳貨鬻之物也店者所以置貨鬻之物也

罘罳屏

屏之遺象也塾門外之舍也臣來朝君至門外當就舍更詳其所應應對之事也塾之者言熟也行至門內屏外復應思惟也罘罳復思也漢西京罘罳合板為之亦築土為之每門闕殿舍皆有焉如今郡國聽前亦樹之也

宗廟

宗者宗祀也廟者皃也所以髣髴先人之靈皃也天子七廟諸侯五廟大夫三廟士二廟庶人無廟四時之享也

漢成帝廟

顧成廟有三玉鼎二真金鑪槐樹悉為扶老鉤欄畫雲龍角虛於其上也

堯誹謗木

程雅問曰堯設誹謗之木何也荅曰今之華表木也以橫木交柱頭狀如華也形如桔槔大路交衢悉施焉或謂之表木以表王者納諫也亦以表識衢路秦乃除之漢始復修焉今西京謂之交午柱也

方徼

徼者繞也所以繞逆蠻夷使不得侵入中國也方者方面也南方徼色赤故稱丹徼焉

關塞

關者長安之關門也函谷關潼關之屬也塞者塞也所以擁塞夷狄不侵中國也

孫亮金螭屏風

孫亮吳主權之子也作金螭屏風鏤作瑞應圖一百二十種之祥物也

孫權舸船

孫權吳之主也時號舸為赤龍小船為馳馬言如龍之飛于天如馬之走陸地也

漢高祖斬白蛇劍

漢世傳高祖斬白蛇劍長七尺漢高祖自稱提三尺劍而取天下有問余者余告之曰漢高為泗上亭長送徒驪山所提劍理應三尺耳後富貴別得七尺寶劍捨舊而服之漢之後世唯聞高祖以所佩劍斬白蛇而高祖常佩此劍即斬蛇之劍也

魏武帝軍幰

魏武所制也以軍中服之輕便有作五色幘以表方
面也

吳大帝寶刀

吳大帝有寶刀三其一曰百鍊二曰青犢三曰漏影

孫文臺青玉馬鞍

孫文臺獲青玉馬鞍其光照於衢路也

魏武帝馬勒酒搃

魏武帝以馬勒車渠石爲酒搃

大駕指南車

起於黃帝與蚩尤戰於涿鹿之野蚩尤作大霧皆迷四方於是乃作指南車以示四方遂擒蚩尤而即位故後漢恒建舊說云周公所作也周公治致太平越

常氏重譯來獻白雉一黑雉二象牙一使者迷其歸路周公錫以文錦二疋軿車五乘皆爲司南之制使越常氏載之以南緣扶南林邑海際朞年而至其國使大夫宴將送至國而還至始制車轄轄皆以鐵還至鐵亦銷盡以屬巾車氏收而載之常爲先導示服遠人而正四方也車法在尚方故事漢末喪亂其法中絕馬先生鈞紹而作焉今指南車馬先生之遺法也

金根車

秦制也秦併天下閱三代之輿服謂殷得瑞山車一曰金根故因作爲金根之車秦乃增飾而乘御焉漢因而不改

辟惡車

秦制也桃弓葦矢所以禳除不祥也春秋云桃弓荆矢以除其災所謂辟惡也

記里鼓

所以識道里也謂之大章車起於西京亦曰記里車車　上有二層皆有木人焉行一里下一層擊鼓行十里上層擊鍾尚方故事有作車法

街鼓

唐舊制京城內金吾昏曉傳呼以戒行者馬周請置六街鼓號之曰鼕鼕鼓

華蓋

黃帝所作也與蚩尤戰於涿鹿之野常有五色雲氣

金枝玉葉止於帝上有花葩之象故因而作華蓋焉

曲蓋

太公所作也武王伐紂大風折蓋太公因折蓋之形制曲蓋焉戰國常以賜將帥自漢朝乘輿用謂曰軿輗蓋有軍號者賜其一焉

雉尾扇

起於殷世高宗有雊雉之祥服章多用翟羽周制以爲王后夫人之車服輦車有翣即緝雉羽爲扇翣以鄣翳風塵也漢朝乘輿服之後以賜梁孝王魏晉已來以爲常准諸王皆得用之

鄣扇

長扇也漢世多豪俠象雉尾而制長扇也

五明扇

舜所作也舜授堯禪廣開視聽求賢人以自輔故作五明扇秦漢公卿士大夫皆得用之魏晉非乘輿不得用之也

警蹕

所以戒行徒也周禮蹕而不警秦制出警入蹕謂出軍者皆警戒入國者皆蹕止也故曰出警入蹕也至漢朝梁孝王稱警稱蹕降天子一等焉一曰蹕路也謂行者皆警於塗路也

唱

上所以促行徒也上鼓爲行節也

冕服

牛亭問冕者繁露何也荅曰假玉而下垂如露而繁也文選云衮冕垂旒所以蔽明黈纊塞耳所以閉聰尚書云日月星辰山龍華蟲作會宗彝藻火粉米黼黻絺繡以五彩彰施于五色也所謂天子衮冕之服也

金斧

黃鉞也鐵斧玄鉞也三代通用之以斷斬今以黃鉞爲乘輿之飾玄鉞諸公王得建之武王以黃鉞斬紂故王者以爲戒太公以玄鉞斬妲己故婦人以爲戒漢制諸公亦建玄鉞以太公秉之助武王斷斬故爲諸公之飾焉大將出征特加黃鉞者以銅爲之黃金塗刃及柄不得純金也得賜黃鉞則斬持節

公主建鍠

秦改鐵作皇制也一本云鍠秦制也今諸王妃公主與乘輿通建之

信幡

古之徽號也所以題表官號以爲符信故謂之信幡乘輿則畫爲白虎取其義而有威信之德也魏朝有青龍幡朱雀幡玄武白虎幡黃龍幡而五色以詔東方郡國以青龍信南方郡國以朱雀信西方郡國以白虎信北方郡國以玄武信朝廷畿內則以黃龍信亦以麒麟幡高貴鄉公討晉文王自秉黃龍幡以麾是今晉朝唯用白虎幡書信幡用鳥書取其飛騰輕疾也一曰以鴻鴈鸑鷟有去來之信也

豹尾

周制也所以象君子之豹變也尾言謙也古軍正建之今唯乘輿行建焉

馬前弓箭

兩漢京兆及河南尹執金吾司隸校尉皆使人導引傳呼使行者止坐者起四人持弓矢走者則射之有乘高窺闞者亦射之魏晉已來則用角弓設而不用焉

狸頭白首

昔秦始皇東巡狩有猛獸突於帝前有武士戴狸皮白首獸畏而遁遂軍仗儀服皆戴作狸頭白首以威不虞也

龍虎節

孝經云制節謹度滿而不溢高而不危所以長守貴也唐節制皆從太府寺准三禮定之周禮云山國用虎節土國用人節澤國用龍節紫檀木畫其形象御親金書以賜重臣碧油籠之殁而不用則倒進之漢蘇武使單于不拜單于怒令武北海窖中牧羊氈裹節食雪卧節旄落還漢仗節而迴旄落盡也

軍容袜額

昔禹王集諸侯於塗山之夕忽大風雷震雲中甲馬及九十一千餘人中有服金甲及鐵甲不被甲者以紅綃袜其首額禹王問之對曰此袜額蓋武士之首服皆佩刀以爲衛從乃是海神來朝也一云風伯雨師自此爲用後至秦始皇巡狩至海濱亦有海神來朝皆戴袜額緋衫大口袴以爲軍容禮至今不易其制

櫜鞬三仗

起自周武王之制也武王伐紂散鹿臺之財發巨橋之粟歸馬于華山之陽放牛于桃林之野鑄劒戟以爲農器示天下不復用兵武王以安必防危理必防亂故彀弓匣劒以軍儀示不忘武也舊儀韝韊三仗首袜額紅謂之櫜鞬三仗也

戈戟

魯陽以長戈指日日爲之退舍戈由殳也戟以木爲之後世刻鏤無復典刑亦油韜之亦謂之油戟亦謂之棨戟公王已下通用以爲前駈唐五品已上皆施棨戟於門

矛殳

矛亦楯也殳亦戟之象也詩云伯也執殳爲王前駈其器也以木爲之

刀劒

河圖云黄帝攝政前有蚩尤兄弟八十一人並獸身人語銅頭鐵額食砂石子造立兵仗刀戟大弩威震天下誅殺無道不仁不慈萬民欲令黄帝行天子事黄帝仁義不能禁蚩尤遂不敵黄帝乃仰天而歎天遣玄女授黄帝兵法符制以服蚩尤吴大帝有寶三見上注中吴大帝有寶劒六其一曰白蛇二曰紫電三曰辟邪四曰奔星五曰青冥六曰百里晉朝武帝時武庫火焚有智伯一云王莽頭孔子履高祖斬蛇劒二物皆爲火焚之唯劒飛上天而去也又晉時牛斗間常有紫氣張華知非王者之氣乃是劒氣乃以雷煥爲豐城令張華知煥博識到縣乃掘縣獄深得劒兩枚一送與張華一煥自佩後華卒子韙佩過延平津躍入水使人尋之乃見化爲龍也雷煥卒子亦佩之於延平津亦躍入水化爲龍矣高祖斬白蛇劒見上注中

枷棒

易云荷校滅耳凶禮云去桎梏桎梏亦枷杻也六月盛暑去囚人枷杻决斷刑獄放宥之也唐時則天朝

周興來俊臣羅告天下衣冠遇族者不可勝數俊臣特制刑獄造十枚大枷一曰定百脉二曰喘不得三曰突地吼四曰著即臣（棒號即臣）五曰失魂魄六曰寔同反七曰反是寔八曰死猪愁九曰求即死十曰求破家遭此枷者宛轉于地斯須悶絶別有一枷名曰𣥖尾（普迷切）榆見即臣復有鐵圈籠頭名號數十又招集告事者常數百人造立密羅織經一卷每拷訊囚人先設枷棒破平人家不知其數

棒

棒者崔正熊注車輻也漢朝執金吾金吾亦棒也以銅爲之黄金塗兩足以謂之金吾金吾亦棒也御史大夫司隷校尉亦得執焉用以夾車故謂之車輻一曰形似輻故曰車輻魏曹操爲洛陽北部尉乃懸五色棒於門以威豪猾也

車輻

棒形如車輻見上注中

旌旃

旌者旌也旌表賢人之德旃者善也以彰善人之德旌類旗之象旃類白旄之制書云旌別淑慝

麾旄

麾者所以指麾也武王執白旄以麾是也乘輿以黄諸公以朱刺史二千石以纁也

文武車耳

古重較也文官青耳武官赤耳或曰重較在車藩上重起如牛角故曰重較

青布囊

所以盛印也劾奏之日則以青布囊盛印於前示奉王法而行也非劾奏之日則以青繒爲囊盛印於後謂劾奏尚其質直故用布非劾奏日文明故用繒自晉朝已來劾奏之官專以印居前非劾奏之官專以印居後

簪白筆

古珥筆之遺象也腰帶劒珥筆示君子有文武之備焉

文武冠

文官進賢冠古緌見冠之遺象也武官冠古緇布冠之遺象也緇布冠上古之法武人質木故須法焉

鑾輅

鑾者所謂和鑾也禮云行前朱雀或謂朱鳥也鑾輅衡上金爵者朱鳥口銜鈴鈴謂之鑾所謂和鑾者也前有鸞鳥故謂鸞鸞口銜鈴故謂之鸞或謂爲鑾事一而異義也

五輅

禮云春乘青輅駕蒼龍戴青旂衣青衣服蒼玉夏乘朱輅駕赤駵戴赤旂衣朱衣服赤玉秋乘白輅駕白駱戴白旂衣白衣服白玉冬乘玄輅駕鐵驪戴玄旂衣玄衣服玄玉其制見三禮圖

貂蟬

胡服也貂者須其文而不煥炳外柔易而內剛勁也蟬者清虛識變也在位者有文而不自耀有武而不示人清虛自牧識時而動也

部伍兵陣

部伍者一伍之伯也五人曰伍長爲伯故稱伍伯一曰户伯漢制兵吏五人一户一竈置[redacted]一伯故云户伯亦曰火伯以爲一竈之主也漢諸王公行户伯各率其伍以道引也古兵士服韋弁今户伯服赤績纁衣常韎弁之遺法也

部者

封部之屬也語云千乘之邑百乘之家可使治其賦也

兵陣

左傳云兵由火也不戢將自焚老子云兵者不祥之器不得已而用之是以上將軍居右偏將軍居左言喪禮處之

陣

陣者勝拒敵也類常山之率然擊其首則尾應擊其尾則首應擊其中則首尾俱應率然者常山之長蛇也唐朝高宗臨殿策問貢半千曰兵書言天陣地陣人陣何也半千對曰天陣者是星辰孤虛地陣者是山川向背人陣者是偏裨彌縫以臣所見則不然夫師出以義有若時雨得天之時此天陣也兵在足食且戰且耕得地之利此地陣也卒乘輕利將師和睦此人陣也高宗大賞策爲上第

武臣缺胯襖子

隋文帝征遼詔武官服缺胯襖子取軍用如服有所妨也其三品已上皆紫至武德元年高祖詔其諸衞將軍每至十月一日皆服缺胯襖子織成紫瑞獸襖子左右武衞將軍服豹文襖子左右翊衞將軍服瑞鷹文襖子其七品已上陪位散員官等皆服綠無文綾襖子至今不易其制又侍中馬周請於汗衫等上常以立冬日加服小缺襖子詔從之永以爲式

文武品階腰帶

蓋古革帶也自三代已來降至秦漢皆庶人服之而貴賤通以銅爲銙以韋爲鞓六品已上用銀爲銙九品已上及庶人以鐵爲銙沿至貞觀二年高祖三品已上以金爲銙服綠庶人以鐵爲銙服白向下捶垂頭而取順合呼撻尾漢中興每以端午賜百僚烏犀腰帶魏武帝賜宮人金隱起師子銙腰帶以助將軍之勇也高祖貞觀中端午賜文官黑玳瑁腰帶武官黑銀腰帶示色不改更故也

九環帶

唐革隋政天子用九環帶百官士庶皆同

靴笏

靴者蓋古西胡也昔趙武靈王好胡服常服之其制短靿黃皮閑居之服至馬周改制長靿以殺之加之以氈及條得著入殿省敷奏取便乘騎也文武百僚

咸服之至貞觀三年安西國進緋韋短靿靴詔内侍省分給諸司至大曆二年宮人錦靿靴侍於左右笏者記其忽忘之心禮云天子以圭諸侯以球大夫以魚須一品至五品以象爲之六品至九品以木爲之禮云端畢紳措笏唐德宗朝太尉叚秀實以笏擊逆臣朱泚不忠反遭其禍

屐舄

屐者屨之不帶也不借草屨也以其輕賤易得故人人自有不假借也漢文帝屐不借以視朝是也舄者以木置屐下乾腊不畏泥濕也天子赤舄凡舄色皆象裳也禮云解屨不敢當階就屨跪而舉之春申君客三千皆珠屐也漢制功臣閣老四賜曰入朝不趍賛拜不名劒履上殿宥輿入宮淳于髡諫楚王曰若堂上燭滅男女雜坐屐舄交錯臣當此之時一飲一石晏子諫齊王曰今屐賤而踊貴也言齊王好刖人之足微諫之也

厨人襶衣

厨人襶衣厮徒之服也取其便於用耳乘輿進食者有服襶衣前漢董偃緑幘青韝加襶衣以見武帝厨人之服也

伺風烏

夏禹所作也禁中置之以爲恒式

玉佩

玉佩之法漢末喪亂而不傳至魏侍中王粲識古佩之法更制焉

天子乘輿赤綬

天子乘輿之制赤綬四采黄赤縹紺黄爲圭長二丈九尺五百首諸侯赤綬四采赤黄縹淳赤圭長二丈一尺三百首

公侯大將軍紫綬

紫綬二采紫白淳紫圭長一丈七尺一百八十首公王封君服紫綬九卿中二千石緑綬三采青白紅青圭長一丈七尺一百二十首一千石六百石墨綬二采青紺淳青圭長一丈六尺八十首四百石五百石之長同前制也三百石二百石黄綬淳黄一采圭長一丈五尺六十首一百石青綬青紺綸一采婉轉繆織長一丈二尺自青綬巳上皆長三尺二寸緑綬同采而首半之縌者古佩璲也佩綬相迎受故曰縌紫綬巳上縌綬之間施玉環玦自墨綬巳下縌皆長三尺與黄綬同采而首半之凡先合單方爲一絲四絲爲一扶五扶爲一首五首成一文文采淳爲一圭皆廣一尺六寸

中華古今注卷上

中華古今注卷中

國子監太學博士馬　縞集

皇后冠帶士庶衣裳文籍書契草木荅問釋義部注凡四十四門

皇后太后印綬

太皇太后皇太后綬其制與天子乘輿同赤綬四采黄赤縹紺淳黄爲圭長二丈九尺五百首長公主天子貴人與諸侯王同制其赤綬四采赤黄縹紺赤圭長二丈一尺三百首諸國貴人相國皆緑綬三采緑紫紺淳緑圭長二丈一尺三百四十首縌綬玉環玦等已在天子乘輿綬門中見上卷注中

羃䍦

羃䍦者唐武德貞觀年中宫人騎馬多著羃䍦而全身障蔽至永徽年中後皆用帷帽施裙到頸漸爲淺露至明慶年百官家口若不乘車便坐檐子至神龍末羃䍦殆絶其羃䍦之象類今之方巾全身障蔽繒帛爲之若便於事非乘車轝及坐檐子即此制誠非便於時也開元初宫人馬上著胡帽靚粧露面士庶咸効之至天寶年中士人之妻著丈夫靴衫鞭帽内外一體也

魏宫人長眉蟬鬢

魏宫人好畫長眉令作蛾眉驚鶴髻魏文帝宫人絶所愛者有莫瓊樹薛夜來陳尚衣段巧笑皆日夜在帝側瓊樹始制爲蟬鬢望之縹緲如蟬翼故曰蟬鬢巧笑始以錦衣絲履作紫粉拂面尚衣能歌舞夜來善爲衣裳皆爲一時之冠絶

頭髻

自古之有髻而吉者繫也女子十五而笄許嫁於人以繫他族故曰髻而吉榛木爲笄笄以約髮也居喪以桑木爲笄表變孝也皆長尺有二寸沿至夏后以銅爲笄於兩旁約髮也爲之髮笄殷后服盤龍步摇梳流蘇珠翠三服服龍盤步摇若侍去梳蘇以其步步而摇故曰步摇周文王又制平頭髻昭帝又制小鬚雙裙髻始皇詔后梳凌雲髻三妃梳望仙九鬟髻九嬪梳參鸞髻至漢高祖又令宫人梳奉聖髻武帝又令梳十二鬟髻又梳墮馬髻靈帝又令梳瑶臺髻魏文帝令宫人梳百花髻芙蓉歸雲髻梁天監中武帝詔宫人梳迴心髻歸眞髻作白粧青黛眉有忩鬱髻隋有凌虚髻祥雲髻隋大業中令宫人梳朝雲近香髻歸秦髻奉仙髻節暈粧貞觀中梳歸順髻又太眞偏梳朶子作啼粧又有愁來髻又飛髻又百合髻作白粧黒眉

冠子朶子扇子

冠子者秦始皇之制也令三妃九嬪當暑戴芙蓉冠子以碧羅爲之插五色通草蘇朶子披淺黄藂羅衫把雲母小扇子靸蹲鳳頭履以侍從令宫人當暑戴黄羅髻蟬冠子五花朶子披淺黄銀泥飛雲帔把五色羅小扇子靸金泥飛頭鞋至隋帝於江都宫水精

殿令宮人戴通天百葉冠子插瑟瑟鈿朶皆垂珠翠披紫羅帔把半月雉尾扇子靸瑞鳩頭履子謂之仙飛其後改更寔繁不可具紀

釵子

蓋古笄之遺象也至秦穆公以象牙爲之敬王以玳瑁爲之始皇又金銀作鳳頭以玳瑁爲脚號曰鳳釵又至東晉有童謠言織女死時人插白骨釵子白粧爲織女作孝至隋煬帝宮人插鈿頭釵子常以端午日賜百僚玳瑁釵冠後漢書貴人助簪玳瑁釵

梁冀盤桓釵

盤桓釵梁冀婦之所制也梁冀妻改翠眉爲愁眉長安婦女好爲盤桓髻到于今其法不絕隋馬髻今無

復作者倭墮髻一云墮馬之餘形也

粉

自三代以鉛爲粉秦穆公女弄玉有容德感仙人蕭史爲燒水銀作粉與塗亦名飛雲丹傳以簫曲終而同上昇

燕脂

蓋起自紂以紅藍花汁凝作燕脂以燕國所生故曰燕脂塗之作桃花粧

花子

秦始皇好神仙常令宮人梳仙髻帖五色花子畫爲雲鳳虎飛昇至東晉有童謠云織女死時人帖草油花子爲織女作孝至後周又詔宮人帖五色雲母花子作碎粧以侍宴如供奉者帖勝花子作桃花粧插通草朶子著短袖衫子

衫子背子

衫子自黃帝無衣裳而女人有尊一之義故衣裳相連始皇元年詔宮人及近侍宮人皆服衫子亦曰半衣蓋取便於侍奉背子隋大業末煬帝宮人百官母妻等緋羅蹙金飛鳳背子以爲朝服及禮見賓客舅姑之長服也天寶年中西川貢五色織成背子玄宗詔曰觀此一服費用百金其往金玉珍異並不許貢

裙襯裙

古之前制衣裳相連至周文王令女人服裙裙上加翟衣皆以絹爲之始皇元年宮人令服五色花羅裙

至今禮席有短裙焉襯裙隋大業中煬帝制五色夾纈花羅裙以賜宮人及百僚母妻又制單絲羅以爲花籠裙常侍宴供奉宮人所服後又於裙上剪絲鳳綴於縫上取象古之褕翟至開元中猶有制焉

宮人披襖子

蓋袍之遺象也漢文帝以立冬日賜宮侍承恩者及百官披襖子多以五色繡羅爲之或以錦爲之始有其名煬帝宮中有雲鶴金銀泥披襖子則天以赭黃羅上銀泥襖子以燕居

鞋子

自古即皆有謂之履絇繶皆畫五色至漢有伏虎頭始以布鞔繶上脫下加以錦爲飾至東晉以草木織

成即有鳳頭之履聚雲履五朶履宋有重臺履梁有笏頭履分捎履立鳳履又有五色雲霞履漢有綉鴛鴦履昭帝令冬至日上舅姑

靸鞋

蓋古之履也秦始皇常靸望仙鞋衣藂雲短褐以對隱逸求神仙至梁天監年中武帝解脱靸鞋以絲爲之令天子所履也

女人披帛

古無其制開元中詔令二十七世婦及寶林御女良人等尋常宴參侍令披畫披帛至今然矣至端午日宮人相傳謂之奉聖巾亦曰續壽巾續聖巾蓋非參從見之服

麻鞋

起自伊尹以草爲之草屩周文王以麻爲之名曰麻鞋至秦以絲爲之令宮人侍從著之庶人不可至東晉又加其好公主及宮貴皆絲爲之凡娶婦之家先下絲麻鞋一緉取其和鞋之義

襪

三代及周著角襪以帶繫於踝至魏文帝吴妃乃改樣以羅爲之後加以綵綉畫至今不易至隋煬帝宮人織成五色立鳳朱錦襪靿

席帽

本古之圍帽也男女通服之以韋之四周垂絲網之施以朱翠丈夫去飾至煬帝淫侈欲見女子之容詔去帽戴幞頭巾子幗也以皁羅爲之丈夫藤席爲之骨鞔以繒乃名席帽至馬周以席帽油御雨從事

大帽子

本嵓叟草野之服也至魏文帝詔百官常以立冬日貴賤通戴謂之温帽

搭耳帽

本胡服以韋爲之以羔毛絡縫趙武靈王更以綾絹皁色爲之始並立其名爪牙帽子蓋軍戎之服也又隱太子常以花搭耳帽子以畋獵遊宴後賜武臣及内侍從

烏紗帽

武德九年十一月太宗詔曰自今已後天子服烏紗帽百官士庶皆同服之

幞頭

本名上巾亦名折上巾但以三尺皁羅後裹髪蓋庶人之常服沿至後周武帝裁爲四脚名曰幞頭以至唐侍中馬周更與羅代絹又令重繫前後以象二儀兩邊各爲三撮取法三才百官及士庶爲常服

巾子

隋大業十年禮官上疏裹頭者宜裹巾子與桐木爲之内外皆漆在外及庶人常服沿至證聖二年則天賜羣臣然葛巾子呼爲武家高巾子亦曰武氏内樣

汗衫

蓋三代之襯衣也禮曰中單漢高祖與楚交戰歸帳

中汗透遂改名汗衫至今亦有中單但不緶而不開耳

半臂

尚書上僕射馬周上疏云士庶服章有所未通者臣請中單上加半臂以爲得禮其武官等諸服長衫亦請之判餘以別文武詔從之

袜肚

蓋文王所制也謂之腰巾但以繒爲之宮女以綵爲之名曰腰綵至漢武帝以四帶名曰袜肚至靈帝賜宮人蹙金絲合勝袜肚亦名齊襠

裩

裩三代不見所述周文王所製裩長至膝謂之弊衣

賤人不可服曰良衣蓋良人之服也至魏文帝賜宮人緋交襠即今之裩也

袴

蓋古之裳也周武王以布爲之名曰褶敬王以繒爲之名曰袴但不縫口而已庶人衣服也至漢章帝以綾爲之加下緣名曰口常以端午日賜百官水紋綾袴蓋取清慢而理人若百官母及妻妾等承恩者則別賜羅紋勝袴取其曰勝今太常二人服紫絹袴褶緋衣執永籥以舞之又時黃帝講武之臣近侍者朱章袴褶已下屬於鞋

布衫

三皇及周末庶人服短褐襦服深衣秦始皇以布開胯名曰衫用布者尊女工之尚不忘本也侍中馬周取深衣之造加襴衫爲庶人之禮見之表至仕官皆服之

袍衫

袍者自有虞氏即有之故國語曰袍以朝見也秦始皇三品已上綠袍深衣庶人白袍皆以絹爲之至貞觀年中左右尋常供奉賜袍丞相長孫無忌上儀請於袍上加襴取象於緣詔從之

緋綾袍

舊北齊則長帽短靴合胯襖子朱紫玄黃各從所好天子多着緋袍百官士庶同服隋改江南天子則曰帢帽公卿則中褐襦北朝雜以戎狄之制北齊貴臣

多著黃文綾袍百官士庶同服之

被

語云必有寢衣長一身有半

燧銅鏡

以銅爲之形如鏡照物則影倒向日則火生與艾承之則火出矣

莫難珠

一名木難珠色黃出東夷國也

程雅問三皇五帝

程雅問董仲舒曰曷爲稱三皇五帝對曰三皇者三才也五帝者五土也三王者三明也五覇者五岳也

牛亭問將離草名

牛亭問曰將離相贈與芍藥一名可離故曰相贈與芍藥相招召則以文無文無一名當歸也欲忘人之憂則贈丹棘丹棘一名忘思使人忘憂也欲蠲人之忿則贈以青裳青裳一名歡合則忘忿也

程雅問拾櫨鬼木

程雅問拾櫨鬼木曰無患何也荅曰昔有神巫曰瑤眊能符劾百鬼得鬼則以木爲棒棒煞之世人傳以此木爲衆鬼所竟取此木爲器用以厭却邪鬼故曰無患也

牛亭問書契所起

牛亭問曰自古有書契以來便應有筆世稱蒙恬作秦筆耳以柘木爲管以鹿毛爲柱以羊毛爲被所爲蒼毫非爲兔毫竹管筆也

孫興公稱皇帝龍鬚草

孫綽字興公也作天台賦擲地作金聲孫興公問曰世稱皇帝鑿峴山得仙乘龍上天羣臣援龍鬚鬚墜地而生草世名曰龍鬚有之乎荅曰非也有龍鬚草一名縉雲草故世人爲之傳非也今草有龍鬚者江東亦織爲席曰西皇母席可復是西王母騎虎而墮其鬚乎

牛亭問籍者何云

荅曰籍者一尺二寸竹牒記人之年名字物色懸之宮門案省相應乃得入也

程雅問口傳者何云

荅曰傳者以木爲之長一尺五寸書符信於其上又一板封以御史印章所以爲期信即如今之過所也言經過所在爲證也

牛亭問草木

牛亭問曰草木生類乎荅曰生類也有識乎曰亡識問亡識寧爲生類也荅曰物有生而有識者有生而無識者有不生而有識者有不生而亡識者夫生而有識者蟲類是也生而無識者草木是也不生而有識者神鬼是也不生而無識者水土是也

中華古今注卷中

中華古今注卷下

國子監太學博士馬　縞集

古今音樂鳥獸魚虫龜鱉等部凡六十八門

雉朝飛

犢木子所作也齊處士湣宣王時人年五十無妻出薪於野見雉雌雄相隨意動心悲乃作雉朝飛曲以自傷焉其聲中絶魏武帝宮人有靈女者故冠軍陰并之妹年七歲入漢宮學鼓琴琴特鳴異於餘妓善爲新聲能傳此曲靈女至明帝崩後出嫁爲尹更生妻

別鶴操

商陵牧子所作也娶妻五年無子父兄將爲改娶妻聞之中夜倚户而悲嘯牧子聞之愴然而悲乃歌曰將乖比翼隔天端山川悠遠路漫漫攬衣不寢食忘飧後人因爲樂章

走馬引

樗里牧恭所作也爲父報讎殺人而亡藏於山谷之下有天馬夜降圍其室而鳴夜覺聞其走聲以爲吏追乃犇而亡明朝視之乃天馬跡也遂惕然而悟曰豈吾所處之將危矣遂荷衣糧而去入于沂澤援琴而鼓之爲天馬聲故曰走馬引

安南王歌

安南小山所作也南王食求仙遍禮方士遂以八公相攜俱去莫知所在小山之徒思戀不已乃作南王歌焉

武溪深

馬援南征所作也援門生爰寄生善吹笛援作歌以和之名曰武溪深其曲曰滔滔武溪一何深鳥飛不渡獸不能臨嗟我武溪多毒淫

吳趍曲

吳人以歌其地

箜篌引

朝鮮津卒霍里子高妻麗玉所作也子高晨起刺船而櫂有一白首狂夫披髮提壺亂河游而渡其妻隨而止不及遂墮河水死於是援箜篌鼓之作公無渡河聲音悽愴曲終自投河而死霍里子高還以其聲援妻麗玉麗玉傷之乃引箜篌而寫其聲聞者莫不墮淚飲泣焉麗玉以其曲傳鄰女麗容名曰箜篌引

悲歌

平陵東翟義門人之所作也王莽殺義門人作此歌以怨也

薤露蒿里歌

並喪歌也出田横門人横自殺門人傷之爲悲歌言人命如薤上之露易晞滅也亦謂人死魂精歸于蒿里故有二章其一章曰薤上朝露何易晞露晞明朝更復落人死一去何時歸其二章曰蒿里誰家地聚斂精魄無賢愚鬼伯一何相催促人命不得少踟躕至孝武帝時李延年乃分二章爲二曲薤露送公卿貴

人蒿里歌送士夫庶人使挽柩者歌之世亦呼挽歌

長歌　短歌

言人壽命長短不可妄求

陌上桑歌

出秦氏女子秦氏邯鄲人有女名羅敷爲邑人千乘王人妻王氏後爲趙王家令羅敷出採桑於陌上趙王登臺見而悅之因飲酒欲奪之羅敷行彈箏乃作陌上桑歌以自明焉

杞梁妻歌

杞植妻妹朝日之所作也杞植戰死妻曰上無考中無夫下無子人之苦至矣乃抗聲長哭長城感之頹遂投水而死其妹悲姊之賢貞操乃爲作歌名曰杞梁妻賢杞梁植字也

董逃歌

後漢遊童所作也後有董卓作亂卒以逃亡後人習之以爲歌章樂府奏之以爲規戒

短簫鐃歌

軍樂也黄帝岐伯所作以建武揚德風動戰士也周禮所謂王大捷則令凱樂歌也漢樂有黄門鼓吹天子所以宴樂羣臣短簫鐃歌鼓吹之一章耳亦以賜有功諸侯也

上畱

畱地名也其地人有父母死兄不字其孤弟者鄰人爲其弟作悲歌以諷其兄故曰上畱田曲也

日重光月重輪

羣臣爲漢明帝所作也明帝爲太子樂人以歌詩四首以贊太子之德其一曰日重光其二曰月重輪其三曰星重耀其四曰海重潤漢末喪亂後二章亡舊說云天子之德光明如日規輪如月衆耀如星沾潤如海光明皆比太子德賢故曰重耳

横吹

胡樂也張博望入西域傳其法西京唯德摩訶兜勒二曲李延年因胡曲更造新聲二十八解乘輿以爲武樂後漢以給邊將和帝時萬人將軍用之魏晉已來二十八解不復具存世用者黄鵠隴頭出關入關出塞入塞折楊柳黄覃子赤之陽望行人一十四曲

後漢蔡邕益琴爲九絃

鞞鼓

高辛氏娶于陳豐氏女制鞞鼓鐘磬塤箎

問大琴大瑟

答曰古者伏羲氏造二十五絃瑟不聞二十絃之瑟廣雅云瑟長三尺六寸六分五絃舜之所造有琴即有瑟云

問女媧笙簧

問曰上古音樂未和而獨制笙簧其義云何答曰女媧伏羲妹蛇身人首斷鼇足而立四極欲人之生而制其樂以爲發生之象其大者十九簧小者十二簧也

釣竿歌
伯常子妻所作也伯常子避仇河濱爲漁父其妻思
之每至河則作釣竿之歌後司馬相如作釣竿歌詩
今傳爲古曲
楊烏
白鷹也似鷹而尾上白
扶老
禿鶖也狀如鶴而大大者高八尺善與人鬬好啖蛇
鴈
自河北渡江南瘠瘦能高飛不畏繒繳江南沃饒每
至還河北體肥不能高飛恐有虞人所獲常銜蘆長
數寸以防繒繳

鳧
常在海邊沙上食砂石皆消爛唯食海蛤不消隨其
矢出用爲藥倍勝者也
鶴
千歲則變蒼又千歲變黑所謂玄鶴也
馬
自識其駒非其駒則齧殺之
猿
五百年化爲玃
鷓鴣
南方有鳥曰鷓鴣其名自呼常向日而飛畏霜露早
晚稀出有時夜飛飛則出以樹葉覆背上

驢
爲牡則馬爲牝則駏
秦始皇馬
有七名馬一曰追風二曰白兎三曰躡景四曰追電
五曰飛翮六曰銅雀七曰神鳧
曹眞駃馬
曹眞有駃馬名爲驚帆言其馳驟烈風舉帆之疾也
鴛鴦
水鳥鳧類也雌雄未嘗相離人得其一則其一思而
死故謂之匹鳥也
兎
口有闕尻有九孔

獐
有牙而不噬一名麕獐見人懼謂之章慞
鹿
青州人謂鹿爲獐也
鵲
一名神女俗云七月塡河成橋詩云維鵲有巢而鳩
居之言其鳩拙假鵲而成巢也
雀
一名佳賓言常棲宿人家如賓客也詩云誰謂雀無
角何以穿我屋
鷰
一名神女一名天女一名鷙鳥詩云燕燕于飛差池

其羽齊人呼爲鳦也

鶻鵃

一名鳴鳩一名鶻鳩今之布穀也江東呼爲穫穀也

烏

一名孝烏一名玄烏燕白脰烏也脰烏子須食母亦能自食其子也

雞

一名燭夜禮云雞曰翰音鶤雞赤羽逸周禮曰文翰若彩雞周成王時蜀人獻也

狗

一名黃耳犬曰羹獻

鼩犬

周成王時渠搜國獻鼩犬能飛食虎豹

猪

一名參軍一名豕豕曰剛鬣禮云豚曰腯肥亦曰豱江東呼爲豨皆通名也豕生子多謂之豵

羊

一名髯鬚參軍禮云羊曰柔毛易曰羝羊觸藩羸其角不能進不能退蓋羊好能觝觸墻垣

鵁鶄

似鳧脚高毛冠江東人家養之以厭水灾

螢火

一名耀夜一名景天一名熠燿一名燐一名丹鳥一名夜光一名宵燭一名丹良腐草爲之食蚊蚋

螻蛄

一名天螻一名螜一名石鼠有五能而不成伎術其一曰飛不過屋其二曰緣不過木其三曰泅不度谷其四曰掘不能覆其身其五曰走不能絕人

蟋蟀

一名秋吟蛬秋初生得寒則鳴噪濟南人謂之嬾婦一名青蛪今之促織也

蝙蝠

一名仙鼠一名飛鼠五百歲色白腦重集物則頭垂故謂爲倒掛蝙蝠食之神仙

蟛蚏

小蟹也生海邊塗中食土一名長卿其有一螯大者

名爲擁劍一名執火

長跂

蠨蛸也身小足長故謂長跂小蜘蛛長脚也俗呼爲蟢子

蠅虎

蠅狐也形似蜘蛛而色灰白善捕蠅蝗一曰蠅虎子

莎雞

一名促織一名絡緯一名蟋蟀促織謂其鳴聲如急一曰促機絡緯一曰紡緯

蚯蚓

一名蜜蟺一名曲蟺善長吟於地中江東謂之歌女或謂鳴砌亦呼爲蜜蚓

飛蛾

善拂燈一名火化一名慕光

蝘蜓

一曰守宫一曰龍子善於樹上捕蟬食之其長細五色者名曰蜥蜴其長大者名曰蠑螈蜸大者長三尺其色玄紺善魅人一曰玄螈一名緑螈

蜻蛉

一名青亭一名蝴蝶色青而大是也小而黄者曰胡梨一曰胡離小而赤者曰赤卒一曰絳騶一曰赤衣使者好集大水上亦名爲赤弁丈人

蛺蝶

一名野蛾一名風蝶江東人爲之撻末色白而背青者也其有大如蝙蝠者或青斑名曰鳳車一名鬼車生江南甘橘園中

紺蝶

一曰青令似蜻蛉而色玄紺江東人爲紺蟠亦曰童蟠皆曰天雞好以七月羣飛暗天海邊夷貊食之謂海中青蝦化爲之也

魚子

魚子曰鱦亦曰鯤言如散稻米凡魚子總名鯤也

鯉魚

鯉魚之大者鱣魚即今之赤鯉魚也兗州人謂赤鯉爲赤驥謂青鯉爲青馬謂黑鯉爲玄駒謂白鯉爲白旗謂黄鯉爲黄雉

鱧魚

鱧之大者曰鮪鮪鱣屬也大者名王鮪小者名鮛鮪今宜都郡自京門已上江中通出鱏鱣之魚有一魚狀如鱣小建平人謂之鮥子即此魚也

蜣蜋

能以土苞糞轉而成丸圓正無邪角莊周所謂蛣蜣之智在於轉丸者也蜣蜋一名蛣蜣一名轉丸一名弄丸

蝸牛

陵螺也形如蟡蝓殼如小螺熱則自懸葉下野人爲圓舍如蝸牛故曰蝸舍亦曰蝸牛之子舍蝸殼婉轉有文章絞縛爲結似螺殼文故曰螺縛童子結髮亦曰結髻亦謂其形似螺殼也

白魚

赤尾曰魟一曰魧或曰魟雄又曰魧魚子好羣浮水上者曰白萍

蝦蟇子

一名科斗一名玄針一名玄魚形圓而尾大而尾脱脚生也

烏賊

一名河伯度事小吏

鯨魚

海魚也大者長千里小者數千丈一生數萬子常以五六月就岸邊生子至七八月導從其子還大海中

鼓浪成雷噴沫成雨水族畏悉逃匿魚無敢當者其雌曰鯢大亦長千里眼爲明月珠

水居

狀如人乘馬衆魚導從一名魚伯大水有之漢末有人河際見之馬人皆有鱗甲如大鯉魚但手足耳鼻似人不異視之良久乃入水

龜名

玄衣督郵又龜名十號一曰神龜二曰靈龜三曰㧗龜四曰寶龜五曰文龜六曰筮龜七曰山龜八曰擇龜九曰水龜十曰火龜大凡物含異氣不可以常理推耳火龜由火鼠耳千歲之龜常有白氣而起耳

鱉名

河伯從事江東人謂青衣魚爲婢鱅魚爲童子魚爲土父鱉一名河伯使者

草虫

結草虫一名結葦好於草末折屈草葉以爲巢窟處處有之

鶢鶋

國語云海鳥曰爰居漢元帝有大鳥如馬駒時人謂之爰居出即凶也

程雅問蠶

蠶爲天駟星化何云女兒荅曰大古時人遠征家有一女并馬一匹女思父乃戲馬曰爾能爲我迎得父歸吾將嫁汝馬乃絶韁而去之父所父疑家有故乘之而還駿馬見女輒怒而奮父擊之父怪而密問其女女具以實荅父乃射煞馬曝皮於庭所女以足蹙之曰爾馬也欲人爲婦自取屠剥何如言未竟皮欻然起抱女而行父還失女後大樹之間得乃盡化爲續蠶於樹其繭厚大於常蠶鄰婦取養之其收二倍今世人爲蚕爲女兒蓋古之遺語也

程雅問龜

問曰靈龜五色知吉凶何也荅曰靈龜五色似玉背陰向陽知存亡吉凶千歲遊於蓮之上五色具焉其額上兩骨起骨起似角解人言浮於蓍下南方人以龜支床足經二十餘歲老人死移床龜尚生不死能行氣道引至神若此

牛亭問蟬

問蟬曰齊女何也荅曰昔齊后忿而死尸變爲蟬登庭樹嘒唳而鳴王悔恨故世名蟬爲齊女焉

牛亭問蟻

玄駒何也荅曰昔河內人見有人馬數千萬皆如黍米遊動往來從旦至暮家人與火燒之人皆蚊蚋馬皆成大蟻故呼蚊蚋曰黍民蟻玄駒也

玄晏先生問鳳

問曰鳳爲羣鳥之王有之乎荅曰非也鳳瑞應之鳥也其雌曰凰雞頭蛇頸鷰頷龜背魚尾五色具采其高六尺與鳥之異也出則爲祥非常見之鳥也人自敬之與鳥别也

中華古今注卷下

釋常談序

世有輕裘公子長鋏少年策玉轡於春朝風流可愛酌金壺於月夜逸樂無偕洎乎陪佳客之談諧與儒士之言論理涉隱諭不究津涯幾至面牆眞可痛惜遂乃採古經之祕義掇前史之奥詞僅以成編隨目注解揔得二百事名曰釋常談庶有飾於蕪詞固不愧於博學其或繼玉麈尾者無倦習諸云爾

釋常談目録

卷之上

卷之中

釋常談目録

釋常談卷之上

投筆

從文入武謂之投筆漢班超字仲升家貧傭書以自給乃擲筆於地曰大丈夫當效張騫傅介子立功於異域以取封侯萬里之外安能久事筆硯乎時大將軍耿康用超爲行軍司馬討西域有功封爲定遠侯

甲第

好宅謂之甲第甲者首也漢書平恩侯許伯入新宅蓋寬饒訪之入門仰視而歎曰富貴無常如此甲第所閱甚多忽即易主

醇醪

好酒謂之醇醪吳書程據常以氣凌周瑜瑜未嘗有慍色承奉愈謹程據自慙遂投分於瑜曰與公瑾公瑾周瑜字也爲友如飲醇醪不覺自醉

穰侯

見事遲謂之穰侯史記范雎自魏隨秦使王稽入秦在路逢秦相穰侯雎不欲見之乃匿於王稽車中穰侯問王稽曰莫載魏人來否無益於事虛亂人國耳稽曰無人遂去范雎謂王稽曰適來偷見穰侯耳此人見事遲向來所問疑車中有人忘却搜索雎乃下車藏於草中穰侯行十里果迴使人搜車中不獲而去雎至秦果代穰侯爲秦相

右軍

鵝謂之右軍晉書王羲之爲右將軍善書時山陰道

士獻鵝求寫經得鵝欣然爲寫入會稽孤姥有一鵝善鳴右軍求之未得遂命駕與親知同詣觀之姥不察其意遂烹鵝以待右軍右軍知歎惜彌日

小冠子夏

患目者謂之小冠子夏漢書杜欽杜鄴俱有大名於兩人皆字子夏欽眇一目被人呼之盲子夏欽惡以盲字爲號自作一小冠戴之時皆呼爲小冠子夏

喋喋

多語話謂之喋喋漢文帝幸上林苑虎圈問上林尉虎圈中事尉一詞不措有嗇夫代奏對言語無窮應荅不滯帝乃命與嗇夫官張釋之諫曰不可嗇夫利口捷給陛下若與之官即使天下之人唯事口舌喋

喋而已帝遂納諫故周易云吉人之詞寡躁人之詞多

泰山

丈人謂之泰山玄宗開元十三年封禪于泰山張説爲封禪使説女壻鄭鎰本是九品官舊例封禪後自三公已下皆轉遷一階一級惟鄭鎰是封禪使女壻驟遷至五品兼賜緋服因大酺次玄宗見鎰官位騰跳怪而問之鎰無詞以對優人黄幡綽奏曰此乃泰山之力也因此以丈人爲泰山

渭陽

舅謂之渭陽左傳云魯康公之母即晉獻公之女也康公送晉獻公之子文公至渭陽曰見我舅氏如母存焉（凡山以南面爲陽水以北面爲陽）是康公送舅至渭水之北因曰渭陽也

宅相

外甥謂之宅相魏舒字陽元少孤爲外家甯氏所養甯氏起宅相者曰此宅合出貴甥魏舒聞之曰吾爲外家成此宅相也舒後位至晉卿果如宅相者之言因呼外甥爲宅相

玉潤

女壻謂之玉潤晉樂廣字彦輔衆皆呼爲冰清女壻衛玠字叔寶世號爲玉人故時爲之語曰婦翁冰清女壻玉潤

東牀

女壻謂之東牀晉太尉郄鑒遣門生求女壻於王導家導命來使徧觀之王氏子弟咸自矜持唯一人於東牀坦腹而卧旁若無人郄太尉聞之曰東牀坦腹者佳壻也訪問乃是羲之遂以女妻焉

有尺布斗粟之事

兄弟不睦謂之有尺布斗粟之事漢文帝時淮南王長卿文帝弟也謀不軌文帝不忍戮謫於蜀在道不食而死時人謡言曰一尺布尚可縫一斗粟尚可舂兄弟二人不相容帝聞之追悔不及

參商

兄弟不和夫婦不睦皆謂之參商也左傳曰昔高辛氏有二子長曰閼伯次曰寔沉居于曠林皆不相善

日尋干戈以相征討后帝不臧遷閼伯于商丘主辰星商人以辰星爲商星也遷實沉于大夏主晉星唐人以晉星爲參星故謂之參商商丘地大夏則今在宋晉陽縣是也

張蓋

戴席帽謂之張蓋春秋後語曰商君問趙良曰吾相秦何如五羖大夫良曰五羖大夫相秦也勞不坐乘暑不張蓋及其薨也童子不謌謠舂者不相杵君不如也

傾蓋

卸帽謂之傾蓋家語曰孔子之郯遇程子於途傾蓋而語終日甚悅顧謂子路曰取束帛以贈先生傾蓋駐車者也

愛忘其醜

人有相善不顧其過謂之愛忘其醜呂氏春秋曰陳有醜人名敦洽亡眉權頞廣眼垂肩昏薄鼻昂皮膚皺黑陳侯悅之外使治國內使制身後楚兵所圍發言拙僻楚遂大怒促兵伐陳三月而滅人有言曰敦洽皃陋足以駭人語拙足以喪國陳侯可謂愛忘其醜

水竇

溝渠謂之水竇左傳曰蓽門圭竇之人而皆凌其上又曰禮義著人情之竇大可通流也

素領

項後白髮謂之素領漢馮唐白首爲郎官素髮垂領

銅臭

將錢買官謂之銅臭後漢崔烈有重名靈帝時入錢五百萬拜司徒烈名譽遂減乃問其子鈞曰外人議我以爲如何鈞對曰人盡嫌大夫銅臭烈怒舉杖擊之鈞服武弁而走烈曰撾不受而走豈爲孝乎鈞曰舜事瞽叟小杖則受大杖則走烈慙而止今以富者亦曰銅臭也

躍馬肉食

乘肥馬食珍味謂之躍馬肉食史記秦國蔡澤問善相者唐舉曰聞君相李兌百日內持國柄有諸乎舉曰有之請相予如何唐舉視之曰君揭鼻戾脣魋顏蹙頸吾聞聖人不相待先生乎蔡澤知唐舉戲之乃曰君更得四十三年矣蔡澤笑曰吾躍馬肉食更得四十三年亦足矣後果代應侯爲秦相

元昆

長兄謂之元昆周易曰元者善之長也亨者嘉之會也元則長也故論語曰人不間於其父母昆弟之言注云昆則兄也非長兄不得呼元昆也

義方之訓

教子弟謂之義方之訓左傳曰石碏云臣聞愛子教之以義方也

絺紘

葛衫謂之絺綌論語曰當暑縝絺綌必表而出之注曰單著葛衫而出非禮也必表者須著上蓋也

挾纊

著綿衣謂之挾纊史記楚與齊戰楚既衆時值初寒楚王撫慰將士甘言勉之三軍皆如挾纊不覺寒也

倒載

沉醉謂之倒載晉山簡字季倫爲荆州牧每出酣暢而歸人歌曰山翁住何處來往高陽池日夕倒載歸酩酊無所知

加籩

增添飯味謂之加籩左傳曰鄭伯享楚子加籩豆六品矣

狐假虎威

託威權者謂之狐假虎威春秋後語曰楚莊王問江乙曰寡人自以昭奚卹爲相諸國不敢犯境豈非賢相之力乎江乙對曰王曾聞狐假虎威乎王曰何爲也對曰有虎捕得一狐欲噉之狐曰爾勿食我天帝使我爲百獸之長爾若食我是違天帝之命必不祥矣爾不信當隨我行百獸見之無不奔怕虎不知百獸畏己將謂畏狐遂不敢食今大王有甲馬五千強兵十萬諸國畏大王之威不敢犯境非畏昭奚卹也王曰寡人知矣

周郎

士流會音樂謂之周郎吳志周瑜字公瑾妙於音律每有筵宴所奏音樂小有誤失瑜必舉目瞪視時人曰曲有誤周郎顧初孫權兄名策與周瑜同征夏侯獲喬公二女策與瑜各納一人策謂瑜曰喬氏雖至流離得吾二人採納可謂佳壻矣吳國因此呼瑜爲周郎也

蚌鷸相持

兩人相掊拾謂之蚌鷸相持史記趙欲伐燕蘇秦爲燕說趙王曰臣今來時水中見一蚌出曝其腹有鷸鳥啄其肉而蚌合其觜蚌曰今日不出明日不出必見死蚌鷸相持之際有漁父見併而擒之今燕趙相持爲弊甚衆臣恐強秦有漁父之功願大王熟計之趙王乃止

排闥

推門入謂之排闥漢書曰樊噲沛人也以屠酤爲業後從高祖征伐有功高祖既定天下嘗卧疾於禁中不欲見人詔闔者不令放群臣入噲乃排闥直入見高祖流涕曰陛下與臣等起於豐沛其何壯也今天下已定又何憊也帝乃笑而起

鼓盆

喪妻謂之鼓盆莊周妻亡惠子往弔莊周不哭乃鼓盆而歌人問其故莊周曰哭且無益自損而已

負荆

人有過將謝罪謂之負荆史記秦昭王與趙王會于澠池秦王謂趙王曰寡人聞王善絲桐願聞之趙王乃爲鼓琴秦王遂命史官書之趙將藺相如進秦王

前曰寡君聞王善擊缶請擊之秦王不允相如按劒於前曰五步之内制在一夫大王豈可恃衆乎抽劒怒目欲刺秦王秦王驚怕乃爲擊缶相如亦命史官書之會散各歸本國趙王以相如爲將軍廉頗嫉之曰我有攻城野戰之勲相如徒有口舌之勞豈可位居吾上若逢見必當辱之相如聞之出入道路迴車遮之相如下諸吏曰某等各辭親而仕君者慕君之高也今廉頗與君同列而君畏之如此某等雖不肖各請歸農相如曰吾尚不怕秦王豈怕廉頗乎秦所以不敢加兵於趙者難吾二人今若二虎相鬭勢不俱生吾豈可棄國之急而行私怨乎廉頗聞之乃負荆詣相如門謝曰頗言寡淺輕侮君子將軍弘雅乃

至於斯遂與相如爲刎頸之交

巨卿之信

與人相約應時而至謂之巨卿之信後漢范式字巨卿與張元伯爲友春别京師暮秋爲期元伯至九月十五日殺雞炊黍以待之母曰相去千里何以審的元伯曰巨卿信士必不愆期言訖巨卿果至

鄧艾之疾

口吃謂之鄧艾之疾魏將鄧艾患吃晉文帝戲艾曰每稱艾艾不知有幾艾艾荅曰假如孔子云鳳兮鳳兮亦只有一鳳耳

文過飾非

有過不改但説詞理謂之文過飾非論語曰小人之過也必文又魯哀公問孔子曰弟子孰爲好學孔子對曰有顔回者好學不遷怒不貳過即是不文過飾非也或云顔有過不至兩度然論語内二字絶多唯不貳過字别何也貳者副也且周易云顔氏之子其庶幾乎有不善未嘗不知知之未嘗復行

大宛

馬謂之大宛漢書李廣爲貳師將軍領兵伐大宛國得汗血馬武帝遂作天馬歌因號馬爲大宛也

蒭粟

馬料謂之蒭粟後漢第五倫爲會稽太守躬自斬蒭爛粟以飼馬

釋常談卷之上

釋常談卷之中

彈鋏

譏諷主人見食物謂之彈鋏史記馮驩在孟嘗君門下爲客每給蔬飯驩乃倚柱彈鋏而歌曰長鋏兮歸去來食無魚孟嘗君知之乃依上客給以魚肉後果有市義三穴之功以報孟嘗君

傭書

受雇寫文字謂之傭書吳志闞澤字德潤會稽人好學居貧爲人傭書以自給抄寫纔畢已誦在口後位至侍中

蒲鞭之耻

罪重而懲輕者謂之蒲鞭之恥漢書劉寬字文饒爲南陽太守吏有過以蒲鞭決責示其恥也

開東閤

接待賓客謂之開東閤漢公孫弘起客舍謂之東閤招迎賢士後爲丞相封平津侯

東道

接待賓客謂之東道史記秦欲破鄭鄭國君謂秦王曰若能捨鄭願爲東道之主有賓客往來可以救接其不逹者也

楊朱之泣

泣於途路謂之楊朱之泣淮南子曰楊珠見岐路而泣之曰何以南何以北高誘曰嗟其別易而會難也

七步之才

文章敏捷謂之七步之才陳思王名子建魏文帝親弟也有大才文帝嫉之令作詩限七步内須成子建詩曰煑豆燃豆萁豆在釜中泣本是同根生相煎何太急

八斗之才

文章多謂之八斗之才謝靈運嘗曰天下才有一石曹子建獨占八斗我得一斗天下共分一斗

膠柱鼓瑟

不見機而守舊規者謂之膠柱鼓瑟史記趙有名將趙奢能用兵奢既死趙王憐之使其子括將兵拒秦藺相如諫曰大王以其父之能而用其子者如膠柱鼓瑟耳括之用兵不及父者遠矣必敗大王之事王不聽爲秦將白起坑趙軍者四十萬

鬱壘

桃符謂之鬱壘干寶續搜神記及應劭風俗通云東海之中度朔山山有盤桃屈曲三千里枝間東北有二鬼一名鬱壘一名神荼萬鬼皆怕之今歳首立桃符於門畫此之形以辟鬼也

弊帷之歎

馬死謂之弊帷之歎禮記曰弊帷不棄爲埋馬也弊蓋不棄爲埋狗也

雪東門之恥

堅心報怨謂之雪東門之恥越王勾踐不納范蠡之諫興兵伐吳果大敗於吳之東門越王以餘兵五千

退保會稽遂苦身勞思置膽於坐卧之所出入嘗之不忘其苦後果獲吳軍以雪東門之耻

折券

毁除文契謂之折券齊相孟嘗君受封邑於薛（薛地名）召門客往薛徵租時有下客馮驩請行驩至薛召欠租者悉至合其券（券今契也）既同詐稱孟嘗君令放欠租盡焚其券既歸孟嘗君訝其速問其故驩曰爲君折券市義而歸何訝速也後孟嘗君失意罷歸薛之父老皆郊迎壺漿塞路乃馮驩之致也

分謗

救人行非事謂之分謗昔韓獻子將欲斬人郤獻子往救之至則已斬訖郤獻子徇之曰吾爲韓君分謗也

棄繻之志

人有決意求官者謂之棄繻之志史記終軍字子雲西遊入關關吏曰若還當合符繻軍曰大丈夫西遊終不徒還遂棄繻而度關後爲謁者持節出關關吏見之曰此前棄繻生也

伐柯

媒人謂之伐柯詩曰析薪如之何匪斧不克娶妻如之何匪媒不得

王濟之僻

諳馬性謂之王濟之僻晉王濟乘馬度水馬不肯度濟曰必是惜錦連乾今之紫襜是也令解去之馬乃過水杜預謂晉帝曰王濟有馬僻和嶠有錢僻帝問曰卿有何僻臣有左傳僻

潤屋

家富謂之潤屋曾子曰德潤於身富潤於屋

修容

重梳裹謂之修容漢馮黎字叔平爲人矜嚴好修容儀動作可觀

鬒髮皓齒

女人髮黑齒白謂之鬒髮皓齒漢武帝幸平陽公主宅見歌者鬒髮皓齒悦而問之主曰姓衛字子夫帝遂納之即令升車從帝入宫後册爲皇后

鮮粧帕服

婦人施粉黛花鈿著好衣裳謂之鮮粧帕服李夫人別傳曰夫人久病武帝親往問之夫人面牆而卧都不迴顧默然不語帝垂泣而去延年已下責夫人曰帝既再三顧問合轉面一見帝囑託骨肉何乃略不迴顧夫人曰我以色事帝今且色衰愛移人情自古如此今卧疾日久形狀枯悴若將衰皃見之又何益於骨肉乎我今不迴顧者我若不起此疾帝必追思我鮮粧帕服之時是深囑託也

么麽

身小謂之么麽春秋後語曰齊相孟嘗君入秦秦王留之不放歸本國君乃逃去至函谷關關猶未開秦法候雞鳴關方開孟嘗君有門客詐作雞鳴關乃開

遂得出關徑往趙趙之人聞孟嘗君至觀者如堵及見乃曰向來聞孟嘗君之名將謂是魁梧之士此乃么麽丈夫耳孟嘗君聞之大怒手刃三十餘人遂歸本國史記作眇小丈夫

持兩端

事有未決臨時看勢謂之持兩端史記魏信陵君之姊嫁趙平原君為夫人秦發兵圍平原君平原君遂遣使告信陵君令求魏王救之王曰欲救趙又恐秦國強大不救又與趙有骨肉之情遂遣晉鄙領兵五千於趙交境屯駐名為救趙寔持兩端平原聞之大怒遣使責信陵信陵乃用抱關之士侯嬴計竊虎符領屠者朱亥同往晉鄙軍前令朱亥袖三十斤鐵槌槌殺晉鄙信陵矯詔自領軍救趙遂得解圍

色莊

面嚴毅謂之色莊論語曰君子色莊者乎

徙步

不乘鞍馬謂之徙步徙鞋也蔡邕雅重王粲徙步迎之

匕筯

匙筯謂之匕筯蜀志先主劉備從曹操歸許昌操因從容次謂先主曰天下英雄唯使君與操耳本初之徒不足數也先主食次不覺匕筯墮地蓋怕曹操此語恐相害也

握髮吐餐

不倦賓客謂之握髮吐餐史記周公輔政七年其子伯禽驕慢公誡之曰吾是文王之子武王之弟成王之叔於天下可謂貴矣猶一沐三握髮一食三吐餐以接賓客恐遭人怨恐遺天下賢士汝慎勿驕慢於四方

挂冠

休官謂之挂冠西漢馮萌字子康見王莽篡逆乃曰不去禍將及身遂解冠挂於城東門而去

陶朱公

能持生致富貴者謂之陶朱公昔范蠡為越臣助越王滅吳有功遂拜蠡為上相蠡曰大名之下難可久居乃乘扁舟泛五湖自號鴟夷子耕於海畔父子持生置産千萬齊王聞之乃拜為相蠡歎曰居家即置千金拜官位至卿相此乃布衣之極矣久受尊榮恐後不祥解相印盡散家財與知友懷其寶貨行止于陶（陶即陶縣）以為此地是天下中交易有無之通路於是自號陶朱公復父子耕畜候時轉物居無何又生計巨萬

商君

為法自死者謂之商君史記秦孝公懸牓通衢招四方賢士共理秦國有衛人公孫鞅因宦者景監得見孝公說以霸道孝公大悅遂立嚴條秦國法令大行人盡勇於公戰而怯於私鬭遂封鞅於商洛號為商君後孝公太子犯法不可施刑遂黥其太子傅公子

虔秦之大臣皆以法令不便盡怨商君數年之後孝公崩惠王立舉國欲害商君商君怕乃逃去至函谷關關吏不知是商君遂止之曰商君之法無符驗者坐之商君乃嘆曰爲法自弊一至於此

智囊

患瘿者謂之智囊史記秦樗里子瘿而多智時人號爲智囊又杜預亦有瘿也

寘堇

下毒藥謂之寘堇史記晉獻公後納驪姬爲后姬譖其前太子申生於公曰妾夢申生之母從公求食公遂令申生往其陵祭之祭迴姬潛寘堇於酒食中申生欲上公所祭酒食姬曰妾聞食從外來先須試之公以酒酹地地墳以肉飼犬犬死公怒遂殺申生

膏肓

病重不可醫謂之膏肓晉景公染疾醫療不損乃遣使入秦召盧醫盧醫未至而景公夢二童子相謂曰秦醫若至我等必傷也一童子曰我居膏下子居肓上其奈我何及醫至謂公曰此病在膏肓之中藥餌不能到針灸不能及非臣不能醫也景公曰眞良醫果如夢中之言

遏惡揚善

掩人之惡揚人之善謂之遏惡揚善論語曰君子成人之美不成人之惡小人反是也

弧矢

弓箭謂之弧矢易曰弦木爲弧剡木爲矢弧矢之利以威天下

姜維之膽

人大膽謂之姜維之膽蜀志姜維字伯約膽大如斗

強項

不伏跪拜謂之強項後漢書云董宣字少平爲洛陽令胡陽公主家僮白日殺人宣領佐吏於洛陽門待之湏臾公主出家僮亦侍衛而行宣遂令佐吏擒而殺之公主大怒還宮訴於光武光武欲殺宣宣曰陛下令公主縱奴殺良人何以理國遂以頭觸殿階血流被面帝令小黄門引宣謝公主宣拒之帝令捺其頭伍宣竟不伏遂封宣爲強項侯

便便之腹

人肚大謂之便便之腹後漢邊韶字孝先肚大以教授爲業弟子嘲之曰邊孝先腹便便懶讀書但晝眠孝先聞而荅之曰邊爲姓孝先字腹便便五經笥但晝眠思經義夢與周公言論寐與孔子通理弟子嘲師出何典記

手談

著棊謂之手談遇眞傳云昔有樵人入終南山採薪忽見一石室中有二老人碁樵人迷路問碁者曰此是何處碁者不應樵者拱立移時候畢局又問之老人曰向來吾方手談不暇對汝乃指樵人出路樵人得出遂告於居人居人驚異乃領樵人入山尋訪攀

蘿引蔓無處不到已失其所

步屐蹣跚

患脚謂之步屐蹣跚春秋時平原君趙勝有愛妾登樓見一跛躄者於樓下蹣跚而行妾見之大笑躄者詣其門謂平原曰某不幸有足疾君家美人笑某請君斬其頭平原君許之而終不斬門下諸客聞之稍稍而去有一客謂君曰君許躄者斬美人而終不斬是君無信也平原君遂斬其妾以謝之諸客再至

櫝楚

杖謂之櫝楚禮記曰櫝楚二物收其威也

塞上翁失馬

禍福相隨謂之塞上翁失馬淮南子云塞上翁有好道者家有走馬入胡地鄰人皆歎其失馬翁曰未必爲禍居數日其馬引胡虜駿馬同歸鄰人又皆賀之翁曰未必爲福既得駿馬翁之子墮馬折臂鄰人又來借問翁曰未必爲禍居一年胡虜大下丁壯者皆控弦而戰翁之子以臂折得免

釋常談卷之中

釋常談卷之下

投轄

留客飲宴謂之投轄昔陳遵飲酒賓客滿坐盡取客之車轄投於井中

罍恥

飲酒次酒盡謂之罍恥禮記曰瓶之罄矣罍之恥矣罍即酒罇

無投杼之疑

清慎之士被人讒毀謂之無投杼之疑魯人有與曾參同姓名者殺人而參母方織有人來告其母曰曾參殺人母曰參必不殺人俄頃又有人來告其母曰曾參殺人母亦不信如此三度其母乃驚疑投杼出門而望復有人來其母問之荅曰殺人者非母之子也

登徒子

男子好色謂之登徒子宋玉曰登徒子眞好色者也婦人有蓬頭垢面攣耳露齒者皆淫之

不速之客

凡筵宴有不屈命而自來者謂之不速之客周易曰包有魚不利于客有不速客三人來敬之終吉

憔悴

人有失意瘦惡謂之憔悴春秋云屈原事楚懷王爲三閭大夫爲佞臣靳尚所讒王乃流放之原遂遊於江潭行吟潭畔形容憔悴有漁父見而問之曰子非

三閭大夫與何以至此原曰舉世皆濁唯我獨清衆人皆醉唯我獨醒是以見放漁父曰聖人不凝滯於物故能與世推移舉世皆濁何不淈其泥而揚其波衆人皆醉何不餔其糟而歠其醨原曰吾聞新沐者必拭其冠新浴者必振其衣孰能以身察察受物之汶汶者乎寧赴湘流葬江魚之腹遂投汨羅而死楚人以原五月五日死以竹筒貯米投水中祭之後有人逢之於長沙自稱是三閭大夫每蒙楚人筒粽見祭常爲蛟龍所奪但以五色絲縛之蛟龍所畏無能奪也

陸雲之癖

愛笑謂之陸雲之癖晉陸機見司空張華華曰賢弟何不來機曰舍弟有笑疾不敢不先陳之張華鬚偏遂以錦囊盛之雲見果大笑華終不怪又嘗縗絰上舩水中見己之影大笑落水幾至于死

無鹽

女人醜陋謂之無鹽齊有醜女號無鹽臼頭深目垤胷墜腰肥項少髮皮膚如漆年四十嫁不售乃自干於齊宣王王留於漸臺左右見之皆掩口而笑時宣王至漸臺無鹽撫膺曰殆哉殆哉如此者四宣王怪而問之奏曰大王西有秦衞之患南有强楚之讎外有二國之難内有奸臣之衆衆賢不附王嗣未立此一怠也漸臺巍峩飾以金玉萬民疲極此二怠也賢者匿於山林讒者進於左右此三怠也躭酒淫湎以夜繼晝女樂倡優縱逸無度此四怠也宣王乃停漸臺廢女樂退讒佞進忠直遂冊無鹽爲后自此齊國號爲中興

擢髮之罪

罪犯深者謂之擢髮之罪魏大夫須賈譖范睢於魏王王使人毆睢折齒拉脇致於廁中睢求守廁者免死後遂改姓名稱張禄入秦爲相須賈充使至秦范睢責於賈賈對曰其有湯鑊之誅請屏於胡貊之地睢問曰汝罪有幾何賈曰擢其之髮不足贖其罪

伐善

凡人自衒其能謂之伐善論語曰願無伐善無施勞

盤庚

五遷謂之盤庚尚書盤庚云殷帝五遷其國

杖頭

百錢謂之杖頭晉阮脩字宣子嘗以百錢掛杖頭至酒家獨飲酣暢而歸

上巳日

三月三日謂之上巳日漢書禮儀至三月三日士流祓禊飲酒於東流自魏但以三月三日不計上巳日

落帽之辰

重陽謂之落帽之辰晉孟嘉爲桓温參軍温甚重之重陽會飲於龍山嘉後至忽風起吹帽落而嘉不覺温誡左右勿言以觀舉止也

喪明之感

子死謂之喪明之感禮記曰子夏死其子而喪其明

曾子弔而問曰吾嘗與汝事夫子於洙泗之間退而老於西河之上使西河之民疑汝於夫子汝罪一也喪汝親使人未有聞焉汝罪二也汝子死而自喪其明汝罪三也子夏投其杖而拜之曰吾過也

倨傲

見人輕慢謂之倨傲漢酈食其（食音易其音箕）謁高祖高祖方使二婢洗足次令引食其入食其既入見高祖乃長揖而不拜問高祖曰大王欲助秦乎為破秦乎若擬破秦豈可倨傲見長者耶

微瑕

人有小過謂之微瑕史記曰趙得卞和之璧秦王聞之使人至請以十五城換之趙王欲不與畏秦強盛與之又恐不得十五城遂與群臣選擇有氣度者為送璧使有閹官繆賢舉藺相如可為使相如既受命齎璧入秦獻於秦王秦王得璧之後唯與宮嬪傳玩全無酬城之意相如乃詐云璧有微瑕請指示大王於是相如曰趙獲卞和之璧大王特發使許以十五城易之趙王不敢拒命遣臣齎璧至此大王受璧之後曾無割城之意相如遂睥睨柱礎曰大王若乃見逼臣請頭璧俱碎秦王恐損至寶遂令且歸館驛相如乃密遣使者懷璧歸趙後乃自請鼎鑊之誅秦王恐絕二國之好亦不加罪

亹亹

事有相續謂之亹亹亹亹者莫善乎蓍龜故天生神物聖人則之亹亹即是相續不絕也

以己方人

人自所好而指與他人同者謂之以己方人謂以己身比方他人也論語云子貢方人子曰賜賢乎哉夫我則不暇今人多云以己方人也

絕纓

夜飲次忽燭滅謂之絕纓楚莊王與群臣夜飲次燭滅有一人起牽美人衣美人告王曰有人牽妾衣已絕得其纓矣王曰飲人以酒而責人以禮吾不為也遂令左右盡絕其纓然後繼燭及楚王與晉戰晉軍圍楚數里楚將有一人登鋒冒刃用命交戰遂解晉圍楚王疑而問之對曰臣是昔者絕纓士也

哀王孫

見貧士與錢及食謂之哀王孫漢書韓信淮陰人也少將家貧嘗至下邳釣魚有漂母哀之將歸家致食因止信數十日信謂漂母曰異日必願酬荅母曰吾哀王孫而進食豈望爾報也

掃門

凡欲求事先施功力謂之掃門漢書魏勃欲見齊相曹參無人相導勃每日早來平明即往參之門掃淨街路參怪而潛問之乃魏勃也引而問之荅曰願見丞相於是為之通達參遂納之擢為舍人

俯拾地芥

能修志業苦求身事謂之如俯拾地芥漢書夏侯勝

字長公常云男子所患不明一經經術既明取朱紫如俯拾地芥

歸遺細君

從外將物歸與妻謂之歸遺細君細君即妻也漢武帝因伏日賜東方朔肉太官不在朔乃自抽所佩劒割肉將歸太官遂録奏帝帝令朔自責朔曰拔劒割肉一何壯也割之不多又何廉也歸遺細君又何義也帝笑曰卿自責乃自獎也

達於未萌

知未來事謂之達於未萌春秋後語云趙武靈王欲衣胡服公子成以不便奏之王問服之義公子成對曰愚者昧於成事智者達於未萌遂不納公子成之言即日胡服

何日脂轄

問人何日遠行謂之何日脂轄詩曰巾車脂轄行在何日

有鴻鵠之志

人雖居貧而志大者謂之有鴻鵠之志史記陳勝字涉少時家貧爲人傭耕忽謂同耕者曰他日富貴不忘汝等同耕者笑曰貧寒如此焉有富貴勝曰鷰雀豈知鴻鵠之志哉後果先起於劉項舉大軍爲楚王

挂劒之義

心許人物而不更移者謂之挂劒之義史記吴季扎吴王最小子也王使扎聘於晉帶寶劒以自衞北過徐君念扎之劒雖不形言扎心已測扎以遠使未達心私許之及扎迴徐君已死乃以劒挂墓樹而去

忠信獲罪

爲事盡忠反招疑忌者謂之忠信獲罪史記蘇秦自齊歸燕國人毁之於燕王曰蘇秦左右賣國反覆之臣也王遂棄而不用蘇秦謂燕王曰王聞有忠信獲罪者乎王曰何也秦曰昔有人遠官者妻通於外人及夫還其妻致毒藥於酒中使其妾進之妾曰酒有毒言之則罪於主母不言又傷於主父是以佯仆覆酒於地主父不察乃笞其妾王於是稍悟

燕爾

新婚者謂之燕爾詩曰燕爾新婚（燕去聲）

于飛

夫妻同行謂之于飛詩曰鳳凰于飛

自掇其咎

公然爲非自致其禍謂之自掇其咎周易曰不克訟歸逋竄也自下訟上患至掇也

趙達

筋謂之趙達趙達呉國人也善將一筋而筭無不徵應呉國興亡之事並中其筭又嘗過故人之家故人曰憇無酒肉相待達乃將一筋再三縱横擲之謂故人曰君牀頭有一器酒北壁上懸一猪脚何無酒肉之有故人笑曰知君善術故相試耳乃出酒肉以延之

失餁
飲食過熟謂之失餁論語曰臭惡不食失餁不食
風流醖藉
人有温柔雅律謂之風流醖藉書廣德如此
六出
雪謂之六出草木諸花皆有五出唯雪花有六出
二毛
髮半白謂之二毛昔潘安仁年三十二歲鬢已二毛
駞鶩
驅馳求名利謂之駞鶩
風馬牛
人事不相干不相接謂之風馬牛

黈纊
聵謂之黈纊天子以綿擁其耳不聽人過
圓規方矩
指教謂之圓規方矩
聾瞽
不嚮好事謂之聾瞽
敗於垂成
凡事欲成却不成謂之敗於垂成
靡惡不爲
不善之事並曾爲之謂之靡惡不爲
自媒
自稱己善謂之自媒

厚誣
枉人爲非謂之厚誣史記吾雖小人不可厚誣君子
釋常談卷之下

百川學海

乙集

隋遺録卷第上

唐顔師古撰

大業十二年煬帝將幸江都命越王侑留女半不隨駕争泣留帝言遼東小國不足以煩大駕願擇將征之攀車留惜指血染鞅帝意不回因戲飛帛題二十字賜守宫女云○我夢江都好征遼亦偶然但存顔色在離别只今年車駕既行師徒百萬前驅大橋未就别命雲屯將軍麻叔謀濬黄河入汴堤使勝巨艦叔謀銜命甚酷以鐵脚木鵝試彼浅深鵝止謂濬河之夫不忠隊伍死水下至今兒啼聞人言麻胡來即止其訛言畏人皆若是帝離都旬日幸宋何安所進車車前隻輪高廣踈釘爲刃後隻輪庳（披祕反）下以柔榆爲之使滑勁不滯使牛御焉（車名見何妥傳）自都抵汴郡日進御車女車轞（許偃反）垂鮫綃網雜綴片玉鳴鈴行摇玲瓏以混車中笑語冀左右不聞也長安貢御車女袁寶兒年十五腰支纖墮騃冶多態帝寵愛之特厚時洛陽進合蔕迎輦花云得之嵩山塢中人不知名採者異而貢之會帝駕適至因以迎輦名之花外殷紫内素膩菲芬粉蕊心深紅跗争兩花枝幹烘翠類通草無刺葉圓長薄其香氣穠芬馥或惹襟袖移日不散嗅之令人多不睡帝命寶兒持之號曰司花女時詔虞世南草征遼指揮德音勑於帝側寶兒注視久之帝謂世南曰昔傳飛鷰可掌上舞朕常謂儒生飾於文字豈人能若是乎及今得寶兒

方昭前事然多愍態今注目於卿卿才人可便嘲之廿南應詔爲絶句曰學畫鵶黄半未成垂肩嚲袖太憨生緣憨却得君王惜長把花枝傍輦行上大悦至汴帝御龍舟蕭妃乗鳳舸錦帆綵纜窮極侈靡舟前爲舞臺臺上垂蔽日簾簾即蒲澤國所進以負山蛟睫紉蓮根絲貫小珠間睫編成雖曉日激射而光不能透每舟擇妙麗長白女子千人執雕板鏤金檝號爲殿脚女一日帝將登鳳舸凭殿脚女吳絳仙肩喜其柔麗不與群輩齒愛之甚久不移步絳仙善畫長蛾眉帝色不自禁回輦召絳仙將拜婕妤適值絳仙下嫁爲玉工萬郡妻故不克諧帝寢興罷擢爲龍舟首檝號曰崆峒夫人由是殿脚女争効爲長蛾眉司

宮吏日給螺子黛五斛號爲蛾綠螺子黛出波斯國每顆直十金後徵賦不足雜以銅黛給之獨絳仙得賜螺黛不絶帝每倚簾視絳仙移時不去顧内謁者云古人言秀色若可飡如絳仙真可療飢矣因吟持檝篇賜之曰　舊曲歌桃葉新粧艶落梅將身倚輕檝知是渡江來詔殿脚女千輩唱之時越溪進耀光綾綾紋突起時有光彩越人乗樵風舟泛於石帆山下收野繭繰之繰絲女夜夢神人告之禹穴三千年一開汝所得野繭即江淹文集中壁魚所化也絲織爲裳必有奇文織成果符所夢故進之帝獨賜司花女洎絳仙他姬莫預蕭妃恚妬不懌由是二姬稍稍不得親幸帝常醉遊諸宮偶戲宮婢羅羅者羅羅畏

蕭妃不敢迎帝且辭以有程姬之疾不可薦寢帝乃嘲之曰箇人無頼是横波黛染隆顱簇小蛾幸好留儂伴成夢不留儂住意如何帝自達廣陵宮中多効吳言因有儂語也帝昏湎滋深往往爲妖祟所惑嘗游吳公宅雞臺恍惚間與陳後主相遇尚喚帝爲殿下後主戴輕紗皂幘青綽袖長裾綠錦純緣紫紋方平履舞女數十許羅侍左右中一人迥美■帝屢目之後主云殿下不識此人耶即麗華也每憶桃葉山前乗戰艦與此子北渡爾時麗華最恨方倚臨春閣試東郭㕙紫毫筆書小砑紅綃作答江令璧月句未終見韓擒虎躍青驄駒擁萬甲直來衝人都不存去就便至今日俄以綠文測海蠡酌紅粱新醖勸帝帝

飲之甚歡因請麗華舞玉樹後庭花麗華白後主辭以抛擲歲久自井中出來腰支依拒無復往時姿態帝再三索之乃徐起終一曲後主問帝蕭妃何如此人帝曰春蘭秋菊各一時之秀也後主復詩十數篇帝不記之獨愛小窻詩及寄侍兒碧玉詩小牕云○午醉醒來晚無人夢自驚夕陽如有意偏傍小牕明○寄碧玉云離别腸應斷相思骨合銷愁魂若飛散憑仗一相招麗華拜求帝一章帝辭以不能麗華笑曰嘗聞此處不留儂會有留儂處安可言不能帝強爲之操觚曰○見面無多事聞名爾許時坐來生百媚實箇好相知麗華捧詩頳然不懌後主問帝龍舟之遊樂乎始謂殿下致治在堯舜之上今日復此逸

遊大抵人生各圖快樂曩時何見罪之深耶三十六封書至今使人怏怏不悦帝忽悟叱之云何今日尚目我爲殿下復以往事訊我耶隨叱聲恍然不見

隋遺録卷上

隋遺録卷下

帝幸月觀煙景清朗中夜獨與蕭妃起臨前軒簾櫳不開左右方寢帝凭妃肩説東宮時事適有小黄門映薔薇叢調宮婢衣帶爲薔薇罥結笑聲吃吃不止帝望見腰支纖弱意爲寳兒有私帝披單衣亟行擒之乃宮婢雅娘也廻入寢殿蕭妃誚笑不知止帝因曰往年私幸妥娘時情態正如此此時雖有性命不復惜矣後得月賓被伊作意態不徹是時儂怜心不減今日對蕭娘情態曾効劉孝綽爲雜憶詩常念與妃妃記之否蕭妃承問即念云憶睡時待來剛不來卸粧仍索伴解珮更相催博山思結夢沉水未成灰又云憶起時投籤初報曉被惹香黛殘枕隱金釵裊笑動上林中除却司晨鳥帝聽之咨嗟云日月遄逝今來已是幾年事矣妃因言聞説外方群盗不少幸帝圖之帝曰儂家事一切已託楊素了人生能幾何縱有他變儂終不失作長城公汝無言外事也帝嘗幸昭明文選樓車駕未至先命宮娥數千人昇樓迎侍微風東來宮娥衣被風綽直泊肩項帝覩之色荒愈熾因此乃建迷樓擇下俚稚女居之使衣輕羅單裳倚檻望之勢若飛舉又爇名香於四隅煙氣霏霏常若朝霧未散謂爲神仙境不我多也樓上張四寳帳帳各異名一名散春愁二名醉忘歸三名夜酣香四名延秋月粧奩寢衣帳各異製帝自達廣陵沉湎失度每睡須揺頊四體或歌吹齊鼓方就一夢侍兒

韓俊娥尤得帝意每寢必召令振聳支節然後成寢別賜名為來夢兒蕭妃常密訊俊娥曰帝體不舒汝能安之豈有他媚俊娥畏威進言妾從帝自都城來見帝常在何妥車車行高下不等女態自搖帝就搖怡悅妾今幸承皇后恩德侍寢帳下私效車中之態以安帝耳非他媚也他日蕭后誣罪去之帝不能止暇日登迷樓憶之題東南柱二篇云○黯黯愁侵骨綿綿病欲成須知潘岳鬢強半為多情○又云○不信長相憶絲從鬢裏生閑來倚樓立相望幾含情殿脚女自至廣陵悉命備月觀行宮由是絳仙等亦不得親侍寢殿有郎將自瓜州宣事迴進合歡水果一器帝命小黄門以一雙馳騎賜絳仙遇馬急搖解絳仙拜賜私恩因附紅牋小簡上進曰○驛騎傳雙果君王寵念深寧知辭帝里無復合歡心帝省章不悅顧黄門曰絳仙如何來辭怨之深也黄門懼拜而言曰適走馬搖動及月觀果已離解不復連理帝意不解因言曰絳仙不獨貌可觀詩意深切乃女相如也亦何謝左貴嬪乎帝於宮中嘗小會為拆字令取左右離合之意時杳娘侍側帝曰我取杳字為十八日杳娘復解羅字為四維帝顧蕭妃曰爾能拆朕字乎不能當醉一盃妃徐曰移左畫居右豈非淵字乎時人望多歸唐公帝聞之不懌乃言吾不知此事豈為非聖人耶於是姦蠹起於内盜賊攻於外直閤裴虔通虎賁郎將司馬德勤等引左右屯衛將軍宇文化及將謀亂因請放官奴分直上下帝可奏即宣詔云門下寒暑迭用所以成歲功也日月代明所以均勞逸也故士子有遊息之談農夫有休勞之節咨爾髡衆服役甚勤執勞無怠埃壒溢於爪髮蟣虱結於兜鍪朕甚憫之俾爾休番從便噫戲無煩方朔滑稽之請而從衛士遞上之文朕於侍從之間可謂恩矣可依前件事是有焚草之變

右大業拾遺記者上元縣南朝故都梁建瓦棺寺閣閣南隅有雙閤閉之忘記歲月會昌中詔拆浮圖因開之得筍筆千餘頭中藏書一帙雖皆隨手靡潰而文字可紀者乃隋書遺稾也中有生白藤紙數幅題為南部煙花録僧志徹得之及焚釋氏群經僧人惜其香軸爭取紙尾拆去視軸皆有魯郡文忠顔公名題云手寫是録即前之筍筆可不舉而知也志徹得録前事及取隋書校之多隱文特有符會而事頗簡脫豈不以國初將相爭以王道輔政顔公不欲華靡前跡因而削乎今堯風已還德車斯駕獨惜斯文湮沒不得為辭人才子談柄故編云大業拾遺記本文缺落凡十七八悉從而補之矣

隋遺録下

翰林志

唐翰林學士左補闕李 肇 撰

昔宋昌有言曰所言公公言之所言私王者無私夫翰林爲樞機密宥之地有所慎者事之微也若制置任用則非王者之私漢制尚書郎主作文書起草更直於建禮門内臺給青縑白綾或以錦被帷帳氈褥晝通中枕大官供食湯官供餅餌五熟果五日一美食下天子一等建禮門内得神仙門内得光明殿神仙殿自門下省中書省蓋以今翰林之制略同而所掌輕也漢武帝時嚴助朱買臣吾丘壽王司馬相如東方朔枚皋之徒皆在左右是時朝廷多事中外論難大臣數詘亦其事也

唐興太宗始於秦王府開文學館擢房玄齡杜如晦一十八人皆以本官兼學士給五品珍膳分爲三番更直宿於閣下討論墳典時人謂之登瀛洲貞觀初置弘文館學士聽朝之隙引入大内殿講論文義商較時政或分夜而罷至玄宗置麗正殿學士名儒大臣皆在其中後改爲集賢仙殿亦草書詔至翰林置學士集賢書詔乃罷

初國朝修陳故事有中書舍人六員專掌詔誥雖曰禁省猶非密切故温大雅魏徵李百藥岑文本褚遂良許敬宗上官儀時召草制未有名號乾封已後始曰北門學士劉懿之劉禕之周思茂元萬頃范履氷爲之則天朝蘇味道韋承慶其後上官昭容獨掌其事睿宗則蘇頲賈膺福崔湜玄宗初改爲翰林待詔張説陸堅張九齡徐安貞相繼爲之改爲翰林供奉開元二十六年劉光謹張垍乃爲學士始別建學士院于翰林院之南又有韓紘閻伯璵孟匡陳兼李白蔣鎮在翰林院雖有其名不職其事

已後翰林始兼學士之名代宗初李泌爲學士而今壁記不列名氏蓋以不職事之故也

案六典中書掌詔旨制勅璽書册命皆案典故起草進畫其禁有四一曰漏洩二曰稽緩三曰遺失四曰忘誤所以重王命也制勅既行有誤則奏而正之凡王命之制有七一曰册書立后建嫡封樹藩屏寵命尊賢臨軒備禮則用之二曰制書行大典賞罰授大官爵黜革舊政赦宥降虜則用之三曰慰勞制書褒賛賢良勸勉遺勞則用之四曰發白勑增减官員廢置州縣徵兵發馬除免官爵授六品已下官處流已上罪並用之五曰勑旨爲百司承旨而爲程式奏事請施行者六曰論事勑書慰諭公卿誡約臣下則用之七曰勑牒隨事承旨不易舊典則用之又荅疏於王公則用皇帝行寶勞來勳賢乃用皇帝之寶徵召臣下則用皇帝信寶荅四夷書則用天子行寶撫慰蠻夷則用天子之寶發番國兵則用天子信寶並甲令之定制也近朝大事直出中禁不由兩省不用六寶並從權也元和初置書詔印學士院主之凡赦書德音立后建儲大誅討免三公宰相命將曰制並用

白麻紙不用印雙日起草候閤門鑰入而後進書隻日百寮立班於宣政殿樞密使引案自東上閤門出若謫宰相則付通事舍人矩步而宣之機務要速亦用雙日甚者雖休假追朝而出之凡賜與徵召宣索處分曰詔用白藤紙凡慰軍旅用黃麻紙並用印凡批荅表疏不用印凡太清宮道觀薦告詞文用青藤紙朱字謂之青詞凡諸陵薦告上表內道觀歎道文並用白麻紙雜詞祭文禁軍號並進本

凡將相告身用金花五色綾紙所司印凡吐蕃贊普書及別錄用金花五色綾紙上白檀香木眞珠瑟瑟鈿函銀鏁迴紇可汗新羅渤海王書及別錄並用金花五色綾紙次白檀香木瑟瑟鈿函銀鏁諸蕃軍長吐蕃宰相迴紇內外宰相摩尼已下書及別錄並用五色麻紙紫檀木鈿函銀鏁並不用印南詔及大將軍清平官書用黃麻紙出付中書奉行却送院封函與迴紇同凡畫而不行藏之函而不用者納之

凡參議奏論撰述注釋無定名奏復無晝夜凡徵天下草澤之士臨軒策試則議科設問覆定與奪凡受宣有堂曆日記有丞旨簿記大抵四者之禁無殊而漏泄之禁爲急天寶十二載安祿山來朝玄宗欲加同中書平章事命張垍艸制不行及其去也怏怏滋甚楊國忠曰此張之咎也遂貶盧溪郡司馬兄均建安郡太守弟埱宜春郡司馬德宗雅尚文學注意是選乘輿每幸學士院顧問錫賚無所不至御饌珍肴輟而賜之又嘗召對於玉堂移院於金鑾殿對御起草詩賦唱和或旬日不出吳通微昆季同時擢用與陸贄爭恩不叶甚於水火天下醜之貞元三年贄上疏曰伏詳舊式及國朝典故凡有詔令合由於中書如或墨制施行所司不須承受蓋所以示王者無私之義爲國家不易之規貞觀中有學士一十八人太宗聽朝之餘但與講論墳籍時務得失悉不相干實錄之中具載其事玄宗末方置翰林張垍因緣國親特承寵遇當時之議以爲非宜然止於唱和文章批荅表疏其於樞密輒不知肅宗在靈武鳳翔事多草創權宜濟急遂破舊章翰林之中始掌書詔因循未革以迄于今歲月滋深漸逾職分頃者物議尤所不平皆云學士是天子私人侵敗綱紀致使聖代虧至公之體宰相有備位之名陛下若俯順人情大革前弊凡在詔敕悉歸中書遠近聞之必稱至當若未能變改且欲因循則學士年月校深稍稍替換一者謗議不積二者氣力不衰君臣之間庶全終始事關國體不合不言疏奏不納雖徵據錯謬然識者以爲知言貞元末其任益重時人謂之內相而上多疑忌動必拘防有守官十三考而不遷故當時言內職者榮滯相半及順宗不懌儲位未立王叔文起於非類竊學士之名內連牛美人李忠言外結姦黨取兵柄弄神器天下震駭是時鄭絪爲內庭之老首定大計令上即位授絪中書侍郎平章事初姜公輔行在命相及

就第而拜之至李吉甫除中書侍郎平章事適與裴垍同直裴垍草吉甫制吉甫草武元衡制垂簾揮翰兩不相知至暮吉甫有歎惋之聲垍終不言書麻尾之後乃相慶賀禮絕之敬主於座中及明院中使學士送至銀臺門而相府官吏候於門外禁署之盛未之有也

凡學士無定員皆以他官充下自校書郎上及諸曹尚書皆爲之所入與班行絕跡不拘本司不繫朝謁常忝官二周爲滿歲則遷知制誥一周歲爲遷官則奏就本司判記上月日北省官宰相送南省官給舍丞郎送上興元元年勑翰林學士朝服序班宜准諸司官知制誥例凡初遷者中書門下召令右臺門候旨其日入院試制書荅共三首詩一首自張仲素後加賦一首試畢封進可者翌日受宣乃定事下中書門下於麟德殿候對同院賜宴營幕使宿設帳幕茵褥尚食供饌酒坊使供美酒是爲勑設序立拜恩訖候就宴又賜衣一副絹二十疋飛龍司借馬一疋旬日又進文一軸内庫給青綺錦被青綺方褡青綾單帕漆通中枕銅鏡漆奩象篦大小象梳漆箱銅粊羅銅觜椀紫絲履白布手巾畫木架床鑪銅案席氊褥之類畢備内諸司供饍飲之物主饍四人掌之内園官一戶二人以供使令其所乘馬送迎於擗仗門内擴門之西度支月給手力資四人人錢三千五百四品已上加一人每歲内賜春服物三十疋暑服物三十疋緜七屯寒食節料三十疋酒餡杏酪粥屑肉餤清明火二社蒸鐶端午衣一副金花銀器一事百索一軸青團鏤竹大扇一柄角糉三服沙蜜重陽酒餻粉餻冬至歲酒兎野雞其餘時果新茗瓜新曆是爲經制直日就須授下直就第賜之凡内宴坐次宰相坐居一品班之上別賜酒食珎果與宰相同賜帛二十疋金花銀器一事貞元四年勑晦日上巳重九節百寮宴樂翰林學士每節賜錢一百千其日奏選勝而會賜酒脯茶果明年廢晦日置中和節宴樂如之非凶年旱歲兵革則每歲爲常

凡正冬至不受朝俱入進名奉賀大忌進名奉慰其日尚食供素饌賜茶十串

凡郊廟大禮乘輿行幸皆設幕次于御幄之側侍從親近人臣第一御含元殿丹鳳樓則二人於宮中乘馬別駕出殿門餘出就班大慶賀則俱出就班

凡當直之次自給舍丞郎入者三直無儤自起居御史郎官入五直一儤其餘雜入者十直三儤新遷官一直服價名於次之中減半著爲別條例題于北壁之西閣

凡交直候内朝之退不過辰巳入者先之出者後之直者踈數視人之衆寡事之勞逸隨時之動靜凡節國忌授衣二分田假之令不霑有不時而集併夜而宿者或内務不至外喧已寂可以探窮理養性浩然之氣故前輩傳楞伽經一本函在屋壁每下直出門

相謔謂之小三昧出銀臺乘馬謂之大三昧如釋氏之去纏縛而自在也北廳前堦有花塼道冬中日及五塼爲入直之候李程性懶好晚入恒過八塼乃至衆呼爲八塼學士

元和已後院長一人別勑承旨或密受顧問獨召對敭居北壁之東閤號爲承旨閤子其屋棟別列名爲政事駕在大內即於明福門置院駕在興慶宫則於金明門內置院今在右銀臺門之北第一門向牓曰翰林之門其制高大重複號爲胡門入門直西爲學士院即開元十六年所置也引鈴于外惟宣事入其北門爲翰林院又北爲少陽院東屋三院西廂之結麟樓南西並禁軍署有高品二人知院事每日晚執事於思政殿退而傳旨小使衣綠黃青者逮至十人更番守曹南廳五間本學士騎馬都尉張垍飾爲公主堂今東西間前架高品使居之中架爲藏書南庫西三間前架中三洞豁設榻受制旨印書詔二時會食之所四辟列制勑例名數其中使置博一局印櫃中間爲北一戶架東西各二間學士居壁之出北門橫屋六間當北廳通廊東西二間爲藏書北庫其二庫書各有録約八千卷小使主之西三間書官居之號曰待制北廳五間東一間是承旨閤子並學士雜處之題記名氏存于壁者自呂問始建中已後年月遷換乃爲周悉南北二廳皆有懸鈴以示呼召前庭之南橫屋七間小使居之分主實牘詔草紙筆之類又西南爲高品使之馬既北爲寳庫庫北小板廊抵于北廳西舍之南其一門待詔戴小平嘗處其中死而復生因弊棄爲南向之宇盡山水樹石號爲畫堂次二間貯遠歲詔草及制舉詞策又北廻而東並待詔居之又東盡於東垣爲典主堂待詔之職執筆硯以俟書寫多至五六員其選以能不以地故未嘗用士人自王伾得志優給頗厚率三歲一轉官有至四品登朝者虛廊曲壁多畫怪石松鶴北廳之西南小樓王涯率人爲之院內古槐松玉蘂藥樹柿子木瓜菴羅峘山桃杏李櫻桃紫薔薇辛夷蒲萄冬青玫瑰凌霄牡丹山丹芍藥石竹紫菭蕪菁青菊商陸蜀葵萱草紫苑諸學士至者雜植其間殆至繁溢元和十二年肇自監察御史入明年四月改左補闕依職守中書舍人張仲素祠部郎中知制誥段文昌改司勳員外杜元穎司門員外郎沈傳師在焉是時睿宗文武皇帝裂海岱十二州爲三道之歲時以居翰苑皆謂凌玉清遡紫霄豈止於登瀛洲哉亦曰玉署玉堂焉

翰林志終

宋朝燕翼詒謀録序

仰惟
藝祖皇帝肇造區夏宏規遠略傳之萬世
太宗皇帝
眞宗皇帝
仁宗皇帝嗣守丕基善繼善述凡所更張設施無非忠厚故深仁厖澤固結人心牢不可解雖中更新法多所更易其後封豕長蛇荐食上國而民以身徇國有死無貳至有城破比肩拱手就戮無一降者其培植涵養深根固蔕豈一朝一夕之故哉昔漢祖入關之初約法三章唐宗甫得天下定租庸調而漢四百年唐三百年基業實本于此然漢祖殁而呂氏用事

唐宗亡而武氏革命孝文繼立能紹先志景帝刻薄則又反是玄宗討亂復以肇亂其貽
皇朝
列聖相繼卒代而廣聲者萬萬不侔矣人皆知罪熙豐以來用事之臣而不原
祖 宗立國之本旨苟非規摹宏遠德澤深厚則其效驗尚不能如漢唐之季世何以再肇
中興之基夷攷建隆迄于嘉祐良法美意燦然具陳治平以後此意泯矣今備述如後與識者商榷之以稽世變云寶慶丁亥孟冬既望求志老叟晉陽王栐叔永書于山陰寓居求志堂中

稗官小說所載
國朝典故多相矛盾故李公伯和質以國史爲典故辨疑一書凡諸家所載無一非妄幾於可以盡廢今余所述無非考之
國史實録寶訓聖政等書凡稗官小說悉弃不取蓋以前人爲戒也凡我同志識其妄論則可以爲繆誤則不可矣苟有以警敎之則又幸也中澣日再書

宋朝燕翼詒謀録目録

卷第一

卷第二

卷第三

宋朝燕翼詒謀録卷第一

唐末進士不第如王仙芝輩唱亂而敬翔李振之徒皆進士之不得志者也蓋四海九州之廣而歲上第者僅一二十人苟非才學超出倫輩必自絶意於功名之塗無復顧籍故　聖朝廣開科舉之門俾人人皆有覬覦之心不忍自棄於盜賊奸宄開寶二年三月壬寅朔詔禮部閲貢士十五舉以上曾經終場者具名以聞庚戌詔曰貢士司馬浦等一百六人困頓風塵潦倒場屋學固不講業亦難專非有特恩終成遐弃宜各賜本科出身此特奏所由始也自是士之潦倒不第者皆覬覦一官老死不止至景德二年三月丁巳因賜李迪等進士第賜特奏名五舉以上本科六十四人三傳十八人同學究二十二人三禮四十四人年老授將作監主簿三十一人此特奏之名所由立也至景祐元年正月癸未詔進士諸科十取其二進士三經殿試諸科五經殿試或進士五舉年五十諸科六舉年六十雖不合格特奏名此特奏名所以漸多也至大中祥符八年二月丙子則命進士六舉諸科九舉特奏名並赴殿試則又以人多而裁抑之也況進士入官十倍舊數多至二十倍而特奏之多自是亦如之英雄豪傑皆汩没消靡其中而不自覺故亂不起於中國而起於夷狄豈非得御天下之要術歟蘇子云縱百萬虎狼於山林而飢渴之不知其將噬人　藝祖皇帝深知此理者也豈漢唐所可仰望哉

自唐以來進士皆爲知舉門生恩出私門不復知有人主開寶六年下第人徐士廉撾登聞鼓言以困場屋乃詔入策進士終場經學並試殿庭三月庚午御講武殿覆試新進士宋準以下一百二十七人是歲禮部所放進士十一人而已五經止二十二人　藝祖皇帝以初御試特優與取放以示異恩而御試進士不許稱門生於私門一洗故習大哉宏模可謂知所先務矣

國初承五季之亂吏銓書判拔萃科久廢建隆三年八月因左拾遺高錫上言請問法書十條以代試判詔今後應求仕及選人並試判三道仍復書判拔萃科先是諸道州府參選者每年冬集於吏銓乾德二年正月甲申詔選人四時參選待之者甚厚責之者甚至眞得馭臣之柄矣後因銓部姑應故事不分臧否雖文紕繆書不成字者亦令注官故　眞宗景德元年八月令銓司引對齎所試書判以備奏御　仁宗即位之初以諸路闕官凡守選者並與放選以示特恩至景祐元年正月遂廢書判爲銓試議者以爲奏補人多令人假手故更新制曾不思書判猶如今之簾引雖有假手不可代書若銓試之弊則又甚矣雖他人代書可也省試猶可況銓試乎承平時假手者用薄紙書所爲文揉成團名曰紙毬公然貨賣亦由朝廷施刑寬故也

五代時尉職以軍校爲之大爲民患建隆三年十二月癸巳詔諸縣置尉一員在主簿之下俸與主簿同始令初賜第人爲之從趙普之請也

國初選人有服緋紫或加階至大夫故人以爲榮雖老於選調不悔乾德二年六月庚寅中書詳定陶穀等議防禦團練軍事推官軍事判官（今從事郎）三考加將仕郎試秘書省校書郎留守兩府節度推官（今文林郎）三考加承奉郎試大理評事掌書記防禦團練判官（今儒林郎）二考加宣德郎依前試大理評事兼監察御史留守兩府節度觀察判官（今承直郎）一考加朝散大夫試大理司直依前監察御史又轉而爲諸府少尹申奏加檢校官或加憲銜觀察判官以上服緋又十五年服

紫但不佩魚謂之階緋階紫非有勞績而歷任無過失者並不改官故改官之法亦優

舊制借緋借紫皆不佩魚王詔爲刑部侍郎上奏云與胥吏無別非所以示觀瞻乞與賜服人同佩魚從之然既許其佩魚袋則當改其銜爲借紫金魚袋借緋魚袋今尚仍舊銜此有司失於申明也詔化基之孫舉元之子終工部尚書享年七十九

舊制縣尉捕盜無改官者乾德六年三月庚寅詔尉逐賊被傷全火賜緋三分之二者減三選加三階五分之二者減二選加二階三分之一者減一選加一階縣令獲全火陞朝人改服色餘如尉賞身死者錄用的親子弟又詔捕寇立定日限已羅限外之責而終能獲賊者與除其罰不得書爲勞績賞罰非不重也若遽令改官親民則過矣

今之司理參軍五代之馬步軍都虞候判官也以牙校爲之州鎮專殺而司獄事者輕視人命　太祖皇帝開寶六年七月壬子詔州府並置司寇參軍以新及第九經五經及選人資序相當者充其後改爲司理參軍

國初進士尚仍唐舊制每歲多不過二三十人太平興國二年　太宗皇帝以郡縣闕官頗多放進士幾五百人比舊二十倍正月己巳宴新進士呂蒙正等於開寶寺賜御製詩二首故事唱第之後醵錢於曲江爲聞喜之飲近代於名園佛廟至是官爲供帳歲

以爲常先是進士參選方解褐衣綠是歲錫宴後五日癸酉詔賜新進士并諸科人綠袍靴笏自後以唱第日賜之惟賜袍笏不復賜靴

世傳堂吏舊用士人呂夷簡改用吏人非也　太祖皇帝以堂吏擅中書事權多爲奸贓開寶六年四月癸巳詔流內銓於前任令錄判司簿尉選諳練公事一十五人補堂後官三年一替令錄除陞朝官餘上縣五月庚辰以姜寅亮任能夏德崇孔崇煦爲之此太祖開基立國之宏規也不特此爾寇準爲宰相刑部大理寺三司法直副法直官舊例以令史遷補準悉用士人景德二年三月詔銓司選流內官一任三考無遺闕者引對試斷案授之蓋仰體　太祖謹重

堂後官之意而推廣之也然改制之初不能一掃而清之新舊雜用士大夫恥與爲伍又三年爲任人無固志舊吏長子孫爲世業一齊不勝衆楚之咻　太祖皇帝美意數傳之後寂然無聞是可恨也

遠方寒士預鄉薦欲試禮部假丐不可得則寧寄舉不試良爲可念謹按開寶二年十月丁亥詔西川山南荊湖等道所薦舉人並給來往公券令樞密院定例施行蓋自初起程以至還鄉費皆給於公家如是而挾商旅干關節繩之以法彼亦何辭今不復聞舉此法矣

前代郵置皆役民爲之自兵農既分軍制大異於古而郵亭役兵如故　太祖即位之始即革此弊建隆

二年五月詔諸道州府以軍卒代百姓爲遞夫其後特置遞卒優其廩給遂爲定制

五季武夫悍卒以軍功進秩爲節度使者不可數計而班在卿監之下　太祖皇帝以節度使受禪遂重其選陞其班於六曹侍郎之上此建隆三年三月壬午詔書也故恩數同執政官而除拜鎖院宣麻尤異焉非宗室近屬外戚國壻年勞久次不得爲此官此外則殿帥而已前宰執亦時有除拜者崇寧以來始有濫恩其後官者皆得爲之殊失　太祖改制之本旨矣

前代賜時服惟將相翰林學士至諸軍大校而止建隆三年　太祖皇帝謂宰相曰時服不賜百官甚無謂也宜並賜之乃以冬十月乙酉朔賜文武常參官時服自後遂爲定制

唐制爲刺史者並借緋太平興國二年二月戊戌詔常參官知節鎮並借紫防禦團練刺史州借緋候回日依舊服色其服緋人任諸州亦借紫惟軍壘則否

國初假試官乃以恩澤補授不理選限　太宗皇帝即位牧伯皆遣子弟奉方物爲賀悉以試七選吏部南曹赴調引對始授以官自後假試方得齒仕版矣

太祖皇帝以趙普專權欲置副貳以防察之問陶穀以下丞相一等有何官穀以參知政事參知機務對乾德二年四月乙丑乃以薛居正呂餘慶爲參知政事不押班不知印不升政事堂曾不思唐朝宰相名

色最多若僕射若內史若納言若參預朝政若同二同三品其爲相則均也而爲同平章事乃資歷之最淺者自天寶之亂多以資淺者爲之而此名一定不易矣穀以儒學見重於　太祖而不考前代典故如此此官之設幾於宰相之屬其後至道元年四月戊子更制令升政事堂知印押班一同宰相仍合班爲一其後爲相者漸多而參政之權漸輕不得有所可否矣官制未改之前凡宰執官自爲一班獨出百官之上雖前宰相以宮師致仕者皆不得與宰執官齒

乾德元年　太祖因朝會見太子師侯益等班次在下乃以閏十二月丙子降詔凡一品致仕曾帶平章事者朝會綴中書門下班自後禮絕百僚矣

先是選人不給印紙遇任滿給公憑到選以攷功過往往於已給之後時有更易不足取信太平興國二年正月壬申詔曰今後州府録曹縣令簿尉吏部南曹並給印紙曆子外給公憑者罷之自此奔競巧求者不得以公憑營私更易改給矣

唐末藩鎮諸州聽命帥府如臣之事君雖或因朝命除授而事無巨細皆取決于帥與朝廷幾於相忘太平興國二年三月右拾遺李翰極言其弊 太宗皇帝始詔藩鎮諸州直隸京師長吏自得奏事而後天下大權盡歸人主潜消藩鎮跋扈之心令長吏初除替滿奏事自此始也

舊制品官服緋紫皆以品格故選人久次多服緋紫京朝遷轉之速者反多服緑太平興國六年十一月冬至郊祀赦文令常參官衣緋緑二十年於吏部投狀具履歷以聞始以實歷後以應格者少改用莅事日爲始遂爲定制

舊制中書舍人諫議大夫權侍郎並服黑帶佩金魚霍端友爲中書舍人奏事

徽宗皇帝顧其帶問云何以無別於庶官端友奏非金玉無用紅鞓者乃詔四品從官改服紅鞓黑犀帶佩金魚今武臣大使臣以上紅鞓不知何所從始也

國初士庶所服革帶未有定制大抵貴者以金賤者以銀富者尚侈貧者尚儉太平興國七年正月壬寅詔三品以上銙以玉四品以金五品六品銀銙金塗七品以上并未常參官并内職武官以銀上所特賜不拘此令八品九品以黑銀今世所謂藥點烏銀是也流外官工商士人庶人以鐵角二色其金荔枝銙非三品以上不許服 太宗特新此銙其品式無傳焉其後毬文笏頭御仙又出於 太宗特製以別貴賤而荔枝反爲御仙之次雖非從官特賜皆許服初品京官特賜帶者即服紫矣鞍轡之别亦始於 太宗時太平興國七年正月詔常參官銀裝鞍絲條六品以下不得鬧裝仍不得用刺繡金皮飾韉未仕者烏漆素鞍則是一命以上皆可以銀裝鞍也近歳惟郡太守猶存銀裝絲條之制此外無敢用者若烏漆則庶人通用而鞍皮之巧無所不至其用素鞍者鮮矣

國初仍唐舊制有官者服皂袍無官者白袍庶人布袍而紫惟施於朝服非朝服而用紫者有禁然所謂紫者乃赤紫今所服紫謂之黑紫以爲妖其禁尤嚴故太平興國七年詔曰中外官并貢舉人或於緋緑白袍者私自以紫於衣服者禁之止許白袍或皂袍至端拱二年忽詔士庶皆許服紫所在不得禁止而黑紫之禁則申嚴於 仁宗之時今虜中之服乃是國初申嚴之制此理所不可曉也

太祖皇帝收藩鎮之權雖大藩府不敢臣屬其下使之拜伏于庭而爲小官者亦漸有陵慢其上之意咸平五年五月壬戌知開封府寇準極陳其不可乃詔

開封府左右軍巡使京官知司録諸曹叅軍知畿縣見知府並庭叅設拜自後諸州選人並拜于庭故老泉上書亦嘗言之不知此禮廢于何時

進士舊無免解之條咸平二年六月丙戌詔貢舉應三舉人並免取解若三舉連中則是九年三舉不連中則有二三十年者不若限以十八年之爲均平也若四舉連中則亦罕有不爲濫矣

國初士大夫往往久任亦罕送迎小官到罷多芒屩策杖以行婦女乘驢已爲過矣不幸丁憂解官多流落不能歸咸平二年三月甲戌詔川峽廣南福建路官丁憂不得離任聖主端居九重而思慮至此則從官遠方者不至於畏憚而不敢往 祖宗仁厚之澤大抵如此其後以川峽距京師不甚遠至景德二年三月復聽川峽官丁憂惟長吏奏裁

尉職警盜村鄉爭鬬憚經州縣者多投尉司尉司因此置獄拷掠之苦往往非法咸平元年十月己丑有詔申警悉毀撤之詞訴悉歸之縣蓋後生初任未歷民事輕於用刑縣令權輕不能制伏民受其殃此令一行至今無敢犯者

銓曹吏人奸弊最甚掌銓者雖聰明過人皆不能出眞宗朝有以爲言者咸平三年十二月丁未詔選判司簿尉充吏部流内銓南曹主事所以重士大夫之選其視待流外者霄壤不侔矣

宋朝燕翼詒謀録卷第一

宋朝燕翼詒謀録卷第二

國初三歲郊祀士大夫皆遷秩 眞宗即位孫何力陳其濫乞罷遷秩之例仍命有司考其殿最臨軒黜陟咸平四年四月方頒行自後士大夫循轉頗艱

國初進士科場尚寛禮闈與州郡不異景德二年七月甲戌禮部貢院言舉人除書案外不許將茶厨蠟燭等入除官韻外不得懷挾書策犯者扶出殿一舉其申嚴誠是也而元豐貢院之火死者甚衆則是法不行也又試場所問本經義疏不過記出處而已如呂申公試卷問子謂子産有君子之道四焉所謂四者何也荅曰對其行已也恭其事上也敬其養民也惠其使人也義謹對試卷不謄録而考官批于界行之上能記則曰通不記則曰不十問之中四通則合格矣其誤記者亦只書曰不而全不能記荅曰對未審謹對雖已封彌而兼采譽望猶在觀其字畫可以占其爲人而士之應舉者知勉於小學亦所以誘人爲善也自謄録之法行而字畫之繆或假手於人者肆行不忌人才日益卑下矣行卷之禮人自激昂以求當路之知其無文無行鄉閭所不齒亦不敢妄意於科舉使古意尚存則如章子厚者豈容其應進士舉乎

舊制進士首選同唱第人皆自備錢爲鞍馬費而京師遊手之民亦自以鞍馬候於禁門外雖號廷魁與衆無以異也大中祥符八年二月戊申詔進士第一

人金吾司差七人導從兩節前引始與同列特異矣
進士考試差官屬之轉運使惟許本路差官大中祥符八年二月乙卯詔本路闕人即報鄰路差
納粟補官國初無天禧元年四月登州牟平縣學究鄭巽出粟五千六百石振飢乞補第巽不從晁迥李維上言乞特從之以勸來者豐稔即止詔補三班借職(今承信郎)自後援巽例以請者皆從之然州縣嘗不許接坐止令庭參熙寧元年八月詔給將作監主簿齋郎助教牒募民實粟于邊此古人募民實粟塞下遺意也因記淳熙間詔以旱故募出粟拯民二千石補初品官而龍舒一郡應格者數人郡以姓名來上孝宗皇帝疑而不與仲父軒山先生力諫以爲失信於人恐自後歉歲無應募者　孝宗亟從之已而應募者衆
舊制朝臣監司因事謫官多爲監當雖在貶所猶以前任舉官言者以爲無以示貶抑之意天禧元年五月壬戌始制因罪監當不得舉官充知縣朝臣不得舉本州幕職官前朝貶謫雖重敘用亦驟未聞其黜免而置之閑地也王安石一時私意貽害無窮罪不勝誅國猶爲其所誤而况士大夫乎
國初士大夫俸入甚微薄尉月給三貫五百七十而已縣令不滿十千而三之二又復折支茶鹽酒等所入能幾何所幸物價甚廉粗給妻孥未至凍餒然艱窘甚矣景德三年五月丙辰詔赤畿知縣已令擇人

俸給宜優自今兩赤縣月支見錢二十五千米麥共七斛畿縣七千戸以上朝官二十千六斛京官二十千五斛五千戸以上朝官二十千五斛京官十八千四斛三千戸以上朝官十八千京官十五千米麥四斛三千戸以下京官錢十二千米麥三斛是時已爲特異之恩至四年九月壬申詔曰並建庶官以釐庶務宜少豐於請給以各勵於廉隅自今文武官月請折支並給見錢六分外任給四分而惠均覃四海矣
舊制士人與編氓等大中祥符五年二月詔貢舉人曾預省試公罪聽收贖而所贖止於公罪徒其後私罪杖亦許贖論
唐朝職掌因五季之亂遂至錯亂或廢不舉給事中掌封駁不可一日無皇朝淳化四年　太宗皇帝推考廢職始於唐末乃命魏庠柴成務同知給事中未幾隸銀臺通進司爲封駁司　眞宗咸平四年七月吏部侍郎知封駁司陳恕乞鑄印命取門下印用之因改其名爲門下封駁司
國初五品以上任子有陳乞攝太祝者雖班初品選人下然不一二年經營巧求即同正員是與侍從奏補無以異也至道二年四月乙未　太宗皇帝深懲其弊乃詔五品以上任子悉同學究出身不許攝太祝自後京選判然巧求者無所容其奸
應伎術官不得與士大夫齒賤之也至道二年正月申嚴其禁雖見任京朝遇慶澤只加勳階不得擬常

參官此與書學畫學筭學律學並列於文武兩學者異矣

王師初下廣南北人畏瘴癘無敢往者雖武臣亦憚之後有武臣自廣南替回陳乞免短使者銓部以聞大中祥符八年七月辛亥始詔三班使臣任廣南差遣替回並免短使遂以爲制

祖宗立國之初崇尚儉素金銀爲服用者鮮士大夫罕以侈靡相勝故公卿以清節爲高而金銀之價甚賤至東封西祀天書降天神現而侈費寖廣公卿士大夫是則是傚而金銀之價亦從而增故大中祥符八年十一月乙巳　眞宗皇帝覽三司奏乏銀支用問輔臣曰咸平中銀兩八百金兩五千今何增踊如此然不知是時其價若干也蓋上以爲重則下競趨之求之者多則價不得不踊咸平距祥符十數年間世變已如此況承平日久侈費益甚沿襲至于宣政之間乎是宜價日增而未已也

國初沿江置務收茶名曰榷貨務給賣客旅如鹽貨然人不以爲便淳化四年二月癸亥詔廢沿江八處應茶商並許於出茶處市之未幾有司恐課額有虧復請于上六月戊戌詔復舊制六飛南渡後官不能運致茶貨而榷貨務只賣茶引矣

皇朝吏銓不曰尚書吏部而曰考課院其上著京朝官幕職州縣官以別之淳化四年二月丙戌詔改考課京朝官院爲審官院考課幕職州縣官院爲考課院而總謂之流内銓云

唐有理匭使五代以來無聞　太宗皇帝淳化三年五月辛亥詔置理檢司以錢若水領之其後改曰登聞院又置鼓于禁門外以達下情名曰鼓司　眞宗景德四年五月戊申詔改鼓司爲登聞鼓院登聞院爲檢院應上書人並詣鼓院如本院不行則詣檢院以朝官判之判院之名始于此

大理寺奏案刑部審覆奏而行之　太宗皇帝慮刑部大理寺吏舞文巧詆特置審刑院於禁中以李昌齡爲之中覆下丞相必又以聞始論決淳化二年八月己卯詔行之謹重人命如此自官制改幷歸刑部不復有中覆矣

唐百官入閤有待制次對官德宗興元中日令常參官三兩人奏事後唐天成中廢待制次對官五日一次内殿百官轉對長興二年停晉天福七年復漢乾祐二年陶穀奏罷之淳化二年十一月丙申　太宗皇帝再復舊制詔百官次對每日兩次

諸州貢士國初未有限制來者日增淳化三年正月丙午　太宗命諸道貢舉人悉入對崇政殿凡萬七千三百人時承平未久也不知其後極盛之時其數又幾倍也

世有惡少無賴之人肆凶不逞小則賭博大則屠牛馬銷銅錢公行不忌其輸錢無以償則爲穿窬若黨類頗多則爲刦盜縱火行奸殺人不防其微必爲大

患淳化二年閏二月己丑詔相聚蒲博開櫃坊屠牛馬驢狗以食私銷銅錢爲器用並令開封府嚴戒坊市捕之犯者定行處斬引匿不以聞與同罪所以塞禍亂之源驅斯民納之善也其後刑名寖輕而法不足以懲奸犯之者衆嘗怪近世士大夫蒞官視此三者爲不急之務知而不問者十嘗七八因訴到官有不爲受理者是開盜賊之門也毋乃不思之甚乎

皇朝以孝治天下篤厚人倫子之出繼他位者得封贈其本生父母此前所未聞也李昉爲宰相上言臣叔父超故任工部郎中集賢殿學士叔母謝氏故陳留郡君是臣本生父母臣不報罔極之恩爲名教罪人今郊祀覃恩望與追榮　太宗皇帝嘉之淳化四年二月乙丑詔贈超爲太子太師謝氏鄭國太夫人然此猶因昉有請而從之也至　真宗天禧元年八月辛未詔文武陞朝官父不在無嫡母繼母者許敘封本生父母則四海之内均沾寵惠雖於古禮違悖亦忠厚之至也

士大夫之家不幸出妻爲之子者非其親生猶可不服苟其所親生而視之恝然則非人類矣張永德父潁先娶馬氏生永德爲潁所出永德知鄧州於州廨作二堂左繼母劉氏居之右馬氏居之不敢以出母加於繼母永德事二母如一人無間言時大臣母妻皆得入謁劉氏存日馬不敢同入禁中劉氏卒馬始得入謁　太宗勞問嘉歎封莒國太夫人此可爲人子事出母之法　仁宗景祐三年九月集賢校理郭稹乞爲嫁母服詔兩制御史太常寺禮院議詔自今並許解官申心喪前代名賢之後累聖褒表最顯著者四人一曰狄梁公仁傑二曰張曲江公九齡三曰段太尉秀實四曰郭汾陽王子儀

真宗景德三年正月丙戌張公九世孫元吉詣闕獻明皇墨跡并張公寫眞告身詔以爲韶州文學大中祥符四年八月丙辰以段公孫亮爲三班借職

仁宗天聖六年七月張公九世孫錫又以公告身并明皇批荅來獻補試國子四門助教慶曆三年三月壬辰詔以狄公孫華州明法狄國賓爲本州助教四年正月丙戌以郭公裔孫元亨爲永興軍助教元豐五年四月復以段公八世孫文酉爲隴州助教復其家國家非靳一命於先賢也謹惜名器雖賢者猶爾況褻用之乎

咸平景德以後粉飾太平服用寖侈不惟士大夫之家崇尚不已市井閭里以華靡相勝議者病之大中祥符元年二月詔金箔金銀線貼金銷金間金蹙金線裝貼什器土木玩之物並行禁斷非命婦不得以金爲首飾許人糾告並以違制論寺觀飾塑像者齎金銀并工價就文思院換易四年六月又詔宮院苑囿等止用丹白裝飾不得用五綵皇親士庶之家亦不得用春幡勝除宣賜外許用綾綃不得用羅諸般花用通草不得用縑帛八年三月庚子又詔自中宮

以下衣服並不得以金爲飾應銷金貼金縷金間金戭金圈金解金剔金撚金陷金明金泥金榜金背金影金闌金盤金織金金線皆不許造然上之所好終不可得而絕也　仁宗繼統以儉樸躬行於慶曆二年五月戊辰申嚴其禁上自宮掖悉皆屛絕臣庶之家犯者必置于法然議者猶有憾以爲有未至焉自是而後此意泯矣

眞宗皇帝東封西祀思顯先烈大中祥符七年正月乙卯詔陞應天府爲南京建行宮正殿以歸德爲名以聖祖殿爲鴻慶宮奉　太祖　太宗像侍立於聖祖之旁其後遂開　高宗皇帝中興之祥始非偶然者

僧徒奸狡雖人主之前敢爲欺罔江東有僧詣闕乞修天台國清寺且言如寺成願焚身以報　太宗從之命中使衞紹欽督役戒之曰了事了來紹欽即與俱往不日告成紹欽積薪如山驅使入火僧哀鳴乞回闕下面謝皇帝而後自焚紹欽怒以叉叉入烈焰僧宛轉悲號而絕歸奏　太宗曰臣已了事　太宗頷之苟非就焚　太宗必以欺罔戮之於市矣

黃冠之教始於漢張陵故皆有妻孥雖居宮觀而嫁娶生子與俗人不異奉其教而誦經則曰道士不奉其教不誦經惟假其冠服則曰寄褐皆游惰無所業者亦有凶歲無所給食假寄褐之名挈家以入者大抵主首之親故也　太祖皇帝深疾之開寶五年閏二月戊午詔曰末俗竊服冠裳號爲寄褐雜居宮觀者一切禁斷道士不得畜養妻孥已有家者遣出外居止今後不許私度須本師知觀同詣長吏陳牒給公憑違者捕繫抵罪自是宮觀不許停著婦女亦無寄食者矣而黃冠之兄弟父子孫姪猶依憑以居不肯去也名曰親屬大中祥符二年二月庚子　眞宗皇帝詔道士不得以親屬住宮觀犯者嚴懲之自後始與僧同其禁約矣

國忌行香本非舊制　眞宗皇帝大中祥符二年九月丁亥詔曰宣祖昭武皇帝昭憲皇后自今忌前一日不坐羣臣進名奉慰寺觀行香禁屠廢務著于令自後　太祖　太宗忌亦援此例累朝因之今惟存

行香而已進名奉慰久已不存亦不禁屠雙忌則休務單忌亦不廢務矣

太祖征李重進還以御營建寺所御之榻存焉後僧徒共建一殿申嚴崇奉名彰武殿且請降御容使民庶瞻仰　眞宗皇帝命翰林畫工圖寫嚴衞而往仍賜供具景德二年八月癸巳命中使前往奉安遇朔望州郡率官僚朝禮六飛南渡蕩爲煨燼後雖建殿不復奏請御容姑存遺跡而已

太宗皇帝命內侍裴愈與山陰縣令李易直訪王羲之蘭亭舊跡其流杯脩禊處在越州僧子謙因請建寺於舊地以藏御札至道二年二月壬辰詔從子謙之請賜寺名天章仍以御書賜之

東京相國寺乃瓦市也僧房散處而中庭兩廡可容萬人凡商旅交易皆萃其中四方趨京師以貨物求售轉售他物者必由于此

太宗皇帝至道二年命重建三門爲樓其上甚雄宸墨親填書金字額曰大相國寺五月壬寅賜之

僧寺戒壇尼受戒混淆其中因以爲奸 太祖皇帝尤惡之開寶五年二月丁丑詔曰僧尼無間實紊教法應尼合度者只許於本寺起壇受戒令尼大德主之如違重置其罪許人告則是尼受戒不須入戒壇各就其本寺也近世僧戒壇中公然招誘新尼受戒其不至者反誣以違法尼亦不知法令本以禁僧也亦信以爲然官司宜申明禁止之

萬壽觀本玉清昭應宮也宮爲火所焚惟長生崇壽殿存殿有三像 聖祖 眞宗各用金五千兩餘昊天玉皇上帝用銀五千餘兩 仁宗天聖七年詔玉清昭應宮更不復修以殿爲萬壽觀蓋明肅太后尚有修營之意宰臣猶帶使領至是始去之示不復修營也

眞宗皇帝朝盛禮縟儀婁舉費金最多金價因此頓長人以爲病 仁宗明道二年正月癸未詔冊寶法物凡用金者並改用銀而以金塗之自此十省其九至今惟寶用金餘皆金塗也

宋朝燕翼詒謀録卷第二

宋朝燕翼詒謀録卷第三

太宗皇帝以海内混一四方無虞乃於江南置太平軍江北置無爲軍取太平無爲之義太平後改爲州無爲之建在淳化四年十二月戊戌至大中祥符二年建軍方十有六年災異變怪忽發八月中有青蛇長數丈出郡治十六日風雨林木城門營壘盡壞壓死千餘人夜三鼓方止九月乙亥奏至 眞宗皇帝亟命中使張景宣馳驛恤視民壞屋者無出來年夏租壓死者家賜米一斛無主及貧乏者官收瘞之令長史就宫觀精虔設醮爲民祈福是時方尚祥瑞宰相甚怒加譴郡守 眞宗不從其後守臣懲艾於五年五月壬午奏甘露降桐樹七年七月庚寅奏 聖祖殿叢竹内獲毛屨二以爲 聖祖降九年四月奏瑞氣覆巢湖畫圖來上皆奉承上意也洎至皇祐三年 仁宗皇帝在位三十年矣六月丁亥守臣茹孝標奏城内小山生芝三百五十本悉以上進改名其山曰紫芝山蕞爾一培塿不應一時所產若是之多也上怒曰朕以豐年爲瑞賢臣爲寶草木蟲魚之異焉足尚哉茹孝標與免罪戒州縣自今無得以聞大哉王言足以警臣子之進諛者矣

虞書載簫韶九成鳳凰來儀三代以後無傳焉惟漢宣帝時嘗見史不載其形狀如何 眞宗景德元年五月七日午時白州有鳳凰三自南入城衆禽周遶至萬歲寺前樓高木上身如龍長九尺高五尺其文

五色冠如金盞至申時飛向北去遂不復見州畫圖
來上是時天下承平日久可謂治世宜其覽德輝而
下也若麟惟先聖識之漢武獲一角獸當時以爲麟
太史公不以爲然也太平興國九年十月癸巳嵐州
獻獸一角似鹿無斑角端有肉性馴善詔羣臣參驗
徐鉉滕中正王佑等上奏曰麟也宰相宋琪等賀
官榷酒酤其來久矣　太宗皇帝深恐病民淳化五
年三月戊申詔曰天下酒榷先遣使者監筦宜募民
掌之減常課之十二使其易辦吏勿復預蓋民自鬻
則取利輕吉凶聚集人易得酒則有爲生之樂官無
譏察警捕之勞而課額一定無敢違欠公私兩便然
所入無贏餘官吏所不便也新法既行悉歸于公上
散青苗錢于設廳而置酒肆于譙門民持錢而出者
誘之使飲十費其二三矣又恐其不顧也則命娼女
坐肆作樂以蠱惑之小民無知爭競鬬毆官不能禁
則又差兵官列枷杖以彈壓之名曰設法賣酒此設
法之名所由始也　太宗之愛民寧損上以益下新
法惟剥下奉上而且誘民爲惡陷民於罪豈爲民父
母之意乎今官賣酒用妓樂如故無復彈壓之制而
設法之名不改州縣間無一肯釐正之者何耶
江南李主佞佛度人爲僧不可數計　太祖既下江
南重行沙汰其數尚多　太宗乃爲之禁至道元年
六月己丑詔江南兩浙福建等處諸州僧三百人歲
度一人尼百人歲度一人自昔歲度僧道惟試經且

因寺之大小立額如進士應舉然雖奸猾多竄身其
中而庸蠢之甚者無所容自朝廷立價鬻度牒而僕
厮下流皆得爲之不勝其濫矣
州長吏不親監決中唐以來爲然遇引斷皆牙校監
決於門外　太宗恤刑慮有寃濫至道元年六月己
亥詔諸州長吏凡決徒罪並須親臨因太常博士王
袟有請也今州郡杖罪悉委職幕官而徒罪必自監
決帥府則以徒罪委通判　聖朝謹嚴於用刑蓋以
人命爲重也
喪家命僧道誦經設齋作醮作佛事曰資冥福也出
葬用以導引此何義耶至於鐃鈸乃胡樂也胡俗燕
樂則擊之而可用於喪柩乎世俗無知至用鼓吹作
樂又何忍也開寳三年十月甲午詔開封府禁止士
庶之家喪葬不得用僧道威儀前引太平興國六年
又禁送葬不得用樂庶人不得用方相魌頭今犯此
禁者所在皆是也　祖宗於移風易俗留意如此惜
乎州縣間不能舉行之也
江南李唐舊用鐵錢蓋因韓熙載建議以鐵錢六權
銅錢四然銅錢之價相去甚遠不可強也江南末年
鐵錢十僅直銅錢一江南平民間不肯行用轉運使
樊若水請廢之太平興國二年二月詔官收民間鐵
錢鑄爲農器以給江北流民之歸附者於是江南鐵
錢盡矣然川蜀陜西用之如故川蜀每鐵錢一貫重
二十五斤銅錢一當十三小民鎔爲器用賣錢二千

於是官錢皆爲小民盜銷不可禁止大中祥符七年知益州凌策請改鑄每貫重十二斤銅錢一當十民間無鈒銷之利不復爲矣慶曆初知商州皮仲容議采洛南紅崖虢州青水銅置阜民朱陽二監鑄大錢一可當小錢三以之當十民間趨利盜鑄不已至八年張方平宋祁議以爲當更乃詔改銅錢當十先是慶曆元年十一月詔江饒池三州鑄鐵錢一百萬貫助陝西經費所積尤多錢重民苦之至是并罷鑄鐵錢其患方息

舊制命官鎖廳應舉先於所屬選官考試所業方聽取解至禮部程文紕繆勒停不合格者贖銅永不得應舉中格庭對唱第日仍降甲蓋期待任子者甚厚非比寒士也雖欲假手其可得乎故當時由此塗出者皆爲文人　仁宗欲開誘進之路天聖四年六月辛未詔免舉所業下第人免責罰仍許再應舉景祐元年復詔鎖廳人不合格除其罪以試者尚少而申明之也然自是任子心無所憚雖實無才能者亦求試矣

國朝故事三元張燈　太祖乾德五年正月甲辰詔曰上元張燈舊止三夜今朝廷無事區宇乂安方當年穀之豐登宜縱士民之行樂其令開封府更放十七十八兩夜燈後遂爲例　太宗淳化元年六月丙午詔罷中元下元張燈官雖廢之而私家猶有私自張燈者余曩仕山陽中元下元酒務張燈賣酒豈北方遺俗猶有存者耶

北俗遇月三七日不食酒肉蓋重道教之故而七夕改用六日太平興國三年七月乙酉詔曰七夕佳辰近代多用六日宜以七日爲七夕頒行天下蓋方其改用六日之時始於朝廷故釐正之自朝廷始

月令開冰獻羔在仲春之月五季之亂訛舛至用四月淳化三年三月己未詔改正之

祖宗留意民事丁寧戒飭雖州縣小官未嘗少怠太平興國八年三月丁未詔應京朝官受任於外并州縣幕職官朝辭并於閤門宣旨戒勗以其詞著之坐右不知此制廢於何時苟州縣小官亦蒙皇恩寵綏決知自重思所以稱上意不敢自暴自弃矣惜無能舉行之者也

承平時闕多員少士大夫注擬必求須次者以自便蓋王事鞅掌久勞于外乍還鄉里展掃墳墓聚會親族料理生產作業勢使之然甚而違年繩以三尺不能禁也淳化二年正月己丑詔京朝官釐務于外者受詔後給假一月澣濯所在州府以赴上日聞違者有罪其後進士既多任子亦衆故東坡進策有一官三人共之之說以爲居者一人去者一人而伺之者又一人莅官之日少閑居之日長而士大夫至於冒法況今一官而五六人共之耶

雍熙三年九月癸未詔知州通判幕職州縣官秩滿至京師於法書內試問如全不知者量加殿罰所以

關防檢察癃老昏繆疾病之人也今知州到關必須奏事通判而下不復舉行殊失 祖宗謹重州縣勤恤民瘼之意豈非不才者多惡其害己而不欲舉行之乎

漢天子印符曰璽後世因其名不改國初御前之印書詔之印天子合同之印其名不正雍熙三年十月丙午並改爲寶别鑄用之皇祐五年 仁宗以奉宸庫有美玉廣尺厚半之命製爲鎮國神寶宰臣龐籍篆文劉沆書牌 哲宗元符元年咸陽民段義獻玉璽云紹聖三年河南鄉修造家舍掘得之色綠如藍文曰受命于天既壽永昌其背螭紐五盤詔蔡京等議之咸以爲眞秦璽也詔仍舊爲傳國璽 徽宗大

觀元年詔求美玉製八寶以易六璽十一月壬戌詔曰永惟受命之符宜有一代之制而尚循秦舊六璽之用自天申命地不愛寶獲全玉於異域得妙工於編氓八寶既成負無前比可以來年正月朔日御大慶殿恭受八寶是舉恩數特厚政和七年九月辛巳又製定命寶範圍天地幽贊神明保合大和萬壽無疆爲文廣九寸號九寶 二聖北狩寶淪異域 高宗皇帝復製八寶循大觀舊規也

大中祥符八年二月丁酉值 仁宗皇帝誕生之日眞宗皇帝喜甚宰臣以下稱賀宫中出包子以賜臣下其中皆金珠也是年 仁宗方就學天生聖人得於夢兆方五歲聖質已異常人故均福臣下者特異

眞宗時開封府洎京畿縣受納綿多取出剩訖事悉掊其餘均賜官吏而官吏無厭愈更多取歲增不已景德三年六月壬辰詔悉蠲之官吏所賜以官錢給其直

國初吏人皆士大夫子弟不能自立者忍恥爲之犯罪許用蔭贖吏有所恃敢於爲奸天聖七年三月乙丑三司吏毋士安犯罪用祖令孫蔭詔特決之仍詔今後吏人犯罪並不用蔭又詔吏人投募責狀在身無蔭贖方聽入役苟吏可用蔭則是仕官不如爲吏也誘不肖子弟爲惡莫此爲甚禁之誠急務不可緩也

舊制京朝官實歷知縣三任入同判同判實歷三任

入知州天聖六年七月己亥詔自今任内有五人同罪奏舉減一任同判後改爲通判至今因之各以兩任四考關陞

審官院定差知州軍並以資歷不容超越資歷當得不容不與天聖七年九月辛巳詔審官院定差並申中書引上審視若懦庸老疾不任事者罷之今都堂審察其遺意也

國初奏薦之制甚寬不拘服屬遠近天聖四年始詔臣僚奏薦子弟須言服紀不許奏無服之親冒奏者不以赦原其後又以服屬之親踈爲奏官之高下可謂良法乾興元年 仁宗皇帝登寶位八月令學士院試諸州進奉賀登位人曾舉進士試大理評事曾

舉諸科試祕書省正字餘試校書郎不願試人太廟
齋郎凡四等試大理評事元豐爲假承事郎今爲通
仕郎出官從事郎試祕書省正字元豐爲假承奉郎
今爲登仕郎出官迪功郎太廟齋郎元豐未改今爲
將仕郎出官亦迪功郎其後例補將仕郎惟宰執得
登仕郎
大中祥符八年　仁宗封壽春郡王以張士遜崔遵
度爲友講學之所爲資善堂此資善之名所由始也
自後元良就學所皆曰資善
五代諸侯跋扈枉法殺人主家得自殺其奴僕　太
祖建國首禁臣下不得專殺至建隆三年三月己巳
降詔郡國斷大辟録案朱書格律斷詞收禁月日官
典姓名以聞取旨行之自後生殺之權出於上矣然
主家猶擅黥奴僕之面以快其忿毒　眞宗咸平六
年五月復詔士庶之家奴僕有犯不得黥面蓋重於
戕人肌膚也　祖宗謹重用刑苟可以施忠厚者無
所不用其至如詔太歲三元聖節不決死罪則淳化
二年三月也令衆人自五月一日至八月一日免則
天聖四年四月辛未詔也列聖相承莫敢不遵此所
以祈天永命歟
祖宗舊制州郡公使庫錢酒專饋士大夫入京往來
與之官罷任旅費所饋之厚薄隨其官品之高下妻
孥之多寡此損有餘補不足周急不繼富之意也其
講睦鄰之好不過以酒相遺彼此交易復還公帑苟

私用之則有刑矣治平元年知鳳翔府陳希亮自首
曾以鄰州公使酒私用貶太常少卿分司西京乃申
嚴其禁公使酒相遺不得私用並入公帑其後祖無
擇坐以公使酒三百小瓶遺親故自直學士謫授散
官安置況他物乎故先世所歷州郡得鄰郡酒皆歸
之公帑換易答之一瓶不敢自飲也
師傅保輔佐人主其名甚重非道尊德重不可以居
也師導之教訓傅傅其德義保保其身體如周召畢
公之於成王可以當是名矣漢之張禹孔光辱莫甚
焉鄧禹其庶幾乎後世以爲階官而序進之失其本
旨矣若皇子加官而冠以師傅保之稱此何義也子
雖賢而可爲父之師傅保乎況有年方孩幼即加是
官者尤悖理矣故　英宗治平二年御史中丞賈黯
力陳其非四月丙午詔止加三公太尉司徒司空是
也自此名正言順人無得而議宣政以後至以師傅
保加之官豎其悖理尤甚矣
選人改京朝官憚於作縣多歷閑慢比折知縣資序
熙寧十年二月戊子詔選人磨勘改京朝官須入知
縣雖不拘常制不得舉辟近世此禁寖弛凡改官人
有出身任教授無出身任簽判二考滿則赴部注破
格通判矣　孝宗皇帝申嚴舊制仍以三年爲任考
第未足或有過犯不得注通判至今遵行之
禮經女子出適以父母三年之喪折而爲二舅姑父
母皆爲朞喪　太祖孝明皇后居昭憲太后之喪齊

衰三年故乾德二年判大理寺尹拙少卿薛允中等奏三年之内几筵尚存夫居苫塊之中婦被綺羅之飾夫婦齊體哀樂不同乞令舅姑之喪婦從其夫齊斬三年於義爲稱十二月丁酉朔詔從之遂爲定制

宋朝燕翼詒謀録卷第三

宋朝燕翼詒謀録卷第四

江南初下李後主朝京師其羣臣隨才任使公卿將相多爲小官惟任州縣官者仍舊至於服色例令服緑不問官品高下以示别於中國也

太宗淳化元年正月戊寅赦文應諸路僞授官先賜緋人止令服緑今並許仍舊其先衣紫人任常參官亦許仍舊遂得與王朝官齒矣

楊萬頃殺張審素審素二子瑝琇爲父復仇殺萬頃張九齡欲活之李林甫必欲殺之而二子竟伏大刑蓋九齡君子喜人爲善林甫小人嫉人爲善好惡不同故也苟其父罪當死子不當報讎父死不以罪或非出上命而爲人所擠陷以死可不報乎審素之讎所當報也　太宗雍熙三年七月癸未京兆府鄠縣民甄婆兒報母讎殺人詔決杖遣之惜乎瑝琇之不遇聖時明主也

歐陽脩少孤其叔父教之學既貴乞以一官回贈以報其德詔從之乃自貟外郎贈郎中後世以爲美談不知又有先於脩者王曾爲參知政事改葬叔太子中舍宗元叔母嚴氏自言幼孤叔父母育之詔贈宗元工部貟外郎嚴氏懷仁縣太君

李遵勗本名勗崇矩之孫繼昌之子　眞宗朝尚長公主御筆增爲遵勗升爲崇矩之子繼昌之弟自此爲例實亂人倫治平四年二月　神宗皇帝手詔述英宗治命應公主出降其夫不得升同父行蓋　英

宗久欲釐正以病未果出命故 神宗以遺命行可謂善述人之事矣

士大夫治小民之獄者縱小民妄訴雖虛妄灼然亦不反坐甚而聽其驀越幾於摟攬生事矣曾不思善良之民畏官府如虎狼甘受屈抑不敢理雪而奸猾之民以恐脅把持爲生與吏囊橐視官府如私家肆行不忌士大夫墮其計中爲其所困殊不自覺良可嘆也 太祖皇帝乾德二年正月乙巳詔應論訴人不得驀越陳狀違者科罪開基創業之初首念及此慮爲善良害也 眞宗咸平元年七月詔所訴虛妄好持人短長爲鄉里害者再犯徒三犯杖訖械送軍頭引見司苟能舉而行之庶幾妄訴者息矣

舊制朞喪百日内妨試尊卑長幼同士人病之多入京冒哀就同文試洎中選被人論訴不免坐罪天禧四年二月壬申翰林學士承旨晁迥上言諸州士人以朞制妨試奔湊京轂請自今卑幼朞服不妨取解詔從之自後冒哀求試者寡矣大凡人家尊長朞喪多年高者卑幼朞喪多年幼者免避卑幼則妨試亦鮮

國初宗室尚少隸宗正寺 仁宗景祐三年以宗室衆多特置大宗正司以皇兄寧江軍節度使允讓知大宗正事仍詔自今於祖宗後各擇一人爲之尚賢而不以齒糾正違失凡宗室奏陳先委詳酌而後聞不得專達其後又以宗室出居外州於西京置西外宗正司南京置南外宗正司矣

今州縣義倉米始於 仁宗時始集賢校理王琪嘗於景祐中陳請乞每正稅二斗別輸一升領於轉運使遇水旱振給有司會議不同而止慶曆元年九月琪申前議上特詔行之至新法行又增作每一斗收一升然水旱振給所賴爲多行之日久官吏視爲公家之物遇振給靳惜特甚殊失元立法之意

仁宗重臺諫之選景祐元年四月癸丑詔御史臺置殿中侍御史監察御史裏行又詔舉三丞以上嘗歷知縣人除御史裏行二年除御史又二年除三司開封判官自清要而歷繁劇選任既重一時號稱得人明道元年七月辛卯又以諫官無治所乃以門下省充諫院而別創門下省於右掖門之西蓋朝臣皆有入局之所獨諫院無之故也

眞宗欲以 太宗配天於南郊而 太祖之配不可改乃奉 太宗並配 仁宗郊天又益以 眞宗則是以三帝配一上帝矣嘉祐七年因楊畋力諫乃定以 太宗配今南郊又以 祖宗並配矣

祖宗重堂後官吏用士人其敘遷至員外郎者與外任其後多不願出惟求子孫恩澤遂以爲例 仁宗嘉祐八年中書奏今後願留人雖許供職其諸房提點並須擇才候職事修舉方補如不職與堂除知州蓋猶以士流之故優之也新法既行增置宰屬而士流不復爲堂後官因是朘削舊制堂後官外任止於

通判不得爲知州先是皇祐三年四月詔堂後官無得佩魚若士人選用而至提點五房方許佩魚以示别也今雖非士人選用皆佩之矣

先聖後嗣自先聖封文宣王而襲爵者稱文宣公文宣謚號也謚號非子孫所可襲　仁宗至和二年三月用太常博士祖無擇議改爲衍聖公蓋取襲封之義

舊制婦人冠以漆紗爲之而加以飾金銀珠翠采色裝花初無定制　仁宗時宫中以白角改造冠并梳冠之長至三尺有等肩者梳至一尺議者以爲妖　仁宗亦惡其侈皇祐元年十月詔禁中外不得以角爲冠梳冠廣不得過一尺長不得過四寸梳長不得

過四寸終　仁宗之世無敢犯者其後侈靡之風盛行冠不特白角又易以魚枕梳不特白角又易以象牙玳瑁矣

國朝武臣正任十年一遷官熙寧八年特詔駙馬都尉七年一遷官仍著于令非獨示優亦所以杜其非理干請也元豐六年二月癸未詔吏部七年磨勘更不取旨　仁宗景祐元年四月癸酉詔以河南府學爲西京國子監置分司官其後南京北京皆援爲之崇寧四年秋七月丙午朔詔罷三京國子監官各置司業一員其眡京具體而微矣

皇朝追褒先賢皆有所因　仁宗景祐元年九月詔封扁鵲爲神應侯以上疾愈醫者許希有請也　徽宗崇寧元年二月封孔鯉泗水侯孔伋沂水侯崇先聖之嗣也六月封伯夷爲清惠侯叔齊爲仁惠侯重節義之風也宣和元年五月甲申封列禦寇沖虚觀妙眞君莊周微妙元通眞君尚虚無之教也然　仁宗因醫者之請姑勉從之伯魚子思之封以配享從例封也伯夷叔齊遜千乘之國豈求身後虚名莊列物外人何羡眞君之號不必封可也

京師試於禮部者皆禱於二相廟二相者子游子夏也子游為武城宰子夏聘列國不知何以得相之名也今行都試禮部者皆禱于皮場廟皮場即皮剥所也建中靖國元年六月傳聞皮場土地主瘍疾之不治者詔封爲靈貺侯今廟在萬壽觀之晨華館館與

貢院爲鄰不知士人之禱始於何時館因何而置廟也

王安石創宫觀以處新法之異議者非泛施之士大夫也其後朝臣以罪出者多差宫觀其初出令也則曰優老元豐元年二月辛亥詔年六十者聽注差宫觀以三十月爲任無得過兩任其後不拘此令矣

元豐初詔檢正官檢詳官各以四員爲額亦同都事録事承旨分房掌管其品秩尚卑政和吏制品秩甚高各置一員通掌諸房權任甚重而所以擢用者不同或出於人主親擢則宰執反憚之所請不敢不從出於宰臣進擬則人主反疑之因是品位不進近世目宰屬樞屬官爲旋窩人不以爲樂其人主親擢則

又有跳出旋窩之號頗恃以自矜矣

樞密使拜罷與宰臣恩數等皇祐五年高若訥爲樞密使罷政　仁宗惡其奸邪特令舍人草詞罷以示貶黜其後皆以前宰臣爲之皆帶平章事罷政宣麻如故而自執政拜使者罷政不復宣麻踵若訥故事也

淮南轉運使舊有二員皆在楚州明道元年七月甲戌詔徙一員於廬州南渡以後廢江淮發運使而治楚州者移治真州治廬州者移治舒州其後又自舒州移治無爲軍矣

太廟齋郎後改爲假將仕郎政和六年十一月詔假版官行於衰亂之世不可循用改假承事郎爲通仕郎假承奉承務郎爲登仕郎改舊通仕郎爲從政郎舊登仕郎爲修職郎假將仕郎去假字見任合改人并帶假人但改正稱呼更不給告敕

舊貼職止於直祕閣直龍圖閣右文殿修撰三等政和六年九月手詔天下人才富盛趨事赴功者衆不足以待多士可增置直徽猷閣直顯謨閣直寶文閣直天章閣祕閣修撰集英殿修撰凡九等中興以後又增敷文煥章華文寶謨寶章五等矣等級既多遷轉亦易非舊比也

今判部判寺判監判院之稱乃官制未改以前實稱今加於實稱之上可謂重疊昔有判刑部判禮部判兵部判工部惟户吏二部無之蓋以流内銓三司使易其名矣官名既正又加以判甚無謂也其他寺監亦然至於登聞檢鼓院進奏院舊稱判政和五年言者謂官制之改稱判者悉除去惟太宗正司以官尊者稱判其次爲知若六院不可復言判也遂詔悉改爲監

今之右文殿修撰舊爲集賢殿修撰政和六年四月奉御筆集賢殿舊無此名祕書省殿以右文殿爲名可改爲右文殿修撰

今之宣教郎即昔之宣德郎政和四年九月詔宣德郎與宣德門名相犯可改爲宣教郎見任人不別給告但改稱呼

政和四年八月詔改端明殿學士爲延康殿學士改樞密直學士爲述古殿學士恩數品秩並依舊中興以後端明復舊而述古與樞密直皆廢矣

大夫之稱亞於卿而郎官上應列宿文臣以爲階官宜也況其來自古初非創意立名故　神宗正官名遠考古制以大夫郎易職事舊稱爲寄禄官若武臣横行正副使之稱與承制崇班供奉侍禁奉職借職差使借差非名之不正也政和乃悉易以大夫郎之稱此豈被堅執鋭馳騁弓馬者之所宜稱乎横行以十二階易十二階猶之可也正副使各十九階並以八階易之無乃輕褻名器之甚乎昔之超轉猶作九資則是副使四十五年可轉不過四資是減四十五年爲十六年矣

祖宗多爲武臣等級責其邊功非有奇功殊勳無因超越故文臣正郎員郎各止於三轉而武臣正使副使必各九轉聖君宏模一旦壞於建議之臣使良法美意掃地無遺最甚者稱謂不顧義理所在若文武官名一依元豐之制則人無得而議矣

紹聖二年三月監察御史常安民言乞考 祖宗用人之制修立權侍郎遷進法詔三省議之章惇因奏乞自起居郎舍人侍御史帶修撰除者滿三年取旨自七寺卿國子祭酒太常少卿祕書少監直龍圖閣除者滿二年取旨除修撰與外任職事修舉者再留二年取旨除正與外任除待制即才能爲衆所推績効顯著朝廷特拔擢者不拘此令詔從之且天子侍從之臣非有才能績効而可冒居之乎信如其言殆如銓部注擬常調計資歷歲月者之爲也是時雖出此令卒莫能行章惇之意蓋欲假此令以扼異己之人而不次超越者則曰人主特拔擢也豈不愚哉

慶曆二年富弼乞罷殿試止令尚書禮部奏名次第唱名蓋以廷試惟用詩賦士子多僥幸故也王堯臣梁適皆狀元及第以爲譏已正月辛巳方從弼之請癸未遽從堯臣適之請復舊制

慶曆元年十一月郊祀赦文功臣不限品數賜私門立戟文武臣僚許立家廟已賜門戟給官地修建此循唐制也故有兄弟同居而各置門以列戟者想是時必有立戟之人特近代此制不舉無能舉舊事以言者若家廟則終不能行至皇祐二年十二月甲申朔復頒三品以上家廟之制從宋庠之請也然一時議者欲令立廟之子孫襲其封爵世降一等自國公而至封男凡五世而封爵之卑者僅一二世或又疑襲封公爵惟三恪先聖之後有之此制一行數世之後必多又子孫或初命卑官不應襲公侯之爵議終不決竟戹不行是不詳考前代之制也君子惜之

國朝自 眞宗時法令寖寬臣僚或以恩澤及所轉官爲子孫乞賜科名則召試而授之或乞親屬陞陟注超越差遣自小官即爲通判知州其降官降差遣亦援此陳乞敘復大抵皆公卿大臣牽於人情而不可拒者積日累月不可數計慶曆四年正月丙戌詔並禁止不得陳乞

令縣邑門樓皆曰勑書樓淳化二年六月癸未詔曰近降制勑決遣頗多或有釐革刑名申明制度多所散失無以講求論報踰期有傷和氣自今州府監縣應所受詔勑並藏勑書樓咸著于籍受代批書印紙曆子違者論罪則是勑書樓州縣皆有之也今州郡不聞有勑書樓矣

唐有王會圖皇朝亦有四夷述職圖大中祥符八年九月直史館張復上言乞纂朝貢諸國衣冠畫其形狀録其風俗以備史官廣記從之是時外夷來朝者惟有高麗西夏注輦占城三佛齊蒙國達靼女眞而已不若唐之盛也

國初進奏官循五季舊例假官至御史大夫諸國既平天下一統諸州各置進奏官專達京師多至百數混於皁隸不復齒於衣冠之列　眞宗大中祥符二年三月戊辰詔諸州進奏官十年以上補三班奉職每遇郊祀叙補五人迄今爲例

种放有别墅在終南山聚徒講學性嗜酒種秫自釀林泉之景頗爲幽勝　眞宗聞之欲幸其家而不果咸平六年遣使畫圖以進六月己未召輔臣觀于龍圖閣再三褒美放父翊嘗爲吏部令史出官爲長安簿放幼好學長以古道自任奉母隱居於終南山之豹林谷自稱退士作退士說數千字又號雲溪醉叟太宗朝屢召不起張齊賢薦其節行可厲風俗　眞宗復遣中使召之起爲左司諫諫議大夫給事中力請還山從祀東封拜工部侍郎終身不娶既卒朝廷録其姪世雍爲同學究出身

唐人重於避諱國初此風尚在劉温叟以父名岳終身不聽樂部曲避監臨家諱尤甚　太宗雍熙二年六月辛丑詔内外臣僚三代名諱止可行於已州縣長吏不得出家諱新授官職有家諱者除三省御史臺五品文班四品武班三品以上許準勑上言餘不在改請之限然法令明載官稱犯高曾祖父諱冒居者有罪則是與此詔相反也豈非此詔既行之後人無廉恥習以成風故又從而禁之耶

民間訴水旱舊無限制或秋而訴夏旱或冬而訴秋旱往往於收割之後欺罔官吏無從覈實拒之則不可聽之則難信故　太宗淳化二年正月丁酉詔荆湖江淮二浙四川嶺南管内州縣訴水旱夏以四月三十日秋以八月三十日爲限自此遂爲定制

國初州郡官屬皆長吏自行奏辟姓名未聞於朝已先莅職洎至命下則已莅月日皆爲考任大抵皆其宗族親戚也　太宗雍熙四年八月乙未詔曰諸處奏薦多是親黨既傷公道徒啓倖門今後如有員闕處當以狀聞自後奏辟不敢私於親戚或犯此令者人得而指摘之稍知所畏忌矣

唐制乘驛者給銀牌五代庶事草剏但樞密院給牒太平興國三年李飛雄僞作牒乘驛謀反擒捕伏誅六月戊午詔復舊制應乘驛者並給銀牌中興以後此制不復講矣

宋朝燕翼詒謀録卷第四

宋朝燕翼詒謀録卷第五

仁宗時有染工自南方來以山礬葉燒灰染紫以爲黝獻之宦者洎諸王無不愛之乃用爲朝袍乍見者皆駭觀士大夫雖慕之不敢爲也而婦女有以爲衫禐者言者亟論之以爲奇衺之服寖不可長至和七年十月己丑詔嚴爲之禁犯者罪之中興以後駐蹕南方貴賤皆衣黝紫反以赤紫爲御愛紫亦無敢以爲衫袍者獨婦人以爲衫禐爾服紫始末已見前卷

眞宗時試進士初用糊名法以革容私之弊張士遜以監察御史爲巡鋪官因白主司有親戚在進士明日當引試願出以避嫌主司不聽士遜乃自言引去眞宗是之遂詔自今舉人與試官有親嫌者移試别頭別試所自此始且以御史爲巡鋪決無容私矣易以宦官不知始於何年也

唐設武舉以選將帥五代以來皆以軍卒爲將此制久廢天聖七年以西邊用兵將帥乏人復置武舉至皇祐元年邊事寖息遂廢此科治平元年九月丁卯復置迄于今不廢淳熙甲辰距治平百二十載矣仲父軒山公知貢舉武舉林嘌陶天麟等來拜謝仲父問之曰朝廷設此科以擇將帥而公等不從軍何也荅以不堪笞箠之辱仲父因奏 孝宗皇帝乞更舊制申飭三衙沿江軍帥待以士禮至淳熙十四年事始施行進士皆願從軍至紹熙庚戌仲父以知樞密院兼參知政事唱進士第復奏 光宗皇帝命武舉進士從軍不許軍帥笞辱大罪按奏小罪罰俸此令一出皆願從軍而軍中無所容之乃自三衙立同正員之額以至江上諸軍每舉以二十四員爲額七年爲任第一名同正將第二名第三名同副將第四名以下同準備將而第二十五名以下只注巡尉自後軍帥亦仰承朝廷優卹之意待遇之禮與統領官等或令其兼同統領職事遇出戰多令守寨必自願親行陣者始聽之蓋軍中自統制以下多是假攝或以準備將而權統制者每於文移公牘書銜榜子削其本職爲寫權職爲正遇東班便自居通判之上唯知凶暴陵駕士大夫一聞鉦鼓之聲則惴惴戰栗士大夫信其僞銜不復與較故以守闕進勇副尉爲統制者往往而是若於武舉中選願親行陣者使久於其任而序進之必能趨事赴功矣

部吏賣闕之弊自昔有之皇祐中趙及判流内銓始置闕亭凡有州郡申到闕即時榜出以防賣闕立法非不善也然部吏每遇申到匿而不告今州郡寄居有丁憂事故數年不申到者亦有申部數年而部中不曾改正榜示者吏人公然評價長貳郎官爲小官時皆嘗由之亦不暇問 太宗皇帝曰倖門如鼠穴不可塞也豈不信哉

國初宦者不過數十人 眞宗時漸衆蓋以遇郊恩任子皆十數歲小兒積累至多故也皇祐五年閏七月戊辰言者以爲久弊當革乃詔自供奉官至行門

以百八十員為額遇闕額方許奏補至元祐二年二月又詔自供奉官至黃門以百人為額然流弊之久終不能革至宣政間動以千數矣

仁宗朝言者以士大夫不安職守惟務奔競乞申嚴戒勵慶曆八年五月丁卯詔中外官滿二年方許差替其三年三十月為任者仍舊此誠良法也中興以來職事官猶計資考故有須次一兩政者至於三丞以上至於郎官卿監有三四年不遷者故人無苟且之心近年滿年不遷則為人指目居其位亦恐懼求去是不諳　祖宗典故爾

舊制御試詩賦論士人未免上請於殿陛之下出題官臨軒荅之往復紛紜殊失尊嚴之體景祐元年三月丙子詔進士題具書史所出御藥院印給士人不許上請自後進士各伏其位不敢復至殿庭

國朝待遇士大夫甚厚皆前代所無天聖五年詔臣僚薨卒當賜謚而本家不陳乞者令有司舉行又兄弟同在朝者令連狀封贈此推恩泉壤澤及幽冥也九年十二月癸丑詔流內銓選人父母年八十以上權聽注近官此教人以孝且厚風俗也康定元年六月壬子詔臣僚之官罷任所過山險去處差軍士防送無過送迎人之半此閔其道路羈旅恐不得其所也　仁宗施恩於臣下者如此可謂仁矣先是咸平六年　真宗詔命官遷謫嶺南亡歿者並許歸葬官給緡錢如親屬年幼差牙校部送至其家蓋其人雖犯罪而其死則可閔威以懲其罪恩以恤其死施於死者猶爾況生者乎施於有罪者猶爾況無罪者乎　仁宗可謂能弘家法矣

宗室年五歲則官為廩給此　祖宗舊法也皇祐二年判大宗正事允讓請自三歲廩給　仁宗以太過三月甲辰詔宗室三歲以上官為給食今又復以五歲為限矣

西京學校舊為河南府學景祐元年詔改為西京國子監以為優賢之所

商稅之任今付之初官小使臣或流外校尉副尉州郡縣令亦鄙賤之曾不思客旅往來鄉民入市動遭竭澤又復營私掩為己有害民有甚焉者　真宗景

德二年三月癸未詔商稅三萬貫以上選親民官監給通判添支所以重譏征之寄近時理親民資序為監當者未之聞也往往以為浼己不肯褻就矣然朝廷以場務之寄責之長貳縣令知監當之難於其人也故康定元年六月壬子詔天下州縣課利場務十分虧五釐以下州通縣令罰俸一月一分以下兩月二分降差遣增二分陞陟差遣賞罰不及於監當有深旨矣

大中祥符四年十二月己未越州言會稽縣民裘承詢同居十九世家無異爨詔旌表其門閭屈指今二百三十六年矣其號義門如故也余嘗至其村故聽事猶在族人雖異居同在一村中世推一人為長有

事取決則坐於聽事有竹箄亦世相授矣族長欲撻有罪者則用之歲時會拜同族咸在至今免役不知十九世而下今又幾世也余嘗思之裘氏力農無爲士大夫者所以能久聚而不散苟有驟貴超顯之人則有非族長所能令者況貴賤殊塗炎涼異趣父兄雖守之子孫亦將變之義者將爲不義矣裘氏雖無顯者子孫世守其業猶爲大族勝於乍盛乍衰者多矣天之祐裘氏者豈不甚厚乎

國初進士詞賦押韻不拘平仄次序太平興國三年九月始詔進士律賦平仄次第用韻而考官所出官韻必用四平四仄詞賦自此整齊讀之鏗鏘可聽矣

司天監官自挈壺正轉保章正靈臺郎直長局丞至

冬官正僅五遷爾舊制五年一轉或謂較之武臣洎醫官則太優欲增其等級慶曆五年六月乙卯朔詔自保章正至五官正十年一遷官雖循轉甚遲然比承信郎轉至武翼郎猶爲優矣

承平時溫州鼎州廣州皆貢柑子尚方多不過千少或百數其後州郡苞苴權要爭擔者絡繹又以易腐多其數以備揀擇重爲人害天聖六年四月庚戌詔三州不得以貢餘爲名餉遺近臣犯者有罰然終不能禁也今惟溫有歲貢歲饋鼎廣不復有之矣

五季日尋干戈其於軍卒尤先激勵凡軍頭非有戰功皆號伴飯指揮使皇朝一統邊境無虞伴飯者衆乃詔以處有罪者凡爲此職人皆望而知其犯罪也

大中祥符二年二月詔改軍頭伴飯指揮使爲散指揮使然自此人不復以爲恥而激勵之權微矣

皇朝初下江南置水路陸路發運二使運江南之粟以贍京師其後以陸路不便悉從水路雍熙四年四月己亥詔合水路陸路發運爲一路以王繼昇掌之董儼爲同掌自此迄于宣和不改

國初進士期集以甲次高下率錢刊小録事遊燕或富而名次卑所出無幾或貧而名次高至於假丐熙寧六年三月庚申詔賜進士及第錢三千緡諸科七百緡爲期集費一時歆豔以爲盛事次舉熙寧九年三月戊寅練亨甫奏罷期集錢止賜錢造小録及第五百千諸科二百千而遊燕之費復率錢爲之至元

祐三年三月甲戌詔復增進士錢百萬酒五百壺爲期集費相仍至今定爲千七百緡而局中凡所率錢皆以小録爲名而同年得與燕集者無幾又爲職事者日叨飲食所得小録題名紙札裝潢皆精緻不費一金其不與職事者出錢而所得絕不佳不沾盃勺無乃太不均乎

元豐四年二月乙卯詔東南團練諸軍爲十三將蓋太祖皇帝初下江南慮人心未一分禁旅以戍之歲月寖久與州郡之兵無別故也淮東第一淮西第二浙西第三浙東第四江東第五江西第六湖北第七湖南第八全邵永第九淮備廣州應援福建第十廣東第十一桂州（今靜江府）第十二邕州第十三廩給特厚

與禁衛比若江上諸軍乃諸郡兵額因勤王入援失其土地故以駐劄名之其廩給與將兵不同況州郡之兵乎

僧道度牒每歲試補刊印板用紙摹印新法既行獻議者立價出賣每牒一紙爲價百三十千然猶歲立爲定額不得過數熙寧元年七月始出賣於民間初歲不過三四千人至元豐六年限以萬數而夔州轉運司增價至三百千以次減爲百九十千建中靖國元年增至二百二十千大觀四年歲賣三萬餘紙新舊積壓民間折價至九十千朝廷病其濫住賣三年仍追在京民間者毀抹諸路民間聞之一時爭折價急售至二十千一紙而富家停榻漸增至百餘貫有司以聞遂詔已降度牒量增價直別給公據以俟書塡六年又詔改用綾紙依將仕郎校尉例宣和七年以天下僧道踰百萬數遂詔住給五年繼更兵火廢格不行南渡以後再立新法度牒自六十千增至百千淳熙初增至三百千又增爲五百千又增爲七百千然朝廷謹重愛惜不輕出賣往往持錢入行都多方經營而後得之後又著爲停榻之令許客人增百千興販又增作八百千近歲給降轉多州郡至減價以求售矣

至和元年二月乙未因大雨雪詔天下長吏詳酌公私房錢與放三日非遇大雨雪不許蠲放仍每歲不得過三次是時天下承平百餘年矣　仁宗皇帝凝神穆清而念慮及於細微眞聖主也

國初凡事草創學校教養未甚加意皇祐三年七月壬子詔太學生舊制二百人如不足止百人爲限其簡如此元豐二年十二月乙巳　神宗始命畢仲衍蔡京范鏜張璪詳定於太學刱八十齋三十人爲額通計二千四百人內上舍生百人內舍生三百人外舍生二千人崇寧元年　徽宗刱立辟廱增生徒共三千八百人內上舍生二百人內舍生六百人教養于太學外舍生三千人教養于辟廱廢太學自訟齋太學之不率教者移之辟廱以祭酒總治兩學辟廱別置司業丞各一人博士十人正錄各五人分爲百齋講堂凡四所其後王黼反蔡京之政奏廢之而辟廱之士太學無所容矣

自江南既平兩浙福建納土之後諸州直隸京師無復藩府惟河北河東陝西以捍禦西北二虜帥臣之權特重其他諸路責任監司按察而已嘉祐四年五月丁巳始詔揚廬江寧洪潭越福七路兼本路軍馬鈐轄各置禁軍駐泊三指揮越福二指揮以威果爲額每指揮四百人各路兵馬都監二員越福一員其後二廣經略京東西路安撫江東西路安撫皆因事令守臣兼領而加以鈐轄之名以至兩浙四川皆以調發之故後又改鈐轄爲總管而四川至今仍舊名開端於嘉祐之時而定制於中興之後然帥臣大抵權輕當緩急之時罕能成功承平無事惟事教閲而

已剏自勤王諸將分爲駐劄州郡之額闕不復補名存實亡然人存政舉茍擇人而用之仍委以久任庶幾緩急有所恃也

舊制殿試皆有黜落臨時取旨或三人取一或二人取一或三人取二故有累經省試取中屢擯弃於殿試者故張元以積忿降元昊大爲中國之患朝廷始囚其家屬未幾復縱之於是羣臣建議歸咎於殿試黜落嘉祐二年三月辛巳詔進士與殿試者皆不黜落迄今不改是一叛逆之賊子爲天下後世士子無窮之利也

通判舉人改官與太守同自提舉常平使者列于監司諸路頓增員數熙寧元年十二月始詔通判不得

舉人改京官元豐初詔改官人五日引一甲一甲三人歲以百四十人爲額至元祐元年四月罷諸路提舉常平再命通判歲終舉改官一人或縣令一人間舉十二月以改官員多吏部侍郎孫覺請歲以百人爲額從之紹聖三年吏部乞以每甲五人引見不拘數則是歲有三百餘員也中興以來改官人數絕少歲不過數十人雖令選人舉官逐員放散數亦不增至紹熙初號爲頓增亦僅三十餘員慶元以後歲有溢額蓋孤寒路絕得舉官五員俱足而不得者多不破白勢使然也

納粟補官始以拯飢後以募民實粟于邊自王安石開邊國用不足而致粟于邊頗艱應募者寡元祐二年八月詔進納人許其改官歷四任十考增舉主二員職司二常員五自此人樂於應募此法雖明未聞有改秩者或謂中興以後有一人官至太守忘其姓名

舊制監司太守舉京官有定數縣令初不限員數皇祐二年五月庚午京西提點刑獄張易舉十六人縣令乃詔河北陝西漕舉十二員憲六員河東京東西淮南漕十員憲五員兩浙江東西福建湖南北廣東西益利梓路漕憲各四員夔路漕四員憲二員六路制置發運使副六員開封府諸州軍各一員然立法之初舉縣令有出身三考無出身四考有舉主二人移注近縣令任滿無贓私升幕職再任知縣再任滿

引對改京官則是受舉之後歷知縣兩任六考改官此天聖七年閏二月甲辰詔書也至熙寧四年詔再任知縣縣令人須有安撫轉運提刑知州通判奏舉五員方許再任內有職司二人者亦聽此乃就任改官也政和間又以州縣增官員復增舉員中興以來一循前例然亦時有增損舊制特遷官者其理磨勘並自受告日爲始故有垂當磨勘忽拜特恩前功俱廢熙寧六年八月丙申詔文武臣僚特遷官者不隔磨勘施恩甚均人蒙實惠至今仍之

景祐三年五月詔中外臣僚許以家書附遞明告中外下進奏院依應施行蓋臣子遠官孰無墳墓宗族親戚之念其能專人馳書必達官貴人而後可此制

一頌則小官下位受賜者多今所在士大夫私書多入遞者循舊制也

國朝因唐制取士只用詞賦其解釋諸經者名曰明經不得與進士齒王安石罷去詞賦惟以經義取士元祐元年十一月立經義詞賦兩科用侍御史劉摯之言也

國初致仕以旌表士大夫之恬退者非如後世已死僞爲之也 眞宗時主客郎中謝泌言致仕官如清名爲衆所推粗有勞効方可聽其納禄咸平五年五月丙戌詔年七十退者許致仕如因疾或歷任有贓犯者不在此限大中祥符九年正月詔乞致仕者審官院具歷任有無贓犯檢勘吏部申上取旨 仁宗天聖四年始詔郎中以上致仕與一子官明道元年二月甲子又詔員外郎以上致仕者録其子爲祕書省校書郎三丞以上爲太廟齋郎二年正月庚寅又詔三丞以上致仕無子聽官嫡孫若弟姪一人降一等凡此者皆以利誘之也景祐三年六月甲戌侍御史司馬池上言文武官年七十令自陳致仕依舊勑與一子官如分司給全俸違者御史臺糾察特令致仕更不與子官及全俸詔榜朝堂皇祐三年二月戊子又詔文武官年老無子孫奏朞親一人至和元年十二月庚子又詔文武官年七十以上未致仕更不考課遷官有功於國有惠於民勿拘嘉祐三年十二月辛未又詔年七十居官犯事未致仕更不推恩子孫凡此者皆以法繩之也慶曆二年六月壬申朔御史中丞賈昌朝上言臣僚年七十筋力衰者優與改官致仕詔從之此以賞勸之也況法初行須受命之後陳乞恩澤病者尚不許豈容已死僞爲其後又限以受命後身故者方許陳乞恩澤後又但以陳乞後身故者放行而詐僞者公行不忌矣今士大夫解官持服批書丁憂月日或與其父致仕月日自相抵牾有司未嘗詰也至 徽宗朝始放行員外致仕恩澤政和二年王張克公乞依武官副使非降黜中身亡者聽蔭補從之詳考前後詔令肇端於 眞宗之朝而詳密於 仁宗之朝待之甚厚防之甚嚴責之甚備然上勞聖訓丁寧至於六七而不已亦可見風俗之日趨於薄而士大夫能守知足之戒者鮮矣

眞宗以朝官注擬于堂貧者留滯逆旅無以爲資乃置朝集院于朱雀門外此咸平四年四月癸丑詔也院既成詔陞朝官以上到闕並館于院中官給公券出入則乘馬開封府差兵士隨直惟可至廟堂省部銓曹官廳而已雖欲出入市廛不可得也故陞朝官以上造朝則先匿於親戚故舊之家俟所幹置悉備方敢報閤門放見蓋閤門即日關報朝集院開封府人馬即至迎入院中雖不可出入而同院中士大夫日夕遊從情如兄弟或商榷文字或彼此詢問風土或因而結交互相推薦其況味與栖栖逆旅者大不侔矣景祐二年十月辛亥詔復增置以士大夫之來

者日多故也
國初擢用人才不問資序有初補京官便除知州或差通判既不知仕塗之艱苦小官往往遭其慢視又且未歷民事不諳民間疾苦淳化四年十月庚午蘇易簡上言初任京官未歷州縣不得擬知州通判詔從之然惟施之常調爾若人主特除則又不在此例吕公弼年十九以水部員外郎即知廬州正如易簡所論不以改制而止也

燕翼詒謀録卷第五

春明退朝録上 并敘

熙寧三年予以諫議大夫奉朝請每退食觀唐人洎
本朝名輩撰著以補史遺者因纂所聞見繼之
在春明里題爲春明退朝録云十一月晦常山宋敏
求述

國朝宰相趙令盧相文潞、公四十三登庸寇萊公四
十四王沂、公四十五賈魏、公四十八
樞密副使趙令三十九寇萊、公三十一晏元獻公三
十五韓魏、公三十六
參知政事蘇侍郎易簡三十六王沂、公三十九
知制誥蘇侍郎二十六王沂、公二十七盧相楊文公
晏元獻、公宣獻、公今宣徽使王、公拱辰皆二十八夏
文莊三十
學士蘇侍郎二十八晏元獻、公宣徽王、公皆三十宣
獻、公三十五王沂、公李邯鄲皆三十六楊文、公錢子
飛皆三十七盧相今參政王禹玉皆三十八
呉正肅言律令有丁推推字不通少壯之意當是丁
稚唐以大帝諱避之損其點畫云
眞宗朝歳時始賜飲於宰相第大兩省待制以上赴
林尚書特以諫議大夫爲三司副使亦預焉既而并
諸副使遂以爲常王太尉主會唯用太官之膳少加
堂餐自丁晉公助以家饌至今踵之
天聖七年玉清宮灾遂罷輔臣爲宮觀使而景靈會
靈祥源三宮觀以學士舍人管句康定元年李康靖
、公罷參知政事爲資政殿大學士提舉會靈觀自後
學士皆爲提舉至和初晏元獻、公以舊相爲觀文殿
大學士提舉萬齡（避家諱也）觀而武臣今致政李少師端
愿爲觀察使止得管句祥源觀自陳於樞府宗袞（宋元憲也謝朓謂謝安爲宗袞）乃加以都管句今朝官亦云提舉非故
事也
宗袞嘗言律云可從而違堪供而闕亞六經之文也
宋景文言人之屬文自穩當字第初思之未至也又
曰爲文是靜中一業爾
本朝置樞密使副或置知樞密院同知院然使與知
院不並置也熙寧元年文潞、公呂宣徽爲使而潤州
陳丞相自越州召爲知院前一歳陳丞相爲副使位
在呂公之上故也
國初范魯、公王祁、公魏僕射三相罷趙令獨相始置
參知政事自是一相或二相至咸平中始有呂文穆
李文靖向文簡三相又至至和中文潞、公劉丞相富
鄭、公三相
太平興國四年石元懿始以樞密直學士簽書院事
八年張司空齊賢王、公沔並以諫議大夫同簽書樞
密院事景德三年馬正惠以檢校太傅韓公崇訓以
檢校太保並簽書樞密院事治平二年今郭宣徽爲
同簽書院事
文臣爲樞密使皆帶檢校太尉太傅兼本官乾興元
年錢文僖以兵部尚書爲樞密使不帶檢校官有司

之失也

趙德明歸款 眞宗賜以宗姓然不附屬籍晁文元草制云奕世荷殿邦之德舉宗聯命氏之榮寶元二年元昊叛詔削屬籍非也

唐太宗自撰鄭元成碑德宗亦撰段秀實碑

本朝太宗撰中令趙公碑皇祐中王侍郎子融守河中還乃以唐明皇所題裴耀卿碑額上之 仁宗遂御篆賜沂公碑曰旌賢其後踵之者懷忠呂許公顯忠李忠武旌忠寇萊公全德元老王太尉教忠積慶文潞公父洎親賢李侍中用和褒親齊國獻穆公旌功曹襄悼舊學晏元獻崇儒丁文簡舊德張鄧公顯先積慶趙中令子承詔旌忠懷德張侍中耆儒賢高文莊褒賢范文正思賢劉丞相沆清忠王武恭旌忠元勳狄武襄褒忠陳恭公純孝張文孝 英宗御篆忠規德範宋元憲 上御篆淳德守正呂文穆大儒元老賈魏公

國朝歷三師三公者 太祖即位天雄節度符魏王彥卿自守太尉爲太師定難節度西平王李中令彝興自守太傅爲太尉荆南節度南平王高中令保融自守太保爲太傅

趙令以司徒太保侍中在中書以太保中書令留守西京又以太師西京養疾王文正以司空司徒太保在中書以太尉罷爲玉清昭應宮使

范魯公以司徒在中書王祁公薛文惠呂文穆並以司空在中書丁晉公馮魏公王冀公並以司空司徒在中書韓魏公以司空在中書司徒爲節度侍中曹襄悼文潞公並以司空爲樞密使侍中呂文靖罷相以司徒監修國史曾魯公以司空爲節度侍中

呂許公以太尉致仕張鄧公曾魯公並以太傅致仕陳恭公以司徒致仕李相昉張相齊賢章郇公宋鄭公富韓公並以司空致仕

國朝宰相爲僕射魏公仁浦趙令薛文惠沈恭惠宋惠安李文正呂文穆呂正惠李文靖張司空王文正向文簡王冀公寇萊公呂許公王沂公賈魏公陳恭公韓魏公文潞公富鄭公曾魯公二十二人樞相爲僕射陳文忠曹襄悼張榮僖王康靖四人樞密使爲僕射石元懿一人

列聖神御殿始咸平初 眞宗令供奉僧元藹寫太宗聖容於啓聖院後玉清昭應宮範金 祖宗像餘多塑像其殿名在京曰慶基奉先禪院奉宣祖開先太平興國寺奉太祖二聖玉清昭聖宮奉太祖太宗同殿見上永隆啓聖院奉太宗見上安聖玉清昭應宮以下並奉眞宗奉眞景靈宮崇眞慈孝寺延聖萬齡觀永崇崇先觀孝嚴景靈宮奉仁宗英德景靈宮奉英宗在外曰章武揚州建隆寺以下奉太祖興元西京應天院端命滁州帝華西京應天院以下奉太宗統平太原府昭孝西京應天院以下奉眞宗信武澶州集眞華陰雲臺觀又鳳翔太平宮有 祖宗神御殿南京鴻慶宮有 三聖神御殿西京永安縣會聖宮有 五聖神御殿今京師定力院有 太祖御像國初待詔王藹畫諸后影殿曰重徽奉先禪院奉明德太后章穆皇后同殿彰德慈孝寺奉章獻太后廣孝景靈宮奉章懿太后廣愛萬齡觀奉章惠太后

開寶八年十一月江南平留汴水以待李國主舟行盛寒河流淺涸　詔所在爲埧閘瀦水以過舟官吏擊凍督役稍稽則皆何校甚者劾皋以次被罰州縣官降敕而杖之者凡十餘人

舊制將相食邑萬户即封國公王太尉爲相過萬户而謙挹不封慶曆七年南郊中外將相唯夏鄭公合萬户中書請封英國公因　詔使相未滿萬户皆得封於是王康靖封遂國公章文簡封郇國公王武恭封冀國公其後遂以邑封合萬户者徹國

國朝以來封國公者范侍中魯王文獻祁向侍中拱譙秦靜難節度劉公重進燕保大節度趙公贊衛定國節度馮公繼業梁張侍中永德鄧衛張尚書昭舒陳鄭孟中令昶秦王中令彦超邠趙中令梁許陳呂文穆蔡徐許寇忠愍萊丁祕監晉馮文懿魏曹襄悼韓魯鄆王文穆冀張榮僖岐鄧徐呂文靖申許王文正沂張文懿郢鄧章文簡郇夏文莊英鄭王康靖遂鄧王武恭祁冀魯賈文元安許魏陳恭公英岐文侍中潞杜正獻祁宋元憲莒鄭龐莊敏潁韓侍中儀衛魏曾侍中英兗魯富相祁鄭韓

太子謚昭成許王元僖初謚恭孝改悼獻周王元祐

諸王謚悼魏王廷美懿魏王德昭康惠燕王德芳恭憲楚王元佐恭靖陳王元邠文惠安王元傑恭懿鄧王元偓恭惠曹王元偁恭肅燕王元儼懷靖褒王昉悼穆豫王昕悼懿鄂王羲

公主謚恭懿宣祖女燕國大長公主降高懷德賢肅太祖女秦國大長公主降王承衍賢靖太祖女晉國大長公主降石保吉恭惠太祖女許國長公主降魏咸信初謚正惠改英惠太宗女燕國長公主降吳元扆和靜太宗女晉國大長公主降柴宗慶懿順太宗女鄭國長公主降王貽永慈明太宗女申國大長公主報慈正覺大師清裕獻穆太宗女齊國大長公主降李遵勖昭懷眞宗女出俗爲道士號清虛靈昭大師莊孝仁宗女楚國大長公主降李瑋

宗室謚恭裕申王德文康孝南陽郡王惟吉安懿濮王孝定相王允弼榮易定王允良恭肅廣平郡王德隆思恪永嘉郡王允迪懿恭平陽郡王允升僖簡信安郡王允寧康簡廣陵郡王德雝循國公承慶和懿定安郡王承簡恭僖舒國公承蘊僖靖同安郡王惟正僖穆丹陽郡王守節安僖榮王從式楚國公從信安簡信都郡王德彝安恭博平郡王允初慈惠申國公德恭僖安楚國公守巽和惠河東郡王承衍惠恪楚國公從古僖溫遂寧郡王承範良靜魏國公宗懿恭簡韓國公宗禮良祁國公宗述吉國公克紹昭裕遂國公宗顏脩孝南康郡王世永恭靜樂平郡王承亮康僖光國公克廣榮僖陳國公承錫恭昌國公世滋

宰相謚文獻王祁公溥改文康宣懿魏僕射仁浦忠獻趙中令普文惠薛相居正陳相堯佐恭惠沈相倫惠安宋相琪文正李司空昉王太尉旦正字犯仁宗嫌名正惠呂相端正字犯仁宗嫌名文穆呂許公蒙正王冀公欽若文定張司空齊賢李相迪文靖李相沆呂許公夷簡文簡畢相士安向相敏中忠愍寇萊公準文懿馮魏公拯張鄧公士遜文正王沂公曾文節張相知白章惠王相隨改文惠文憲章郇公得象改文簡元獻晏公殊正獻杜祁公衍恭陳相執中文元賈魏公昌朝莊敏龐潁公籍元憲宋鄭公庠

樞密使謚元靖李公崇矩景襄楚公昭輔元懿石僕射熙載恭懿王公繼英文莊高公若訥宣簡田公況惠穆呂公公弼

樞密使相謚武惠曹侍中彬文忠陳僕射堯叟襄悼曹侍中利用榮僖張侍中耆文僖錢公惟演思改恭毅楊公崇勳恭容改文康王相晦叔康靖王侍中貽永文莊夏鄭公竦武恭王公德用

參知政事謚文懿郭尚書贄孫少傅朴文恭李公穆景肅趙公昌言康節辛少傅仲甫恭肅温尚書仲舒惠獻王尚書化基文定趙右丞安仁石少師中立文僖陳公彭年康懿任尚書中正肅簡曾公宗道簡肅薛公奎宣獻先公文忠蔡公齊文肅盛少傅度呉公奎忠憲韓少傅億忠穆王公鬷康靖李少傅若谷文莊晁公宗慤安簡王尚書舉正文正范公仲淹正肅呉公育文烈胡公鍋文簡丁右丞度康穆程公戡文安王公堯臣質肅唐公介

樞密副使知院同知院謚宣靖錢鄧州若水恭質宋公湜景莊王公嗣宗正惠馬公知節正字犯仁宗嫌名安惠周侍郎起任少傅中師武穆曹公瑋忠獻范尚書雍僖質趙少師稹憲成李侍郎咨文孝張左丞觀文肅鄭公戩恭惠任少師布威敏孫公沔孝肅包公拯文恭胡少師宿忠簡王侍郎疇

使相謚恭惠安仲審琦元靖王中令景正懿高中令保融正字犯仁宗嫌名武烈石中令守信莊烈何中令福進恭孝孟中令昶武穆高公懷德忠順陳公洪進忠懿錢中令俶莊武李侍中繼勳石公保吉安僖錢侍郎惟濬莊惠宋太師偓恭惠張侍中美忠武李公繼隆武惠潘公美忠肅王公顯榮密柴公宗慶恭密楊公崇勳恭僖李侍中用和文簡程相琳良僖李公昭亮

文臣謚文安宋尚書白文莊江陵楊公忠定張尚書詠文恭薛尚書映忠肅馬少保亮文楊侍郎億恭惠李中丞及文元晁少傅迥宣孫少傅奭康肅陳公堯咨章靖馮侍郎元宣懿楊侍郎察恪李右丞昭述景文宋尚書祁襄余尚書靖恭安張尚書存莊李尚書兊修懿錢左丞明逸懿敏王尚書素懿靖李少師東之

武臣謚温肅杜公審肇恭僖杜公審瓊恭惠杜公審進武毅曹公翰崔公翰忠武郭公守文勤威馮公守信和惠王公昭遠恭肅王公承衍忠惠呉公元扆元惠周宣徽瑩武康王公超武懿曹公璨忠毅彭公叡周公美恭莊張公潛宣惠錢留後惟濟和文李公遵勉壯恪夏公隨王公凱安毅鄭公守忠忠僖夏宣徽守贇忠隱葛公懷敏壯愍劉公平任公福恭壯高公化壯定楊留後景宗忠恪曹公琮密郭宣徽承祐良惠劉觀察從廣榮毅許公懷德良定李留後端懿勤惠張公孜

外戚謚武懿劉公通康懷劉從德安僖曹公玘恭懷曹公傳景思張堯封

内臣謚忠肅劉承規安簡王承勛僖靖藍繼宗安恪盧守勲僖恭王惟忠安僖岑守素僖良皇甫繼明良恪張永和榮恪藍元用忠安張惟吉僖勤史崇信石全育僖恪劉從愿鄧保吉威勤麥允信僖安王守忠

任恭惠與呂許公同年進士而同爲博士恭惠登樞年耆康彊許公時尚爲相嘗所歎羡詢其服餌之法恭惠謝曰不曉養生之術但中年因讀文選有所悟爾謂石韞玉以山輝水含珠而川媚也許公深以爲然

父子掌誥國初至熙寧元年凡九家李文正昌武正字犯仁宗嫌名王兵部文正王惠獻安簡晁文元文莊錢希白脩懿梁翰林莊肅呂文靖仲裕宣獻公敏求蘇儀甫子容

咸平六年併三部爲三司使官輕則爲權使公事慶暦中葉翰林道卿再總計上云權使蓋中書誤也其後遂分權使與使公事爲兩等

舍人院每知制誥上事必設紫褥於庭面北拜廳閣長立褥之東北隅謂之壓角宗衮作掖垣叢誌而不解其事按唐舊書亦無聞焉惟裴廷裕正陵遺事云舍人上事知印宰相當壓角則其禮相傳自唐也予爲舍人日邵興宗入院不疑爲閣長壓角時議美之

太平興國中始置譯經院於太平興國寺延梵學僧

飜譯新經始以光祿卿湯公悅兵部員外郎張公洎潤色之後趙文定楊文公晁文莊李尚書維皆爲譯經潤文官天禧中宰相丁晉公始爲使天聖三年又以宰相王冀公爲使自後元宰繼領之然降麻不入銜又以參政樞密爲潤文其事寖重每歲誕節必進新經前兩月二府皆集以觀翻譯謂之開堂亦唐之清流盡在也前一月譯經使潤文官又集以進新經謂之閑堂慶曆三年呂許公罷相以司徒爲譯經潤文使明年致仕章郇公代之自後降麻入銜

宗袞嘗曰殘人矜才逆詐恃明吾終身不爲也亦緜

唐相崔渙曰抑人以遠謗吾所不爲

予治平初同判尚書禮部掌諸處納到廢印極多率皆無用按唐舊說禮部郎中掌省中文翰謂之南宮舍人百日内須知制誥王元之與宋給事詩云須知百日掌絲綸又謂員外郎爲瑞錦窠員外郎廳前有大石諸州府送到廢印皆於石上碎之又圖寫祥瑞亦員外郎廳所掌令狐楚元和初任禮部員外郎有詩曰移石幾回敲廢印開箱何處送新圖是也今之廢印宜準故事碎之

唐内人墓謂之宮人斜四仲遣使者祭之（見唐人文集）

京師街衢置鼓於小樓之上以警昏曉太宗時命張公洎製坊名列牌於樓上按唐馬周始建議置鼕鼕鼓惟兩京有之後北都亦有鼕鼕鼓是則京都之制也二紀以來不聞街鼓之聲金吾之職廢矣

太常寺國初以來皆禁林之長主判而禮院自有判院同判院大中祥符中符瑞繁縟別建禮儀院輔臣主判而兩制爲知院天禧末罷知院天聖中省禮儀院而寺與禮院事舊不相兼康定元年置判寺同判寺並兼禮儀事近有至六七人者按唐太常置卿一員少卿二員博士四員祥符中置博士二員後加至四員今若置判寺一員同判寺二員則合唐之卿數矣（天聖元年改同判院爲同知院即博士也）

太常寺舊在興國坊今三班院是也景祐初燕侍郎肅判寺廳事畫寒林屏風時稱絕筆其後爲判寺好事者竊取之嘉祐八年徙寺於福善坊其地本開封府納稅所 英宗在藩邸判宗正寺建爲廨舍既成而已立爲皇子遂爲太常所請焉

端拱中西掖六舍人既而田錫罷職知陳州頃之宋湜貶均州團練副使王元之商州團練副使熙寧二年閣老錢君倚守江寧明年予自請出院李才元蘇子容皆落職惟吴沖卿權三司使不供職閣下無人草制遂命二直院焉

開寶二年李文正（正字犯仁宗嫌名）以中書舍人盧相以知制誥並命直學士院六年知制誥張公澹直學士院太平興國元年湯率更悅徐騎省鉉直學士院王梓州克正張侍郎洎直舍人院四人公皆江南文士也至熙寧二年復置舊官

唐制宰相四人首相爲太清宮使次三相皆帶館職

洪正字犯宣祖廟諱文館大學士監修國史集賢殿大學士以此爲次序本朝置二相昭文修史首相領焉集賢次相領焉三館職惟修史有職事而頗以昭文爲重自次相遷首相乃得之趙令初拜上獨相領集賢殿大學士續兼修國史久之方遷昭文館辭文惠與沈恭惠並相辭自參政領監修拜相仍舊而沈領集賢畢文簡與寇忠愍並相而畢領監修寇領集賢王太尉獨相亦止領集賢近時王章惠龐莊敏初拜及獨相悉兼昭文脩史二職非舊制也

文臣自使相除樞相罷節而還舊官景祐元年王沂公自使相帶檢校官復爲吏部尚書同平章事充樞密使慶曆七年夏鄭公自使相入樞仍帶節度使亦非舊制也

太祖　太宗時文臣爲使相惟趙令一人　眞宗時寇萊公王冀公二人節度使李南陽一人乾興後難遽數矣

唐文武參用袁滋自尚書右丞出華州刺史召爲左金吾衞大將軍如是者數人本朝頗循其制工部侍郎王公明兼黄州刺史給事中喬公維岳換海州刺史三司使尚書左丞李公士衡換同州觀察使學士承旨刑部尚書李公[illegible]維換相州觀察使翰林學士工部侍郎陳公堯咨換宿州觀察使如錢鄧州及慶曆初韓范龐王四公皆換觀察使以用兵擢之也龍圖閣直學士馬公季良換秦州防禦使非美遷也

武臣換文資者　太宗時白州刺史錢昱換祕書監遷工部侍郎復換觀察使

眞宗優待王冀公景德中罷參知政事始置資政殿學士以命之宰相寇萊公頗抑之令班翰林之下乃命爲大學士冀公請鑄印不許遂領尚書都省以都省自有印也

後唐明宗以樞密使安重誨不通文義置端明殿學士以翰林學士馮道趙鳳爲之班樞密使之後食於其院端明殿即西京正衙殿也本朝程侍郎羽爲之後隨殿名改爲文明殿學士李司空昉嘗爲之慶曆中以同永定謚號改爲紫宸殿學士丁文簡罷參知政事爲之何右丞郯時爲御史言紫宸非人臣所稱又改爲觀文殿學士未幾賈魏公以使相換僕射因置大學士處之仍詔非歷宰相不除明道中改承明殿爲端明殿會先公自南都召歸特置學士班翰林資政之下與舊職名同而立位異矣

唐姚南仲不歷尚書侍郎而入省便爲僕射近世鄭文肅劉丞相張尚書方平王宣徽拱辰滕侍讀甫皆不歷郎中員外而便爲諫議大夫呂給事惠卿鄧中丞潤甫亦然

尚書省二十四司唐世以事簡者兼學士舍人本朝唯重左曹館職提點刑獄例得名曹省府判官轉運使得名曹又遷左曹學士舍人待制遷二資帶史撰更得優遷如蘇儀甫自刑部員外郎遷禮部郎中王

原叔自工部郎中遷吏部郎中是也朝官帶史撰亦得優遷李邯鄲自博士爲禮部貟外郎賈魏公自司封貟外郎爲禮部郎中是也景祐中宋景文修樂書成遷工部貟外郎慶曆中呂仲裕王原叔修崇文總目成並爲工部貟外郎予預修唐書亦忝此官又朝選久不磨勘者郭諫議申錫遷右司貟外郎祖擇之工部貟外郎張修撰問禮部郎中

邇英閣講諷之所也閣後有隆儒殿在叢竹中制度特小王原叔久在講筵而身品短同列戲之曰宜爲隆儒殿學士

孫之翰言 太祖一日召對趙中令出取幽州圖以示之趙令詳觀稱嘆曰是必曹翰所爲也帝曰何以知之普對方今將帥材謀無出於翰此圖非翰他人不可爲也翰徃必可得幽州然既得幽州陛下遣何人代翰帝默然持圖歸内

楊庶幾孜言胡祕監旦退居襄陽鑱大硯以著漢春秋書成瘞其硯每聞大臣名士薨卒必作傳以紀其善惡然世不傳庶幾亦自有所述

杜甫終於耒陽槀葬之至元和中其孫始改葬於鞏縣元微之爲誌而鄭刑部文寶謫官衡州有經耒陽杜子美墓詩豈但爲誌而不克遷或已遷而故冢尚存耶

唐官有定貟闕則補之後唐長興二年詔諸州得替節度防禦團練使刺史並令隨常朝官逐日立班二年敕免常朝令五日赴起居國初尚多前資官令閤門儀制尚有見任前任節度防禦團練使

太宗時始置磨勘差遣院後改爲審官 真宗時京朝官四年乃得遷天聖中方有三年之制而在外任者不得遷須至京引對乃得改秩明道中始許外任歲滿亦遷時恭謝天地覃恩不隔磨勘有併遷者於是朝士始多皇祐明堂覃恩隔磨勘人情苦其不均英宗與 上即位故復用恭謝之例

建隆至天禧每朝廷大禮二府必進官天聖二年南郊呂許公懇言之乃止自是加恩而已

每大禮兩府加恩功臣階勳食邑實封内得三種學士至待制大兩省得階勳而下二種大卿監至少卿監一種得加食邑郎中而下至朝京官一種階勳而已

凡加食邑宰相千户實封四百户餘降麻官食邑七百户實封三百户直學士以上食邑五百户實封二百户舍人待制散尚書至少卿監以上食邑三百户實封一百户

凡食邑三百户封縣開國男五百户封子七百户封伯千户封郡侯二千户封公千五百户以上始加實封

唐大帝時始有同中書門下三品時中書令侍中皆正三品大曆中並升爲二品晉天福五年升中書門下平章事爲正二品國初樞密使吳廷祚以父諱璋

加同中書門下二品用升品也

每南郊大禮循唐制命五使宰相爲大禮使學士爲禮儀使鹵簿使御史中丞爲儀仗使知開封府爲橋道頓遞使而禮儀使本太常卿事尚書兵部主字圖鹵簿使是其職也儀仗使排列之而鹵簿使督攝之其職事頗相通 眞宗時東封西祀奉祀皆輔臣爲五使南郊則用學士而下 仁宗耤田恭謝大饗明堂祫饗上大饗並循 眞廟之制

春明退朝録卷上

春明退朝録中

予嘗判官告院知制誥時又提舉兵吏司封官告院而不白司勳恐遺之也凡文臣及節度觀察防團刺史諸司使副内殿承制崇班皆用吏部印管軍至軍校環衛官用兵部印封爵命婦用司封印加勲用司勲印

凡官告之制后妃銷金雲龍羅紙十七張銷金褾袋寳裝軸紅絲網金鈿楷公主銷金大鳳羅紙十七張銷金褾袋瑇瑁軸紅絲網塗金銀鈿楷按皇后當降制誕告不裝告身而用冊本朝諸后皆止用告景祐元年立后始用冊治平熙寧皆循之親王宰相使相背五色金花綾紙十七張暈錦褾袋犀軸色帶紫絲網銀鈿楷樞密使三師三公前宰相至僕射東宮三師嗣王郡王節度使白背五色金花綾紙十七張暈錦褾袋犀軸色帶參知政事樞密副使知院同知院簽書院事宣徽使僕射東宮三師御史大夫宗室率府副率以上白背五色綾紙十七張暈錦褾袋牙軸色帶尚書觀文殿大學士資政殿大學士東宮三少六統軍上將軍留後觀察使同上惟用法錦褾近者用翠毛師子錦以暈錦非舊制也三司使翰林學士承旨至直學士待制丞郎御史中丞大兩省賓客大卿監祭酒詹事庶子大將軍防團刺史横行使内諸司使軍職遥郡樞密都承旨初除駙馬都尉白綾大紙七張法錦褾大牙軸色帶三司副使少卿監司業起居郎至正言知雜至監察御史郎中員外郎四赤令諭德少詹事

家令率更令太子僕太常博士節度行軍司馬副使横行副使諸司副使樞密副承旨軍職都指揮使忠佐馬軍步軍都軍頭以上蕃方馬步軍都指揮使并不遥郡者白綾大紙七張大錦褾牙軸青帶國子博士至洗馬通事舍人諸王友六尚奉御諸衛將軍承制崇班閤門祗候五官正諸州别駕樞密院諸房承旨如官至將軍以上用大綾紙大錦褾大牙軸兩使判官防團副使率府率副率京官館職堂後官中書樞密院主事諸軍職都虞候忠佐馬軍步軍副都軍頭諸班指揮使蕃方馬步軍副都指揮使都虞候内供奉官至内品白綾中紙五張中錦褾中牙軸青帶秘書郎至將作監主簿白綾小紙五張黄錦褾角軸青帶幕職州縣官靈

臺郎保章正諸州長史司馬中書録事主書守當官樞密院令史書令史諸軍指揮使内品待詔書藝白綾小紙五張小錦褾木軸青帶諸蕃蠻子大將軍司階司戈司候郎將以上並白綾大紙法錦大牙軸色帶凡修儀婉容才人貴人美人銷金小鳳羅紙七張銷金褾袋瑇瑁軸紅絲網塗金銀帉楷司言司正尚衣尚食典寳常使金花羅紙七張法錦褾袋内降夫人郡君團窠羅紙七張暈錦褾袋宗室婦常使金花羅紙七張法錦褾袋宗室女素羅紙七張法錦褾袋國夫人銷金團窠五色羅紙七張暈錦褾袋郡夫人常使金花羅紙七張見任兩府母妻使團窠法錦褾袋以上至司言司正等皆用瑇瑁紫絲網帉楷郡君縣太君遥郡刺史正郎以上妻並銷金常使羅紙七張餘命婦並素羅紙七張

凡封贈父祖爲降麻官用白背五色綾紙法錦褾大牙軸餘雖極品止給大綾紙法錦褾大牙軸

凡朝士父在經大禮推恩得致仕官不給奉父任陞朝官以上致仕自得奉舊制若因其子更加秩則不給奉

凡宰相使相母封國太夫人妻封國夫人樞密使副使參知政事尚書節度使母封郡太夫人妻封郡夫人樞密參政母經南郊封國太夫人直學士以上給諫大卿監觀察使母封郡太君妻封郡君舊制學士官至諫議大夫以上方得郡封天禧中詔改之少卿監防團以下至陞朝官母封縣太君妻封縣君

凡輔臣宣徽使初入封三代爲東宫三少曾祖爲少保初爲少

傅父爲少師因進官或遇大禮進加至太師兩令國公使相節度使亦封三代尚書資政殿大學士三司使封二代至太尉大學士自如兩府例學士至待制封一代至太尉餘陞朝官以上至吏部尚書父歷兩府贈至師令國公歷兩制大兩省贈至太尉

唐相止贈一代權德輿罷相爲檢校吏部尚書興元節度使自潤州改葬其父於東都亡祖之域其祖倕終右羽林軍録事參軍因表納檢校吏部尚書兼御史大夫請回贈祖一官詔不許納官特贈倕尚書禮部郎中德輿在遷祔式假内公事皆差官服慘服向當有敕使及别奉詔命即令權承進止

唐制宰相不兼尚書左右丞蓋僕射常爲宰相而丞轄留省中領事元和中韋貫之爲右丞平章事不久而遷中書侍郎又僕射給諫皆不爲致仕官然楊於

陵爲左僕射致仕本朝沈相倫亦以僕射致仕
唐節度使除僕射尚書侍郎謂之納節皆不降麻止舍人院出制天禧中丁晉公自保信軍節度使除吏部尚書參知政事先公在西閤當制至和中韓魏公自武康軍節度使除工部尚書三司使降麻非故事也
皇祐中宗袞請置家廟下兩制禮官議以爲廟室當靈長若身没而子孫官微即廟隨毀請以其子孫襲三品階勲及爵庶常得奉祀不報
祕府有唐孟詵家祭儀孫氏仲饗儀數種大抵以士人家用臺卓享祀類几筵乃是凶祭其四仲吉祭當用平面氊條屏風而已
漢乾祐中除樞密使始降麻如將相之制本朝循之石元懿罷爲僕射亦降麻髙文莊田宣簡呂寶臣罷止舍人院出告
天聖中修國史王安簡謝陽夏李邯鄲黄唐卿爲編修官安簡神情沖澹唐卿刻意篇什謝李嘗戲爲句曰王白閑如鶴黄吟苦似猿
天聖中錢文僖留守西都而應天院有　三聖御像去府僅十里朔望集衆官朝拜未曉而往朝拜畢三杯而退文僖戲爲句曰正好睡時行十里不交談處飲三杯又有人送驢肉復曰廳前捉到須依法合内盛來定付廚
宗袞嘗賞黄子温詩子温名孝恭天聖八年登進士第爲大理寺丞失官其從兄子思亦善詩詠懷曰日者未知裴令貴世人爭笑禰生狂重午曰風簷燕引五六子露井榴開三四花子思名孝先天聖二年登進士第終太常博士
治平三年予爲知制誥夏六月夢丞相遣朱衣吏召命草某人爲邃清殿學士制既寤不能記其姓名及其文詞也明年五月甲辰丞相遣朱衣吏召當制舍人呂縉叔草制除邵不疑爲寶文閣學士後數日得承旨張公所作詔云迺規層宇正字犯御名遂在西清悅然記去歲之夢與詔文離合其名若符契焉
尊號起於唐中宗稱應天神龍皇帝後明皇稱開元神武皇帝自後率如之陸贄嘗以諫德宗宗袞著尊號録一篇繫以賛云損之又損天下歸仁蓋託諷焉上即位羣臣凡再上尊號率不許
李尚書維有三兄文靖丞相贄尚書虞部員外郎源太子中舍皆五十八而終尚書亦是歳大病懇言於朝乃罷翰林學士換集賢院學士出知許州王給事博文與其子景彝皆貳樞然並踰月而終
歐陽少師言爲河北都轉運使冬月按部至滄景間於野亭夜半聞車旂兵馬之聲幾達旦不絶問宿彼處人云此海神移徙五七年間一有之
致政王侍郎子融言天聖中歸其鄉里青州時滕給事涉爲守盛冬濃霜屋瓦皆成百花之狀以紙摹之其家尚餘數幅
凡節度州爲三品刺史州爲五品唐内臣爲中尉惟

贈大都督國初曹翰以觀察使判潁州是以四品臨
五品州也品同爲知隔品爲判自後惟輔臣宣徽使
太子太保僕射爲判餘並爲知州
參知政事父見其進拜者盧朱崖呂正肅與尚書張
公安道樞副陳堯叟張文孝呉文肅由登用而朝廷
多峻加其父恩命
唐時黃河不聞有決溢之患唐書惟載薛平爲鄭滑
節度使始河溢瓠子東泛滑距城纔二里許平按求
故道出黎陽西南因命其從事裴弘泰往請魏博節
度使田弘正弘正許之乃籍民田所當者易以他地
疏導二十里以殺水悍還壖田七百頃於河南自是
滑人無患此外無所紀蓋河朔地天寶後久屬蕃臣
而事不聞朝廷也而汴河亦不聞疏通之事惟鄭畋
集載爲相時汴河淀塞請令河陽節度使於汴口開
導仍令宣武感化節度使嚴帖州縣封閉公私斗門
感化即徐州也
唐兩京皆有三館而各爲之所所以遂館命修撰文
字本朝三館合爲一並在崇文院中景祐中命修總
目則在崇文院餘各置局他所蓋避衆人所見 太
宗實録在諸王賜食廳 眞宗實録在元符觀祥符
中修冊府元龜王文穆爲樞密使領其事乃就宣徽
南院廳以便其事自後遂修國史會要名曰編修院
又修 仁宗實録而 英宗實録同時並修遂在慶寧
宮史館領日曆局置修撰二員宰相爲監修自置編
修院以修撰一人主之而日曆等書皆析歸編修院
唐在京文武官職事九品以上朔望日朝其文官五
品以上及監察御史員外郎太常博士每日參武官
五品以上仍每月五日十一日二十一日二十五日
參三品以上九日十九日二十九日又參（王沂公家一本云四）
（品以上九日十九日二十九日再參）其長上折衝果毅若文武散官五
品以上直諸司及長上者各準職事參其洪（正字犯 宣祖
廟諱）文館及國子監博士學生每季參若雨雪霑服失
容及泥潦並停（以上唐儀制令）凡京百司有常參官謂五品
以上職事官八品以上供奉官（以上六典） 唐 正（正字犯 仁宗嫌名）
元二年敕文官充翰林學士皇太子諸王侍讀武官
充禁軍職事並不常朝參其在三館等諸職掌者並
朝參訖各歸所務是年御史中丞竇參奏常參文武
官準令每日參自艱難以來遂許分日待戎事稍平
即依常式其武官準令五品以上每月六參三品以
上更加三參頃並停廢今請準令却復舊儀十三年
御史臺奏諸司常參文官隔假三日以上並以橫行
參假其武班每月先配九參六參（九參謂一月九次六參謂一月六次）
今後每經三節假滿縱不是本配入日並依文官例
橫行參假（以上唐會要） 後唐同光二年四方館奏今後除
隨駕將校及外方進奉專使文武兩班三品以上官
可於内殿對見其餘並詣正衙從之天成元年御劄
賜文武百僚每日正衙常朝外五日一赴内殿起居
每月朔望日賜廊下食唐室承平時常參官每日朝

退賜食謂之廊餐自乾符亂離罷之惟月旦入閤日賜食明宗即位諫官請文武百僚五日一起居見帝於便殿李琪以爲非故事以五日爲繁請每月朔望日入閤賜廊下食罷五日起居之儀至是宣旨朔望入閤外五日一起居以爲常天成元年敕今後若遇不坐正殿日未御内殿前便令閤門使宣不坐放朝班退是年御史臺奏凡新除官及差使者合於正衙敘謝辭每遇内殿起居日百官不於正衙敘班其差使及新除官辭謝不令參謝每内殿起居日百僚先敘班於文明殿庭候辭謝官退則班入内殿從之晉天福二年中書門下奏在内廷諸司使等每除正官請令赴正衙謝後不赴常朝其京官未陞朝官祗赴朔望朝參從之（以上五代會要）

國朝諸在京文武陞朝官每日朝其有制免常朝者五日一參起居（國朝令文）按唐制文武職事官並赴常參武班五日一參又有三日一參（五日參并朔望爲六參三日參乃九參）所謂常參官未有無職事者由後唐同光中乃分常朝内殿凡隨駕將校外方進奉使文武三品以上官即於内殿對見其餘並詣正衙至天成初詔文武百官每日常朝外五日一赴内殿起居其趨朝官遇宣不坐放朝各退歸司本朝視朝之制文德殿曰外朝凡不釐務朝臣日赴是謂常朝垂拱殿曰内殿宰臣樞密使以下要近職事者并武班日赴是謂常起居每五日文武朝臣釐務令釐務並赴内朝謂之百官大起居是則奉朝之制自爲三等蓋天子坐朝莫先於正衙殿於禮羣臣無一日不朝者故正衙雖不坐常參官猶立班俟放朝乃退（唐有職事者謂之常參今隸外朝不釐務者謂之常參）

唐日御宣政設殿中細仗兵部旂旛等於廷朝官退皆賜食自開元後朔望宗廟上牙槃食明皇意欲避正殿遂御紫宸殿喚仗入閤門遂有入閤之名在唐時殊不爲盛禮唐末常御殿更無仗遇朔望特設之趨朝者仍給廊下食所以鄭谷輩多形於詩詠嘆美而五代行之不絶　祖宗數御文德殿行入閤禮熙寧二年予被詔修閤門儀制以爲文德入閤非是當喚仗御紫宸殿請下兩制與太常議之學士承旨王公珪等以爲入閤是唐日坐朝之儀不足行詔削去

其禮予與閤門諸君因請如唐御宣政禮量設仗衞御之詔乃可今朔望御文德殿始於此也閤門有舊入閤圖頗約其禮而簡便之凡文武官百人執仗四百人其五龍五鳳五嶽五星旗御馬皆立殿門之外舊制凡連假三日而著於令者宰相至陞朝官盡赴文德殿參假謂之橫行次日百官仍赴内殿起居近年連假後多便起居而廢橫行之禮

吏部流内銓每除官皆云權判正衙謝復正謝前殿引選人謝辭縣唐以來謂之對敭判銓與選人同入起居畢判銓於殿廷近北西嚮立選人謝辭訖出判銓官亦謝而出近止令選人門謝辭判銓不復入

魏野居於陜郊其地頗有水竹之勝客至必留連飲

酒　眞宗時聘召不起天禧中卒贈祕書省著作郎
野子閑有父風皇祐中天章閣待制李公昭遇守陝
言於朝賜號清逸處士
古者將葬請謚以易名近世多藁殯或已葬而請謚
唐獨孤及謚郭知運而右司員外郎崔夏以爲知運
葬已五十年今請易名竊恐非禮及以爲請謚者五
家皆在葬後苗太師一年吕諲四年盧奕五年顔杲
卿八年獨知運遂以過時見抑且八年與五十年其
緩一也與奪殊制不可遂謚知運曰威
國朝以來博士爲謚考功覆之皆得濡潤慶曆八年
有言博士以美謚加於人以利濡潤有同納賂有詔
不許收所遺於是舊臣子孫競來請謚既而禮院厭
其煩遂奏釐革嘉祐中李尚書維家復來請謚博士
吕縉叔引詔以罷之
唐制兼官三品得贈官如韓文公曽爲京兆尹兼御
史大夫後終吏部侍郎而贈禮部尚書是也又觀察
使多贈兩省侍郎以就三品得謚國初以來惟正官
三品方得謚兼官贈三品不得之　眞宗命陳彭年
詳定遂詔文武官至尚書節度使卒許輟朝贈至正
三品許請謚而史失其傳寶元中光禄卿知河陽鄭
立卒而輟朝非故事也
上元然鐙或云沿漢祠太一自昏至晝故事梁簡文
帝有列鐙賦陳後主有光壁殿遥詠山鐙詩唐明皇
先天中東都設鐙文宗開成中建鐙迎三宫太后是

則唐以前歲不常設本朝　太宗時三元不禁夜上
元御乾元門中元下元御東華門後罷中元下元二
節而初元游觀之盛冠於前代
周禮四時變國火謂春取榆柳之火夏取棗杏之火
季夏取桑柘之火秋取柞楢之火冬取槐檀之火而
唐時惟清明取榆柳火以賜近臣戚里本朝因之惟
賜輔臣戚里帥臣節察三司使知開封府樞密直學
士中使皆得厚贈非常賜例也
唐曲江開元天寶中旁有殿宇安史亂後盡圮廢文
宗覽杜甫詩云江頭宫殿鎖千門細柳新蒲爲誰緑
因建紫雲樓落霞亭歲時賜宴又詔百司於兩岸建
亭館　太宗於西郊鑿金明池中有臺榭以閲水戲
而士人游觀無存泊之所若兩岸如唐制設亭即踰
曲江之盛也
太宗時建東太一宫於蘇邸遂列十殿而五福君綦
二太一處前殿冠通天冠服絳紗袍餘皆道冠霓衣
天聖中建西太一宫前殿處五福君綦大遊三太一
亦用通天絳紗之制餘亦道冠霓衣熙寧五年建中
太一宫内侍主塑像乃請下禮院議十太一冠服禮
院乃具兩狀一如東西二宫之制一請盡服通天絳
紗會有言亳州太清宫有唐太一塑像　上遣中使
視之乃盡服王者衣冠遂詔如亳州之制
緑髹器始於王冀公家祥符天禧中每爲會即盛陳
之然製自江南頗質朴慶曆後淅中始造盛行於時

嘉祐初兖國公主降李瑋時少師歐陽公長禮臺與諸博士折衷婚禮頗放古制治平中邵不疑以知制告權知諫院請選官撰本朝冠喪祭之禮乃詔禮院詳定遂奏請置局於本院不許因循寢之

皇祐二年七月李侍中用和卒詔輟視朝下禮院乃檢會李繼隆例院吏用印紙申請自二十一日至五日輟朝而二十四日太廟孟饗在輟朝之内同知院范侍郎鎮引春秋仲遂卒猶繹請罷饗判寺宋景文以日遽集議不及止之會繙見大中祥符三年四月敕石保吉卒輟四日五日七日朝三日其六日太廟孟饗已是大祠不坐又二十六日 宣祖忌行香奉慰予時同知院欲請移輟二十七日朝判寺王原叔言與申請反覆遂亦止

歐陽少師提總修太常因革禮遣姚子張闢見問太祖建隆四年南郊改元乾德是歲十一月二十九日冬至而郊禮在十六日何也乃檢日曆其赦制云律且協於黄鍾日正臨於甲子乃避晦而用十六日甲子郊也及修實録以此兩句太質而削去之遂失其義皇祐二年當郊而日至復在晦宗衮遂建明堂之禮

張唐公言徐常侍謫邠州時柳仲塗開爲守頃之鄭仲賢文寶爲陜西轉運使鄭即騎省門人也到官即來致謁而仲塗郡務不舉頗憚其來乃先懇於徐公鄭既謁見徐曰柳侯甚奉畏鄭翌日而還

列子廟在鄭州圃田其地有小城皃甚古相傳有唐李德裕王起題名而前輩留紀甚多景祐中王文惠公爲章惠太后園陵使還請增葺之於是舊迹都盡今其牓陳文惠之筆

孟州汜水縣有武牢關城城内有山數峰一峰上有唐昭武廟按李德裕會昌一品集載昭武廟乃神堯太宗塑像今殿内有二人立而以冠傳付之皃或云失二帝塑像而但存侍者故也

李文正公罷相爲僕射奉朝請居城東北隅昭慶坊去禁門遼遠每五鼓則興置白居易集數冊於茶籢中至安遠門仗舍然燭觀之俟啓鑰則赴朝雍熙二年三月詔中書申後兩棒鼓出樞密院申後四棒鼓出

開寶六年六月敕參知政事薛居正吕餘慶於都堂與宰臣趙普同議公事是月又敕中書門下押班知印及祠祭行香今後宜令宰臣趙普與參知政事薛居正吕餘慶輪知既而復有釐革

雍熙四年文德殿前始置參政塼位在宰相之後至道中寇萊公爲參知政事復與宰臣輪日知印正衙押班其塼位遂與中書門下一班書敕齊列銜街衢並馬宰相使相上事并有公事並升都堂及萊公罷遂詔只令宰臣押班知印參政止得輪祠祭行香正衙塼位次宰臣之下立凡有公事並與宰臣同升都堂如宰臣使相上事即不得升

景德四年六月敕臣僚自外到闕及在京主執如有

公事並日逐於巳時以前中書密院聚廳相見其後復分廳見客慶曆八年禁止之如景德之制

太宗製笏頭帶以賜輔臣其罷免尚亦服之至祥符中趙文定罷參知政事爲兵部侍郎後數載除景靈宮副使　眞宗命廷賜御仙花帶與繡韉遂服御仙帶自後二府罷者學士與散官通服此帶遂以爲故事予親見蔡文忠罷參知政事爲户部侍郎服此帶蓋曾爲學士用詔文金帶曾經賜者許繫之（先公爲翰林及侍讀兩學士玉清災落職爲中書舍人仍舊服金帶舊例皆如此景祐三年八月方著詔）其宰相罷免雖散官並依舊服笏帶李文定天聖中自祕書監來朝除刑部侍郎並服笏帶近有罷參政者黑帶佩魚而入非故事也入兩府自黑帶賜笏帶者　太宗朝例甚多祥符中張文節自待制爲中丞而參政事天聖中姜侍郎自三司副使爲諫議大夫而樞密並賜如上

春明退朝録中

春明退朝録下

京城士人舊通用青絹涼繖大中祥符五年九月惟許親王用之餘並禁止六年六月始許中書樞密院依舊用繖出入

丁晉公天禧中鎭金陵臨秦淮建亭名曰賞心中設屛及唐人所畫袁安卧雪圖時稱名筆後人以蘆鴈圖易之嘉祐初王侍郎君玉守金陵建白鷺亭於其西皆棟宇軒敞盡覽江山之勝

唐成都府有散花樓河中有薰風樓綠莎廳揚州有賞心亭鄭州有夕陽樓潤州有千巖樓今皆易其名或不復見

祕府書畫予盡得觀之二王眞蹟内三兩卷有陶穀尚書跋尾者尤奇其畫梁令瓚二十八宿眞形圖李思訓著色山水韓滉水牛東丹王千角鹿其江南徐熙唐希雅蜀黄筌父子畫筆甚多

王祁公家有晉諸賢墨蹟唐相王廣津所寶有永存珍祕圖刻閻立本畫老子西昇經唐人畫鎻諫圖王冀公家褚遂良書唐太宗帝京篇太宗見禄東贊步輦圖錢文僖家書畫最多有大令黄庭經李邕雜蹟錢宣靖家王維草堂圖周安惠家獻之洛神賦蘇侍郎家魏鄭公諫太宗圖楚樞密有江都王馬王尚書仲儀有回文織錦圖（以上皆録見者）

揚州后土廟有瓊花一株或云自唐所植即李衛公所謂玉蘂花也舊不可移徙今京師亦有之

近人有收漢祖過沛圖者畫蹟頗佳而有僧爲觀者所指昱日並加僧以幅巾

今閣老王勝之轉運兩浙於民家得唐沈旣濟所撰劉展亂紀一卷時唐書已成所載展事殊略按展上元元年爲宋州刺史與御史中丞李銑皆副淮西節度使王仲昇銑貪暴無法而展性剛鯁不折王仲昇奏銑狀而誅之次謀及展然展居睢陽有兵權難亟圖乃與監軍使邢延恩矯詔以展爲都統江南淮南節度防禦使代李峘欲其赴鎮於塗中執之也展頗以爲疑遣使請符節於峘既得之悉舉睢陽兵七千人赴廣陵延恩始約李峘與淮南東道節度使鄧景山圖展及事露傳檄州郡言展反狀發兵拒之展亦

露布言李峘反而南北警急文檄交馳於道景山渡淮陳於徐城洪爲展所敗又破李峘於下蜀二年命田神功舉平盧軍東下展迎擊爲神功再破之遂弃廣陵而奔江南以舟師自金山引鬬神功有五船而展殺其二船後爲賈隱林射展中目因而斬之傳首京師收器械三十餘萬展既平租庸使元載以吳越雖兵荒後民産猶給乃辟召豪吏分宰列邑以重斂之其州縣賦調積有逋逹乃稽諸版籍通校大數八年之賦舉空名以斂之其科率之例不約户品之上下但家有粟帛者則以人徒圍襲如擒捕寇盗然後簿録其産而中分之甚者十八九時人謂之白著言其厚斂無名其所著者皆公然明白無所嫌避一云世人謂酒酣爲白著既爲刻薄之後人不堪其困弊則必顛沛酩酊如飲者之著也劉晏傳中與此亦有白著差異渤海高雲有白著歌曰上元官吏務剝削江淮之人多白著其所紀用兵次第甚詳此槩舉之云

賈直孺在翰林建言皇子不當爲檢校師傅乃詔止除檢校太尉

九宮貴神始天寶初術士蘇嘉慶上言請置壇明皇親祠及王璵爲相又勸肅宗親祠大和中監察御史舒元輿論列遂降爲中祀會昌中李德裕爲相復爲大祀宣宗時又降爲中祀乾符中宰相崔彦昭因歲旱禱雨獲應又升爲大祀

宗袞言世傳魏鍾繇表云鷹憤怒之衆鷹非可通勉

勵之意恐古人借使又疑其誤

宰相三入者趙中令 太祖朝初相 太宗朝兩入呂文穆 太宗朝再相 眞宗朝一入呂許公張鄧公 仁宗朝皆三入

學士三入李文正劉中山子儀中山三入玉堂集云三入翰林皆待詔楊昭度宣召入院其舉自代皆宣獻公宋景文范景仁四入李邯鄲五入而一不拜

建隆三年十二月班簿二百二十四員文班一百五十四人内南班一百一十人兩省二十七人學士三人留司十人武班七十四人内留司一十一人

梁開平二年南郊執儀仗兵士二千九百七十人建隆四年郊兵部執儀仗兵士一萬三千六十人太常

寺鼓吹等二千六百四人太僕寺推駕兵士六百八十二人六軍執擎人員兵士五百五十二人左右金吾街仗各一百五十二人左金吾仗三百五十八人右金吾仗三百五十九人殿中省押番人員并執擎兵士共五百三十一人司天臺一百六十二人八司都四千三百七十三人合兵部二萬七千四百三十三人

予家有范魯公雜録記世宗親征忠正駐蹕城下嘗中夜有白虹自淝水起亘數丈下貫城中數刻方没自是吳人閉壁踰年殍殕者甚衆及劉仁贍以城歸遷州於下蔡其城遂蕪廢又曰江南李璟發兵攻建州王延政有白虹貫城未幾城陷舍宇焚爇殆盡

又曰近朝皇太后皇后皆有印篆文曰皇太后之印皇后之印故事二宫立各有宫名長秋長樂長信之類是也宜以宫名爲文至尊之位亦不合言印當云某宫之寶

又曰近世諸王公主制中稱皇子皇弟皇女疑皇字相承爲例止合云第幾子第幾弟第幾女云

又曰江南有國時田每十畝蠲一畝半以充瘠薄

又曰罰俸例一品八貫二品六貫三品五貫四品三貫五百五品三貫六品二貫七品一貫七百五十八品一貫三百九品一貫五十

又曰上古以來逐朝曆名黄帝起元用辛卯曆顓帝用乙卯曆虞用戊午曆夏用丙寅曆成湯用甲寅曆周用丁巳曆魯用庚子曆秦用乙卯曆漢用太初曆四分曆三統曆魏用黄初曆景初曆晉用元（正字犯聖祖名）始曆合元萬分曆宋用大明曆元嘉曆齊用天保曆同章曆正象曆後魏用興和曆正元曆正象曆梁用大同曆乾象曆永昌曆後周用天和曆丙寅曆明元（正字犯聖祖名）曆隋用甲子曆開皇曆皇極曆大業曆唐用戊寅曆麟德曆神龍曆大衍曆元和觀象曆長慶宣明曆寶應曆正元曆景福崇元（正字犯聖祖名）曆晉天福用調元曆周顯德用欽天曆云本朝　太祖用應天曆　太宗用乾元曆　真宗用宜天曆　仁宗用崇天曆　英宗用明天曆已而復用崇天曆

忠懿錢尚父自國初至歸朝其貢奉之物著録行於時今大宴所施塗金銀花鳳狻猊壓舞茵蠻人及銀裝龍鳳鼓皆其所進也凡獻銀絹綾錦乳香金器瑇瑁寶器通天帶之外其銀香龍香象獅子鶴鹿孔雀每隻皆千餘兩又有香囊酒甕諸什器莫能悉數祥符天聖經火多燬去今太常有銀飾鼓十枚尚存

外臣除節度使景德前止舍人院作制楊文公外制集議潘羅支厮鐸督朔方軍節度數制是也其後遂學士院降麻如大禮加恩在將相後數日方下然不鎖院不宣麻近年遂同將相例鎖院告廷矣

交州進奉使舊多遣兵馬使或攝管内刺史或静海節度賓幕之職及其歸多加檢校官或就遷其職如行軍司馬副使之類近皆自稱王官又亦以王官命之

尚書省舊制尚書侍郎郎官不得著鞾鞵過都堂門唐兵部吏部侍郎郎官選限内不朝今審官東西院三班院皆預内朝而流内銓止趨五日起居疑循舊制也

丁晉公馮魏公位三公侍中而未嘗冠貂蟬杜祁公相甫百日當慶曆四年郊祠貂冠公衮又升輅奉冊改謚諸后

杜祁公罷相知兖州寓北郊佛寺以待兖州接人踰再浹日會宗衮自汶陽召還過其寺造謁而杜公曰處此幾與在中書日同矣旦莫北去欲識壁云郭汾陽曾留此蓋自戲其居位不久也

杜祁公休退居南都客至無不見止服衫帽嘗曰七

十致政可用高士服乎

唐宰相奏朝請即退延英止論政事大體其進擬差除但入熟狀畫可今所存有開元宰相奏請狀二卷鄭畋鳳池稾草内載兩爲相奏擬狀數卷祕府有擬狀注制十卷多用四六紀其人履歷性行論請皆宰相自草五代亦然寇萊公謂楊文公曰子不能爲唐時宰相蓋孄於命詞也今中書日進呈差除退即批聖旨而同列押字國初范魯公始爲之

李西樞憲成爲知制告尚衣緋出守荆南召爲學士閤門舉例賜金帶而不可加於緋衣乃并賜三品服太宗命製毬路笏帶賜輔臣後雖罷免亦服焉趙文定罷參知政事頃之除景靈宮副使賜以御仙帶自後罷宰相仍服笏帶罷參樞皆止服御仙帶江南有清輝殿學士張公洎爲之蜀有麗文殿學士韓昭爲之今契丹有乾文閣待制

皇后有謚起於東漢自是至于隋皆單謚光烈陰皇后明德馬皇后和熹鄧皇后文獻獨孤皇后是也史家取帝謚冠其上以别之如云光烈皇后陰氏明之德皇后馬氏也非謂欲連帝謚而名之也然則質家尚單文家尚複後世或用複謚如唐正（正字犯仁宗嫌名）觀中長孫皇后謚文德後太宗謚文皇帝文德自是複謚其議自用二名偶同太宗之謚爾中宗謚孝和趙氏謚和思言取帝謚配之其後昭成肅明元獻章欽（正字犯翼祖廟諱）睿眞昭德莊憲諸后皆不連帝謚國初追

尊　四廟三祖之后冠以帝謚及杜太后崩始謚明憲未幾欲同　三祖之后遂改昭憲及　太祖諸后自連孝字　太宗后連德字　眞宗后連莊字皆用複謚非連帝謚爲義慶曆中乃言孝字連　太祖謚德字連　太宗謚遂改爲章以連　眞宗謚且祖宗謚號皆十餘字豈止配一字爲義又　太祖功烈豈專以孝稱　太宗后連德字乃在下文與祖宗后謚文不對可如東漢諸后單舉之乎皇祐中予爲禮官龍圖閣直學士趙周翰奏議甚詳下禮院時新以章易莊朝廷以宗廟事重不欲數更張遂寢其所奏

祖宗朝使相節度使未嘗有領京師官局者其奉朝請必改他官多爲東宮三少上將軍統軍趙中令以

使相自河陽還除太子少保至明道中錢相始爲景靈宮使治平中武康節度李公端愿始爲醴泉觀使至和中　仁宗疾平以　太宗至道年升遐深惡其年號趣詔中書改之是歲以郊爲恭謝天地改元曰嘉祐

宋景文言大小孤山以孤獨爲字有廟江壖乃爲婦人狀龍圖閣直學士陳公簡夫留詩曰山稱孤獨字廟塐女郎形過客雖知誤行人但乞靈時稱佳句

太祖時大卿監卒皆輟朝一日景德以前文武官贈三品皆不得謚曾任三品官乃得謚　眞宗大中祥符中命陳文僖公彭年重定以正三品尚書節度使卒始輟朝贈尚書節度使許定謚自後遵用其制而

日曆實録國史皆遺其事

尚父錢忠懿王自　太祖開基貢獻不絶　帝以其恭順待之甚厚及討江南命爲昇州東南面行營招撫制置使屢獻戎捷及拔常州拜守太師依前尚書令兼中書令吳越國王又親赴行營　帝益嘉之詔令歸國江南平亟請入覲許之既至會　太祖幸洛陽郊禋西駕有日矣詔趣其還忠懿臨别面敘感戀願子孫世世奉藩　太祖謂曰盡吾一生盡汝一生令汝享有二浙也忠懿以帝賜重約既得歸喜甚以爲大保其國矣是歲永昌鼎成後二年來朝遂舉版籍納王府焉

唐王及善曰中書令可一日不見天子乎　太祖開寶元年以中外無事始詔旬假日不坐然其日輔臣猶對于後殿問聖體而退至道三年三月二十九日旬假是日　太宗猶對輔臣至夕帝崩李南陽永熙挽詞曰朝馮玉几言猶在夜啓金縢事已非時稱佳作至　眞宗時旬假輔臣始不入寶元中西事方興假日視事慶曆初乃如舊

唐白文公自勒文集成五十卷後集二十卷皆寫本寄藏廬山東林寺又藏龍門香山寺高駢鎮淮南寄語江西廉使取東林集而有之香山集經亂亦不復存其後履道宅爲普明僧院後唐明宗子秦王從榮又寫本寘院之經藏今本是也後人亦補東林所藏皆篇目次第非眞與今吳蜀摹版無異

复鄭公爲宣徽使忠武軍節度使自河中府徙判蔡州道經許昌時李邯鄲爲守乃徙居他所空使宅以待之夏公以爲知體

凡公家文書之稾中書謂之草樞密院謂之底三司謂之檢今祕府有梁朝宣底二卷即正（正字犯仁宗嫌名）明中崇政院書也檢即州縣通稱焉

祖宗時宰相罷免唯趙令得使相餘多本官歸班參樞亦然天禧中張文節始以侍讀學士知南京天聖中王文康以資政殿學士知陝州自慶曆後解罷率皆得職焉

祖宗時唯樞密直學士帶出外任李尚書維罷翰林爲集賢院學士知許州劉中山子儀自翰林爲臺丞

李憲成以翰林權使三司皆蔪出並以樞密直學士
劉知頴州李知洪州蔡文忠以翰林兼侍讀兩學士
改龍圖閣學士知密州自翰林改龍圖而出藩繇文
忠始也近歲率帶侍讀及端明學士邢公昺以侍讀
學士知曹州孫宣公亦以侍講知兗州二公皆久奉
勸講遂優以其職補外自張文節以舊輔臣帶侍讀
出守至寶元中梅公詢始以侍讀學士知許州侍讀
帶外任自梅公始也其後翰林出者率皆換其職
晁文元公天禧中自翰林承旨換集賢院學士判西
京留臺吳正肅公皇祐中以資政殿學士李少師公
明嘉祐中以龍圖閣直學士並換集賢判西臺近歲
皆以禁職分臺

太宗命創方團毬路帶亦名笏頭帶以賜二府文臣
明道初張徐公爲樞密使兼侍中獨得賜之皇祐初
李侍中用和以叔舅蔪賜時王侍中貽永爲樞密使
遂并賜之其後曹侍中亦以叔舅而賜焉
文穆王冀公天聖初再爲相既拜命謝恩即請詣景
靈宮奉眞殿朝謝　眞宗皇帝冀公仍以五百千建
道場託先公爲齋文其略曰奉諱之初謝病於外臨
西宮而莫及企南狩以方遥失其本餘不盡記自後
二府初拜恩入謝即詣景靈宮蓋踵冀公故事也
凡拜職入謝多有對賜拜官加勳封謝恩雖二府亦
無有景德初王冀公以參知政事判大名府召還加
邑封時契丹方講好　眞宗欲重其事冀公入謝特

命以衣帶鞍馬賜之自後二府轉官加階勳封邑入
謝並有對賜
慶曆四年賈魏公建議修唐書始令在館學士人供
唐書外故事二件積累既多乃請曾魯公掌侍郎唐
卿分釐附於本傳五年夏命四判館二修撰刊修時
王文安宋景文楊宣懿今趙少師判館閣張尚書余
尚書安道爲修撰又命編修官六人曾魯公趙龍閣
周翰何密直公南范侍郎景仁邵龍閣不疑與予而
魏公爲提舉魏公罷相陳恭公不肯領次當宋元憲
而以景文爲嫌乃用丁文簡丁公薨劉丞相代之劉
公罷相王文安代之王公薨曾魯公代之遂成書初
景文修慶曆編敕未暇到局而趙少師請守蘇州王

文安丁母憂張楊皆出外後遂景文獨下筆久之歐
少師領刊修遂分作紀志曾公始亦以編敕不入局
周翰亦未嘗至後辭之公南過開封幕不疑以目疾
辭去遂命王忠簡景彝補其缺頃之呂縉叔入局劉
仲更始修天文曆志後充編修官將卒業而梅聖俞
入局修方鎭百官表嘉祐五年六月成書曾公以提
舉日淺自辭賞典唯賜器幣歐宋二公范王與余皆
遷一官縉叔直祕閣仲更崇文院檢討未謝而卒聖
俞先一月餘卒詔官其一子初編修官作志草而景
彝分禮儀與兵志探討唐事甚詳而卒不用後求其
本不獲縉叔欲作釋音補少遺逸事亦不能成
太尉舊在三師之下繇唐以來以上公爲重李光弼

自司空爲太尉薨贈太保郭子儀自司徒爲太尉薨贈太師李德裕自司徒爲太尉皆以超拜李載義自司徒爲太保王智興自司徒爲太傅二人卒俱贈太尉是以上公寵待宗臣餘雖有功可遷保傅而掌武之尊不可得也五代至國初節度使皆自檢校太傅遷太尉太尉遷太師然無升秩明文

北都使宅舊有過馬廳按唐韓偓詩云外使進鷹初得按中官過馬不教嘶注云上每乘馬必中官馭以進謂之過馬既乘之躞蹀嘶鳴也蓋唐時方鎮亦傚之因而名廳事也

唐明皇以諸王從學名集賢院學士徐堅等討集故事兼前世文辭撰初學記劉中山公子儀愛其書曰

非止初學可爲終身記

二府舊以官相壓李文正自文明殿學士工部尚書爲參知政事而宋惠安公乃自在諫議大夫參知政事遷刑部尚書居其上至祥符末王沂公與張文節公同參知政事王轉給事中張轉工部侍郎而班沂公下意頗不悅乃復還貳卿之命止以舊官優加階邑自後第以先後入爲次序

太宗詔諸儒編故事一千卷曰太平總類文章一千卷曰文苑英華小說五百卷曰太平廣記醫方一千卷曰神醫普救總類成　帝日覽三卷一年而讀周賜名曰太平御覽又詔翰林承旨蘇公易簡道士韓德純僧贊寧集三教聖賢事迹各五十卷書成命贊寧爲首坐其書不傳　眞宗詔諸儒編君臣事迹一千卷曰册府元龜不欲以后妃婦人等事厠其間别纂彤管懿範七十卷又命陳文僖公裒歷代帝王文章爲宸章集二十五卷復集婦人文章爲十五卷亦世不傳

樞密院問降宣故事具典故申院按今有梁朝宣底二卷載朱梁正（正字犯仁宗嫌名）明三年四年事每事下有月日云臣李振宣或除官差官或宣事於方鎮等處其間有云宣頭宣命宣旨者梁朝以樞密院爲宗政院始置使以大臣領之任以政事正（正字犯仁宗嫌名）明年是李振爲使當時以宣傳上旨故名之曰宣而樞密院所出文字之名也似欲與中書敕並行雖無所明

見疑降宣始自朱梁之時晉天福五年改樞密院承旨爲承宣亦似相合其底乃底本也繫日月姓名者此所以爲底聞今尚仍舊名（熙寧七年六月十三日）

或問今之敕起何時按蔡邕獨斷曰天子下書有四一曰策書二曰制書三曰詔書四曰戒敕然自隋唐以來除改百官必有告敕而從敕字予家有景龍年敕其制蓋須由中書門下省故劉禕之云不經鳳閣鸞臺何謂之敕唐時政事堂在門下省而除擬百官必中書令宣侍郎奉舍人行進入畫敕字此所以爲敕也然後政事堂出牒布於外所以云牒奉敕云云也慶曆中予與蘇子美同在館子美嘗攜其遠祖珦唐時敕數本來觀與予家者一同字書不載敕字而

近世所用也
皇祐二年　仁宗始祀明堂范文正公時守杭州而杜正獻致政居南都蔣侍郎希魯致政居蘇州皆年耆體康范公建言朝廷闕禮宜召元老舊德陪位于廷於是乃詔南都起杜公西都起任安惠公陪祀供帳都亭驛以待焉二公卒不至加賜衣帶器幣賜一子出身自後前兩府致政者大禮前率有詔召之然亦無至者禮畢皆賜衣帶器幣焉

本朝兩省清望官尚書省郎官並出入重戴　祖宗時兩制亦同之王黃州罷翰林滁州謝上表云臣頭有重戴身被朝章是也其後祥符天禧間兩制並徹去之非故事也

祖宗時未有磨勘每遇郊祀等恩皆轉官未滿二載者不轉官例加五階王黃州自知制告未有勳便加柱國在滁州爲散郎自承奉郎加朝散大夫階

宋偓後唐明宗之外孫漢太祖之駙馬歷累鎮節度檢校太師同中書門下平章事有女十五人開寶皇后最居長韓樞密崇訓寇萊公王武恭公皆其壻也多享國封

張尚書安道言嘗收得舊本道家奏章圖其天門有三人守衛之皆金甲狀謂葛將軍掌旌周將軍掌節其一忘記嘉祐初　仁宗夢至大野中如迷錯失道左右侍衛皆不復見既而遥望天際有旙幢車騎乘雲而至輟乘以奉　帝帝問何人荅曰葛將軍也以儀衛護送　帝至宮闕乃寤後　詔令宮觀設像供事之於道書中求其名位然不得如圖之詳也

至道二年十一月司天冬官正楊文鎰建言曆日六十甲子外更留二十年　太宗以謂支干相承雖止於六十本命之外却從一歲起首並不見當生紀年若存兩周甲子共成上壽之數使期頤之人猶見本年號令司天議之司天請如　上旨印造新曆頒行可之

本朝之制凡霈宥大赦曲赦德音三種自分等差宗衮言德音非可名制書乃臣下奉行制書之名天子自謂德音非也予按唐常衮集赦令一門總謂之德音蓋得之矣

太宗淳化五年日曆載　上謂侍臣曰聽斷天下事直須耐煩方盡臣下之情昔莊宗可謂百戰得中原之地然而守文之道可謂懵然矣終日沈飲聽鄭衛之聲與胡樂合奏自昏徹旦謂之聒帳半酣之後置畎酒篦沈醉射弓至夜不已招箭者但以物擊銀器言其中的與俳優輩結十弟兄每略與近臣商議事必傳語伶人敘相見遲晚之由縱兵出獵涉旬不返於優倡猱雜之中復自矜寫春秋不知當時刑政何如也蘇易簡書於時政曰　上自潛躍以來多詳延故老問以前代興廢之由銘之於心以爲鑑戒上來數事皆史傳不載秉筆之臣得以紀録焉

唐日曆正（正字犯仁宗嫌名）觀十年十月詔始用黃麻紙寫

詔敕又曰上元三年閏三月戊子敕制敕施行既爲永式比用白紙多有蟲蠹自今已後尚書省頒下諸司及州下縣宜並用黃紙魏志劉放孫資勸明帝召司馬宣王帝納其言即以黃紙令放作詔

春明退朝録下

淳熙玉堂雜紀卷上

錢文僖公惟演金坡遺事云舊規學士六人遇聖節共率百二十緡寺中設齋令送五十千與樞密使同開道場前一日赴宴當時所記如此近歲樞密院滿散聖節及貢院賜宴則學士待制皆與而無送錢故事又六參隨樞密班先入止是再拜不舞蹈并遇宣麻不往皆內朝故事也

金坡遺事又云聖節唐時惟六學士及二使（謂中官樞密使）赴待詔雖發書屈亦不與坐又云　本朝淳化五年十月　上賦詩一首令待詔吳郢張用和賫以示學士張洎錢若水又李昌武（宗諤）翰苑雜記學士初授中謝前一日待詔一名至私第宣召入院聽口宣舞蹈訖揖待詔上階相見具酒果迎待即以事例物并書致於待詔前熙寧間司馬文正公日記云初除學士待詔李堯卿宣召設香案褥位於庭望闕堯卿稱有敕光再拜堯卿口宣云云光每句應喏畢再拜舞蹈又再拜升階與待詔坐啜茶蓋中朝舊典也今學士院有待詔四人或右選或白身予爲學士忠翊郎錢滋來宣召大略如李馬二公所記而無對揖茶酒之禮例支十千辭云自來虛喝不敢受予强予之常日學士入院坐堂上朱衣吏初贊喝東院錄事某人以下躬喏訖又喝云各祗候次贊喝西院某人以下亦如之最後平贊云待詔既不名亦不喝各祗候則待詔與院吏固亦有間若平居則視之全與吏等無由待以茶酒豈將命時不欲吏之邪抑　祖宗時所遣或翰林他局之待詔邪然唐制發書屈赴聖節禮已厚矣

李仁父（燾）續通鑑長編開寶二年　太祖命李昉盧多遜分直學士院昉前在翰林堂吏因事至者每拜堂下事已即遣未嘗與坐至是拜堂上更展叙中外無復曩日之禮昉愕然詢同列則云數年矣

司馬文正公日記云熙寧二年五月癸巳鎖院以奉安二御容禮成德音降西京囚杖以下放是日丞相出中書提點魏孝先以下入院授以參政趙抃所封御前札子茶湯館于虛閣御藥劉有方來茶湯館于門塾復謁御厨翰林設食致酒果黃昏進首尾詞內批依此修寫四鼓起讀點句攢點進入明日丞相退朝宣訖開院淳熙三年十一月八日（必大）被宣草十二日冬祀赦黃昏方至院御藥持御封中書門下省熟狀來繫鞵迎于中門同監門內侍一員俱升廳御藥先以熟狀授監門共茶湯訖先送御藥出院復與監門升廳受熟狀付吏又點湯送監門下階館之門塾而不報謁既熟狀自內出非參政所封故提點官不來惟中書門下省刑房錄事尚書省刑房主事各一人穿東同至仍舊繫鞵見之不迎不送不設茶湯而退守當官四人貼房十數人旅揖階下與文正公所記多不同至六年九月十二日復被宣草明堂赦御藥張安中監門梁襄相見如儀惟錄事沈楧主事

李師文茶而不湯院吏云前不設茶誤也守當官等不復廷揖所謂酒饌之賜今皆無之詰朝奏知先出而吏卒輩皆俟三日後宣赦訖乃得歸

太上初遜位上尊號時陳丞相康伯當國集議定命學士洪景嚴遵撰議文然後降詔必大時任察官心知其非而無由改乾道六年郊祀禮成加上尊號必大在翰苑始引唐故事乞上帥羣臣過宮表請既允然後降詔國朝止有人主上母后尊號故冊文稱嗣皇帝靖康上 教主道君之號徐丞相處仁已命汪彥章藻代作冊文會有疆事不及行禮紹興三十二年初上 德壽尊號乃承例用嗣皇帝乾道六年既上表乞加 尊號而院吏寫表亦稱嗣皇帝私謂未安謹按唐明皇傳位後顏眞卿議肅宗不當於宗廟稱嗣皇帝況親奉表德壽乎以白虞丞相允文丞相難之必令尋例必大思建炎以後遇節朔遥拜 徽宗表是時翰苑多名士必不誤用乃督吏搜舊牘明日果得表本一冊止稱皇帝又按韓文順宗實録載憲宗上順宗尊號冊文亦稱皇帝臣某此最可據其議遂定

是歲初議於 太上皇帝尊號中加憲天體道四字皇后加慈明二字必大草詔云太上皇帝與天同大體道之宗 太上皇后如月之明以慈爲寶蓋取文意之順耳將宣布而議者謂天聖二年賜 太宗女中國大長公主謚曰慈明當避於是改用明慈二字宰執云詔書先明而後慈殆黙定也

必大與同直院鄭仲益聞既分草皇帝請加上 太上皇帝皇后尊號牋表諸公謂 太上皇帝自當荅詔頗疑皇后難於措辭必大請以意共爲荅詔文意所及總言父母以該之而不稱予吾之類遂草以進上甚以爲然凡兩荅詔皆必大所草也

上於文字尤欲得體一覽便見是非必大草 太上辭尊號第一詔其末云怡神閒燕何力之有 上曰此雖道 太上語畢竟自此起草送去何力之句不能無嫌必大遂改作無累於物蓋 上用意至到如此

淳熙二年六月禮部太常寺申來年 太上皇帝當慶七十欲將國朝加上尊號并上壽典禮參酌比附先次討論壬申有旨恭依七月乙酉侍從禮官等就都堂議加性仁立德至神無爲八字而皇后再加二字爲齊明廣慈後兩日禮部趙侍郎雄謂無爲二字與 太上字相連頗涉語忌請改爲明武煥文其後又嘗作至神無爲又作成武煥文逮癸卯乃定用性仁立德無爲全美參政龔實之茂良而下尚不以爲然葉丞相衡既主之衆莫能奪八月直院胡長文元質罷丁卯 上自用必大再直已擬詔草會九月乙未葉丞相罷龔參首招予及學士王季海共議然後定爲性仁誠德經武緯文遂草宣布詔其頌 太上皇帝云以德行仁本性誠之固有修文偃武合經緯

之自然　太上皇后云月齊日以得天而能久照坤順乾而配地是以廣生　上再三稱奬謂數句用經語該括明備非卿不能爲眞大手筆也

大禮降御札既云札示則當親筆付外近歲同常詔從院吏寫本行出未知中朝舊事如何乾道九年六月七日宣當直學士草南郊御札三更進草其間云乾清坤夷振四方之綱紀星暉海潤兆百世之本支玉巵每奉於親闈瑞節歲交於鄰境　上改作農扈屢豐戎軒載戢崇禮樂而四達嘉風俗而再淳玉巵每奉於親闈美化遂刑於海宇仍批云可改簽抹者五句意不近於郊祀其欲得體大率如此

己亥三月丁卯詔今歲郊祀以例約束省費旋有旨未令行出下禮部太常寺議明堂大禮初李仁父主此說於前郊嘗經集議會近習揚言壽博極羣書却不曾讀孝經乃不果行至是予以禮部尚書兼翰林學士與諸儒議曰周公雖攝政而主祭則成王王方幼沖故周公參稽古制葳事於明堂其曰嚴父者指周公能推本武王之志追尊文王之功非謂自主其祭祀也衆以爲然遂奏臣等竊觀傳載黄帝拜祀上帝于明堂唐虞祀五帝於五府歷時既久其詳莫得而聞至禮記始載明堂位一篇言天子負斧依南鄉而立內之公侯伯子男外之蠻夷戎狄以序而立故曰明堂也者明諸侯之尊卑也孟子亦曰明堂者王者之堂也周禮大司樂有冬至圜丘之樂夏至方丘之樂宗廟九變之樂三者皆大祭祀惟不及明堂豈非明堂者布政會朝之地成王時嘗於此歌我將之頌宗祀其祖文王乎後暨漢唐雖有沿革至於祀帝而配以祖宗多由義起未始執一本朝　仁宗皇祐中破諸儒異同之論即大慶殿行親享之禮並侑祖宗從以百神前期朝獻景靈宮享太廟一如郊祀之制　太上皇帝中興斟酌家法舉行於紹興之初亦在殿庭蓋得聖經之遺意且國家大祀有四春祈穀夏雩祀秋明堂冬郊祀是也陛下即位以來固嘗一講祀穀四躬冬祀惟合宮雩壇之禮猶未親行今若特舉秋享於義爲允臣等謹據巳行典禮及將前代賀循本朝名儒李泰伯范鎮明堂嚴祖說并治平

中吕誨司馬光等集議近歲李燾奏劄具録以聞乙亥有旨從之九月上辛以顯肅后忌前改用仲辛行禮辛酉當受誓戒前一日　上語宰執足指瘡腫恐妨拜跪欲展季辛又值顯恭后忌如何宰執奏天地尊后忌卑遂降旨用二十六日必大按漢武太初太始征和中屢祀明堂不專用辛方請別卜日詰朝　上忽遣中使諭旨都堂夜來傳藥足瘡良愈不必改日但巳展誓戒之期若再降旨不張皇否趙相奏此却無妨遂以是日午時集官受誓戒丙寅大雨丁卯鎖院草赦戊辰百執事冒雨入麗正門過後殿請　皇帝致齋巳巳　上乘逍遥車朝獻景靈宮入太廟宿齋四日之間兩晝夜傾注通衢殆如溪澗有旨來

早不乘玉輅止用逍遥車徑入北門趍文德殿致齋朝服導駕官皆改常服應儀仗排立人並放趙相爲大禮使密諭有司未得放散黄昏後雨驟止夜分内侍李思恭傳旨御史臺閤門太常寺仍舊乘玉輅應合行事件疾速施行庚午昧爽駕來登輅必大執綏上喜曰且得晴霽辛未行禮月色如晝上拜起不倦以迄于成黎明登樓肆赦簪花過德壽宫人情熙然赦書乃必大視草其間云惟周成宗祀洛中陟配於文王惟漢武合祠汶上推嚴於高帝皆用親郊之禮具殫尊祖之誠於鑠本朝若稽前代倣經路寢有皇祐之彝儀徧秩羣神有紹興之近制不慭于素可舉而行蓋欲明著古禮以示來世也後數日加恩羣臣必大復草趙相制云祼將太宫霖潦驟霽陟恪大寢月華正中又云鎮定大事如彦博之恢宏貫通羣經如宋庠之博洽皆紀一時之事且以　仁宗初行明堂二公實爲相也大禮赦條乃六部諸司條具上省省中類聚取旨訖即進熟狀降付學士院草赦文本院并首尾詞大書進入其間多云當議將上取旨蓋有司擬申如此既經畫旨行赦便是處分不應仍舊用當議二字必大爲學士諭令削去院吏持不敢遂親以筆塗之

大禮　上乘玉輅率命翰林學士執綏備顧問近歲多闕正員臨時選差他官與五使同降旨淳熙丙申南郊己亥明堂必大再爲之按京師用唐顯慶輅嘗以登封其安固可知元豐改造已不能及今乃紹興癸亥歲所製　上自太廟服通天冠絳紗袍乘輦至輅後由木陛以登惟留御藥二官者侍立執綏官先從旁用小梯攀緣而上衞士以絲繩圍腰繫於箱柱輅行頗揺兀宸几亦覺危坐云

大禮後　上御樓揭雞竿肆赦皇太子及文武百僚拜舞于下惟樞密使翰林學士相對侍立樓上丙申己亥必大皆從再登麗正門望濤江形勢環抱極壯觀也

乾道七年四月甲子詔皇太子判臨安府用至道故事也或謂當以太中大夫爲判官通領府事恐名稱未正遂議改尹而以侍從爲少尹餘判推官用卿監郎官丁卯將鎖院降麻或又擬宣麻又疑宣麻給告非待儲貳之禮己巳後省官禮官會議於史院檢照唐太宗征遼命太子監國及大帝命太子受諸司啓事或詔或制視麻爲重可以作則　上然之庚午偶當日被宣范紫微成大先以侍講遞宿聞報遽出薄莫至玉堂御藥李忘其名持御封御筆皇太子某宜領臨安尹可依此降制三鼓進草因奏此制書既不給告則當付有司施行竊恐皇太子別無被受欲依自來詔書體式格換首尾書寫一通降付皇太子今擬定格式進呈如賜俞允乞速批降付下御筆批依辛未遂告大廷惟此稀闊盛典適以史官備討論詞臣參潤色復得宸翰寶藏于家非儒生之榮遇乎

答皇子詔用卿字非是前輩知體則不然其他或汝或王或公皆當有别

翰苑歲進春端貼子如大內多及時事　太上則詠遊幸之類　必大嘗自德壽宮後垣趨傳法寺望見一樓巍然朝士云　太上名之曰聚遠而自題其額仍大書東坡賴有高樓能聚遠一時收拾與閑人之詩於屛間又靈隱寺冷泉亭臨安絶景去城既遠難於頻幸乃即宮中鑿大池續竹筒數里引西湖水注之其上疊石爲山象飛來峰宛然天成　必大作端午帖子云聚遠樓頭面面風冷泉亭下水溶溶人間炎熱何由到眞是瑶臺第一重蓋謂此也前後頗聞禁籞大略併記于下宮中分四地分隨時遊覽東地分香遠梅堂 清深竹堂 月臺梅坡松菊三徑菊芙蓉竹 清妍酴醾 清新木犀 芙蓉岡南地分載忻大堂御宴處 忻忻古栢太湖石 射廳臨賦荷花山子 燦錦金林檎 至樂池上 半丈紅郁李子 清曠木犀 瀉碧養金魚處 西則冷泉古梅 文杏館 靜樂牡丹 浣溪大樓子海棠 北則絳華羅木亭 旱船 俯翠茅亭 春桃 盤松其詳不可得而知也嘗見御製盤松贊墨本云天錫瑞木得自嶔岑枝蟠數萬幹不倍尋怒騰雲勢靜奏琴音凌寒鬱茂當暑陰森封以腴壤遹以碧潯越千萬年以慰我心碑在宮中又汪季路逵得御製祭土地文藁眞蹟寶藏之其文云維淳熙五年歲次戊戌十一月　日　太上皇帝遣具階張宗尹特設牲牢旨酒珍果香花致祭于本宮土地之神神有

百職職各不同典司草木土示是供我遊湖園乃獲奇松植之禁苑百態千容婆娑偃蓋夭矯騰龍翠色凝露清音舞風醉吟閑適予情所鍾壅培封殖久或力窮烏鳥外擾蟻蠹內攻神其勳絶勿使能終精邪竊據盜斧適逢神其呵遂勿使遺蹤常令勁質坐閱隆冬堅踰五柞弱異雙桐歷千萬年鬱鬱葱葱牲牢旨酒嗣録汝功尚饗

歐陽文忠公學士院草録世巳不傳近歲有玉堂集云是李漢老邴編類亦差訛非全書其中却載皇太子府春端帖子蓋政和宣和間所供今東宮乃闕此欲引例爲請緣無善本可據且當時不曰宮而曰府遂止王安中内制一例曰閤

淳熙玉堂雜紀卷上

淳熙玉堂雜紀卷中

乾道七年十二月辛酉有旨僕射之名不正欲採周漢舊制改左右丞相令有司討論必大時爲禮部侍郎兼權直學士院又兼同修國史兼實録院修撰皆當與聞會衆議不齊而虞丞相亦謂同北虜官制遷延至明年正月戊寅僅條具歷代宰相官稱申尚書省禁中即聞之明日遣中使王忘其名來問緩故必大以實奏二月癸卯得御筆云尚書左右僕射可依漢制改作左右丞相學士院降詔登時具草封入乙巳付外施行庚戌從駕過德壽宮既歸得旨赴東華門祗候宣引日已晡聞有内宴小黄門出云恐改日引然不敢退酉後忽宣入選德殿起居畢 上微被酒袖出親札云比來一二大臣同心輔正夙夜匪懈漸革苟且之風以副綜覈之意深可嘉尚今因除授宜示褒典虞允文可特進左丞相梁克家可正奉大夫右丞相御前設小案用牙尺壓蠲紙一幅傍有漆匣小歙硯眞筆墨於玉格必大鞠躬書除目進呈訖奏曰拜相轉官前例固不一今並命而或三或四更取聖裁 上曰以其協心故褒進之然特進一官即少保所以允文三官又問兼樞密使否 上曰今樞密亦非古先改丞相稱呼將來别理會且帶可也又奏所領書局 上曰卿自理會賜坐奏問既改左右相其序位如何 上曰欲升在三少之上三公之下逮閣請起宣坐賜茶飲訖再拜而退御藥李彦直同自複道秉燭鎖院蓋 上意欲其密故不用尋常宣官之禮金蓮故事今庶幾焉凡鎖院御藥監門中官各一員御藥留宿其廳鎖赦或先去恐是大禮別有職事昧爽再相見以小字制書本授之送至中門先啓鑰入内即復扃院俟朝退宣麻訖學士乃得歸時虞公獨相梁爲參政聞班列中但謂改易相名及雙制出愕然或疑學士多轉右相一官有所抑揚不敢辨也按 祖宗時命相多以舊官其後往往遷秩近歲勅局修三省法乃著令轉三官兹豈當立法乎

乾道七年七月二十六日午後快行家傳旨下學士院取從官爲四川宣撫使體例蓋是時參知政事王公明炎在蜀三年屢求歸宰相薦吏部侍郎王能甫之奇爲代故來索例必大令回奏云降麻官方屬本院侍從當問三省既暮忽宣鎖至院已秉燭中使出御封御筆乃王炎除樞密使依舊四川宣撫使其密如此吏寫熟狀依例不轉官但加食邑必大方草制未暇細思既得筆依奏方省其誤自寫奏云本朝改官制後以太中大夫爲宰執官當時改樞密使爲知院事 中興以來既復置使首用舊弼故恩數多視宰臣未有以中大夫充者昨汪澈亦是通議大夫虞允文太中大夫故不轉官今王炎止是中大夫竊慮合轉左太中大夫仍加封邑庶協近制御筆批依時三鼓批墨尚濕

必大初直院見批荅臣僚章表皆大書其後不過三

兩行表紙盡則接以詔紙數幅文盡乃止然表紙高
詔紙矮參差不等問之掌故並無依據心每疑之其
後徧於執政故家求承平時舊本偶得 仁宗皇祐
間荅孫威敏公(沔)辭免副樞表則所接之紙高低相
若淳熙乙未再叨寓直閏九月十二日因李參(彥頴)
王樞(淮)斷章批荅即具奏照皇祐體式於表後用一
等紙書寫進呈仍乞今後準此施行御筆依遂爲定
制

宰執及親王使相太尉生日天章閣排辦牲餼預申
學士院撰詔書及寫賜目一紙各請御寶(詔用書詔之寶賜用錫賜之寶)前一日差內侍持賜其詔例晝撰進之日謂如
正月旦生文意必敘歲首而所晝日則是去臘殊不
相應(必大)爲直院奏乞不拘進詔早晚但實晝生日
於後得旨從之遂爲定制 祖宗時牲餼外又錫器
幣往往就差子弟姻戚持賜欲其省費也過江惟牲
餼耳米麪本色羊準價皆取之有司酒則臨安醞造
臨時加以黃封拜賜訖與使者同升廳揖笏展讀就
坐茶湯書送錢十五千從人三千天章閣使臣庫子
快行錢酒各有差

淳熙丙申八月庚辰德壽宮遣大璫張去爲至都堂
傳旨立翟貴妃爲今上皇后明日午後執政奏事皇
后歸姓謝氏乙酉晚快行家來宣鎖院是日侍講刑
部侍郎程泰之已宿直呼馬而出予至內前適與之
遇泰之揚鞭云留詩案上矣酉時出自東華門入對
選德殿 上曰 太上有旨立謝后命卿草制(必大)
奏合略及歸姓否 上曰不如此四方何由知明言
幼隨乳母可也宣坐賜茶訖御藥王濛同入院二鼓
後進草畢吏呈泰之詩云抖擻身章却冒塵裹號顧
影也逡巡鑾坡寓宿非其地蓮燭操文自有眞字直
由來同古語位高兼復見今人迎潮有諾無輕爽季
老當年不諉貧謂賜金也予次韻戲之云天街並踏
軟紅塵飛鞚交馳駭徼巡椒殿敢期當制草槐庭元
擬用儒眞(初謂年兄入相鎖院)鸞方偶免冬龜手適市深慙旦
攫人禮絕同僚應有日重霑潤筆乃無貧謂相制亦
賜金也先是七月十九日六曹長貳六人往浙江亭
觀潮泰之在焉惟予以內直不赴晡時大雷雨走筆
戲蔡子平(洸)云雷轟萬鼓勒潮回無復亭前雪作堆
應爲尚書慳且澁盲風恠雨一時來迎潮輕爽之語
指此

淳熙丙申八月乙未都堂召議賜交趾來年曆日詔
書予謂李天祚去冬已薨龍翰未經封拜欲作安南
國王嗣子龍翰執政然之先是予以兵部職事條具
天祚贈典按故事其王初立即封交趾郡王久之進
南平王死則贈侍中南越王 上以天祚自紹興丁
巳嗣位今四十年淳熙元年二月又自南平王特封
安南國王故欲厚其禮予請仍贈侍中追封南越國
正詔可之安南爲國蓋曾丞相之失聞奏章行移舊
止稱安南道加封之後浸自尊大文書稱國不復可

改丁酉三月二十四日制授龍翰靜海軍節度觀察
處置等使特進檢校太尉兼御史大夫上柱國安南
國王食邑三千户食實封壹阡户仍賜推誠順化功
臣予適當制其云即樂國以肇封既從世襲極眞王
而錫命何待次升蓋言不封郡王也交州在唐爲安
南都護府本朝　太宗時黎氏奪丁璿節度大中祥
符二年李公蘊復篡之傳子德政至孫日尊嘗稱帝
改元日尊卒乾德嗣卒陽煥嗣卒天祚嗣卒龍翰嗣
生數歲矣制云乃眷一邦茲傳七世自公蘊言之也
其名曰日曰乾曰陽曰天曰龍皆有僭上之意然表
章字如蠅頭幾不可辨玉音每嘉其恭順云
淳熙三年九月二十五日鎖院付下中書門下省熟

狀趙伯圭除使相提舉洞霄宮 必大奏按故事宗室
戚里或前宰執帶節度使多充宮觀使若至使相自
領使無疑昨史浩以使相提舉宮觀者誤也恐自此
遂以爲例今具士㒓錢忱等例皆是以使相充宮觀
使在外任便居住者合取旨改正一更四點進入五
點　上批可依士㒓等體例除宮觀使
是年十一月二十二日御封付下參知政事錢良臣
辭免監修國史日曆所劄子降詔不允 必大因奏自
來宰執兼領書局多是内尚書省批出局名既至朝
廷降勑合行寫正而省吏止奏行内批宰執亦隨勑
黃繫銜差誤日久今因荅詔輒具言之國史日曆者
書名也曰所者官司也今大臣合監修日曆却添一

所字似監修造作之官又如勑令所從官詳定宰執
提舉今却云提舉勑令所此何理也以至國史院會
要玉牒皆爲一律合行改正　上以爲允其後或是
或否復混淆矣
丁酉九月丙辰宣召侍讀史少保 浩 錫宴澄碧殿抵
莫送以金蓮燭宿玉堂直廬上命作詩叙此會史進
古詩三十韻云季秋中澣日淳熙隆四祺朝回攬轡
閒中使俄傳旨少頃日轉申宣召陪燕喜預令掃玉
堂深夜備棲止悚懼跽承命鳴騶亟穿市絳闕聳皇
居非煙常靡靡入自東華門熊羆森爪士詔許乘肩
輿安徐無跛倚復古距選德相望幾數里脩廊按雲
漢岧嶤璨珠蘂中途敞金扉恍若蓬壺裏羣山擁蒼

壁四顧環弱水山既日夕佳水亦湛無滓冰簾映綺
疏瓊殿中央峙澄碧耀宸奎龍神爭守視蹈舞上丹
墀天威不違咫奉觴祈萬壽時蒙一啓齒餘波丐鼠
腹酒行不知幾徘徊下瑶席緩步煩玉趾從遊至清
激錫坐談名理泉聲韻琴瑟一洗箏笛耳皇云萬機
暇觀書每來此論道及帝王直欲齊其軌堯舜禹湯
文前身無乃是臣言匪獻諛道實由心起既然明是
心要在力行爾登橋醻餘罍飲興未容已金蓮引雙
燭再拜離階戺玉音寵諭臣此會宜有紀歸途感恩
榮占寫忘畝畝　上御製俯同其韻云揖遜荷帝堯
寅恭五元祺治道貴清靜聖言有深旨誰歌元首明
自得股肱喜躋民期仁壽距肯中道止力農樂彼田

坐賈安於市歲行閱豐登國論銷委靡予力初何能
濟濟賴多士矧予有元老中立而不倚居東逾三年
不遠來千里未遂赤松遊輟誦青瑣蘂皓首持六經
日侍明光裏翼乎鴻遇風縱矣魚在水儒行絶瑕疵
道心無塵滓挺挺松栢姿巉巉山岳峙予惟日萬幾
至仁同一視西成錫小宴促坐才尺咫湛露愧歌周
置酒非封齒歸美見新詩如卿能有幾眷言澄碧行
勝賞得适趾亦屢引公卿對此談政理虛心欲受人
忠言資逆耳朕瘠天下肥至樂無易此頗念文武疆
六合尚殊軌東都會諸侯宣王昔於是期爾罄嘉謀
使我勳業起勿以方燕頤所書聊復爾巵酒正須釂
話言未能已都護萬年觴何當至庭巵文章藉老手

直筆中興紀載嘉矍鑠翁爲得辭骫骳逮十一月壬
寅輪當内直申時二刻宣召至清華閣　上曰學士
宴見無時最爲親近朕和史浩詩待録示卿可和以
進此學士職也又云卿想不甚飲比賜宴時見卿面
赤却至誠不辭既退中使李肅傳旨賜詩本并戊戌
小春茶二十銙葉世英墨五團以代賜酒世英御前
墨工也恭進和篇云粤從三代還歲月過千祀時豈
無賢君道未契宸旨（陛下屢語臣三代而下人君皆不知道）煌煌唐太
宗勳業在所喜寇攘既掃除蠻貊畢至止循良布郡
邑惠政寛獄市忠賢儼班聯切諫柅浮靡關輔羅府
兵巖穴聘奇士民生覆盂安國勢泰山倚皇心期過
之風下九萬里忠厚培本根文物粲華藻淳熙（正觀）間

何啻相表裏屬車尚濤江列障隔淮水蠢茲獯鬻氏
作我太清滓坐令營屯衆久費糗糧峙中原厭狼貪
諸將空虎視安得貫弩楛來貢尺有咫六合混一家
耕桑盛生齒願言講治道先務當有幾欲仁斯仁至
患在未舉趾而況前史中遺事可尋理衞英爪與牙
王魏目兼耳處中賴房杜虛受忘彼此不聞國異政
但見車同軌孰云古道難僉曰今王是寸陰聖所競
盛德日方起舞干格三苗其効七旬爾輒稱仁無敵
傳謂禮可已東覲及北女看即朝玉巵南山竹易殫
陛下功難紀儒館謾獻歌將奈詞之散是日奏事畢
問陛下命臨安府開文海有諸　上曰然奏云文選
之後有文粹已遠不及所謂文海乃近時江鈿編類

殊無倫理書坊刊行可也今降旨校正刻板事體則
重恐難傳後莫若委館閣官銓擇本朝文章成一代
之書　上大以爲然曰卿可理會奏乞委館職　上
曰待差一兩員其後遂付呂伯共（祖謙）既成　上問
何以爲名（必大）乞賜名皇朝文鑑　上曰善又降旨
令（必大）作序亦既進呈將刊版會有近臣密啓云所
載臣僚章疏毀及　祖宗政事遂不果刻今其書士
大夫或傳之

淳熙五年閏六月十二日鎖院付到熟狀皇子魏王
自荆南集慶軍節度使開府儀同三司行江陵尹判
明州改成德彰信軍節度使行荆州牧（必大）奏彰信
是曹州　徽宗曾爲節度使即位後升興仁府又親

王帶牧合隨本鎮今成德軍即真定府却帶荆州牧非是　上批別擬大鎮進入選黙更具本鎮帶牧故事來必大又奏去夏魏王除荆南節度使江陵尹誤犯端拱中　眞宗除授昔政和中已失檢照今因改鎮不敢不審兼兩鎮合帶兩牧仍隨本鎮併於實録中檢故事以進夏夜甚短奏入已三鼓至四鼓末批出只於兩鎮上就本鎮止帶一牧必大遂擬求興成德軍節度使雍州牧進入頃之黙定然後進草禁中未就寢以待禁中四鼓乃在外三更

故事食邑千户以上封侯若拜相雖舊爵卑食邑少亦徑封侯蓋五等伯子男用縣名至侯則外郡當降旨時未知所封何郡第云進封開國侯而已秦丞相薨後初拜沈守約該左相万俟元忠卨右相沈爵歸安縣万俟陽武縣各從其鄉也既相合外郡侯而學士院遂進沈爲歸安郡万俟陽武郡初非郡名其誤甚矣當時偶不知改久之因進書轉官方能釐正至今遇恩升郡臣僚院吏及吏部尚復差舛謂如元係吳興縣開國伯則合云進封吳興郡開國侯却云吳興郡進封開國侯殊無義理予每爲正之

北門掌内制西掖掌外制是謂兩制又著令自觀文殿大學士至敷文閣待制爲侍從官朝廷或詔近臣舉賢議事多云兩省諫議大夫以上尚書省侍郎以上而別言御史中丞學士待制乃爲詳備近世相承通稱侍從固已疑混若泛言兩制則非矣

紹興二十四年春直學士院湯公思退以禮部侍郎同知貢舉時百官多闕大抵一人兼數職凡進士出身皆入試闈獨留監察御史王公綸蓋備拆號也内制既闕官遂降旨暫權適草劉婉儀進位貴妃制太上稱其有典誥體潤筆殆萬緡賜硯尤奇秦丞相不樂遭論列而去秦薨召還掌内外制知樞密院事垂相而病除大資政留守金陵即其鄉也未弟時兄弟就食府庠至是人以爲榮尋卒官予嘗草其致仕制云少則歌鹿鳴而薦于鄉老則釋麟符而居其里考昔人而或有在近歲以幾希贈官制云古所謂鄉先生者没則祭于社而後世良二千石民亦奉祀之爾於二者蓋兼之皆紀實也

故事正除六曹侍郎及雜學士以上遇辭免皆降詔不允給舍并權侍郎則否紹興二十七年六月户部王侍郎師心辭給事中亦降不允詔書蓋舊官合荅詔也是歲九月權禮部賀侍郎允中除給事中辭免亦降詔乃誤襲王例非故事也三十年正月權工部王侍郎晞亮遷夕拜不復降詔得之矣明年九月權禮部金侍郎安節亦遷夕拜又誤降詔自後往往無定論院官隨事申明改正爲善

淳熙玉堂雜紀卷中

淳熙玉堂雜紀卷下

諮報見於金坡遺事元豐三年八月丙申亦詔於尚書省樞密院用諮報至今守之其制首題學士院諮報尚書省或中書門下樞密院次入詞云云末云右謹具諮報某省伏候裁旨後題年月學士押字雖中間權臣用事官失其職獨此不廢又三省密院於百司例用劄付惟學士院云劄送他官司得省劄必前連片紙書所受月日乃敢押字惟學士院徑判押其首又吏魁有録事曹案日房皆稍擬中書尊内庭也

祖宗時内制多避兩府親嫌亦有不許避者蘇文忠公之於弟文定公是也然終不自安乞郡而去紹興初范元良(沖)除學士以趙丞相(鼎)姻家特復置侍讀學士以處之及秦丞相(檜)當國兄梓實爲學士子熺繼爲學士承旨亦嘗爲禮部侍郎雖並緣元祐故事其實非也

國初凡爲學士官至八座已罷職或再來直院　神宗改官制後中丞并權六曹尚書若兼内制亦止云直學士院舒亶等是也　中興初詹乂已爲龍圖閣學士猶曰權直院其他如正侍郎已下多帶兼權汪藻等是也厥後程克俊林待聘楊愿等初以給舍兼權稍久乃落權字以爲恩數至正尚書則帶兼權學士胡交修等是也乾道三年洪景盧(邁)奏請自庶官遷侍從便落權字正兼直院故先以起居郎權直院既遷中書舍人即落權字庚寅秋予以少蓬兼權直院明年正除權禮部侍郎吏引近制申明合正爲直院予固抑之兼權如故翰長王日嚴(曮)亦不復問其後王季海(淮)以太常少卿兼權直院既除三字即徑落權遂爲定例淳熙五年十二月(必大)自翰林遷禮書乃正兼學士蓋上所兼之官在正官下者皆不帶權非舊例也六年十一月遷吏書又升兼學士承旨且有内批付院云天官事繁今後非特旨撰述其餘並免

上自登極至今將二十年正除翰苑纔七八人皆登二府惟王日嚴以年踰七十除端明殿學士而去

乾道癸巳曾丞相(懷)鄭參政(聞)張樞密(説)在二府或薦新改官正字崔大雅(興詩)入内庭以其資淺乃創翰林權直之名月俸減學士直院三之一(自學士承旨至庶官兼權直院者俸給一等)院中餐錢不減明年冬以父憂去尋丁母憂戊戌秋服闋復召爲密院編修官史丞相(浩)當國下史院討論兼職名稱遂改爲學士院權直蓋以翰林乃内諸司總名難專指學士院也

淳熙己亥明堂大禮崔大雅已遷著作權直如故糧料院止隨其官幇支賜二十疋兩大雅以狀申祕書省省申朝廷趙丞相(雄)將上取旨遂用月俸例支學士三之二　祖宗試文多在學士院近歲惟試館職耳既得省劄召其人試即下太史局擇日報内侍省差官一員充監門前一日學士宿院進策題俟内批依次早乃引試支左藏庫錢三十緡充餐錢試畢録

策題并試卷依紹興三十年司諫何通遠溥以爲言太上欲復故事而人頗憚試首召朱熙載等次召劉儀鳳等皆辭不就 太上諭湯丞相思退等擇二人必令試且云蘇軾中制科猶試況餘人乎於是以予及同年程泰之大昌應詔具宣 上旨乃不敢辭已而 太上欲除校書郎或謂過江選人無此例止除正字乾道六年九月予以祕書少監寓直翰苑發策試王仲衡希呂嘗賦詩寄程同年云當年給札踏金鑾重到依然九月寒學士策詢學士策館職亦合呼學士祕書官試祕書官自憐綠鬢非前度尚喜青衫總一般時予服綠寄語浙東程閣老程時爲浙東提刑兼權帥事亦嘗暫直翰苑莫矜紅旆笑儒酸程荅詩末句云有底滑稽堪羨處金蓮燭底話窮酸始予庚辰九月與程同試兩人名皆有大字明年試蔣芾芮燁姓名俱連草頭又明年試王東里程千里名連里字頻歲偶爾亦可書也按 祖宗朝館職者指昭文集賢史館之職也在內多升修注出外則爲帶職凡轉官奏補恩數皆厚故艱其選必試而後除亦以限止無能之人自 神宗罷館職止是祕書省官與其他職事官無當不當尚循館職之名況狀元不試餘人多徑除著作丞郎所試者校書正字而已舊制云試前一日學士宿院故元祐中蘇文忠公與鄧文惠公温伯各進策題禁中點用文忠所作及予與程同試時學士洪景嚴兵部尚書兼權學士楊元老椿亦並入至是予與鄭仲益同直鄭爲長官典故浸移乃始輪入不敢強之其後予再直丙申二月召試許蒼舒遂修故事約程元成叔達並入策題則輪撰

隆興初 上用 眞宗故事輪講筵學士院官直宿禁林每夕兩員以備宣引咨訪往往賜酒留款其後以兩人難獨召若同召則議論難盡止命一員遞宿自後益避其選或國忌妨行香若有故員少及大暑皆權免閤遇除授宣鎖講筵官已入直率聞命蒼皇而出至有不及伺候從吏借馬於內諸司者或偶值本院官直宿就留鎖院若大除拜當有錫賜則不繫當日與否往往特宣云每直兩日謂之頭直末直

紹興辛巳明堂禮成以完顏亮背盟十月四日詔令次明堂大禮合加恩臣僚權宜不鎖院不宣麻止降制給告並免辭免候事定日依舊隆興二年邊事改卜郊乾道二年冬雷罷二相皆未暇舉行乾道六年必大始奏復舊制

內制名色不一儤直時或未詳其體式故凡詞頭之小者院吏必以片紙錄舊作於前謂之屛風兒予嘗跋王岐公蘇文定公詔草及謝表備言之至今不廢蓋其來久矣國初陶穀謂一生依本畫葫蘆殆謂是耶

凡鎖院或親被旨或受熟狀本院即關閤門今月某日有鎖院事閤門得之即關報御史臺集文臣職事官承務郎釐務官通直郎已上明日赴文德殿聽麻

宰相樞密皆不往惟輪參知政事一員押麻麻卷自內出閤門啓御封兩吏對展宣贊舍人南面搢笏乂手大聲擿首尾詞及階位姓名下數句并所除之官而讀之不盡宣也聽訖知閤門官以授參政參政付中書吏百官不拜而退若大詔令及册后之類則宰執文武百僚俱入文亦盡讀拜舞然後退

禁中以鎖院爲重淳熙三年　慶壽赦凡降麻官合加恩者用辛巳明堂例免鎖院宣制仍勿辭免九月三日中書進熟狀魏王愷恩平郡王璩永陽郡王居廣並加食邑食實封只乞降付院草制內夫人失於詳閱宣鎖程直院是夜進草明日告廷如式又明日內批付密院典字直筆吳慶慶降充紫霞帔不令供職主管大內公事慶國淑懿夫人劉從信降兩字夫人蓋懲其誤也

凡非時宣召院官（侍從已下及外官而內引者同）紫窄衫絲絇行入殿廊有小黃門來導至便坐　上服紅半臂（悉前用黃）黃門贊拜揖升殿奏對訖　上曰且坐先已設小兀子得旨則側身虛揖而坐將退黃門贊云宣坐賜茶於是中官進御前者忠佐授臣僚者賜酒亦然所用杯不同侑以果實一釘其器分大小若二府則黃門雙導　上亦服窄衫宰相樞使坐高兀子執政紫團坐而低賜茶酒亦如之或曲宴則酒五行亦或加多每杯賜食初無定制

中興後凡除拜節鉞以上多由中書進熟狀院吏云鎖中左者文臣也右選者武臣也逐房臨時呼院吏取索是以知之惟草后妃太子宰相麻則不容知快行數十輩來宣召云鎖小殿子既至便殿　上服帽帶諭以除授之意御前列金器如硯匣壓尺筆格糊板水滴之屬幾二百兩既書除目隨以賜之隆興初猶用此例乾道以後止設常筆硯而已退則有旨打造不及例賜牌子金百兩立后升儲倍之

凡除拜加恩官在都下者既宣麻而院吏私録本走報希覬贈遺初無公移也而被受之官辭免者多云準學士院報麻除授云云此非典故不應相承以爲例

獎諭臣僚或降詔或勑書院中自有定式近歲如大理獄空及監司守臣有勞績若是庶僚皆合降勑書三省樞密院往往誤批降詔院吏隨所得旨而行不敢正也

翰苑印以翰林學士院印六字爲文背鐫景德二年少傅監鑄上兩字微刓自南渡京百司印無如此久者尚書六曹惟禮部印是舊物然亦元豐改官制後所鑄蓋文書稍簡故不刓耳

紹興辛巳五月詔學士院權寓皇城司而以院爲欽宗几筵殿終制復舊

學士院舊號北門今在行宮和寧門內蓋沿北門之制地迫皇城極爲窄隘汪尚書（應辰）兼權學士時上屢令增葺竟以無地步而輟廳後即堂緣近歲院

官止二員故分東西兩閣中有小龜頭榜曰摛文堂蓋在京　徽宗因廣直廬御書以賜強承旨(淵明)今乃汪彥章内翰(藻)所篆　太上又嘗書玉堂二字賜學士周茂振(麟之)刻石廳上

東閤窻下甃小池久無雨則涸傍植金沙月桂之屬又有海棠郁李玉繡毬各一株西偏植金橘逼城根株不能大花開時香滿院結實雖小而甘浙中未易得也淳熙己亥夏侍講兵部尚書兼給事中王仲衡入直示兩絶句云玉堂晝永暑風微蔌蔌飛花落小池徙倚幽欄憑問訊夏鶯飛出萬年枝小池倒影弄餘輝照耀虛簷極出奇木杪不鳴風力軟鬭萍翻藻有魚嬉予次韻云東省南宮切太微夔龍行集鳳皇池更哦殿閣薰風句坐覺微涼生桂枝紫禁同依日月輝蒼顔獨愧羽毛奇水如明鏡雖堪俯笑汝星星誰肯嬉予嘗發策試仲衡至是同爲八座俱在講筵唱酬頗多是時詩及院中景物故記於此

朝殿日皇太子宰相親王使相參政各有朱衣史二人自下馬處前道至殿門(樞密使恩數依宰臣者同若知院及副樞簽書則紫衣)此外惟翰林學士有之又禁門内許以茶鐐擔子自隨與執政等

車駕將出孟享或過宮則應奉官及侍從以上朝于後殿宰執有奏事侍從先退例過玉堂少憩若值冬至元正則團拜堂上俟駕過就院門外上馬以從南渡以來朝臣遇節序賜予多權停今經筵寒食重午冬至尚賜節料錢酒其他侍從則三大節客省簽賜羊酒米麪而學士院官若侍從以上兼領自從本官或庶僚權直院獨三伏賜冰一擔時果五品品纔一楪亦因與經筵官輪宿而得之(書局自有中官承受凡遇時節例賜茶酒學士院無承受故也)淳熙乙未初伏(必大)以待制侍講賜流香酒四斗(後二年減半)時果七楪冰一擔視庶官直院爲稍增以短表謝支快行家食錢三千又折酒錢三百別賜冰一擔(翰林司闕子云限日下支不許次日)支食錢一千蓋侍從所得者

十月旦賜錦襖子學士院觀察使簇四金鵰尚書執政八搭暈錦宰臣使相天下樂例從左帑封支得不以時臨期隨品色假爲領袖施之朝服三日而止識者非之予自翰苑遷八座己亥十月值從駕恭謝景靈宮兵部尚書王仲衡未逵朝儀第用市錦予告之故計無所出予輟所服與之而馳取舊金鵰者自用暨追班閤門吏魁趙軫與其徒顧予辭語予悟其意呼而告以雖班尚書猶兼翰林學士故可捨高從卑軫等愧謝而退

渡江後每遇開講罷講臨安治具侍講讀修注官紹興三十二年冬予爲左史趙清卿(子瀟)知臨安初獻議盡罷百司饋送及所供飲饌時洪景嚴以内翰兼侍讀開講日學士院自置酒五行是後遂爲例乾道六年予與鄭仲益兼直院鄭兼侍講是秋開講鄭主席謂予亦院官當與其事予但簽書招客之目而以

不兼講讀不赴坐時胡邦衡銓以工侍兼侍講坐中賦覃字韻詩見及予次其韻有云寓直敢同東道主蓋謂是也

翰林學士初上舊制勑設甚盛 中興後不復舉行予直院時除王日嚴爲學士院中支餐錢具五杯而已

故事大宴未再坐閤學士院常爲館閣官具食蓋祖宗時内外制官無不自三館出館中之人往往前日僚友之舊道義之交不專以勢利高下爲心故每於是日小集從容談笑也近時具食雖如故乃設於學士院門幕次内蓋未嘗見玉堂主人也竊意前輩不爾淳化中 太宗以飛白玉堂等四字賜翰林而學士承旨蘇易簡會兩制於玉堂直秘閣潘謹脩與焉畧可見也已上乃近世程致道俱麟臺故事所記乾道七年天申節貢院賜齋筵予時以少蓬兼内直乃督院吏治具吏白厨庫乏錢兼近已不講予曰故事既難廢況予身貳秘書而罷此禮乎命如故例然不過盤飡之類爾

必大久在翰苑獨員之日常多率數月輒丐去 上必批降詔不允院吏申省乞時暫差官撰述乃委中書舍人如此再三遂爲定例徑封奏劄付中書後省數年來 上數令薦詞臣爲代明示大用意必大每退避戊戌九月丁丑御藥院傳旨問近例院官有無三員者吏具 上初政承旨洪遵學士史浩直院劉珙又問紹興間故事吏復具八年曾開勾龍如淵皆爲直院而召孫近承旨三十一年何溥爲學士虞允文劉珙並直院後旬餘崔大雅服闋還朝 上曰卿來適其時遂再兼權直十月復增莫子齊濟尋卒其後繼增趙大本彦中熊子復克予遂參預

淳熙玉堂雜紀卷下

必大試館職時

太上稱其文諭宰執陳公康伯朱公倬云他日令

掌制

今上受禪兩月自六察擢左史初對

玉音云向在王邸見卿詞科擬制雅宜代言不旋踵遂兼三字其後兩入翰苑首尾十年自權直院至學士承旨皆徧爲之其荷

兩朝知遇至矣歲月既久凡涉典故及見聞可紀者輒筆之淳熙庚子進位二府蘇易簡玉堂之思每切于中因命小子綸裒爲一編略加訂其間多涉幾微非止温木或删或留僅得五十餘條前後朏録辭無詮次釐爲三卷或可附洪氏翰苑羣書後云壬寅八月十二日周必大題

朝佐頃者官桂陽獲觀

今丞相周公鑾坡録愛而傳之茲如武林又得其玉堂雜紀益聞所未聞蓋 中興以來

九重之德美前輩之典刑恩數之異同典故之沿革皆因事而見之此尤不可不傳也乃手抄一通藏於家竊聞公在翰苑知無不言

朝廷有大命令人所不敢議者公從容敷奏皆當

上意凡所以障隄狂瀾護養元氣者豈止一事而公不書何其謙也然盛德偉烈表表在人耳目公雖不書其能使之弗傳哉紹熙元年重五日樵溪丁朝佐謹書

丞相益公玉堂雜紀一編森得之久矣字畫間有舛誤每苦其難讀近訪丁懷忠觀甘泉書藏懷忠不知森有此書出以相示森曰明月夜光天下之所同寶也子獨能私有之乎亟假其本而參訂之因系歲月于後紹熙辛亥仲夏一日眉山蘇森謹題

揮麈録卷上

朝奉大夫試祕書監兼侍讀楊

唐明皇實録云開元十七年秋八月上降誕日置酒合樂燕百僚於花萼樓下尚書左丞相源乾曜右丞相張説率百官上表願以八月五日爲千秋節著之甲令布於天下咸使燕　樂休假三日詔從之誕日建節蓋肇于此天寶七載八月己亥詔改爲天長節其後肅宗以九月三日生爲地平天成節史不書日文宗以十月十日生爲慶成節武宗六月十二日生爲慶陽節懿宗十月二日生爲延慶節僖宗八月五日生爲應天節昭宗二月二十二日生爲嘉會節哀帝十月三日生爲延和節梁太祖十月二十一日生爲大明節末帝九月十二日生爲明聖節後唐明宗九月九日生爲應聖節晉高祖二月二十八日生爲天和節出帝六月二十七日生爲啓聖節後漢高祖二月四日生爲聖壽節隱帝三月七日生爲嘉慶節周太祖七月二十八日生爲永壽節世宗九月二十四日生爲天清節恭帝八月四日生爲天壽節本朝　太祖二月十六日生爲長春節太宗十月七日生爲乾明節後改爲壽寧節眞宗十二月二日生爲承天節仁宗四月十四日生爲乾元節英宗正月三日生爲壽聖節神宗四月十日生爲同天節哲宗十二月七日生避僖祖忌辰以次日爲興龍節徽宗十月十日生爲天寧節欽宗四月十三日爲乾龍節太上皇五月二十一日生爲天申節今上十月二十二日生爲會慶節而章獻明肅皇后正月八日生爲長寧節宣仁聖烈皇后七月十六日生爲坤成節以嘗臨朝故耳五代諸君節名不見於正史以鄭向開皇紀考得之唐代宗十月十三日天興節見令狐綯文集中唐順宗聖壽節見於齊抗會稽捨宅爲寺碑後唐清泰帝千春節見於五代史晉家人傳皆亡其日近董令升作誕聖録不如是之詳也

祖宗神御像設在南京則鴻慶宮西京則奉先寺之興先會先會聖宮之降眞殿揚州曰彰武滁州曰端命河東曰統平鳳翔曰上清太平宮及　眞宗親征北郊封泰山祀汾陰則有澶淵之信武嵩山崇福之保祥華陰雲臺之集乾德六年即都城之南安陵之舊域建奉先資福院爲　慶基殿以奉　宣祖　藝祖則太平興國之開先　太宗則啓聖之永隆至大中祥符中建景靈宮天興殿以奉聖祖其後　眞宗之奉眞仁宗之孝嚴英宗之英德皆在其側也又有慈孝之崇眞萬壽之延聖崇先之永崇以奉眞宗母后章獻明肅在崇眞之旁曰章德章懿在奉先之後曰廣孝章惠在延聖之後曰廣愛在普安者二元德曰隆福明德章穆曰重徽元豐中神宗以獻饗先後失序地偏且遠有曠世不及親祠者廼詔有司神御之在京師寓於佛祠者皆廢徹而遷之禁中由英德而上五世合爲一宮凡十一殿以世次列東西序帝

殿一門列戟七十二殿之西廡繪畫容衛公王名將羅立左右內有燕寢温凊之室玩好畢陳而母后居其北改慶基曰天元后曰太始開先曰皇武后曰儷極永極曰太定后曰輝德奉宸曰熙文后曰衍慶孝嚴曰美成后曰繼仁英德曰治隆其便殿十一曰來寧曰燕娭曰雲遊曰凝神曰天游曰泠風曰太靈曰丹臺曰靈崑曰昭清以五年十一月奉安帝后塑像於新宮大赦天下繪像侍臣于後元祐初即治隆之後宣光殿以奉　神宗紹聖初闢宮之東隅爲顯承殿以宣光殿故址爲徽音殿以奉　宣仁聖烈建中靖國元年詔以顯承介於一偏廟號未稱於是度馳道之西東直大定南北廣袤地勢併撤府寺創爲西

宮建大明殿以奉　神宗爲館御之首涓日遷奉親祠爲不祧之廟以示推崇之意曲赦四畿録功臣後如元豐故事云

南京應天寺本後唐夾馬營大中祥符二年以　太祖誕聖之地建寺錫名東京啓聖院本晉護聖營以太宗誕聖之地太平興國六年建寺雍熙二年寺成賜名二寺皆奉　祖宗神御　英宗以齊州防禦使入繼大統治平二年建齊州爲興德軍熙寧八年八月詔潛邸爲佛寺以本鎮封之賜名興德禪院仍給淤田三千頃

太祖嘗詔重修先代帝王祠廟每廟須及百五十間以上委逐州長吏躬親點檢索圖赴闕遣使覆驗令

太常禮院重定配享功臣檢討儀相畫樣給付女媧祠在晉州書傳無功臣可配太昊以金提勾芒配祠在陳州炎帝以祝融配祠在衡州黃帝以后土風后力牧配祠在坊州高陽以玄冥配祠在澶州高辛以稷配祠在宋州唐堯以司徒禼配祠在鄆州虞舜以咎繇配祠在道州夏禹以伯益配祠在越州商帝成湯以伊尹配祠在河中府中宗太戊以伊陟臣扈配祠在大名府高宗帝武丁以甘盤傅説配祠在陳州周文王以師鬻熊配武王以召公配成王以周公旦唐叔升虞叔配康王以太公畢公配秦始皇帝以李斯蒙恬王翦配漢高帝以蕭何配文帝以周勃陳平劉章宋昌配景帝以周亞夫竇嬰申屠嘉晁錯配武

帝以公孫弘衛青霍去病金日磾霍光配宣帝以丙吉魏相霍光張安世配以上十帝並祀祠在長安後漢世祖以鄧禹吳漢耿弇賈復配明帝以東平王蒼栢榮配章帝以牟融趙憙宋安配以上三廟並在河南府魏武帝以鍾繇荀攸程昱配廟在相州文帝以賈詡王朗曹真辛毗配晉武帝以羊祜張華王濬杜預配二廟在河南府後魏孝文帝以王祥王肅長孫晟配後周文帝以宇文憲蘇綽燕公于謹盧辯配二廟在耀州隋高祖以牛弘高熲賀若弼配廟在鳳翔府唐高祖以河間王孝恭殷開山劉政會淮南王神通配廟在耀州太宗以長孫無忌房玄齡杜如晦魏徵李靖配廟在京兆府明皇以張説郭元振王琚配

廟在河中府肅宗以苗晉卿裴冕配廟在京兆府憲宗以裴度杜佑李愬配廟在同州宣宗以夏侯孜白敏中馬植配廟在耀州朱梁太祖以劉鄩敬翔葛從周袁象先配後唐莊宗以郭崇韜李嗣昭符存審配明宗以霍彥威安重進任圜配石晉高祖以桑維翰趙瑩配以上並在河南府皆著之儀制是時吳蜀未平六朝帝廟闕而不載　本朝曹武惠配享太宗武穆配享仁宗韓忠獻配享英宗文定配享徽宗父子配享自昔所無也

李和文遺事云仁宗嘗服美玉帶侍臣皆注目　上還宮問内侍曰侍臣目帶不已何耶對曰未嘗見此奇異者　上曰當以遺虜主左右皆曰此天下至寶

賜外夷可惜　上曰中國以人安爲寶此何足惜臣下皆呼萬歲

李和文遺事又云其家書畫最富有吳道子天王胡瓌下程圖唐淨心須菩提黃居寀竹鶴孫知微虎韓幹早行圖梅鷄傳古龍江南畫佛唐希雅竹李成山水唐畫公子出獵圖黃居寀鵰狐圖黃筌雨中牡丹李思訓設色山水周昉按舞折枝杏花徐崇嗣没骨芍藥江南草虫獨幅山水黃筌金盆鵓鴿大窠山茶書有懷仁眞迹集右軍聖教序貞觀蘭亭詩叙右軍山陰帖樂毅論顔魯公書劉太冲序皆冠世之寶熙寧八年四月岐王顥嘉王頵言蒙遣中使賜臣方團玉帶各一條准閤門告報著爲朝儀臣等乞寶藏于家不敢服用　上命工琢玉帶以賜二王固辭不聽請加佩金魚以別嫌詔并以玉魚賜之玉帶爲朝儀始于此

北齊顯祖高洋晉陽公李元忠南齊竟陵王蕭子良隋長孫覽但謚文宣孔子蓋出四謚之後大中祥符元年始加玄聖二字後以避聖祖諱易爲至聖熙寧中欲加謚至神元聖帝禮官李邦直以謂夫子周臣也周室諸君止稱王執以爲不可卒從其議

元魏獻欲置學官上郡國高允表請制大郡立博士二人助教四人學生一百人次郡立博士二人助教二人學生八十人中郡立博士一人助教二人學生六十人下郡立博士一人助教一人學生四十人其

博士取博關經典履行忠清堪爲人師者年限四十以上助教亦與博士同年限四十以上若道業夙成才任教授不拘年齒學生取郡中清望人行循謹堪束脩名教者先盡次及中等　帝從之郡國立學自此始事載允本傳本朝高承纂事物紀原自謂博極而不取此何耶

唐高宗改門下省爲東臺中書省爲西臺尚書省爲文昌臺故御史臺呼爲南臺趙璘因話録云璘又曰武后朝御史有左右肅政之號當時亦謂之左臺右臺則憲臺未曾有東臺西臺之稱嘗記張鷟朝野僉載對天后爲戲語云左臺胡御史右臺御史胡是也本朝李建中爲分司西京留司御史世以西臺目之

唐李栖筠爲御史大夫不樂者呼爲栖臺蓋斥其名也
太祖以歸德軍節度使創業後升宋州爲應天府
太宗以晉王即位升并州爲太原府　眞宗以壽王
建儲升壽州爲壽春府　仁宗以昇王建儲升建業
爲江寧府　英宗以齊州防禦使入繼以齊州爲興
德軍　神宗自潁王升儲以汝陰爲順昌府　哲宗
自延安郡王升儲爲延安府　徽宗以端王即位升
端州爲肇慶府　欽宗自定王建儲前已升中山府
太上以康王中興升康州爲德慶府　今上自建王
建儲升建州爲建寧府宣和元年六月邢州民董世
多進狀以　英宗嘗爲鉅鹿郡公又知岳州孫勰建
言英宗嘗爲岳州防禦使詔加討論時邢州已升安

國軍遂詔邢州爲信德府岳州爲岳陽軍是歲十月
又詔以　列聖潛邸所領地再加討論以　眞宗嘗
爲襄王升襄州爲襄陽府　仁宗嘗爲慶國公以慶
州爲慶陽府　英宗嘗爲宜州刺史以宜州爲慶遠軍
神宗嘗爲安州觀察使以安州爲德安府又爲光國
公以光州爲光山軍　哲宗嘗爲天平軍節度使以
鄆州爲東平府又爲均國公以均州爲武當軍　徽
宗嘗爲寧國公以寧州爲興寧軍其後又以　徽宗
嘗爲鎮平江軍節度使並陞爲府　太宗嘗爲睦州防
禦使陞睦州爲遂安軍
國朝承五代搶攘之後三館有書僅一萬二千卷乾
德以後平諸國所得浸廣　太宗鄉儒學下詔搜訪

民間以開元四部爲目館中所闕及三百以上卷者
與一子出身端拱元年分三館之書別爲書庫目曰
秘閣　眞宗咸平三年詔中外臣庶家有收得三館
所少書籍每納一卷給千錢送判館看詳委是所少書
數及卷帙別無差誤方許收納其所進書及三百卷
以上量材試問與出身又令三館寫四部書二本一
置禁中龍圖閣一置後苑之太清樓以便觀覽八年
榮王宮火延燔三館焚爇殆遍於是出禁中本就館
閣傳寫且命儒臣編類讎校校勘校理之官始於此
也嘉祐五年又詔中外士庶許上所闕書每卷支絹
一疋及五百卷特與文資元豐中建祕書省三館併
歸省中書亦隨徙元祐中重寫御前書籍又置校對

黃本以館職資淺者爲之又置重修晉書局不久皆
罷去宣和初蔡攸提舉祕書省建言置補完御前書
籍所再訪天下異書以資校對以侍臣十人爲參詳
官餘爲校勘又以進士白衣充檢閱者數人及年皆
命以官未畢而　國家多故靖康之變諸書悉不存
太上警蹕南渡屢下搜訪之詔獻書補官者凡數人
秦熺提舉祕書省奏請命天下專委守臣又有旨錄
會稽陸氏所藏書上之今中祕所藏之書亦良備矣
承平時士大夫家如南都戚氏歷陽沈氏廬山李氏
九江陳氏番陽吳氏俱有藏書之名今皆散逸近年
所至郡府多刊文籍且易得本傳錄仕宦稍顯者家
必有書數千卷然多失於讎校也吳明可帥會稽百

廢具舉獨不傳書萬里嘗啓其故云此事當官極易但僕旣簿書期會賓客應接無暇自校子弟又方令爲程文不欲以此散其功委之它人孰肯盡心漫盈箱篋以誤後人不若已也

紹興初　昭慈聖獻皇后升遐外祖曾公公卷以江東漕兼攝二浙應辦用元符末京西漕陳向故事也朝論欲建山陵外祖議以謂　帝后陵寢今存伊洛不日復中原即歸附矣宜以攢宮爲名僉以爲當遂用之紹興戊午　徽宗梓宮南歸有日丞相秦檜當國請以永固爲陵名先人建言北齊叱奴皇后實名矣不可犯且叱奴夷狄也尤當避秦大怒幾陷不測後數年卒易曰永祐近見邵博公濟所著小説詆先

君此議然後知當時沮此議者即此人也

國朝百官致仕庶僚守本官侍從轉一官宰執換東宮官熙寧初歐陽文忠公始以太子少師帶觀文殿學士致仕示特恩也故謝表云道愧師儒乃忝春宮之峻秩身居畎畝猶兼書殿之隆名自是以爲例

國朝侍從以上自有寄禄官如左右正言二史給諫吏禮部郎中之類是也若庶僚曾經飾擢至於雜流甄敘悉皆有別一見刺字便知涇渭元豐官制旣行混而爲一故王荆公有流品不分之語舊制如侍從致仕轉官遺表贈四官皆自其合遷官上加之今則加官至陞朝則轉贈僅止員郎而已

蒲傳正在翰林自入對　神宗曰學士職清地近非它官比而官儀未寵自今宜加佩魚遂著爲令見于神宗實録東坡謝翰林表云玉堂賜篆仰淳化之彌文寶帶重金佩元豐之新渥中書舍人繫紅鞓犀帶自葉少藴始舊假服色不佩魚崇寧末王照尚書詳定勑令啓請許之自是爲例仍許入銜二事具載詔書其後以除敕中不載多不署魚袋二字

揮麈録卷上

揮麈録卷下

祖宗朝最重先代陵寢每下詔申樵採之禁至于再三守冢户逐處長吏及本縣令佐常切檢校罷任具有無廢闕書于曆子太昊葬宛丘在陳州炎帝葬長沙在潭州黄帝葬橋山在上郡今坊州界高陽葬臨河縣故城東高辛葬濮陽頓丘城南臺陰城唐堯葬城陽穀林今鄆州界舜葬零陵郡九疑今永州界女媧葬華州界夏禹葬會稽山今越州會稽縣商湯葬寶鼎縣周文王武王並葬京兆府咸陽縣界漢高祖葬長陵在耀州安北後漢世祖葬原陵在洛陽縣界唐高祖葬獻陵在耀州三原縣東太宗葬昭陵在醴泉縣北九嵕山以上十六帝各置守陵五户每歲春秋祀以太牢御書名祝板諸處舊有祠廟者亦别祭饗商中宗帝太戊葬内黄縣東南陽武丁葬西華縣北周成王康王皆葬畢在咸陽縣界漢文帝葬霸陵在長安東南宣帝葬杜陵在長安南魏武帝葬高陵在鄴縣西晉武帝葬峻陽陵在洛陽後周太祖文帝葬成陵在耀州富平縣隋高祖文帝葬太陵在武功縣以上十帝置三户歲一饗以太牢秦始皇帝葬昭應縣漢惠帝葬安陵景帝葬陽陵在長安東北武帝葬茂陵在長安西後漢明帝葬顯節陵章帝葬敬陵並在洛陽東南魏文帝葬首陽陵在偃師縣後魏孝文帝葬永寧陵在富平縣唐明皇泰陵憲宗景陵俱在奉天縣肅宗建陵在醴泉縣宣宗正陵在雲泉縣朱梁太祖葬興極陵在伊門縣後唐莊宗葬伊陵在新安縣明宗葬徽陵在洛陽東北石晉高祖顯陵在壽安縣以上十五帝各置守陵兩户三年一祭以太牢凡祭祀皆令長史行禮所用太牢以羊代之陵户並以陵近小户充除二稅外免諸雜差徭周桓王葬澠池縣東北靈王葬河南縣栢亭西周山上景王葬洛陽城中西北隅前漢元帝葬渭陵在長安縣成帝葬延陵在咸陽縣哀帝葬義陵在扶風平帝葬康陵在長安北後漢和帝葬慎陵塋中庚地安帝葬泰陵在長安西北順帝葬順陵沖帝葬懷陵並在洛陽西質帝葬静陵桓帝葬宣陵並在洛陽東靈帝葬文陵在洛陽西北獻帝葬禪陵在渭城北魏明帝葬髙平陵在河清縣髙貴鄉公葬洛陽瀍澗之濱陳留王葬王原陵在鄴西晉惠帝葬太陽陵在洛陽魏文帝葬富平縣東南魏孝静帝葬鄴縣唐髙宗乾陵睿宗橋陵穆宗光陵僖宗靖陵並葬奉天縣西中宗定陵代宗元陵順宗豐陵文宗章陵懿宗簡陵並葬富平縣德宗崇陵敬宗莊陵武宗端陵並葬三原縣昭宗和陵葬河南緱氏縣梁末帝葬伊闕縣後唐末帝葬明宗陵内以上三十八帝常禁樵採此乾德四年十月詔也著于甲令其後又詔曾經開發者重製禮衣裳服棺椁重葬焉東晉以降六朝陵寢多在金陵丹陽之闕皆可考職而制書不載者當時江左未平故耳嘗纂歷代陵名自漢髙帝建名以來雖后妃追崇僭

霸無有遺者今行於世

國朝凡登從班無在外閑居者有罪則落職歸班亦奉朝請或黜守偏州甚者乃分司安置不然則告老挂冠熙寧間始置在外宫觀本王荆公意以處異論者而荆公首以觀使閑居鍾山者八年

官制後惟光禄大夫及中散朝議二大夫分左右增磨勘而已初非以科第分也元祐間范忠宣當國始帶左右紹聖初罷去大觀二年又置中奉奉直二大夫徽中散大夫朝議大夫左右字紹興初樞密院編修官揚愿啓請再分左右自是以出身爲重

前宰相爲樞密使者宋元憲富鄭公文潞公陳秀公宣和二年鄭華原以故相領院事紹興七年宰相秦

檜亦以前揆拜樞密使未幾復登庸近歲張魏公亦然李邦直許冲元曾令綽韓師朴爲二府後皆入爲尚書然不久復柄用惟令綽竟止八座

舊制樞密使知樞密事奏薦子弟皆補班行故富鄭公之子紹京文潞公之子貽慶皆爲閤門祗候元豐後方授文資

神宗朝詔樞密院編修經武要略以都承旨張誠一提舉誠一武臣也乞差編修官二員詔以王正仲胡完夫爲館職詔令兼之是夕忽御批提舉改作管幹詰朝執政啓上所以上云已差館職編修豈可令武臣提舉而樞密院編修官創自此也樞密院舊皆武臣如都承旨亦用熙寧中王荆公怒李評罷去命曾令綽爲都承自是始更用文臣矣

仁宗以大中祥符七年由慶國公出閤隆興初易特進封慶國公嘗以故事啓之遂上章辭不敢受改封滎國然王將明白蒙亨宣和間皆封慶公而不辭豈忘之耶

國朝范魯公質王文獻溥魏宣懿仁浦秉鈞史館昭文集賢三相俱全　太宗初即薛文惠居正沈恭惠倫盧[redacted]多遜　眞宗咸平二年李文靖沆向文簡敏中呂文穆蒙正　仁宗至和三年劉文忠沆文潞公彦博富鄭公弼元祐初司馬温公爲左僕射文潞公平章軍國重事呂正獻同平章軍國事皆三相也至三年温公薨文呂二公在位而呂汲公大防范忠

宣純仁爲左右僕射殆四相然不久也

本朝宰相兼公師者范晉公王文獻趙韓王薛文惠王文貞丁晉公馮文懿王文公呂文靖韓忠獻曾宣靖富韓公文潞公呂正獻蔡師垣秦師垣陳魯公而已餘皆罷政後拜近日惟張魏公自外以少傅再拜右揆本朝三入相者趙韓王呂文穆文靖張鄧公文潞公蔡元長雖四入而不克有終　國朝自外拜相者文潞公韓康公章子厚近年陳魯公亦曠典也

元符末曾文肅自知樞拜相是夕召文昭鑠宿禁林面對喻旨草制昭力辭　上云弟草兄麻太平美事禁中已檢見韓絳故事矣不須辭文昭始拜命蓋熙寧初韓康公入相實持國當制　國朝以來兩家而

已金坡遺事載錢希白爲文僖草麻雖云儀同鈞衡實未嘗秉政也

國朝宰相享耆壽者宋惠安八十張鄧公八十六陳文惠八十二富韓公八十一杜祁公八十宋元獻七十九李文定七十七曾宣靖八十龐潁公七十六蘇丞相八十二文潞公雖至九十四而薨貶秩中蔡師垣亦九十一晚節拘籍南遷殂於中路不得全有富貴考終

國朝名公多厄於六十六韓忠獻歐陽文忠司馬溫公王荆公蘇翰林而秦師垣亦然　國朝宰相登庸年少者宋常山春明退朝録備見之然無逾近歲范覺民丞相廷告日方三十一但壽止三十七其後張魏公入相亦未四十且太夫人康健罷相之後遷謫居外幾二十年後雖再入竟不拜元宰　國朝身爲宰相壽考康寧再見其子入政府者惟曾宣靖一人而已

吕文穆相太宗猶子文靖參眞宗政事相仁宗文靖子惠穆爲英宗樞副爲神宗樞使次子正獻爲神宗知樞相哲宗正獻孫舜徒爲太上皇右丞相繼執七朝政眞盛事也

國朝一家爲宰執者吕氏最盛既列于前矣父子兄弟者韓忠憲億子康公絳黄門維莊敏縝范文正仲淹子忠宣純仁左轄純禮石元懿熙載子文定中立吕參政餘慶弟正惠端陳參政恕子恭公執中曹武

惠彬子武穆瑋任安惠中師弟康懿中正張參政洎左轄璪王惠獻化基子安簡舉正陳文忠堯叟弟文惠堯佐王文獻溥孫康清貽永章文憲得象從孫樞密楶丞相惇王樞密博文子忠簡疇吴正肅育弟正惠充曾宣靖公亮子樞密孝寬韓魏公琦子■忠彥曾孫樞密肖胄胡文恭宿姪左丞宗愈梁懿肅適孫中書子美蔡忠懷確子樞密懋林文節希從子中書攄蔡太師京子樞密攸鄧樞密洵武弟左轄洵仁近日如參政錢端禮之於文僖亦一家而參政洪适樞密洪遵爲伯仲數十年未見也

韓奉常治之妻魯國太夫人文氏潞公之孫魏公之孫婦儀公之冢婦吕穆之外孫魯簡肅之外曾孫吕文靖之曾外孫見其子肖胄爲樞密增億年爲資政殿大學士儀同執政他子與孫俱被飾擢壽逾八秩婦人中罕有唐張延賞苗夫人可儷之也

錢武肅鏐自唐乾寧中盡有二浙之地享國五世至忠懿王俶以板圖來歸改封鄧王子弟皆換節旄其後第十四子文僖惟演以文章進仕昭陵爲樞密使文僖子次對暄次對子少垣景臻尚秦魯公主生子伯誠忱亦至少師它子忠授鉞伯誠子處和端禮今參知政事忠懿兄廢王倧之子希白易希白子修懿明逸子飛彥遠兄弟對掌內外制父子又中大科子飛子穆勰元祐中入禁林穆子遜叔伯言至樞密直學士他位顯庸尚多雖間有以肺腑進然富貴文物

三百年相接前代所未見也
晏元獻夫人王氏國初勳臣超之女樞密使德用之妹也元獻女富鄭公也鄭公壻馮文簡文簡孫壻蔡彥清朱聖予聖予女適滕子濟俱秉國政元獻有古硯一奇甚王氏舊物也諸女相授號傳壻硯今藏滕氏朱之孫女適洪景嚴近又登二府亦盛事也又有古犀帶一亦元獻舊物今亦藏滕氏嘗於子濟子珙處見之
雍孝聞蜀士之秀也元符末有聲太學學者推重之崇寧初省試奏名第一前此屢上封事剴切九重固已默識其名至是殿策中力詆二蔡及時政未便者徽宗大怒減死竄海外宣和末上思其忠親批云雍

孝聞昨上書致罹刑辟忠誠可嘉特開落過犯授修武郎閤門宣賛舍人命放而孝聞死矣於是録其子子純爲右選紹興初從張魏公入蜀魏公令屬趙詰軍中喆誅子純坐編管既死魏公憐之復致其子安行一官紹興間以告訐流嶺外不知所終三世俱以罪廢與前所紀諸家不侔然亦不幸也
吳越國忠獻王錢佐薨其弟倧襲位未幾爲其大將胡進思所廢時忠懿王俶爲台州刺史進思迎立之元豐中王之孫暄知台州其子景臻自郡入都選尚仁宗女是爲秦魯長主靖康末胡騎犯闕主避狄南來日遂卜居後數年詔即州賜第主享之二十年壽八十六薨于天台其子忱居之又二十年官至少師年亦八十餘少師子即處和處和之女又自台州被選爲王妃去歲處和旣爲執政則營甲第南北相望甚夥一家盛事常占此境
錢宣靖吕文靖知制誥衣緑張益之友直鄧公子也爲天章閣待制勾當三班院侍宴集英殿猶衣緋仁宗顧見即賜金紫召吕文穆李仲詢及許冲元衣緋蔡元長王子發官制行後爲中書舍人皆衣緋賈季華琰爲樞密直學士正議大夫衣緑
熈寧中 神宗命館職張載往兩浙劾知明州苗振吕正獻與御史程伯淳俱言載賢者不當使鞫獄上曰鞫獄豈賢者不可爲之事耶弗許
國朝有東湖徐俯所記 太上皇聖語其略云太宗

正行司將至行在南班宗子所居當作屋百間 上曰舍宇固非今所急然事有不得已者故春秋於此事得其時制則不書不書者聖人之所許也近時營宇之制一下百姓輒受弊蓋緣州縣便行科配矣又嘗詔宰相等曰爲法不可過有輕重惟是可以必行則人不敢犯太重則決不能行太輕則不足禁姦朕嘗語徐俯異時宮中有所禁初令之曰必行軍法而犯者不止朕深推其理但以常法處之後更無犯者乃知立法貴在中制所以決可行也
淳化三年西夏李繼捧遣使獻鶻號海東青上賜詔曰朕久罷畋遊盡放鷹犬卿地控邊塞時出捕獵今還以賜卿可領之也宣和末耶律禧由此失國嗚呼

太宗聖矣哉

宣和中蔡居安提舉祕書省夏日會館職于道山食瓜居安令坐客徵瓜事各疏所憶每一條食一片坐客不敢盡言居安所徵爲優欲畢校書郎董彦遠連徵數事皆所未聞悉有據依坐客咸嘆伏之識者謂彦遠必不能安後數日果補外

曾文肅帥定武一日晨起忽語諸子曰吾必爲宰相然須南遷請其所以公曰吾昨夕夢十郎緑袍北向謝恩豈非他日貶司户之徵乎後十年果登庸既爲蔡元長所擠徙居衡陽已而就降廉州司户叅軍敕到取幼子紆朝服以拜命果符前夢十郎即紆排行也

張咸漢州人應制舉初出蜀過夔州郡將知名士也一見遇之甚厚因問曰四科優劣之差見於何書無以對守曰載孟子注中因檢示之且曰不可不牢攏之也張道中漫思索著論成篇至都閣試第一似此爲首題張更不佇思而就主文范淳夫也覽之大喜過閣第一黄元文叔愚能記守之姓名嘗以見告今已忘之張即魏公迺翁也

己酉歲二月金人舉國南寇時 太上駐蹕維揚虜既次臨淮郡相距甚邇有招信尉以所部弓手百餘人拒敵是日也塵氛蔽日虜初不測其多寡遂相拒踰半日尉與衆竟死不退於是探騎得疾走上聞乘輿百僚僅得南渡儻非尉悉力以拒其鋒俾探騎得上聞則殆矣尉之姓名不傳於世可恨友人王彦國獻臣能道其詳他日當問之爲求大手筆作傳近見程可久云

郭稹字仲微仕至龍圖閣直學士權知開封府幼孤母邊更嫁王氏既而母亡稹解官服喪知禮院宋祁言稹服喪爲過禮請下有司博議因馮元等奏聽解官申心喪申喪蓋始于稹

揮麈録卷下

丁晉公談録

眞宗在儲貳時忽一日因乘馬出至朱雀門外方辰時有大星落于馬前迸裂有聲 眞宗回東宮驚懼時召司天監明天之文者詢之云不干皇太子事不煩憂慮自是國家災五年方應至第五年果 太宗晏駕

眞宗即位晉公言 眞宗即位有彗星見于東方 眞宗恐懼内愧凉德何以紹 太祖 太宗之德業是天禍也不敢詢于掌天文者唯俟命而已忽有先生王得一入見聖容似有憂色密詰于中貴中貴述以聖上憂懼彗星之事得一遂奏云此星主契丹兵動十年方應至十年果契丹兵寇澶淵聖駕親征

景德中契丹寇澶淵在河北聖駕在河南陣敵次忽日食盡 眞宗見之憂懼司天監官奏云按星經云主兩軍和解 眞宗不之信復檢晉書天文志亦云和解尋時契丹兵果自退而續馳書至求通好時晉公爲紫微舍人知鄆州

一日有野雞入端王宫 眞宗召司天丁文泰令筮之云郊野位爻動必是郊野中五采生氣物見於皇城内皇闈外王宫之中以此推之須是野雞若然則無他必王（記上四件皆是 眞宗親示於晉公人皆不知也）

晉公嘗云居帝王左右奏覆公事慎不可觸機繫于宸斷所貴行事歸功恩于主上耳嘗有一臣僚判審刑院因進呈一官員犯贓罪案 眞宗方讀案遲回間欲寬貸次未有聖語其判院輒便奏云此是魏振男因茲 眞宗便赫怒云是魏振男便得受贓便得爲不法拂下其案云依法正行遂處死後來有一知院因覩前車覆轍每奏事兢懼取進止忽復有詞科臣僚犯贓罪案進呈 眞宗問云如何遂奏云此人悉以當幸聞説涕泣云玷陛下之與科名孤陛下之所任使更無面得見陛下更無面得見朝廷唯俟一死而已 眞宗聞之云特與貸罪安置

眞宗朝因宴有一親事官失却金楪子一片左右奏云且與決責上云不可且令尋訪又奏云只與決小杖上云自有一百日限若百日内尋得只小杖亦不可行也帝王尚守法如此爲臣子誠合如何

眞宗朝嘗有兵士作過於法合死特貸命於横門決脊杖二十改配其兵士聲高叫喚乞劒不伏決杖從人把捉不得遂奏取進止傳宣云須決杖二十後別取進止處斬尋決訖取旨 眞宗云此只是怕見喫杖後如此既已決了便送配所更莫與問其寛恤如此今洪基益固景祚綿昌豈不由祖宗積德之所及乎

太宗即位後未數年舊爲朱邸牽攏僕馭者皆位至節帥人皆歎訝之洎晉公爲福建路轉運使日建州浦城知縣李元侃善筭術因訪問之云人生名品皆盡有階級固不可越誠上象行度臨照次第而使然耳 太宗即位木在奎居兖州地分奎爲天奴僕宫故當時執馭者皆驟居富貴豈偶然耳晉公嘗見掌

武太原公言先太師傾背時朝賢來弔朱紫盈門唯徐左省鉉獨攜一麻袍角帶於客位内更易後方入相弔以此知士大夫朝服臨喪慰問深不可也先太師即兵部侍郎祐也

艾仲孺侍郎言仲孺嘗聞祖母當日歸時衣笥中得黑黲衣妯娌骨肉皆驚駭而詰之云父母將此令候翁家私忌日著此衣出慰之當時士族之家猶有此禮今之時固未嘗聞也

徐左省鉉職居近列雖盛寒入奉朝請即未嘗披毛衫或詰之曰豈有雙闕之下衣戎服歟每覩待漏院前燈火人物賣肝夾粉粥來往喧雜即皺眉惡之曰眞同寨下耳一生好服寬袴未嘗窄衣裳謂諸士夫

曰軒裳之家雞豕魚鱉果實蔬茹皆可備矣盖沽酒市脯不食尔其彰尚儒素也如此

晉公被謫之初火掩房一日馮侍中拯薨背火守房王相公欽若薨背火拂著房而過因知公相大臣榮謝豈偶然哉

太祖豁達得天下後時韓王屢以在微時所不足者言之欲潛加害　太祖曰不可若塵埃中總教識天子宰相則人皆去尋也自後韓王不復敢言

杜鎬尚書鴻博之士也因看孫逖之文集云愼寬之詔沉思良久曰嘗徧閱羣書愼寬無所出也當是塡鏥寬之詔出毛詩哀郇之義也愼寬傳寫之誤耳

眞宗欲東封泰山問兩地大臣可否大臣曰聖駕行幸豈無甲兵隨駕只恐糧草不備時晉公爲三司使　眞宗遂問曰朕東封糧草得備否晉公曰有備　眞宗又曰如何是備晉公曰隨駕兵士大約不過十萬人每日請　食米二升半一日只計支米二千五百石或遇駐蹕處所不過三日只支得米七千五百石何處州縣無七千五百石斛斗往回之間俱可有備　眞宗甚喜又問只與二升半米亦須與他些麫食晉公曰今來所經州郡只可借路而過使逐程百姓榮觀國家大禮固不可科率臣欲省司行文字告示沿路所經州軍必恐有公用錢州軍及應文武臣僚州縣官僚僧道百姓有進蒸餬者仰先具州縣官位姓名蒸餬數目申來待憑進呈破係省錢支與一倍價

錢回賜仍大駕往東封日進蒸餬回日並許進酒肉縁有公使節帥防團刺史有人可以勾當仰於經過縣鎭草市處排當經進者是州縣官員僧道百姓可於經過本州縣處進　眞宗聞之又甚喜又問曰或遇泥雨非次支賜鞋鞽錢動要五七萬貫如何有備晉公對曰臣亦已有擘畫伏縁隨駕兵士各是披帶稍重到處若遇有支賜錢物如何將行臣欲先令殿前指揮使曹璨問當六軍或遇路中有非次支賜置隨駕便錢一司仍各與頭子支便於兵士住營處或指定州軍便支與各人骨肉請領一則便於兵士請領二則兵士隨駕骨肉在營得便到支錢物因兹甚安人心尋曹璨問諸六軍皆曰隨駕請得何用兼難

以將行若聖恩如此皆感戴官家　眞宗聞之又甚喜於是以此告諸兩地臣僚遂定東封聖駕往回略無闕誤　眞宗於是因晉公奏事次密謂晉公曰今來封禪禮畢大駕往回凡百事須俱揔辦集感卿用心晉公曰臣非才遭逢陛下過有委任臣實無所能今大禮已畢輒有二事上告陛下朝廷每有除改外面多謗議云某乙甚人主張某乙是甚人親戚此後每有除改外面多謗望聖聰不聽上曰朕深知不聽其如臣僚何晉公又曰只如每遇南郊大禮外面多竊議中書密院臣僚別有動靜今來禮畢望陛下兩地臣僚並令依舊免動人心　眞宗聞之甚喜彌加睠遇首台掌武聞之益多其奏議

忽一日　眞宗問馮拯如何晉公奏曰馮拯在中書密院十年却並無是非實亦公心於國家　眞宗良久不答又奏復不答遂退尋問掌武曰丁某每來朕前保持馮拯不知馮拯屢來破除伊掌武奏曰丁某不獨於上前不言人非於臣處亦未嘗言人之非掌武退謂晉公曰今後休於上前保持始平公亦別無他語掌武由是愈器重晉公

眞宗忽一日謂晉公曰有人來言卿主張謝濤受六重恩澤是否晉公曰臣亦記得謝濤是六重恩澤然亦非中書之所敢私試對陛下數之謝濤奉聖旨召試詩賦論三題可取蒙陛下面與直史館一重也謝濤係審官院磨勘合該改轉一官二重也謝濤累典大藩了當並有臣僚保舉合與轉運使三重也謝恩日面賜金紫四重也例奏得一男五重也例有支賜六重也　眞宗笑曰元來將此以爲六重恩澤

士大夫不可爭名競進致有其缺行玷平生之蹤跡昔張去華當　太祖朝乞試有數知己皆館閣名臣保舉之　太祖怒而問曰汝有多少文章得如陶穀曰不如敢與竇儀比試曰不敢汝與張澹比試遂遅遅不對遂令張澹比試試畢考校所試優於張澹然澹是季父自此去華一生不得入館閣蓋由是耳

上谷寇公爲參政日素與馮拯不協拯以不合上章乞立儲貳　太宗怒降授太常博士知杭州尋令轉官與太傅彭惟節同制時首台呂相公端除注二人

俱授屯田員外郎上谷改其進呈文字將馮拯授虞部馮遂上章訟中書除授不當呂但於上前拜謝而待罪終不言寇之僭擅改授上聞之尋索元呂某除注文字視之由是睠注益厚馮遂移知江州然馮一生常追悔不合訟疏於寇亦如陳左丞恕之訟大將軍三司使王知贍錢内翰易之訟馮侍中皆是一時間不獲已而爲之不免一生恥其缺行

竇儀尚書本燕人爲性嚴重家法整肅尚書每對客即二侍郎三起居四參政五補闕皆侍立焉尚書夫人先亡以房院稍多不敢與勢家爲親援遂再娶孔縣令女爲夫人夫人性愈嚴右丞夫人傾背即一房列五榻自孔夫人而下五房妯娌皆同寢處尚書薨

孔夫人每召參政問事參政則披秉立於門外而應對焉其事嫂之禮如此尚書周世宗時爲翰林學士每宿直世宗宮中不敢令奏樂曰恐竇儀聞之至宋太祖登極猶在翰林忽一日宣召入禁闈中顧問事行至屏鄣間覘見　太祖衩衣潜身却退中官謂曰官家坐多時請出見儀曰聖上衩衣必是未知儀來但奏云宣到翰林學士竇儀　太祖聞之遂起索衫帶著後方召見復一日中書臣僚皆罷命韓王普爲相見無宰臣署勑　太祖悔其倉遽良久曰但去問竇儀是他會儀對曰今晉王正守中書令合且送相印請晉王署勑用印　太祖於是甚悅又晉公嘗言竇家二侍郎儼爲文宏贍不可企及有集一百卷得

常楊之體又撰釋門數事五十件從一至百數皆節其要妙典故又善術數聽聲音而知興廢之未兆撰大周樂正一百卷周世宗時同兄儀在翰林爲學士儀常鄙其詭怪世宗常令陶人應二十四氣燒瓦二十四片各題識其節氣遂隔簾敲響令辯之一無差謬常指明德門謂楊盧二校書曰此門相次變爲大宮闕兵漸銷偃天下太平幾乎似開元天寶間耳然京師人却漸逼迫二校書將來富貴皆見之也盧雖甚貴其如壽不及楊尋世宗禪位　太祖改明德門爲乾元門宮闕壯麗書軌混同多遜爲相貶朱崖而亡徽之爲尚書享年皆如其言又儀因於堂前雕起花椅子二隻以祇備右丞洎太夫人同坐儼忽見之謂兄曰好工夫柰何其間一隻至甚月日先破儀於是以幕覆於屏風後愛謹不用果至是日有内夫人至儀第其從人不知急於屏風後取此椅子就門外下馬遂爲馬踢而碎之此晉公聞於楊徽之尚書說也又儼謂其弟偁參政曰儼兄弟五人皆不爲相兼總無壽其間唯四哥稍得然結裹得自家兄弟姊妹了亦住不得後偁果爲參政只有姊王家太夫人即王沔參政之母儀儼之妹也無何亦得疾偁尋以抱病而歎曰二哥嘗言結裹姊妹兄弟亦住不得必不可矣果數日而薨晉公嘗謂竇二侍郎今之師曠也晉公即參政之東坦也

吕丞相端本自奏蔭而至崇顯蓋器識遠大有公輔

之才自爲司户參軍便置外厨多延食客能知典故凝然不動年五十六七猶爲太常丞充開封府判官時秦州楊平木場坊木筏沿程免税而至京吕之親舊競託選買吕皆從而買之於是入官者多揀退材植值三司使給事中侯陟急於富貴於　太宗前欲傾其衆人無何吕獨當之認爲己買　太宗赫怒俾臺司枷項送商於安置滅耳後猶簽書府中舊事怡然曰但將來但將來著枷判事自古有之洎後發往商州身體甦梧　太宗傳宣令不得騎馬只令步去尋相座傳語且請認災公曰不是某災是長耳災談諧大笑如式略不介撓時有善筭者吕公木在土下宮又是方主晚年大達須位極人臣此何用慮耳尋

自商州量移汝州上谷寇準屢奏呂某器識非常人漸老矣陛下早用之 太宗曰朕知此人是人家子弟能喫大酒肉餘何所能後近臣皆上言稱呂某宜朝廷大用尋自太常丞知蔡州召入拜戶部員外郎爲樞密直學士時王二丈禹偁行誥詞略曰多直道以事君每援經而奏事後苑賞花宴 太宗宣臣僚賦詩呂奏曰臣無出身不敢應詔洎爲戶部尚書門下相上谷猶爲諫議大夫參政忽一日未後三棒鼓呂上馬至門道裏立馬候上谷多時探上谷者曰參政方洗面裏呂乃徐謂從人曰餵得馬飽否其微旨如此後表讓李參政沆大拜呂乞養疾授太子太保在京薨背享年七十三

王二丈禹偁忽一日閤中商較元和長慶中名賢所行詔誥有勝於尚書者衆皆驚而請益之曰只如元稹行牛元翼制云殺人盈城汝當深誡孥戮示衆朕不忍聞且尚書云不用命戮于社又云予則孥戮汝以此方之書不如矣其閎覽精詳也如此衆皆伏之

凡士大夫之必居大位者先觀其器度寬厚則無不中矣故韓王普在中書忽命呂公蒙正爲參預趙常潛覘其爲事而多之曰吾嘗觀呂公每奏事得聖上嘉賞未嘗有喜遇聖上抑剉亦未嘗有懼色仍俱未嘗形於言眞台輔之器也只如 太祖初即位命韓王爲相顧謂趙曰汝雖爲相見舊相班立坐起也須且讓他趙奏曰陛下初創業以爲相正欲彈壓四方臣見舊相臣須在上不可更讓也 太祖嘉之洎因奏忤旨上怒就趙手掣奏劄子援而擲之趙徐徐拾之起以手展開近前復奏上愈怒拂袖起趙猶奏曰此事合如此容臣進入取旨其膽量也如此仍忽因大宴大雨驟至上不悅少頃雨不止形于言色以至叱怒左右趙近前奏曰外面百姓正望雨官家大宴何妨只是損得些少陳設濕得些少樂人衣裳但令樂人雨中做雜劇此時雨難得百姓得雨快活之際正好喫酒娛樂上於是大喜宣樂人就雨中奏樂入雜劇是日屢勸近臣百官軍員喫酒盡歡而散趙之爲相臨時機變能回聖上之心也如此又言趙嘗出鎭河陽襄鄧三郡皆以嚴重肅下政務自集惟聖節

日即張樂設筵則豐厚飲饌凡一巡酒則遍勸席中喫盡盡與不盡但勸至三而止其雅素也又如此在相府或一日奏 太祖曰石守信王審琦皆不可令主兵上曰此二人豈肯作罪過趙曰然此二人必不肯爲過臣熟觀其非才但慮不能制伏於下既不能制伏於下其間軍伍忽有作孽者臨時不自由耳 太祖又謂曰此二人受國家如此擢用豈負得朕趙曰只如陛下豈負得世宗 太祖方悟而從之

太祖明聖慈惠歷代創業之主不可比也初陳橋爲三軍擁迫而回不獲已而徇其衆懇乃先與三軍約曰汝等入城不得驚動府庫不得殺害人民不得取奪財物從吾令則吾不違汝之推戴於是三軍皆曰

不敢違命洎即位後遣王全斌等先鋒王自大散關入船自夔峽而入水陸齊攻曹彬爲都監沈義倫爲行營判官收復西蜀無何全斌殺降兵三千人是時曹不從命但收其文案不署字王曹沈等回太祖傳宣送中書取勘左右曰方克復西蜀回然殺降兵亦不可便按劾今後陛下如何用人　太祖曰不然今河東江南皆未歸復若不勘劾恐今後委任轉亂殺人但令勘成案宣令後殿見責問曰如何敢亂殺人又曰曹彬但退不干汝事曹不退但叩頭伏罪曰是臣同商議殺戮降兵朝廷問罪臣首合誅戮　太祖見曹如此皆與原之王受金州節度餘皆次第進擢也忽一日宣曹太尉彬潘太傅美曰命汝收江南又

顧曹曰更不得似西蜀時亂殺人曹徐奏曰臣若不奏又恐陛下未知曩日西川元不是臣要殺降卒緣臣商量固執不下臣見收得當日文案臣元不肯着字　太祖令取進呈　太祖覽之又謂曰卿既商量不下爲何對朕堅自伏罪曰臣從初與王全斌等同奉陛下委任若王全斌等獲罪獨臣清雪不爲穩便臣是以一向伏罪　太祖曰卿既自欲當辜如此又安用此文字曰臣從初謂陛下必行誅戮臣留此文書令老母進呈陛下乞全母一身　太祖尤器遇之又潛謂曰但只要他歸伏愼勿殺人是他無罪只是自家著他不得卿切會取曹曰謹奉詔旨不敢違越晉公曰今國家享無疆之休良由是耳曹之四子璨瑋珣琮皆享豐禄豈非餘慶乎

五代晉朝時襄陽帥高懷德下親隨私通其愛姬竊錦襖子與其皁皁轉令人鬻於市高已知之或有人告於高曰大王錦襖子有人將在市中賣高曰錦襖子是人家宣賜得豈只是我家有莫亂執他人其皁都不覺其主已知也後以他事陰去之襄陽後帥安審琦亦有愛妾與外人私接忽因夜初隔幕燭下潛見有人自宅中出去據膝而言曰叵耐審琦是夕遇害莫知其誰子姪輩皆泣告曰大王平生器業如此豈無威靈使其奸人敗露須臾時於是其奸賊自以手擒捉身體撲於靈座前亦一僕廝耳晉公言居其上者制禦小人切不可失其機乃賈害之速也高之

與安誠可爲鑒誡矣

太祖朝昭憲皇后因不豫召韓王普至卧榻前問官家萬年千載之後寶位當付與誰普曰晉王素有德望衆所欽服官家萬年千歲後合是晉王繼統仍上一劄子論之昭憲密緘題署藏之於宮内時韓王爲相尋出鎮襄陽洎　太祖晏駕　太宗嗣位忽有言曰若趙普在中書朕亦不得此位盧多遜聞之遂希旨密加誣譖將不利於韓王遽召歸授太子太保散官班中日負憂惕遂扣中貴密達　太宗云昭憲皇后寢疾時臣曾上一劄子論事時昭憲緘藏在宮中乞賜尋訪果於宮中尋得　太宗大喜方悟韓王忠赤是時上元登樓觀燈忽有宣旨召趙普赴宴左右

皆愕然緣太子太保散官無例赴宴乃奏曰趙普值上辛在太廟宿齋　太宗曰速差官替來少頃召至太宗便指於見任宰相沈相公上座乃顧謂趙曰世間姦邪信有之朕欲卿爲相來日便入中書盧相聞之惶駭不已翌日盧遂告趙曰聖上有此宣示如何趙曰某今入相公必不可同處相公欲得保全但請上章乞退必無慮耳沈相尋乞致仕盧乃上章云陛下若不賜主張微臣必遭毒手　太宗怒使令罷相趙乃奏云乞除盧兵部尚書罷相　太宗不允乃以所上章示于韓王自後以秦王事謫于朱崖所以至今皆言盧遭趙之毒手耳

河東僞相趙文度歸向朝廷便授華州節度使時同

州節度使宋相公移鎮邠州道由華下趙張筵命宋宋以趙自河東來氣燄凌之帶隨使樂官一百人入趙府署庭所使排立于東廂將舉盞趙之樂官立于西廡時東廂先品數聲趙謂曰於此調吹採蓮送盞皆吹不得却令西廡吹之送盞畢東廂之樂由是失次宋亦覺其挫鋭洎中筵起移於便廳再坐宋自吹笙送趙一盞趙遂索笛復送一盞聲調清越衆所驚嘆其笛之竅宋之隨使樂工手指按之不滿洎席闋宋回驛趙又於山亭張夜宴召之不至宋於是宵遯晉公曰庶事不可輕易宋爲知河東僭僞小國之有人矣

眞宗忽一日於龍圖閣諸侍讀侍講學士待制直閣環侍以問九經書并疏共多少卷數侍講邢昺尚書而下俱不能對

盧相多遜在朝行時將歷代帝王年曆功臣事迹天下州郡圖誌理體事務沿革典故括成一百二十絶詩以備應對由是　太祖　太宗每所顧問無不知者以至踐清途登鈞席皆此力耳

皇城使劉承規在　太祖朝爲黄門小底時氣性不同已有心力宮中呼爲劉七每令與諸小底數眞珠内夫人潜於看窻覘之未嘗偷竊一顆餘皆竊置於衣帶中洎　太宗即位後有一宮人潜逾垣而出捕獲　太宗遲疑間似不欲殺承規輒承意而奏曰此人不可容官家若放却宮人摠走臣乞監去處置須

是活取心肝進呈　太宗甚然之六宮皆拜而泣告承規再三奏不可留於是就　太宗前領去送一尼寺中潜遠嫁之却取旋殺猪心肝一具猶熱以合子貯來進呈六宮皆圍合子而哭之良久略揭視之便令承規將去仍傳宣賜承規壓驚銀五鋌由是宮掖之間肅然畏法

韓王普初罷隴州巡官到京至日者王勛卜肆問命次簾下看魯公騶殿稍盛歎曰似此大官修箇甚福來得到此勛曰員外即日富貴更強似此人何足嘆羡往往便爲交代亦未可知後果如其言

今之朝廷儒臣多不知典故亦須記之只如左右揆爲百僚師長守此官居中書可矣若在班列不可久

居亦由御史大夫一百二十日須大拜耳是故朝廷
將有爰立之命即除之只如御史中丞諫議大夫正
授即便當給事中三年轉工部侍郎工侍授便當刑
部侍郎轉兵部侍郎只如尚書左右丞同中書門下
平章事即不可更兼中省侍郎緣丞郎一般也若守
六尚書省郎兼中書或門下侍郎可矣若自吏部兵
部侍郎同平章事改轉便正轉充中書侍郎同中書
門下平章事侍郎便當左右丞若有改轉便自中書
侍郎授禮部尚書或兼門下侍郎同平章事只如中
書舍人是閣老更不下知制誥不同他官耳或以他
官充翰林學士却須下知制誥何者制誥是中書所
掌翰林不當主之近代宰臣節帥除拜出自宸衷不

欲預聞于外故以隔日宰臣百官出後密召翰林學
士懷具員冊入禁闥上前議定是夕草制謂之內制
中夜進入五更降出以麻紙大書之一行只可三字
謂之白麻何者緣黃紙始自唐高宗朝已來只是中
書出勑得使之所以內制用麻紙翊日乃以繡幞蓋
於箱中置於案上謂之麻案臺於御座左右候進呈
事退即降麻而宣之訖送中書出勑寫官告勑紙廣
幅與常紙不同年月日先後署執政參政宰相銜署
字後方接次列以使相御不押字亦不控斷行其官
告却只下直日知制誥官名宣奉行更不下元撰麻
詞翰林學士名銜緣翰林學士無例於中書行詞故
也然後選中書上事日於閤門受告勑後始赴上若

使相即中書正宰相送上至中書都堂正宰相坐東
位使相看幾員列坐西位訖然後逐位就牙床小案
子上判案三道仍側坐拽一脚候幾員各判案訖正
宰相退然後看使相是幾員並正面並坐受賀其參
政於中書都堂無位其宰臣官告用五色金花羅紙
寫犀軸頭一如太君官告樣此事庶寮多不知因而
記之

錢塘武肅王不識文字然凡所言皆可律下忽一日
雜役兵士於公署壁題之曰無了期無了期營基纔
了又倉基由是部轄者皆怒王見而謂曰不必怒命
羅隱從事續書之曰無了期無了期春衣纔了又冬
衣卒伍見之於是怡然力役不復怨咨又言武肅王

左右筭術醫流無非名士有葉簡李咸者善占筮武
肅忽一日非常旋風南來遶案而轉召葉簡問之曰
無妨事此是淮南楊渥已薨但早遣弔祭使去王曰
生辰使方去未知端的豈可便伸弔祭簡曰不然此
是必然之理但速發使往彼若問如何得知但云貴
國動靜當道皆預知之貴令知本國有人洎依而遣
之生辰使先一日到楊渥已薨次日弔祭使至由是
楊氏左右皆大驚伏其先見先是楊渥欲興兵取錢
塘密遣人往聽鼓角聽者回告楊氏曰錢塘鼓角子
子孫孫王爵不絕不可輕動

丁晉公談録終

王文正公筆録 王沂公

王 曾

范魯公質早輔周室及　太祖受禪不改其任兩朝翊戴嘉謀偉量時稱明相自云執政之地生殺舒慘所繫苟不早夜兢畏悉心精慮敗事覆餗憂患畢至道有枉直時有夷險居其位者今古爲難嘗謂同列曰人能鼻吸三斗醇醋即可爲宰相矣

宣徽使舊亞樞使位在樞密副使同知樞密院事之上咸平中周瑩拜宣徽使有所畏避因自陳願居其下先帝從之遂爲常制自瑩始也

眞宗皇帝天資仁孝性尤謙愼淳化中冊爲皇太子聖朝親王班在宰相之下至是升儲帝亦固讓遂仍舊貫凡東宮故事多所損益至於官僚稱殿下立妃皆乞寢罷　太宗並嘉納之故莊穆皇后訖　太宗世止爲皇太子夫人其兢業遜避如此

王繼忠性謹飭純固有守事　眞宗儲邸歷年最久羣萃中爲之冠首衆皆憚其嚴整宮中事有所未便常盡規諫上每爲之斂容聽納特加禮遇及上嗣位咸平中邊鄙尚聳與今侍中張耆同典禁兵戍守鎭定會戎馬大至晨薄我軍亟命出兵爲左右翼以禦之陣之西偏最爲兵衝繼忠固請代耆西往及我師敗績繼忠遂爲契丹所獲因授以官爵爲其昏娶大加委用繼忠亦悉心勤職由是漸被親任乃從容進説曰竊觀契丹與南朝爲仇敵每歲賦車籍馬國內騷然未見其利孰若馳一介尋舊盟結好息民休兵解甲爲彼此之計無出此者國母春秋已高國主承襲已歲久共忻納之咸平六年夏四月普方守莫州素與繼忠同在東宮乃命致書於普請遣使至北境時議和好普具奏其事朝廷弗之信止令普答其書而已是秋繼忠書復至意甚切令普答書且曰俟彼先遣使至即議修好冬契丹舉兵深入貝魏邊烽警急上在澶淵乃遣曹利用馳往許以通聘利用至魏參知政事王公欽若鎭天雄留而不遣及通德清遠兩軍被圍愈急上令參政王公旦作手書以諭欽若始聽其北去契丹國母見利用大喜曰何來之晚耶即日議定其事遣使丁振偕來朝廷又命李繼昌報聘於是兵罷改元景德車駕還京是舉也雖宸謨善斷亦繼忠能揣敵情而啓導之自是生辰正旦信使往還皆賜繼忠手詔器玩服帶甚厚仍通其家信歲以爲常至其身沒乃止繼忠爲人有誠信北竟甚重之後封河間王彼土人士或稱之曰古人盡忠止能忠於一主今河間王南北歡好若此可謂盡忠於兩主然則繼忠身陷異國不能即死與夫無益而苟活者異矣

舊制文武羣臣由一命而上自外至京必先詣正衙見訖乃得入見辭謝亦如之　太祖皇帝御極之初親總庶務常驛召一邊臣入對將授以方略訝其到闕已數日而未見左右或奏以未過正衙　太祖意

不平之乃令自今皆先入見辭謝畢方得詣正衙遂爲定制

王劔兒名彦昇以善擊劒得事　太祖潛躍中隸於帳下顯德末帝爲六軍推戴還慦府第召宰相至諭以擁逼之狀范質等未及對彦昇率爾於後按劒叱之質等惶懼降階定君臣之禮帝以彦昇麤獷倉卒終抑而弗用後稍遷使領爲京城北偏巡檢因夜抵舊相王溥私第莫之測及延見置酒與語殆至酣酗意若恐迫乃遺以白金千兩而去帝寖知其事遂黜罷之

景德中初契丹通好首命故給事中孫公僅奉使而往洎至彼國屬修聘之始迎勞饔餼須給之禮殊未詳備北人館待優異務在豐腆無所然事或過差僅必抑而罷之自餘皆爲隨事損益俾豐腆中度而後已迄今信使往復不改其制故奉使鄰境由僅爲始時得禮制

內侍都知閻承翰質直強幹景德初契丹方睦于我聘使往來凡百供饋賜與程式未定俾承翰專掌其事執政閒有欲以漢衣冠賜彼來使者承翰以爲不可曰南北異宜請各從其土俗而已上以承翰所議爲定

太尉王公旦祥符中在中書聖眷特厚嘗因便坐奏事上語及一省郎姓名旦曰斯人行履才幹俱有可采今方典郡宜與甄擢公及同列亦皆素知其爲人因共稱薦之自是屢加歎賞即令記録俾俟歸朝日亟命轉運使徐更別議陞陟既而代還至闕上復先省記之會外計闕官即與同列擬定名氏約以次日奏補及晚歸私第斯人投刺來謁公方議委使辭而不見詰朝入對具道本末請授以轉漕之任上默然不許公退而歎駭惕息累日乃知昨暮造請雖不之見已密爲伺察者所糾而此人訖　真宗世不能用公不欲指其名而每戒同列以私謁之嫌當須謹避庶幾免於悔吝

國初方隅未一京師儲廩仰給唯京西京東數路而已河渠轉漕最爲急務京東自潍密以西州郡租賦悉輸沿河諸倉以備上供清河起青淄合東阿歷齊

鄆涉梁山濼濟州入五丈河達汴都歲漕百餘萬石所謂清河即濟水也而五丈河常苦於淺每春初農隙調發衆夫大興力役以是開濬始得舟楫通利無所壅遏　太祖皇帝素知其事尤所屬意至歲中興役之際必輿駕親臨督課率以爲常先是春夫不給口食古之制也上惻其勞苦特令一夫日給米二升天下諸處役夫亦如之迄今遂爲永式

彌德超起自冗列爲諸司使雍熙中因奏事稱旨驟加委遇時侍中曹公彬勳望特隆德超陰以計中傷誣其不軌　太宗疑之拜德超樞密副使不數月屬趙公普再秉鈞軸因爲辯雪保證事狀明白上乃大悟即時竄逐德超而待彬如初自是數日上頗不懌

從容爲普等曰朕以聽斷不明幾悞大事夙夜循省内愧于心普對曰陛下知德超才幹而任用之察曹彬無罪而昭雪之有勞者進有罪者誅物無遁情事至立斷此所以彰陛下之聖明也雖堯舜何以過是哉上於是釋然曰善

太平興國中朝士祖吉歷典方郡奸贓事覺下獄案劾款占未見時郊祀將近 太宗怒其貪墨遣中使諭 旨於執政曰祖吉特俾郊赦不宥明日宰相趙普奏曰敗官抵罪合正刑辟然而國家卜郊肆類所以對越天地告于神明而吉本何人亦安足以隳陛下赦令哉上善其對而止

太祖皇帝削平僭僞諸國收其帑藏金帛之積歸於

京師貯之別庫號曰封樁庫凡歲終國用羨嬴之數皆入焉嘗密諭近臣曰石晉苟利於己割幽燕郡縣以賂契丹使一方之民獨限外境朕甚憫之欲俟斯庫所蓄滿三五百萬當議遣使謀於彼國土地民庶儻肯歸之於我則此之金帛悉令賫往以爲贖直如曰不然朕特散滯財募勇士俾圖攻取以決勝負耳會 太祖上僊其事亦寢 太宗改爲右藏庫今爲内藏庫

周朝駙馬都尉張永德輕財好施喜延接方士嘗遇一異人言及時事且曰天下將太平眞主已出永德曰其誰乎答曰天意所造安能識諸然而有一事庶幾可驗公或覩紫黑色屬豬人善戰果於殺伐者善待之永德嘗陰自求訪及 太祖皇帝勳位漸隆永德因潛識帝之英表問其歲在亥永德歎駭其事傾身親附相得甚懽凡己之所玩好資用子女玉帛必先恣帝擇取有餘乃以自奉至國初以舊恩體貌富貴與佐命勳戚同等終 太祖世莫能替焉

太祖皇帝與永德洎當時宿將數人同從周世宗征淮南戰於壽春獲一軍校欲全活之而被瘡已重且自言素有癱風病請就戮及斬之因令部曲視其疾患之狀既而覩其臟腑及肉色自上至下左則皆青右則無他異中心如線直分之不雜髮毫焉

舊制宰相早朝上殿命坐有軍國大事則議之常從容賜茶而退自餘號令除拜刑賞廢置事無巨細並

熟狀擬定進入上於禁中親覽批紙尾用御寶可其奏謂之印畫降出奉行而已由唐室歷五代不改其制抑古所謂坐而論道者歟國初范魯公質王宫師溥魏相仁溥在相位上雖傾心眷倚而質等自以前朝相且憚 太祖英睿具劄子面取進止朝退各疏其事所得聖旨臣等同署字以志之如此則盡禀承之方免誤之失帝從之自是奏御寖多或至旰昃啜茶之禮尋廢固弗暇於坐論矣于今遂爲定式自魯公始也

文武陞朝官遇郊廟展禮諸大朝會並朝服常朝起居並公服今百執事由常趨而止每歲誕節端午初冬各賜時服有差内公服舊制雖冬賜亦止單製至

太祖皇帝在位訝其方冬而賜單衣詰諸有司對以遵用已久蓋前之闕典上於是特命改制今公卿大夫之有裌公服自此始也

舊制國忌迭命宰相參知政事一員率文武常參官赴佛寺行香内職不預焉景德中同樞密院事王公欽若陳公堯叟率内職同赴乃聽自今大忌樞密使内職學士内諸司使軍職下洎列校同爲一班先詣西上閤門進名奉慰宰相參知政事文武百官爲一班次詣閤門進名奉慰訖退齋赴佛寺行香小忌則否

大中祥符九年秋稼將登郡縣頗云蝗蟲爲災一日眞宗皇帝坐便殿閤中御晚饍左右聲言飛蝗且至上起臨軒仰視則連雲翳日莫見其際帝默然坐意

甚不懌命徹匕筯自是遂不豫

太祖皇帝以神武定天下儒學之士初未甚進用及卜郊肆類備法駕乘大輅翰林學士盧多遜攝太僕卿升輅執綏且備顧問上因歎儀物之盛詢政理之要多遜占對詳敏動皆稱旨他日上謂左右曰作宰相須用儒者盧後果大用蓋兆於此

乾興初先帝遺制皇太后權處軍國重事其聽斷儀式久而未定宰相丁公謂欲每議大政則　皇太后坐後殿朝執政朔望則皇帝坐前殿朝羣臣其餘庶務獨令入内押班雷允恭禁中附奏傳命於中書機密院平決之衆皆以爲不可時上下隔絶中外惴恐俄而擅移山陵皇堂事覺丁遂罷去始采用東漢故事上在左母后在右出蔡邕獨斷同殿垂簾坐中書密院而下以次奏事如儀自是羣情乃安迄明道末不改其制

太祖創業在位歷年石守信王審琦等猶分典禁兵如故相國趙普屢以爲言上力保庇之普又密啓請授以他任於是不得已召守信等曲宴道舊相樂因諭之曰朕與公等昔常比肩義同骨肉豈有他哉而言事者進説不已今莫若自擇善地各守外藩勿議除替賦租之入足以自奉優游卒歲不亦樂乎朕後宮中有諸女當約婚以示無閒庶幾異日無累公等守信等咸頓首稱謝由是高石王魏之族俱蒙選尚尋各歸鎮幾二十年貴盛赫奕始終如一前稱光武能保全功臣不是過也

咸平景德中文靖李公沆在相位王公旦任參知政事時西北二方猶梗羽書邊奏蓋無虛日每延英晝詰王命急宣或至旰昃弗遑暇食王公歎曰安得企見泰平吾輩優游暇食矣李答曰國家強敵外患適足爲警懼異日天下寧晏人臣率職亦未必高拱無事君奚念哉及北鄙和好西鄰款附於是朝陵展禮登封行慶寖尋鉅典無所不講屬公既衰且病疲於贊導始服李之深識

文靖李公沆布衣時先正端煥知舒州屬因事涉江公實侍行俄而風濤暴作幾覆没有大校王姓善鑒人倫遽白曰此有眞相孰敢爲害何懼之有是日果利涉無虞衆皆神其事及公之貴王校尚存焉

建隆中興師伐蜀王全斌曹彬等爲師沈倫總隨軍轉漕安撫賓同謀議將行上密戒諭曰平蜀之日府庫聚積管籥自主之賞軍用度外諸將求取皆勿與及王師克捷全斌輩皆以賞薄爲名詣倫致請倫盡以管籥與之及還或告全斌而下率多隱匿寶貨金帛各行降黜獨倫及彬無所染上深加歎因責倫不遵前戒縱成其過倫對曰全蜀已平金帛固無足惜且勿與則志不滿情不安或至生患是以與之

侍中曹公彬爲樞密使向公敏中爲副使當是時契丹犯塞繼遷叛命每軍書至上必亟召樞臣計議彬則曰狂寇當速發兵誅討斬決而已止用強弩若干步騎若干足矣敏中徐曰其所儲廩未備或塗迂遠

或出兵非其時當施方略制之纖悉措置多從敏中所議上或謂將帥難其人彬必懇激而言臣請自効更無他說敏中常私恠之及彬之子瑋亦有將材累歷邊任威名甚著晚自樞貳出殿西鄙臨事整衆酷類其先君復果於戰鬬而未嘗以安民柔遠爲意豈將帥之體固當若是耶

左右史所以記言動也然而王者之密畫切問弼臣之僉諧獻納外廷分職莫克與聞則中書有時政記得以詳述焉近制參知政事二員共掌其任復有羣司上殿奏事或親奉德音或特出宸斷可以訓俗示後者終録送中書亦同編纂寫訖奏御宣付史館景德祥符中知樞密院事王公欽若陳公堯叟請自今樞密院所覩嘉言美德更不録送中書願别爲時政記從之

駙馬都尉高懷以節制領睢陽歲久性頗奢靡而洞曉音律故聲伎之妙冠於當時法部中精絶者殆不過之宋城南抵汴渠五里有東西二橋舟車交會民居繁夥倡優雜户厥類亦衆然率多鄙俚爲髙之伶人所輕誚每宴飲樂作必効其朴野之態以爲戲玩謂之河市樂迄今俳優常有此戲

宰相丁公謂在中書暇日語同僚曰西漢高祖何如主或曰奮布衣取天下觀其創業垂統規摹宏遠實英雄主也丁曰何英雄之有張良導之左則左陳平勸之右則右及項羽既死海内無主天下自歸之蓋

隨流委順與物無競一田舍翁耳又嘗言古今所謂忠臣孝子皆不足信乃史筆緣飾欲爲後代美談者也此雖僅乎戲抑斯言之玷

尚書左丞陳公恕峭直自公性靡阿順總領計司多歷年所每便坐奏事　太宗皇帝或未深察必形詰讓公歛裾踧踖退至殿壁負牆而立若無所容俟上意稍解復進懇執前奏終不改易或至三四上察其忠亮多從其議當時言稱者公爲之首

汴渠派分洪河自唐迄今皆以爲莫大之利然迹其事實抑有深害何哉凡梁宋之地畎澮之利湊流此渠以成其大至隋煬將幸江都遂析黄河之流築左右隄三百餘里舊所湊水悉爲横絶散漫無所故宋

亳之地遂成沮洳卑濕且昔之安流今乃湍悍覆舟之患十有二三昔之漕運冬夏無限今則春開秋閉歲中漕運止得半載昔之泝沿兩無艱阻今則逆流而上乃重載而行其爲難也甚矣沿流而下即虚舟而往其爲利也背矣矧自　天子建都而汴水貫都東下每歲霖澍決溢爲慮由斯觀之其利安在然歷世浸遠詎可卒圖異日明哲之士開悟積惑言復曩迹始兹言之不謬

沈倫以明經事　太祖潛躍中伐蜀凱旋奏事稱旨遂有意於大用其後命倫爲相趙普執奏以爲不可上曰如倫者忠孝謹飭雖守散錢亦可普無以對翌日制下

太常博士李戡素有文稱祥符末守壽春驛奏時務深稱上旨宣諭執政曰若斯人尚未進用不爲不遺賢也驛召歸闕比至上屢歎以爲見晚執政將以言動之職俾近清光及引對之際上虚懷前席以俟其啓沃而戡語不及他首以牙排爲覬先帝默然翌日諭之執政曰以斯材而賦斯識知人固未易也

太祖嘗遣曹彬下江南許以平定之日授之相印洎凱旋之日恩禮愈厚絶無前命彬等曲宴從容陳敘及之上曰非忘之也顧河東未下耳卿等官位甚重豈可更覩此事耶比彬等宴退其家各賜金十萬貫其重爵勸功如此

太宗嘗晚坐崇政殿召學士竇儼對上時燕服儼至屏間見之不進中使促不應上詰其久不出笑曰竪儒以我燕服尓遽命袍帶儼遂趨出祥符中予初爲學士一日　眞宗承明再坐召對承明直崇政之南每崇政殿聽朝罷至此謂之倒坐御膳畢復坐謂之再坐亦方燕服對回至院忽中使傳宣撫諭曰適忘袍帶卿無怪否予惶恐降堦將謝中使復稱有旨曰上以是爲愧勿俾稱謝及具奏來他日亦不可面敘二聖優禮近侍不亦至乎故事對舍人以下即燕服學士以下必袍帶而後見

王文正公筆錄終

開天傳信記 并序

吏部員外郎鄭　綮　撰

余何爲者也累忝臺郎思勤墳典用自修勵竊以國朝故事莫盛於開元天寶之際服膺簡策管窺王業忝於聞聽或有闕焉承平之盛不可殞墜輒因步領之暇搜求遺逸傳於必信名曰開天傳信記斗筲微器周鼎不節之咎何已遐乎好事者觀其志寬其愚是其心也

上於藩邸時每戲遊城南韋杜之間因逐狡兎意樂忘返與其徒十數一飲倦甚休息於封部大樹下適有書生延上過其家家貧止於村妻一驢而已上坐未久書生殺驢拔蒜備饌酒肉滂霈上顧而奇之及與語磊落不凡問其姓名乃王琚也自是上每遊韋杜間必過琚家琚所諮議合意益親善焉及韋氏專制上憂甚獨密言於琚曰亂則殺之又何疑也上遂納琚之謀戡定禍難累拜爲中書侍郎實預配享焉

上於諸王友愛特甚常思作長枕與諸王同起臥諸王有疾上輒終日不食終夜不寢形憂於色左右或開諭進食上曰弟兄吾手足也手足不理吾身廢矣何暇更思美食安寢邪上於東都起五王宅於上都製花萼相輝之樓蓋爲諸王爲會集宴樂之地上與諸王靡日不會聚或講經義論理道間以毬獵蒲博賦詩飲食歡笑戲謔未常惰怠近古帝王友愛之道無與比也

開元初上勵精理道鏟革訛弊不六七年天下大治河清海宴物殷俗阜安西諸國悉平爲郡縣自開遠門西行亘地萬餘里入河隍之賦稅左右藏庫財物山積不可勝較四方豐稔百姓殷富管戶一千餘萬米一斗三四文丁壯之人不識兵器路不拾遺行者不囊粮其瑞疊應重譯麕至人情欣欣然感登岱告成之事上猶惕厲不已爲讓者數四焉是時劉晏年八歲獻東封書上覽而奇之命宰相出題就中書試驗張說源乾曜等咸寵薦上以晏間生秀妙引宴於內殿縱六宮觀看貴妃坐晏於膝上親爲晏畫眉總丱髻宮中人投果遺花者不可勝數也尋拜晏祕書省正字

開元初山東大蝗姚元崇請分遣使捕蝗埋之上曰蝗天災也誠由不德而致焉卿請捕蝗得無違而傷義乎元崇進曰臣聞大田詩曰秉畀炎火者捕蝗之術也古人行之於前陛下用之於後古人行之所以安農陛下行之所以除害臣聞安農非傷義也農安則物豐除害則人豐樂興農去害有國之大事也幸陛下熟思之上喜曰事既師古用可救時是朕心也遂行之時中外咸以爲不可上謂左右曰吾與賢相討論已定捕蝗之事敢議者死是歲所司結奏捕蝗虫凡百餘萬石時無飢饉天下賴焉

上將登封太山益州進白騾至潔朗豐潤權奇偉異上遂親乘之柔習安便不知登降之倦告成禮畢復

乘而下纔下山坳休息未久而有司言白騾無疾而殪上歎異之謚曰白騾將軍命有司具櫕櫝疊石爲墓在封禪壇北一里餘于今存焉

車駕次華陰上見嶽神數里迎謁上問左右莫之見遂詔諸巫問神安在獨老巫阿馬婆奏云三郎在路左朱髮紫衣迎候陛下上顧笑之仍勅阿馬婆勑神先歸上至廟見神櫜鞬俯伏庭東南大栢樹下又召阿馬婆問之對如上見上加敬禮命阿馬婆致意而旋降詔先詣嶽封爲金天王仍上自書製碑文以寵異之其碑高五十餘尺闊丈餘厚四五尺天下碑莫比也其陰刻扈從太子王公以下百官名氏製作壯麗巧無倫比焉

上爲皇孫時風表瓌異神彩英邁嘗於朝堂叱武攸曁曰朝堂我家朝堂汝得恣蜂蠆而狼顧耶則天聞而驚異之再三顧曰此兒氣槩終當爲吾家太平天子也

西涼州俗好音樂製新曲曰涼州開元中列上獻上召諸王便殿同觀曲終諸王賀舞蹈稱善獨寧王不拜上顧問之寧王進曰此曲雖嘉臣有聞焉夫音者始於宮散於商成於角徵羽莫不根柢囊橐於宮商也斯曲也宮離而少徵商亂而加暴臣聞宮君也商臣也宮不勝則商勢卑商有餘則臣事僭卑則逼下僭則犯上發於忽微形於音聲播於歌詠見之於人事臣恐一日有播越之禍悖逼之患莫不兆於斯曲也上聞之默然及安史作亂華夏鼎沸所以見寧王審音之妙也

天寶中上以三河道險束漕運艱難乃旁北山鑿石爲月河以避湍急名曰天寶河歲省運夫五十萬人無覆溺淹滯之患天下稱之其河東西徑直長五里餘闊四五丈深三四丈皆鑿堅石匠人於石得古鐵鏵長三尺餘上有平陸二字皆篆文也上異之藏於內庫遂命改河北縣爲平陸縣旌其事也

上御勤政樓大酺縱士庶觀看百戲競作人物塡咽金吾衛士白棒雨下不能制止上患之謂力士曰吾以海內豐稔四方無事故盛爲宴樂與百姓同歡不知下人喧亂如此汝何方止之力士曰臣不能也陛

下試召嚴安之處分打場以臣所見必有可觀上從之安之到則周行廣場以手板畫地示衆曰犯此者死以是終五日酺宴咸指其地畫曰嚴公界境無一人敢犯者

蘇瓌初未知頲常處頲於馬廐中與傭僕雜作一日有客詣瓌候於廳所頲擁篲趨庭遺墜文書客取視之乃詠崑崙奴詩也其詞曰指頭十挺墨耳朶兩張匙客心異之而瓌出與客淹留客笑語之餘因詠其詩并言形貌問何人非足下宗族庶孼耶若加禮收舉必蘇氏之令子也瓌自是稍稍親之適有人獻瓌兎懸於廊廡間瓌乃召頲詠之立呈詩曰兎子死闌殫持來掛竹竿試將明鏡照何異月中看瓌大驚奇

騾加禮敬題由是學問日新文章蓋代及上平內難一夕間制詔絡繹無非題出代稱小許公也

上封太山回車駕次上黨路之父老負擔壺漿遠近迎謁上皆親加存問受其獻饋錫賚有差父老有先與上相識者上悉賜酒食與之話舊故過村部必令詢訪孤老喪疾之家加吊恤之父老忻忻然莫不瞻戴叩乞駐留焉及車金橋御路縈轉上見數十里間旌纛鮮潔羽衛整肅顧謂左右曰張說言勒兵三十萬旌旗千里間陝右上黨至于太原見后土碑眞才子也左右皆稱萬歲上遂詔吳道玄韋無忝陳閎令同製金橋圖聖容及上所乘照夜白馬陳閎主之橋梁山水車輿人物草樹鴈鳥器仗帷幕吳道玄主之

狗馬騾驢牛羊駱駝猫猴猪独四足之類韋無忝主之圖成時爲三絕焉

上幸蜀回車駕次劍門門左右巖壁峭絶上謂侍臣曰劍門天險若此自古及今敗亡相繼豈非在德不在險耶因駐蹕題詩曰劍閣橫空峻鑾輿出守回翠屛千仞合丹障五丁開灌木縈旗轉仙雲拂馬來乘時方在德嗟爾勒銘才其詩至德二年普安郡太守賈深勒于石壁今存焉

賀知章祕書監有高名告老歸吳中上嘉重之每別優異焉知章將行涕泣辭上上曰何所欲知章曰臣有男未有定名幸陛下賜之歸爲鄉里榮上曰爲道之要莫若信孚者信也履信思乎順卿子必信順之人也宜名之曰孚知章再拜而受命知章久而謂人曰上何謔我耶實吳人孚乃爪下爲子豈非呼我爲爪子耶

上嘗坐朝以手指上下按其腹朝退高力士進曰陛下向來數以手指按其腹豈非聖體小不安耶上曰非也吾昨夜夢遊月宮諸仙娛予以上清之樂寥亮清越殆非人間所聞也酣醉久之合奏諸樂以送吾歸其曲淒楚動人杳杳在耳吾回以玉笛尋之盡得之矣坐朝之際慮忽遺忘故懷玉笛時以手指上下尋非不安力士再拜賀曰非常之事也願陛下爲臣一奏之其聲寥寥然不可名言也力士又再拜且請其名上笑言曰此曲名紫雲回遂載于樂章今太常

刻石在焉

上封太山進次滎陽旃然河上見黑龍命弧矢射之矢發龍潛滅自爾旃然伏流于今百餘年矣按旃然即濟水也溢而爲滎遂名旃然左傳云楚師濟于旃然是也

華岳雲臺觀中方之上有山崛起半瓮之狀名曰瓮肚峯上嘗望嘉其高迥欲於峯腹大鑿開元二字塡以白石令百餘里望見諫官上言乃止

上於弘農古函谷關得寶符白石篆文正成乘字識者解之云乘者四十八年得寶之時天下言之曰得寶弘農得寶耶于今唱之得寶之年遂改天寶也

上幸愛禄山爲子嘗與貴妃於便殿同樂祿山每就

坐不拜上而拜妃上顧問此胡不拜我而拜妃子意何在也禄山奏曰胡家即知有母不知有父故也上笑而捨之禄山豐肥大腹上嘗問曰此胡腹中何物其大如是禄山尋聲應曰腹中更無他物唯赤心爾上以言誠而益親善之

一行將卒留物一封命弟子進於上發而視之乃蜀當歸也上初不諭及幸蜀回乃知微旨深歎異之

羅公遠多秘術最善隱形之法上就公遠雖傳受不肯盡其要上每與同爲之則隱没人不能知若自試或餘衣帶或露幞頭脚每被宫人知上所在上怒命力士裹以油幞置榨木下壓殺而埋弃之不旬日有中使自蜀道回逢公遠於路乘騾而笑謂使者曰上之爲戲一何虐耶

萬回師閿鄉人也神用若不足謂愚而癡無所知雖父母亦以豚犬畜之兄被戍役安西音問隔絶父母謂其誠死日夕涕泣而憂思也萬回顧父感念甚忽跪而言曰涕泣豈非憂兄耶父母且信然萬迴曰詳思我兄所要者衣裝糗粮巾之屬悉備之某將覲焉忽一日朝賫所備夕返其家告父母曰兄平善矣發書視之乃兄迹也一家異之弘農抵安西萬餘里以其萬里而迴故謂之萬迴也居常貌如愚癡忽有先覺異見驚人神異也上在藩邸或遊行人間萬迴於聚落街衢高聲曰天子來或曰聖人來其虗信宿間上必經過徘徊也安樂公主上之季妹也附會韋氏熱可炙手道路懼焉萬迴望其車騎道唾曰血腥不可近也不旋踵而滅亡之禍及矣上知萬迴非常人内出二宫人日夕侍奉特勑於集賢院圖形焉

道士葉法善精於符籙之術上累拜爲鴻臚卿優禮待焉法善居玄真觀嘗有朝客數十人詣之解帶淹留滿座思酒忽有人叩門云麴秀才法善令人謂曰方有朝寮未暇瞻晤幸吾子異日見臨也語未畢有一美措傲睨直入年二十餘肥白可觀笑揖諸公居末席伉聲談論援引古人一席不測恐聳觀之良久蹔起旋轉法善謂諸公曰此子突入語辯如此豈非魖魅爲惑乎試與諸公避之麴生復至扼腕抵掌論難鋒起勢不可當法善密以小劒擊之隨手失墜于階下化爲瓶榼一座驚慴遽視其所乃盈瓶醲醞也咸大笑飲之其味甚嘉坐客醉而揖其瓶曰麴生風味不可忘也

上命裴寬爲河南尹寬性好釋氏師事普寂禪師旦夕造謁焉居一日寬詣寂寂曰有少事未暇欵語且請遲回休憩也寬乃屛賓從止於空室見寂絜滌正堂焚香端坐坐未久忽聞扣門連聲云一行天師至一行入詣作禮禮寂之足禮訖附耳密語其貌絶恭寂但顧云無不可者語訖入禮禮語如是三寂惟云是是一行語訖降堦入南堂自闔其扉寂乃徐命弟子云遣聲鍾一行和尚滅度矣左右疾走視之一如其言後寂滅度寬復衰絰葬之日徒步出城送之甚

爲搢紳所譏也寬子譖復爲河南尹素好談諧多異筆嘗有投牒誤書帋背譖判云者畔似那畔那畔似者畔我不可辝與你判笑殺門前著靴漢又有婦人投狀爭猫兒狀云若是兒猫即是兒猫若不是兒猫即不是兒猫譖大笑判狀云猫兒不識主旁我搦老鼠兩家不須爭將來與裴譖遂納其猫兒爭者亦哂

安祿山初爲張韓公帳下走使之吏韓常令祿山洗足韓公脚下有黒點子祿山因洗脚而竊窺之韓公顧笑曰黒子吾貴相也獨汝窺之亦能有之乎祿山曰某賤人也不幸兩足皆有比將軍者黒而加文竟不知是何祥也韓公奇而觀之益親厚之約爲義兒而加薦寵焉

無畏三藏自天竺上所可引謁上見而敬信焉上謂三藏曰師自遠而來困倦欲於何方休息耶三藏進曰臣在天竺國時聞西明寺宣律師持律第一願依止焉上可之宣律禁誡堅苦焚修精潔三藏飲酒食肉言行麄易往往乘醉而喧穢汙絪席宣律頗不甘心忽中夜宣律捫虱將投于地三藏半醉連聲呼曰律師撲死佛子宣律方知是神異人也整衣作禮投而師事之宣律精苦之甚常夜行道臨堦墜墮忽覺有人捧承其足宣律顧視之乃少年也宣律遽問弟子何人中夜在此少年曰某非常人即毗沙王之子那吒太子也護法之故擁護和尚久矣宣律曰貧道修行無事煩太子威神自在西域有可作佛事者願太子致之太子曰某有佛牙寶事雖久頭目猶捨敢不奉獻宣律求之即今崇聖寺佛牙是也

太眞妃最善於擊磬拊搏之音泠泠然新聲雖太常梨園之能人莫加也上令採藍田綠玉琢爲器上造簨簴流蘇之屬皆以金鈿珠翠珎怪之物雜飾之又鑄二金師子作拏攫騰奮之狀各重二百餘斤以扶其他綵繪縟麗制作神妙一時無比也上幸蜀回京師樂器多忘失獨玉磬偶在上顧之悽然不忍置於前促令送太常至今藏於太常正樂庫

上所幸美人忽夢人邀去縱酒密會任飲盡而歸歸輙流汗倦怠忽忽後因從容盡白於上上曰此必術人所爲也汝若復往但隨宜以物識之其夕熟寐飄然又往半醉見石硯在前乃密印手文於曲房屏風上寤而具啓上上乃潛以物色令於諸宮觀求之異日於東明觀得其屏風手文尚在道士已遁矣

安西衙將劉文樹口辯善奏對上每嘉之文樹髭生頷下貌類猨猴上令黄幡綽嘲之文樹切惡猨猴之號乃密賂黄幡綽祈不言之幡綽訊而進嘲曰可怜好文樹髭鬚共頦顚別任文樹面孔不似猢猻猢猻強似文樹上知其賂遺大笑之

平康坊南街廢鑾院即李林甫舊宅也林甫於正堂後別創一堂製度彎曲有却月之形名曰月堂木土秀麗精巧當時莫儔也林甫每欲破滅人家即入月堂精思極慮喜悅而出必不存焉及將敗林甫於堂

上見一物如人動遍體被毛毛如猪立鋸牙鉤爪三尺餘以擊林甫目如電光而怒視之林甫連叱不動遂命弧矢毛人笑而跳入前堂堂中青衣遇而暴卒經于廄中善馬皆死不累日而林甫卒

太眞妃常因妬媢有語侵上上怒甚召高力士以輜軿送其家妃悔恨號泣抽刀剪髮授力士曰珠玉珍異皆上所賜不足充獻唯髮父母所生可達妾意望持此伸妾萬一慕戀之誠上得髮揮涕憫然遽命力士召歸

天寶初上游華清宮有劉朝霞者獻賀幸温泉賦詞調倜儻雜以俳諧文多不載今略其詞曰若夫天寶二年十月後兮臘月前辦有司之供具命駕幸于温

泉天門乾開露神仙之輻湊鑾輿劃出駈甲仗以駢闐青一隊兮黄一隊熊踏胷兮豹拏背朱一團兮綉一團玉鏤釘兮金鏤鞍述德云直攫得盤古髓掐得女媧瓤遮莫你古時千帝豈如我今日三郎其自叙云別有窮奇蹭蹬失路猖狂骨憧雖短伎藝能長夢裏幾回富貴覺來依舊悽惶今日是千年一遇叩頭莫五角六張帝覽而奇之將加賀上命朝霞改去五角六張字奏云臣草此賦時有神助自謂文不加點筆不停綴不願從天而改上顧曰眞窮薄人也授以春官衛上左焉

開天傳信記

百川學海
丙集

厚德録卷第一

百鍊真隱李　元綱

錢若水爲同州推官知州性褊急數以胷臆決事不當若水固爭不能得輒曰當陪奉贖銅爾已而果爲朝廷及上司所駮州官皆以贖論知州愧謝而已復然前後如此數矣有富家小女奴逃亡不知所之女奴父母訟於州州命録事參軍鞫之録事嘗貸於富民不獲乃劾富民父子數人共殺女奴弃尸水中遂失其尸或爲元謀或從而加罪皆應死富人不勝榜楚自誣服具獄上州官審覆無反異皆以爲得實若水獨疑之留其獄數日不決録事詣若水廳事詬之曰若受富民錢欲出其死罪耶若水笑謝曰今數人當死豈可不少留孰觀其獄辭耶留之且旬日知州屢趣之不能上下皆怪之若水一旦詣知州屛人言曰若水所以留其獄者密使人訪求女奴今得之矣知州驚曰安在若水因密送女奴於知州所知州垂簾引女奴父母問之曰汝今見汝女識之乎對曰安有不識也因從簾中推出示之父母泣曰是也乃引富民父子悉破械縱之其人號泣不肯去曰微使君之賜則某滅族知州曰推官之賜非我也其人趨詣若水廳事若水閉門拒之曰知州自求得之我何與焉其人不得入繞牆而哭傾家資以飯僧爲若水祈福知州以若水雪寃死者數人欲爲之論奏其功若水固辭曰若水但求獄事正人不寃死耳論功非本

心也且朝廷若以此爲若水功當置録事於何地耶知州嘆服曰如此尤不可及矣録事詣若水叩頭愧謝若水曰獄情難知偶有過誤何謝也於是遠近翕然稱之未幾　太宗聞之驟加進擢自幕職半年中爲知制誥二年中爲樞密副使

李繼隆討夏虜與轉運使盧之翰有隙欲陷之罪乃檄轉運司期八月出塞令辦芻粟轉運司調發方集繼隆復爲檄言陰陽人狀陳國家八月不利出師當更取十月轉運司遂散芻粟既而復爲檄云得保塞胡偵候狀言賊且入塞當以時進軍芻粟即日取辦是時民輸輓者適散倉卒不可復集繼隆遂奏轉運司乏軍糧　太宗大怒立召中使一人付三函取轉

運使盧之翰竇玭及其人首級丞相呂端樞密使柴禹錫皆不敢言惟樞密副使錢若水爭之先推驗有狀然後行法　上大怒拂衣起入禁中二府皆罷若水獨留廷中不去　上既食久之使人偵視廷中有何人報曰有細瘦而長者尚立焉　上出詰之曰爾以同州推官再朞爲樞密副使朕所以擢任爾者以爾爲賢耳乃不才如此爾尚留此安俟對曰陛下不知臣無狀使待罪二府臣當竭其愚慮不避死亡補益陛下以報厚恩李繼隆外戚貴重莫比陛下據一幅紙詔書誅二轉運使雖彼有罪天下何由知之鞫驗事狀明白乃爾加誅亦何晚焉獻可替否死以守之臣之常分臣未獲死故不敢退　上意解乃召呂端等問之端等奏請如若水議先令責狀許之三人皆黜爲行軍副使既而虜欲入塞事皆虛繼隆坐落招討知秦州

曹彬侍中攻金陵垂克忽稱疾不視事諸將皆來問疾彬曰余之病非藥石所愈惟諸公共發誠心自誓以不妄殺一人則自愈矣諸將許諾共焚香爲誓明日稱愈及克金陵城中皆按堵如故曹翰克江州忿其久不下屠戮無遺彬之子孫貴盛至今不絶翰卒未三十年子孫有乞丐於海上者矣

曹彬侍中爲人仁愛多恕平數秉國未嘗妄斬人嘗知徐州有小吏犯罪既立案逾年然後杖之人皆不曉其旨彬曰吾聞此人新娶婦若杖之彼其舅姑必

以此婦爲不利而惡之朝夕笞罵使不能自存吾緩其事而法亦不可赦也其用志如此

趙康靖公槩與歐陽文忠公脩同在館乃同脩起居注槩性重厚寡言脩意輕之及脩除知制誥是時韓范在中書以槩爲不文乃除天章閣待制槩澹然不以屑意及韓范出乃復除知制誥會脩甥嫁爲脩從子晟妻與人淫亂事覺語連及脩脩時爲龍圖閣直學士河北都轉運使朝廷疾韓范者皆欲文致脩罪云與甥亂　上怒獄急群臣無敢言者槩乃上書言脩以文學爲近臣不可以閨房曖昧之事輕加誣衊臣與脩蹤跡素疎脩之待臣亦薄所惜者朝廷大體耳書奏　上不悦人皆爲之懼槩亦澹然如平日久

之脩終坐降爲知制誥知滁州執政私曉諭槩令求乃出知蘇州遭喪去官服闋除翰林學士槩復表讓以歐陽脩先進不可超越先爲學士奏雖不報時論美之

天章閣待制張昷之爲河北都轉運使保州界河巡檢兵士常以中貴人領之與使州抗衡多齟齬不相干州常下之其士卒驕悍糧賜優厚雖不出巡徼常廩口食通判不待舉以爲虛費申轉運司罷之士卒怨怒遂作亂殺守倅朝廷遣知制誥田況賫詔諭之乃降方其未降也中貴人楊懷敏與張昷之不恊在軍中密奏曰賊於城上呼云得張昷之首我當降若賜昷之首以示賊宜可得　上從之遣中使奉劒往

即軍中斬昷之首以示賊是時參知政事富弼宣撫河北遇之即遣中使還且奏曰賊初無此言是必冤讎者爲之借令有之若以一卒之故斷都轉運使頭此後政何由得行　上怒解昷之落職知虢州

王太尉旦薦寇萊公爲相萊公數短太尉於上而太尉專稱其長　上一日謂太尉曰卿雖稱其美彼專談卿惡太尉曰理固當然臣在相位久政事闕失必多準對陛下無所隱益足以見其忠直此臣所以重準也　上由是益賢太尉萊公在藩鎮嘗因生日建山棚大宴又服用僭侈爲人所奏　上怒甚謂太尉曰寇準每事欲效朕可乎太尉徐對曰準誠能臣無如騃何　上意解遽曰然此止是騃耳遂不問太尉疾亟上問以後事唯對以宜早召寇準爲相

景祐中呂許公夷簡執政范希文仲淹以天章閣待制知開封府屢攻許公短坐落職知饒州徙越州康定元年復天章閣待制知永興軍尋改陝西都轉運使會許公自大名復入相　仁宗曰范仲淹賢者朝廷將用之豈可但除舊職即除龍圖閣直學士陝西經略安撫使上以許公爲長者天下亦美許公不念舊惡希文面謝曰嚮以公事忤犯相公不意相公奬拔乃爾許公曰夷簡豈敢復以舊事爲念耶

呂蒙正丞相不喜記人過初參知政事入朝堂士於簾內指之曰是小子亦參政耶蒙正佯爲不聞而過之其同列怒令詰其官位姓名蒙正曰若一知其姓

名則終身不能復忘固不如不知也不問之何損時皆服其局量

章鄖公得象之高祖建州人仕王氏爲刺史號章太傅其夫人練氏智識過人太傅嘗出兵有二將後期欲斬之夫人置酒飾美姬進之太傅歡甚迨夜飲醉夫人密摘二將使亡去二將奔南唐後爲南唐將攻建州破之時太傅已死夫人居建州二將遣使厚以金帛遺夫人且以一白旗授之曰吾將屠此城夫人植旗於門且吾已戒士卒勿犯也夫人反其金帛并旗弗受曰君幸思舊德願全此城之人必欲屠之吾家與衆俱死耳不願獨生二將感其言遂止不屠太傅十三子其八子夫人所生也及宋興子孫及第至

達官者甚衆餘五房子孫無及第者其父亦八房子孫出繼五房耳

趙清獻公閱道抃熙寧中以大資政知越州兩浙旱蝗米價踊貴餓死者十六七諸州皆榜衢路立告賞禁人增米價閱道獨榜衢路令有米者任增價糶之於是諸州米商輻湊詣越米價更賤民無餓死閱道治民所在有聲在成都杭越尤著

至和中范景仁爲諫官趙閱道爲御史以論陳恭公事有隙熙寧中介甫執政恨景仁數毀之於上且曰陛下問趙抃即知其爲人他日上以問閱道對曰忠臣上曰卿何由知其忠對曰嘉祐初　仁宗違豫鎮首請立皇嗣以安社稷豈非忠乎既退介甫謂閱道

曰公不與景仁有隙乎閱道曰不敢以私害公景仁云

王達者屯田郎中李曇僕夫也事曇父曇親信之既而去曇應募爲兵以選入捧日嘗凡十餘年會曇以子學妖術妄言事父子械繫御史臺獄上怒甚獄急曇平生執友無一人敢餉問之者達旦夕守臺門不離給飲食候信問者四十餘日曇貶恩州别駕仍即時監防出城諸子皆流嶺南達追哭送之防者過之達曰我主人也豈不得送之乎曇河朔人不習嶺南水土其家人皆辭去曰我不能從君之死鄉也數日曇感恚自縊死旁無家人達使毋守曇尸出爲之治喪事朝夕哭如親父子見者皆爲流涕殯曇於城南佛舍然後去嗚呼達賤隸也非知有古忠臣烈士之行又非矯迹求令名以取禄仕也獨能發於天性至誠不顧罪戾以救其故主之急終始無倦如此豈不賢哉嗟呼彼所得於曇不過一飯一衣而已今世之士大夫因人之力或致位卿相已而故人臨不測之患屏手側足戾目窺之猶懼其禍之延及已也若畏猛火遠避去又或從而擠之以自脫敢望其憂卹振救也耶彼雖巍然衣冠類君子哉稽其行事則此僕夫必羞之　出司馬温公涑水紀聞

許昌士人張孝基娶同里富人女富人只一子不肖斥逐之富人病且死盡以家財付孝基孝基與治後事如禮久之其子丐於塗孝基見之測然謂曰汝能

灌園乎答曰如得灌園以就食何幸孝基使灌園其子稍自力孝基怪之復謂曰汝能管庫乎答曰得灌園已出望外況管庫乎又何幸也孝基使管庫其子頗馴謹無他過孝基徐察之知其能自新不復有故態遂以其父所委財産歸之此似法華窮子之事其子自此治家勵操爲鄉閭善士不數年孝基卒其友數輩遊嵩山忽見旌幢騶御滿野如守土大臣竊視專車者乃孝基也驚喜前揖詢其所以致此孝基曰吾以還財之事上帝命主此山言訖不見

崇寧更錢法以一當十小民嗜利亡命犯法者紛紛或捕得數大缶誣以樞密章楶之子縱之所鑄也初遣監察御史沈畸既至繫者已數百人盡釋之閱實

以聞時宰大怒別選煆鍊紐竟坐剌配籍没其家沈既得罪歸鄉以死張再遷亦不顯今三十年間沈氏有子登科張氏不復振矣二子皆東吳賢者不幸而當此大抵張之失在於但畏人而不畏天吁可以爲世之戒矣

建炎間侍御沈公追贈直龍圖閣訓詞云士有屈於生前而伸於歿後方其臨事執義以行其志亦奚暇擇利害於當時而冀顯榮於今日哉是可嘉歎也爾以直道居御史府執憲不回是爲稱職而擅權誤國之人方且嫉惡而排斥之今公朝德明昭爾積年之無辜使雖没世而不泯河圖寓直職號清華精爽尚存歆予褒寵紹興已卯正言先生除監察御史訓詞云　先皇帝有賢御史以議獄不撓忤柄臣至於流落以死朕嘗伸褒録之典思其人而不及見况有令子克濟其美者哉以爾樂道修身勇於爲善峩冠在列有粹然安静之風朕既知之矣賜覲盺廷察言可用其以柏寺雄職爲予司聰紹爾家聲則名稱報

陳安節學士云福州一農家子張生幼時父使持錢三千入山市斧柯遇村人有爲逋負所迫欲自經者惻然盡以所賫贈之而親釋縛因坐石上旁有人不相識問飢渴乎曰然指路隅竹笥令食之堅不可咀徐傾小瓢水於掌以飲之生飲水頓覺精爽非常自此絶粒忽識字能爲詩頗言人未來事後祝髮爲浮屠參議何大圭自閩來云與師孰所遇乃鍾離先生至今往來不絶（出方勺泊宅編）

韓魏公以使相出鎮相州因祀宣尼宿于齋館夜有偷兒入其室褰帷挺刃顧謂公曰不能自濟故來求濟於公公曰几上器具可直百千盡以與汝偷兒曰非謂此也願得公首以獻西人公即引頸偷兒投刃稽顙曰以公德量過人故來試公然几上之物已荷公賜願公無泄也公曰諾明日於宅庫如其數取償之終不以語人其後爲盜者以他事坐罪當死乃於市中備言其事曰慮吾死後惜公之遺德不傳於世也

范文正公幼孤隨母再適朱氏公性至孝以母在時方貧及顯非賓客不重肉妻子僅能自充然好施與所得俸禄盡置義莊以贍宗屬泛愛樂善故雖里巷之人亦知公之姓字

二宋丱角之年同於黌舍肄業有胡僧見而謂曰小宋他日當魁天下大宋亦不失甲科後十餘年春試罷復過僧於壓邸僧執大宋手而驚曰公風神頓異昔時能活數百萬命者大宋笑曰貧儒何力及是僧曰不然肖翹之物皆命也公試思之大宋俛思良久乃笑而言曰旬日前所居堂下有蟻穴爲暴雨所侵群蟻繚繞穴傍吾乃戲編竹爲橋以渡之由是蟻命獲全得非此乎僧曰是也小宋今歳固當首捷然公終不出小宋下二宋私相語曰妄也一歳固無兩魁

比唱第小宋果中首選章憲太后當朝謂不可以
弟先兄乃以大宋爲第一小宋爲第十始信僧言不
妄
趙閲道少保寛厚長者與物無忤家于三衢所居甚
隘弟姪有欲悦公意者厚以直易鄰翁之居以廣公
第公聞不樂曰吾與此翁三世爲鄰矣忍弃之乎命
亟還翁居而不追其直常知越州值歲大歉公召州
之富民畢集勸誘以賑濟之義即自解腰間金帶置
庭下於是施者雲集所全活十數萬人曽子固作救
灾記備述其事出陳正敏遯齋閑覽
范文正公少貧悴依睢陽朱氏家常與一術者遊會
術者病篤使人呼文正而告曰吾善煉水銀爲白金

吾兒幼不足以付今以付子即以其方與所成白金
一斤封誌納文正懷中文正方辭避而術者已絶後
十餘年文正爲諫官術者之子長呼而告之曰而父
有神術昔之死也以汝尚幼故俾我收之今汝成立
當以還汝出其方并白金授之封識宛然
張文定公齊賢以右拾遺爲江南轉運使一日家宴
一奴竊銀器數事于懷中文定自簾下熟視不問爾
後文定三爲宰相門下厮役往往皆得班行而此奴
竟不霑禄奴乘間再拜而告曰某事相公最久凡後
於某者皆得官矣相公獨遺某何也因泣下不止文
定憫然語曰我欲不言爾乃怨我爾憶江南日盗吾
銀器數事乎我懷之三十年不以告人雖爾亦不知

也吾備位宰相進退百官志在激濁揚清安敢以盗
賊薦耶念汝事我日久今予汝錢三百千汝其去吾
門下自擇所安蓋吾既發汝平昔之事汝宜有愧於
吾而不可復留也奴震駭泣拜而去
慶曆中吕許公罷政事以司徒歸第拜晏元獻公殊
章郇公得象爲相乃以諫官歐陽脩余靖上疏罷夏
竦樞密使其他升拜不一是時石介甫爲國子監直
講獻慶曆聖德頌褒貶甚峻而於夏竦尤極詆斥至
目之爲不肖及有手鋤姦枿之句頌出泰山孫明復
謂介甫曰子之禍自此始矣未幾黨議起介在指名
遂罷監事通判濮州歸徂徠山而病卒會山東舉子
孔直温謀反或言直温嘗從介學於是英公言於

仁宗曰介實不死北走胡矣尋有旨編管介之子於
江淮又出中使與京東部刺史發介棺以驗虛實是
時吕居簡爲京東轉運使謂中使曰若發棺空而介
果北走則雖孥戮不足以爲酷萬一介死未嘗叛去
即是朝廷無故剖人冢墓何以示後世耶中使曰誠
如金部言然則若之何以應中旨居簡曰介之死必
有棺斂之人又内外親族及會葬門生無慮數百至
於舉柩窆棺必用凶肆之人今皆檄召至此劾問之
苟無異説即皆令具軍令狀以保任之亦足以應詔
也中使大以爲然遂自介親屬及門人姜潛以下并
凶肆棺斂舁柩之人合數百狀皆結罪保證中使持
以入奏　仁宗亦悟竦之譖尋有旨放介妻子還鄉

而世以居簡爲長者
自王均李順之亂後凡官於蜀者多不挈家以行至今成都猶有此禁張忠定公詠知益州單騎赴任是時一府官屬憚張之嚴峻莫敢蓄婢使者張不欲絶人情遂自買一婢以侍巾幘自此官屬稍稍置姬屬矣張在蜀四年被召還闕呼婢父母出貲以嫁仍處女也
劉彛所至多善政其知虔州也會江西飢歉民多棄子於道上彛揭牓通衢召人收養日給廣惠倉米二升每日一次抱至官中看視又推行之縣鎮細民利二升之給皆爲字養故一境閒子無夭閼者
江南有國日有縣令鍾離君與鄰縣令許君結姻鍾

離女將出適買一婢以從嫁一日其婢執箕箒治地至堂前熟視地之窊處惻然淚下鍾離君適見怪問之婢泣曰幼時我父於此穴地爲毬窩道我戲劇歲久矣而窊處未改也鍾離君驚曰而父何人婢曰我父乃兩政前縣令也身死家破我遂落民閒而更賣爲婢鍾離君遽呼牙儈問之復咨於老吏具得其實是時許令子納采有日鍾離君遽以書抵許氏而止其子且曰吾買得前令之女吾特憐而悲之義不可久辱當輟吾女之奩篚先求壻以嫁前令之女也更俟一年别爲吾女營辦嫁資以歸君子可乎許君答書曰遽伯玉耻獨爲君子君何自專仁義願以前令之女配吾子然後君别求良配以嫁君女於是前令之女卒歸許氏此等事前輩之所常行今則不復得而見矣出魏泰東軒筆録
竇禹鈞范陽人爲左諫議大夫致仕諸子登第義風家法爲一時標表馮道贈禹鈞詩曰燕山竇十郎教子以義方靈椿一株老僊桂五枝芳人多傳誦生五子長曰儀次曰儼曰侃曰偁曰僖儀禮部尚書儼禮部侍郎皆爲翰林學士侃左補闕偁左諫議大夫參知政事僖起居郎初禹鈞家豐年三十無子夜夢亡祖亡父聚謂之曰汝早脩行緣汝無子又壽不永禹鈞唯諾禹鈞爲人素長者先有家童盜用房錢二百千慮事覺有女年十二三自寫券繫女臂云永賣此女與本宅償所負錢自是遠遁禹鈞見而憐之即焚

券以其女囑妻曰善撫養之既笄以二百千擇良配得所歸後僕聞之乃還感泣訴以前罪禹鈞不問由是父子圖禹鈞像晨興祝壽嘗因元夕往延慶寺於後殿階側得遺銀二百兩金三十兩持歸明日侵晨詣寺候失物者須臾一人果涕泣而至禹鈞問之對曰父罪犯至大辟徧懇親知貸得金銀將贖父罪昨暮以一親置酒酒昏忽失去今父罪不復贖矣公驗其實遂同歸以舊物還之加以憫惻復有贈賂同宗外姻有喪不能自舉公爲出錢葬之由公而葬者凡二十七喪孤遺女及貧不能嫁公爲出錢而嫁之由公而嫁凡二十八人故舊相知雖與公有一日之雅遇其窘困必擇其子弟可委以財者隨多寡貸以金

帛俾之販鬻由公活族者數十家四方賢士賴公舉者不可勝數公每量歲之所入除伏臘供給外皆以濟人之急家惟儉素無金玉之飾室無衣帛之妾於宅南建書院四十間聚書數千卷禮文行之儒延致師席凡四方孤寒之士無供須者公咸爲出之無問識與不識有志于學者聽其自至故其子見聞益博由公之門登貴顯者前後接踵來拜公之門必命左右扶公坐受其禮及公之亡蒙恩深者有持心喪三年以報遺德其後復夢亡祖亡父告之曰汝三十年實無子壽且促嘗告汝今汝數年以來名掛天曹陰府以汝有陰德特延筭三紀賜五子各顯榮仍以福壽而終後當留洞天充眞人位言訖復謂曰陰陽之理大抵不異善惡之報或發於見世或報於來生天網恢恢疎而不漏此無疑也禹鈞愈積陰功年八十二沐浴別親戚談笑而卒世稱教子者必曰燕山竇十郎云出范文正公竇諫議事跡記

厚德録卷第一

厚德録卷第二

百鍊眞隱李　元綱　編

司馬温公童稚時與羣兒戲一兒偶墮瓮水中羣兒譁棄去公則以石擊瓮水因穴而迸兒得不死蓋其活人手段已見於齠齔中至今京洛間多爲小兒擊瓮圖

范文正公在睢陽遣堯夫到姑蘇般麥五百斛堯夫時尚少既還舟次丹陽見石曼卿問寄此久也曼卿曰兩月矣三喪在淺土欲葬之西北歸無可與謀者堯夫以所載麥舟付之單騎自長蘆捷徑而去到家拜起侍立良久文正曰東吳見故舊乎曰曼卿爲三喪未舉方留滯丹陽時無郭元振莫可告者文正曰何不以麥舟付之堯夫曰已付之矣出僧惠洪冷齋夜話

范文正公守邠州暇日帥僚屬登樓置酒未發觴見縗絰數人營理喪具者公亟令詢之乃寄居士人卒於邠將出殯近郊賵斂棺槨皆所未具憮然即徹宴席厚賙給之使畢其事坐客感歎有泣下者

趙隣幾舍人好學善著述　太宗擢知制誥逾年卒子來之亦有文前以職事死塞下家極貧三女皆幼無田以養無宅以居僕趙延嗣者久事舍人義不忍去竭力營衣食以給之雖勞苦不避如是十餘年三女皆長延嗣未嘗見其面一日至京師訪舍人之舊謀嫁三女見宋翰林白楊侍郎徽之發聲大哭具道所以二公驚謝曰吾徒被儒衣冠且與舍人友而不

能卹舍人之孤不逮汝遠矣即迎三女京師求良士嫁之三女皆有歸延嗣乃去徂徠先生石守道爲之作傳以厲天下

曹州于令儀者市井人也長厚不忤物晚年家頗豐富一夕盜入其家諸子擒之乃鄰舍子也令儀曰爾素寡過何苦而爲盜耶迫於貧耳問其所欲曰得十千足以資衣食如其欲與之既去復呼之盜大懼語之曰爾貧甚負十千以歸恐爲邏者所詰留之至明使去盜大感愧卒爲良民鄉里稱君爲善士君擇子姪之秀者起學室延名儒以掖之子伋姪傑倣繼登進士第今爲曹南令族

司門郎中王繕濰州人治三傳春秋中第再調沂州

録事參軍時魯簡肅公宗道方爲司户參軍家貧食口衆禄俸不給每貸於王猶不足則又懇王預貸俸錢魯御下嚴庫吏深怨之訴魯私貸緡錢州并劾王王諭魯曰第歸罪某君無承也魯曰某貧不給以私干公過實自某公何辜焉王曰某碌碌經生仕無他志苟仰俸入以養妻子得罪無害矧以官物貸人過不及免君年少有志節明爽方正實公輔器無以輕過輒累遠業併得罪何益卒明魯不知而獨受私貸之罪魯深愧謝不自容王處之裕如無慊恨色由是沉困銓管二十餘年晚用薦者引對吏部狀其功過奏曰有魯姓名時魯已參大政立侍殿中　仁廟目魯曰豈卿耶魯遽稱謝且具陳其實　仁廟歎曰長者也先是有私過者例改次等由是得不降等詔改大理寺丞仕至省郎累典名郡晚年田園豐腆子孫蕃衍壽八十九卒亦庇賢爲善之報也

明道末天下蝗旱知通州吳遵路乘民未飢募富者得錢幾萬貫分遣衙校航海糴米於蘇秀使物價不增又使民採薪芻官爲收買以其直糴官米至冬大雪即以元價易薪芻與民官不傷財民且蒙利又建蓬茅屋百間以處流移出俸錢置薦席鹽蔬日與飯參俵有疾者給藥以治之其願歸者具舟續食還之本土是歲諸郡率多轉死惟通民安堵不知其凶歲也故其民愛之若父母明年范文正公安撫淮浙上公治狀頒下諸郡熙寧中命官于通距公之治逾四

十年而民猶詠稱不已

賈詢廣都人倜儻有奇節輕財尚義樂濟人之難王均之叛縣宰初暐奔山中無以自匿恇怯不能行詢負匿其家又使親黨護送帥府暐卒免害暐感之作義士傳刻石三聖院

劉輝簽判哀族人之不能爲生者買田數百畝以養之初范文正公吳文肅公皆有志置義田及後登二府禄賜豐厚方能成其志而輝於初仕家無餘貲能力爲之士君子尤以爲難

蘇子美慶曆中監進奏邸承舊例以斥賣故紙錢祠神因以其餘享賓客言事者欲因子美以累一二大臣彈擊甚急宦者操文符捕人送獄皆一時之名士

都下爲之紛駭左右無敢救解者獨韓魏公從容言於　仁宗曰舜欽一醉飽之過止可付有司治之何至如此　帝悔見于色魏公之仁厚愛賢實可尚已出蒲中行澠水燕談

張忠定公詠在成都府嘗夜夢謁紫府眞君接語未久吏忽報請到西門黃兼濟承事兼濟以幅巾道服而趨眞君降階接之禮頗隆盡且揖張公坐承事之下詢顧詳欵似有欽歎之意公翊旦即遣典客詣西門請黃承事者戒令具常所衣服來比至果如夢中所見公即以所夢告之問平日有何陰德蒙眞君厚遇如此且居某之上座耶兼濟云無他長惟每歲遇禾麥熟時以錢三萬緡收糴至明年禾麥小熟小民艱食之際糴之價直不增升斗亦無高下在我者初無所損而小民得濟所急公曰此承事所以坐某之上也令索公裳令二吏掖之使端受四拜黃公後裔繁衍至今在仕路者比比青紫

張忠定公詠在蜀主帥平賊如風悖草亂久不寧息公謂主帥曰有平民無害者在黨中亦宜治之翌日帥送賊三十餘人請公治之悉給公憑遣之曰各著業去帥怒曰何擅縱賊人公曰昨日李順脅民爲賊今日僕與足下化賊爲民用固邦本

張忠定公言吾頃與今丞相寇公南陽張覃取大名府解試罷衆謂吾名居覃之右吾上府帥書言覃之德行於鄉里有古人風將以某之文近覃之文則未知覃之行遠某之萬萬矣遂薦覃爲解元公曰士君子當以德義相先不然未足爲士矣

張忠定公視事退後有一廳子熟睡公詰之汝家有甚事對曰母久病兄爲客未歸訪之果然公翌日差場務一名給之且曰吾廳上有敢睡者邪此必心極幽蕙使之然爾故憫之出李畋張乖崖語錄

楊玢尚書致仕歸長安舊居多爲鄰里侵占子弟欲詣府訴其事以狀白玢玢批紙尾云四隣侵我我從伊必竟須思未有時試上含元殿基望秋風秋草正離離子弟不敢復言出楊文公談苑

丁崖州謂險詐然亦有長者言　眞宗嘗怒一朝士再三語及輒稍退不答上作色曰如此叵耐問輒不應謂進曰雷霆之下臣若更加一言則虀粉矣　眞宗欣然嘉納出嘉祐雜志

故事州郡之獄有疑及情可憫者雖許上請而法寺多舉駁則官吏當不應奏之罪故皆移情就法不以上請燕肅判刑部奏天聖三年天下斷大辟二千四百三十六豈無法疑情可憫者而州郡無所奏讞蓋畏罪也請自今奏而不應奏者不科以罪自是左讞者歲不減千人皆情可憫法疑者無不貸免自天聖四年訖今蓋五十年貸免無慮數萬人古所謂仁人之言肅有之矣職方張淇知江陰軍吏盜錢三百萬蓋二十年矣具發其姦捕繫數十人轉運使趙廓謂曰此應賞典願竄吏吾以聞淇慘然曰殺人以求賞可

乎悉召吏諭以償錢則貸出之不爾爾曹死矣吏之親屬聞者爭出錢以償十日而足乃推二人死者爲首餘悉貸不問鄭愧且歎曰公長者非吾所及也淇乃簡肅公之壻

王章惠公隨舉進士時甚貧遊於翼城逋人飯執而入縣石務均之父爲縣吏爲償錢又飯之館之於其家而其母猶所加禮二日務均醉令王起舞舞不中節毆之王遂去明年登第久之爲河東轉運使務均恐懼逃竄然王豈肯害之乎至是事敗文潞公爲縣捕之急往投王王已爲御史中丞矣未幾封一鋌銀至縣葬務均之母事少解尋而王爲參知政事奏務均教練使務均亦改行自脩以此知王公長厚而不

忘一飯之恩也 出范蜀公東齋記事

韓魏公知北都有中外親獻玉盞一隻云耕者入塚而得表裏無纖瑕可指蓋絶寶也公以百金答之尤爲寶愛開醼召漕使顯官特設一卓覆以繡衣致玉盞其上且將用之酌酒遍勸坐客俄爲吏將誤觸檯倒玉盞俱碎坐客皆愕然吏將伏地待罪公神色不動笑謂坐客曰物破亦自有時謂吏將曰汝誤也非故也何罪之有公之量寬大厚重如此 出劉斧翰府名談

曹武惠王彬國朝名將勳業之盛無與爲比嘗曰自吾爲將殺人多矣然未嘗以私喜怒輒戮一人其所居堂室弊壞子弟請加修葺公曰時方大冬牆壁瓦石之間百蟲所蟄不可傷其生其仁心愛物蓋如此 出歐陽文忠公歸田錄

李丞相沆有長者譽一世僕逋宅金數十千忽一夕遁去有女將十歲美姿格自寫一券繫於帶願賣於宅以償焉丞相大惻之祝夫人曰願如己子育於室訓教婦德俟成求偶嫁之止請夫人親結縭以主婚然而務在明潔夫人如所誨及笄擇一壻亦頗良具奩幣歸之女範果堅白其二親後歸舊京聞之淪感心骨丞相病夫婦刲股爲羹饋之至薨衰絰三年以報 出僧文瑩湘山野録

宫禁火災 眞宗驚惶語王文正公旦曰兩朝所積朕不敢妄費一朝殆盡誠可惜也公對曰 陛下富有天下財帛不足憂所慮者政令賞罰有所不當臣

備位宰相天災如此臣當免罷繼上表待罪上乃降詔罪己許中外上封事言朝廷得失後有大臣言非天災乃王宫失於火禁請置獄上出其狀當斬决者數百人公持以歸翌日乞獨對言初火災 陛下降詔罪己臣上言待罪今行此刑恐不副前詔有違天意果欲行刑願罪臣以明無罪狀上欣然聽納免死者幾百輩

眞廟時有卜者上封事言干宫禁上怒令捕之繫獄坐以法因籍其家得朝士往還書尺 上曰此人狂妄果臣僚與之遊從盡可付御史獄案劾王文正公旦得之以歸翌日獨對曰臣看卜者家藏文字皆與之筭命選日草本即無言及朝廷事臣託往來亦曽

令推步星辰具狀尚存因出以奏曰果行乞以臣此狀同問上曰卿意如何公曰臣不欲因以卜祝賤流累及朝臣上乃解公至政府即時焚去繼有大臣力言乞行欲因而擠之上令中使再取其狀公曰得旨已寢焚去之（出王素王文正公家録）

韓魏公在魏府僚屬路拯者就案呈有司事而狀尾忘書名公即以袖覆之仰首與路稍稍潛卷語定從容以授之路君退而自見且媿且歎曰眞天下盛德也

韓魏公嘗言内官王昭德絶不類内官往年執政賈昌朝陳執中惡歐陽公欲因張氏事深治之令蘇世昌鞫獄獄不成蘇云不如鍛鍊仍乞不録問昭德時爲勘官正色曰上令某監勘正欲盡公道爾鍛鍊何

等語邪歐公遂清脫

韓魏公帥定武時夜作書令一侍兵持燭於旁兵他顧燭燃公鬚公以袖麾之而作書如故少頃回視則已易其人矣公恐主吏鞭卒急呼曰勿易之渠方解持燭軍中爲之感服

韓魏公爲丞相每見文字有攻人隱惡者即手自封之未嘗使人見

韓魏公知歐陽永叔不以繫辭爲孔子書又多以文中子爲可取中書相會累年未嘗與之言及（出王嵒叟忠獻魏公別録）

王沂公曾留守洛師歲歉里有困積者飢民聚黨脇取鄰郡以強盜論報死者甚衆公但重笞而釋之遠近聞以爲法全活者數千計仍上言國初淮浙未下之日嘗命陝雍晉絳歲漕粟以赴京師遂詔給陝粟二十萬儲廪充而民息肩于今賴之

校書郎張子奭居三川閒嘗請見王沂公延於便坐屛左右語之曰聞伊闕令劉定基貪虐無狀民將興訟又出書一軸悉數其罪且曰爲吏至此誠不足念若舉以成獄則平民罹其害者不啻千人今將先事除之如何子奭對以漢薛宣故事公頷之未幾檄召令至府面詰之仍示以鄉來書軸俾自閱之劉首伏不敢有隱且求解去翌日以疾告自免由是訟息而民安（出王皞王沂公言行録）

工部侍郎胡宿爲邑日丁晉公爲遊客見之胡待之

甚厚丁因投詩索米明日胡延晉公常日所用樽皿悉屛去但陶瓦而已丁失望以爲厭己遂辭去往見之出銀一篋遺丁曰家素貧惟此飲器願以贐行丁始諭設陶器之因其後晉公極力推挽卒至顯位

朝士劉廷式本田家鄰舍公有一女約與廷式爲婚後契闊數年廷式讀書登科歸鄉閭訪鄰翁鄰翁已死女因病雙瞽家極困餓廷式使人申前好而女子之家辭以疾仍以傭耕不敢姻士大夫廷式堅不可與翁有約豈可以翁死子疾而背之卒與成婚閨門極雍睦其妻相攜而後能行凡生數子廷式嘗坐小譴監司欲逐之嘉其有美行遂爲之闊略而後廷式管勾江州太平宮而妻死哭之極哀蘇子瞻愛其義

爲文以美之（出沈存中筆談）

李翰林宗諤其父文正公昉秉政時避嫌遠勢出入僕馬與寒士無辨一日中路逢文正公前騶不知其爲公子而遽呵辱之是後每見斯人必自隱蔽恐其知而自媿也

京師人有以金銀繒錦實二篋託付於其相知數年而死彼人歸諸其子子曰我父平日未嘗一言及此且無契券之驗殆長者之誤也其人曰我躬受之爾父豈待劵契與汝必預聞哉兩人相推無敢當其人遂持以白于官時包孝肅公尹京驗究其實斷與其子世俗之說皆謂今人無復良心惟知有利耳聞是二人之風可以釋一世之疑

蘇子瞻云慶曆三年有李京者爲小官吳鼎臣在侍從二人相與通家一日京薦其友人於鼎臣求聞達於朝廷鼎臣即繳其書奏之京坐貶官未行京妻謁鼎臣妻取别鼎臣妻慙不出京妻立廳事召鼎臣幹僕語之曰我來既爲往還之久欲求一别亦爲乃公嘗有數帖與吾夫禱私事恐汝家終以爲疑索火焚之而去（出呂原明語録）

元祐中舉子吳中應大科以進卷遍投從官一日與李方叔諸人同觀文理乖謬撫掌絶倒范純夫偶出見之問所以然皆以實對純夫覽其文數篇不笑亦不言掩卷他語侍坐者亦不敢問他日吳中請見純夫諭之曰觀足下之文應進士舉且不可况大科乎此必有人相誤請歸讀書學文且習進士吳中詞謝而去（出晁氏客語）

兖州有民家婦姓賀氏里人謂之賀織女父母以農爲業其夫則負擔興販往來州郡賀初爲婦未旬浹其夫出外經求每一出數年方歸歸則數日復出不聞一錢濟其母給其妻家貧無賴閭巷呼爲不孝之子所得錐刀之利别於他處供給小妻賀知之每夫還但以忻然承事飲食漱濯必盡其力未嘗微露風彩言及小妻及干以衣食其夫自以有所慚負則必非理毆罵之婦亦不之酬對其姑老且病凍餒切骨婦則傭織以資之所得傭直盡歸其姑已則寒不營衣飢不飽食姑又不慈日有凌虐婦復益加恭謹下

氣怡聲以悦其意雖闇室無人之所亦無怨歎夫嘗挈小妻至家賀則以女弟呼之慇勤待之略無慍色賀爲婦二十餘年其夫在家前後無半載而能勤力奉養始終無怨可謂賢孝矣此婦生於窮賤之門口不知忠信之言耳不聞禮義之訓而能如此雖古之淑哲無以過也故曰十室之邑必有忠信斯言不謬矣書之以備鑒戒（出范資玉堂閑話）

孫學士元忠朴吕正獻公所薦館職也嘗爲吕居仁言元祐間某嘗對侍講非笑程正叔侍講謂其正叔有多少好事元忠不説何故只言其短其因釋然心服後不復敢深議正叔因思今人如元忠樂善者少矣侍講謂滎陽公吕原明也（出吕居仁童蒙訓）

曹彬侍中討蜀初克成都有獲婦女者彬悉閉於一第竅以度食曰是將進御嘗密衛之洎事寧咸訪其親以還之無者嫁之（出聖宋掇遺）

孫莘老知福州時民有欠市易錢者繫獄甚衆適有富人出錢五百萬葺佛殿請于莘老莘老徐曰汝輩所以施錢者何也衆曰願得福耳莘老曰佛殿未甚壞又無露坐者孰若與其錢爲獄囚償官逋使數百人釋枷鏁之苦其得福豈不多乎富人不得已諾之即日輸官囹圄遂空

范文正公少學於府庠同舍有病者文正親調藥以療病病亟囑文正曰吾無以報子平生有一術遊遠方未嘗窮乏者術之力也今以遺子因授藥一裹方

書小策文正不得已留之未嘗取視後二十年得其子還之封記如故（出劉延年孫公談圃）

前宰相蔡確坐詩語譏訕簾中臺諫章疏交上必欲朝廷誅殛宰執侍從皆謂當然范忠宣公獨以爲不可遂於簾前開陳方今聖朝宜務寬厚不可以語言文字之間曖昧不明之過誅竄大臣今日舉動宜與將來爲法式此事甚不可開端也疏云蓋如父母之有逆子雖天地鬼神不能容貸怨於父母親至於必死之地則却恐傷恩臣之區區實在於此（出范忠宣公行錄）

慶曆中劫盜張海橫行數路將過高郵知軍晁仲約度不能禦喻軍中富民出金帛具牛酒使人迎勞且厚遺之海悅逕去不爲暴事聞朝廷大怒時范文正公在政府富鄭公在樞府鄭公議欲誅仲約以正法范公欲宥之爭於上前富公曰盜賊公行守臣不能戰不能守使民醵錢遺之法所當誅也不誅郡縣無復肯守者矣聞高郵之民疾之欲食其肉不可釋也范公曰郡縣兵械足以戰守遇賊不禦而反賂之此法所誅也今高郵無兵與械雖仲約之義當勉力戰守然事有可恕戮之非法意也小民之情得醵出財物而免於殺掠也理必喜之而云欲食其肉傳者過也　仁宗釋然從之仲約由此免死既而富公慍曰方今患法不舉方欲舉法而多方沮之何以整衆范公密告曰祖宗以來未嘗輕殺臣下此盛德之事柰何欲輕壞之且吾與公在此同僚之間同心者有幾

雖上意亦未知所定也而輕導人主以誅戮臣下他日手滑雖吾輩亦未敢自保也富公終不以爲然及二公迹不安范公出按陝西富公出按河北范公因出欲守邊富公自河北還及國門不許入未測朝廷意此夜徬徨不能寐遶床歎曰范六丈聖人也（出蘇子由龍川別志）

李謙溥有招收將劉進者勇力絶人數以少擊衆并人患之乃以蠟丸封書譌進陽遺其兄晉帥趙贇得之以聞　太祖即詔謙溥械送闕下謙溥曰此反間也願以闔門保之　太祖得奏遽釋進厚賜金帛遣之

侯可寓逆旅有書生病極將爲庸醫所誤侯與書生無契素特哀其途窮輒叱去醫者自爲調藥餌病病

間始與之告別出呂厚明呂氏家塾廣記

陳秦國公省華三子已貴秦公尚無恙每賓客至其家堯佐及仲季子侍立左右坐客踧踖不安求去秦公笑曰此兒子輩爾後天下皆以秦公教子爲法而以陳氏世家爲榮

賓儀尚書家法整肅每對客坐即二侍郎三起居四參政五補闕皆侍立焉晉公談録

厚德録卷第二

厚德録卷第三

百鍊眞隱李　元綱　編

韓許國公億在中書日嘗見天下諸路有職司捃拾官吏小過輒顏色不懌曰今天下太平主上之心雖虫魚草木皆欲得所夫仕者大則望爲公卿次則望爲侍從職司二千石其下亦望京朝幕職奈何錮之於聖世持心如此昔袁安不以贓罪鞫人其韓公之謂乎

蘇兵部耆充陝西轉運景祐中洛陽大旱穀貴百姓飢殍京東轉運司亦無以爲賑洛陽留守移書求耆粟二十萬斛遂移文陝府如數與之仍奏於朝時同職謂耆曰陝西沿邊之地屯軍甚多若有餘止可移之以實邊郡奈何移之別路耆曰天災流行春秋有恤鄰之義生民皆繫於君無內外之別柰何知其垂亡而不以奇贏賑恤耶曰苟有饋運者當自謀必不以此相累朝廷甚嘉之出張唐英嘉祐名臣傳

沈邈嘗爲京東轉運使數以事侵宋元憲公庠後任御史又彈奏庠不可以爲執政及庠在洛邈子監麴院因出借縣人負物杖之道死死者實以他疾而邈之子府屬所惡痛治之以治庠獨不肯曰此何足以爲人也人以此稱庠長者

宋宣憲公綬判三司憑由司建言比歲下赦令釋逋而稽期未報者六十八州軍請諸路選官覆校限半月以聞以是脫械繫三千二百人所除數百萬

范文正公爲參知政事會王倫寇淮南州縣官吏有不能守朝廷盡欲誅之公曰時諱言武備盜賊猝至而專責守臣死事不可故守令皆得不誅

司馬待制池温公父也知杭州轉運使江鈞張從革惡池撫其所決事十餘條奏降知虢州初轉運使既以奏池而會吏有盜官銀器繫州獄且自陳爲鈞嘗私厨出所費過半又越州通判私載物犯税而實從革使之因遣人私請曰幸怜赦之或謂池獨不能忍也池卒不校人以長厚稱之

楊侍郎偕知審官院元昊乞和而不稱臣偕上言以謂連年出師國力日以屈莫如以書遺之徐圖誅滅之計諫官歐陽脩蔡襄交章劾奏偕職爲從官不思

爲國討賊而助元昊不臣之請罪當誅偕不自安求知越州道改知杭而襄謁告迎親杭而輕遊里市或謂曰何不以言於朝偕曰襄嘗以公事詆我我豈可以私報也

馬少保亮通判常州時吏有忘失官物械繫妻子至連逮者數百人亮一切縱去許自償所負不踰月而盡輸之咸平初命往京西河東二道放積欠官物奏除者數百萬還奏稱旨

馬少保以王均反爲西川轉運使賊平主將尚誅殺不已亮救全者千餘人明年召問蜀事會械送爲賊所詿誤者八十九人至京師知樞密院事周瑩欲盡誅之亮言愚民脅從者衆此特百之一二爾餘皆竄伏山林若不貸之恐遠人危懼重貽朝廷憂帝從之

馬少保爲西川轉運使時施州鹽井歲久泉涸而官督所負州繫捕各數百人亮盡釋繫者而廢其井凡除所逋二百餘萬提點福建刑獄始訊寃獄全活者數十人

馬少保爲御史中丞上言近歲以來父祖未葬而多别財異爨甚傷風教請自今未葬者不得析居

知制誥韓綜通判天雄軍會河水漲金隄民依丘冢者凡數百家水大至綜出令能活一人者予千錢民爭操舟桴盡救之已而丘冢潰

李給事行簡爲八州軍體量安撫時大飢遂發義倉粟賑貧乏蠲糴州逋租除龍圖閣待制　眞宗數幸

龍圖閣命講周易間訪大臣能否而行簡無怨昵必盡稱道其長人以爲長者

胡侍郎則提舉江南路銀銅場鑄錢監時得吏所匿銅數萬斤吏懼且死則曰馬伏波哀重囚而縱亡之吾豈重貨而輕數人之生止籍爲羨餘及除廣西轉運按宜州重辟十九人而爲辨活者九人

胡侍郎在福州時前守陳絳坐嘗延蜀儒龍昌期爲州人講易得錢一萬事發自成都械昌期至則破械館以賓禮出俸錢爲償之

扈諫議稱爲梓州路轉運使屬歲飢道殣相望稱先出禄米以賑民故富家大族皆願以米輸入官而全活者數萬人

方諫議愼言爲侍御史時丁謂貶遣愼言籍其家得士大夫書多干請關通者悉焚之不以聞世稱長者

胥內翰偃未仕時家有良田數千頃旣貴悉以與族人嘗與謝絳受詔試中書吏而大臣有以簡屬偃不發視而焚之且曰發而言之不亦傷刻薄乎

薛簡肅公奎知益州里父訟其子不孝者詰之乃曰貧無以爲養奎因出俸錢與之

范文正公爲江淮體量安撫所至賑乏絶又陳八事其四曰國家重兵悉在京師而軍食仰於度支則所養之兵不可不精也禁軍代回五十以上不任披帶者降爲畿內及陳許等處近下禁軍一卒之費歲不下百千萬人則百萬緡矣至七十歲乃放停且人方

五十之時或有鄉園骨肉懷土之情猶樂舊里及七十後鄉園改易骨肉淪謝羸老者歸復何託是未停之前大蠹國用廢之之後復傷物情咸平中揀鄉兵人無歸望號怨之聲動於四野祥符中選退冗兵無歸之人大至失所此近事之鑒也請下殿前軍馬司禁軍選不堪披帶者與本鄉州軍別立就糧指揮至彼有田園骨肉者許之歸農則羸老之人亦不至失所矣

王待制質權知荊南府有媪訴其婦薄於養婦曰舅姑家旣窮而歸且奉事無不謹質曰姑雖不良獨不顧若夫耶取家人衣衣媪又給以廩粟使歸養之皆感泣而去

劉吏部夔不治財產所收私田有餘穀則以振救鄉里貧人前死數日作遺表以祿賜所餘分親族

馬少保亮知潭州屬縣有亡命卒剽劫爲鄉人共謀殺之在法當死者四人亮謂其僚屬曰夫能爲民去害而乃坐以死豈法意耶乃批其案悉貸之

馬少保知昇州行次九江屬歲旱民飢乃邀湖湘漕米數千艘以賑之因奏瀕江諸郡皆大歉而吏不之救願罷官糴令民轉粟以相賙足朝廷從其言

馬少保知廣州是時宜州陳進初平而澄海兵從進反者法當配隸皆釋之不問又鹽戶逋課質其妻子於富室悉取以還其家徙虔州錄孝行圖于牙門以示民

張諫議師德判三司都理欠憑由司時建言有負官物而本非侵盜若惸獨貧病者雖督繫之卒無以自償請因上慮囚而一切蠲免之詔施用其言

楊諫議告除京西轉運副使時屬部歲飢所至發公廩又募富室出粟以賑之民伐桑易粟不能售告命高其估以給酒官由是獲濟者甚衆

姚龍學仲孫爲許州司理參軍時王嗣宗知州事民有被盜殺者其妻訴里胥嘗責賄於其夫不與而惡之此必盜也乃捕繫獄將以死而仲孫疑之嗣宗怒曰若非盜耶然亦不敢遽決後數日果得其盜者嗣宗喜曰審獄當如是也改資州轉運使檄往富順監按疑獄全活者數十人

方諫議愼言知泉州會歲飢大發官廩以貸民又恤其鰥寡孤獨而皆愛之至有生子以方兒爲名者

張密學逸知益州會歲旱乃導江水爲堰以溉民田又自出公租減價以賑民初民飢多殺耕牛食之犯者皆配關中逸奏民殺牛以活將死之命與盜殺者異若不禁之又將廢穡事今歲小稔請一切放還復其業從之

錢祕監昆知梓州時會歲旱歉民多流移大發常平粟賑之而自劾釋不問

張密學奎守婺州有滯囚法當死獄成三問輒不伏轉運使命奎覆按一視牘而辨之得不死人皆服其明通判廬州罷歸會秦州鹽課緡錢數十萬事連十

一州轉運使請遣制使按于鳳翔詔擇奎因言鹽法起於軍興之不足非仁政所行若不得已令商人斡流通行民間而出其征則縣官獲利爲多與夫壅之以自入官叅而民怨緣而興獄者異也於是悉除十一州所負奎性甚孝爲御史時母病乃齋戒刲股肉和藥進之遂愈

唐侍制肅爲泰州司理參軍有商人夜宿逆旅而同宿者殺人亡去旦視之血汙其衣爲吏所執不能明遂自誣服肅爲白其冤而知州事馬知節趣令具獄肅固持不可後數日果得眞殺人者矣

陳龍學從易知虔州歲飢有持杖盜殺發囷倉者請一切減死論於是全活者千餘人

王侍制居易知漢州會歲大飢乃出俸錢率僚吏及郡豪得穀數萬斛賑飢民全活者以萬計安撫使韓琦薦之

梅諫議摯通判蘇州初二浙飢官貸種食已而督償之甚急摯上言賑民所以爲惠也反撓民不便因下其奏他州悉得緩期償之

嵇內翰頴父適嘗爲荆南石首主簿民有父子坐重辟府特命適按劾之爲免其子死而父以抵法託言於人曰主簿仁人也且生令子明年頴生天聖中進士及第

張侍郎溥知楚州會歲飢貽書發運使求貸糧不報因歎曰民轉死溝壑矣尚待報耶乃發上供倉粟賑

之所活以萬計因上章待罪降勑獎諭

李諫議應言少孤事母以孝聞除侍御史時鄆州民有傳妖法者其黨凡百餘人捕者欲邀功賞而極誣以不軌命應言往按其事止誅首謀數人餘悉全活之

吳龍學遵路知崇州會歲歉先期轉市米吳中以賑貧民自他流至者其全亦十八九丁母憂廬墓側蔬食終制既沒家無長物其友范仲淹分俸賙其家

李給事允元通判寧州州卒謀亂事覺連逮者衆允元極意辨析止坐首惡數人誅之爲利州路轉運使至所部會歲飢發官粟數萬碩賑民之得不流徙

趙樞密稹爲益州路轉運使卬州蒲江縣捕劫盜不

得而官司返繫平民十數人楚掠彊服又合其辭若無疑者積適出部意其有冤乃馳入縣獄因盡得其冤狀釋出之

王待制鼎廉於財父死以財物分諸子鼎悉推與季弟及在臨卭轉運使令攝成都新繁縣事又推職田所入不取後奉使契丹得絹千餘疋散之族人一日盡事繼母孝教育孤姪甚至自奉養尤儉約

陳節使堯咨權通判流內銓時舊制選人皆用制奏舉乃得京寺官而士有孤寒不爲人知者堯咨特爲陳其功狀升擢之

陳郎中貫權利州路轉運使屬歲飢出所得職田粟盡以賑民富民有積粟者率令計口自占其數有餘

則皆發之

楊發運日華知嘉州先是蜀旱飢而州民逋官租以鉅萬計逮捕繫械歷數年不能償日華至悉奏蠲除之

石中允介爲嘉州軍事判官丁父母憂躬耕徂徠山下葬其五世之未葬者七十喪魯人號爲徂徠先生

劉從事顏爲齊州任城縣主簿會歲飢發大姓所積粟以活數千人也

李防禦允則知潭州會湖南飢欲發官廩先賑之而後奏轉運使以爲不可允則曰須報踰月則飢者無及矣不聽明年又飢復欲先賑之轉運使又報不可允則乃願以家貲爲質由是全活者數萬人矣

趙觀察滋知雄州時契丹大飢舊米出塞下不得過三升滋曰彼吾民也令出米無所禁

桑崇班懌嘗遇大水有粟二廩將以舟載之見百姓走避水者遂弃其粟而載之得皆不死歲飢聚人盡食其粟盡而止

孫觀察權知滄州有劫盜獄成廉疑之謂其僚屬曰我武人也獄亂非吾事試召其鄰里而周訪之皆曰此平居放不事今以爲盜則非也旣二日果得眞盜降詔奬諭

靳提舉宗說監滄州鹽山縣務日嘗攝縣事有繫囚坐殺人法當死宗說疑之會犯者言其母年九十病且甚願得一別母而死宗說惻然釋囚縛令人與俱

至家旣而更獲所殺人者

康團練德輿爲大名府鈐轄提舉金隄至和中河決小吳埽破東隄頓丘口居民之避水者趨隄上而水至不得達德輿以巨艘五十順流以濟之免墊溺者數萬人李仲昌治資聖歸役兵數千人會雨潦道不通不能得食又以舟濟以食

周諫議湛通判戎州日其俗尚巫有病輒不醫皆聽巫以飲食往往不得愈湛爲禁俗之習爲巫者又刻方書於石自是始用醫病者更得活提點廣東刑獄初江湖之民略良人鬻嶺外爲奴婢湛至聽其自陳得男女二千六百餘人還其鄉

陳運使希亮少時從鄉人宋輔學輔死母子貧困希

亮以女妻其子而贍卹其母終身（出兩朝諸臣傳）

沈内翰文通治杭州令行禁止人有貧不能葬及女子孤無以嫁者以公使錢葬嫁數百人倡優養良家女爲己子者奪歸其父母

曾侍中公亮爲相時每得四方奏獄必躬閲之寃州銀沙發民田中有強盜者大理論以死公亮獨曰此禁物也罪不應死下有司議卒比劫盜禁法盜得不死先是金銀所發多以強盜坐死自是無死者（出熙豐故事名臣傳）

葉左丞夢得云余在許昌歲值大水灾傷京西尤甚浮殍自鄧唐入吾境不可勝計令盡發常平所儲奏乞越常制賑之幾十餘萬人稍能全活惟遺弃小兒

無由得之一日徇左右曰人之無子者何不收以自畜乎曰然人固願得之但患既長或來識認爾余爲閲法則凡傷灾弃遺小兒父母不得復取乃知爲此法者亦仁人也夫彼既弃而不有父母之恩已絶矣若人不收之其誰與活乎遂作空劵數千具載本法即給内外厢界保伍凡得兒者皆使自明所從來書於劵付之略爲籍記使以時上其數給多者賞且分常平餘粟貧者量授以爲資事定按籍給劵凡三千八百人皆奪之溝壑而置之襁褓此雖細事不足道然每以告臨民者恐緩急不及知其法或不能出此術也

李文靖公沆爲相專以方嚴重厚鎮服浮躁尤不樂人論説短長附己胡祕監旦謫商州久未召嘗與文靖同爲制誥聞其拜參政以成啓賀之詆前居職罷去云呂參政以無功爲左丞郭參政以酒失爲少監辛參政非才謝病優拜尚書陳參政新任失旨退歸兩省而譽文靖甚力意將以附之文靖慨然不樂命小吏封置别篋曰吾豈真優於是者耶亦適遭遇耳乘人之後而譏其非吾所不爲況欲揚一己而短四人乎終爲相旦不復用舊聞韓宗武云後閲旦傳乃載此文

趙康靖公槩厚德長者口未嘗言人短與歐陽文忠公同知制誥後亦同秉政及文忠被謗康靖密申辨理至欲納平生誥勑而保之而文忠不知也

富韓公弼爲樞密副使坐石守道謗自河北宣撫使還除知鄆州復徙青州讒者不已人皆爲公危懼會河北大水流民轉徙東下者六七十萬人公一皆招納之勸民出粟自爲區畫散處境内室廬飲食醫藥纖悉無不備從者如歸市有勸公非所以處疑弭謗禍且不測公傲然弗顧曰吾豈以一身易此六七十萬人之命哉卒行之愈力明年河北二麥大熟始皆襁負而歸則公所全活也於是雖讒公亦莫不畏服知不可撓而公疑亦因是浸釋公在政府不久而青州適當此疑嘗見其與一所厚書云在青州偶能全活數萬人勝二十四考中書令遠矣張侍郎舜民嘗刻之石（出葉少蘊避暑録話）

庚寅歲湖州孔目官朱氏以米八百石作粥散貧是歲生服服爲從官

潤州金壇縣陳亢熙寧八年餓殍無數作萬人冢每一尸設飯一甌席一領紙四貼藏尸不可紀是歲生廊又生度皆爲監司孫登仕者相繼（出王定國聞見近録）

王沂公曾執政外親戚可任者言之於上否者厚恤之以金帛自奉甚薄待客至厚薄於滋味無所偏嗜庖人請命未嘗改饌事諸父諸母諸乳母盡其孝謹葬外氏十餘喪嫁姻族孤女數人凡四鎮所至悉興學校輟俸錢以助其費青州仍出家藏書篇卷甚廣以助習讀（出王皡王沂公言行録）

仁宗時朝議在官七十而不致仕者有司以時按籍

舉行翰林學士兼史館修撰胡宿以謂養廉恥厚風化宜有漸而欲一切以吏議從事殆非所以優老勸功之意當少緩其法使人得自言而全美節朝廷嘉其言是以至今行之（出李攸本朝事實）

天聖中玉清昭應宫灾太后曰先帝營奉此宫極天下之力今一旦灰燼皆守衛者不謹所致詔付御史臺推劾皆欲戮之御史中丞王晦叔上疏曰昔魯桓僖宫灾孔子以爲桓僖親盡當毁也漢遼東高廟灾及高園便殿灾董仲舒曰高廟不當居陵旁故天灾今玉清之興不合經義先帝信方士邪巧之說蠹耗財用無紀今天焚之乃戒其侈而不經也上與太后感悟乃薄守衛者罪

仁宗嘗謂近臣曰比有貪墨之吏賊民自厚朕誠惡之今後曾有贓私罪犯吏不得許臣僚奏舉審官院流内銓三班院吏不得引見磨勘轉官時士人亦有材高而不能事上官者或上官以私忿而捃拾米鹽果菜細碎以爲贓私者遂永不得進用衆以爲冤右正言知制誥流内銓吴育奏欲乞應選人中曾犯贓私之類除情理重者無復在官其餘罪名雖同事體不一或以微物致累或以周防偶虧而所犯稍輕故得敘用候經兩任如别無私罪顯有材能並許奏舉特與磨勘

唐御史介上言陳宰臣文彦博之過貶授英州别駕介未至英州彦博奏出介至重是陛下因臣而退敢

言之士願召用之尋通判潭州移知復州又召爲言事御史

孔寺丞牧早以文行見推鄉黨在汝州村居飢歲鄉民貨舉菽粟聽其自取中皆不取償民有盜伐所種竹木者家僮執之牧見而釋之且問其所欲之數欲伐而益之俾如其意盜者愧謝所居園圃近水民有夜涉水盜蔬果者牧嘆曰晦夜涉水或有陷溺即爲製橋盜者慙不復渡

仁宗時天下郡國有灾異飢饉而鄰郡多閉糴右正言充秘閣校理吴及奏乞聖旨諸路或有灾傷輒敢閉糴科違制之罪上從之初上晚年未有皇子而求嗣益切後宫所誕育者皆公主上言陛下左右内臣

凡四千餘人是絶人之嗣多矣久無皇嗣豈以此耶
上感寤之

仁宗時天下提刑轉運知府多以愛憎喜怒發摘官吏小失以快己意御史裏行陳洙奏欲望凡奏到公案其被奏官於理無罪者兼取問元案舉官司重行謫罰被奏之人移於鄰郡以相回避仍令班行天下戒監司州郡苛察者上深以爲然令審刑院大理寺今後諸處勘到命官使司奏案内有不合書罪顯涉掊拾者仰奏干繫官吏自是少敢以喜怒愛憎羅織官吏

仁宗時審官院及流内銓條制應京朝官選人祖父母父母年及七十已上無子孫弟姪年二十已上侍養並令召保與家便差遣御史裏行陳洙奏應上侍者須親到京方免遠注與授家便其中有親在五路者以貧多闕少皆授差遣還家動經年歲夫人年過七十須臾無有侍側則举然不安令使其子孫去親千里不幸疾病甘旨弗供醫藥弗繼則死者遺恨獨不累聖朝孝治之至邪臣欲乞京朝官選人得替在外親年七十以上的無兼侍者許召保仰逐處州軍疾速備録申審官院流内銓與注授家便路分合入差遣更不令親自到闕如此則老者得遂其安孝者得盡其力自是親老而無兼侍者皆外除之（出張唐英仁宗君臣政要録）

元達爲馬步軍頭領嬀州團練使會部送亡命自首者引對軒陛左右或勸　太宗殺之以戒効尤者達奏此類在山林尚多不如赦之使有自新之路以勸來者亦以成陛下好生之德　太宗悅悉赦之

趙韓王普初爲滁州軍事判官　太祖過滁上與語奇之會獲盜百餘人將就死普意其有寃啓　太祖更訊之所全活者十七八矣

薛文惠公居正知朗州湖湘初平卒多亡命山澤監軍使疑城中僧千餘人皆其黨欲誅之居正以計緩其事後擒賊帥汪端詰之僧果不與悉得全活

韓通少應募以勇力聞顯德二年河北大兵之後遺骸滿野通悉令收瘞爲萬人冢命記室賈湘刻石紀事立於無極縣

宋準所至皆有治聲盧多遜貶李穆坐同門生免左右無敢言者準因盛言穆長者有檢操嘗惡多遜專恣固非其黨也　太宗悟遂復穆官

曹侍中彬北征之失律也趙昌言請行軍法及昌言自延安還因事被劾未得入見彬在近密爲上請乃許朝謁

馬知節樞密知秦州州嘗質羌酋二十人屬殆逾二紀知節曰此亦人也豈不懷土悉遣還蕃落感其恵乞受代無以敢怨塞者也

何承矩繼筠之子太平興國五年知河南府時兩川綱運皆調丁男或囚之在道病亦令負擔承矩以爲疲民横役悉奏令還之矣

謝德權咸平中凶人劉燁僧澄雅訟報政與許州民陰結西戎爲叛者詔温仲舒謝泌鞫問令德權監之既而按驗无狀泌奏追大臣下獄乃可其奏德權曰泌欲陷大臣耶若大臣無罪受辱則仁君何以御臣下臣何以事人君仲舒曰德權所奏者善乃可之

趙忠獻公普令親吏關隴市木治第親吏因而私販三司使趙玭潛白　太祖太祖召普與玭面質玭大言普販木　太祖大怒追班將逐普詔問太子太師王溥等普得何罪溥奏趙玭誣罔大臣　太祖意解因令扶出玭貶爲汝州牙校

喬惟岳陳洪進納土其子文顯爲泉州留守惟岳爲通判會盜起仙縣蒲田縣百丈鎮衆十餘萬來攻城

中兵三千監軍何承矩王文寶欲屠其城燔府庫而遁惟岳抗議以爲朝廷寄委今恵澤未布盜賊連結反欲屠城豈詔意哉未幾轉運使楊克讓以福州兵至賊圍遂解

高防初爲澶州防禦使張從恩判官有軍校段汝進盜官木造什物從恩怒欲殺之洪進給云判官使爲之從恩問防防即誣伏洪進免死乃以錢十千馬一疋遣防而遣之防别去終不自明既又以騎追復之歲餘從恩親信言防自誣以活人命從恩嘆益加禮重

査道初赴舉貧不能上道親族裒錢三萬遣之道出滑州過父友呂翁家翁喪無以葬母兄將鬻其女以辦喪事道傾褚中錢悉與之又與嫁其女又嘗有僚卒女爲人婢道贖之將女以嫁士族也

厚德録卷第三

厚德録卷第四

百鍊真隱李　元綱　編

劉中丞温叟性端厚方正動必由禮然以父名岳終身不聽絲竹人以太過事繼母以孝聞雖盛暑非冠帶不敢見嘗令其子市藥藥有天靈蓋問此何從而產對以人骨即愀然命致瘞於郊外矣

李玉嘗客於滄州呂兗門下劉守光破滄州盡殺呂兗家兗子琦年十四玉負之以逃匄衣食以資之燕越間以能存呂氏之孤推以爲義士清泰中琦爲給事中端明殿學士時玉已卒乃薦其子度於知貢舉馬裔孫遂擢甲科

魏羽淳化中許王慕薨或有以宮府上聞者　太宗怒追捕僚吏將窮究之羽乘間言曰漢戾太子竊弄父兵當時言者以其罪當笞耳今許王之過未甚於是故被劾者皆獲輕典（出范蜀公本朝蒙求）

蔡卞章惇同肆羅織遷謫元祐諸公卞率惇以奏乞發司馬光墓門下侍郎許將獨無言卞等退　哲宗留將問曰卿不言何也將曰發人之墓非盛德事　哲宗曰朕與卿同乃不從（出邵伯温辨誣録）

仁宗初蒞政問輔臣四方奏獄來上不知所以裁之如之何則可呂文靖公夷簡進曰凡奏獄必出於疑疑則從輕可也　帝深以爲然故終　仁宗之世疑獄一從於輕

魏仁浦丞相嘗爲賈延徽譖幾遇禍搃師出征有得延徽以獻者仁浦曰因兵戈報私怨不忍爲也人服其長者初事周世宗世宗下急輕殺戮仁浦嘗救而免者十常七八從出征鋒鏑之下無横死者

王文康公溥初周祖鎭蒲津召置幕府從征李守正王景崇得朝臣交結書周祖欲暴其事溥力請焚之後世宗嘗問漢相李崧蠟丸書結北虜有記其辞者否溥曰使崧有此肯以示人耶逢吉輩爲之爾世宗遂優贈其官

李文正公昉在相位循謹自守臨事多恕與張洎盧多遜善薄張泌上嘗問多遜昉頗爲辨釋上曰多遜嘗毁卿不直一錢昉曰臣不敢誣罷相張泌草詔深攻其短張泌時時造其第或問泌泌曰我爲廷尉獨李公未嘗以私事見干今雖退居可見

李濬父超爲禁卒從潘美掌刑刀美嗜殺戮超常緩之怒釋多全活者人以爲有陰德濬官至右司郎中樞密直學士

張司空齊賢前後治獄全活甚衆在相位事有涉于請辭連李沆而齊賢獨任其責物論甚美

王文穆公欽若判三司理欠憑由司奏蠲乾德至咸平逋負阡餘萬釋繫囚三千餘人以廣恵澤

王沂公曾知審刑院初違制之法無故失率坐徒二年公請分故失非親被制書者止以失論上不悦曰如是無復有違制者曾曰如陛下言亦無復有失者矣自是違制遂分故失

張文節公知白初叅知政事爲宰相王欽若所排及知南京欽若謫分司南京衆謂必報之而知白待之加厚其在相位清約如寒士愼重名器人服其公

張文懿公士遜在相位陳堯佐罷叅知政事有挾怨上言堯佐欲反復有誣諫官陰附宗室者遜置二奏上前且言儉言動揺朝廷若一開姦萌則臣亦不能自保矣上悟置告者于法誣諫官事亦寢

王章惠公隨知戎州戎人多蓄逃卒或忤意則執以求賞故坐法衆隨至下令能自歸者免仍隷舊籍多所全活

陳文忠公堯叟甞爲廣西轉運使其俗有疾不服藥唯禱神堯叟以集驗方刻石桂州驛舍是後始有服藥者嶺外少林木井泉堯叟爲植木道傍鑿井置亭舍至今爲利性儉素事親至孝母馮性嚴堯叟未甞忤其意

陳文惠公堯佐在樞府日太常博士陳詁知祥符縣以法繩吏吏悉遁去章獻太后怒事下樞密院詁連姻宰相呂夷簡欲因詁中傷夷簡者堯佐以爲罪詁則姦人得計而能吏沮矣詁遂獲免

劉丞相沆曾祖景洪事楊行密爲江西牙將有彭玕者據州稱太宗脅景洪附洪面僞許之復以州歸行密遂不仕甞謂人曰我不從彭玕當活萬餘人後必有隆者因名所居山曰後隆山山有唐牛僧孺讀書堂故基即其上築臺曰聰明臺沆毋夢牛相公來而生沆

賈文公昌朝爲中丞劉平石元孫陷西虜或誣以降議收其族昌朝言事未可知乃不果收及在相位元孫自西夏歸議賜死昌朝獨曰自古將帥被執歸不死元孫得不死判大名府河決商湖中書議歸之六塔昌朝力爭之不已其後河果不止塞振救瀕河水災之民全活甚衆

王化基爲御史中丞知樞密院柴禹錫僕授人金叅知政事陳恕喻令及禹錫實不知一日引囚詣便上殿頗怒化基降殿令囚袒以見其箠掠且遍曰豈有受此而隱情不言　太宗益以爲長者知杭州書記張賀頗傲忽之　太宗知而面詢化基第薦其才語不及他居官俸多施及親舊

韓忠憲公億性方重有守治家嚴肅雖燕居未甞見其隋容益州故事歲首官出米六萬石或五六倍之以濟貧民億知州當歲儉乃數倍賑之

李叅政若谷在政府言轉運使提點刑獄失按所部官受贓類降差遣且監司所部甚廣巡按不過留三二日蓋未能遍察也苟州郡密發一職吏先聞朝廷則監司不可勝黜自是詔轉運使提點刑獄再不覺察部内官受贓則降黜之

程文簡公琳知永興元昊死諒祚尚幼以三大將分治其國或謂因各授三將節度使以分弱其勢琳曰幸人之喪非所以示夷狄不如因而撫之

吴節使元㚙知河南嘗值河溢城將壞躬涉泥濘督
工壅塞民有避水於林杪者旣濟以舟檝又以家財
賑之時數郡被水患獨元㚙所部民無墊溺
曹郡王彬敬愼和厚未嘗言人過失平蜀還　太祖
詢官吏善否對曰軍政之外非臣所聞時諸將皆欲
屠城殺降彬獨任怨而戢下所至悅服時諸將多有
子女金帛彬橐中惟圖書衣衾而已故諸帥俱貶而
彬獨進及擢征江南亦緩攻取數遣開諭亦兾其降
雖以城陷猶納歸欵僞朝君臣賴以獲免自出師至
凱旋士衆畏服無輕肆者居朝俸入給宗族無餘積
王樞密博文天禧四年詔按朱能王先僞乾祐天書
事連逮者衆唯治首惡脅從者請皆得減死論沿邊

軍民逃入蕃部擒至者有錦袍銀帶茶綵之賞間有
自歸而爲蕃部所得亦不能免法皆處斬博文遣習
事者持信紙密招之至則驗而貸其罪減誅死者甚
衆詔加褒諭仍推行其法於諸邊郡
王忠簡公疇博文之子也至和初爲開封府判官宦
者李允良疑人毒死其叔父訴請發棺驗視疇獨曰
驗而無實是無故暴人尸此安知非允良有姦旣而
窮治果引伏與叔家有怨
張文孝公觀爲人寬厚長者京東路舊止通安邑鹽
而瀕海禁私煮觀知鄆州兼京東西路安撫使請弛
其禁歲免黥配者不可勝計
夏英公竦知襄州歲飢發公廩募富人出粟嘗全活

數萬人賜詔褒諭
田樞密況知成都府自李順王均之亂蜀守皆得便
宜從事雖或小罪并其家内徙流離道路失所者頗
衆況察其非有甚惡釋之
包孝肅公拯爲御史言諸路轉運加按察使之名以
苛察相尚奏劾官吏更倍於前皆捃摭細故使吏不
自安詔爲罷之知瀛州除放一路所負回易公使錢
十餘萬仍奏諸州毋得回易公使錢遂爲著令少爲
劉筠所知筠無子爲奏其族子爲後而請還其所没
田廬
戚密學綸篤於古學喜談名教父同文幼孤事祖毋
亦以孝聞從邑人楊慤受經慤隱居不仕而以女弟

妻同文遇疾因託以家事同文爲葬其三世之未葬
者遭世喪亂亦不復仕聚徒講學相繼登科者五十
六人踐臺閣者亦至十數尚信義喜賙人急所與交
皆當世之名士楊徽之因事至郡多所酬唱及卒徽
之及其門人追號曰堅素先生
陳龍學從易天禧中坐失舉送宰相寇準素惡之遂
除知吉州及準貶道州從易爲湖南轉運使或謂曰
可忘盧陵之命耶準至從易以故相禮敬之言者
爲懃
郭防禦瓊齊州歲飢出俸以濟之民多自隣境至者
郡人詣闕以言詔立碑出曾子固隆平集
林積南劒人少時入京師至蔡州息旅邸既卧覺床

第間有物逆其背揭席視之見一布囊其中有錦囊又其中則錦囊實以北珠數百顆明日詢主人曰前夕何人宿此主人以告乃巨商也林語之此吾故人脫復至幸令來上庠相訪又揭其名于室曰某年某月日劒浦林積假館遂行商人至京師取珠欲貨則無有急泝故道處處物色之至蔡邸見其牓即還訪林於上庠林具以告曰元珠俱在然不可但取可投牒府中當悉以歸商如其教林詣府盡以珠授商府尹使中分之商曰固所願林不受曰使積欲之前日已爲己有矣秋毫無所取商不能強以數百千就佛寺作大齋爲林君祈福林後登科至中大夫生子又字德新爲吏部侍郎 出洪景盧夷堅志

潭州彭子民隨董必察訪廣西時蘇子瞻在儋州董至雷議遣人過儋彭頋董泣涕下曰人人家各有子孫董遂感悟止遣一小使臣過儋但有遂出官舍之事

沙門島舊制有定額過額則取一人投之海中馬默處厚知登州建言朝廷既貸其生矣即投諸海中非朝廷之本意今後溢額乞選年深自至配所不作過人移登州神宗深然之即詔可著以爲定制未幾馬方坐堂上忽昏困如夢寐中見一人乘空來如世間所畫符使也左右挾一男一女至馬前大呼曰我自東嶽來聖帝有命奉天符馬默本無嗣以移沙門島罪人事上帝特命賜男女各一人遂置二童乘黃雲而去馬驚起與左右卒隸見黃雲東去後生男女二人馬親語余如此

張文懿罷相由范文正攻彈也文懿復相一日仁宗語文懿曰范仲淹嘗有疏乞廢朕可施行之文懿曰仲淹法當誅然不見章疏乞付外施行 上曰未嘗見其疏但比有爲朕言者且議其罪文懿曰其罪大無他法無文案即不可行望 陛下訪之凡數日則一請其疏月餘凡十數請 上曰竟未見之然爲朕言者多矣可從末減曰人臣而欲廢君無輕典既無明文則不可以空言加罪 上意解即曰仲淹在外初似疑今既無疑可稍遷之以慰其心 上深然之

寇忠愍知永興軍於其誕日排設如聖節儀晚衣黃道服簪花走馬承受且奏寇準有叛心 眞宗驚手出奏示執政曰寇準乃反耶范文正熟視笑曰寇準許大年紀尚騃耳可劄與寇準知 上意亦解

李和文都尉好士一日召從官呼左右軍官妓置會夜午臺官論之楊文公以告王文正文正不荅退以紅牋書小詩以遺和文且以不得預會爲恨明日眞宗出章疏文正曰臣嘗知之亦遺其詩必不得往也太平無象此其象乎上意遂釋

王和甫嘗言蘇子瞻在黃州上數欲用之王禹玉輒曰軾嘗有此心惟有蟄龍知之句陛下龍飛在天而不敬乃反欲求蟄龍乎章子厚曰龍者非獨人君人臣皆可以言龍也上曰自古稱龍者多矣如荀氏八

龍孔明臥龍豈人君也及退子厚詰之曰相公乃欲覆人家族耶禹玉曰他舒亶言爾子厚曰亶之唾亦可食乎

晁文元迥嘗言歷官臨事未嘗挾情害人危人售進保全固護如免髮膚之傷（以上出王定國近録雜記續録）

公言李沆相秉鈞日有狂生扣馬獻書歷抵其短李遜謝曰俟歸家當得詳覽狂生遂發訕怒隨公馬後肆言曰居大位不能康濟天下又不能引退久妨賢路寧不媿於心乎但於馬上踧踖再三曰屢求退以主上未賜允終無忤色公言以帷箔之罪加於人最爲暗昧萬一非辜則令終身抜其惡名至使君臣父子之間難施面目言之得無訒乎

公言呂申公奏請天下獄有情可疑及情理可憫者皆取勑裁今爲著令使其子孫昌盛宜矣公言一瞻視聽察之間有可以和難解紛者不得不爲仰福祖考下芘子孫未必不由垂方便之力也某當書諸紳（以上出傳獻簡公佳話）

華陰呂君舉進士聘里中女行既中第婦家言曰吾女故無疾既聘而後盲敢辭呂君曰既聘而後盲君不爲欺又何辭遂娶之生五男皆中進士第其一人丞相汲公是也（以上出陳無己談叢）

神文時慶曆淮南有王倫者嘯聚其黨頗擾郡縣承平日久守令或有弃城而出者事定朝廷議功罪富鄭公在樞密凡弃城者請論如法范文正參預大政爭以爲不可今淮南郡縣徒有名耳其城壁非如邊塞難責城守　神文睿德寛仁故弃城者得以減死論旣退鄭公忽謂文正曰六丈當欲作佛耶范公曰主上富於春秋吾輩輔導當以德若使人主輕於殺人則吾輩亦不得容矣鄭公歎服

閩人生子多者至第四子則率皆不舉爲其貲産不足以贍也若女則不待三往往臨蓐以器貯水才産即溺之謂之洗兒建劒尤甚四明俞偉仲寛宰劒之順昌作戒殺子文召諸鄉父老爲人所信服者列坐廡下以俸置醪醴親酌而侑之出其文使歸諭勸其鄉人無得殺子歲月間活者以千計故生子多以俞爲小字轉運判官曹輔上其事朝廷嘉之就改仲寛

一官仍令再任俾爲立法推行一路後予奉使於閩與仲寛爲婚家法當避仲寛罷去予嘗至其邑聞仲寛因被差他郡還邑有小兒數百迎於郊雖古循吏蓋未之有也偉有戒殺文甚詳行於世

應山二連伯氏庶字君錫仲氏庠字元禮少從學於二宋相繼登科君錫爲人清脩孤潔故當官人號爲連底清元禮加以肅人號爲連底凍其父處士名舜賓字輔之爲鄉里所説服歲飢出穀萬斛損價以糶之恵及傍邑有盗其牛者官捕其急窮自歸處士媿謝厚遺以遣之故歐陽文忠公表其墓具述其事二宋謂元憲景文

鄭屯田建中其先本雍人五季時徙家安陸貲鏹鉅

萬城中居人多舍客也每大雨過則載瓦以行問有屋漏則補之若舍客自爲之屋亦爲繕完又隆冬苦寒蠲舍緡仍日屯田公晚得一子即侍郎公紓也登進士第官至祠曹前行職爲理字少列侍郎有五子長曰獮中皇祐元年登第至朝奉大夫次即侍讀公毅夫也皇祐五年魁天下士三子與孫皆任以官不繇選調世祿不絕陰施之報蓋不誣矣以上出王彥輔麈史

厚德録卷第四終

十二

韓忠獻公遺事

羣牧判官朝奉郎尚書職方員外郎上騎都尉強　至　編次

公自定武入爲樞密使時　仁宗嗣位未立公請置
內學教宗子建儲之意默存其中事未及行公秉政
仁宗倦勤甚勢漸逼更不暇置內學每進對罷即論
太子天下本不可不預立以繫天下心語日益深切
前後不可勝数　仁宗終無一言不喜亦不怒公患
之他日　仁宗忽顧公謂朕亦有意多時有二宗
子嘗育宮中公秉其意動急叩之謂二宗子陛下必
亦自能見其孰聰明知否可屬大計　仁宗以　英
宗爲言公即將順以彼一人便若幽厲語更不及
英宗乞降聖旨劄子權判宗正司後兩府通簽御劄
張昪太尉見之懼深罪公何不素議及次日殿上大
言此事繫社稷陛下不可錯上徐曰此事與相公經
商量來昪下殿至中書又詰公公曰此甚入思慮來
不錯昪退公笑曰若與之素議豈不壞了事後　英
宗畏避不就職幾半年竟以事迫便作皇子　仁宗
彌留　英宗即位之次日疾作不能視朝慈壽攝政
疾每甚即獨召公責曰相公自看取公謂不須如此
但服下涎藥自無事公嘗藥以進　英宗怒以藥覆
公公徐進藥而退慈壽一日又獨召公入　英宗疾
甚直視二王謂公曰何不立長君此輩做不得相公
錯也公退立俱無言慈壽一日又謂公人皆謂錯公
曰不錯慈壽怒曰文字滿前後雖大臣亦有言者公

力開陳以爲不然卒能翼清躬復大位皆公力也
英宗寢疾時公一日進對罷謂慈壽曰上疾須太后
護視若上不豫太后亦未得安慈壽怒曰相公是何
等語當時同列皆謂太峻退至中書往往責公公曰
諸君不思耳兩宮素相疑彼又內事皆在手天性既
薄若狃於權位揺於閹官女謁之言或有不測何以
禁之衆服其遠識後覘宮中果調護日益加上後疾
愈慈壽不肯還政公每進對罷即歷陳前代母后之
戒懼位不可久居必有禍必嘗覩知之后曰婦人豈
知觀史慈壽色勃聲厲前後以十数他日復謂若復
辟後禮数必有加不敢損如不然臣獨當責慈壽曰
此言何足據慈壽一日忽謂公本欲且管三二年教
養疾相公乃如此公秉機力陳上前日出祈雨應萬
姓亦皆知上無恙天人如此不可不還政次日遂批
出還政　英宗既臨朝公請加慈壽禮数　英宗曰
相公休奬縱母后公曰慈壽也始深不肯放下臣誘
以利害動以禍福僅能復辟彼遺太山之重陛下乃
惜一雞子之輕　英宗尚遲疑富公在其旁颺言曰
何啻太山議遂決即遂建慶壽宮歲時稱聖躬万福
出入加儀衞焉
人有以使永昭陵後公不退爲問者曰是時　英宗
始立疾作不任事慈壽懷二三時在永昭一日遣一
近璫小封親札諭　英宗狂惑等事問相公如何公
報曰若言語無節慈壽既云未定疊未定疊人言何

足恠他日復遣使見逼甚公曰只乞與曾公亮已下商量曾公輩果不敢當皆云候韓琦回公是時既使回且正内變矣一日奏對罷直論以爲太后既無親出子上幸養在宮中久先帝有詔與子其於子母不爲不順若更懐猶豫聽讒佞禍乱必由此起立人之子人皆知不若立己之子然太后既無子不得不自認業慈壽由此語塞不復出口琦是時豈暇自顧進退之分未幾 英宗上僊今上即位一日遂懇辞位上流涕謂相公欲何之琦一日又盡持四方士人見責不退書開陳以謂清議不容如此豈敢安位上又流涕不語請益堅他日忽宣諭已有恩命云亦不久在外虚冢席以待故除兩鎮有衮衣待還之語公復

進見謂制語太過使臣不得安外乞改之上不許遂之相復移雍上使諭之只候西帥回召既而召見琦是時已知不可爲堅請還相次改北門事由此分矣

仁廟疾欲立 英宗時允弼最尊屬心頗不平且有語一日 仁宗疾亟 英宗已立親王皆入後殿國朝制度嗣天子即位先親王賀次六軍次見百官公是時先獨召允弼入稱先帝晏駕皇子即位大王賀允弼問皇子謂誰曰其人允弼曰豈有團練使爲天子者何不立尊行公曰先帝有詔允弼曰烏用宰相遂循殿陛上公叱下曰大王人臣也不得無禮左右甲士皆至遂賀次召諸親王見六軍百官中外晏然

英宗立數日百官朝晡臨兩府立殿兩廡上垂簾英宗忽疾作厲聲大呼謂殺其二府愕視不知所處公獨投杖褰簾而入見上乃疾作非有他變宮人壁後遁去不敢前公乃扶上呼左右翼入時曾公已下皆汗浹背以事出不意也

英宗初晏駕急召上未至 英宗復手動曾公愕然亟告公欲止召太子公拒之曰先帝復生乃一太上皇愈促召上其遠權知變如此

英宗初立外六班有謀變者或告於公公曰事不成不過族耳吾不懼也既而卒無事

英宗即政公以其勇智不竒出可與有爲乃考尋中書祖宗御批得百餘番俱缺落不完補綴僅能識其字畫皆經國長筭之策如取太原下江南伐大戎付

中書之類編成十餘軸一日袖進 英宗一見之不竟避御坐是時同列皆謂公有不言教萬乘事業後上僊公哭之慟曰何事不可爲

今上初即位慈壽一日送密札與公諭及高后與上不奉事意有爲孀婦作主之語仍敕中貴俟報公但曰領聖旨一日入劄子以山陵有事取覆乞晚臨後上殿意他公莫與既見謂官家不得驚有一文字湏進呈説破只是不可泄上今日皆慈壽力恩不可忘然既非天屬之親加意承奉便自無事上曰謹奉教公又云此文字臣不敢留幸宮中密燒之若泄則讒間遂開卒難以合上唯唯後二宮相歡人莫能窺其跡

仁宗靈駕欲到永昭陵葬且有日道路妄傳皇堂棟
損有司驚駭不知所出公至鄭始聞時諸使見公鈎
公旨皆欲不問而掩之公正色曰不可果損當易之
若違葬期侈所費此責猶可當亦無可柰何若苟且
掩之後有壞覆人主致疑心臣下何以當責一坐爲
之歎息服其不苟處事必盡識且及遠既到皇堂棟
乃不損
熈寧中公自長安入覲朝廷欲留之公陰知時事遂
堅請相陛辞日上謂卿去誰可屬國者公引元老一
二人上默然問金陵何如公曰爲翰林學士則有餘
處此地則不可上又不荅公便退後有問公何以識
之公曰嘗讀一金陵荅楊忱書窺其心術只爲一身

不爲天下以此知非宰相器也
太宗 真宗嘗獵於大名之郊賦詩數十篇賈魏公
時刻于石公留守日以其詩藏置于班瑞殿之壁既
成或請打石本以進公沉念謂其詩有衛霍爲鷹犬
及有復山後之意恐益啓之遂止後子華守北門首
獻焉
有問公以郭逵衆人皆謂出公力公曰此等事非人
臣得專須還他主人若用人是則將順非則開陳何
謂某力始 英宗欲用郝質在西府公謂質固得但
二府論道經邦地使一黥卒處之恐反使不安如狄
青才業爲中外所伏一旦居此議論卒紛然而去爰
之適所以害之 英宗沉吟久之曰如此則用郭逵

某之以郭逵粗勝質遂然之既阻其一又阻其次不
可王陶遂見詆以引往年之厮役又曰此事唯趙少
師知之是時同議以爲太躐等當近下安排名目遂
有同簽書之號公嘗言范公一日見王沂公謂宰相
當顯拔人物爲朝廷用自丞相當國明公門下未見
一人沂公曰司諫不思耶若恩盡歸己怨將誰歸范
公恍若自失退語公曰眞宰相器公論近世宰相獨
許裴晉公本朝推師服王沂公又嘗云若晉公㸃檢
著亦有未是處君子成人之美不可言也不知公摘
晉公何事恨未聞之或問公威克厥愛允濟如潞公
臨大事全是威何如公曰待威而後濟者亦是也然
有不須威而能濟者觀公意豈以德不足者必待威

以立事耶古人謂鶥鶚百鳥望而畏之鸞鳳百鳥望
而愛之其服則一其品固相遠矣
公嘗謂大臣以李固杜喬爲本其弊猶恐爲胡廣趙
介以胡趙自處其弊可知也此可以見公出處大節
之本
公嘗謂處事不可有心有心則不自然不自然則擾
太原士風習射故民間有弓箭社其在太原時不禁
亦不驅故人情自得亦可寓武備於其間後宋相継
政頗著心處之下令籍爲部伍仍須用角弓太原人
素貧只用木弓自此有賣牛置弓者人始騷然矣此
蓋出於有勝心也
公嘗言 眞廟議配享清議皆與沂公不與申公誠

意不可欺如此又曰頃時丁寇立朝天下聞一善事皆歸之萊公未必盡萊公也聞一不善皆歸之晉公未必盡出晉公也蓋天下善惡事歸焉人之修身養心誠意不可不愼公謂沂公爲相論其事則無可数者論其人則天下信之爲賢宰相其品何如

公謂申公爲相以進賢自任恩歸於已時士皆出其籠絡獨歐范尹旋收旋失之終不受其籠絡公謂挺然忠義奮不顧身師魯之所存也身安而後國家可保消息盈虛之理希文之所存也敢問二公孰賢公曰立一節則師魯可也考其終身不免終亦無所濟若成就大事以濟天下則希文可也

公謂論性之極不可變君子愼言恐廢其學然學者

要在隨其性以修至於成德皆可入聖若不揆性而遠求恐其反喪本終亦無所至不可不知

公謂務容小人善惡黑白不太分故小人忌之亦少如富范歐尹常欲分君子小人故小人忌怨日至朋黨亦起及其極君子消退巨公大人有不能出力救之者方諸公斥逐獨公安焉一日王君貺見公謂稚圭不如拔出彼黨向這下來公曰琦推義是從不知有黨君貺不悅而去後扶持諸公復起皆公力士君子立朝不可不如此

石守道編三朝聖政録將上一日求質於公公指数事爲非其一 太祖時嘗惑一宮鬟視朝晏羣臣有言 太祖悟潛伺鬟方酣寢刺殺之公曰此豈可爲後世法已溺之迺惡其溺而殺之彼何罪使其復有嬖將不勝其殺矣遂去此等数事守道服其清識

公執政臺諫有言訴不當理或涉浮薄害風教者皆寑封之終不示人呂誨趙瞻濮園得罪御批與廣南別駕公力陳與善地以來言者人謂公性根有仁義

公平日論時望諸公皆不以經綸許之謂才器須周可當四面入籠入細乃經綸事業今皆只可當一面才也

公在相臺作久旱喜雨詩上句言雲動風行雷雨作解之事断句云須臾慰滿三農望却斂神功寂似無人謂此眞做出相業也

公在北門重陽燕諸漕於後園有一詩一聯云不羞

老圃秋容淡且看寒花晚節香公居常謂保初節易保晚節難事事尤著力所立特完又作喜雪詩一聯云危石盖深鹽虎陷老松擎重玉龍寒人謂公身雖在外自任以天下之重如此公爲詩用意深非詳味之莫見其指皆此類

劉御藥好收古畫多求諸公跋尾数策上有金書字悉上筆餘三策公卿多題于後劉到北門宣公出畫策謂獨未得公数字爲根公題云觀畫之術無他推逼眞而已得眞之全者絶也得眞之多者上也不得其多非中即下矣持吾説以觀劉氏之畫其可逃乎哉安陽憃叟病中題時公堅請宣相上使劉問人謂此術不獨可觀畫亦可觀人物也諸公題皆論一時公獨兼之

有問彥升材品於公者公曰戇直而且忠於人然過涉滅頂非伊分上所有或問之為其膽力薄公平日謂成大事在膽未甞以膽許人往往自許也

或問君實晦叔天下所屬望他時入用何如公曰才偏規模小問晦叔平日曰今日適是平日人有疑公待君子小人均以誠往往為小人所欺奈何公曰不然亦觀其人如何隨分數放之耳謂公待人誠則皆誠但有深淺以明濟之也豈可以為小人不待以誠耶皆歎以為不可及公平日獎進人物極慱至心許者不過一二人多是與人長忘人短而用之人謂太濫其實胷中不啻黑白在北門一屬官小有才不知道公多委以事人謂公眞許之他日或問公曰某人

但愛任術所為不悖篤大中其弊

公為陝西招討時師魯與英公不相與師魯於公處即論英公事英公於公處亦論師魯公皆納之不言遂無事不然不靜矣

公論為善其初往往能持久而不變為難計日計月而為之者甚多矣

公語小人害君子如蜂蠆之毒物違之正使不能加諸人可謂善處矣

公云臨事若慮得是當劄定脚做更不移成敗則任他如此方可成務又云孤忠每賴神明相助幸而多有成其至誠自信如此孔嗣宗任河北憲司農召議役法別公請言一不荅請益堅公曰故舊不當無言此行但為河北說得此衆人不敢道底意思足矣嗣宗臨上馬又曰富貴易得名節難保嗣宗歸不懌者數日終不能自已吳長文子璟素以堅挺有器節稱公亦稱之及幕府有闕門下有以璟為言者公曰此人氣雖壯然包蓄不深發必暴且不中節當以此敗置而不言不踰年璟敗皆如其言

趙君錫被召別公請教公曰平日之學正為今日此若不錯餘不錯矣終不語及他事又請云若上問某事以何對公曰此則在廷評自處

李清臣平日於公前多論釋氏貴定力謂無定則不能主善公每然之後朝廷降斥異論者李進取頗持兩端公因書開之曰比來臺閣斥逐紛紛吾親得不

少加定力乎公之善喻人如此

公言狄青作定副帥一日宴公惟劉易先生與焉易性素踈訐時優人以儒為戲易勃然謂黥卒敢如此詬駡武襄不絕口至擲樽俎以起公是時觀武襄氣殊自若不少動笑語温然次日武襄首造劉易謝之公於是時已知其有量

李師中為布衣父坐鎮戎退陣當斬公馳至鎮戎以賊衆我寡非諸將罪且欲戮其為首一人師中父在貸中方請于朝會師中赴南宮試遂上書論公募民為兵往應賊大擾乞斬公以謝陝西既不行後有疑公心執政有請勿害師中者公笑曰彼是時以子救父豈可加罪人聞之咸服其公恕然而師中終未之

信後擢爲兩制師中方愧服且深謝之

公兄爲泰倅孫元規爲司理當薦之公遂拜元規書問未甞踰時不講後公爲西帥兵敗元規領言責深議公罪朝廷知罪不在主帥少責即復自此元規慊公書問遂絶公一日以書問元規平日事契如此若以伯氏甞薦而後見攻此乃韓厥之舉若某當言責亦不爲元規隱此何待某之不廣願公勿疑元規亦疑之終不講書公秉政頗以公有害己心後起廢爲慶帥元規過闕乃泣見公曰沔眞小人公知沔沔不知相公之德量也

公與婁瀲有舊數到大名干公公待之厚或以瀲爲公言者但曰人材難全

公以恩及人無求德心故所及者廣所感亦深平日非不知人之欺終不別白能受其欺賤官因事爭於前每及己之誤即受之事行其直者不主己爲是若禀事甞許觸非而却之異日復禀終不以前日芥蔕置於心亦惟是從之

公因論退日處去就之難者不可猛而有迹公每聞新執政用一人嘆曰放上則易放下則難公甞戒人不可以任性當臨事有所裁處方不失中道公言王文正毋弟儌不可訓一日逼冬至祠家廟列百壺於家堂前弟皆擊破之家人惶駭文正忽自外入見酒流蕩路不可行公無一言但攝衣步入堂其後弟忽感悟復爲善終亦不言

公因語章相在北門頗姑息三軍公曰御軍自有中道嚴固不可爱亦不可若當其罪雖日殺百人何害人自不怨

公言富公爲鄆倅沂公作安撫使一日謂富公曰即日當其位富曰不敢當沂公曰然進則易退時難公言　仁廟御批朕曰韓琦富弼范仲淹皆公議人望之所歸凡所議事仰章得象杜衍已下公心協力行之文正家藏一本一以與公今尚存也

公在相舉巻詔文字與孫貢貢謂臣不密則失身莫且當孫順公曰事至此忠臣義士亦不顧若顧之言不可出口矣

公謂小人不可求遠也三家村中亦有一家當求其

處之之理知其爲小人以小人處之更不可校如校之則自小矣人有非毀但當反己是不是己是則是在我而非在彼烏用計其如何

公言始學行己當如金玉不受微塵之汚方是及其成德有所受亦有所不害者不然無容矣

公謂忠義之心人皆有之惟其執之不固勉之不力是以不及於世人

潞公在西京府人有以魏公進退諷潞公者潞公曰彥博豈可以望韓公韓公地位别某則有此麁材蒙朝廷擢備兩府耳人頗與潞公自知之明也所以歐公平日少許人惟服韓公甞因事發嘆曰累百歐陽脩不足望韓公

公謂歐與曾同在兩府歐性素褊曾則齷齪每議事至厲聲相攻不可解公一切不問俟其氣定徐以一言可否之二公皆伏

公謂大凡使人爲善須就其性中做性中若無雖強之終不能從

公謂劉家今雖少淹異日反正當作第一第二等人然更且固窮保名節公曰勇且習石曼卿直方外之士

定卒惡米陳執籌不請公爲帥馳入倉郡卒前訴公懷中出一裹曰某亦請此米朝廷置此米一斗價八鐶今雖陳下亦不失四鐶適皆自汝扇搖公命戮数卒於前公凝然不動一軍股栗公平日恂恂如不能爲臨事制變如此

韓忠獻公遺事終

文正王公遺事

序

先公相國文正魏公會遇二宗踐兩禁爲十年豐功大業宏材碩學上輔　眞宗格于皇天于今天下稱太平宰相勳書王府故非小子所可擬議也然公捐館素未成人洎從官立朝或聞於搢紳或傳於親友或得之故吏或存諸遺藁史官未備理文未悉者竊自記録僅乎成編至於歿後追崇識者議論保守家法訓戒子弟可爲世範咸附卷末尚有遺落以增廣使我先德烜赫不墜光聖世得賢之盛得吾門貽謀之美垂之千古不其偉與涕泣濡毫具以實載幼子素序

公病堅求罷免一日得對於滋福殿上召皇太子出曰拜相公上曰朕覺多病方將以大事託卿而卿又病公因敘述祖宗創業積累之盛臣熟觀皇太子必能上副天意無煩過慮因言二府須是常得人乃薦可用者十餘人後皆至大府其間不踐二府者獨李及凌策

張文懿公士遜在東宮一日謁公言皇太子寫書甚好公曰皇太子不待應選學士去不爲學書由是文懿日以善道規贊太子

東封西祀大祀畢令近臣編録符瑞爲別録一日進御二府因覽於上前公奏曰臣兩爲大祀使奉符瑞者一一非臣自覩令堂吏取司天監邢中和狀稱有此瑞乞令編修官實録臣奏不可漏落東封西祀畢公從容得對上曰四方無事得行曠廢之典朕欣慶不已祖宗創業削平天下與卿共守成憲可致太平公再拜曰遭遇盛明臣所感幸今禮典興舉足矣然願朝廷有所及民臣思一事願陛下力行之乃言西北用兵邊民爲虜驅逐去者不少願陛下遣使持書詔厚與金帛贖還本土使骨肉團聚閭里其惠不細上大喜曰使朕詔書中更屈己形言乘輿服玩可與者亦不吝公曰然願出宸衷使臣奉行有執政者聞之乃言王某固惜名位欲損國用交結四夷上一日以前議示之公知有阻害者遂不對其議遂寢

趙德明上表矯以民饑乞糧數百萬上以其奏示輔臣衆皆怒曰德明方納款而敢渝誓約妄有干請乞降詔責之公從容進曰未曾將却物去何責之有上曰卿意如何對曰臣欲降一手詔與德明言尒土災饑朝廷撫御遠方固當賑救然極邊芻粟屯戍者衆自要支持已勑在京積芻粟百萬令德明自遣衆飛輓上喜曰此眞廟筭也諸公皆曰王某之言臣等皆思慮不至德明受詔望闕再拜曰朝廷有人不合如此

契丹飛奏於歲給外別假金帛上以示公公曰東封甚近車駕將出以此探朝廷之意尒何其小哉上曰何以荅之公曰止當以微物輕之也乃於歲給二十萬外各借二萬仍諭次年額内除之契丹得之大慙

次年復下有司契丹所借金帛六萬事屬微末仰依常數與之今後永不爲例

內殿劉承規病上諭政府曰承規忠勤宣力不少令人告朕乞一節度使公曰陛下所守者祖宗典故乞令有司檢詳有則可除翌日上曰承規言死在朝夕願聞在廷之告則瞑目無恨矣公曰今承規若有此命後有邀朝廷乞登樞府者柰何必不可遂改殿使除節度觀察留後上將軍致仕上言承規得此命亦喜公曰帶殿使領留後亦遥郡矣專秉旄鉞臣恐於久未便

寇萊公準在樞府上欲罷之萊公已知乃使人告公曰遺逢最久今出欲一使相幸同年主之公大驚曰

文正公遺事　三

將相之任極人臣之貴苟朝廷有所授亦當懇辭豈得以此私有干於人耶亟往白之萊公不樂後上議寇準令出與一甚官公曰寇準未三十歲已登樞府太宗甚器之準有才望與之使相令當方面其風采足以爲朝廷之光上然之翌日降制萊公捧使相告謝於上前感激流涕曰苟非陛下主張臣安得有此命上曰王某知卿具道公之言萊公出謂人曰王同年器識非準所可測公薨之時萊公不在都下後入朝白於上前來致奠哀慟之久公在相府抑私遠嫌類如此

王冀公欽若陳公堯叟馬公知節同在樞府一日上前因事相忿上召公至則見冀公諠譁不已馬則涕泣曰願與王欽若同下御史府公乃叱冀公曰王欽若對上豈得如此下去上大怒乃命下獄公從容曰欽若等恃陛下顧遇之厚上煩陛下臣冠宰府當行朝典然觀陛下天顏不怡願且還內來日取旨上許之退召冀公等切責之上怒未解冀公等皇懼手疏待罪者相繼以聞翌日上召公曰王欽若等事如何處分公曰臣曉夕思之欽若等當黜然未知使伏何罪上曰對朕忿爭無禮公曰陛下奄有天下而使大臣坐忿爭無禮之罪恐夷狄聞之無以威遠上曰卿意如何公曰願至中書召欽若等宣示陛下含容之意且戒約之俟少間罷之未晚上曰非卿之言朕故難忍後數月冀公等皆罷

文正公遺事　四

寇萊公準在長安因生日爲會有所過當轉運使以聞上以其狀示公曰寇準爲大臣豈得如此僭越公覽奏而笑曰寇準許大年紀尚騃尔因奏曰陛下撫伏臣庶不欲令大臣間被奢僭之名此奏願錄付準必自知過萊公被命連削待罪而止

歲有蝗虫徧於田野上有憂色一日出蝗數種以示二府朕令人出郊野徧看有自死者至翌日有執政袖蝗虫以對曰臣遣人往視實死也乞下朝堂示百官擇日稱賀公曰蝗爲災之弭幸矣又何賀焉乃力請之公不荅後數日二府間上顧公曰若方稱賀而蝗過爲之柰何諸臣進而拜曰王某遠識非臣等所及公斂容而已

上出喜雨詩示二府聚看於上前公袖歸因諭同列曰上詩有一字誤莫進入却上欽若曰此亦無害欽若沮而有奏陳翌日上怒謂公曰昨日朕詩有誤寫字卿等皆見何不奏來公再拜稱謝曰昨日得詩未暇再閱有失奏陳不勝皇懼諸公皆再拜獨樞密馬公知節不拜具言公欲奏白而欽若沮之又王某略不自辯眞宰相器也上顧笑而撫諭之

宮禁火災上驚皇語公曰兩朝所積朕不敢妄費一朝殆盡誠可惜也公對曰陛下富有天下財帛不足憂所慮者政令賞罰有所不當臣備位宰府天災如此臣當免罷繼上表待罪上乃降詔罪己許中外封事言朝政得失後有大臣言非天災乃王宮失火禁

請置獄上出其狀當斬決者數百人公持以歸翌日乞獨對言初火災陛下降詔罪己臣上表待罪今行此刑恐不副前詔有違天意果欲行刑願罪臣以明無狀上欣然聽納減死者幾百輩

石普知許州不法朝廷議欲就劾公曰普本武人不明典憲恐恃薄効有生事必須重行乞召歸置獄乃命知雜御史呂夷簡於奉先院候普按問普至以其狀示之普皆俯伏是日獄具議者以謂不屈國法而保全功臣眞國體也

張徐公耆任馬軍都帥被旨選兵下令太峻兵懼而謀欲爲變有密以聞上召二府議之公曰若罪張耆今後帥臣何以御衆捕之則都邑之下或至驚擾尤爲不可上曰朕亦思之公曰累奉德音欲任張耆在樞府臣以未曾歷事今若擢用使解兵柄謀者自安矣乃進耆爲樞密副使諸帥遽遷謀者果定上語輔臣曰王某善鎭大事眞宰相也

有卜者上封事語干宮禁上怒令捕之繫獄坐以罪因籍其家得朝士往還書尺上曰此人狂妄果臣僚與之遊從盡可付御史獄案公得之以歸翌日獨對曰臣看卜者家藏之文字皆與之筭命選日草本即無言及朝廷事臣記往年亦曾令人推步當生星辰其狀尚存因出以奏曰果行此乞以臣此狀同問上曰卿意如何對曰臣不欲以卜祝賤流累及朝臣上乃解公至政府即時焚去繼有大臣力言乞行根治

欲因而擠人上言令中使再取其狀公曰得旨已寢尋即焚去矣

公一日諭諸公曰上官泌差知河陽乃批署之諸公後白公曰泌欲一轉運使公曰河陽重地豈下一職司也其河陽之擬遂不復上不晚京東轉運使闕諸公曰可差上官泌也公不荅因奏對言上官泌向日議差河陽然亦合入一職司會京東轉運司闕吏稟上閱泌歷任曰與轉運使諸公歸而相語曰王公無私如此

有朝士述陳勞効乞陞奬公已判收了丁謂參預政事竊主此人語堂吏曰候聚坐再呈一日丁顧堂吏欲出其狀公叱之曰此是若人文字向已不行謂皇

懼謝曰不合如此

上宣諭曰朕尹京日卿弟旭宰屬邑有廉幹之稱可委以繁使公對臣待罪宰府恐公議非便上曰前代父子兄弟並處貴位者多不可以卿故滯其才公曰今省府乃士人要職若於平進遷擢又得孤寒者一人臣弟陛下知名望他日出於宸衷且乞一閑局遂判吏部南曹公歸喜與弟語曰上知尓之才必有任使而終不言所得之旨翌日被命乃知後銓管引人上見公弟賜以緋魚公因對叙感上曰不知尚著緑朕失照管

王沂公曾李觀察維薛尚書映一日謁公公託病辭有不平之色公壻韓億時在門下見之以此啓白公曰韓郎未之思尓王薛皆李之壻相率而來恐有所干於朝廷事果不可沮之無害若可行荅以何辭執政之大忌韓乃謝曰非億所知後果李文靖妻有所請

北虜入冦上幸澶淵親討公參大政上還京曲赦其赦略曰非朕躬擐甲胄蒙犯雪霜則魏趙之間煙塵未息聞者歎曰此文典重眞王言也

上宣諭曰聞趙安仁在中書絶不親事每奏對亦未嘗有一言可罷之公對曰趙安仁居常有體凡有進擬皆同列議定方敢取旨臣每見臨時變易於上前者皆迎合陛下之意安仁無異議是有執政守上曰此朕不知也卿可諭以委任之意更令宣力公乃語趙曰上謂有拔擢以不才罷去宜矣使與衆人騁辨以合上意安仁不敢爲也公喜曰吾適保安仁於上前不誤知人矣

公病謁告不入政府議知制誥盛度攺諫議大夫知開封府上曰更問王某如允當入文書來中書坐聖語問公公曰度必樂此任政府召問之度曰幸以文進不願親吏事中書以度意聞上上曰其銓量才品直是精當必使人各得其所向道須問過王某度以此命遂罷樞密馬公知節與同列奏對忽厲聲曰王欽若讀盡劄子莫謾官家馬公退見公辭色尚怒因語公曰主上仁明有德望願諸子上前議論知節幾欲以笏擊之但恐驚動君相公歎撫久之馬公直方惟公力保庇於上前

上欲命王冀公作相公曰欽若遭逢陛下恩禮已隆乞且在樞密兩府任用亦均臣見祖宗未嘗使南方人當國雖古稱立賢無方然須賢士乃可臣爲宰相不敢沮抑人此亦公議也上遂止後公罷冀公作相出語人曰爲王公遲我十年相

諫議大夫張師德謁向文簡敏中曰師德兩詣王相公門皆不得見恐爲人輕毀望公從容明之一日方議知制誥公曰可惜張師德向公曰何謂公曰累於上前說張師德名家子有士行不意兩及吾門狀元及第榮進素定但當靜以待之尓若奔競而得使無階而進者當如何也向公方以師德之意啓之公曰

其處安得有人敢輕毀人但師德後進待我淺也向公自稱師德適有關望公弗遺公曰第緩之使師德知聊以戒貪進激薄俗也

陳彭年任翰林學士日同求對歸詣政府納所言事公方議事乃延見之顧陳曰何所啓陳起次以其狀呈之曰條貫科場公投之於地曰內翰做官幾日待隔截天下寒士陳皇懼而退時向文簡同在中書歸令堂吏取之一日陳再來公不見堂吏言陳以有事啓白公曰令到集賢廳晚見向公曰陳內翰所留文字公瞑目取紙封之向曰何不一覽公曰不過興建符瑞圖進取耳

公爲兗州景陵宮朝修使特須手詔採察河北京東兩路公歸言當官有才者十餘人皆降詔獎諭有以聞公曰爲元宰將命出使而所舉不被一恩止得詔獎無乃輕耶公曰既稱薦之又力行之是上恩皆出於己矣爲人臣之大嫌也

公爲兗州景陵宮朝修使道由澶淵召河北轉運使相見時觀察李公士衡張文懿公士遜作漕乃議偕往請見曰恐河北有事奏朝廷未得報者或有司不能行者示來二公歸得數事候公自兗還呈之公持以歸不數日皆可報其間爲東封糧草見磨勘諸郡縻繫者百人皆放去諸吏捧香迎勅歡呼而散

公爲兗州景陵宮朝修使內臣周懷政同行或乘間請見公必候從者盡至冠帶以出見於堂皇周乃白事而退後周以事敗議者方謂公遠慮不涉嫌忌之間

上於後苑曲燕步於檻中自剪牡丹兩朵召公親戴有中貴人白公言此花昨日上選賜相公已於別叢擇下花請相公躬進公乃取花因酌一巵同獻上大喜引滿以杯示公從臣皆榮公

公生日上令諸司供帳設於私第宴親友公乃會近列時呂修史官預之故事宰臣生日賜酒餼中書會輔臣上特優寵自是爲例後因對奏曰每遇生日曲蒙恩賜又煩宴設廢務一日以私妨公望特寢罷上可之公體羸多病上自選方并藥以賜其緘封皆上之親題

公弟旭判國子監翰林馮公元爲大理評事直講弟白公元苦學有清節公乃召見至私第公每還朝與弟同坐命講論語諸子侍立於席踰年而畢公因薦於上元有學行翌日上召對令說書除太子中允直龍圖閣賜紫詔班於本宮之首仍與內殿起居自元始也

公因封食邑乃致簡於李文靖公云蒙疏封爵重疊父名冒榮不盡有累名教莫須辭讓實負憂疑可否之間更煩裁處文靖荅以近日官稱有犯亦不避況是嫌名文字有異不須辭讓更在詳酌公上章引避朝旨不從而止

處士魏野陝州人居於東郊構草堂有水竹之勝好

彈琴作詩清苦名聞於時前後郡守皆所禮遇上祀
汾陰召之辭疾不至以詩賛公曰從來輔相皆頻出
君在中書十五秋西祀東封今已畢此回好伴赤松
遊公覽之喜見於色以酒茗藥物爲荅素編先公遺
札有公自寫此詩數本皆存
東封車駕在道夜有堂吏被酒忿爭皆倉皇入白公
卧不荅既入對上出臣僚奏狀千乘萬騎在外可斬
首以令衆公曰此止小人一時醉毆若斬之是禁人
飲酒者皆懼車駕在外人情焉得安已捕歸京府繫
治後府申覆公曰初若輕斷亦恐縱人今霈大赦可
原之矣第減一等
公爲朝修使自禁中乘車輅出都門百官餞於道乃

憩於傳舍兩禁請見叩頭稱賛公榮遇之盛公曰但
覺愧仄不自安矣
公動守典故爲僕射時出爲迎奉聖像大禮使兖州
朝修使凡有御筵皆令敘官時知南京馬元方任樞
密直學士爲員外郎監商稅戚維爲正官在馬元方
上京東轉運使李湘爲虞部員外郎提點刑獄滕陟
爲度支員外郎今在李湘上近尚書省兩制不赴議
事有如此者引證之公爲兖州朝修使上言宰臣出
使從職人多乞百物並從官給州縣不得供送如有
輙取索出納之人並從違制罪故所至肅然略無搔
擾
臣僚上言諸司人吏多公送名入仕上令徧訪之了

無一人其言者自有數輩上以示公曰足明人謗卿
也公曰臣爲宰相或令百司補署吏人不可過也臣
親舊亦多恐假作臣名送去亦不可知言者必妄終
不自辨
中書有事關送密院事礙詔格寇萊公準在樞府持
以聞上曰中書行事如此施之四方得不非便公見
之拜於上前曰此實中書之失堂吏皆遭罰責密吏
皇恐白寇公曰中書密院日有相干自來止送房改
易不期奏白而使相謝罪不踰月密院有事送中書
亦違舊詔堂吏得之欣然而呈公公曰却送與密院
密吏出白寇公寇公大慙翌日見公曰王同年甚得
許大度量公竟不答

銓司申舉乞罷選人過堂公曰此唐朝典故但宰相
不舉職廢爲冗事具當存之仲尼所謂我愛其禮也
王沂公曾張文節知白陳彭年參預政事因白公曰
曾等拔擢至此亦公之力然願有裨補公曰願聞其
說沂公等曰每奏事其間亦有不經上覽公但批旨
奉行恐人言之以爲不可公遜謝而已一日奏對公
退諸公留身上已驚曰有事何不與王某同來諸公
以前說上上曰所行公否諸公曰皆公上曰王某在
朕左右多年朕察之無毫髮之私自東封後朕諭王
某令小可事一面奉行卿等當謹奉之退而謝於公
曰上之委遇非曾等所知也公曰向蒙諭及不可自
言曾得上旨今後更頼諸公規益

丁謂參預大政每議事強於昔日公察其難制一日語丁曰參政近來似橫豈非欲作相耶其多病懇辭未免以待漏院凡有訴理一一應答氣羸稍難乃告上乞用丁謂了待漏院事丁謂悚息再拜楊文公億少以文進而以方直自守乃以母病有陽翟之行公恐人害之白上遣使賜醫藥既而言者日有彈擊以亞卿分司上語輔臣曰聞楊億好謗時政公曰楊億遠人幼荷國恩若諧謔過當臣恐有之訕謗則保其不爲也公器重文公至深頗欲其歸乃因中書齋宿覽文公近詩而作詩趙文定與時賢繼和上知之乃諭公召文公還祕書監久之有問文公者曰楊大監何不且與舊職公曰大年向以輕去上左右人言可

畏賴上終始保全之今此職欲出自清衷以全君臣之契公薨後楊文公方復禁署

查道子犯贓抵法公密疏陳請以道子儒者君子弃市有辱清門乞減死論此削于今尚存乃公親翰

公掌誥妻父入參大政引唐獨孤德權德輿故事懇求解職　太宗覽奏稱歎除集賢殿修撰趙公罷公復職詔冠西掖親擇古犀帶以賜之今丞相陳公堯佐作相壻王舉正晏殊作相壻楊察忠獻韓公執政壻李牧皆引公之請爲法改以他職

公或歸私第不去冠帶入靜室中黙坐家人皇恐不敢復前面而不知其意後公之弟問趙公安仁曰家兄歸時一如此何也趙公曰見議事公不欲行而尚未決此必憂朝廷矣

參知政事李公穆之子行簡爲將作監丞不復仕進杜門燕居有雅儒之譽一日上召對賜坐撫諭之改太子中允賜錢三百萬初令中使出召不知居處上曰去中書問王某時人方知公言之

公每休暇多與二府往還寇萊公出鎮幽宿私第翌朝上顧公曰昨日知有客甚歡朝廷無事大臣和睦誠可喜也

張文節參預政事每議定事一一再取省覽一日文節凭案欲前公以手止之曰參政休亂文字逐日見看未嘗有一議政事堂動須存體其間若有私請辨於上前文節自是止之

公家有盜乃官之給卒捕繫府獄尹狀奏乞斬於公門之前公大駭曰豈以己故而私國家法也遂入奏乞府中科以常法上宣示曰聞卿居第甚陋朕密令計之官爲修營其間更繫卿意增損之公頓首曰臣所居乃先父舊廬當日止庇風雨臣今完葺過已甚矣每思先父常有愧色豈更煩朝廷上再三諭之公力辭乃止

趙尚書昌言參知政事朝廷以蜀民爲寇將命出軍趙公慷慨氣燄甚盛時公爲集賢殿修撰石文蘭中正乃趙公表弟與公餞別於路趙公一揖而去公語石曰婦翁此行未言成功得不被禍幸耶俄有言事者以委付太重　太宗曰朕已遣人徐觀其處置如

何夜抵鳳翔官吏迎謁不及斬關而入首馳以聞
楊文公病遺醫視之曰以其狀候來報夏鄭公竦從
朝修之行以病伏枕方昏寐不省夢神人衣冠甚偉
驚寤乃公自調粥於床下待士如此公之猶子睦幼
孤好學屬開貢舉上書於公願與秋試公使酌之以
酒曰吾家世以文進見汝樹立喜可知矣然吾在政
府懼太盛豈可使汝與寒畯競進也當爲汝求一任
使久而無聞再以啓公曰已諭太常寺差汝作行事
不可慢也祭祀之儀禮樂之器盡可知矣
公猶子睦質幼而好學公一日覽所試詩賦召之膝
下以詩激獎之曰祖先彰行家聲遠重慶兒孫眞學
文勵志夙宵能自勉前途可望致青雲皆拜而出愈

更勤睦即早夭質復召試禁中得進士第楊文公率
兩禁諸公薦入館有聞於時諸子皆出於庭下請公
命名公召門人公孫覺公曰適諸子請名秀才何教
之因取公初登第時與舅氏書示之時先晉公萬福
乃於書中侍奉下稱小名又曰老萊衣五綵之服日
爲兒童之戲恐二親有憂老之意今諸子請名吾何
以安哉覺與諸子謝而去
公與故觀察使錢公若水治第嘗假數千緡於公錢
公薨其家償之公皆不納令直集賢院延年方數歲
公令人召之坐之膝上日哺以食
有言公幼時嘗見天開門中有公姓名二字弟旭侍
間問之公曰待要身後去墓誌上寫則吾不知也

公婚姻皆求寒素之家後公薨丁公謂令王素錫白
諸兄求見爲昏請諸兄問於楊文公曰非先公之意
也遂止之
公當國每進用朝士必先貴實戒曰若人才公則曰
誠知此人然歷官尚淺人望未著且俾養望歲久不
渝而擢任則榮塗坦然中外允愜故王沂公執政之
日常行是言而人皆心服沂公言行録此亦載之
故尚書張詠嘗謂人曰吾榜中得人最愼重有雅望
無如李文靖深沉有德望鎮服天下無如王公面折
庭爭有風采無如寇公當方面寄則詠不敢辭
公子雍爲太子中允勾當專勾司因病請告章獻皇
太后翌日諭兩府王某男病已遣中使挾醫視之王

某先朝名德卿等宜常存撫其家
兩宮遣中使召諸子聞命亟往使自中出宣命今早
開封府奏有盜稱曾至王某墳所可瞭驚動諸子對
以無之中人入曰復傳兩宮之命曰汝等上承門閥
之重善用自保守不住往塋所照管諸子拜謝而出
公在昭應宮有宿齋寶符閣役工有墜死者公得報
繳奏曰陛下崇奉上虛爲民祈福今反勞民損財是
違天意乞諭有司省工惜費
公在兩府三十年陰薦天下士有終身不知者後諸
公脩先帝實録翰林劉公筠語素曰近日史院編修
文字有自內出者見丞相薦舉之人愼重如此
駙馬都尉李公遵勗有師友之契文公嘗力言於公

曰李侯爲貴戚好學樂善賢侯也公乃作詩惠以牋紙李公大喜具啓事謝于門下

上西祀車駕至蒲先晉公守此郡上幸州署之逍遥樓見詩牌命左右讀之後曰王某之父勿言其名因歎曰王某有後如此公之先考舊治辟不從行上作遣中使持酒肴賜於行館翌日公具以告謝

東封二府議增飾車服以盛法從諸公令人於公第日調之而無所爲王輿公欽若乃作繡韉送公曰前議恐忘巳令爲之公使具直而置之輿公見公不乘而詰之公曰常所跨者君上所賜非不華也豈可更奢僭以隳制度

張文懿士遜出爲江西轉運使辭公於政事堂文懿

言士遜止歷縣道而未親郡事令輒領使職願聞善教公從容曰朝廷權利至矣文懿起謝後迭更是職思公之言未嘗求錐刀之利既去職識者語曰此運使識大體故相畢士安家貧其妻令入内典客持書干公公因袖書呈上畢士安家有丐於臣士安嘗在東宮陛下擢爲相今茲貧闕臣實有餘亦可沾濟此事合朝廷存恤由是厚有所賜

公之兄早亡事嫂有禮歸朝見則於堂廡間榮國夫人日伴食尤友愛於弟兵部每召坐從容於尊酒間至夜則曰我倦矣未嘗一日廢之

公每見家人服飾似過則瞑目曰吾門素風一至於此亟令減損故家人或有一衣稍華出於車中遽易之不敢令公見

公初知樞密院時弟旭在京掌庾尋奏罷之

公之壻韓公例當遠公私以語其女曰尒勿憂此一小事也一日召女曰韓郎知洋州女曰何往入川公曰尒歸吾家且不失所吾若有所求他日使人指韓郎婦翁奏免遠適累其遠大也後韓公聞之曰公待我厚也如此而韓終踐二府以東宮二品官終老于家公之壻蘇耆應進士舉唱第之日格在諸科故樞相陳文惠堯叟奏上曰蘇耆是故蘇易簡男王某女壻上顧公曰卿女壻也公不對乃斂身少却願且修學及出陳公語公曰相公何不一言則耆及第矣公笑曰上親臨軒試天下士至公也其爲冢宰自薦親

屬於冕旒之前士子盈庭得不失體陳公愧謝之

有貨玉帶者持以及門弟因呈公公曰如何弟曰甚佳公命繫之曰還見佳否弟曰繫之安得自見公曰玉亦石也得不重乎自負重而使觀者稱好無亦勞也我腰間不稱此物亟還之故平生所服止於賜帶

素年九歲公每遇休沐必呼之膝下一日見庭間花盛開因使賦詩公觀之乃依韻和曰迥與羣芳異含芳向莫春不如松栢木常保歲寒新遂出示門人公孫覺公孫因激勵曰以公之意尒等豈得不勤學也

公爲兖州朝修使辟夏鄭公爲管記一日召鄭公語曰我病自度必不起自遭逢盡誠以事上盡公以待士以私以怨未嘗有毫髮每念祖父與立門第心之

所存惟輿有後幼子小名公奴恐其可教他日學士
爲吾肯之鄭公出爲西帥素別於順天院曰先相有
理命在竦未能少副其意寔負愧也因道此說素感
涕交下對鄭公曰聞公之言如聞先人之訓矣敢不
樹立觀察李公維言兄文靖相國初監京商稅院與
公鄰居爲著作郎每暇即過從維嘗切聽於外有相
對數刻未嘗交一語古人心交之公得之
公與故相畢士安給事中柴成務同在兩府二公皆
先晉公門生翰林王禹偁有詩曰如今身後榮名少
兩制門生伴鳳毛時人傳誦今刻石于家
先晉公知遠大嘗語人曰此兒異日必至公輔因手
植三槐于庭以爲識其槐今老蔭茂可愛

公久參大政子壻韓億赴官公弟餞於家親賢皆集
有羣鵲數十喧噪於門坐皆驚異少聞堂吏報公拜
相
公歸飡必召諸子使之席地聚食乃語左右曰剩與
菜喫此輩生長公相家已驕矣不可使不知淡薄之
味
公之子雍授官家人欲製公服公不許曰且令著衫
後公之弟賜緋魚子方得衣綠公因語其弟曰我向
不欲小子輩與叔同服色公弟拜謝曰我兄友愛之
意如此公占籍全魏自曾祖以來墳皆在莘縣其土
亦廣公自執政即却其租令均贍親族
公陪祠東封有子侍行家信至公發之見所寄衣帶

以紅爲之公怒曰我在尔已好華如此欲壞儒風我
死望汝輩純素難也亟令送還而易之
太宗皇帝一日命蘇公易簡曰卿看兩制中誰堪大
用蘇公曰臣見同年王某有器識遠大不可量也
太宗曰朕志亦先定矣知公之以女適蘇公之子耆
時蘇公已薨其母太夫人薛氏在堂每至則公出拜
敘同年之知也公初登第爲岳州平江宰趙公昌言
時領漕湖外見公異之議以女妻公曰一當禀命於
親時先晉公在京師方與范魯公質家議親事見其
書曰既來禀我意必欲之遂可以歸始聞范親之說
公既貴以女適范魯公之孫全孫因語全孫曰此親
成吾先公之意矣

公嘗與楊文公評品人物文公曰丁謂久遠果如何
公曰才則才矣語道未可他日在上位使有德助之
庶保終吉若獨當權必爲身累後丁公果被流竄
公晚年官重每家人出賀立令止之因語弟曰遭遇
至此愈增憂懼何可賀也
公每有賜予見家人置於庭下乃瞑目而歎曰生民
膏血安用許多
公疾革上臨視賜白金五十兩召楊文公於床前作
讓表公覽乃自書四句曰已懼多藏況無用處見謀
散施以息災殃是冬公薨文公歎曰精爽不亂如此
文公因對上前語及上令內司賓取元草視之後榮
國夫人謁章獻太后語曰上見公表泣下久之

公自踐兩禁歲有奏蔭每自謙抑罕欲薦舉嘗奏房弟例得殿直上言乞除奉職上曰朝廷著令素定不可抑之公曰全未歷事恐不能任事俟試其才續具奏陳弟止除奉職公薨諸子白衣者尚數人公病革命楊文公撰遺表語文公曰但叙述遭逢望保聖躬日親庶政進賢用士不可以將盡之意更以宗親爲託後推恩延賞皆出於朝廷

公罷相守太尉爲玉清昭應宮使時公病臥弟入白之公乃起曰君臣相知不意布衣遭逢朝廷榮貴至此然我久在大位自省無過亦君臣相知乃得保全終始叩頭帝闇潸然泣下左右皆悲哽乃語其弟曰兄子淳巳長立爲乞官吾病必不起了此一事足矣上覽奏諭政府王某所奏姪依宰相例除之淳乃授太常寺太祝

公病語其諸子曰我死後愼勿以一文錢物入在柩中漢文帝有言紙衣瓦棺葬我不從吾言九泉之下無福蔭汝汝等切誌之故公薨之薄葬始服金帶蓋棺以紙易之

張徐公耆出鎮河陽禮有曲宴上令徹樂宣示坐中曰王某在殯朕不忍聽慘怛者久之公薨上令內司賓取公筆硯一副言只要王某使舊者欲與皇太子

公門庭未嘗接客公薨上諭近臣曰王某家却安靜當國日亦門庭清肅

呂文靖夷簡魯肅簡宗道初參知政事二妻入謝章獻太后語之曰尒各歸語其夫王某在政府多年終始如一先帝以此重之宜爲師範也

王冀公欽若自江寧府歸再執魁柄魯公時參大政凡聚議多冀公不堪語諸公曰掌武相公在政府日參政豈敢如此魯公笑曰王文正先朝重德豈他人可企苟公執政平允宗道安敢不伏

馮文爲侍中有問之曰向與掌武相公同在政府盡見國體公今異於昔何也馮曰王公德業孰可企及彼一時此一時也

公薨諸子外除入見上惻然感懷乃諭政府曰王某在位最久未嘗有毫髮事干朕甚悼之諸子各改一官前後大臣無此優禮

公薨後長子雍詣政府以自効寇萊公當國問所欲何適雍曰例當藿務公曰賢者之子安得麄使乃差同判太常寺寺無同判亦無湌

始也王冀公欽若江寧再歸相國因乾元節進經疏其軸飾以金顧王沂公曰向日與掌武相公同共在二府嘗以此白之終不肯爲沂公退語呂文靖曰殊不知王公以道佐人主豈以此末節爲得也

文正王公遺事終

濟南先生師友談記

太華逸民謚超曠文子李

元祐癸酉正月二十六日見東坡先生（禮公……）
（自號居士）公曰近因講筵從容爲上言人君之學與臣庶
異臣等幼時父兄驅率讀書初甚苦之漸知好學則
自知趣向既久則中心樂之既有樂好之意則自進
不已古人所謂知之者不如好之者好之者不如樂
之者陛下上聖固與中人不同然必欲進學亦須自
好樂中有所悟入且陛下之學不在求名與求知不
爲章句科舉計也然欲周知天下章疏觀其人文章
事實又萬機之政非學無所折衷上甚以爲然退見
宰輔誦其語且曰上天性好學某將自漢至唐擇其
君臣大節政事之要爲一書以備進讀今讀三朝寶
訓林子中所編也

東坡先生近令門人輩作人不易物賦（物爲一人重輕也）或
戲作一聯曰伏其几而襲其裳豈爲孔子學其書而
戴其帽未是蘇公（士大夫近年倣東坡桶高簷短名帽曰子瞻樣）廌因言之
公笑曰近扈從燕醴泉觀優人以相與自夸文章爲
戲者一優（丁仙現者）曰吾之文章汝輩不可及也衆優曰
何也曰汝不見吾頭上子瞻乎上爲解顏顧公久之

東坡先生居閶闔門外白家巷中一夕次子迨之婦
歐陽氏（文忠公孫棐之女）產後因病爲祟所憑曰吾姓王氏
名靜奴滯魄在此居久矣公曰吾非畏鬼人也且京
師善符籙遣厲者甚多決能逐汝汝以愚而死死亦

妄爲祟爲言佛氏破妄解脱之理喻之曰汝善去明
日昏時當用佛氏功德之法與汝婦輙合爪曰感尚
書去也婦良愈明日昏時爲自書功德疏一通仍爲
置酒肉香火遣送之公曰某平生屢與鬼神辯論矣
頃迨之幼忽云有賊皃瘦而黑衣以青公使數人索
之無有也乳媪俄發狂聲色俱怒如卒伍輩唱喏甚
大公往視之輙厲聲曰某即瘦黑而衣青者也非賊
也鬼也欲此媪出爲我作巫公曰寧使其死出不可
得曰學士不令渠出不奈何只求少功德可乎公曰
不可又曰求少酒食可乎公曰不可又曰求少紙可
乎公曰不可又曰只求一盃水可乎公曰與之媪飲
畢仆地而甦然媪之乳因此遂枯公曰頃在鳳翔罷
官來京師道由華岳忽隨行一兵遇祟甚狂自褫其
衣巾不已公使人束縛之而其巾自墜人皆曰此岳
神之怒故也公因謁祠且曰某昔之去無祈今之回
無禱特以道出祠下不敢不謁而已隨行一兵狂發
遇祟而居人曰神之怒也未知其果然否此一小人
如蟣虱爾何足以煩神之威靈哉縱此人有隱惡則
不可知不然以其懈怠失禮或盜服御飲食等小罪
爾何足責也當置之度外竊謂岳鎮之重所隸甚廣
其間強有力富貴者蓋有公爲奸慝神不敢於彼示
其威靈而乃加怒於一卒無乃不可乎某小官一人
病則一事闕願恕之可乎非某愚直諒神不聞此言
出廟馬前一旋風突而出忽作大風震鼓天地沙石

警飛公曰神愈怒乎吾弗畏也冒風即行風愈大惟趑公行李而人馬皆辟易不可移足或勸之曰禱謝之公曰禍福天也神怒即怒吾行不止其如予何已而風止竟無別事

東坡先生嘗謂某曰范淳夫講書爲今經筵講官第一言簡而當無一冗字無一長語義理明白而成文粲然乃得講書三昧也

鷹自太史先生（以國史修撰知國史院兼修國史故曰太史公）初在講筵即游其門今且八年自昔嘗聞公詰朝當講即前一夕正衣冠儼然如在上前命子弟侍坐先按講其說鷹未始得與聽也邇來遂獲與聽先生平時溫溫其語若不出諸口及當講開列古義仍參之時事暨近代本朝典故以爲戒勸其音琅

琅然聞者興起宜乎久侍邇英而爲儒林之冠也二月朔太史公當講鷹前一夕獲聞按講王制巡狩望之禮曰古之人多因燔望秩之說乃附會爲封禪之事或以求神仙或以祈福或以告太平成功皆秦漢之侈心非古者巡狩省方之義爲人臣凡有勸人主封禪者皆佞臣也鷹以此言爲守成之龜鑑

鷹少時有好名急進之弊獻書公車者三多觸聞罷然其志不已復多游巨公之門自丙寅年東坡嘗誨之曰如子之才自當不沒要當循分不可躁求王公之門何必時曳裾也爾後常以爲戒自昔二三名卿已相知外八年中未嘗一謁貴人中間有貴人使人諭殷勤欲相見又其人之賢可親然鷹所守匹夫之志亦未敢自變也嘗爲太史公言之公曰士人正當爾耳士未爲臣進退裕如也佗日子仕於朝欲如今日足以自如未易得之矣李文正嘗曰士人當使王公聞名多而識面少此最名言蓋寧使王公訝其不來無使王公厭其不去如子尚何求名惟在養其高志爾鷹以此言如佩韋弦也

太史公嘗講禮曰擬人必於其倫先儒之說謂擬君於君之倫擬臣於臣之倫臣以爲此特位而已擬人必以德爲貴桀紂人君也謂匹夫爲桀紂其人必不肯受孔孟匹夫也謂人君爲孔孟其人必不敢當

友人董耘饋長沙猫笋鷹以享太史公太史公輒作詩爲貺曰因笋寓意且以爲贈爾其詩曰穿雲斸石

遠林空來渉江波萬萬重實比梧桐能食鳳籜飜風雨便成龍一枝未許塵鞍掛千畝終留渭水封陋巷菜羹知不稱君王玉食願時供鷹即和之亦以寓自興之意且述前相知之情焉其詩曰節藏泥澤氣凌空薦俎寧知肉味重未許韋編充簡冊已勝絲委詑蛟龍（長沙故事）短萌任逐霜刀重美幹須煩雪壤封他日要令高士愛不應常奉宰夫供秦少游亦和之曰楚山春笋斸雲空北客常嗟食不重秀色可憐刀切玉清香不斷鼎烹龍論羹未愧蓴千里入貢常隨傳一封薄祿養親甘旨少滿苞時賴故人供（鄧愼思嘗遺之）

鷹謂少游曰比見東坡言少游文章如美玉無瑕又琢磨之功殆未有出其右者少游曰某少時用意作

賦習貫已成誠如所諭點檢不破不畏磨難然自以華弱爲愧邢和叔嘗曰子之文銖兩不差非秤上秤來乃等子上等來也鷹曰人之文章闊達者失之太疎謹嚴者失之太弱少游之文詞雖華而氣古事備而意高如鍾鼎然其體質規模質重而簡易其刻畫篆文則後之鑄師莫彷彿宜乎東坡稱之爲天下奇作也非過言矣

二月十日出陳橋門稍西十里白溝上原謁陽翟縣令孫敬之愔會開府承議郎張弼非夜語張浙人也傳云劉簽樞知定州錢穆父居樞位其實則無也鷹謂孫敬之曰歲前鷹到陽翟競傳蔣頴叔爲辭熙帥奪待制以本官謫知舒州鷹曰出京時上官謝見蔣頴叔以待制邑從不足信衆鄉人咻之今日穆父之拜竊恐如頴叔之傳也已而果然乃知虚傳之書不必遠方雖國門之外已不足信矣敬之曰今年上元呂丞相夫人禁中侍宴獨以上相之夫人得奉觴進於二聖餘執政命婦則並立副階上北嚮羅拜宴罷辭謝皆登露臺望拜奉觴以進頗戰慄寳慈曰夫人與吾年相若特命二女史扶擁以示恩意敬之曰呂相夫人乃中表親也爲某言禁中禮數甚詳曰御宴惟五人上居中寳慈在東長樂在西皆南向太妃暨中宮皆西向寳慈暨長樂皆白角團冠前後惟白玉龍簪而已衣黄背子衣無華彩太妃暨中宮皆縷金雲月冠前後亦白玉龍簪而飾以北珠珠甚大衣紅背子皆用珠爲飾中宮雖預坐而婦禮甚謹惟内顧寳慈坐不敢安雖廣樂在廷未嘗一視也上前後供侍固多女使皆天下奇色唯有四人一樣粧梳衣服之類無少異俄至上側未移刻又忽四人至凡十有六番其服飾珠翠之盛信天下之所未覩上天顔穆然敬奉二宫有不邇聲色之意

秦少游論賦至悉曲盡其妙蓋少時用心於賦甚勤而專常記前人所作一二篇至今不忘也

少游言凡小賦如人之元首而破題二句乃其眉惟貴氣皃有以動人故先擇事之至精至當者先用之使觀之便知妙用然後第二韻探原題意之所從來湏便用議論第三韻方立議論明其旨趣第四韻結斷其說以明題意思全備第五韻或引事或反說第七韻反說或要終立義第八韻卒章尤要好意思爾

少游言賦中工夫不厭子細先尋事以押官韻及先作諸隔句凡押官韻須是穩熟瀏亮使人讀之不覺牽強如和人詩不似和詩也

少游云賦中用事唯要處置才見題便類聚事實看緊慢分布在八韻中如事多者便須精擇其可用者用之可以不用者弃之不必惑於多愛留之徒爲累耳如事少者須於合用者先占下別處要用不可那輟

少游言賦中用事如天然全具對屬親確者固爲上如長短不等對屬不的者湏別自用其語而裁剪之

不可全務古語而有疵病也譬如以金爲器一則無縫而甚陋一則有縫而甚佳然則與其無縫而陋不若有縫而佳也有縫而佳且猶貴之無縫而佳則可知矣

少游言賦中用字直須主客分明當取一君二民之義借如六字句中兩字最緊即須用四字爲客兩字爲主其爲客者必須協順賓從成就其主使於句中煥然明白不可使主客紛然也

少游言賦中作用與雜文不同雜文則事詞在人意氣變化若作賦則惟貴鍊句之功鬬難鬬巧鬬新借如一事他人用之不過如此吾之所用則雖與衆同其語之巧迥與衆別然後爲工也

少游言賦家句脉自與雜文不同雜文語句或長或短一在於人至於賦則一言一字必要聲律凡所言語須當用意屈折斲磨須令協於調格然後用之不協律義理雖是無益也

少游言凡賦句全藉牽合而成其初兩事甚不相侔以言貫穿之便可爲吾所用此鍊句之工也

少游言今賦乃江左文章彫敝之餘風非漢賦之比也

國朝前輩多循唐格文冗事迃獨宋范滕鄭數公得名於世至於嘉祐之末治平之間賦格始備廢二十餘年而復用當時之風未易得也已

少游言賦之説雖工巧如此要之是何等文字廌曰觀少游之説作賦正如填歌曲爾少游曰誠然夫作曲雖文章卓越而不協於律其聲不和作賦何用好文章只以智巧飣餖爲偶儷而已若論爲文非可同日語也朝廷用此格以取人而士欲合其格不可柰何爾

東坡嘗云頃年文忠歐公薦其先君薦章才上一時公卿争先求識面交口推服聲名一日大振蓋歐公之言旣取重於世而當時之人亦有喜賢好善之心無紛紛翕訿之間言也

東坡云頃同黄門公初赴制舉之召到都下是時同召試者甚多一日相國韓公與客言曰二蘇在此而諸人亦敢與之較試何也此語旣傳於是不試而去

去者十蓋八九矣

東坡云國朝試科目亦在八月中旬頃與黄門公旣將試黄門公忽感疾卧病自料不能及矣相國韓魏公知之輒奏上曰今歲召制科之士惟蘇軾蘇轍最有聲望今聞蘇轍偶病未可試如此人兄弟中一人不得就試甚非衆望欲展限以俟上許之黄門病中魏公數使人問安否旣聞全安方引試凡比常例展二十日自後試科目並在九月蓋始於此比者相國呂微仲語及科目何故延及秋末之説東坡爲呂相國言之相國曰韓忠獻其賢如此深可慕尓

東坡云頃試制舉中程後　英宗皇帝即欲便授知制誥相國韓公曰蘇軾之才遠大之器也他日自當

爲天下用要在朝廷培養之使天下之士莫不畏慕降伏皆欲朝廷進用之然後取而用之則人人無復異詞矣今驟用之則天下之士未必以爲然適足以累之也　英宗曰知制誥既未可且與修起居注可乎魏公曰記注與制誥爲隣未可遽授不若且於館閣中擇近上貼職與之他日擢用亦未爲晚乃授直史館歐陽文忠時爲參政慮執政官中有不憙魏公者喋於東坡坡曰公所以於某之意乃古之所謂君子愛人以德者歟

蘇仲豫追言新宗正丞程遵彦之邵內行全好人所難能薦詢其如何曰遵彦嘗爲杭州僉判以故知其居家之道甚詳遵彦之母極嚴厲遵彦之妻不得其志遂去遵彦方三十歲承順母意不復言娶與母對床而寢今二十年矣因遂絕嗜慾未嘗一日失其懽心其母亦撫養遵彦諸子恩意周至但諸孫或一言思其出母則詬怒遵彦妻亦賢無辜得罪被逐於其姑亦無怨言歲時問安奉禮物不輟雖異居而婦禮甚脩至今獨居守節不可奪士大夫賢遵彦怪其母憫其妻哀其子也

王仲巖承事字豐甫相國郇公之子也昔爲薦言東坡自蜀應進士舉到省時郇公以翰林學士知舉得其論與策二卷藁本論即刑賞忠厚之至也凡三次起草雖藁亦結塗注一其慎如此論卷竊爲道人梁冲所得今所存惟策藁爾冲以吐納醫藥爲術東坡貶職時識之今在京師豐甫欲訴於官取之爾豐甫又言其女兄之夫高旦受知於相國司馬温公已除河北糴便粮草一日謁温公方起立稟事忽瞑目口不能言遽蹶而仆温公遭壓焉衆公扶救温公而旦已不知人温公令人力舁以歸即死明日温公使吏問安否且曰已改除本路提點刑獄矣吏以死聞温公甚歎之厚賻其家後二日范伯嘉子豐蜀公之仲子也謁温公復使人舁致以歸子豐亟還許緫升堂見蜀公畢入其室即殂子豐有才力明敏過人薦從其游甚久相知亦深

太史公講太史奉諱惡天子齋戒受諫之說注謂子卯與先代忌辰之類爲諱惡公曰以臣所見所謂諱惡者危亡之言不絕于耳爲人臣必使危亡之言不絕于口然後君臣相與戒慎畏懼則保其社稷若夫子卯雖爲桀紂亡日與先代忌辰此有司常事爾不足道也天子齋戒受諫禮云歲終臣以謂乃歲首也書云每歲孟春遒人以木鐸徇于路官師相規工執藝事以諫天子齋戒受之以敬也此皆先儒之所不及遠甚

蘇過叔黨言其堂姊嫁蒲澈澈貧政傳正之子也傳正守長安日澈之婦閉戶不治一事惟滴酥爲花果等物每請客一客二十飣皆工巧盡力爲之者只用一次復速客則更之以此諸婦日夜滴酥不輟

叔黨又曰蒲公有大洗面小洗面大濯足小濯足大

澡浴小澡浴蓋一日兩洗面兩濯足閒日則浴焉小洗面一易湯用二人惟類其面而已大洗面三易湯用五人肩頸及焉小濯足一易湯用二人惟踵踝而已大濯足三易湯用四人膝股及焉小澡浴則湯用三斛人用五六大澡浴則湯用三斛人用八九口脂面藥薰爐妙香次第用之人以爲勞公不憚也蓋公以文章顯用爲時大臣志氣磊落奉養雅潔故也頃公有書與東坡自云晚年有所得東坡荅之曰聞所得甚高固以爲慰然復有二尚欲奉勸一曰儉二曰慈此言眞蒲公之所當聞也

太史公講月令開題凡數千言備陳歷世遵陰陽爲政事之迹與魏相柳宗元之說反復甚明前世論時

令者莫能過也且曰儒者多言不必從月令故時令論立說誠有以破漢儒附會災異之弊然洪範以五事應五行有休徵咎徵符契甚明後之人君不可不爲鑒也

太史公講月令開題曰行春令則云云者人君之政令非天之時氣也故此之時必當行其本時之令以順之若逆之則五行相克之氣隨類來應如人五藏相勝則有受克之處其不和之氣自來爲病也今人見時之氣寒燠非候曰行其令行其令者非也廌在元祐三年省試策問有魏相時令者廌之所對大畧與太史公之說同但其卒曰王者應天以實不以文故人和而天地之和應之不必法其繁文末節但時

和歲豐家給人足則便爲太平之實若求夫朱草生鳳凰至等瑞皆漢代君臣不務本而區區尚其虛文也漢之好復古者無若王莽而劉歆又以儒術緣飾之奏祥瑞作頌聲者甚衆有益於治可救其亂乎詞多不能詳姑記其大槩昔旣不劾何必道乎

王豐甫言章元弼頃娶中表陳氏甚端麗元弼皃寢陋嗜學初眉山集有雕本元弼得之也觀忘寐陳氏有言遂求去元弼出之元弼每以此說爲朋友言之且曰緣吾讀眉山集而致也元弼越人文蒙之子少廌一歲嘗以賢良方正科被召太史公極愛之嘗三薦於朝朝廷以太史公之薦元弼雖蔭補未登科亦除陳州州學教授元弼好謁當塗巨公嘗自咸平晨

飡行七十五里入都懷剌來謁中途不遑秣馬也甚癯瘁隆冬短褐冠敝屨穿併日而食陳州之行太史之賜厚矣

蘇仲豫言蔣頴叔之爲江淮發運也其才智有餘人莫能欺漕運絡繹蔣吳人暗知風水嘗於所居公署前立一旗曰占風旗使人日候之置籍焉令諸漕綱日程亦各記風之便逆蓋雷雨雪雹霧露等有或不均風則天下皆一每有運至取其日程曆以合之責其稽緩者綱吏畏服蔣之去占風旗廢矣

國朝法綱船不許住滯一時所過稅場不得檢稅兵梢口食許於所運米中計口分升斗借之至下卸日折筭逐人之俸粮除之蓋以舟不住則漕運甚速不

檢則許私附商販雖無明條許人而有意於兼容爲小人之啗利有以役之也借之口粮雖明許之然漕運既速所食幾何皆工法之深意也自洛司置舟官載客貨沿路稅場既爲所併而綱兵搭附遂止邇來導洛司既廢然所過稅場有隨船檢稅之滯小人無所啗利日食官米甚多於是盜糶之弊興焉既食之又盜之而轉搬納入者動經旬月不爲交量往往鑿竇自沉以滅其迹有司治罪鞭配日衆大農歲計不充雖令犯人逐月尅粮塡納豈可敷足張文定爲三司使日云歲虧六萬斛今比年不啻五十餘萬斛矣而其弊乃在於綱兵也東坡爲揚州嘗陳前弊於朝請罷沿路隨船檢稅江淮之弊往往除焉然五十萬之闕未能遽復數年之後可見其効淮南楚揚泗數州日刑綱吏不啻百人能救其弊此刑自省仁人之言其利博哉

蘇仲豫言頃在先帝朝莱温叟嘗提舉陝西保甲忽有詔曰御批問所隷諸州所教保甲精捔如何(捔音龣或作粗)莱上劄子言臣所教保甲委是精捔奏至神宗笑之謂侍臣曰莱温叟將謂捔字是精確也

晁無咎云著作職今不修日曆甚閑但改教坊判官致語口號等及小祠祭校對祝版爾

晁無咎言頃仁宗嘉祐末英宗已判宗正時館中進所校對祝版凡九每版皆曰嗣皇帝某或曰嗣天子臣某舊例御書名處貼黃云署仁宗時苑中親作一亭甚華仁宗自名之曰迎曙亭已而寤乃英宗名也改之曰迎旭亭仁宗以旭字未安又改之曰迎煦亭皆默符英皇之名神宗嫌名今上御名也天命符瑞之驗預有定哉

李錞希聲言頃侍其祖茂直爲江西監司日聞徐禧自御史中丞以母喪還洪府日洪有媪善以三世禄命書言人吉凶德占俾占之媪曰當與兵死徐氏皆怒之媪曰無煩怒也其書古人所記其變具存以其書示之畫一僵尸身首異處血汚狼籍而烏鳥啄之徐氏猶欲以妖言將檄有司笞之媪以衆解得免後德占敗永樂城破虜既害之蹂踐其尸正符媪說媪尚存洪人因重之又曰禧經制西事日與沈括議入居永樂括不欲入禧以不同其計自以數萬人守焉禧自守虜大縱兵圍之四面不見其際禧節制諸將不許出戰城中兵相殘殺禧命曲珍内平之守既久城中無水兵皆渴至有殺人而吮睛飲血者禧命掘井井數十尺方及泉既汲禧命以軍額高下次第飲之衆兵怨怒凡汲一罌衆兵皆以衣漬而吮之衆渴不已請開城飲於壕雖死不憾城開外兵遂入而屠焉又言徐禧之妻黄魯直之堂妹也故禧死魯直祭文有文足以經邦武足以定難之語禧之没朝廷厚其贈典至金紫光禄大夫吏部尚書謚忠愍官其子弟八人禧止有一人甚幼曰俯遂獨受其遺澤至通直郎今上即位覃恩轉奉議郎今年才十有六歲矣

近娶呂温卿之女蓋呂吉甫與禧厚善故也每讀責呂吉甫誥至於力引狂生之謀馴至永樂之禍未嘗不泣涕也好讀兵書善學其舅魯直近有詩云平生功名心夜鬯短檠燈大賞之也

東坡言普安禪院初在五代時有一僧曰某者卓庵道左蓺蔬丐錢以奉佛事一日於庵中晝寢夢一金色黃龍來食所蓺萵苣數畦僧寤驚曰是必有異人至此已而見一偉丈夫於所夢地取萵苣食之僧視其貌神色凛然遂攝衣迎之延於庵中饋食甚勤復取數鏍錢之曰富貴無相忘因以所夢告之且曰公它日得志願爲老僧只於此地建一大寺幸甚偉丈夫乃藝祖也既即位求其僧尚存遂命建寺賜名曰普安都人至今稱爲道者院元祐八年因送范河中是院閒言之爾

東坡云郭子儀鎮河中日河甚爲患子儀禱河伯曰水患止當以女奉妻已而河復故道其女一日無疾而卒子儀以其骨塑之於廟至今祀之惜乎此事不見於史也

國朝面賜緋即四襈義襴衫寶瓶銀帶例服三日元祐七年春末陳祥道學士進禮圖儀注已除館閣校勘明年用爲太常博士乃賜緋衣四襈袍銀帶往謝禮部蘇尚書公爲言頃石參政中立爲館閣時亦賜緋仍繫銀帶石滑稽服之無怍色過司天監馬驚墜地銀帶頗傷衆吏曰何星也石曰吾不善推步但恠土犯寶瓶爾一時士人莫不以爲笑也祥道聞之亦甚笑祥道許少張榜登科禮學通博一時少及仕官二十七年而官止於宣義郎蓋初仕時父歐公人死而祥道任其罪久廢中間爲太學博士亦坐累故屯蹇至老嘗爲禮圖一百五十卷儀禮説六十餘卷内相范公爲進之乞送祕閣及太常寺故有是命没齒困窮而不遇賞音也自賜緋不餘旬而卒或曰雖不土犯寶瓶臨行年也

孫巨源内翰從貢父求墨而吏送達孫莘老中丞巨源以其求而未得譲劉劉曰已嘗送君矣已而知莘老誤留也以其皆取姓孫而爲館職故吏輩莫得而別焉劉曰何不取其髯爲別吏曰皆髯而莫能分也劉曰既是皆髯何不以其身之大小爲別吏曰諾於是館中以孫莘老爲大髯孫學士巨源爲小髯孫學士

比年多自七寺卿除侍郎一日因景靈宫國忌行香時寺監並會於幕次外有從者坐地上各話其所事光禄宗之從者曰吾卿當作侍郎矣蓋宰相之子今一叔爲少傅一叔爲使相判太原只言家世必吾卿也文太僕及之從者曰吾卿職是修撰父是太師若言家世豈光禄可及乎高太府遵惠之從者曰若言吾卿必爲侍郎矣趙衛尉令鑠之從者曰吾卿家世則　太祖皇帝之後今皇帝之近族也亮非諸卿之可及矣衆從者皆服俄有王司農孝先之從者曰吾

卿曾作大理領都水出入重職多歷年歲若除侍郎吾卿必矣衆從者皆譟之曰汝雖官高職重宣力不少柰何親戚族人見任壯丁耆長乎王之從者不勝其怒遂毆諸卿之從者從者復衆毆擊至有流血者皆爲邏卒擒捕之詣尹治焉

東坡公云日者王寔王寧見訪寔韓持國少傅之壻也因問持國安否寔寧皆曰自致政尤好歡賞自謂人曰吾已癃老且將聲樂酒色以娛年不爾無以度日東坡曰惟其殘年正不當爾君兄弟至親且舊願爲其傳一語於持國可乎寔寧曰諾坡曰頃有一老人未嘗參禪而雅合禪理死生之際極爲了然一日置酒大會親友酒闌語衆曰老人即今且去因攝衣

正坐將奄奄焉諸子乃惶遽呼號曰大人今日乃與世訣乎願留一言爲教老人曰本欲無言今爲汝懇只且第一五更起諸子未論曰何也老人曰惟五更可以勾當自家事日出之後欲勾當則不可矣諸子曰家中幸豐何用早起舉家諸事皆是自家事也豈有分別老人曰不然所謂自家事者是死時將得去者吾平生治生今日就化可將何者去諸子頗悟今持國果自以謂殘年請二君言與持國但言其請持國勾當自家事與其勞心聲酒不若爲可以死時將去者計也坡又曰范景仁平生不好佛晚年清慎減節嗜慾一物不介蔕於心眞却是學佛作家然至死常不取佛法其謂景仁雖不學佛而達佛理雖毀佛罵祖亦不害也

東坡謂廌與李祉言曰某平生於寢寐時自得三昧吾初睡時且於床上安置四體無一不穩處有一未穩須再安排令穩既穩或有些小倦痛處略按摩訖便瞑目聽息既匀直宜用嚴整其天君四體雖復有苛癢亦不可少有蠕動務在定心勝之如此食頃則四肢百骸無不和通睡思既至雖寐不昏吾每日須於五更初起櫛髮數百頮面盡服裳衣畢須於一淨榻上再用此法假寐數刻之味其美無涯通夕之味殆非可比平明吏徒既集一呼即興冠帶上馬率以爲常二君試用吾法自當識其趣愼無以語人也天下之理能戒然後能慧蓋慧性圓通必從戒謹中入

未有天君不嚴而能圓通覺悟者也二君試識之

呂元明希哲侍講爲廌言頃仁皇時太學之法寬簡國子先生必求天下賢士眞可爲人師表者就其中又擇其尤賢者專委掌教導規矩之事胡翼之瑗初爲直講有旨專掌一學之政胡文學行義一代高之既專學政遂推誠教育多士身率天下之士不遠萬里來就師之方是時游太學者端爲道藝稱弟子者中心悅而誠服之也胡亦甄別人物擇其過人遠甚人畏服者獎之激之以勵其志又各因其所好類聚而別居之故好尚經術者好談兵戰者好文藝者好尚節義者皆所以類群居相與講習胡亦時召之使論其所學爲定其理或自出一義使人人以對爲可

否之時取當時政事併之折衷故人皆樂從而有成
今朝廷近臣往往胡之徒也
太史公言呂元明頃在熙寧中王荆公欲與其子雱
竝除崇政殿説書已有成命會呂正獻公與荆公論
新法相失其事遂格後二十餘年今上之即位八年
朝廷以勲臣子有學問復除前命盖知官職命寔使
之雖遲遲亦不爲也王公父子今已物故而元明竟
居講筵雖以世德多學用亦有命也
頃年客有話胡翼之爲國子先生日番禺有大商曰
某氏者遣其子來就學其子儇蕩其所賫千金仍病
甚瘠客于逆旅若將救死焉偶其父至京師閔而不
責携其子謁胡先生告其故曰是宜先警其心而後

之道者也乃取一秩書曰汝讀是可以先知養生之
術知養生然後可以進學矣其子視其書乃黄帝素
問也讀未竟惴惴然懼伐性命之過甚悔痛自責冀
可自新胡知其已悟召而誨之曰知愛身則可以修
身自今以始其洗心向道取古聖賢之書次第而讀
之既通其義然後爲文則汝可以成名聖人不貴無
過而貴改過無懷昔悔第勉事業其人亦頴鋭善學
學之三年登上第而歸
張文潛曰先皇尚經術本欲求賢聖旨趣而一時師
説競以新奇相高妄爲臆説即附意穿鑿如説詩曰
溱與洧方涣涣兮士與女方秉蕳兮女曰觀乎士曰
既且且往觀乎洧之外洵吁且樂惟士與女伊其相

謔贈之以芍藥以謂淫泆之會芍藥善墮胎行血故
爲之贈然詩言士與女相謔然則士贈女乎女贈士
乎借謂女贈士安用墮胎行血也此殆是以芳香爲
好之義何至是陋也劉貢父嘗曰贈之芍藥士女不
分若夫視爾如荍貽我握椒則女贈士必矣本草云
椒性温明目煖水藏則女無用也莫不以爲笑嗚呼
有是種種陋説而觸類長之此爲罷經義之禍其本
亦以此
東坡新遷東闕之第鷹同李端叔秦少游往見之東
坡曰今日乃先祖太傅之忌(五月十日)祖父名序甚英
偉才氣過人雖不讀書而氣量甚偉頃年在鄉里郊
居陸田不多惟種粟及以稻易粟大倉儲之人莫曉

其故儲之累年凡至三四千石會眉州大饑太傅公
即出所儲自族人次外姻次佃户鄉曲之貧者次第
與之皆無凶歲之患或曰公何必粟也惟粟性堅能
久故可廣儲以待匱爾又繞宅皆種芋魁所收極多
即及時多蓋薪蒭野民之食時即用大甑蒸之羅置
門外恣人取食之賴以無飢焉又曰祖父嗜酒甘與
村父箕踞高歌大飲忽伯父封告至伯父登朝而外
氏程舅亦登朝外祖甚富二家連姻皆以子貴封官
程氏預爲之謂祖父曰公何不亦預爲之太傅曰兒
子書云作官器用亦寄來一日方大醉中封告至并
外纓公服笏交椅水罐子衣版等物太傅時露頂戴
一小冠子如指許大醉中取告箕踞讀之畢并諸物

置一布囊中取告時有餘牛肉多亦置一布囊中令村童荷而歸跨驢入城城中人聞受告或就郊外觀之遇諸塗見荷擔二囊莫不大笑程老聞之面誚其太簡惟有識之士竒之

眉州或有神降曰茅将軍巫覡皆狂禍福紛錯州皆畏而禱之共作大廟像宇皆雄祈驗如響太傅忽乘醉呼村僕二十許人入廟以斧钁碎其像投溪中而毀拆其廟屋竟無所靈後三年伯父初登第太傅甚喜親至劒門迎之至七家嶺忽見一廟甚大視其榜曰茅将軍太傅曰是妖神却在此爲幻邪方欲率衆復毀忽一廟吏前迎拜曰君非蘇七君乎某昨夜夢神泣告曰明日蘇七君至吾甚畏之哀告蘇七君且爲容恕幸存此廟俾竊食此土也衆人怪之共勸焉乃捨

太史公講禮王制曰礿禘蒸嘗此祭之名天地社稷五祀名山大川之在其地者因國之在其地而無主後者此祭之事犆礿祫祭之類此祭之禮然非祭之本祭之本諸侯得一國之歡心以事其先王天子得四表之歡心以事其先王者是也夫犧牲幣帛粢盛酒醴皆出於民力古者先成民而後致力於神凡以祭之本在於民而已

又講王制司徒明七教以興民德曰夫以身率於上而傚之曰教教之於治雖甚迂闊然古之言治者必以爲先放勛曰勞之來之輔之翼之又從而振德之

舜舉八元命契孔子曰道之以德齊之以禮有恥且格秦任刑罰不務德教故不旋踵而覆漢承秦弊初以法治天下惟賢臣賈誼董仲舒嘗言之文帝能聽賈生故斷獄數百幾至刑措武帝不能聽仲舒故斷獄數萬幾至敗亡唐太宗初亦不以教化爲意惟魏鄭公勸行仁義四年之間遂至大治然則爲治者不可不先以教化爲本也

又講王制不率教移左鄉右鄉移之遂不變屏之遠方曰臣以唐虞之學不過有朴作教刑與撻以記之雖周禮至詳至悉亦無流放之刑此當是商之法湯制官刑儆于有位其用法甚嚴爲太學養士之禮既重則不率教之罪責之宜不可輕夫命三公九卿大夫皆入學至於王親視學皆不變彼以九年之間而不能自遷於善是長惡不悛弗順教令者也屏之遠方斯亦不足卹矣然王爲之三日不舉豈其意哉成湯伊尹相與維持天下之法其嚴密如此若夫周之法則以寬仁爲主雖霍叔同管蔡之惡亦降于庶人者三年而復其國若非商政之峻也商尚質周尚文商周之法皆欲人之爲善而已

黄任道見荆公有繆黍辛酉叨竊仲冬之語言同歲也

曾誠存之嘗曰近見少師韓持國云　仁皇一日與宰相議政罷因賜坐從容語曰幸兹太平君臣亦宜以禮自娛樂卿等各有聲樂之奉否各言有無多寡

惟宰相王文正公不邇聲色素無後房姬媵上乃曰朕賜旦細人二十卿等分爲教之侯藝成皆送旦家一時君臣相說如此（旦當作曾）

東坡不惟文章可以蓋代而政事忠亮風節凛凛過人遠甚元祐七年上祀南郊公以兵部尚書爲鹵簿使上因太廟宿齋行禮畢將至青城儀衛甚肅五使乘車至景靈宮東櫺星門外忽有赭傘覆犢車并青蓋犢車百許兩衝突而來東坡呼御營巡檢使立於車前曰西來誰何敢爾亂行曰皇后并某國太夫人（國婆婆乃上之乳母）國大長公主也東坡曰可以狀來比至青城諭儀仗使御史中丞李端伯之純曰中丞職當肅政不可不聞李以中宮不敢言坡曰某自奏之即於

青城上䟽皇帝曰臣備員五使竊見二聖寅畏祇愼昭事天地敬奉宗祧而内中犢車衝突鹵簿公然亂行恐累二聖所以明祀之意謹彈劾以聞上欣然開納舊例明日法駕囬中宮當迎於朱雀門下是時因䟽明日中宮亦不復出

東坡爲禮部尚書宣仁上仙乃與禮官與太常諸官直宿禁中關决諸禮儀事至七日忽有旨下光禄供羊酒若干欲爲太后太妃皇后暖孝東坡上䟽以暖孝之禮出於俚俗王后之舉當化天下不敢奉詔有旨遂罷

東坡帥定武諸館職餞於惠濟坡舉白浮歐陽叔弼陳伯修二校理常希古少尹曰三君但飲此酒酒釂當言所罰三君飲竟東坡曰三君爲主司而失李方叔兹可罰也三君者無以爲言慙謝而巳張文潛舍人在坐輙舉白浮東坡先生曰先生亦當飲此東坡曰何也文潛曰先生昔知舉而遺之與三君之罰均也舉坐大笑

東坡嘗言文章之任亦在名世之士相與主盟則其道不墜方今太平之盛文士輩出要使一時之文有所宗主昔歐陽文忠常以是任付與某故不敢不勉異時文章盟主責在諸君亦如文忠之付授也

門下先生蘇公子由嘗論孔子曰文武之道未墜於地在人賢者識其大者不賢者識其小者又曰女爲君子儒無爲小人儒又曰君子上達小人下達又曰

管仲之器小哉又曰小人哉樊須也又曰硜硜然小人哉所謂小人者非世俗所謂無禮無義不仁不智之小人也以其所知所能行皆小者近者非大者遠者禮樂射御書數凡形器度數之内其粗迹而巳若夫君子聖人則所知所能行皆造道德之妙非形器度數之所能盡此其所以爲大也詩有小雅大雅所言皆聖人妙道德性所以立道所以立政其變雅者不能而反之者也此皆所以爲大也蓋小雅變雅所言王者政事治天下之法能與不能而巳舉此求之則其類自見今詩之篇有曰大明又曰小明小宛小旻小弁之類皆因雅而爲言皆當時並有小大之名其不見於經者或刪定或巳亡之也又論史記作商

紀紀紂以西伯昌九侯鄂侯爲三公九侯有好女入之紂女不喜淫紂怒殺之而醢九侯鄂侯爭之強辯之疾并脯鄂侯西伯昌聞而竊歎崇侯虎知之以告紂紂囚西伯羑里作周紀記崇侯虎譖西伯於紂曰西伯積善累德諸侯皆鄉之將不利於帝帝紂乃囚西伯於羑里閎夭之徒患之乃求有莘氏美女驪戎之文馬有熊九駟他奇怪物因殷嬖臣費仲而獻之紂紂大説曰此一物足以釋西伯況其多乎乃赦西伯賜之弓矢斧鉞使西伯得征伐曰譖西伯者崇侯虎也觀此一事書所因之事不同然崇侯以文王歎無罪殺三公而譖之逢君之惡也忌文王修德而不勸紂之改行長君之惡也在崇侯皆爲有罪矣豈太史公欲互見乎紂喜閎夭之獻釋文王之囚乃許專征伐復告之曰譖之者崇侯虎也其意蓋欲文王甘心焉然文王遂伐崇以討其罪自古人君之惡無烈於紂然崇侯虎之罪竟不能逃其刑小人讒諂譖賢人君子於盛明之朝而欲逃責難矣

可談　朱彧

元豐間或先公爲右史　神考遣使治楚州新河面戒之曰東南不慣興大役卿且爲朕憂惜兵民大哉王言簡而有躰

元豐六年冬祀先公導駕既進輦輦中忘設衾褥遽取未至上覺之乃指顧問它事少選褥至遂升輦以故官吏無罪聖度如此

舅氏胡宗堯嘉祐初引見改官舉將十七員　仁宗問其家世或奏樞密使胡宿之子即有旨更俟一任回改官時有因失入死罪連坐於條合展舉將員改次等官上宣諭未令改官九三經引見幾十餘年大臣或以爲言上曰此人曾殺朕百姓不可改官

三省俱在禁中元豐間移尚書省於大内西切近西角樓人呼爲新省崇寧間又移於大内西南其地遂號舊省以建左右班直或云舊省不利宰相自刱省至廢蔡確王珪呂公著司馬光呂大防劉摯蘇頌章惇曾布更九相唯子容居位日淺亦謫罷餘不以存没或貶廣南或貶散官

祖宗故事宰相呼相公節度使帶開府儀同三司元豐官制前帶同中書門下平章事亦呼相公謂之使相

三公正真相之任呼公相尚書改令廳爲公相廳蔡京首以太師爲公相其子攸自淮康軍節度使除開府儀同三司遂父呼公相子呼相公時傳公父子入侍曲宴　上云相公公相子京對云人主主人翁際遇之盛若此

蔡持正自左揆責知安州常作安陸十詩吳處厚捃摭箋注蔡坐此貶新州其詩有云睡起莞然成獨笑數聲漁唱在滄浪吳注云未知蔡確此時獨笑何事

先公帥廣崇寧元年正月遊蒲澗同越俗也見遊人簪鳳尾花作口號中一聯云孤臣正泣龍髯草遊子空簪鳳尾花蓋以被遇先朝自傷流落後監司互論乃指此句以爲罪其誣注云契勘正月十二日　哲宗皇帝已大祥豈是孤臣正泣之時鞫獄竟無他意讒口可畏如此既不得笑又不得哭

都下市井謂不循理者爲乖角又謂作事無據者爲没雕當入聲喪儀間揩發以一竿揭之名乖角衛士順天幞頭有一脚下垂者其儕呼爲雕當不知名義所起記之以俟識者

吳處厚善屬辭知漢陽軍每謂鸚鵡洲沔鄂佳處欲賦詩未就一日視事綱吏來告覆舟吳問所在吏曰在鸚鵡堰吳拊案連唱大奇徐曰吾一年爲鸚鵡洲尋一對不得天俾汝也因得末減王梅運勾骨立有風味朋從目之爲風流骸骨崇寧癸未余在金陵府集見官奴中有極瘦者府尹朱世英語余曰亦識生色髑髏否余欣然爲王勾得對

滕宗閔知楚州有監司過境本州送酒食書有臣名即上聞既鞫獄乃書吏誤用賀月旦表無他意滕坐

送吏部監當蓋知州細銜字多欲謹書吏每患難寫乘暇用紙寫前後銜謂之空頭表牋用之故已不虔向宗傳爲興國軍判官託士人作書與漕使小簡用金口清光俞允等字漕使舉行取勘究轉自解僅免士人於書尺多不識躰要往往誤人宜謹用自不能識者不若不發書

本朝置大宗正寺治宗室濮邸最親嗣王最貴於屬籍最尊世世知大宗正事自宗晟迄宗漢皆安懿王子兄弟相繼宗子盡死諸孫仲字復嗣爵判宗人人謹厚練敏宗子率從其教誨崇寧初分置敦宗院於三京以居踈冗選宗子之賢者莅治院中或有尊行治之者頗以爲難令郯初除南京敦宗院登對　上問所以治宗子之畧對曰長於臣者以國法治之幼於臣者以家法治之上稱善進職而遣之郯既至宗子率教未嘗擾人京邑甚有賴焉

王介甫居金陵作謝公墩詩云我名公字偶相同我屋公墩在眼中公去我來墩屬我不應墩姓尚隨公蓋晉謝安故地也謝字安石介甫名安石

蘇子瞻責黄州居州之東坡作雪堂自號東坡居士後人遂目子瞻爲東坡其地今屬佛廟子瞻知杭州築大堤西湖上人呼爲蘇公堤屬吏刻石榜名世俗以富貴相高以堤音低頗爲語忌未幾子瞻遷責時孟氏皇后京師衣飾畫作雙蟬目爲孟家蟬識者謂蟬有禪意久之后竟廢

先公在講筵聞　神考言熊本表章用印端謹朱色鮮明先後無小異由此受知擢用至兩制近世長吏生日寮佐畫壽星爲獻例只受文字其畫却回但爲禮數而已王安禮自執政出知舒州生日屬吏爲壽或無壽星畫者但有他畫軸紅綉囊緘之必謂退回王忽令盡啓封掛畫於廳事標所獻人名銜於其下良久引客熱香共相瞻禮其間無壽星者或用佛像或神鬼唯一兵官乃崔白畫二猫既至前慚懼失措或云時有囊緘墓銘者吏不敢展此尤不可生日祝壽墓銘凶事非徒失獻芹之意必須貽禍小節不可不戒古人不欺幽隱正謂此類

熙寧中有常州太守召赴闕其人頗熟時事將有陳述所主亦大臣有力者（或云介甫）當無不稱上意既陛見上首問錫山去郡幾遠既非素備了不能對蓋常州無錫縣錫山俗呼惠山守不閱圖經故不知也上顧近臣曰爲守臣而不知境内山川其爲政可料即罷去竟不曾開陳一言楊傑次公留心釋教嘗因上殿神考頗問佛法大槩楊並不詳荅云佛法實亦助吾教既歸人咸咎之或責以聖王難遇次公平生所學如此乃唯唯何也楊曰朝廷端欵明辨吾懼度作導師不敢妄對

青州王大夫嘗知舒丹二州爲詩極鄙俚每投獻當路留以爲笑具季父爲青掾王亦與一軸詩它日季父見其子乃謝之其子曰大人九伯亂道玷瀆高明

蓋俗謂神氣不足者爲九伯豈以一千則足數耶余中表任朝議大夫以入衮赦恩轉中奉大夫其子對賀客則曰大人轉此一官方始濟事将來有遺表恩澤也余記此二事非以爲謔蓋所以開悟爲人子者

司馬温公閑居西京一日令老兵賣所乘馬語云此馬夏月有肺病若售者先語之老兵竊笑其拙不知其用心也

王舒王越國吳夫人性好潔成疾王任眞率每不相合自江寧乞骸歸私第有官藤床吳假用未還郡吏來索左右莫敢言王一旦跣而登床偃仰良久吳望見即命送還

熙寧癸丑先公登第天子擢居第一爲權臣所軋故

居第二大父頗不平湖州道場山有老僧爲大父言此非人事道場山在州南离方丈筆山也低於它州故未有魁天下者僧乃丐緣即山背建浮屠望之如卓一筆既成語州人曰後三十年出狀元大觀賈安宅政和莫儔相繼爲廷試魁此吾家事非誕也

瓊管四郡在海島上士人未嘗有登第者東坡責儋耳與瓊人姜唐佐遊喜其好學與一聯詩云滄海何嘗斷地脉白袍端合破天荒東坡語姜云俟它日有驗當續成篇崇寧興學丕冒海隅四郡士人亦向進雖云墾闢已久恐鹵瘠終無嘉穀耳

常州諸胡余外氏自武平使樞密宗愈繼執政宗回宗師宗炎奕脩皆兩制宗質四子同時作監司家貲又高東南號富貴胡家相傳祖塋三女山尤美甚利子婿余母氏乃尊行如渭陽諸婿錢卬黃輔國李詩蔣廷俊張巨陳舉蔣存誠皆爲顯官餘無不出常調

吕吉甫太尉自言其家不利女婿不唯碌碌無用如長倩余中成婚二十餘年元祐初上疏乞誅吕吉甫謝天下後竟離婚亦云祖塋三女山相刑也余表姪李熙嘏狂生登第吉甫以孫女妻之自延安帥遣人納吉禮皃甚盛熙嘏在京師忽詣開封投牒願悔婚蔡元長尹京驚問所以並無違律及不爭財物熙嘏但言不喜與福建子相交元長怒叱出卒成婚時人謂吕家風水已應中州人每爲閩人所窘目爲福建子畏而憎之之辭吉甫元長皆閩人故熙嘏戲之耳

先公素貧元豐間久於右史奉親甘旨不足求外補神考知之將策貴妃故事兩制奉冊執政讀冊乃躐用先公爲奉冊門下侍郎章惇爲讀冊官中貴馮宗道密謂公言上知公貧此盛禮也必有厚賜既事檢會無策妃支賜例止賜酒食而已近歲帝子蕃衍宫闈每有慶事賜大臣包子銀絹各數千疋兩雖師垣尊寵冠廷臣然自辛巳乙酉己丑三出亦有不預賜者唯何執中以藩邸時恩爲宰相首尾未嘗去位不問其他錫賚皇子帝姬六十七人包子無遺之者家貲高於諸公天性節儉未嘗妄費一錢爲三公奉養如平時

余表伯父袁應中博學有時名以皃寢諸公莫敢薦

紹聖間蔡元度引之乃得對袁鳶肩上短下陋又廣顙尖頷面多黑子望之如洒墨聲嗄而吳音　哲宗一見連稱太陋袁錯愕不得陳述而退搢紳目爲奉勑陋朝士王迥美姿容有才思少年間不甚持重爲狎邪輩所誣播入樂府今六么所歌奇俊王家郎乃迥也元豐中蔡持正薦之可任監司　神宗忽云此乃奇俊王家郎乎持正叩頭謝罪

舒王吳夫人有潔疾其意不獨恐汚己亦恐汚人長女之出省之於江寧夫人欣然裂綺縠製衣將贈其甥皆珍異也忽有猫卧衣笥中夫人即叱起婢揭衣置浴室下終不肯與人竟腐敗無敢收者余大父至貧掛冠月俸折支得壓酒囊諸子幼時用爲脛衣先公痛念玆事既顯盡以月俸頒昆弟宗族終身不自吝一錢諸父仰祿以活不治生事晚年遷責族人失俸大有狼狽者五叔父遂不聊生余切謂使舒王與大父易地吳夫人安得有此疾

先公嘗言昔在修撰經義局與諸公聚首介甫見舉燭因言佛書有日月燈光明佛燈光豈足以配日月乎吕吉甫曰日昱乎晝月昱乎夜燈昱乎晝夜日月所不及其用無差別介甫大以爲然吉甫所言中理歷歷可記類如此

子瞻曾爲先公言書傳間出疊字皆作二小畫于其下樂府有瑟二調歌平時讀作瑟瑟後到海南見一黥卒自云元係教坊瑟二部頭方知當作瑟二非瑟瑟也子瞻好學彌老不衰類皆如此余嘗訪教坊瑟二事云每色以二人如笛二箏二揔謂之色二不作瑟字不知果如何吉甫子瞻皆不世出之才而不相好亦猶立朝異時耳

世傳婦人有產鬼形者不能執而殺之則飛去夜復歸就乳多瘁其母俗呼爲旱魃亦分男女女魃竊其家物以出兒魃竊外物以歸初虞世和甫名士善醫公卿爭邀致而性不可馴狎往往尤忽權貴每貴人求治病必重誅求之至於不可堪其所得賂旋以施貧者最愛黃庭堅常言黄孝於其親吾愛重之每得佳墨精楮奇玩必歸魯直語朝士云初和甫於余正是一兒旱魃時坐中有厭苦和甫者率爾對曰到吾家便是女旱魃

東坡倅杭州不勝杯酌部使者知公頗有才望朝夕聚首疲於應接乃號杭倅爲酒食地獄其後袁轂倅杭適郡將不恊諸司緣此亦相疎袁語所親曰酒食地獄正值獄空傳以爲笑

魯直再責黔中泊舟武昌初和甫追餞之相與處舟中岸巾危坐魯直側席意甚恭猶子無咎與黃士潘觀來不知其爲初和甫頗忽略之潘黄正論本草反覆良久魯直曰吾姪前識初和甫否二人縮舌汗背

世傳杜祁公罷相歸鄉里不事冠帶一日在河南府客次道帽深衣坐席末會府尹出衙皂不識其故相有運勾至年少貴游子弟怙祁公不起揖厲聲問曰

足下前任甚處祁公曰同中書門下平章事客次與坐席固不能遍識常宜自處卑下最不可妄談事及呼人姓名恐對人子弟道其父兄名及所短者或其親知必貽怒招禍俗謂之口快乃是大病

富鄭公致政歸西都常着布直裰跨驢出郊逢水南巡檢盖中官也威儀呵引甚盛前卒呵騎者下公舉鞭促驢卒聲愈厲又唱言不肯下驢請官位公舉鞭稱名曰弼卒不曉所謂白其將曰前有一人騎驢衝節請官位不得口稱弼弼將方悟曰乃相公也下馬執鋭伏謁道左其候贊曰水南巡檢唱喏公舉鞭去

舒王退居金陵結茅鍾山下策杖入村落有老氓張姓最稔熟王每步至其門即呼張翁張應聲呼相公

一日王忽大咍曰我作宰相許時止與汝一字不同耳

駙馬都尉李端愿居戚里最號恭慎既失明猶戒勵子弟故終身無過時京師競傳州西二郎廟出聖水治病輒愈李素不事鬼神一日其子舍有病稚家人竊往請水李聞大怒即杖其子且云使爾子果死二郎豈肯受枉法賍故活之耶若不能活又何求

先公在紹聖初識孟在盖皇后父也時泰陵未有嗣常因景陵宮行香諸人聚首孟在忽太息或詢其故孟曰中宮夢月蒲望一皇嗣乃誕公主先公歸語所親曰孟在非長守富貴者也果如言后竟廢

沈起待制諸子有見諸王者頗喜之許以薦擢一日沈盛飾出游過相府舒王聞其在門呼入與共匕箸先令褫帶沈辭不得已舒王以手褰沈所衣眞珠綉直繫連稱好好自後不復得見坐此沉廢政和中臺章言一朝士有濕活居士之目謂飲不擇酒内不擇人此數事平時人所易犯一被指斥則莫脫故舉以爲少俊之戒

蔡元度子仍悟前身是潤州丹陽王家兒訪之果然妻子尚在來見之相語如昔時至八九歲漸熟世境旋忘前事雍丘李三禮生女小師數歲則曰我是黄州黄陂典吏雷澤男亨甫年十七歲病足瘡死雍丘牛商多在黄陂尋問如合符契它日雷澤往視小師一見便呼爲父政和八年小師來黄陂抱其舊母號

泣又數與邑人説其平昔皆驗

先公在元祐背馳與蘇轍尤不相好公知廬州轍門人吳儔爲州學教授公延鄉人方素於學舍講三經義轍爲内應公坐降知壽州後在廣守與東坡邂逅各出詩文相示既得罪范致虛行責詞云謟交軾轍容與唱和媚附安李陰求進遷或以轍事語范范曰吾固知之但不欲偏枯卻屬對范學於先公或疑其背師盖國事也范操行非希旨下石者

錢遹德循爲侍御史元符末攻曾布章數上正急會其子病明日將對夜其子死德循即跨馬入朝不復内顧既歸而後舉哀朝廷頗知之布敗德循遂除中丞誥詞有云方蹇蹇以匪躬子呱呱而弗恤未幾德

循轉工部尚書失言路其僚頗攻擊竞論匿哀之事德循由是得罪責詞數其躁進至云匿哀請對褻瀆軒墀德循投閑久之領宫祠而終

章惇性豪恣忽略士大夫紹聖間作相翰林學士承旨蔡京謁惇惇道衣見之蔡上言狀乃立宰相見從官法王安禮尚氣不下人紹聖初起帥太原過闕許見時樞府虚位安禮鋭意士亦屬望將至京師荅諸公遠迎書自兩制而下皆榻角一匾封語傲禮簡或於上前言其素行既對促赴新任怏怏數月而死

元豐間詔僧慈本住慧林禪院召見賜茶以爲榮遇先公侍上見宣諭慈本上云京師繁盛細民逐末朕要卿來勸人作善别無他語建中靖國元年召僧詣禁中講經賜十禪師號及御製僧惟白續燈録序釋徒尤以爲盛事後賜僧揩四字禪師號揩故不受以釣名推避之際頗不恭朝廷正其罪投之遠方無他異術窮情露教遂不振又狂逆不道伐冢誘略多出浮屠中宣和初乃譯正其教改僧爲德士復姓氏完髮膚正冠裳盡華其尤夷者

姚祐元符初爲杭州教授堂試諸生出易題乾爲金坤亦爲金也盖福建本書籍刋板舛錯坤爲釡脱二點故姚誤讀作金諸生疑之因上請姚復爲臆説而諸生或以誠告姚取官本視果釡也大慙曰祐買着福建本升堂自罰一直其不護短如此

昔有巨公建第落成日設諸匠列坐於子弟右或以爲不可巨公指諸匠曰此造屋者又指其子弟曰此賣屋者固自有序識者以爲名言可爲破家子戒

常州蘇掖仕至監司家富甚嗇每置産吝不與直爭一文至失色尤喜乘人窘急時以微資取奇貨嘗置别墅與售者反復甚苦其子在旁曰大人可增少金我輩他日賣之亦得善價也父愕然自是少悟士大夫競傳其語

潤州一監征與務胥盗官錢皆藏之胥家約曰官滿分以裝我胥僞諾之既代去不與一錢監征不敢索悒悒渡揚子江竟死于維揚胥得全賄遂富告歸治田宅是年妻孕如見監征褰帷而入即誕子甚慧長喜讀書使之就學二十歳登第胥大喜盡鬻其産挈家至京師爲桂玉費其子調官南下已匱乏至中途子病罄所餘召醫及維揚而死胥無所歸旅寓貧索無聊亦死

沈括存中入翰苑出塞垣爲聞人晚娶張氏悍虐存中不能制時被箠罵捽鬚墮地兒女號泣而拾之鬚上有血肉者又相與號慟張終不恕余仲姊嫁其子清直張出也存中長子博毅前家兒張逐出之存中時往賙給張知輒怒因誣長子凶逆暗昧事存中責安置秀州張時時步入府中訴其夫子家人輩徒跣從勸於道先公聞之頗怜仲姊乃奪之歸宗存中投閑十餘年紹聖初復官領宫祠張忽病死人皆爲存中賀而存中自張亡恍惚不安舡過揚子江遂欲墮

水左右挽持之得無患未幾不禄或疑存中平日爲
張所苦又在患難方幸相脫乃爾何耶余以謂此婦
妬暴非碌碌者雖死寃魄猶有憑藉
廣中富人多畜鬼奴絕有力可負數百斤言語嗜慾
不通性淳不逃徙亦謂之野人色黑如墨唇紅齒白
髮鬈而黃有牝牡生海外諸山中食生物採得時與
火食飼之累日洞泄謂之換腸緣此或病死若不死
即可蓄久蓄能曉人言而自不能言有一種近海者
入水眼不眨謂之崑崙奴
樂府有菩薩蠻不知何物在廣中見呼蕃婦爲菩薩
蠻方識之南海廟前有大樹生子如冬瓜熟時解之
其房如芭蕉土人呼爲波羅蜜漬之可食

閩浙人食蛙湖湘人食蛤蚧大蛙也廣南人食虵市
中鬻蛇羮中州人每笑東南人食蛙有宗子任浙官
取蛙兩股脯之紿其族人爲鶉腊旣食然后告之由
是東南謗䜳少息或云蛙變爲黃鵪
瓊管夷人食動物凡蠅蚋草蟲蚯蚓盡捕之入截竹
中炊熟破竹而食頃年在廣州蕃坊獻食多用糖蜜
腦麝有魚俎雖甘香而腥臭自若也唯燒笋一味可
食先公至北虜日供乳粥一椀甚珎但沃以生油不
可入口諭之使去油不聽因紿令以他器貯油使自
酌用之乃許自後遂得淡粥大率南食多鹹北食多
酸四夷及村落人食甘中州及城市人食淡五味中
只苦不可食

慈聖光獻皇后嘗夢神人語云太平宰相項安節
神宗密求諸朝臣及遍詢吏部無有此姓名者久之
吴充爲上相瘰癧生頸間百藥不差一日立朝項上
腫如拳后見之告上曰此真項安節也蔣之竒旣貴
項上大贅每忌人視之爲六路大漕至金山寺僧了
元滑稽人也與蔣相善一日見蔣即手捫其贅蔣心
悪之了元徐曰冲卿在前頴叔在後蔣即大喜
故事宰相薨駕幸澆奠褰帷見尸則所陳尚方金器
盡賜其家不舉帷則收去宰相吴充元豐間薨于私
第上幸焉夫人李氏徒跣下堂叩頭曰吴充貧二子
官六品乞依兩制例持喪仍支俸詔許之然倉卒白
事不及褰帷駕興諸司斂器皿而去計其所直與二

子特支俸頗相當因謂官物不可妄得如此京畿士
人王庭鯉嘗與邊將作門客得軍功補軍將因詣闕
論父祖文臣及身爲進士乞換文資即可權注一州
縣差遣大喜洎誥下乃得石州攝助教不理選限終
身不釐務大凡爵禄豈可以計取哉
宰相禮絕庶官都堂自京官以上則坐選人立白事
見於私第選人亦坐盖客禮也唯兩制以上點茶湯
入脚床子寒月有火爐暑月有扇謂之事事有庶官
只點茶謂之事事無茶見於唐時味苦而轉甘晚採
者爲茗今世俗客至則啜茶去則啜湯湯取藥材甘
香者屑之或凉或温未有不用甘草者此俗遍天下
先公使遼遼人相見其俗先點湯後點茶至飲會亦

先水飲然後品味互進但欲與中國相反本無義理
朝辨色始入前此集禁門外自宰執以下皆用白紙糊燭籠一枚長柄揭之馬前書官位於其上欲識馬所在也朝時自四鼓舊城諸門啓關放下都下人謂四更時朝馬動朝士至者以燭籠相圍繞聚首謂之火城宰執最後至至則火城滅燭大臣自從官及親王駙馬皆有位次在皇城外仗舍謂之待漏院不與庶官同處火城每位有翰林司官給酒果以供朝臣酒絶佳果實皆不可咀嚼欲其久存先公與蔡元度嘗以寒月至待漏院翰林卒前白有羊肉酒探腰間布囊取一紙角視之臘也問其故云恐寒凍難解故懷之自是止令供清酒因傳知諸同官

狨座文臣兩制武臣節度使以上許用每歲九月乘三月徹無定日視宰相乘則皆乘之徹亦如之狨似大猴生川中其脊毛最長色如黄金取而縫之數十片成一座價直錢百千背用紫綺緣以簇四金鵰法錦其制度無殊別政和中有久次卿監者意必遷兩制預買狨座得躁進之目坐此斥罷或云狨毛以藉衣不皺先公使北虜時已作兩制乘狨座副使武臣乘紫絲座故事使雖非兩制亦乘狨張繖金帶金魚重將命也大觀中國信以禮部郎中鄭久中充使奉寧軍節度使童貫充副使遂俱乘狨座

何執中第五微時從人筮窮達其人云公不弟五何曰然其人拊掌大笑連稱奇絶因云公凡遇五即有喜慶何以熙寧五年鄉薦余中榜第五人及第五十五歲隨龍崇寧五年作宰相每遷官或生子非五年即五月或五日其驗如此

余幼時從母氏在常州時見錢秀才開圖書知人三世姓男子知婦姓女子知夫姓無不驗吾家三姉長適吳氏次適沈氏錢閲書皆言夫姓吳當時怪其差繆後數年沈姉離婚歸宗嫁吳寛夫不知圖書何爲而億中乃爾生齒浩繁豈此數帙文字所能該括

黄州董助教甚富大觀已丑歲歉董爲飯以食飢者又爲粥餌與小兒輩方羅列分俵飢人如墻而進不復可制董仆於地頗被敺踐家人咸咎之董不介意明日又爲具但設欄楯以序進退時或紛然迄了餘日無倦色

黄岡村氓閭丘十五多積穀每幸凶歲即騰價細民苦之老年病且亟不復飲食但食羊屎家人怜之以米餌作羊屎狀給之入手便投去唯食真者數月方死此氓媚佛多施廬山僧供迹亦内懼禍至冀事佛少逭責此尤不可也

元祐間有大臣不欲書名氏父常貶死朱崖寓柩不歸既貴自過海迎取已更數十年無識其父柩者於僧房中有數棺枯骨無款記不獲已乃挈一棺歸與其母合葬後競傳誤取亡僧骨殖紹聖初言者欲萋菲以無驗不敢舉

可談終

河東先生龍城録目録

卷之上

卷之下

河東先生龍城録目録終

河東先生龍城録卷上

吴嶠精明天文

吴嶠雲溪人也年十三作道士時煬帝元年[illegible]告其令曰中星不守太微主君有嫌而旺氣流萃於秦地子知之乎令不之信至神堯即位方知不誣嶠精明天文即袁天剛之師也

魏證嗜醋芹

魏左相忠言讜論賛襄萬機誠社稷臣有日退朝太宗笑謂侍臣曰此羊鼻公不知遺何好而能動其情侍臣曰魏徵好嗜醋芹每食之欣然稱快此見其眞態也明旦召賜食有醋芹三盃公見之欣喜翼然食未竟而芹已盡太宗笑曰卿謂無所好今朕見之矣公拜謝曰君無為故無所好臣執作從事獨僻此收斂物太宗默而感之公退太宗仰覘而三歎之

上帝追攝王遠知易總

上元中台州一道士王遠知善易於觀感間曲盡微妙善知人死生禍福作易揔十五卷世祕其本一日因曝書雷雨忽至陰雲騰沓直入卧内雷殺殺然赤電遶室暝霧中一老人下身所衣服但認青翠莫識其制作也遠知焚香再拜伏地若有所待老人叱起怒曰所泄者書何在上帝命吾攝六丁雷電追取遠知方惶懼據地起旁有六人青衣已捧書立矣老人責曰上方禁文自有飛天保衛玉芨金科祕藏玄都汝是何者輙混藏緗帙據其所得實以告我遠知戰悸對曰青丘元老以臣不逮故傳授焉老人頤頷頃曰上帝敕下汝仙品巳及於授度期展二十四年二紀數也遠知拜命次旋風颶起圻帷裂幙時巳二鼓明月在東星斗爍然俱無影響所取將書乃易揔耳遠知志頗自失後閉户不出經歳不食人因窺閬中但聞勸酬交歡竟不知為誰也光宅中召至京玉清觀安泊間或逃去如此者數次天后封金紫光禄大夫但笑而不謝一日告殖遺言屍赴東流湍水中天后不允其語敕葬開明原上後長壽中台州有人過海阻風飄蕩船欲圻妄行不知所止忽見畫船一葉渺自天末來驚視之乃遠知也漸相近台人拜而呼之遠知曰君涉險何至於此告台人此洋海之東十萬里也台人問歸計柰何遠知曰借子迅風正西一夕可到登州爲傳語天壇觀張光道士台人旣辭去舟回如飛羽但覺風毣毣而過明日至登州方知遠知死久矣訪天壇道士其徒云死兩日矣方驗二人皆仙去

武居常有身後名

武居常天后高祖也少時遊洛下人呼爲猴頰郎以居常頤下有鬚若猿頷也其上有四靨一日伊水上遇一丐者曰郎君當有身後名面骨法當刑然有女當八十年後起家暴貴孫亦浸微居常不信後卒如言匃者豈非異人乎

房元齡爲相無嗣

房元齡來買卜成都日者笑而掩象曰公知名當世爲時賢相柰無嗣相紹何公怒時遺直巳三歲在側日者顧指曰此兒此兒絕房氏者此也公大悵而還後皆信然也

韓仲卿夢曹子建求序

韓仲卿一日夢一烏幘少年風姿磊落神仙人也拜求仲卿言某有文集在建鄴李氏公當名出一時肯爲我討是文而序之俾我亦陰報爾仲卿諾之去復回曰我曹植子建也仲卿旣寤檢鄴中書得子建集分爲十卷異而序之即仲卿作也

趙師雄醉憩梅花下

隋開皇中趙師雄遷羅浮一日天寒日暮在醉醒間

因憩僕車於松林間酒肆傍舍見一女人淡粧素服出迓師雄時巳昏黑殘雪對月色微明師雄喜之與之語但覺芳香襲人語言極清麗因與之扣酒家門得數盃相與飲少頃有一綠衣童來笑歌戲舞亦自可觀頃醉寢師雄亦懵然但覺風寒相襲久之時東方巳白師雄起視乃在大梅花樹下上有翠羽啾嘈相須月落參橫但惆悵而爾

李太白得仙

退之甞言李太白得仙去元和初有人自北海來見太白與一道士在高山上笑語久之頃道士於碧霧中跨赤虬而去太白聳身健步追及共乘之而東去此亦可駭也

韓退之夢吞丹篆

退之常說少時夢人與丹篆一卷令強吞之傍一人撫掌而笑覺後亦似胷中如物噎經數日方無恙尚由記其上一兩字筆勢非人間書也後識孟郊似與之目熟思之乃夢中傍笑者信乎相契如此

寧王畫馬化去

寧王善畫馬開元興慶池南華蕚樓下壁上有六馬滚塵圖内明皇最眷愛玉面花驄謂無纖悉不備風鬃霧鬣信偉如也後壁唯有五馬其一者失去信知神妙將變化俱也

含元殿丹石隱語

開元末含元殿火去基下出丹石上有隱語不可解

云天漢二年赤光生栗木下有子傷心遇酷此亦不能辨也

景州龍見三頭

開元四年景州水中見一龍三頭時虜中大水後六日有風自龍見處西南來飛屋拔木半晝暝

神堯皇帝破龍門賊

神堯皇帝拜河東節度使九月領大使擊龍門賊毋端兒夜過韓津口時明月方出白露初澄於小橋下有二人語言明日毋大郎死我輩勤亦不少矣神堯停馬問二人再拜起泣曰某二人漢兵也昨奉東嶽命嶽神管押七十人付龍門助將軍討賊其二人埋骨在此因少憩於此亦自感傷兼欲先知於將軍爾

神堯訝其言深切詢其姓氏但笑謝言將軍貴人也其僕卒之賤分不當逾言訖蒼惶辭去言大隊至矣倏忽不見傾疾風如過矢風塵蔽天而過神堯默喜之明日破賊發七十二矢皆中而復得其矢信知聖王所向至靈亦先爲佐佑焉

明皇夢遊廣寒宮

開元六年上皇與申天師道士鴻都客八月望日夜因天師作術三人同在雲上遊月中過一大門在玉光中飛浮宮殿往來無定寒氣逼人露濡衣袖皆濕頃見一大宮府牓曰廣寒清虛之府其守門兵衛甚嚴白刃粲然望之如凝雪時三人皆止其下不得入天師引上皇起躍身如在烟霧中下視玉城崔嵬但聞

清香藹鬱下若萬里琉璃之田其間見有仙人道士乘雲駕鶴往來若游戲少焉步向前覺翠色冷光相射目眩極寒不可進下見有素娥十餘人皆皓衣乘白鸞往來舞笑於廣陵大桂樹之下又聽樂音嘈雜亦甚清麗上皇素解音律熟覽而意已傳頃天師亟欲歸三人下若旋風忽悟若醉中夢廻爾次夜上皇欲再求往天師但笑謝而不允上皇因想素娥風中飛舞袖被編律成音製霓裳羽衣舞曲自古洎今清麗無復加於是矣

任中宣夢水神持鏡

長安任中宣家素畜寶鏡謂之飛精識者謂是三代物後有八字僅可曉然近籀篆云水銀陰精百鍊成鏡詢所得云商山樵者石下得之後中宣南奮洞庭風浪洶然因泊舟夢一道士赤衣乘龍詣中宣言此鏡乃水府至寶出世有期今當歸我矣中宣因問姓氏但笑而不荅持鏡而去夢廻亟視篋中已失所在

夜坐談鬼而怪至

君誨嘗夜坐與退之余三人談鬼神變化時風雪寒甚窻外點點微明若流螢須臾千萬點不可數度頃入室中或爲圓鏡飛度往來乍離乍合變爲大聲去而三人雖退之剛直亦爲之動顏君誨與余但匍匐掩目前席而已信乎俗諺曰白日無談人談人則害生昏夜無說鬼說鬼則怪至亦知言也余三人後皆不利

裴武公夜得鬼詩而化爲燼

開元末裴武公軍夜宿武休帳前見一介胄者擲一紙書而去武公取視乃四韻詩云屢策羸驂歷亂岫叢嵐映日晝如曛長橋駕險浮天漢危棧通岐觸岫雲却念淮陰還得計又嗟忠武不堪聞廢興盡係前生數休衒英雄勇冠軍武公得詩大不悅紙隨手落爲燼信知鬼物所製也出師大不利武公射中臆下病月餘薨

房元齡有大譽

房元齡幼稱日王通說其父謂此細眼奴非立忠志則爲亂賊輔帝者則爲儒師綽有大譽矣

閻立本有丹青之譽

閻立本畫宣王吉日圖太宗文皇帝上爲題字時朝中諸公皆議論東都從幸上出示圖於諸臣稱爲越絕前世而上忽藏於衣袖笑謝而退自是立本有丹青之譽

王宏善爲八躰書

王宏濟南人太宗幼日同學因問爲八躰書太宗既即極因訪宏而鄉人竟傳隱去是亦子陵之徒歟

張昶著龍山史記注

沈休文有龍山史記注即張昶著昶後漢末大儒而世亦不稱譽余少時江南李育之來訪余求進此文後爲火所焚更不復得豈斯文天欲祕者耶

龍城無妖邪之怪

柳州舊有鬼名五通余始到不之信一日因發篋易衣盡爲灰燼余乃爲文醮訴於帝帝憫我心遂爾龍城絕妖邪之怪而庶士亦得以寧也

王漸作孝經義

國初有孝子王漸作孝經義成五十卷事亦該備而漸性鄙朴凡鄉里有鬭訟漸即詣門高聲誦義一卷反爲漸謝後有病者即請漸來誦書尋亦得愈其名藹然余時過汴州適會路逢一老人亦談此事頗亦敬其誠也

晉哀帝著書深闡至理

晉哀帝著丹青符經五卷丹臺録三卷青符子即神丘先生也深闡至理而近世有胡宗道海上方士亦得其術

河東先生龍城録卷上

河東先生龍城録卷下

老叟講明種藝之言

余南遷度高鄉道逢老叟帥年少於路次講明種藝其言深耕穊種時耘時耔却牛馬之踐履去螟蝥之戕害勤以朝夕滋之糞土而有秋之利蓋富有年矣若夫堯湯之水旱霜雹之不時則在夫天也余感此言將書諸紳贊於治民理生者無所施而不可而又至言也

李明叔精明古器

建康李生名照字明叔眞可人書生好古博雅者一日就京師謁余裹飯從游於秦渭之間此人官意畏巧而淡然蔽於古器凡自戰國洎於蕭梁之間譜所載者十得五六而皆精製奇巧後世莫追然生頗爲文思澁設諸勤求古器心在於文書間亦足以超偉於當代也

賈奭著書僊去

賈奭河陽人字師道與余先人同室讀書爲人謹順少調官河南尉才吏也後五十歲棄家隱伊陽小水鄉和樂村鳴臯山中著書二十卷號鳴臯子邇年不知其所終山中人竟言仙去然詭幻莫之信也有子餗字子美亦有才然不逮於父風

開元藏書七萬卷

有唐惟開元最備文籍集賢院所藏至七萬卷當時之學士蓋爲褚元量裴煜之鄭譚馬懷素張説侯行

果陸堅康子元輩凡四十七人分司典籍靡有闕文而賊遽興兵火交紊兩都灰燼無存惜哉

明皇識射覆之術

上皇始平禍亂在宮所與道士馮存澄因射覆得卦曰合因又得卦曰斬關又得卦曰鑄印乘軒存澄啓謝曰昔此卦三靈爲㝡善黃帝勝炎帝而筮得之所謂合因斬關鑄印乘軒始當果斷終得嗣天上皇掩其口曰止矣默識之矣後即位應其術焉

明皇夢姚宋當爲相

上皇初登極夢二龍啣符自紅霧中來上大隸姚崇宋璟四字掛之兩大樹上宛延而去夢廻上召申王圓兆王進曰兩木相也二人名爲天遣龍致於樹即

姚崇宋璟當爲輔相兆矣上歎異之

太宗沉書於滹沱

太宗文皇帝平王世充於圖籍有交關語言構怨連結文書數百事太宗命杜如晦掌之如晦復禀上當如何太宗曰付諸曹吏行頃聞於外有大臣將自盡者上乃復取文書背裹一物疑石重上親裹百重命中使沉滹沱中更不復省此與光武焚交謗數千章者何異

尹知章夢持巨鑿破其腹

尹知章字文叔絳州翼城人少時性懵夢一赤衣人持巨鑿破其腹若内草茹於心中痛甚驚寤自後聰敏爲流輩所尊開元中張說表諸朝上召見延英上問曹植幽思賦何爲遠取景物爲句意旨安在知章對以植所謂賦作不徒然若倚高臺之曲嵎望且重也處幽僻之閑深位至卑也望翔雲之悠悠嗟朝霽而夕陰以爲物無止定之意而上多改易也顧秋華之零落歲將暮也感歲暮而傷心年將易也觀躍魚於南沼使智者居於明非得志也聆鳴鶴於北林怨寡和也搦素筆而慷慨守文而感也揚大雅之哀吟憫其時也仰清風以歎息思濯煩也寄予思於悲絃志在古也信有心而在遠措者大也重登高以臨川及上下也何余心之煩錯寧翰墨之能傳意不盡也此幽思所以賦也上敬異之擢禮部侍郎集賢院正字

高皇帝宴賞牡丹

高皇帝御群臣賦宴賞雙頭牡丹詩惟上官昭容一聯爲絕麗所謂勢如連璧友心若臭蘭人者使夫婉兒稍知義訓亦足爲賢婦人而稱量天下何足道哉此禍成所以無赦於死也有文集一百卷行於世

魏證善治酒

魏左相能治酒有名曰醽淥翠濤常以大金甖内貯盛十年飲不歇其味即世所未有太宗文皇帝嘗有詩賜公稱醽淥勝蘭生翠濤過玉薤千日醉不醒十年味不敗蘭生即漢武百味旨酒也玉薤煬帝酒名公此酒本學釀於西胡人豈非得大宛之法司馬遷所謂富人藏萬石蒲萄酒數十歲不敗者乎

裴令公訓子

裴令公常訓其子凡吾輩但可文種無絶然其間有成功能致身爲萬乘之相則天也

華陽洞小兒化爲龍

茅山隱士吳綽素擅潔譽神鳳初因採藥於華陽洞口見一小兒手把大珠三顆其色瑩然戲於松下綽見之因前詢誰氏子兒奔忙入洞中綽恐爲虎所害遂連呼相從入欲救之行不三十步見兒化作龍形一手握三珠塡左耳中綽素剛膽以藥斧斸之落左耳而三珠已失所在龍亦不見出不十餘步洞門閉矣綽後上皇封素養先生此語賈宣伯說

賈宣伯有治三蟲之藥

賈宣伯有神藥能治三蟲止熬黃栢木以熱酒沃之別無他味一日過松江得巨魚置於水器中因投小刀圭藥魚引吸中即死取視則見八足若爪利焉後吳江有怪土人謂蛟爲害宣伯以數刀圭投潭中明旦老蛟死浮於水而水蟲莫知數皆爲藥死山人此藥云本受之於閤皁山王天師乃仙方耶而涉海者亦或需焉故書之

李林甫以毒虐弄正權

惠州一娼女震厄死於市衢脇下有朱字云李林甫以毒虐弄正權帝命列仙舉三震之疑此女子偃月公後身耶譎而可懼元和元年六月也

張復條山集論世外事

張復澧州人飽書性作條山集三十卷論世外事此人兼得神鬼趣隱不仕有文集行於世

羅池石刻

羅池北龍城勝地也役者得白石上微辨刻畫云龍城柳神所守驅厲鬼山左首福土氓制九醜余得之不詳其理特欲隱予於斯歟

劉仲卿隱金華洞

賈宣伯愛金華山即今雙谿別界其北有仙洞俗呼爲劉先生隱身處其内有三十六室廣三十六里石刻上以松炬照之云劉嚴字仲卿漢室射聲校尉當恭顯之際極諫被貶於東陬隱迹於此莫知所終即道士蕭至玄所記也山口人時得玉篆牌俗傳劉仲

卿每至中元日來降洞中州人祈福尋谿口邊得此者當巨富此亦未必爲然然仲卿亦梅子眞之徒歟

趙昱斬蛟

趙昱字仲明與兄冕俱隱青城山從事道士李珏隋末煬帝知其賢徵召不起督讓益州太守臧賸強起昱至京師煬帝縻以上爵不就獨乞爲蜀太守帝從之拜嘉州太守時揵爲潭中有老蛟爲害日久截没舟船蜀江人患之昱涖政五月有小吏告昱會使人往青城山置藥渡江溺使者没舟航七百艘昱大怒率甲士千人及州屬男子萬人夾江岸鼓譟聲振天地昱乃持刀没水頃江水盡赤石崖半崩吼聲如雷昱左手執蛟首右手持刀奮波而出州人頂戴事爲

神明隋末大亂潛以隱去不知所終時嘉陵漲溢水勢洶然蜀人思昱頃之見昱青霧中騎白馬從數獵者見於波面揚鞭而過州人争呼之遂吞怒眉山太守薦章太宗文皇帝賜封神勇大將軍廟食灌江口歲時民疾病禱之無不應上皇幸蜀加封赤城王又封顯應侯昱斬蛟時年二十六玨傳仙去亦封佑應保慈先生

宋單父種牡丹

洛人宋單父字仲孺善吟詩亦能種藝術凡牡丹變易千種紅白鬭色人亦不能知其術上皇召至驪山植花萬本色様各不同賜金千餘兩内人皆呼爲花師亦幻世之絶蓺也

六

河東先生龍城録卷下

前定録序

崇文館校書郎鍾　輅　纂

人之有生修短貴賤聖人固常言命矣至於纖芥得喪行止飲啄亦莫不有前定者焉中人以上罔有不聞其説然得之即喜失之則憂遑遑汲汲至於老死罕有居然俟得靜以待命者其大惑歟余顓愚迷方不達變態審固天命未甞勞心或逢一時偶一事泛乎若虛舟觸物曾莫知指遇之所由推而言之其不在我明矣大和中讎書春閣秩散多暇時得從乎博聞君子徵其異説每及前定之事未甞不三復本末提筆記録日月稍久漸盈筐篋因而編次之曰前定録庶達識之士知其不誣而奔競之徒亦足以自警云爾

前定録

鄭虔

開元二十五年鄭虔為廣文博士有鄭相如者年五十餘自隴右來應明經以從子謁虔虔待之無異禮他日復謁亦如之相如因謂虔曰叔父頗知某之能否夫子云其或繼周者雖百世可知也某亦庶幾於此若在孔門未敢鄰於顔子如言偃子夏之徒固無所讓虔大異之因詰所驗其應如響虔乃杜門累日與之言因謂之曰若然君何不早為進取而遲暮如是相如曰某來歲方合成名所以不預來者時未至耳虔曰君當為何官曰後七年選授衢州信安縣尉秩滿當卒虔曰吾之後事可得聞乎曰自此五年國家當改年號又十五年大盜起幽薊叔父此時當被玷汙如能赤誠向國即可以免遷謫不爾非所料矣明年春果明經及第後七年調授衢州信安縣尉將之官告以永訣涕泣為别後三年有考使來前問相如存否曰替後數月暴終于佛寺至二十九年改天寶十五年安禄山亂東都遣僞署西京留守張通儒至長安驅朝官就東洛虔至東都僞署水部郎中乃思相如之言佯中風疾攝市令以自汙而亦潛拜章疏上肅宗肅宗即位靈武其年東京平令三司以按受逆命者罪虔以心不附賊貶台州司戶而卒

裴諝

寶應二年戶部郎中裴諝出為廬州刺史郡有二遷

客其一曰武徹自殿中侍御史貶爲長史其一曰于仲卿自刑部員外郎貶爲别駕諝至郡三日二人來候謁諝方與座俄而吏持一刺云寄客前巢縣主簿房觀請謁諝方與二客話舊不欲見觀語吏云謝房主簿相訪方對二客請俟他日吏以告觀觀曰某以使君有舊宜以今日謁固不受命吏又入白諝諝曰吾中外無有房氏爲舊者乃令疏其祖父官諱觀具以對又於懷中探一紙舊書以受吏諝覽之愀然遽命素服引於東廡而弔之甚哀既出未及易服顧左右問曰此有府職月請八九千者乎左右曰有名逐要者是也遽命吏出牒以署觀時二客相顧甚異之而莫敢發問諝既就榻歎息因謂二客曰君無爲復

患遷謫事固已前定某開元七年罷河南府文學時至大梁有陸仕佳爲浚儀尉某往候之仕佳座客有陳留尉李揆開封主簿崔器方食有前襄州功曹參軍房安禹繼來時坐客聞其善相人皆請之安禹無所讓先謂仕佳曰官當再易後十三年而終次謂器曰君去此二十年當爲府寺官長有權位而不見曹局亦有壽考次謂揆曰君今歲名聞至尊十三年間位極人臣後二十年廢棄失志不知其所以然也次謂某曰此後歷踐清要然無將相年至八十言訖將去私謂某曰少間有以奉託幸一至逆旅安禹既歸某即繼往至則言欵甚密曰君後二十八年當從正郎爲江南郡守某明年當有一子後合爲所守郡一官君至三日當令奉謁然此子命薄不可厚祿願假俸十千已下此即安禹子也徹等咸異其事仕佳後再受監察御史卒器後爲司農丞肅宗在靈武以策稱旨驟拜大司農及歸長安累奉使後十餘年竟不至本曹局揆其年授右拾遺累至宰相後與時不叶放逐南中二十年除國子祭酒充吐蕃會盟使既將行而終皆如其言安禹開元二十一年進士及第官止南陽令

劉邈之

彭城劉邈之天寶中調授岐州陳倉尉邈之從母弟吳郡陸康自江南來有主簿楊豫尉張潁者聞康至皆來賀邈之時冬寒因飲酒方酣適有魏山人琮來

邈之命下簾帷迎於庭且問其所欲琮曰某將入關請一食而去邈之顧左右命具芻米於館琮曰某非悠悠求一食者今將追延山人就於驛日旰矣若就館則慮不及請於此食而過邈之以方飲有難色琮曰某頗能知人若果從容亦有所獻邈之聞之喜遽命褰帷而坐客亦樂聞其說咸與揖讓而坐時康已醉卧於東榻邈之乃具饌既食邈之有所請琮曰自此當再名聞某官至二邑宰而不主務二十五年而終言訖將去豫潁固止之皆有所問謂豫曰君八月勿食驢肉食之遇疾當不可救次謂潁曰君後政官宜與同僚善勿與官長不叶如或不叶必爲所害豫潁不悦琮知其意乃曰某先知者非能爲君禍福也

因指康曰如醉者不知爲誰也明年當成名歷官十餘政壽考禄位諸君子不及也言訖遂去亦不知所往明年逆胡陷兩京玄宗幸蜀陳倉當路時豫主郵務常念琮之言記之於手板及驛騎交至或有與豫舊者因召與食誤啗驢腸數臠至暮腹脹而卒頴後爲臨濮丞時有冦至郡守不能制爲賊所陷臨濮令薛景先率吏及武士持刀與賊戰賊退郡平節度使以聞即日拜景先爲長史領郡務而頴常與不叶及此因事笞之遂陰汚而卒邈之後樓其下登科拜汝州臨汝縣令轉潤州上元縣令在任無政皆假掾以終考明年康明經及第授祕書省正字充隴右巡官府罷調授咸陽尉遷監察御史盩厔令比部員外郎

連典大郡歷官二十二考

武殷

武殷者鄴郡林慮人也少有名譽鄉里信愛嘗欲娶同郡鄭氏則殷從母之女也姿色絶世雅有令德殷甚悅慕女意亦願從之因求爲壻有誠約矣無何遇於知己所薦將舉進士期以三年從母許之殷至洛陽聞勾龍生善相人兼好飲酒時殷持榼造焉生極喜與之竟夕因謂殷曰子之禄與壽甚厚然而晚遇未至七十而小戹殷曰今日之慮未暇於此請以近事言之生曰君言近事非名與婚乎殷曰然生曰自此三年必成大名如其婚娶殊未有兆殷曰約有所娶何言無兆生笑曰君之娶鄭氏乎曰然生曰此固非君之妻也君當娶韋氏後二年始生生十七而君娶之時當官未踰年而韋氏卒殷異其言固問鄭氏之夫即同郡郭子元也子元娶五年而卒然將嫁之夕君其夢之既二年既下第有内黄人郭紹家富於財聞鄭氏美納賂以求其婚鄭之母聚其族謀曰女年既笄殷未成事吾老矣且願見其所適今有郭紹者求娶吾欲許之何如諸子曰唯命鄭氏聞之泣恚將斷髪爲尼者數四及嫁之夕忽得疾昏眩若將不救時殷在京師其夕夢一女子嗚咽流涕似有所訴視之即鄭氏也殷驚問其故良乆言曰某常仰慕君子之德亦知君之意且曾許事君矣今不幸爲尊長所逼將適他氏没身之恨知復何言遂相對而泣因

驚覺悲惋且異其事乃發使驗之則果適人問其姓氏則郭紹也殷數日思勾龍生言頗驗然疑其名之異耳及肅宗在儲邸名紹遂改子元殷明年擢第更二年而子元卒後十餘年殷歷位清顯每求娶輒不應後自尚書郎謫官韶陽郡守韋安貞固以女妻之殷念勾龍生之言懇辭不免娶數月而韋氏亡矣其後皆驗如勾龍生之言爾

豆盧署

豆盧署本名輔眞貞元六年舉進士下第將遊信安以文謁郡守鄭式瞻甚禮之館給數日稍狎因謂署曰子復姓不宜兩字爲名將爲改之何如署因起謝且求其所改式瞻書數字若著者助者署者曰吾慮

子宗從中有同者故書數字子當自擇之其夕宿於館夢一老人謂曰聞使君與子更名子當四舉成名四者甚佳後二十年爲此郡守因指郡隙地曰此可以建亭臺既寤思之四者署字也遂以爲名既二年又下第以爲夢無徵知者或誚之後二年果登第蓋自更名後四舉也大和九年署自祕書少監爲衢州刺史既至周覽郡内得夢中所指隙地遂命建一亭名曰徵夢亭

喬琳

喬琳以天寶元年冬自太原赴舉至大梁舍於逆旅時天寒雪甚琳馬死傭僕皆去聞浚儀尉劉彥莊喜賓客遂徃告之彥莊客中屠生者善鑒人自云八十已上頗箕踞傲物來雖知名之士未嘗與之揖讓及琳至則言欵甚狎彥莊異之琳既出彥莊謂生曰他賓客賢與不肖未嘗見生與之一言向者喬生一布衣耳何詞之密歟生笑曰此固非常人也且當爲君之長吏宜善視之必獲其報向與之言蓋爲君結交耳然惜其情反於氣心不稱質若處極位不至百日年過七十當主非命子宜志之彥莊遂館之數日厚與車馬送至長安而申屠生亦告去且曰吾辱君之惠今有以報矣請從此辭竟不知所在琳後擢進士登第累佐大府大曆中除懷州刺史時彥莊任修武令誤斷獄有死者爲其家訟冤詔下御史劾其事及琳至竟獲免建中初徵拜中書侍郎平章事在位八十七日以疾罷後陷賊朱泚中方削髮爲僧泚知之竟逼受逆命及收復亦陳其狀太尉李晟欲免其死上不可遂誅之時年七十一矣

張轅

吳郡張轅自奉天尉將調集時李庶人錡在浙西兼榷筦轅與之有舊將徃謁且求資粮未至夢一人將官告至云張轅可知袁州新喻縣令轅夢中曰已曾爲赤尉不宜爲此固不肯受其人曰兩季之俸支牒已行不受何爲遂委之而去轅覺竟惡之及見錡具言將選告以乏困錡留之數日將辭去錡因謂曰足下選限猶遠且能爲一職乎亦可資桂玉之費轅不敢讓因署毗陵郡鹽鐵場官轅以職雖卑而利厚遂受之既至所職視其簿書所用印乃袁州新喻廢印也轅以四月領務九月而罷兩季之俸皆如其言

龐嚴

京兆尹龐嚴爲衢州刺史到郡數月忽夢二僧入寢門嚴不信釋氏夢中呵之僧曰使君莫怒余有先知故來相告耳嚴喜聞之乃問曰余爲相乎曰無有節制乎曰無曰然則當爲何官曰類廉察而無兵權有土地而不出畿内過此以往非吾所知也曰然壽幾何曰惜哉所乏者壽向使有壽則無求不可曰當何日去此曰來年五月二十三日及明年春有除替先以狀請於廉使元稹素與嚴善必謂得請行有日矣其晦日宴客得元公復書云請候交割嚴發書曰吾

固知未可以去具言其夢中事於座中竟以五月二十三日發後爲京兆尹而卒

李敏求

京兆尹趙郡李敏求應進士八就禮部試不利大和九年秋旅居宣平里日晚擁膝愁坐忽如沉醉俄而精魄去身約行六七十里至一城府門之外有數百人忽有一人出拜之敏求曰何人也荅曰某即十年前所使張岸也敏求曰汝前年隨吾旅遊卒於涇州何得在此對曰某自離二十二郎後事柳十八郎職甚雄盛今作泰山府君判官二十二郎既至此亦須一見遂於稠人中引入通見入門兩廊多有衣冠或有愁立者或白衣者或執簡板者或有將通狀者其

服率多慘紫或綠色既至廳柳揖與之言曰公何爲到此得非爲他物所誘乎公宜速去非久住之所也敏求具如此荅柳命吏送出將去懇求知將來之事柳曰人生在世一食一宿無不前定所不欲人知者慮君子不進德修業小人惰於農耳君固欲見亦不難爾乃命一吏引敏求至東院西有屋一百餘間從地至屋書架皆滿文簿籤帖一一可覩吏取一卷唯出三行其第一行云大和二年罷舉第二行云其年婚姻得伊宰宅錢二十四萬其第三行云受官於張平子餘不復見敏求既醒具書於標秩之間明年客遊西京過時不赴舉明年遂娶韋氏韋之外親伊宰將鬻别第召敏求而售之因訪所親得價錢二百萬伊宰乃以二十萬貺敏求既而當用之券頭以四萬爲貨時敏求與萬年尉戶曹善因請之卒君用所資伊亦貺焉累爲二十四萬明年以蔭調授河南北縣尉縣有張平子墓時說者失其縣名以俟知者

韓晉公

韓晉公滉在中書甞召一吏不時至怒將撻之吏曰某有所屬不得遽至乞寬其罪晉公曰宰相之吏更屬何人吏曰某不幸兼屬陰司晉公以爲不誠怒曰既屬陰司有何所主吏曰某主三品以上食料晉公曰若然某明日當以何食吏曰此非細事不可顯之請疏於紙過後爲驗乃恕之而繫其吏明旦遽有詔命既對適遇太官進食有餻糜一器上以一半賜晉

公食之美又賜之既退而腹脹歸私第召醫者視之曰食物所擁宜服少橘皮湯至夜可啗漿水粥明旦疾愈思前夕吏言召之視其書則皆如其說公因復問人間之食皆有籍耶荅曰三品已上日支五品已上而有權位者旬支凡六品至九品者季支其有不食祿者歲支

張宣

杭州臨安縣令張宣寶曆中自越府戶曹掾調授本官以家在浙東意求蕭山宰出謁已前三日忽夢一女子年二十餘修刺來謁宣素貞介夢中不與之見女子云某是明府邑中之客安得不相見耶宣遂見之禮貌甚肅曰妾有十一口依在貴境有年數矣今

聞明府將至故來拜謁宣因問縣名竟不對宣因告其族人曰且誌之及後補湖州安吉縣令宣以家事不便將退之族人曰不然前夕所夢一女子安字乎十一口吉字乎此陰騭已定退亦何益宣悟且笑曰若然固應有定遂受之及秩滿數年又將選時江淮水歉宣移家河南固求宋亳一官將引家住又夢前時女子顏貌如舊曰明府又當宰妾之邑也宣曰某已爲夫人之邑今豈再授乎女子曰妾自明府罷秩當即遷居今之所止非舊地也然往者家屬凋喪略盡今唯三口爲累耳明府到後數月亦當辭去言訖似若悽愴宣亦未諭及唱官日乃得杭州臨安縣令宣歎曰三口臨字也數月而去吾其憂乎到任半年而卒

杜思温

貞元初有太學生杜思温善鼓琴多遊於公侯門館每登臨宴往往得與嘗從賓客夜宿城南苟家觜中夜後山月如晝而遊客皆醉思温獨携琴臨水閑泛忽有一叟支頤來聽思温謂是座客殊不回顧及曲罷與語乃知非向者同遊之人遽置琴而起老人曰少年勿怖余是秦時河南太守梁陟也遭難身没於此中平生好鼓琴向來聞君撫琴絃軫清越故來聽耳知音難遇無辭更爲我彈之思温奏爲沉湘老人曰此弄初成吾嘗尋之其間音指稍異此思温因求其異隨而正之聲韻涵古又多怨切時人莫之聞焉叟因謂思温曰君非太學諸生乎曰然叟曰君何不求於名譽而常爲王門之伶人乎思温竦然受教且問窮達之事叟曰余之少子主管人間禄籍當爲君問之此後二日當再會於此至期而思温往見叟亦至焉乃告曰惜哉君終不成名亦無正官然有假禄在巴蜀一十九年俸入不絶然慎勿爲武職當有大禍非禳所免誌之誌之言訖遂不見思温明年又下第遂罷舉西遊抵成都以所藝謁韋令公公甚重之累署要籍隨軍十七八年所請雜俸月不下二萬又娶大將軍女車馬第宅甚盛而妻父常欲思温在轅門思温記老人之言輒辭不就後二日密請韋令公遂補討擊使牒出方告不敢復辭而常懼禍至求爲遠使竟不果及劉闢反叛時思温在鹿頭城城陷爲官軍所殺家族不知所在也

李相國揆

李相國揆以進士調集在京師聞宣平坊王生善易筮往問之王生每以五百文決一局而來者雲集自辰至酉不得次而有空反者揆時持一縑晨往生爲之開卦曰君非文字之選乎當得河南道一尉揆負才華不宜爲此色悒忿而去王生曰君無怏怏自此數月當爲左拾遺前事固不可涯也揆怒未解生曰若果然幸一枉駕揆以書判不中第補汴州陳留尉始以王生之言有徵後詣之生於几下取一緘書可十數紙以授之曰君除拾遺可發此緘不爾當大咎

撰藏之既至陳留時採訪使倪若氷以撰才華族望留假府職會郡有事湏上請擇與中朝通者無如撰乃請行開元中郡府上書姓李者皆先謁宗正時李璆爲宗長適遇上尊號撰既謁璆璆素聞其才請爲表三通以次上之上召璆曰百官上表無如卿者朕甚佳之璆頓首謝曰此非臣所爲是臣從子陳留尉撰所爲乃下詔召撰時撰寓宿于懷遠坊盧氏姑之舍子弟聞召且未敢出及知上意欲以推擇遂出既見乃宣命宰臣試文詞時陳黄門爲題目三篇其一曰紫絲盛露囊賦二曰答吐蕃書三曰代南越獻白孔雀表撰自午及酉而成既封請曰前二首無所遺恨後一首或有所疑顧得詳之乃許拆其緘塗八字

旁注兩句既進翌日授左拾遺旬餘乃發王生之緘視之三篇皆在其中而塗注者亦如之遽命駕往宣平坊訪王生則竟不復見矣

薛少殷

河南薛少殷舉進士忽一日暴亡於長安崇儀里有一使持牒云大使追俄引至府門見府官即鮮于叔明也少殷欲有所訴叔明曰寒食將至何爲鏤雞子食也東面有一僧手持寶塔門扇雙開少殷已在其中叔明曰某方欲立事和尚何爲救此人乃追而出令引少殷見判官及出門之西院閽者入白逡巡聞命素服乃引入所見乃亡兄也敘泣良乆曰吾以汝乆未成名欲薦汝於此分主公事故假追來非他也少殷時新婚姻懇不願住兄曰吾同院有王判官職居西曹汝既來此可以一謁而去乃命引少殷於西院見之接待甚厚俄聞備饌海陸畢備未食王判官忽起顧見向者持塔僧僧曰不可食食之則無由歸矣少殷曰饑甚柰何僧曰唯蜜煎薑可食乃取食之而王判官竟不至僧曰可去矣少殷復出詣兄且請去兄知不可留乃白府官許之少殷既得歸人間願知當爲何官兄曰此甚難言亦何用知之少殷懇請乃召一吏取籍尋閲不令少殷見之曰汝後年方成名初任當極西之官次得歴畿赤簿尉又一官極南此外吾不知也臨别兄曰吾舊使祇承人李俊令隨汝去有危急即可念之既去每過危險皆見其僧前

引少殷曰弟子素不相識和尚何乃見護如此僧曰吾爲汝持金剛經故相護爾既醒具述其事後年春果及第未幾授秘書省正字充和蕃判官及回改同安主簿秩滿遇趙昌爲安南節度少殷與之有舊懇求爲從事欲壓極南之官昌許之曰乘遽之鎮未暇有表至江陵當以表請及表至少殷尋以母丁憂服除選授萬年縣尉時青淄卒吏與駙馬家童鬭死京兆府不時奏德宗怒時少殷主賊曹務一日乃貶高州雷澤縣尉十餘年備歴艱苦而李俊常有所護及順宗嗣位有詔收録貶官少殷移至桂陽與貶官李定同行過水勒馬與一從人言即李俊也云某月日已足拜别而去少殷曰吾兄言官止於此李俊復去

將不久矣李定驚感慼問其事具以告之少殷十數日而卒

袁孝叔

袁孝叔者陳郡人也少孤事母以孝聞母嘗得疾恍惚踰月不瘥孝叔忽夢一老父謂曰子母疾可治孝叔問其名居不告曰明旦迎吾於石壇之上當有藥遺子及覺乃周覽四境所居之東十里有廢觀古石壇而見老父在焉孝叔喜拜迎至于家即於囊中取丸靈丹一圓以新汲水服之即日而瘳孝叔德之欲有所荅皆不受或累月一來然不詳其所止孝叔意其必能曆筭爵祿常欲發問而未敢言其後一旦來謂孝叔曰吾將有他適故來訪别於懷中探出一編書以遺之曰君之壽與位盡具於此事已前定非智力之所及也今之躁求者適足徒勞耳君藏吾此書慎勿預視但受一命即開一幅不爾當有所損孝叔跪受而别後孝叔寢疾殆將不救其家或問後事孝叔曰吾爲神人授書一編曾未開卷何遽以後事問乎旬餘其疾果愈後孝叔以門廕調授密州諸城縣尉五轉蒲州臨晉縣令每之任輒視神人之書時日無差後秩滿歸閿鄉别墅因晨起欲就巾櫛忽有物墜於鏡中類蛇而有四足孝叔驚仆於地不語數日而卒後逾月其妻因閲其笥得老父所留之書猶餘半軸因嘆曰神人之言亦有誣矣書尚未盡而人已亡乃開視之其後唯有空紙數幅畫一蛇而盤照中矣孝叔之叔修己元和初爲太學生具説其事

馬遊秦

吏部令史馬遊秦開元中以年滿當選時侍郎裴光庭以本銓舊吏問其所欲遊秦不對固問之曰某官已知矣不敢復有所聞光庭曰當在我安得知之遊秦不荅亦無懼色光庭怒曰既知可以言乎遊秦曰此可誌之未可言之乃命疏其事自藏於楹棟之間期注唱後發之後老君見於驪山鑾輿親幸其地因改會昌縣爲昭應縣光庭以舊無昭應之名謂遊秦莫得而知也遂補其縣録事及唱官之日發棟間所誌之書則如言爾

韋泛

韋泛者不知其所來大曆初罷潤州金壇縣尉客遊吳興維舟於興國佛寺之水岸時正月望夜士女繁會泛方寓目忽然暴卒縣吏捕驗其事未已再宿而甦云見一吏持牒來云府司追遂與之同行約數十里忽至一城兵衛甚嚴入見多是親舊往還泛驚問吏曰此何許也吏曰此非人間也泛方悟死矣俄見數騎呵道而來中有一人衣服鮮華容貌甚偉泛前視之乃故人也驚曰君何爲來此曰爲吏所追其人曰某職主召魂未省追子因思之曰嘻誤矣所追者非追君也乃兖州金鄉縣尉韋泛也遽叱吏送之歸泛既喜得返且恃其故人因求其祿壽其人不得已密謂一吏引於别院立泛於門吏入持一冊筆來書

其左手曰前楊復後楊後楊年年強七月之節歸玄鄉泛既出前所追吏亦送之既醒具述其事沙門法寶好異事盡得其實因傳之後六年以調授太原楊曲縣主簿秩滿至京師適遇所親與鹽鐵使有舊遂薦爲楊子縣巡官在職五年建中元年六月二十八日將赴選以暴疾終于廣陵旅舍其日乃立秋日也

陳彥博

陳彥博與謝楚同爲太學廣文館生相與齊名彥博將取解忽夢至都堂見陳設甚盛若行大禮然庭中幃幄飾以錦繡中設一榻陳列几案上有尺牘望之昭耀如金字彥博私問主事曰此何禮也荅曰明年進士人名將送上界官司閱視之所彥博驚喜因求一見其人引至案傍有紫衣人執象簡彥博見之斂袵而退紫衣曰公有名矣可以視之遂前見三十二彥博名在焉從上二人皆姓李而無謝楚名既寤獨喜不以告人及楚同過策試有自中書見名者密以告楚而不言彥博彥博聞之不食而泣楚乃諭之曰君之能豈後於楚設使一年未利何若是乎彥博方言其夢且曰若果無驗吾恐終無成矣太學諸生曰誠如所說事亦未知也明旦視榜即果如夢中焉彥博以元和五年崔樞下及第上二人李顧行李仍叔謝楚明年于尹躬下擢第

陸賔于

吳郡陸賔于舉進士在京師常有一僧曰惟瑛者善聲色兼知術數賔于與之往來每言小事無不驗至寶曆二年春賔于欲罷舉歸吳告惟瑛以行計瑛留止一宿明旦謂賔于曰君來歲成名不必歸矣但取京兆薦送必在高等賔于曰某曾三就京兆未始得今歲之事尤覺甚難瑛曰不然君之成名必以京兆薦送他處不可也至七月六日若食水族必殊等及第矣賔于乃書於晉昌里之牖間日省之數月後因於靖宮北門候一郎官適遇朝客遂迴憩於從孫聞禮之舍既入聞禮喜迎曰向有人惠鯉魚方欲候翁而烹之賔于素嗜魚但令具羹至者輒盡後日因視牖間所書字則七月六日也遽命駕詣瑛且紿之曰將遊蒲關故來訪別瑛笑曰水族已食矣遊蒲關何爲賔于深信之因取薦京兆果得殊等明年入省試畢又訪瑛瑛曰君已登第矣名籍不甚高當在十五人之外狀首姓李名合曳脚時有廣文生朱俅者時議及第監司所送名未登科賔于因問其非姓朱乎瑛曰三十三人無姓朱者時正月二十四日賔于言於從弟符符書壁間後月餘放牓狀頭李郃賔于名在十六即三十三人也惟瑛又謂賔于曰君成名後當食禄於吳越之分有一事甚速賔于不諭其意及從事於越半年而暴終

王播

王播以元和五年登科嘗夢爲河南尹平旦視事有二客來謁一衣紫而東坐一衣緋而西坐緋者謂紫

者曰崙邦如何處置曰已科決遞出界訖覺乃書於誥牒之後别紙上後二十年果除河南尹旣至三日留守大將知水北院官與洛陽令及分司郎官偕至問荅一如夢中遽命開篋取官誥所誌者備焉乃是郎官家奴竊物而遁送縣縣斷如此

柳及

柳及河南人貞元中進士登科殊之子也家於澧陽嘗客遊至南海元帥以其父有名於搢紳士林間俾假掾於廣未幾娶會長岑氏之女生一男名甑甑及以親老家遠不克迎候乃携妻子歸寧於澧陽未再歲後以家給不足單車重遊南中至則假邑於蒙于武仙再娶沈氏會公事之郡獨沈氏與母孫氏在縣

廨時當秋夜分之後天晴月皎忽於牖中見一小兒手招沈氏曰無懼無懼某幾郎子也告説事狀歷然可聽沈氏以告其母母乃問是何人有何所請荅曰某甑甑也以去年七月身死故來辭别凡人夭逝未滿七歲者以生時未有罪狀不受業報縱使未即托生多爲天曹權録驅使某使當職役但送文書來往地府耳天曹記人善惡每月一送地府其間有暇亦得閒行沈氏因告曰汝父之郡會計亦當即至俄爾及歸沈氏具告及固不信曰荒徼之地當有妖怪假託人事殆非山精木魅之所爲乎其夕即又於牖間以手招及及初疑尚正辭詰之及聞説本末知非他鬼乃欷歔涕泗因詢其夭横之由荅曰去年七月中

戲弄遂得痢疾醫藥不救以至於此亦命也今爲天曹收役亦未有託生之期及曰汝旣屬冥司即人生先定之事可知也試爲吾檢窮達性命一來相告荅云諾後夕乃至曰冥間有一大城貴賤等級咸有本位若棊布焉世人將死或半年或數月内即先於城中呼其名時甑甑已聞呼父名也輒紿而對旣而私謂沈氏曰阿爺之名已被呼矣非久在人間他日有人求娶沈氏者愼勿許之若有姓周職在軍門者即可許之必當偕老衣食盈羨其餘所述近事無不徵驗後一夕又來曰某以拘役有限不得到人間從此永訣矣言詞悽愴欷歔而去後四月及果卒沈氏尋亦萍泊南海或有求納者輒不就後有長沙小將姓

周者部本郡錢帛貿貨於廣州求娶沈氏一言而許之至今在焉平昌孟弘微與及相識具録其事

延陵包隰

延陵包隰因選泝舟於隋河時以廹選限舟人寡而力殆乃率同舟僮僕輩七八人次爲之挽過符離縣之西有古樹樹下有穴根盤於上若廢井然而一僕忽誤墜落久而方出乃提一片石廣四寸有小篆其文曰旁有水上有道八百年中逢栲栳衆咸異之而莫知所謂尋問墜坑者名栲栳也時元和三年九月二十一日矣

沙門道昭

永泰中有沙門道昭自云蘭州人俗姓康氏少時因

得疾不救忽寤云冥司見善惡報應之事遂出家住太行山四十年戒行精苦往往言人將來之事初若隱晦後皆明驗嘗有二客來一曰姚邈舉明經其二曰張氏以資蔭不記名僧謂張曰君授官四政慎不可食祿范陽四月八日得疾當不可救次謂邈曰君不利簪笏如能從戎亦當三十年無乏有疾勿令胡人療之其年張授官於襄鄧間後累選常求南州亦皆得之後又赴選果授虢州盧氏縣令到任兩日而卒卒之日果四月八日也後方悟范陽即盧氏望也邈後舉不第從所知於容州假軍守之名三十年累轉右職後因別娶婦求爲償者因得疾服嫗黃氏之藥而終後訪黃氏本末乃洞主所放出婢是胡女也

唐前定錄

續前定錄二十四事

竇相易直

竇相易直初時名祕家貧就業村學教授叟有道術而人不知一日近暮風雪暴至學徒悉歸家不得已而宿於漏屋之下寒爭附火唯竇公寢於榻夜深方覺叟撫公令起曰竇祕君後爲人臣貴壽之極勉勵自愛也及德宗幸奉天日公方舉進士亦隨駕而乘蹇驢至開遠門人稠路隘其扇將闔公懼勢不可進聞一人叱驢兼捶其後得疾馳而出顧見一黑衣卒呼公曰秀才已後莫忘閽倩及陞朝訪得其子提挈累至大官吏中榮達

柳員外

柳宗元自永州司馬徵至京師意望録用一日詣卜者問命且告以夢曰余柳姓也昨夢柳樹仆地其不祥也卜者曰無苦但憂遠官耳夫生則柳樹仆則柳木木者牧也其牧柳州乎卒如其言

李涼公

李逢吉未掌綸誥前家有老婢好言夢後多有應公望除官因訪婢一日婢晨至慘然公問故曰昨夜與郎君作夢不是好意不欲説公強之婢曰夢有人舁一棺至堂後云且置在地不乆即移入堂中此夢恐非佳也公聞夢竊喜俄爾除中書舍人知貢舉未畢入相

崔相

崔相國羣之鎮徐嘗以焦氏易林自筮遇乾之大畜其繇曰典策法書藏在蘭臺雖遭亂潰獨不遇災及經王智興之變果除祕書監

盧賓客

盧賓客貞白父曰老彭有道術兼號知人元和初宗人弘宣簡辭弘正簡求俱候焉留坐目之曰一行五節度使可謂盛矣卒如其言又族子鍇初舉進士就安邑所居謁鍇曰爾求名大是美事但此後十餘年方得勿以遲晚爲恨登朝亦大美官鍇至長慶元年始擢第大中十年終庶子

牛師

長慶中鄂州里巷人每語輒以牛字助之又有僧自號牛師乍愚乍智人有忤之者必云我兄即到豈柰我何未幾而相國奇章公帶平章事節制武昌軍其語乃絶而牛師尚存僧者牛公之名也方知將相之位豈偶然耶

陳存

進士陳存能爲古歌詩而命蹇主司每欲與第臨時皆有故不果許尚書孟容舊相知知舉日萬方欲爲申屈將試前夕宿宗人家宗人爲具入試食物兼備晨餐請存偃息以俟時五更後怪不起就寢呼之不應前視之已中風不能言也

鄭滂

進士鄭滂在名場歲乆輩流多已榮達常有後時之歎一夕忽夢及第而與韋周方同年當時韋氏舉人無名周方者益悶之大和元年秋移舉洛中時韋弘景尚書廉察陜邦族弟景方赴舉過陜尚書誥曰我名弘景汝兄弘方汝名景方兄弟各分吾名一字誠

無意也遂更名周方滂聞之喜曰吾及第有望矣四年周方升名而果同年焉滂子溥又自説應舉時曾夢看及第榜上但見鳳字大中元年求解鳳翔偶看本府鄉貫首便是鳳字至東都試緱山月夜聞王子晉吹笙詩生側諸詩悉有鳳字明年果登第焉

孔温裕

河南尹孔温裕以補闕諫討党項貶郴州司馬乆之得堂兄尚書温業書報云憲府欲取作侍御史日望勅下忽又得書云宰相以右史處之皆無音耗一日有鵲喜於庭直若語狀孩稚拜且祝曰願早作官鵲既飛去墜下方寸紙有補闕二字無幾遂除此官

王蒙

王黨與趙憬有布衣之舊常知其才趙公入相黨自前新塗縣令求謁公見極喜給郵甚厚將擢爲御史時憲僚數少德宗難於除授而趙公之言多行黨意可以坐待繡衣之拜一日偶詣慈恩寺僧占氣色者黨問早晚得官僧曰觀君之色殊未見喜兆此後若干年當得一邊上御史黨大笑而歸數日趙公奏言御史府闕太多就中監察尤爲要官臣欲選擇三二人上曰此官須得孤直茂實充選料卿祗應取輕薄後生朝中子弟耳此不如不置公曰臣之愚見正如聖慮欲於録事參軍縣令中求上喜曰如此即朕之意公因薦二人其一即黨也上曰早將狀來公既出逢裴延齡時以次對問公曰相公奏何事喜氣充溢

公不對延齡慍罵而去云爲此老叟所請得行否既見上奏事畢因問曰趙憬向論何事上曰趙憬極心公因說御史事延齡曰此大不可陛下何故信之且憬身爲宰相豈諳州縣長績劾向二人又不爲人所稱憬何由身知之必私也後來陛下但詰其所自即知矣他日上果問云卿何以知此二人公曰一是故人一與臣微親諳熟之上無言他日延齡又入上曰憬所請果如卿料遂寢不行黨遂歸故林而趙薨於相位後數年邊帥奏爲從事得假御史焉

黄損

黄損連州人有大志舉於廬山與桑維翰宋齊丘相遇每論天下之務皆出損下損亦自負居無何遊五老峯遇磐石少憩頃之有叟長嘯而至指維翰齊丘曰公等皆至將相但各不得其死耳次指損曰此子有道氣可以隱居若求官不過一州從事耳宜思之損甚怒叟曰休戚之數定矣吾先知也何怒乎後皆然

張寶藏

貞觀中張寶藏爲金吾長甞因下直歸櫟陽路逢少年畋獵割鮮野食倚樹歎曰張寶藏身年七十未甞得一食酒肉如此者可悲哉傍有一僧指曰張寶藏六十日内官登三品何足歎也言訖不見寶藏異之即時還京師時太宗苦於氣痢衆醫不效即下詔問殿庭左右有能治此疾者當重賞之寶藏甞困是疾

即具疏以乳煎蓽撥方進上服之立差宣下宰臣與五品官魏徵難之逾月不進擬上疾復發問左右曰吾前飲乳煎蓽撥有效復命進之一啜又平復因思曰甞令與進方人五品官不見除授何也徵懼曰奉詔之際未知文武二吏上怒曰治得宰相不妨已授三品官我天子也豈不及汝耶乃厲聲曰與三品文官授鴻臚卿時六十日矣

崔龜從

崔龜從未達時甞至宣州夢到一府門屋宇深大非人間所有有緑衣吏抱案龜從揖而問之緑衣亦喜云生人簿籍也崔問曰其未達應舉請爲一檢可乎吏唯之因爲檢曰灼然及第科名極高官至此州刺

史言訖遂覺崔自喜之明年果中第又聯得科目官至中書舍人出爲華州刺史因謂妻曰昔夢皆驗今爲刺史位至此矣當爲身後之計俄除戸部侍郎深不自會尋出爲宣州觀察使至日吏白曰舊例長史到皆謁敬亭神廟崔公命駕謁之旣到道路門巷皆昔夢中所遊入門宛然遂陞堂見西壁有畫着緑吏抱案其吏卽夢中所見乃歸而怏怏又謂妻曰昔夢緑衣人云合至此州刺史此已任矣及旬日得疾治之不愈謂妻曰本來之說此其驗矣妻曰昔日爲遊客尚獲佳夢今爲地主合再祈之崔公乃置酒食進祝之其夕又夢敬亭神自至曰大夫尋愈幸無憂也崔卽告本廟吏之詞神曰吏以公當爲此州偶然爾

公位極重不可盡言自此去尚有十四年壽耳言訖而覺崔公疾尋差後皆如其言時開成四年也

孫思邈

孫處俊甞以諸子見思邈曰俊先顯侑晚貴佺福在執兵後皆驗又太子詹事盧齊卿之少也思邈曰後五十年位方伯吾孫爲屬吏願自愛時思邈之孫溥尚未生及溥爲蕭丞而齊卿爲徐州刺史

武居常

武居常天后高祖也少時遊洛下人謂爲猴頰郎以居常顒下有若猿頷也其上有四靨一日伊水上遇一丐者曰郎君當有身後名而骨法當刑然有女當八十八後起家暴貴尋亦浸微居常不之信後卒如其言

房玄齡

房玄齡來買卜成都日者笑而掩鼻曰公知名當世爲時賢相柰無繼嗣何公怒時遺直以三歲在側日者顧指曰此兒此兒此兒絕房者此也公大悵而還後皆信然也

明皇

明皇始平禍亂在宮所與道士馮存澄因射覆得卦曰合因又得卦曰斬關又得卦曰鑄印乘軒存澄啓謝曰昔此卦三靈爲最善黃帝勝炎帝而筮得之所謂合因斬關鑄印乘軒始當果斷終得嗣天明皇掩其口曰止矣默識之後卽位應其術焉

姚宋

明皇初登極夢二龍銜符自紅霧中來上大隸姚崇宋璟四字掛之兩大樹上宛延而去夢迴上召申王圓兆王進曰兩木相也二人各爲天遣龍致於樹卽姚崇宋璟當爲輔相兆矣上歎異之

柳柳州

羅池北龍城勝地也役者得白石上微刻畫云龍城柳神所守驅厲鬼山左首福土氓制九醜余得之不詳其理特欲隱余於斯歟

玄宗

玄宗幸東都偶秋宵與一行師共登天宮寺閣臨眺久之遐顧淒然發歎數四謂一行曰吾甲子得無患

乎一行進曰陛下行幸萬里聖祚無疆及西狩初到成都前望大橋上舉鞭問左右曰是橋何名節度使崔圓躍馬進曰萬里橋上因追歎曰一行之言今果符之吾無憂矣

李衛公

太尉衛公爲并州從事到職未旬月忽有王山人者詣門請謁公與之及席乃曰某善按年也公初未之奇因請虛正寢備几案紙筆香水而已因令垂簾靜伺之生與公皆坐於簾下頃之王生曰可驗矣紙上書八字甚大且有楷注曰位極人臣壽六十四生遽請歸竟亦不知所去及會昌朝三行策至一品薨於海南果符王生所按之年

李景讓

宣宗將命相必採中外人情合爲相三兩人姓名擲之置香案上以椀覆之宰相闕必添香探丸以命草麻上切於李景讓竟探名不著有以見其命也

康詧

牛相新昌宅泓師號爲金椀言金或傷庶可重製本將作大匠康詧宅詧自辦崗阜形勢以其宅當出宰相後每命相有案必引頭望之宅竟爲牛所得

劉逸附

劉逸在淮汴州時韓弘爲右廂都虞候王某爲左廂與弘相善或譖王不利於劉劉大怒召詰之王年老股戰不能自辯劉令拉坐杖三十新造赤棒頭徑數寸固以筋漆數五六當死矣韓意其必死及昏造其家怪無哭聲訪問即言大使無恙弘遂至卧内問之王曰我讀金剛經四十年今方得力就說初坐時見巨手如簸箕翕然遮背因袒示韓都無撻痕

續前定録終

宋本缺以弘治年華氏覆宋本重校摸補

國老談苑卷第一

夷門隱叟王 君玉 編

太祖嘗語趙普曰唐室禍源在諸侯難制何術以革之普曰列郡以京官權知三年一替則無虞因從之

開寶中御廐新調御馬成進 太祖御宣政殿親閲時 太宗尹天府亟召之既至俾自殿陛乘之 太宗固辭以人臣之禮不可 上勉之不從其懇已而目送之且語左右曰令公眞他日太平天子也

太祖以范質寢疾數幸其家其後慮煩在朝大臣止令内夫人問訊質家迎奉器皿不具内夫人奏知 太祖即令翰林司送果子牀酒器凡十副以賜之復幸其第因謂質曰卿爲宰相何自苦如此質奏曰臣向在中書門無私謁所與飲酌皆貧賤時親戚安用器皿因循不置非力不及也猥蒙厚賜有涉近名望陛下察之尋薨開寶中因相位乏人 太祖累言如范質眞宰相也嗟悼久之

太祖嘗曲宴翰林學士王著御宴既罷著乘醉喧譁 太祖以前朝學士優容之令扶以出著不肯退即趨近屏風掩袂慟哭左右拽之而去明日或奏曰王著逼宮門大慟思念世宗 太祖曰此酒徒也在世宗幕府吾所素諳況一書生雖哭世宗能何爲也

太祖曰周世宗征淮南 太祖總軍政然分部之制稟於世宗時宣祖不豫是役當淮將皇甫暉之敵也宣祖憚之密請移軍 上告以世宗之命遂止 上翌日啣戚奪志以圖報効捷身死戰血濡袖既而擒暉淮南平 上功居第一王業肇於是矣向若苟私循軍移世宗有命則得禍無類又安能建不拔之基以延祀於萬世者乎

太祖提周師甚寡當李景十五萬衆陣於清流山下士卒恐懼 太祖令曰明日午當破敵人心遂安翌日正午 太祖果臨陣親斬僞驍將皇甫暉以覆其衆是時環滁僧寺皆鳴鍾而應之既平鳴鍾因爲定制趙時進滁州午鍾記

太祖嘗暑月納涼於後苑召翰林學士竇儀草詔處分邊事儀至苑門見 太祖岸幘跣足而坐儀即退立閤門使督趣儀曰官家方取便未敢進閤門使怒而奏之 太祖自視微笑遽索御衣而後召入未及宣詔意儀奏曰陛下新即大位四方瞻望宜以禮示天下臣即不才不足動聖顧臣恐賢傑之徒聞而解體 太祖歛容謝之自後對近臣未嘗不冠帶也

太祖將親征潞賊李筠詔留後呂餘慶趙普於京師普因私謁 太宗於朱邸且曰普託迹諸侯十五年今偶雲龍變家爲國賊勢方盛萬乘蒙塵是臣子効命之日幸望啓奏此誠願軍前自効 太宗即以聞上 太祖笑曰趙普豈勝甲冑乎因謂 太宗曰是行也朕勝則不言萬一不利則使趙普

分兵守河陽別作一家計度及凱旋第賞宰臣擬
官　太祖曰普有從朕伐叛之勳宜當加等於是
授侍郎樞密使
太祖一日袒裼幸翰林院時學士盧多遜獨直上行
與語引入寢殿因指御所有縑帳紫綾褥謂多遜曰
爾在外意朕豐侈耶朕用此猶常愧之
太宗嘗冬月命徹獸炭左右或啓曰今日苦寒上曰
天下民困是寒者衆矣朕何獨温愉哉
太宗嘗幸龍圖閣閱書指西北架一漆函上親自署
鑰者謂學士陳堯咨曰此田錫章疏也已而愴然
久之
太宗一日寫書筆滯思欲滌硯中宿墨顧左右咸不
在因自俯銅池滌之既畢左右方至上徐顧曰爾
輩何處來
太宗志遵儉謹每居内服澣濯之衣或有穿者則命
紉補以進
太宗退朝常以經籍自娛所閱之策以帕褁小黃門
持之巡行殿欒畢以爲從藥糊之須率皆副焉又
以栢爲界尺長數寸謂之隔筆簡每御製或飛宸
翰則用以鎮所臨之紙
真宗初即位暇日召翰林學士王禹偁與之論文禹
偁奏曰夫進賢黜不肖闢諫諍之路彰爲誥命施
之四方延利萬世此王者之文也至於雕纖之言
豈足軫慮思較輕重於瑣瑣之儒哉願棄末務大

以成宗社之計上顧曰卿受朕之深矣
真宗在朱邸時諸王競營假山究王山成合宴以賞
真宗預焉酒方洽王指謂侍讀姚坦曰是山崇麗
乎坦曰聚血爾何山之謂也昔年夏侯嶠爲兗丘
令田賦充而還督刑之血日沃于庭此山之工實
倍彼賦非聚血而何上不懌而輟宴還第乃去山
爲壁寫儒行篇他日對而命宴坦叩頭謝曰非英
賢何能及此　太宗聞之意有屬焉
真宗在東宫一日　太宗勗令學草書乃再拜曰臣
聞王者事業功侔日月一照使隱微盡曉草書之
蹟詭爲祕妙然達者蓋寡儻臨事或誤則罪有歸
焉豈一照之心哉謹願罷之　太宗大喜顧謂之
曰他日之英主也
仁宗在儲宫　真宗慎擇官僚皆難其人魯宗道時
作正言慷慨敢諫忽一日便坐召對　真宗曰太
子天下之本當得正人輔之今以付卿其志心以
導吾子宗道退讓敦獎遣之翌日除右諭德
仁宗既即位每朝退多弄翰墨一日學書適遇江陵
王欽若奏章上達因飛帛大書王欽若三字既罷
左右取之呈於　太后是時欽若有再命相之議
太后遂令中使合其字緘爲湯藥馳馹以賜欽若
即口宣召之欽若至闕下故寂無知者
周世宗在漢爲諸衛將軍嘗遊畿甸諸縣令忘其姓名令
方聚邑客蒲博弗得見世宗頗銜之及即位令同

部夫犯贓數百足宰相范質以具獄上奏世宗曰親民之官贓狀狼籍法當處死質奏曰受所監臨財物有罪止贓雖多法不至死世宗怒厲聲曰法者自古帝王之所制本以防姦朕立法殺二贓吏非酷刑也質曰陛下殺之即可若付有司臣不敢署勑遂貸其命因令今後犯者並以枉法論質乃奉詔令刑統中強率斂入己並同枉法者是也質之守正不回大率如是

范質在中書急於銓品人物凡清資華級未嘗虛授於人延士大夫講貫世務以觀器識顯德中殿中侍御史柴自牧右補闕裴英同謁質于中書質語及民間利病因謂自牧曰嘗歷州縣乎自牧對以

數任職事次問英英唐相贄之後以門地自負乃曰徒勞之役惟英偶免質怒責英曰質雖不才備位宰相坐政事堂與諫官御史論生民疾苦非戲言也浮薄之徒安可居諫署英慙懼而退明日質具奏其事英遂授散秩

趙普在中書每奏牘事有違戾 太祖意者因請之於上或拂之於地普緩拾之振塵以獻有及再三者理遂而已

曹彬初尅成都有獲婦女者彬悉閉於一第竅度食且戒左右是將進御當密衛之洎事寧咸訪其親以還之無親者備禮以嫁之彬平蜀回輜重甚多或言悉奇貨也 太祖令伺之皆古圖書無銖金

寸錦之附

范質性儉約不受四方遺賂自五代以來宰相取給於方鎮由質絕之爲相輔居第止十一間門屋庳隘周 太祖嘗令世宗詣質時爲親王軒馬高大門不能容世宗即下馬步入及嗣位從容語質曰卿所居舊宅耶門樓一何小哉因爲治第

周世宗嘗欲以竇儀陶穀並命爲宰相以問范質質曰穀有才無行儀執而不通遂寢其事 太祖又欲令參知政事趙普憚其剛嚴奏以薛居正代之終不入中書亦其命也

雷德讓判大理寺一日有疑讞非次請對時 太祖放鷙禽於後苑見德讓奏曰陛下以放禽爲急刑

獄爲常臣切未諭上怒舉持玉鉞撞之二齒墜地德讓拾而結於帶中上謂曰汝待訴我耶德讓曰臣安敢訴陛下自有史官書之 上從而悔厚賜以遣之

竇儀自周朝以來負文章識度有望于時搢紳許以廊廟之器儀因以公台自許急於大用乃設方略以經營之爲端明殿學士判河南府時括責民田增其賦調欲期恩寵以致相位當時洛人苦之又嘗奉詔按筠州獄希世宗旨鍛鍊成罪枉陷數人士君子以此少之

權其爲翰林待詔有良馬日馳數百里陶穀欲取之累言于權權曰學士要誠合拜獻其年老有足疾

非此馬馴良不能出入更俟一二年解職必以爲贄穀心銜之後因草密詔召權於閤中書之穀曰吾嘗愛權卿破體王書寫了進本來權即與書之穀突入閤中取其本乃謂權曰帝王密詔内有國家機事未經進御輒寫一本欲將何用洩漏密旨罪當不赦即呼吏作奏牘發其事權不能自明但皇恐哀訴而已穀曰亟將馬來釋爾遂并馬券取之

又嘗奉使兩浙獻詩二十韻于錢俶其末云此生頭已白無路掃王門時穀官是丞郎職爲學士奉命小邦獻詩已是失體復有掃門之句何辱命之甚也又浙帥開宴置金鐘以爲罰爵穀後因卧病浙帥使人問其所欲穀以金鐘爲請浙帥以十副贈之乃以詩謝云乞與金鐘病眼明其苟得無恥之如此及復命將出其境即賦詩于郵亭云井蛙休恃重溟險澤馬曾嘶九曲濵請令人傳誦冀掩前詩之失穀之狡譎多此類也

劉温叟方正守道以名教爲己任幼孤事母以孝聞其母甚賢初爲翰林學士私庭拜母即命二婢箱擎公服金帶置于階下謂温叟曰此汝父長興中入翰林時所賜也自先君子薨背以來常懼家門替墜今汝能自致青雲繼父之職可服之無愧矣因欷歔掩泣温叟伏地號慟退就别寢素衣蔬食追慕數日然後服之士大夫以爲得禮温叟累居

顯要清貧尤甚未嘗受人饋知貢舉時有經學門生居畿内者獻粟草一車温叟却之其人曰此物出於躬耕願以致勤温叟不得已而受之即命家人置衣一襲以爲答計其直即倍於粟草矣自是無敢獻遺者爲御史中丞時嘗道由乾元門左右奔告聖駕方御樓温叟如常而行樓側下馬入奏曰此門按故事非賜大誤不御今陛下無故而登軍庶幾或聞則有恩給之望臣所以不却導從者不欲警彼耳目也非禮勿動臣職當風憲敢不言之上遽還給内帑三千緡付縣官以自罰

趙普自樞密副使授集賢殿大學士是時范質等皆罷相中書絶曹普授官勑無人署字 太祖在資福殿普因入奏其事 太祖曰卿但進來朕爲卿署字可乎普曰此有所行非帝王所親之 太祖俄曰卿問陶穀竇儀必有所說普乃召問之儀曰唐文宗時甘露事後中書無宰相然當時冊命輔相即不知何人今皇帝京尹官是中書令此正宰相任也署勑宜矣普入奏遂命 太宗署勑焉

田錫爲諫議大夫疾亟進遺表 真宗宣御醫賫上藥馳往已無及矣俄召宰相對袖其表而示之且曰朕自臨大寶閲是表多矣非祈澤宗族則希恩子孫未有如錫生死以國家爲慮而儆戒於朕與歎久之命優其贈典

寇準再入中書魏野貽詩曰好去上天辭富貴却來

平地作神仙未幾南遷常誦此詩句
崔遵度爲太子諭德性方正清素尤精於琴嘗著琴箋以天地自然有十二聲徽非因數也范仲淹嘗問琴理於遵度對曰清麗而靜和潤而遠琴書是也
李遵勗楊億劉筠常聚高僧論宗性遵勗命畫工各繪其像成圖目曰禪會
陳省華以大卿居家其子堯叟叅樞密堯咨掌制誥每朝退端服夾侍偶賓至則導茗酪焉
張詠爲兵部尚書臨終上疏言丁謂姦邪用之亂國願斬之以謝天下

國老談苑卷第二

夷門隱叟王　君玉　編

王旦在中書祥符末內帑災縑帛幾罄三司使林特請和市於河外草三上旦悉抑之頃而特率屬僚訴於宰府旦徐曰瑣微之帛固應自至奈何彰國弱於四方居數日外貢併集受帛四百萬蓋旦先以密符督之也
王嗣宗爲御史中丞　眞宗一日幸相國寺回自北門嗣宗上言曰天子行黃道豈可由後門臣任當風憲詎敢廢職上悅其直給內帑三千緡以自罰北門由是不常開焉
曹瑋彬之子也爲節度使其母一日閱宅庫見積錢數千緡召瑋指而示曰先侍中履歷中外未嘗有此積聚可知汝不及父遠矣
寇準出入宰相三十年不營私第處士魏野贈詩曰有官居鼎鼐無地起樓臺洎準南遷時北使至內宴宰執預焉使者歷視諸相語譯導者曰孰是無地起樓臺相公畢坐無答者
王旦在中書二十年常日罷歸徑趍書閤闔扉以自息雖家人之親密者不復接焉常以蝗旱憂愧辭位俄而疾發不食　眞宗命內饔調肉糜宸翰緘器以賜日常三四旦疾亟聚家人謂曰吾無狀久坐台司今且死矣當祝髮緇衣以塞吾平昔之志未幾而絕家人輩皆欲從其言惟壻蘇耆力排而

止之
張知白爲參知政事嘗言參政之名實貳彼相禮當隆之每乘馬直入政事堂下
寇準鎮大名府北使路由之謂準曰相公望重何以不在中書準曰主上以朝廷無事北門鎖鑰非準不可
李允則守雄州匈奴不敢南牧朝廷無北顧之憂一日出官庫錢千緡復斂民間錢起浮圖即時飛謗至京師至於監司亦屢有奏削　真宗悉封付允則然攻者尚喧沸　真宗遣中人密諭之允則謂使者曰某非留心釋氏實爲邊地起望樓耳蓋是時北鄙方議寢兵罷斥堠允則不欲顯爲其備然

後謗毀不入畢其所爲
陶穀以翰林學士奉使吴越忠懿王宴之因食蝤蛑詢其名類忠懿命自蝤蛑至蟚蜞凡羅列十餘種以進穀視之笑謂忠懿曰此謂一代不如一代也
田錫知制誥　太宗命三班奉職出使回上殿因訪民間利病錫上言曰陛下苟令三班奉職上殿言事未審設呂蒙正已下何用乃罷之
趙世長以宗正卿北使時九月既宴薦瓜主客舉謂世長曰此方氣候誠早彼想未也世長對曰本朝來歲季夏此味方盛故知其節物晚也
滕涉以户部副使聘北朝既至宴主客謂涉曰南朝食肉何故不去皮涉曰本朝出產絲蚕故肉不去皮

楊億在翰林丁謂初參政事億列賀焉語同列曰骰子選爾何多尚哉未幾辞親逃歸陽翟别墅
陳彭年在翰林所兼十餘職皆文翰清秘之目時人謂其署銜爲一條冰
馮拯姬媵頗衆在中書密令堂吏市珠絡自持爲遺或未允所售出入懷之有及三四夕
魯宗道爲正言言事違忤　真宗稍忌之宗道一日自訟於上前曰臣在諫列言事乃臣之職陛下以數而忌之豈非有納諫之虚名俾臣負素飡之辱矣臣切愧之謹願罷去上喜其忠慤勉而遣之他日追念其言御筆題殿壁曰魯直
蘇易簡在翰林　太宗一日召對賜酒甚歡上謂易

簡曰君臣千載遇易簡應聲荅曰忠孝一生心上悦以所御金器盡席悉賜之
种放隱終南山至老不娶養母非力耕之粒不饋方從學者幾百人由此被召
寇準有飲量每飲賓席常闔扉輟驂以留之未嘗點油雖溷軒馬廐必用蠟炬
陳恕長於心計爲鹽鐵使釐宿弊大興利益　太宗深器之嘗御筆題殿柱曰真鹽鐵陳恕
李宗諤爲翰林學士家雖百口雍睦有制　真宗嘗語侍臣曰臣僚家法當如宗諤
李遵勗爲駙馬都尉折節待士宗楊億爲文於第中築室塑像晨夕伸函丈之禮刻石爲記未幾億卒

冦準年三十餘　太宗欲大用尚難其少準知之遽服地黄兼餌蘆菔以反之未幾髭髪皓白

查道以謹儉率己爲龍圖閣待制每食必盡一器度不勝則不復下筯雖蔬茹亦然嘗謂諸親曰福當如是惜之

祥符中議營昭應宫計其工十五年而成丁謂總領其事以夜繼晝每繪一料給燭二條踰七年而就

杜鎬廣博爲龍圖閣學士　眞宗一日問櫝食原於何代鎬對曰漢景帝爲太子文帝鍾愛旣居東朝文帝念之曰太子之食必料差殊乃命太官每具兩檐櫝以一賜之此其始也

魯宗道爲叅政以忠鯁自任嘗與宰執議事時有不合者宗道堅執不回或議少有異則還諍不已然多從宗道所論時人謂曰魚頭公蓋以骨鯁目之也

天聖初朝廷清明賞罰必信時王欽若王曾張知白魯宗道皆以忠義許國故風采聳動雖姚宋佐唐蕭曹出漢無以方此數君子者

咸綸待制龍圖閣天書初降羣臣表賀詞皆溢美綸獨言曰曠古未有此事不可恃之爲祥當戒愼修省以答天意　眞宗覽而嘉之

張詠鎭杭州有訴者曰某家素多藏某二歲而父母死有甲氏贅於其家父將死手券以與之曰吾家之財七分當主於甲三分吾子得之某旣成立甲氏執遺券以析之數理於官咸是其遺言而見抑詠嗟賞之謂曰爾父大能微彼券則爲爾患在乳臭中矣遽命反其券而歸其資

魯宗道以孤直遇主公家之事知無不爲每中書罷歸私宅别居一小齋繪山水題曰退思巖獨游其間雖家人罕接焉

查道罷館陶尉與程宿寓於逆旅中夕有盜取其衣旣覺呼宿曰衣有副乎翌日當奉假盜聞之棄獲而去

冦準謫營道惟衣裘繫爲相時所得金笏頭帶當權希時者諷其逾禮準拒之曰君父所賜服之不忘未見禮之失也諷者慙恧而退

丁謂在朱崖家于洛陽爲書叙致　眞宗恩遇厚自刻責且勵家人不可輿怨遂寄洛守託達於家洛守不敢私開遽奏之上覽而感動遂有雷州之命

王旦在中書東封西祀悉嘗摠領祥符中處士魏野令山童持詩以獻曰聖朝宰相頻頻出君在中書十四秋西祀東封俱禮畢好來相伴赤松遊旦袖其詩累於上前求退不遂

查道初應舉自荆州湖遊索獲資十餘萬至襄陽逆旅見女子端麗秀出非塵中之偶因詰其所來乃故人之女也遂以行橐求良謹者嫁之是歳由此罷舉又嘗於旅邸床下獲金釵一束且百隻意所遺者必復來求之向晚果二人至見道但嗟惋而已道詰之具言其所遺如道所獲遂盡以付之其

人驚喜請留三之一以爲謝道固拒之而去

丁謂既竄朱崖路由湘潭佛寺飯僧爲文以自敘其略曰補仲山之袞雖盡巧心和傅說之羹難調衆口既至貶所教民陶瓦先爲公宇次營所居之第爲小樓日遊其上閱書焚香怡然以自得後將有衡陽之命諫官劉隨上言曰彼擅移於陵域將不利於嗣君合取頭顱置之郊廟遂中上

王旦在中書祥符末大旱一日自中書還第路由潘氏旗亭有狂生號王行者在其上指旦大呼曰百姓困旱焦勞極矣相公端受重祿心得安邪遂以所持經擲旦正中于首左右擒之將送京尹旦遽曰言中吾過彼何罪哉乃命釋之

寇準初爲密學方年少得意偶撰江南曲云江南春盡離腸斷蘋滿汀洲人未歸又云日暮江南一望時愁情不斷如春水意皆悽惋末年果南遷

种放以諫議大夫還山　眞宗命宴餞於龍圖閣羣臣賦詩以贈行杜鎬學士獨跪上前誦北山移文音句鏗越一坐盡傾上尤善之

徐鉉爲散騎常侍　太宗謂曰官家之稱其義安在鉉曰三皇官天下五帝家天下蓋皇帝之謂也淳化中上苑象斃　太宗命使宣問鉉鉉對曰請於前左足求之果得以進詔復詢之鉉曰象膽隨四時在足今方二月臣故知耳初自南唐入京市宅以歲餘見宅主貧困之甚因召而謂曰得非售宅虧直而致是耶予近撰碑獲潤筆二百千可賞爾矣宅主固辭不獲亟命左右輦以付之後黜邠州年七十手不釋卷常親寫許愼說文一部謹細無誤一日櫛罷命紙大書曰道者天地毋投筆而絕

賀蘭歸眞有奇志異術隱居嵩山景德中　眞宗朝陵因訪異人左右以歸眞聞乃召對問曰知卿有點化之術可以言之歸眞奏曰臣請言帝王點化之術願以堯舜之道點化天下可致太平惟陛下用之

盧多遜既卒許歸葬其子察護喪權厝襄陽佛寺將易以巨櫬乃啓其屍不壞儼然如生遂逐時易衣至祥符中猶然

王欽若毋賓古同倅三司一日賓古曰天下宿逋之財自五代迄今理督未已亡族破家疵民大矣俟啓而蠲之欽若即命吏理其數翌日上奏　眞宗大驚曰先帝豈不知耶欽若曰先帝非不審其弊蓋與陛下收天下心　眞宗霑泣久之遽詔有司俾盡釋焉欽若自此宸眷之厚

張詠鎭永興有父老訴牛舌爲人所割詠詰之爾於鄰仵誰氏最隙訴者曰有甲氏嘗貸粟於其家不遂構怨之深詠遽遣去戒云至家徑解其牛貨之父老如教翌日有百姓訴殺牛者詠謂之曰爾割其氏牛舌以償貸粟之怨而反致訟耶其人遂伏罪而謂神明焉

寇準掾雷康丁謂謫朱崖將假路於雷康準聞之寘遂誠寃於謂令謂窮來而吾僕有剛者必將致仇當爲防之於是聚令博易亦閱之詰旦聞夜三更謂往矣乃令散

李宗諤以京秩帶館職不預賞花釣魚故事賦詩戴了宮花賦了詩不容重見赭黃衣無憀獨出金門去恰似當年不第歸　太宗覽之大喜特詔預宴即日改官

祥符中天書降羣臣稱賀魯宗道上疏略曰天道福善禍淫不言示化人君政得其理則作佑以垂報治乖於上則出異以警戒又何書哉臣恐姦臣肆其誕妄妖惑上聽　眞宗雖不開納然甚奇之

查道性淳古早寓常州琅山寺躬事薪水以給衆常衣巨衲不復洗濯以育蚤虱晚年待制龍圖閣朝列伏其重德咸謂之查長老

丁謂爲侍中嘗賦詩云千金家累非良寶一品高官是強名未幾而籍没資産削免官爵果符言志也

其中書時揔領山陵事李維在翰林將授其親職爲挽郎懇請於謂曰更在陶鑄謂應聲曰陶鑄復陶鑄齋郎又挽郎維對曰自然堪淚下何必更殘陽未幾而謂敗至朱崖撰詩賦文論數十篇號知命集其詩有草解忘憂憂底事花能含笑笑何人之句

國老談苑卷第二終

晁氏客語

古之學者爲己今之學者爲人與叔云古意於德行而無意於功名今之學者有意未純於德行至其下則又爲利而學也一日克己復禮天下歸仁焉只就性上看

顔淵問仁孔子告之以禮仁與禮果異乎

陳平令周勃先入北軍亦不是推讓功能底人只是占便宜令周勃先試難也

人臣事君當以王陵爲正

學者有益須是日新

人受天地之中以生當與天地齊畢天地未嘗老而人自老觀今人之自老又不及古人其所以殘生傷性固不一且以人事之節論之古人十五成童二十弱冠三十壯有室四十強而仕今人未成童已冠未三十已娶未四十已仕所以爲自老

魯平公欲見孟子而不命駕之所之及臧倉請而後命是平公恐嬖人之惑而不得見孟子未有所爲觀其意已賢矣或謂其無斷不忍違嬖人之意是責之終無已也不明於始必不能善其終近習之難明唐之文宗去平公遠甚是皆可哀者也

人之所夸與所仰慕皆不出本等唐杜牧詒僧僧不識人言其名亦不省故詩云家住城南杜曲傍兩枝仙桂一時芳山僧都不知名姓始覺空門興味長因爲之語云毁譽但能驕本等利害但能動適用

王荆公教元澤求門賓須博學善士或謂發蒙恐不必然公曰先入者爲之主予由是悟未嘗講學改易者幼年先入者也

韓魏公門人有擊闌夜出者閽吏不得其賂詰旦以鏁損許於公公曰鏁不堪用付市買修來

凡財用於國則奢於家則儉人之病也識者謂韓魏公用家資如國用謂不吝也曾魯公惜官物如己物謂誠儉也

王荆公著書立言必以堯舜三代爲則而東坡所言但較量漢唐而已觀其所爲又全不相似

名利皆不可好也然好名者比之好利者差勝好名則有所不爲好利則無所不爲也

張乖崖戲語云功業向上攀官職直下覷似爲專意於卜數者言也

或言章子厚在政府之日久而親族無一人歷清要者一宗室曰何足道者前輩往往如是

有志於道德功名不足論也有志於功名富貴不足論也有志於富貴則其與功名背馳亦遠矣

書有意異而語相似者有意相似而語異者如樂而不淫哀而不傷語相似而意異者也足食足兵民信之矣語異而意同者也

王平甫謂荆公長於議古而短於議今工於知己而拙於知人范堯夫謂識君子而不識小人或問其故曰小人意智不可無但不使爾少年

嘗有文投文正文正旣愛且歎堯夫問之文正曰此人不宜早達是把孟子做不識字人看底人

鄒至完云以愛已之心愛人則仁不可勝用矣以惡人之心惡已則義不可勝用矣

陳襄述古云人之所學不可爲人所容爲人所容則下矣

徐仲車云做仁且做仁未到得能反處仁到盡處然後可以言能反

游定夫云血氣之剛能得幾時

楊中立云人要爲善須先明善始得

陳幷巨中勸學文云凡不可與父兄師友道者不可爲也凡不可與父兄師友爲者不可道也

哲廟時劉器之論宮人除邪或云九重之中安有邪物荅云心乎不得其正邪物得而窺之何間九重

呂原明元祐間侍講大雪不罷講講孟子有感 哲廟一笑喜爲二絶云水晶宮殿玉花零點綴宮槐卧素屛特勑下簾延墨客不因風雪廢談經其二曰強記師承道古先無窮新意出陳編一言有補天顏動全勝三軍賀凱還

原明初作侍講劄子陳所學略云人君之學不在於徧讀雜書多知小事在於正心誠意少私寡欲

石子殖說呂申公因 哲宗賜御筆白樂天詩與二蘇及進詩表謝申公遂集古經句作一冊進云比似寫唐人無益詩不如寫聖人語曰君子作事婉而成章詩也須進但中間有説爾此恐非申公所爲（謝云晦叔）（初召來進君道十篇在賜詩前）

范堯夫上章言事未報有見之者曰聞相公自上章後已備遠行非他人所能及堯夫曰不然其所言幸主上聽而行之豈敢爲難行之說以要譽焉

至完雖遇冗劇事處之常優游因論易曰常雜而不厭若雜而厭非所以爲常

韓治與同僚處一日有卒悍厲衆皆怒之唯韓不顧凝如平時徐言曰無忿疾于頑惟頑能致人忿故也人謂其有家學蓋魏公之後

許沖元曽因故云嘗與其不足者於差除每用心或曰何也曰防其不肖之心生

釋氏謂火行爲變化性如甘草遇火則熱油麻入火則冷甘蔗煎爲沙糖則熱水成湯則冷

陰符經謂禽之制在氣王起云玄龜食蟒飛鼠斷猿狼蝨噉鶴青要食虎此皆以小制大言在氣不在形也

非其道非其義則一介不可以取與如其義如其道故舜受堯之天下不以爲泰取與之大小皆所不論

范文正作守歲荒且疫作公興徭役以勞之曰在民得食其力又使人氣血運動豈類東山之遊

雄雉刺軍旅數起大夫久役男女怨曠故詩云道之云遠曷云能來恐只是男女怨曠之言非宣公遠於道故不能懷來也觀書不可著其言語當以意逆志如孔子於鴟鴞徹彼桑土綢繆牖戶乃得國家閒暇

明其政刑之意子貢問巧笑倩兮美目盼兮素以爲絢兮孔子乃荅以繪事後素子貢乃曰禮後乎又曷嘗著其言語

無爲爲道有爲爲事是道常無用也

伯夷非君不事非民不使思與鄉人處如以朝衣朝冠坐於塗炭疑乎隘也然不念舊惡此所以爲伯夷

柳下惠不羞汙君不卑小官雖袒裼裸裎不以爲浼然不以三公易其介此所以爲下惠

趙括言兵事父不能難然不謂善而卒知其敗阮瞻執無鬼論鬼爲之屈至變異形以信之事固有其理昭然而横辯之勝不可折者人皆以辯勝者爲然未易論知言也

呂正叔十八歳已能看春秋人問之曰以經按傳之眞僞以傳質經之是非

顔淵問爲邦孔子荅以文質之中是非之公齊地有虫類蚯蚓大者人謂之曰巨白善擘地以行呼之聲訛也孟子所謂吾必以仲子爲巨擘者即蚯蚓之大者也蓋前嘗謂蚓而後充其操注以爲大指非也

今之與楊墨辨者如追放豚既入其笠又從而招之説者以爲笠欄也非也香白芷之類異名豚之所甘既放之得所又召之非善防邪説者也

致遠謂范宏甫知幾不必在於事聲音貌象便須知因舉易上交不諂下交不瀆范云不獨在己當知之受人之諂瀆尤當知

古人顧是非不論利害顧利害者古人所恥今人并利害亦不顧責名不責實者古人所恥今人名亦不責

善者人皆知可欲然必有諸己斯信有諸己矣然後充實輝光大而化聖而不可知用功處秖在有諸己

聞伯夷之風者頑夫廉懦夫有立志百世之下聞者莫不興起聞伯夷之風者猶如此子貢游夫子之門而貨殖何也中立曰久長難得人

出門如見大賓使民如承大祭未出門未使民時當如何中立曰對境不動難

原明荅問秀老云譽之者過其實毀之者失其眞要之亦法門之猛將也

原明荅佛儒之問吾儒事是人可做得佛家事只可自做不可教人做

原明謂六經藥方也史傳是人之服藥之効也

韓師朴拜相誥詞云使天下皆知忠獻之有子則朕亦可謂得人

蒲傳正因鄆州梁山賊事責詞云汝不以龔黄爲心朕獨不媿孝宣之用人乎

上知後苑作使過太府寺錢六十餘萬詔令非特旨不得於諸處借支一中官挾周禮進指膳夫内府之類惟王及后不會然之遂罷

上書鄭谷雪詩爲扇賜禁近亂飄僧舍茶煙濕改云輕飄僧舍茶煙濕云禁中諱危亂傾覆字宫中皆不

敢道着

胡學士宗回率常人四千緡以賻至亨劉安上决舟子參至亨者

荆公凡處事必要經據托人賣金零賣了銖兩不足甚怒元澤云銖銖而較之至兩必差遂解

荆公論黄河冰牌常打損汴口云何不用閘客云黄河水非他處比擬冰下水流積疊而起閘無濟於事不能答云云

新法戸主死本房無子孫雖生前與他房弟姪並没官女戸只得五百貫鄧綰爭之荆公不從曰賢且道利國好利民好鄧歸謂其子云云

司馬温公作相以李公擇爲戸部公擇文士少吏才人多訝之公曰方天下意朝廷急於利舉此人爲戸部使天下知朝廷之意且息貪吏望風掊刻之心也

一切世間君子小人好惡不當若要一時周遍冠昏喪祭往還飲食之禮一一過當周至時費盡一生心力只得人道是箇好周至人然又不能使君子小人皆喜所謂外慕也只有一箇誠意千古萬令使不盡

君子所以不言人之過者何也未說口不臧否人也未說先自治而後人也秖是自治爲急常恐自家身心錯了念念在此何暇管他别人夫子曰夫我則不暇善人不善人之師不善人善人之資三人行擇其善者而從之其不善者而改之亦默識得心而已又何須只管說然說人善猶可諷諭說人不善又一等小人未必不知學做人過必不善才言人過便自家已有些忿心若說人好則不好者自然分明不消說然既說這箇好那箇必不好又不如都不說更好勸人不可指其過須先美其長人喜則語言易入怒則語言難入怒勝私故也佛氏說喜一障礙怒十障礙

昔人自廉數貪今人自貪數廉

止罵所以助罵助罵所以止罵也

荆公謂吕晦叔曰漢元晚節劉向數上疏切諫疑犯分也晦叔曰有貴戚之卿

荆公論舜納于大麓何義晦叔曰薦之於天周室班爵禄諸侯惡其害己也而皆去其籍故司禄之官闕焉

子産惠人也云唯有德者能以寬服人其次莫如猛善自修其短也

狄仁傑一言而全人之社稷潁考叔一言而全人之母子晏子一言而省刑

韓文公詩號狀體謂鋪敘而無含畜也若雖近不褻狎雖遠不背矣該於理多矣

造意者常居尊與貴作事者常居卑與賤造意速作事遲以事之遲副意之速常不及故在上者不可以意之速責事之遲

梅聖俞作試官日登望有春色題於壁云不上樓來今幾日滿城多少柳絲黄惟歐公一見賞之以爲非聖俞不能韓持國酷愛韋蘇州詩如贈孔先生詩云

鳥啼春意闌林鶯夏陰早與蘇州詩云綠陰生晝寂孤花表春餘相類

元厚之許沖元同得郡沖元表云職由罪廢姑去近司命自恩遷更叨便郡

造玉清昭應宮牒州郡供木丁晉公自作公文云不得將皮補曲削凸見心

梅聖俞舟中送人詩云只恐夜冰合爲君愁曉寒荊公送人詩只應今夜月未便照相思荊公詩有惜別意

蔡君謨知開封府事日不下數千每有日限事揀三兩件記之至其日問人不測如神

易動而無形者驚也過則虛矣寵辱如之故曰寵辱若驚

有微情者如一件事說輕重便別

人心動時言語相感

言順而理不可屈

君之視臣如土芥則臣視君如國人此爲君而言也非爲臣者所以責君父子之間不責善此爲父而言也非爲子者所以責父

陶朱公之遺子不從父言而子死郭汾陽得盧杞子用父之言而能全

馮道功高而名節非也當以管仲爲比曰管仲之器小哉微管仲吾其被髮左衽

唯口起羞唯甲冑起戎唯衣裳在笥唯干戈省厥躬慎發也有發則命大司徒教以車甲塗有餓殍而不知發魯公墓銘有云西方有興之句蓋取於此興戎興兵人常語也

張良致四皓以正太子分明是決然之策乃曰亦一助也

張良以五世事韓爲報仇故使高祖以伐項羽非高祖用張良張良用高祖也

范增史所載者只有勸項羽誅沛公一事然沛公終不可誅縱使誅了沛公有天下亦隨而失之蓋三代之得天下也以仁其失天下也以不仁秦失天下以逆天理背人情也沛公所爲皆循天理順人情而羽反此以取天下則范增之勸亦非當也盍亦反其本矣

醯醢百甕王齋日三舉皆護意根也

尋常心氣如入官印了疑未入又復看本老云做官放子細何妨

管仲曾西之所不爲可以觀志若功業則別論說大人則藐之與我得志弗爲也事甚淺近孟子所以言者恐與淺近者言

文中子心迹之說或云心不欲如此而迹不得已如此心欲如此而迹固不如此心迹可以判矣致遠云恐此僞也非心迹之眞判子中云心迹固有判文中子不當自謂也

游定夫問程伊川陰陽不測之謂神伊川云賢是疑了問揀難底問

豐相之持定幾叟兄弟見之下皆未畢進揖未荅下畢到尋常揖處方荅

程明道發語皆可録受知　神廟神廟問張載邢恕所學奏云張載臣所畏邢恕從臣游

伊川云意從心從音猶擊鼓也音不離鼓出於鼓也意不離心巳是心之發處

張子正蒙云冰之融結海不得而與焉伊川改爲不得而有焉

伊川謂明道曰吾兄弟近日說話太多明道曰使見呂晦叔則不得不少見司馬君實則不得不多十月二十四日降聖節起於仁廟朝

任理而不任情者魏公能之又識事之機會臨薨謂永叔曰凡處事但自家踏得田地穩一任閑言語

罪謂之業蓋人之所爲未免於罪也易吉凶與民同患未能無利害吉凶也易之吉者未至於無悔言無悔者六而巳

唐書不書詔列姦臣於夷狄後

孫莘老云杜甫如日長唯鳥雀春暖獨柴荊言亂離有深意也得風雅體草黄騏驥病沙晚鶺鴒寒謂禄薄君子不得志世亂兄弟不相見叢篁低地碧高柳半天青謂君子失時小人得志也返照入江飜石壁歸雲擁樹失山村老樹飽經霜梅杏半傳黄腰中一字最工荒庭垂橘柚古屋畫龍蛇甫因見此而有感也蓋橘柚錫貢龍蛇皆禹之事也六花却在御榻上榻上庭前屹相向至尊含笑催賜金圍人太僕皆惆悵謂小人乘君子之器圍人太僕養馬者不得賜而爲假馬者得故惆悵也贈竇侍御詩云與奴白飯馬青芻詩白駒去生芻一束其人如玉又云言刈其蔞言秣其駒敬其奴馬如此則敬主人可知

徐仲車言退之拘幽操爲文王羑里作乃名臣罪當誅兮天王聖明此可謂知文王之用心矣凱風七子之母猶不能安其室而云母氏聖善我無令人重自責也

神廟愛功業頻看鏡行藏獨倚樓之句以謂非詩人所及

神廟謂劉巨濟曰作詩者序與意俱盡故云故作是

詩意巳盡而語未絶故云而作是詩

神廟問陸農師疏布以冪八尊畫布以冪六彝何以別疏布對云疏取其氣達非密布也何洵直云疏勺可以不容乎

元祐間議祫祭子瞻云何以明之詩云昊天有成命郊祀天地也劉器之云不然此一篇祀天亦用祀地亦用至如潛季冬薦魚春薦鮪豈一時

弗損所以益之深甫云弗過必有以防之謂弗過爲防非也家人嗃嗃父子嘻嘻先儒謂嘻笑不嚴故失家節深甫云重剛之卦自無嘻笑之理嘻嘻吁皆難意也

射人先射馬擒冦先擒王用兵之法也

道非忽遽可言坐而論道則神閑意定右五段張

凡世間一切好惡甘苦事把來做喫飯著衣安排本分合做看便無事稍有厭惡心更無是處

一切有爲法眞如性上顯現種種差別境界違順美惡皆是一體改頭換面了出來學者如今無可添只有可減減得盡便無事

子中云知道易勿言難知道而言之尚與道爲二不言則與之爲一矣幾叟云有勿言心去道愈遠矣論理論己之所當爲須從根本論論事論古人之所爲須就事勢上論

爲所不爲欲所不欲者衆人也無爲其所不爲能正其行而已無欲其所不欲則又能正其心者也如斯而后可矣

張子厚送人詩云十載相從應學得怕人知事莫萌心鄒至完誦之或謂程公闢所作刻于石

詩如葛覃螽斯序似有應是德爲后妃之德非謂文王后妃也

有諸中必施於事乃爲善誠甫曰君子存其在我者物來斯應何必尋事做存其在我應物而未嘗誤乃爲善也

揚雄不識聖人操則存舍則亡能常操而存者其唯聖人乎邵伯温曰此修爲事入道之門也若曰聖人之徒則可若以此爲聖人則從容中道不勉而中不思而得爲何人耶仲尼多愛愛義子長多愛愛奇何軻也曰孟軻也若荆軻君子盜諸幾叟曰其不類每如此

子中曰問所不問辯所不辯如問鑄金皆無理德稱曰學行之上也言之次也教人又其次也既不能行又不能言何以教人蓋學不厭故能教不倦

農師上殿　神廟問洛河何以不凍奏云臣聞之有礐石焉礐石之力比鍾乳十倍

王沂公筆録云五代以前宰相奏事罷賜茶方退范魯公質王宮傅二人前朝舊臣始具劄奏事不賜茶

西方興師歳用六百萬人命在外以此知富公以十萬和親於北爲利不細深甫云

好作爲者多計慮而久諳歷者若無謀知艱難者必辨微而漫不省事者能耳順

致一所當一注云致一似迷其實非迷理須頓悟事須積習

陳常弑其君魯君如何討告於天王斯可矣不然是以燕伐燕也文帝殺薄昭太后不食如何天下重余云道二義命而已義之盡斯可以言命矣

潘允行詞云敢於移檄之文犯我祖宗之諱改云乃於移文犯吾國諱張天覺改云乃於文移有失恭愼

邵堯夫墓誌後題云前葬之月河南尹賈昌衡言於朝旣刻石詔至以著作佐郎告先生第賻粟帛熙寧丁巳歳也

曲禮曰毋不敬毋不敬則焉有傲欲傲不可長欲不

可從疑注疏之言非經也

吳起說魏武侯罷兵服莊周說劒而衣短後之衣孟子說齊王而言公劉好貨太王好色皆因其所好而化之巽而入之善誘人也

淵明如歷覽千載書時時見遺烈高操非所攀深得固窮節不與物競不強所不能自然守節

蔡君謨守福州上元日令民間一家點燈七盞陳烈作大燈長丈餘大書云富家一盞燈太倉一粒粟貧家一盞燈父子相對哭風流太守知不知猶恨笙歌無妙曲君謨見之還輿罷燈

劉輝堯舜性仁賦靜以延年獨高五帝之壽動而有勇形爲四罪之誅人往往疑仁者靜仁者壽仁者必有勇皆有出處獨動字不工深推動靜二字使性字故事蓋人生而靜天之性也感物而動性之欲也

中立云范文正有言作官公罪不可無私罪不可有

林述中云范堯夫有言公事膽大私事膽小又言一部律中四字可盡所謂罪疑惟輕林述中說五代時有一人嘗讀書但記兩句云豹死留皮人死留名每遇事輒舉此爲誡後爲忠義第一

王玠玉密人頃嘗道傍食有一老人進言飲食須用煖蓋脾喜溫不可以冷熱犯之唯煖則冷熱之物至脾皆溫矣又因論飲食大冷熱皆傷陰陽之和

周吉甫天祐饒人云昔有人官廣南常疑家人食生冷物致瘴癘乃於廳前置一釜每買物必熟之而後遣入以故終任全家無得疾者子正愛善衛生者不以脾胃煖冷物熟生物不以元氣佐喜怒

周天祐言冬至夜子時梳頭一千二百以贊陽出滯使五藏之氣終歲流通謂之神仙洗頭法

昔誌公見梁武語道欲堅帝心乃請出死囚持杯水驗之帝如其言召囚應死者二十輩于庭各置水滿器令頂之周行庭下戒之曰水不溢貸爾之死於是作樂諠之久之杯水如故乃問之曰若聞樂作乎皆曰不聞也誌公曰彼畏死故唯知水椀不聞樂聲也今陛下閑時亦好如此莫待急時

潘渭老云學道須要心與性合心本是動一向逐心去即忘本性性本是靜一向守性則廢遇唯心與性合則動中靜湛靜中明覺又云學道人須於動中求靜又不可爲動所移動失於流靜失於迷然動中之惑卒難覺省也其敬也似怒其喜也似佞

出無謂之言行不必爲之事不如其已

以簡傲爲高以諂諛爲禮以刻薄爲聰明以闒茸爲寬大胥失之矣

越人按圖而言燕遇燕人則北矣豈若知燕而不言者耶讀崔氏珎庖而謂能精於飲饌豈若調和適口習熟自然應法問其法則不能言者耶

晁太傅迥謝事燕居獨處道院不治他務戒家人無輒有請惟二饍以時而進既畢即徹若祭享然子宗慤擢正字易章服詣謝公亦不顧其夫人嘗密覘之

但見瞑目端坐鬚髮搖風凝然若木偶嘗有詩云鍊鑛成金得珪珎鍊情成性合天眞相逢此理交談者千百人中無一人

呂與叔蔭官不應舉或問其故曰不敢揜祖宗之德

張思叔云荆公虎圖詩固好然只是一箇似在杜子美一句道了青松障子詩云憑軒忽若無丹青是也

杜安世詞云燒殘絳䗶淚成痕街鼓報黃昏或譏其黃昏未到得燒殘絳䗶或云荆公尊人作曾有人以此問之荅曰重簷邃屋簾幕蔽擁不到黃昏巳可以然燭矣 此詞乃荆公尊人作韓魏公嘗以此賞杜杜云乃王某作荆公時在座間語離席

富人有子不自乳而使人棄其子而乳之貧人有子

不得自乳而棄之乳他人之子富人懶行而使人肩輿貧人不得不行而又肩輿人是皆習以爲常而不察者也天下事習以爲常而不察者推此亦多矣而人不以爲異悲夫

問世間名相事理如何得通解云但得本莫求末賢來問却是甚知若自有知却更問甚夫子常似怕人也似人罵也不動打也不動好怯怯地不如人

庚申甲子日三更一點氣交至四更方至定 右四段劉快活

望杏而耕以杏爲候也或改爲幸

水土二行各兼信智

呼妻父爲泰山一説云泰山有丈人峰一説云開元十三年封禪于泰山三公以下例遷一階張説爲封壇使説壻鄭鎰以故自九品驟遷至五品兼賜緋因大酺宴明皇訝問之無可對伶人黃幡綽奏曰此泰山之力也今人乃呼岳翁又有呼妻母爲泰水呼伯叔丈人爲列岳謬誤愈甚

即眞二字今人多以爲常談非也班固敘傳所載彪對隗囂之問指王莽曰傾擅朝廷能竊位號是以即眞之後天下莫不引領

凡人所爲孰不欲是吝於改過者必曲説粉飾所爲以爲是是謂自謾古之所謂自欺者

子房勸帝王韓信而後禽之將欲奪而固與之意

神廟時一監司登對上問麥價不知對曰臣於職事非不盡心偶不知麥價他日擇按察上問曰向時不

知麥價者爲誰宰執請其故上曰朕欲知四方利病須忠信人如麥價撰一箇有甚不得 李及

趙清獻不高聲文潞公未得力用垂崖食時魚是皆下工夫爲學者也

神廟時一選人以貴援得京削十二紙引見之日神考云有舉狀十二紙是甚人特與改次等官 壽朋

師朴入寺歸魏公問所買之物云千三魏公責之曰此俚巷之談非對尊長辭何不云一貫三百 述志

李師中送唐介詩有去國一身輕似葉高名千古重於山又有送詩云好斬佞人頭上血來充行客酒中杯筆老人云不若荆公詩衰俗易高名巳振險塗難盡學須強

荆公與魏公議事不合曰如此則是俗吏所爲魏公曰公不相知某眞一俗吏也使爾多財吾爲爾宰共財最是難事

神廟謂張良聖人也智足以取天下而不取無意於天下也爲漢立社稷而從赤松子游能忘天下也

五代郭崇韜既貴而祀子儀爲遠祖本朝狄青人勸尊梁公辭曰予鄙人豈可以聲迹汙梁公

壽禪師日行一百二十事本老行三之一或問不亦勞乎荅云善念熟

問佛住世救一切衆生何於喂鷹飼虎而喪其生不計輕重也荅云慈悲心勝一念既發不暇卹其他

張乖崖詩云兒童不慣錦衣榮故我歸來夾路迎不免舊溪高士笑天眞喪盡得虛名一同人居太學和其韻云四牕滅盡讀書燈牕外唯聞步鐸聲辜負江山好明月閑來此地趂虛名因拂袖而去

子厚與其叔安仁令書云弊政之後諒煩整葺寬而不弛猛而不殘待寄居游士以禮而不與之交私一切守法於人情從容此亦吾叔所能辦也

范堯夫嘗謂人作貴官只將如奉使借官看便無事

呂許公常以澶淵之役問後進荅無契者或云此役非悉甲以出不能決勝方本朝得天下四十年誰敢當其任者非親征不可

大司徒以保息養萬民六曰安富抑兼并

有道潛道少時嘗見温公論性善惡混潛道極言之温公作色曰顔狀未離於嬰孩高談已至於性命伊川笑之又問莫鑠應否對云某之應舉得禄而已（暢第五甲舊法無出身）

李曰不欺之謂誠暢曰便以不欺爲誠非也徐仲車云不息之謂誠中庸言至誠則不息非以不息解誠也伊川曰無妄之謂誠不偏之謂中

以有心息念則愈紛擾一寓諸敬則俱無事

慮而後能得得者對失之名人爲利欲沉湎若失之者學者能慮而得之然所謂得亦何所得哉（並暢）

擇之謂事常怕有偏重處須用權以得中故廟堂之上論以持衡物來能應事至能名聖人能之吾輩須放過了應（定夫謂次山云）

大學曰物有本末事有終始知所先後則近道矣人之學莫大於本末終始致知在格物則所謂本也始也治天下國家則所謂末也終也治天下國家必本諸身其身不正而能治天下國家者無之格猶窮也物猶理也猶曰窮其理而已也窮其理然後足以致之不窮則不能致也格物者適道之始欲思格物則固已近道矣是何也以收其心而不放致知者吾之所固有然不致則不能得之而致知必有道故曰致知在格物大學論意誠已下皆窮其意而明之獨格物則曰物格而後知至此蓋可以意得而不可以言傳也自格物而充之然後可以至聖人不知格物而先欲意誠心正身修者未有能中於理者致知在格物

非由外鑠我也我固有之也因物有遷迷而不知則天理滅矣故聖人欲格之

隨事觀理而天下之理得矣天下之理得則然後可以至於聖人君子之學將以反躬而已矣反躬在致知致知在格物

學莫貴於自得得非外也故曰自得

學莫大於平心平莫大於正正莫大於誠君子之學在於意必固我既亡之後而復於喜怒哀樂未發之前則學之至也

心至重雞犬至輕雞犬放則知求之心放則不知求豈愛其至輕而忘其至重哉弗思而已矣今世之人樂其所不當樂不樂其所當樂慕其所不當慕不慕其所當慕皆由不思輕重之分也

顔淵歎孔子曰仰之彌高鑽之彌堅瞻之在前忽然在後夫子循循然善誘人博我以文約我以禮欲罷不能既竭吾才如有所立卓爾雖欲從之末由也已此顔子所以善學孔子而深知孔子者也

有學不至而言至者循其言亦可以入道荀子曰眞積力久則入杜預曰優而柔之使自求之饜而飫之使自趨之管子曰思之思之又重思之思之而不通鬼神將通之非鬼神之力也精神之極也此三者循其言皆可以入道而荀子管子杜預初不能及此

自其外者學之而得於內者謂之明自其內者得之而兼於外者謂之誠誠與明一也

聞見之知非德性之知物交物則知之非內也今之所謂博聞多能者是也德性之知不假聞見

君子不以天下爲重而身爲輕亦不以身爲重而天下爲輕凡盡其所當爲者如可以仕則仕入則孝之類是也此孔子之道蔽焉而有執者楊墨之道也

能盡飲食言語之道則可以盡去就之道能盡去就之道則可以盡死生之道飲食言語去就死生小大之勢一也故君子之學自微而顯自小而章

易曰閑邪存其誠閑邪則誠自存而閑其邪者乃在於言語飲食進退與人交接之際而已矣

人皆可以至聖人而君子之學必至於聖人而後已不至於聖人而後已者皆自棄也孝其所當孝弟其所當弟自是而推之則亦聖人而已矣

多權者害誠好功者害義取名者賊心

君貴明不貴察臣貴正不貴權

稱性之善謂之道道與性一也以性之善如此故謂之性善性之本謂之命性之自然者謂之天自性之有形者謂之心自性之有動者謂之情凡此數者皆一也聖人因事以制名故不同若此而後之學者隨文析義求奇異之說而去聖人之意矣自性而行皆善也聖人因其善也則爲仁義禮智信以名之以其施之不同也故爲五者以別之合而言之皆道也別而言之亦皆道也舍此而行是悖其道也而世人皆言性也與五者異其亦學歟其亦未體其性也歟其

亦不知道之所存歟

道孰爲大性爲大千里之遠數千歲之日其所動靜起居隨若亡矣然時而思之則千里之遠在於目前數千歲之久無異數日人之性則亦大矣噫人之自小者可哀也已人之性一也而世之人皆曰吾何能爲聖人是不自信也其亦不察乎

自得者所守固而自信者所行不疑

學貴信信在誠誠則信矣信則誠矣不信不立不誠不行

或曰周公勳業人不可爲也曰不然聖人之所爲人之所當爲也盡其所當爲則吾之勳業亦周公之勳業也凡人之弗能爲者聖人弗爲

君子之學要其所歸而已矣

民可明也不可愚也民可教也不可威也民可順也不可治也民可使也不可欺也

孔子曰棖也慾焉得剛甚矣慾之害人也人之爲不善慾誘之也誘之而弗知則至於天理滅而不知反故目則慾色耳則慾聲以至鼻則慾香口則慾味體則慾安此皆有以使之也然則何以窒其慾曰思而已矣學莫貴於思唯思爲能窒慾曾子之三省窒慾之道也好勝者滅理肆慾者亂常

可以仕則仕可以止則止可以久則久可以速則速此皆時也未嘗不合中故曰君子而時中

喜怒哀樂之未發謂之中中也者言寂然不動者故曰天下之大本發而皆中節謂之和和也者言感而遂通者也故曰天下之達道學也者使人求於內也不求於內而求於外非聖人之學也何謂不求於內而求於外以文爲主者是也學也者使人求於本也不求於本而求於末非聖人之學也何謂不求於本而求於末考詳略採同異者是也是二者皆無益於身君子弗學

墨子之德至矣而君子弗學也以其舍正道而之他也相如太史遷之才至矣而君子弗貴也以其所謂學者非學也

莊子叛聖人者也而世之人皆曰矯時之弊矯時之弊固若是乎伯夷下惠矯時之弊者也其有異於聖人乎抑無異乎莊周老聃其與伯夷柳下惠類乎不類乎子夏曰雖小道必有可觀者焉致遠恐泥子曰攻乎異端斯害也已此言異端有可取而非道之正也

君子以識爲本行次之今有人焉力能行之而識不足以知之則有異端者出彼將流宕而不知反內不知好惡外不知是非雖有尾生之信曾參之孝吾弗貴矣學莫貴於知言道莫貴於識時事莫貴於知要所聞者所見者外也不可以動吾心

孟子曰其爲氣也至大至剛以直養而無害此蓋言浩然之氣至大至剛且直也能養之則無害矣

伊尹之耕於有莘傅說之築於傅嵓天下之事非一

一而學之天下之賢才非一一而知之明其在己而已矣君子不欲才過德不欲名過實不欲文過質才過德者不祥名過實者有殃文過質者人莫與長

或問顏子在陋巷而不改其樂與貧賤而在陋巷者何以異乎曰貧賤而在陋巷者處富貴則失乎本心顏子在陋巷猶是處富貴猶是

通乎晝夜之道而知晝夜死生之道也

知生之道則知死之道盡事人之道則盡事鬼之道死生人鬼一而二二而一者也

孔子曰有德者必有言何也和順積於中英華發於外也故言則成文動則成章

學不貴博貴於正而已矣言不貴多貴於當而已矣

政不貴詳貴於順而已矣

意必固我既亡之後必有事焉此學者所宜盡心也

夜氣之所存者良知也良能也苟擴而充之化晝之所害為夜氣之所存則然後可以至於聖人

孟子曰盡其心者知其性也知其性則知天矣心也性也天也非有異也人皆有是道唯君子為能體而用之不能體用之者皆自棄也故孟子曰苟能充之足以保四海苟不充之不足以事父母夫充與不充皆在我而已德盛者物不能擾而形不能病以物不能擾也故善學者臨死生而色不變疾痛慘慼而心不動由養之有素也非一朝一夕之力也心之躁者不熱而煩不寒而慄無所惡而怒無所悅而喜無所取而起故君子莫大於正其氣欲正其氣莫若正其志其志既正則雖熱不煩雖寒不慄無所怒無所取無所喜去就猶是死生猶是夫是之謂不動心志順者氣不逆氣順志將自正志順而氣正浩然之氣也然則養浩然之氣也乃在於持其志無暴其氣耳

中庸曰道不可須臾離也可離非道也又曰道不遠人此特聖人為始學者言之耳論其極豈有可離與不可離而遠與近之說哉

學為易知之為難知之非難也體而得之為難致曲者就其曲而致之也

人人有貴於己者此其所以人皆可以為堯舜學者當以論語孟子為本論語孟子既治則六經可不治

而明矣讀書者當觀聖人所以作經之意與聖人所以用心與聖人所以至聖人而吾之所以未至者所以未得者句句而求之晝誦而味之中夜而思之平其心易其氣闕其疑則聖人之意見矣

人之生也小則好馳騁弋獵大則好建功立名此皆血氣之盛使之然耳故其衰也則有易足之色其病也則有可憐之言夫人之性至大矣而為形氣之所役使而不自知哀哉

吾未見嗇於財而能為善者也吾未見不誠而能為善者也

君子之學也使先知覺後知使先覺覺後覺而老子以為非以明民將以愚之其亦自賊其性歟

有求爲聖人之志則然後可與共學能學而善思然後可與適道思而有所得則可與立立而化之則可與權

非禮勿視非禮勿聽非禮勿言非禮勿動視聽言動一於禮之謂仁仁之與禮非有異也

孔子告仲弓曰出門如見大賓使民如承大祭己所不欲勿施於人夫君子能如是用心能如是存心則惡有不仁者其本可以一言而蔽之曰思無邪

無好學之志則雖有聖人復出亦無益矣然聖人在而民多善者以涵泳其教化深且遠也習聞之久也

禮記除中庸大學唯樂記爲最近道學者深思自求之禮記之表記其亦近道矣乎其言正

學者必求其師記問文章不足以爲人師以所學者外也故求師不可不眘所謂師者何也曰理也義也

少成若天性習貫成自然雖聖人復出不易此言孔子曰性相近也習相遠也唯上智與下愚不移下愚非性也不能盡其才也君子所以異於禽獸者以有仁義之性也苟縱其心不知反則亦禽獸而已

形易則性易性非易也氣使之然也

威儀三百禮儀三千非絕民之慾而強人以不能也所以防其欲戒其侈而使之入道也多識於鳥獸艸木之名所以明理也

至顯者莫如事至微者莫如理而事理一致微顯一源古之君子所謂善學者以其能通於此而已

君子之學貴乎一一則明明則有功

德盛者言傳文盛者言亦傳

名數之學君子學之而不以爲本也言語有序君子知之而不以爲始也

孔子之道發而爲行如鄉黨之所載者自誠而明也由鄉黨之所載而學之以至於孔子者自明而誠也及其至焉一也

聞善言則拜禹所以爲聖人也以能問不能以多問寡顏子所以爲大賢也後之學者有一善而自足哀哉

爲學之道必本於思思則得之不思則不得也故書曰思曰睿睿作聖思所以睿睿所以聖也

學以和爲本取次之行次之言次之

信不足以盡誠猶愛不足以盡仁

董仲舒曰正其義不謀其利明其道不計其功此董子所以度越諸子

堯舜之爲善與桀跖之爲惡其自信一也老子曰失道而後德失德而後仁失仁而後義失義而後禮則道德仁義禮分而爲五也聖人無優劣堯舜之讓禹之功湯武之征伐伯夷之清柳下惠之和伊尹周公在上而道行孔子在下而道不行其道一也

不深思則不能造於道不深思而得者其得易失然而學者有無思慮而得者何也曰以無思無慮而得者乃所以深思而得之也以無思無慮爲不思而自

以爲得者未之有也

原始則足以知其終反終則足以知其始死生之説知是而已矣故以春爲始而原之其必有冬以冬爲終而反之其必有春死生者其與是類乎

其次致曲者學而後知之也而其成也與生而知之者不異焉故君子莫大於學莫害於畫莫病於自足莫罪於自棄學而不止此湯武所以聖也

古之學者爲己其終至於成物今之學者爲物其終至於喪己

杞柳荀子之説也湍水楊子之説也

聖人所知宜無不至也聖人所行宜無不盡也然而書稱堯舜不曰刑必當罪賞必當功而曰罪疑惟輕

功疑惟重與其殺不辜寧失不經異乎後世刻核之論矣

自夸者近刑自喜者不進自大者道遠

君子之學必日新日新者日進也不日新者必日退未有不進者唯聖人之道無所進退以其所造者極也

事上之道莫若忠待下之道莫若恕

中庸之書學者之至也而其始則曰戒慎乎其所不覩恐懼乎其所不聞蓋言學者始於誠也

楊子無自得者也故其言蔓衍而不斷優柔而不決其論性則曰人之性也善惡混修其善則爲善人修其惡則爲惡人荀子悖聖人者也故列孟子於十二子而謂人之性惡性果惡耶聖人何能反其性以至於斯耶

聖人之言遠如天近如地其遠也若不可得而及其近也亦可得而行楊子曰聖人之言遠如天賢人之言近如地非也

或問文中子曰愚問荀子曰悖問韓愈曰外愚悖外皆非學聖人者也楊雄其幾乎

或問賈誼曰誼之言曰非有孔子墨翟之賢孔與墨一言之其識末矣其亦不善學矣必井田必封建必肉刑非聖人之道也善治者於井田而行之而民不病於封建而使之而民不勞於肉刑而用之而民不怨故善者得聖人之意而不取其迹迹也者聖人因

一時之利而制之也

夫人幼而學之將欲成之也既成矣將以行之也學而不能成其學成而不能行其學則烏足貴哉

待人有道不疑而已使夫人有心害我耶雖疑不足以化其心使夫人無心害我耶疑之則已德內損人怨外生故不疑則兩得之矣疑則兩失之矣而未有多疑能爲君子者也昔者聖人立人之道曰仁與義

孟子曰仁者人也親親爲大義者宜也尊賢爲大唯能親親故老吾老以及人之老幼吾幼以及人之幼唯能尊賢故賢者在位能者在職唯仁與義盡人之道盡人之道則謂之聖人

學者不可以不誠不誠無以爲善不誠無以爲君子

修學不以誠則學雜爲事不以誠則事敗自謀不以誠則是欺其心而自棄其志與人不以誠則是喪其德而增人之怨今小道異端亦必誠而後得而況欲爲君子者乎故曰學者不可以不誠雖然誠者在知道本誠之耳

古者卜筮將以決疑也今之卜筮則不然計其命之窮通校其身之達否而已矣噫亦惑矣

不思故有惑不求故無得不問故不知

世之服食欲壽者其亦大愚矣夫命者受之於天不可增損加益而欲服食而壽悲哉

見攝生者而問長生謂之大愚見卜者而問吉凶謂之大惑

或問性曰順之則吉逆之則凶

孔子没曾子之道日益光大孔子没傳孔子之道者曾子而已曾子傳之子思子思傳之孟子孟子死不得其傳至孟子而聖人之道益尊孟子曰可以仕則仕可以止則止可以久則久可以速則速孔子也孔子聖之時者也故知易者莫若孟子曰王者之迹熄而詩亡詩亡然後春秋作春秋無義戰彼善於此則有之矣征者上伐下也敵國不相征也故知春秋者莫若孟子

禮之本出於民之情聖人因而道之耳禮之器出於民之俗聖人因而節文之耳聖人復出必因今衣服器用爲之節文其所謂貴本而親用者亦在時王斟酌損益之爾

范純夫燕居正色危坐未嘗不冠出入步履皆有常處几案無長物研墨刀筆終歲不易其生平所觀書如手未觸衣稍華者不服十餘年不易衣亦無垢汙履雖穿如新皆出於自然未嘗有意如此也

元祐年中議南北郊久不決一日有旨罷議依祖宗故事合祭范純夫在翰苑艸詔其詔云列聖已行謹當遵奉先朝未舉懼弗克堪胡右丞宗愈謂純夫曰大哉王言久無此作也

資治通鑑成范純夫爲温公艸進書表簡謝純夫云眞得愚心所欲言而不能發者温公書帖無一字不誠實也范純夫爲蜀公艸進樂表云法已亡於千載之後聲欲求於千載之前茲爲至難理若有待又爲申公艸遺表云才力綿薄豈期位列於三公疾疢嬰纏敢望年踰於七十人謂二公肖中事矣

申公薨范純夫託山谷草遺表表成不用又嘗託山谷草司馬公休謝起碑樓表竄改正餘數字以示山谷略無忤色但遜謝而已

純夫寡言語不問即不言其後純夫子沖自嶺表扶護歸過荆州見山谷道純夫數事皆所不知純夫在史院報丞相上馬後爲諸人講左傳一授乃出魯直蓋受左氏學於純夫也

純夫苦河魚在告彭器資黄魯直來問疾欲退純夫揖魯直立户外與器資户内立語移時復揖魯直略

無忤色

純夫元祐末與東坡數上䟽論事嘗約各卅一䟽上之東坡訪純夫求所作䟽先觀讀盡遂書名於末云某不復自爲䟽矣純夫再三求觀竟不肯出云無以易公者東坡別作一條和純夫月研詩云上書挂名豈待我獨立自可當雷霆蓋紀實也

東坡好戲謔語言或稍過純夫必戒之東坡每與人戲必祝曰勿令范十三知純夫舊行第十三也

純夫撰宣仁太后發引曲命少游製其一至史院出示同官文潛曰内翰所作烈文昊天有成命之詩也少游直似柳三變少游色變純夫謂諸子曰文潛奉官長戲同列不可以爲法也

東坡謂范純夫曰公之文可以經世皆不刋之説如某但涉獵爲文耳

元祐中客有見伊川先生者几案間無他書惟印行唐鑑一部先生謂客曰近方見此書自三代以後無此議論崇寧初純夫子沖見欒城先生於潁昌欒城曰老來不欲泛觀書近日且看唐鑑

元祐中舉子吳中應大科以進卷遍投從官一日與李方叔諸人同觀文理乖謬撫掌絶倒純夫偶出見之問所以然皆以實對純夫覽其文數篇不笑亦不言掩卷他語侍坐者亦不敢問他日吳中請見純夫諭之曰觀足下之文應進士舉且不可況大科乎此必有人相誤請歸讀書學文且習進士吳辭謝而去

元祐中承議郎游冠卿知咸平縣回純夫同年一日來謁曰畿邑任滿例除監司欲乞一言於鳳池是時純夫叔在中書也純夫荅曰公望實審當爲監司朝廷必須除授家叔雖在政府其未嘗與人告差遣冠卿慙沮而退其子沖實聞此語因間白公曰説與不説皆可也何必面斥之公曰如此是欺此人吾故以誠告之

范純夫久在經筵進職青瑣引疾乞歸蜀章十上得請以待制知梓州翌日丞相奏事簾前太母宣諭曰范侍講求去甚力故勉徇其請昨日孩兒再三留他（謂哲宗）可諭與且爲孩兒留未可求出前降指揮不行於是公不復有請

資治通鑑刋成賜執政從官及曾預編校者張芸叟以詩謝純夫云我投湘水五千里公滯周南二十春純夫和云六世承平有史臣紬書東洛布成均網羅遺逸三千載筆削興亡十九春天作冠篇墳典大上思稽古憲章新烏臺御史詞誰校頭白今爲汗簡人

鄭閎中祭酒閎中先生也年老得請宫祠太學生上書乞留純夫奏䟽引退之留孔戣故事不報公有詩送閎中云顧我言非韓吏部多公節似孔尚書公稱閎中長者嘗論邊事閎中先生只是饒人

雅州蒙山常陰雨謂之漏天産茶極佳味如建品純夫有詩云漏天常洩雨蒙頂半藏雲爲此也

温公在洛應用文字皆出公手一日謂公休曰此子

弟職豈可不習公休辭不能純夫曰請試爲之當爲改竄一再撰呈已可用公喜曰未有如此子好學也

温公事無大小必與公議至於家事公休亦不自專問於公而後行公休之卒公哭之慟挽詩云鮑叔深知我顔淵實喪予

富鄭公在延路公請范純夫作致語云衮衣繡裳迎周公之歸老安車駟馬本漢相之罷朝富公大喜

范純夫每次日當進講是夜講於家群從子弟畢集聽爲講終熟湯而退

元祐初范公以著作佐郎兼侍講每造邇英過押班御藥閤子都知已下列行致恭即退顧子敦嘗與都知梁惟簡一言公大以爲失體陳衍初管當御藥院

來謝宅門數步外下馬留牓子與閽者云煩呈覆欲知曾到門下其後公爲諫議大夫僦居城西白家巷東鄰陳衍園也衍每至園中不敢高聲謂同列曰范諫議一言到上前吾輩不知死所矣其畏憚如此

元祐末純夫數上䟽論時事其言尤激切無所顧避文潛少游懇勸以謂不可公意竟不回其子沖亦因間言之公曰吾出劒門關稱范秀才今復爲一布衣何爲不可其後遠謫多緣此數章也

紹聖初籍定元祐黨止數十人世號精選其後乃泛濫人以得預爲榮而議者不以爲當也劉莘老梁況之終於貶所因尚洙之言朝廷以二公既没不及再貶故諸子盡廢范純夫以是移化事實不類其子沖亦停官竟不知當時如何行遣也

純夫諫䟽多自毀去平生爲文深不欲人知京師刋行唐鑑公欲爲文移開封毀板後其子沖陳不可乃已純夫薦士後多貴顯人無知之者純夫子沖問歐公知聖俞爲深相與至厚然不聞薦引卒使沈於下僚何也公曰前輩不以朝廷官爵私於朋友故舊别作一條公言舊日子弟赴官有乞書於蜀公者蜀公不許曰仕宦不可廣求人知受恩多則難立朝矣

純夫著作郎兼侍講謁告省蜀公於許上以手詔撫問蜀公并賜茶藥又遣中使賜純夫銀百兩爲路費自太母垂簾未嘗有此賜也

元祐初講論語徹章錫宴東宫上賜御書講讀官各

進書并表謝純夫表云願陛下篤志學問亦如好書益進道德皆若游藝則聖神可至事業可成如天之積高地之積厚廣大深遠不可量也公遇事必規皆類此

純夫自賓移化朝旨嚴峻郡官不敢相聞既至城外父老居民皆出送或持金幣來獻純夫謝遣之一無所受皆感泣而去化州城外寺僧一夕見大星殞門外中夜聞傳呼開門果然是夜公薨後三日殯於寺中賓州人李寶善地理謂純夫子沖曰寺當風水之衝指寺北山一穴曰此可殯不唯安穩歲餘必得歸遂卜之改殯是年颶風作屋瓦皆飛大木盡拔獨北山殯所不動次年歸葬如其言後有自嶺外來者云

土人至今廟祀公於北山

純夫云元豐八年三月五日　神廟登遐追百官班徐王荆王皆在殿門外已聞禁中哭聲二王徘徊憂慘殿門尚閉不得進少頃開門同百官入范公時爲奉議郎祕書省正字　神宗服藥已久徐王荆王數入問疾太母諭之曰自此不須來其後更不敢至禁中太母嚴禮法其意止爲宫人難迴避也出温公記事

司馬植云　神宗疾大漸太母諭梁惟簡曰令你新婦做一領黄褙子十來歲孩兒着得者不得令人知次日惟簡袖進　哲宗即位樞前衣此褙子也

邵成章云元祐中太母下詔東坡視草云苟有利於

社稷予何愛於髮膚純夫云此太母聖語也子瞻直書之

世傳銅雀臺瓦驗之有三錫花雷布鮮疵三者是也然皆風雨彫鐫不可得而僞

范文正公一日内殿講論語云人不知而不愠不亦君子乎乃云若無逸所謂小人怨汝詈汝則皇自敬德

李若谷教一初官云勤謹和緩其人云勤謹和已聞命矣緩字未諭李云甚事不因忙後錯了

劉器之云富鄭公年八十書座屏云守口如瓶防意如城

張文孝公觀座右銘云怒者變常而逆德戕賊和氣和氣爲性命之本可不寶之和順積中大盈若沖保其宗施於公吾與之終

温公以揚子論性爲近不取孟荀又謂性如地善如五穀惡如莨莠地豈容只生穀而不生莠耶學者當除莠養穀耳

或專説學問求放心余曰曾於何處放今何處求如人失物下榜尋求須畫箇樣子於榜上方始可以尋求却煩孟子畫箇心樣子使後世學者求放這迴若尋得深藏牢閉將誠緊緊守定應是不教失了十年二十年以至一世開放門依舊不見操之則存向甚處着捨之則亡向甚麼處去也心是何物操是何人立則見其參於前在輿則見其倚於衡背後底朝聞

道夕死可矣將做一件大小大事斬却生根自無死蔓如何是生根無明是如何下手斬得把將來

仁義根諸心不知根那箇心識得心之體便知得身之體知得身之體不妨説箇睟然見於面盎於背施諸四體四體不言而喻

晁氏客語

道山清話

李常爲言官言王安石理財不由仁義且言安石遂非喜勝日與其徒呂惠卿等陰籌竊計思以口舌以文厥過以公論同乎流俗以憂國爲震驚朕師以百姓愁歎爲出自兼并之言以卿士僉議爲生乎怨嫉之口而又妄取經據傅會其説且言理財用而不由仁與義不上匱則下窮矣臣自知朝夕蒙戮不憚開垂閉之口吐將腐之舌爲陛下反覆道之凡數千言上覽之驚歎再三撫諭曰不意班行中乃有卿也從前無臣僚説得如此分明待便爲施行明日安石登對 神宗正色視安石昨覽李常奏豈不悞他百姓安石垂笏低手作怠慢之狀笑而不對 神宗愈怒遂再問之安石略陳數語人不聞安石所言何事但見上連點頭曰極是極是常之奏竟不見降出常後對人言不知安石有甚狐媚厭倒之術

司馬君實洛中新第初遷入一日步行見墻外暗埋竹簽數十問之則曰此非人行之地將以防盜也公曰吾篋中所有幾何且盜亦人也豈可以此爲防命亟去之

人之叩齒將以收召神觀辟除外邪其説出於道家者流故修養之人多叩齒不聞以是爲恭敬也今人往往入神廟中叩齒非禮也

唐明皇名隆基故當時改太一基爲綦至今因之不改何也予嘗兩入文字不報

秦觀少游一日寫李太白古風詩三十四首於所居壺隱壁間予因問燕昭延郭隗遂築黄金臺之詩史但言築宮而師事不聞黄金之名太白不知何據少游曰上谷圖經言昭王築臺置千金於其上遂因以爲名閲之信然

正獻杜公嘗言人家祀祖先非簡慢則媟瀆得其中者鮮矣

天聖中詔營浮圖姜遵在永興毁漢唐碑之堅好者以代甎甓當時有一縣尉投書啓具言不可力懇不已至於叩頭流血遵以其故沮格朝命按罷之自是人無敢言者遵因此得進用何斯舉詩云長安古碑用樂石蠆尾銀鈎擅精密鈌訛横道已足哀況復鐫裁代甎甓有如天吳及紫鳳顛倒在衣吁可惜斯舉黄州人少年識蘇子瞻初名頡字頡之後名頡之黄庭堅魯直極推重之嘗與斯舉簡云老病昏塞不記貴字欲奉字曰斯舉取色斯舉矣翔而後集但恐或犯公家諱字爾（遵自諫議大夫知永興軍即除樞密副使）

斯舉又作黄綿襖子歌其序言正月大雨雪十日不已既晴鄰里相呼負日曰黄綿襖子出矣

子瞻嘗言韓莊敏對客稱 仁宗時一夜三更以來有中使於慈聖殿傳宣慈聖起著背子不開門但

於門縫中問云傳宣有甚事中使云皇帝起飲酒盡問皇后殿有酒否慈聖云此中便有酒亦不致將去夜已深奏知官家且歇息去更不肯開門納中使

王陶爲中丞劾韓琦曽公亮不押班有背負芒刺之語參政吳奎言不押班蓋已久來相承𣷹成廢禮非始於二人陶以臺制彈劾舉職便可何至引用背負芒刺跋扈之語且言陶天資險薄市井小人巧詐翻覆情態萬狀邵安簡亢反攻奎言陰陽不利咎由執政奎乃言由陶所致所言顛錯奎遂罷

魏公一日至諸子讀書堂見卧榻枕邊有一劍公問儀公何用儀公言夜間以備緩急公笑曰使汝果能手刃賊賊死于此汝何以處萬一奪入賊手汝不得爲完人矣古人青氊之說汝不記乎何至於是也吾嘗見前輩云夜行切不可以刃物自隨吾輩安能害人徒起惡心非所以自重也

神宗時文州曲水縣令宇文之邵上書極言時政且言奸聲亂色盈溢耳目衢巷之中父子兄弟不敢肩隨孰謂王者之都而風俗一至於此　神宗乃遣一二内侍於通衢中物色民言竟以無是事而止予謂縱物色得其言如何敢舉於上前劉貢父常對人言内官如聽得只道是尋常文談

魏公在永興一日有一幕官來參公一見熟視蹙然不樂凡數月未嘗交一語儀公乘間問公幕官者公初不識之胡然一見而不樂公曰見其額上有塊隱起必是禮拜當非佳士恁地人緩急怎生倚仗

哲宗御講筵所手折一栢枝玩程頤爲講官奏曰方春萬物發生之時不可非時毀折　哲宗亟擲于地終講有不樂之色太后聞之歎曰怪鬼壞事呂晦叔亦不樂其言也云不須得如此

温公在永興一日行國忌香幕次中客將有事欲白公悮觸燭臺倒在公身上公不動亦不問

韓持國爲人凝嚴方重每兄弟聚話玉汝子華議論風生持國未嘗有一言

邵康節與富韓公在洛每日晴必同行至僧舍韓公每過佛寺神祠必躬身致敬康節笑曰無乃爲佞乎韓公亦笑自是不爲也

章子厚與蘇子瞻少爲莫逆交一日子厚坦腹而卧適子瞻自外來摩其腹以問子瞻曰公道此中何所有子瞻曰都是謀反底家事子厚大笑

慶曆中親事官乘醉入禁中上遣内侍諭皇后貴妃使閉閤勿出后聽命不出貴妃乃直趨上前明日上對輔臣泣下樞相乘間啓廢立之議獨梁相適厲聲曰一之爲甚其可再乎其事乃止

契丹遣使論國書中所稱大宋大契丹以非兄弟之國今輒易曰南朝北朝上詔中書密院共議當時輔臣多言此不計利害不從徒生怨隙梁莊肅曰

此易屈爾但荅言宋蓋本朝受命之土契丹亦彼國號令無故而自去非佳兆其年賀正使來復稱大契丹如故

京城界多火在法放火者一不獲則主吏皆坐罪民有欲中傷官吏者至自爇其所居罷免者紛然時邵安簡爲提點府界縣鎮寨公事廉得其事迺請自今非延及旁家者雖失捕勿坐自是絶無遺火者遂著爲令

仁宗時王文正公爲諫官因論王德用所進女口上曰正在朕左右文正曰臣之所言正恐在陛下左右上色動呼内侍官使各賜錢三百貫令即今便般出内東門文正謂不須如此之遽但陛下知之

足矣上曰人情皆一般若見涕泣不忍去則朕決不能去之既而上即閤説漢唐間事又言太宗黜李勣使其子召用大是入思慮來喜見于色忽内侍來奏云已出内東門去訖上復動容乃起其廢郭后也臺臣論列尚美人上曰隨即斥去矣豈容其尚在宮中也上之英斷如此盛矣哉

蘇子瞻詩有似聞指麾築上郡已覺談笑無西戎之句嘗問子瞻當是用少陵談笑無西河之語子瞻笑曰故是但少陵亦自用左太沖長嘯激清風志若無東吴也

予一日在陜府官次年見一官員與人語話因及守將怒一孔目官始效守將奮髯抵掌厲聲之狀次又作孔目官皇懼鞠躬請罪至於學傳呼杖直之聲一少年方十二三冠帶在衆中坐忽叱曰是何輕薄舉止一坐驚笑後問知是蔡子正家子弟

元祐八年吕大防因講筵言及前代宮室多尚華侈本朝宮殿止用赤白前代人君雖在宮禁中亦出輿入輦祖宗皆步自内庭出御後殿止欲涉歷黄庭稍冒寒暑前代多深於用刑大者誅戮小者遠竄唯本朝用法最輕臣下有罪止於罷黜至於虚己納諫不好畋獵不尚玩好不用玉器不貴異味御厨止用羊肉皆祖宗家法陛下不須遠法前代只消盡行家法既而上退至宮中笑謂左右曰吕相公甚次第好

微仲爲人剛而有守正而不他輔相泰陵八年朝野安靜宣仁聖烈上仙因爲山陵使既回乃以大觀文知潁昌時元祐甲戌三月也公既行而左正言上官均言其以張耒秦觀浮薄之徒撰次國史以李之純爲中司來之邵楊畏虞策爲諫官范祖禹俞執中吕希純吴安詩或主誥命或主封駁皆附會風旨以濟其欲時監察御史周秩及右正言張商英連上疏交攻之微仲遂落職猶知隨州秩等攻之不已至循州安置未踰嶺而卒人頗冤之

程伊川嘗言醫家有四肢不仁之説其言最近理下得仁字極好

館中一日會茶有一新進曰退之詩太孟浪時貢父

偶在座厲聲問曰風約一池萍誰詩也其人無語

蘇子瞻一日在學士院閑坐忽命左右取紙筆寫平疇交遠風良苗亦懷新兩句大書小楷行草書凡寫七八紙擲筆太息曰好好散其紙於左右給事者

張文潜嘗言近時印書盛行而鬻書者往往皆士人躬自負儋有一士人盡捂其家所有約百餘千買書將以入京至中塗遇一士人取書目閱之愛其書而貧不能得家有數古銅器將以貨之而鬻書者雅有好古器之癖一見喜甚乃曰毋庸貨也我將與汝估其直而兩易之於是盡以隨行之書換數十銅器亟返其家其妻方訝夫之回疾視其行李但見二三布囊磊磈然鏗鏗有聲問得其實乃詈其夫曰你換得他這箇幾時近得飯喫其人曰他換得我那箇也則幾時近得飯喫因言人之惑也如此坐皆絕倒

劉貢父一日問蘇子瞻老身倦馬河堤永踏盡黃榆綠槐影非閤下之詩乎子瞻曰然貢父曰是日影耶月影耶子瞻曰竹影金鎖碎又何嘗說日月也二公大笑

常秩之學尤長於春秋或問秩孫復之學何如秩曰此商君法爾步過六尺與弃灰於道者有誅大不近人情矣

周重實爲察官以民間多壞錢爲器物乞行禁止且欲毀弃民間日近所鑄者銅器時張天覺爲正言極論其不可恐官司臨迫因而壞及前代古器重實之言既不降出憤懣不平謂同列曰天覺只怕壞了鈸兒磬兒

呂晦叔爲中丞一日報在假館中諸公因問何事在假時劉貢父在坐忽大言今日必是一箇十齋日蓋指晦叔好佛也

洛中有一僧欲開堂說法司馬君實夜過邵堯夫云聞富彦國呂晦叔欲往聽此甚不可但晦叔貪佛已不可勸人亦不怪如何勸得彦國堯夫曰今日已暮矣姑任之明日二人果偕往後月餘彦國招數客共飯堯夫在焉因問彦國曰主上以裴晉公之禮起公公何不應命又聞三遣使公皆臥內見之彦國曰衰病如此其能起否堯夫曰上三命公不起一僧開堂以片紙見呼即出恐亦未是彦國曰弼亦不曾思量至此

神宗時韓子華爲中丞劾奏宰臣富弼人言張茂先爲先帝子而弼引爲管軍鄭公丏罷子華亦待罪仍牒閤門更不稱中丞及不朝參今中書密同諫議以爲管軍人無間言絳欲以危言中傷大臣事既無根徒摇衆聽兼絳舉措顛倒不足以表率百官於是子華削職知蔡州子方亦請外知荊南敕過門下何郯知封駮事封還子方乃留

仁宗時梓州妖人白彦歡能依鬼神作法以詛人至

有死者獄上請讞皆以不見傷爲疑梁莊肅曰殺人以刃尚或可拒以詛則其可免乎竟殺之

張堯佐以温成之故復除宣徽使唐質肅時爲御史裏行爭之不可得求全臺上殿不許求自貶不報於是劾宰相并言事官皆附會緘默乃又援致舊臣帝急召二府以其章示之子方猶立殿上梁莊肅爲樞副曰宰相豈御史薦耶叱使下殿殿上莫不驚愕相視於是貶春州別駕又改英州宰相諫官明日亦皆罷逐

眞宗不豫荆王因問疾留宿禁中宰執亦以祈禳内宿時御藥李從吉因對荆王叱小黃門荆王怒曰皇帝服藥爾輩敢近木闌子高聲以手中熟水潑之從吉者自言與李文定是族人　仁宗既即位從吉使其徒乘間言於上曰頃時先帝大漸八大王留禁中者累日宰執恐有異謀因八大王取金盂熟水李迪以墨筆攪水中八大王疑有毒藥即時出禁中去上曰不然安有是事若八大王見盂中黑水便不會根究翰林司且渲筆在熟水中也則甚計策當時八大王纔到禁中便要出去却是孃孃留住教只在禁中明日即去直是無此事必是李從吉唆使爾輩來説上即位未及一年英悟已如此

余少時嘗與文潛在館中因看隋唐嘉話見楊祭酒贈項斯詩云度度見詩詩揔好今觀標格勝於詩平生不解藏人善到處逢人説項斯因問諸公唐時未聞項斯有詩名也文潛曰必不足觀楊君詩律已如此想其所好者皆此類也

韓莊敏一日來予子弟讀書堂徧覩子姪程課喜甚謂門客曰舉業只須做到這箇地位有命時儘可及第自此當令日日講五經依次第覩子史程文不必更工枉了工夫若無命時雖工無益

東坡在雪堂一日讀杜牧之阿房宫賦凡數遍每讀徹一遍即再三咨嗟歎息至夜分猶不寐有二老兵皆陝人給事左右坐久甚苦之一人長歎操西音曰知他有甚好處夜久寒甚不肯睡連作冤苦聲其一曰也有兩句好（西人皆作吼音）其人大怒曰你又

理會得甚底對曰我愛他道天下人不敢言而敢怒叔黨卧而聞之明日以告東坡大笑曰這漢子也有鑒識

秦觀南遷行次郴道遇雨有老僕滕貴者久在少游家隨以南行管押行李在後泥濘不能進少游留道傍人家以俟久之方蹩跚策杖而至視少游歎曰學士學士他門取了富貴做了好官不枉了恁地自家做甚來陪奉他門波波地打閧官方落得甚聲名怒而不飯少游再三勉之曰没奈何其人怒猶未已曰可知是没奈何少游後見鄧博文言之大笑且謂鄧曰到京見諸公不可不舉似以發一笑也

子瞻愛杜牧之華清宮詩自言凡爲人寫了三四十本矣

仁宗時大名府有營兵背生肉蜿蜒如龍時程天球判大名因其人於獄具奏于朝上覽其奏笑曰是人何罪哉此贅耳即令釋之後其兵輒死上頗疑焉一日對輔臣言大名府兵士肉生于背已是病也又從而禁繫安得不死又其後天球在延州累立功上欲大用輒曰向來無故囚人至今念之也

元符三年立賢妃劉氏爲后鄒至完上疏言不當立五伯者三王之罪人也其葵丘之會載書猶首曰無以妾爲妻況陛下之聖高出三王之上其可忽此乎萬一自此以後士大夫有以妾爲妻者臣僚

糾劾以聞陛下何以處之不治則傷化敗俗無以爲國治之則上行下効難以責人先帝在位動以二帝三王爲法今陛下爲五伯之所不爲者哲宗讀至此震怒詔浩言多狂妄事實不根除名勒停新州羈管當時人見至完之貶大峻而未見其疏遂有士人僞爲之者不樂至完者録其僞本以進有商王桀紂之語言至完外以此本矯示於人以邀名其實非也上愈怒故行遣至完嘗所往來之人甚衆

曾紆云山谷用樂天語作黔南詩白云霜降水返壑風落木歸山冉冉歲將晏物皆復本原山谷云霜降水返壑風落木歸山冉冉歲華晚昆蟲皆閉關白云渴人多夢飲飢人多夢飱春來夢何處合眼到東川山谷云病人多夢醫囚人多夢赦如何春來夢合眼在鄉社白云相去六千里地絶天邈然十書九不到何以開憂顏山谷云相望六千里天地隔江山十書九不到何用一開顏紆愛之每對人口誦謂是點鐵成金也范寥云寥在宜州嘗問山谷山谷云庭堅少時誦熟久而忘其爲何人詩也嘗阻雨衡山尉廳偶然無事信筆戲書爾寥以紆點鐵之語告之山谷大笑曰烏有是理便如此點鐵

人問邵堯夫人有潔病何也堯夫曰胷中滯礙而多疑耳未有人天生如此也初因多疑積漸而日深

此亦未爲害但疑心既重則萬境皆錯最是害道第一事不可不知也

山谷在宜州服紫霞丹自云得力曾紆嘗以書勸其勿服山谷荅云公卷疽根在傍乃不可服如僕服之殆是晴雲之在川谷安得霹靂火也

山谷之在宜也其年乙酉即崇寧四年也重九日登郡城之樓聽邊人相語今歲當鏖戰取封侯因作小詞云諸將説封侯短笛長吹獨倚樓萬事總成風雨去休休戲馬臺南金絡頭催酒莫遲留酒似今秋勝去秋花向老人頭上笑羞羞人不羞花花自羞倚欄高歌若不能堪者是月三十日果不起范寥自言親見之

范寥言山谷在宜州嘗作亥卯未腪肫又作未酉亥腪肫寥皆得享之

王沂公每見子姪語話學人鄉音及效人舉止必痛抑之且曰不成登對後亦如此

李公擇每飲酒至百杯即止詰旦見賓客或回書問亦不病酒亦無倦色

老蘇初出蜀以兵書徧見諸公貴人皆不甚領略後有人言其姓名於富韓公公曰此君專勸人行殺戮以立威豈得直如此要官職做

忠宣公范堯夫居常正坐未嘗背靠著物見客處有數胡床每暑月蒸濕時其餘客所坐者背所著處皆有汙漬痕迹惟公所坐處常乾也公所著衣服

每易以瀚濯並無垢膩履韈雖敝亦皆潔白子弟書室中皆坐草縛墪子或杌子初無有靠背之物有一幕客好脩飾邊幅其衣巾常整整然公未嘗以目視之每遇筵會公不以上官自居必再三勉客待其飲盡而後已惟勸至此幕客一舉而退然此客不悟每遇赴席愈更潔其服而進予每舉此以戒吾家子姪

王荆公謝公墩詩云千枝孫嶧陽萬本母淇奧蒲門陶令株彌岸韓侯簌貢父云不成語

張天覺好佛而不許諸子誦經云彼讀書未多心源未明纔拈着經卷便燒香禮拜不能得了

范蜀公鎮每對客尊嚴靜重言有條理客亦不敢慢易惟蘇子瞻則掀髯鼓掌旁若無人然蜀公甚敬之一日有客問公何爲不重黄庭堅公曰魯直一代偉人鎮之畏友也安敢不加重又問庭堅學佛有得否公曰這箇則如何知得但佛亦如何恁地學得

彭汝礪久在侍從剛明正直朝野推重晚娶宋氏婦有姿色器資承順惟恐不及後出守九江病中忽索紙筆大書云宿世寃家五年夫婦從今以往不打這鼓投筆而逝

晏文獻公爲京兆辟張先爲通判新納侍兒公甚屬意先字子野能爲詩詞公雅重之每張來即令侍兒出侑觴往往歌子野所爲之詞其後王夫人寖

不容公即出之一日子野至公與之飲子野作碧牡丹詞令營妓歌之有云望極藍橋但暮雲千里幾重山幾重水之句公聞之憮然曰人生行樂耳何自苦如此亟命於宅庫支錢若干復取前所出侍兒既來夫人亦不復誰何也

陳瑩中云嶺南之人見逐客不問官高卑皆呼爲相公想是見相公常來也

一長老在歐陽公座上見公家小兒有小名僧哥者戲謂公曰公不重佛安得此名公笑曰人家小兒要易長育往往以賤名爲小名如狗羊犬馬之類是也聞者莫不服公之捷對

裕陵嘗因便殿與二三大臣論事已而言曰嘗思唐

明皇晚年侈心一揺其爲禍有不勝言者本朝無前代離宮别館游豫奢侈非特不爲亦不暇爲也蓋北有狂虜西有黠羌朝廷汲汲然左枝右梧未嘗一日不念之二虜之勢所以難制者有城國有行國古之夷狄能行而已今兼中國之所有矣比之漢唐最爲强盛大臣皆言陛下聖慮及此二虜不足撲滅矣上曰安有撲滅之理但用此以爲外懼則可

温公無子又無姬侍裴夫人既亡公常忽忽不樂時至獨樂園於讀書堂危坐終日常作小詩隷書梁間云暫來還似客歸去不成家其回人簡有云草妨步則薙之木礙冠則芟之其他任其自然相與

同生天地間亦各欲遂其生耳可見公存心也

石曼卿一日在李駙馬家見楊大年寫絶句詩一首云折戟沈沙鐵未消自將磨洗認前朝東風不與周郎便銅雀春深鎖二喬後書義山二字曼卿笑云崑裏没這般文章塗去義山字書其榜曰牧之蓋兩家集中皆載此詩也此詩佳甚但頗費解説

熈寧四年吕誨表乞致仕有曰臣本無宿疾偶值醫者用術乖方不知脉候有虚實陰陽有逆順診察有標本治療有後先妄投湯劑率任情意差之指下禍延四肢寖成風痺遂難行步非徒憚跖盭之苦又將虞心腹之變勢已及此爲之柰何雖然一身之微固未足䘏其如九族之托良以爲憂是思逃禄以偷生不俟引年而還政於戲獻可之論可謂至矣

周種言垂簾時一日早朝執政因理會事太皇太后命一黄門於内中取案上文字來黄門倉卒取至悞觸上幞頭墜地時上未著巾也但見新髪頭撮數小角兒黄門者震懼幾不能立旁有黄門取幞頭以進上凝然端坐亦不怒亦不問既退押班具其事取旨上曰只是錯太后命押班只是就本班量行遣又言一日輔臣簾前論事甚久上忽顧一小黄門附耳與語小黄門者既去頃之復來亦附耳而奏上忽矍然而興俄聞御屏後小鑼鈸之聲交作須臾即止上復出一黄門抱上御椅子再端

拱而坐直待奏事畢乃退太皇亦顧上笑

章子厚爲侍從時遇其生朝會客其門人林持者亦鄉人也以詩爲壽子厚晚於座上取詩以示客且指其頌德處云只是海行言語道人須道著乃爲工門人者頗不平之忽曰昔人有令畫工傳神以其不似命别爲之既而又以不似凡三四易畫工怒曰若畫得似後是甚模様滿坐烘然

章子厚人言初生時父母欲不舉已納水盆中爲人救止其後朝士頗聞其事蘇子瞻嘗與子厚詩有方丈仙人出渺茫高情猶愛水雲鄉之語子厚謂其譏己也頗不樂

熈寧中有薦華山陳戩者博學知治亂大體三十年

不出户庭鄰人有不識者云是希夷宗人既對便坐上先覽其所進時議甚喜之至是命坐賜茶戲乃趦趄皇恐謝不敢者再三云上有鴟尾乞陛下暫令除去上使之退左右皆掩笑上亦不怒對輔臣亦未嘗言及一日忽有旨賜束帛令還山

太祖嘗有言不用南人爲相實録國史皆載陶穀開基萬年録開寶史譜言之甚詳皆言太祖親寫南人不得坐吾此堂刻石政事堂上或云自王文穆大拜後吏輩故壞壁因移石於他處後寖不知所在既而王安石章惇相繼用事爲人竊去如前兩書今館中有其名而亡其書也頃時尚見其他小說往往乎見今皆爲人節略去人少有知者知亦不敢言矣

予一日道過毗陵舍於張郎中巷見張之第宅雄偉園亭臺榭之勝古木參天因愛而訪之問其世家則知國初時有張俶者隨李煜入朝太宗時俶在史館家常多食客一日上問卿何賓客之多每日聚說何事俶曰臣之親舊多客都下貧乏絶糧臣累輕而俸有餘故常過臣飯止菜羹而已臣愧菲薄而彼更以爲美羡故其來也不得而拒之七日上遣快行家一人伺其食時直入其家俶方對客飯於是即其座上取一客之食以進果止攜飯菜羹仍皆麄壘陶器上喜其不隱時號菜羹張家俶三子益之昷之查之皆嘗爲郎官至今彼人呼其所居曰張郎中巷

唐子方爲人剛直既參大政與介甫議事每不協嘗與介甫議殺人傷者許首服以律案問免死爭於裕陵之前介甫強辯上主其議子方不勝憤懣對上前謂介甫曰安石行弃學僻其實不曉事今與之造化之柄其悮天下蒼生必矣上以其先朝遺直驟加登用亦不之罪既而子方疽背而死方其病革車駕幸其第以臨問之子方已昏不知人忽聞上至開目而言曰願陛下早覺悟可惜祖宗社稷教安石壞却上首肯之問其家事無一言及薨又幸其第見其畫像不類命取禁中舊藏本以賜其家上有昭陵御題直哉若人爲國砥柱八字印以御寶下有昭陵御押字予嘗親得見焉其家傳有云子方一日見介甫誦華嚴經因勸介甫不若早休官去介甫問之子方曰公之爲官止是作業更做執政數年和佛也費力介甫不答一日子方在朝假介甫乃以子方之言白于上將以危之上大笑而止

紹聖改元九月禁中爲宣仁作小祥道場宣隆報長老陞座上設御幄於旁以聽其僧祝曰伏願皇帝陛下愛國如身視民如子每念太皇之保佑常如先帝之憂勤庶尹百僚謹守漢家之法度四方萬里永爲趙氏之封疆既而有僧問話云太皇今居何處荅云身居佛法龍天上心在兒孫社稷中當

時傳播人莫不稱歎於戲太皇之聖華夷稱爲女堯舜方其垂簾每有號令天下人謂之快活條貫

元祐癸酉九月一日初夜開寶寺塔表裏通明徹旦禁中夜遣中使賫降御香寺門已閉既開寺僧皆不知也寺中望之無所見去寺漸明後二日宣仁上仙

嘗聞祖父言每歲三月二十八日四方之人集于泰山東嶽祠下謂之朝拜嘉祐八年祖父適以是日至祠下言其日風寒已如深冬時至明日地皆結冰寒甚幾欲裂面墮指人皆閉户道無行迹日欲入忽聞傳呼之聲自南而北儀衛雄甚近道人家有自户牖潛窺者見馬高數尺甲士皆不類常人

繖扇車乘皆如今乘輿行幸望廟門而入廟之重門皆洞開異香載路有丈夫絳袍幞頭坐黄屋之下亦微聞警蹕之聲亦有言去朝眞君回來又有云眞君已歸皆相顧合掌中夜方不聞人語又明日天氣復温皆揮扇而行後數日方聞昭陵其日升遐

昭陵上賓前一月每夜太廟中有哭聲不敢奏一日太宗神御前香案自壞

杜少陵宿龍門詩有云天闕象緯逼王介甫改闕爲閲黄魯直對衆極言其是貢父聞之曰直是怕他

劉貢父嘗言人之戲劇極有可人處楊大年與梁周翰朱昂同在禁掖大年年未三十而二公皆高年矣大年但呼朱翁梁翁每以言侵侮之一日梁戲謂大年曰這老亦待留以與君也朱於後亟搖手曰不要與衆皆笑其捷雖一時戲言而大年不五十而卒

今上初登極羣臣班列在庭忽一朝士大叫數聲仆地不知人扶未出殿門氣已絶

予頃時於陝府道間舍於逆旅因步行田間有村學究教授二三小兒閑與之語言皆無倫次忽見案間有小兒書卷其背乃蔡襄寫洛神賦已截爲兩段其一塗汙已不可識問其何所自得曰吾家敗籠中物也問更有別紙可見否乃從壁間書夾中取二三十紙大半是裹書簡亦有李西臺川牋所

寫詩數紙因以隨行白紙百餘幅易之欣然見授問其家世曰吾家祖亦嘗爲大官吾父罷官歸死于此吾時年幼養於近村學究家今從而李姓然吾祖官稱姓名皆不可得而知頃時如此紙甚多皆與小兒作書卷及糊窻用了會日已暮乃歸旅舍明日天未明即登塗不及再往至今爲恨也

先公嘗言頃見李公擇云曾於高郵道上時正午暑見臨清流有竹籬茆屋望之極雅潔前有脩竹長松二道士臨流奕棊於松陰間其一疎髯秀目其一美少年肌體如玉見公擇來皆欣然然與之語則凡俗鄙俚入其茅屋下往往堆積藁秸罌缶之類觀其寢處穢汙如僕廝然忽問予能飲否予曰

粗能之其少年道士徐起取酒旣而酒如米泔且將臭敗於樹間摘小毛桃子數枚置案上予疑其仙也乃危坐斂衽滿引不敢辭其盛酒物乃一大盆飲於破陶器中徐顧予僕曰此人亦得乃與之酒一陶器二道士先醉長嘯而入予愈疑焉旣別數里許詢道旁人家曰二人者里胥之子也在城中出家今其父死歸謀還俗而分其家財耳

慶曆中胡瑗以白衣召對侍邇英講易讀乾元亨利貞不避上御名上與左右皆失色瑗曰臨文不諱後瑗因言孟子民無恒產讀爲常上微笑曰又却避此一字蓋自唐穆宗已改常字積久而讀熟雖曰尊經然坐斥君父之名亦未爲允上嘗詔其修國史瑗乃避其祖諱不拜

舊制講讀官坐而講讀別置書策於御案上仁宗忽一日講讀官已班立竢上出久之忽有内侍官自御屏後出大聲曰有聖旨今後講筵官起立御案前講讀自是遂爲定制至神宗朝王安石爲侍讀以言道之所存請復賜坐有旨下禮官議韓維以謂當賜坐劉攽以謂不可紛爭不已議於上前維曰今有時禁中宣長老說法猶陞高踞坐吾儒講聖人大中至正之道乃獨不得坐耶攽曰彼髡徒何知自是朝廷不約束耳維讀聖人書乃亦欲如彼髡無君臣上下乎安石非爲道爲己重耳於是安石之請不行至元祐初程頤復請坐講太皇曰皇帝幼沖豈可先教改動前人制度有旨令不得行

今皇帝即位之明年范純仁卒其遺表有曰伏願陛下清心寡欲約己便民達孝道於精微擴仁心於廣遠深絶朋黨之論詳察正邪之歸搜抉幽隱以盡才人屏斥奇巧以厚風俗愛惜生靈而毋輕議邊事包容狂直而毋易逐言官若宣仁之誣謗未明致保佑之憂勤不顯皆權臣務快其私忿非泰陵實謂之當然以至未究流人之往愆悉以聖恩而特敘尚使存没猶玷瑕疵又復不解疆場之嚴幾空帑藏之積有城不守得地難耕凡此數端願留聖聽此李之儀端叔之文也上令大書此表留禁中章惇由是再貶雷州司户端叔後坐黨籍終身廢弃

黃庭堅宜州之貶也坐爲承天寺藏記

張舜民郴州之貶也坐進兵論世言白骨似山沙似雪之詩此特一事耳兵論近於不遜矣舜民嘗因登對云臣頃赴潭州任因子細奏陳神宗感疾之因哲宗至於失聲而哭

元符二年十二月一日水開五丈河數處波浪湧起亦有聲如潮水高丈餘數日而止

富丞相一日於墳寺剃度一僧貢父聞之笑曰彥國壞了幾箇才度得一箇人問之曰彥國每與僧對語往往奬予過當其人恃此傲慢反以致禍者攽

目擊數人矣豈非壞了乎皆大笑然亦莫不以其言爲當

趙悅道罷政閑居每見僧至接之甚有禮一日一士人以書贄見公讀之終卷正色謂士人曰朝廷有學校有科舉何不勉以卒業卻與閑退之人說他朝廷利害士人皇恐而退後再往門下人不爲通士人謂閽者曰參政便直得如此敬重和尚閽者曰尋常來相見者僧亦只是平平人但相公道只是重他袈裟士人者笑曰我這領白襴直是不直錢財閽者曰也半看佛面士人曰便那輟不得些少來看孔夫子面人傳以爲笑

元祐五年先公爲契丹賀正使虜主問范純仁今在

朝否先公曰純仁去年六月以觀文殿學士知潁昌府又問何故教出外先公云純仁病足不能拜暫令補外養病爾又問呂公著如何外補先公云公著去年卒于位初不曾外補乃咨嗟曰朝廷想見闕人先公曰見不住召用舊人先是虜主聞先公言純仁以足疾外補乃回顧近立之人微笑先公既北歸不敢以是載於語録嘗因便殿奏陳上微語曰因通書說與純仁著未幾先公捐舍八年純仁再入相上首以此告之且曰曾令李某通書說純仁曰不曾得書

頃時都下有一賣藥老翁自言少時嘗爲尚書省中門子門旁有土地廟相傳爲大將軍廟靈應如響廟有斷碑題額篆漢大將軍王公之碑龕在壁間堂後官香燭牲酒無虛日亦霑及閽者每有一除拜必先示朕兆一夜聞群鬼聚語或哭或笑或曰他運既當限只得此來怎柰何朝廷去裏一日社稷如此又待如何其一曰改東作西幾時定疊至曉方不聞聲不數日果有拜相者

元祐五年文太師自平章軍國重事致政而去初潞公再入劉摯於簾前言王同老所入劄子皆文彥博教之乞行下史官改正宣仁曰此大不然也吾於此事熟知之矣仁宗時乞立英宗爲嗣者文太師也後策立英宗者韓相公也功不相掩不須改史宣仁既退歎曰劉左丞幸是好人何故如此摯

既相故潞公力求退麻既入御批紙背有云音聲不退尚有就問之禮几杖以俟許陪親祀之朝勿以進退之殊云云後學士院入此五句下添而廢謀猷之告潞公年九十二至紹聖五年卒公逮事四朝七换節鉞爲侍中司空司徒太保太尉知永興大名秦州者再兩以太師致仕五判河南出將入相者五十餘年可謂功德兼美既而黨論興無所不有矣

華老入相不及一年而罷坐父死不葬後華老作家廟記自辯劉器之爲其集之序

建中靖國辛巳都下有一僧行誦法華經晝夜不停聲雖大雨雪亦然行步極緩問之不應招之不來

有人隨其後行亦無止宿處每誦數十句即長歎一聲曰怎柰何無人知者

元祐丁卯十一月雪中予過范堯夫於西府先有五客在坐予既見因衆人論説民間利害公甚喜書室中無火坐久寒甚公命温酒來公與坐客各舉兩大白公曰説得通透後令人心神融暢

或問范景仁何以不信佛景仁曰爾必待我合掌膜拜然後爲信耶

司馬君實嘗言吕晦叔之信佛近夫佞歐陽永叔之不信近夫躁皆不須如此信與不信纔有形迹便不是

裕陵嘗問温公外議説陳升之如何温公曰二相皆閩人二執政皆楚人風俗如何得近厚又問王安石如何温公曰天資僻執好勝不曉事其拗强似德州其心術似福州上首肯微笑又嘗稱吕惠卿美才温公曰惠卿過於安石使江充李訓無才何以動人主

司馬君實與吕吉甫在講筵因論變法事至於上前紛拏上曰相與講是非何至乃爾既罷講君實氣皃愈温粹而吉甫怒氣拂膺移時尚不能言人言一箇陝西人一箇福建子怎生厮合得著

趙先生蔡州人後往來無定蘇子由諸公極愛重之嘗言人將發不惟門户有旺相視僕史輩亦可知洛中士大夫家僕史往往皆官様吾嘗觀主人將興其僕史輩必氣宇軒昂仍忠勤不爲過主人將替僕史輩縱不偷錢便一身疙瘩周世宗與本朝藝祖方潛龍時識者識其門下人皆是節度使

趙先生能使人夢寐中隨其往以觀地獄寶靈長老不信欲往觀之先生與之對趺坐命長老合眼正念人視之二人皆已熟睡鼻息如雷俄頃而覺長老者流汗被體視先生合掌作戰悸之狀人問之皆不答但亟遣人往州橋問銀鋪李員外如何既而人回曰今早殂矣明日長老遂退院而去

京師慈雲有曇玉講師者有道行每爲人誦梵網經及講説因緣都人甚信重之病家往往延致一日與趙先生同在王聖美家其僧方講説趙謂僧曰

立爾後者何人僧回顧愕然者久之自是僧彌更修謹除齋粥外粒米勺水不入口人有招致聞命即往一錢亦不受

熙寧壬子九月華山阜頭嶺山崩聲震數十里西嶽祠門户皆震動鐘鼓成聲陷千餘家有大石自立高四丈周百八十尺

今宣德門即正陽門自明道元年十二月改此名今得七十年民間但呼正陽門也

明肅既上賓時遺誥以太妃楊氏爲皇太后軍國大事内中商量閤門促百官班賀皇后時蔡齊爲中丞厲聲叱曰誰命汝來不得追班閤門吏皇懼而退既而執政入奏今皇帝二十四歲何必更煩太

后垂簾豈有女后相繼之理議未定御史龐籍奏言適已將垂簾儀焚了矣敢有異議請取旨斬于庭左右震慄后自屏後曰此間無固必於是刪去遺詔中內中與皇太后商量一節當時倉卒中寔自蔡齊先發之

劉貢父言每見介甫道字說便待打諢

張文潛言嘗問張安道云司馬君實直言王介甫不曉事是如何安道云賢只消去看字說文潛云字說也只是二三分不合人意思處安道云若然則足下亦有七八分不解事矣文潛大笑

大參陳彭年以博學強記受知　定陵凡有問無不知者其在北門因便殿賜坐對甚從容上因問墨

智墨允是何人彭年曰伯夷叔齊也上問見何書曰春秋少陽即令祕閣取此書既至彭年令於第幾板尋檢果得之上極喜自是注意未幾執政

程頤一日在講筵曰聞有旨召江西僧元某不知何為泰陵曰聞其有禪學故召來欲一見之頤曰臣所講者君臣父子仁義道德性命之說盡在此矣不省陛下以何為禪也上不語頤又曰陛下深居九重之中元某之名如何得達上復不語既罷講頤即移書兩省諫坡謂豈可坐視而不救不惟負兩宮之委任抑且負先帝之厚恩於是頤稱病在假太皇夜遣使至頤家密傳旨云皇帝既服不是說書且看先朝面明日早參既朝參又明日當講既講畢欲退一中官附耳密奏數語上曰風露早寒可共飲蘇合酒一杯酒未至上曰前日召江西僧何益於治道已令更不施行頤曰人主好佛未有不為國家之害陛下知之社稷幸甚越數日又因講次頤復奏陳曰梁武帝英偉之姿化家為國史稱其生知淳孝篤學勤政誠有之終其身無他過止緣好佛一事家破國亡身自餓死子孫皆為侯景殺戮俱盡可不深戒上曰前日江西召禪僧已曾說與卿更不施行頤曰願陛下取梁武帝紀一看不然臣當摭其要而上之上曰想是如此卿必不妄言

近侍一從官其父本胥也屢典大藩府其治刻木輩

極嚴少有過舉即黥配親舊有勉之者則曰吾豈不知但吾為民父母之官豈可見病民者坐視而不治也其為郡所至有聲其父年九十二方卒官封至宣奉大夫

張先京師人有文章尤長於詩詞其詩有浮萍斷處見山影小艇歸時聞草聲之句膾炙人口又有雲破月來花弄影隔墻風弄鞦韆影之詞人目為張三影先字子野其祖母宋氏孝章皇后親妹也祖遜因是而貴太宗朝為樞密副使子野生貴家刻苦過於寒儒取高科甫改秩為鹿邑縣以覘歐陽永叔雅敬重之嘗言與其同飲酒酣衆客或歌或呼起舞子野獨退然其間不動聲氣當時皆稱為

長者今人乃以張三影呼之哀哉歐公爲其墓銘

黄庭堅嘗言人心動則目動王介甫終日目不停轉庭堅一日過范景仁終日相對正身端坐未嘗回顧亦無倦色景仁言吾二十年來胷中未嘗起一思慮二三年來不甚觀書若無賓客則終日獨坐夜分方睡雖兒曹讙呼只尺皆不聞庭堅曰公却是學佛作家公不悦

神宗一日在講筵既講罷賜茶甚從容因謂講筵官數日前因見司馬光王昭君古風詩甚佳如宫門銅鐶雙獸面回首何時復來見自嗟不若住巫山布袖蒿簪嫁鄉縣讀之使人愴然時君實病足在假已數日矣呂惠卿曰陛下深居九重之中何從而得此詩上曰亦偶然見之惠卿曰此詩不無深意上曰卿亦嘗見此詩耶惠卿曰未嘗見此詩適但聞陛下舉此四句爾上曰此四句有甚深意往見曾子固家有五代政要一百卷今人家難得之頗恨無筆力傳寫嘗愛世宗自改賜江南書有曰但存帝號何爽歲寒儻堅事大之心必不迫人於險語意雄偉眞得帝王大體蓋是嗣王欲削尊稱求緩師也

黄庭堅年五歲已誦五經一日問其師曰人言六經何獨讀其五師曰春秋不足讀庭堅曰於是何言也既曰經矣何得不讀十日成誦無一字或遺其父庶喜其警悟欲令習神童科舉庭堅竊聞之乃笑曰是甚做處庶尤愛重之八歲時有鄉人欲赴南宫試庶率同舍餞飲皆作詩送行或令庭堅亦賦詩頃刻而成有云君到玉皇香案前若問舊時黄庭堅謫在人間今八年

錢穆父嘗言頃在館中有同僚曹姓者本醫家子眞緣入館閣不識字且多犯人錢一日因誦子瞻詩曹矍然曰每見諸公喜此人不知何謂或言其文章之士也曹曰吾近得渠作詩皆重疊用韻全不成語言錢恐人作僞命取以觀之乃子瞻醉中寫少陵八仙歌錢曰此少陵詩子瞻寫耳曹曰便老陵也好喫棒一日諸公過其家觀其所藏書畫其家多貲雖眞贋相半然尤物甚多有虞世南寫法華經褚河南寫閑居賦臨蘭亭云其父得於天上蓋錫賚之物也諸公愛玩不能去手又有閻立本粉畫羅漢横軸上各有贊字畫皆眞楷可喜乃唐時帝王御製不知何帝所作皆有小長印御製之寶兩頭皆尖如橄欖核狀外標首題云應眞横軸曹問坐客何故爲應眞或對曰眞即羅漢也曹曰好好地團甚謎亟命易去自題云十八大阿羅漢或言應眞横軸四字亦是名人書

晏臨淄臨川人其未生時有仙人曹八百見其父因謂之曰上界有眞人當降汝家自是其家日貧臨淄公既顯其季弟穎自幼亦如臨淄公警悟章聖聞其名召入禁中因令作宫沼瑞蓮賦大見稱賞

賜出身授奉禮郎潁聞之走入書室中反關不出其家人輩連呼不應乃破壁而入則已蜕去案上有紙大書小詩二首一云兄也錯到底猶誇將相才世緣何日了了却早歸來一云江外三千里人間十八年此行誰復見一鶴上遼天其年十八歲也章聖御篆神仙晏潁四字賜其家

李覯字泰伯盱江人賢而有文章蘇子瞻諸公極推重之素不喜佛不喜孟子好飲酒作文古文彌佳一日有達官送酒數斗泰伯家釀亦熟然性介僻不與人往還一士人知其富有酒然無計得飲乃作詩數首罵孟子其一云完廩捐階未可知孟軻深信亦還癡丈人尚自爲天子女壻如何弟殺之

李見詩大喜留連數日所與談莫非罵孟子也無何酒盡乃辭去既而又有寄酒者士人聞之再往作仁義正論三篇大率皆詆釋氏李覽之笑云公文采甚奇但前次被公喫了酒後極索寞今次不敢相留留此酒以自遣懷聞者莫不絶倒

泰伯一日與處士陳烈同赴蔡君謨飯時正春時營妓皆在後圃賣酒相與至筵前聲喏君謨留以佐酒烈已不樂酒行衆妓方歌烈併酒擲于案上作皇懼之狀踰墻攀木而遁時泰伯坐上賦詩云七閩山水掌中窺乗興登臨對落暉誰在畫樓酤酒處幾多鳴艣送潮歸晴來海色依稀見醉後鄉心積漸微山鳥不知紅粉樂一聲檀板便驚飛既而烈聞之遂投牒云李覯本無士行輒造賓筵詆釋氏爲妖胡指孟軻爲非聖按吾聖經云非聖人者無法合依名教肆誅市朝君謨覽牒笑謂來者云傳語先生今後不使弟子也君謨後每會客必以示坐上以供一笑云

張文潜嘗云子瞻每笑天邊趙盾益可畏水底右軍方熟眠謂湯燖了王羲之也文潜戲謂子瞻公詩有獨看紅蕖傾白墮不知白墮是何物子瞻云劉白墮善釀酒出洛陽伽藍記文潜曰云白墮既是一人莫難爲傾否子瞻笑曰魏武短歌行云何以解憂惟有杜康杜康亦是釀酒人名也文潜曰畢竟用得不當子瞻又笑曰公且先去共曹家那漢

理會却來此間厮魔盖文潜時有僕曹某者在家作過亦去失酒器之類既送天府推治其人未招承方丈移取會也坐皆絶倒

劉貢父平生不曾譏人長短人有不韙必當面折之雖介甫用事諸公承順不及惟貢父屢當面攻之然退與人言未嘗出一語人皆服其長者雖介甫亦敬服之

黄魯直嘗云高祖紀恐能溥土是才能之能合作奴登切孟堅不必解説彼音奴來切者三足鱉也徐浩詩法士多環能却在來字韻押乃是僧似鱉爾

予嘗見蘇子瞻一帖云歲行盡風雨凄然紙窻竹屋燈青熒熒時於此間得少佳趣無由持獻獨享爲

愧一日對貢父舉此貢父云前數句是夜行迷路誤入田螺精家中來

黄育字和叔魯直叔父也爲童兒時其伯氏長善將諸兒出行天驟雨長善問諸兒曰在雨落翁婆相撲是何語和叔曰陰陽不和也時年七歲矣

朱康叔送酒與子瞻子瞻以簡謝之云酒甚佳必是故人特遣下廳也蓋俗謂主者自飲之酒爲不出庫

范堯夫帥陝府有屬縣知縣因入村至一僧寺少憩既飯步行廊廡間見一僧房頗雅潔閴無人聲案上有酒一瓢知縣者戲書一絶於窻紙云爾非慧遠我非陶何事窻間酒一瓢僧野避人聊自醉卧看風竹影蕭蕭不知其僧俗家先有事在縣理屈坐罪明日其僧乃截取窻字黏於狀前訴于府且曰某有施主某人昨日攜酒至房中值某不在房知縣既至施主走避酒爲知縣所飲不辭但有數銀盃知縣既醉不知下落銀盃各有鐫識令施主追其取之乞追施主某人與廳吏某人鞫之堯夫曰爾爲僧法當飲乎杖而逐之且曰果有失物令主者自來理會持其狀以示子姪輩曰爾觀此安得守官處不自重即命火焚之對僚屬中未嘗言及後知縣者聞之乃修書致謝堯夫曰不記有此事自無可謝還其書

張子顔少卿晚年嘗目前見白光閃閃然中有白衣人如佛相者子顔信之彌謹乃不食肉不飲酒然體瘠而多病矣時泰陵不豫汪壽卿自蜀入京診御脉聖體極康寧壽卿醫道盛行其門如市子顔一日從壽卿求脉壽卿一見大驚不復言但授以大丸數十小丸千餘粒祝曰十日中服之當盡却以示報既數日視所見白衣人衣變黄而光無所見矣乃欲得肉食又思飲酒又明日俱無所見覺氣體異他日矣乃詣壽卿以告壽卿曰吾固知矣公脾初受病爲肺所尅心脾之母也公既多疑心氣一不固自然有所睹吾之大丸實其脾小丸補其心肺爲脾之子既不能勝其母其病自當愈也子顔大神之因密問所診御脉如何壽卿曰冉得春氣脉當絶雖司命無如之何時元符改元八月也至三年正月泰陵晏駕壽卿後入華山年已八十餘矣

昭陵上仙之日金陵城外有人聞數千百人吹簫聲自空中過久之方寂然

崇寧改元之明年蔡丞相既遷左揆首令議天下州縣皆建佛刹以崇寧爲額時石豫爲中丞其門人陳確賢士也夜過豫問豫曰中丞豈可坐眎豫曰少待數日看行與不行未幾豫招確謂之曰前夕之言今早已納劄子矣上甚喜乃是乞詔州郡仍置崇寧觀

崇寧三年四月大内火宰輔請以司馬光等三百九

人姓名大書刻石於文德殿門謂之元祐黨人凡元符三年應詔直言人爲邪等附黨籍於刑部云以禳火灾其年罷科舉頒三舍法於天下王安石配享文宣王廟庭坐顔孟之下十哲之上駕幸學親行奠謁或謂安石巍然而坐有所未允蔡知院元度曰便塑底也不得四年正月元度引兄嫌以資政知河南府送車塞道凡三日始見絶賓客然後得行禁中給賜之人絡繹於路觀者榮之明年彗星見其長亘天禁中牕户洞明與其他處不同連夜詔毀文德殿門石籍宮門方開有旨取刑部籍入或云亦焚之

後跋語

先大父國史在館閣最久多識前輩嘗以聞見著館祕録曝書記并此書爲三仍歲兵火散失不存近方得此書於南豐曾仲存家因手抄藏示子孫暐老矣未知前二書尚及見乎建炎四年歲在庚戌孫朝奉大夫主管亳州明道宮賜紫金魚袋暐書

道山清話終

百川學海　丁集

析圭分爵從政涖民等爾而於治邑獨憚焉鑊湯以喻其煎熬償債以狀其不得已之意嘻邑非果不可爲也或者材與學未之副也

外舅通直天材家學見稱于時試邑香溪游刃無全牛矣將有行也規規問政若無所能者豈非以衆所憚不敢易視歟謙訪再三辭不獲命廼退而冥搜疇昔鯉庭所親見所習聞者條爲十有五篇目曰畫簾緒論以代郊餞之什夫爲政本不可以言語文字傳也而所能言者又特政之糠粃爲用是𠻠𠻠哉昔傅琰父子爲令並著能名乃有所謂理縣譜然則言語文字容可傳也神物啓祕縣譜復出是編幸投之苦海云端平乙未季夏吉日天台胡太初述

晝簾緒論目録

晝簾緒論

盡己篇第一

涖官之要曰廉與勤不特縣令應爾也然[illegible]之體而視民最親故廉勤一毫或虧其害於政也甚烈且人孰不知廉吾分内事也物交勢迫浸不自由素貧賤者有妻子啼號之撓素富貴者有口體豢養之需喜聲譽則飾廚傳以娛賓務結托則厚苞苴以通好又其甚者婚男嫁女囊帛匱金皆此焉是資雖欲廉得乎貪黷亡恥之人固不暇恤稍有畏清議者亦不過曰吾上不竊取於公帑下不妄取於民財足矣收買飲食素有官價吾行之奚愧供需賓客例敷吏貼吾循之奚怍不知以官價買民物民貧其何以堪而責吏供需他日吏以曲法受賂敗令責之得無愧辭乎故其要莫若崇儉苟能儉則買物不必仗官價以求多也燕賓不必科吏財以取樂也苞苴不必講廚傳不必豐也涖官之日無異處家之時而用官之財不啻如用己之財斯可矣又孰不知勤吾職分之當然也聰明有限事機無窮竭一人之精神以抳衆人之姦詭已非易事況有愚暗無庸者一切聽可否於吏手苟且取具者率多黠智能於不用甚則銜杯嗜酒吹竹彈絲圖享宦遊之樂遂至獄訟經年而不決是非易位而不知詞訴愈多事機愈夥卒不免於司敗之見詰縱有鋭意自強者幾何人哉自其疇應日繁心力日耗方虞毳駕息肩之無其所何幸吏

牘已備俛首涉筆終亦歸於苟道而已故其要莫若清心心既清則雞鳴聽政所謂一日之事在寅也家務盡屏所謂公爾忘私也勿以酒色自困勿以荒樂自戕也今日有某事當決某牒當報財賦某色當辦禁繫某人當釋時時察之汲汲行之毋謂姑俟來日則事無不理而此心亦寧矣吁此廉勤之大略也他猶有可言也心不可不平平心則物情無徃不燭怒不可或遷遷怒則吏民將受其枉其令必簡其政必和非時營繕所合力役託辭科輸所當痛革子弟門客勿令與外人吏輩交接或恐有徃來結托之嫌則禍起蕭墻若何拯療吏民婦女勿令其出入織紝貿易或恐有交通關節之謗則事干閨閫未易施行勿

帶醫術或有干請難以相從勿置親隨處之內外皆所不便在已者既已曲盡則何施不可何事不公何盤根錯節之足慮哉故愚以盡已冠之篇首云

臨民篇第二

令爲民父母以慈愛爲車以明斷爲軏而行之以公恕斯得矣今之爲令者知有財賦耳知有簿書期會耳獄訟一事已不皇悉盡其心撫字云乎哉教化云乎哉昔陽城自署曰催科政拙撫字心勞考下下陽城已矣誰肯甘心下考而竭其撫字之誠者不知九重以赤子授之令固望其字吾民也而可孤所寄乎故令視事之初其先務有四曰崇學校夫士者民之望也鄉校者議政之地也諸學奠謁之餘便當延見

衿佩假之以辭色將之以禮意詢風俗之利病諮政事之得失廩餼必豐課試必謹其端厚俊秀者獎異之其詞訟蔓及者覆護之其凌辱衣冠者懲治之則士悅而知慕矣曰獎孝弟人情敬其父兄則子弟悅故當首延父老以寓敬愛之意然後博詢鄉曲其有孝友著聞行義卓異者必屈己求見必置酒登延護其門閭寬其力役使邑人靡然知傚或有兄弟訟財親族互訴者必曲加諷諭以啓其愧恥之心以弭其乖爭之習聽其和允勿事研窮則民俗歸厚矣曰勸農桑令以勸農繫銜朝廷以勸農著令非不勤至今也不然歲二月望爲文數行率同寮出近郊集父老讀之飲食鮮少甚至折錢事畢即自攜酒肴妓女宴

賞竟夕實意安在哉令到官之始不必姑俟來春便當以農桑衣食之本諄諄然諭之而所以妨害病擾之者必懲必戒則民斯咸安其業矣曰略勢分令爲近民之官而今也民視令不啻如天之遠如神明之可畏銜冤茹苦無由得入令尹之門幸而獲至其前則吏卒禁訶笞朴交錯畏懦者已神銷氣沮矣故欲通下情莫若大啓門庭屏去吏卒躬自呼之几席之前康色詰問以盡其所欲言其壅蔽不得達者則設鑼縣門之外俾自扣擊如是則民情無有不獲自盡者矣行斯四者他如賑恤之不可不時追逮之不可或濫毋事橫斂毋事酷刑非甚不便於民不必好爲更革非甚宜益於民不必輕爲興舉其餘節目皆當

次第而廣充之雖然愛民之要尤先於使民遠罪夫民之罹刑豈皆頑而好犯哉愚蒙亡知故抵冒而不自覺令宜以其條律之大者榜之墻壁明白戒曉曰某事犯某法得某罪使之自爲趨避其或有犯到官哀矜而體察之照法所行與殺一等亦忠厚之德也若悉欲盡法施行則必流於酷矣昔卓茂爲密令諭其民曰我以禮教汝汝必無怨惡以律治汝汝何所措其手足乎吁此仁人之言也凡爲令者宜寫一通寘之座右

事上篇第三

令領一邑太守察之諸監司察之所以防汙虐戒曠敗也公正自飭廉謹自將固令所當持循職事攸關

尤合加察轉漕司惟財賦耳縣道賦入自有定數率是輸之郡家本自無甚干涉其他户婚詞訴吾惟決之以公奚懼焉常平茶鹽司惟廪役與鹽課爾不産鹽不繫銜處於鹽無預若齊民之差役公吏之敘役與夫常平義倉之斂散吾無偏私無侵移又奚懼焉惟提點刑獄司則視諸司爲獨重何則刑獄民命所係苟有過誤厥咎匪輕殺傷多委同官驗視安知其無或踈鹵乎罪囚淹禁動經歲月安保其無或疾病乎結解公事惟憑供款又安信其果無飜異乎有一于茲便罹憲綱故惟在我者無往不謹不審而又得部使者察其忠實寬其鞭驅庶乎可以免厥咎也其次本州則視憲司爲尤重何則州縣一家也令之視

守猶子弟之於父兄也情苟不通事無可集若財賦若獄訟若日生事務無一不與相關而縣之最被害者莫若不時專人每專人一來陵蔑名分擒捽吏貼大者數百千小者百餘千方得其去又其次二稅專差吏拘催酒稅專差吏監督日食之供需公事之悤告令無不聽命惟謹甚而擅興威福轄養娼妓需覓器用裒取錢物無所不有令謁郡之始便當明禀史君某職事不敢不勉而縣家苟有不逮亦乞加體恤之仁仍乞給紫袋曆二道絡繹往來彼此咸御名書之庶幾事情無有不達而文移之督促可省也如經兩月事不辦集然後甘受專人之擾慢令之罰若稅賦虧日額酒稅虧月額者率十之四五却乞遣吏監督

不然告寛轡勤容竭其長夫州家亦欲集事爾差專人差公吏豈其得已令若恃其相容遂至弛怠公事不集財賦不登亦奚咎夫郡之督促哉雖然奉法循理盡瘁效職監司郡守之難事猶可也惟是臺幙郡僚或捧檄經從或移書請託賓餞稍有不至奉承稍有不虔賢明仁厚之人固能推誠相亮否則情好易睽間隙易啓始於職事相關之際据撫横生甚而使長會聚之時譏讒肆入蓋有陰中其毒而獲戾者多矣故令之待臺幕郡僚者寧過於勤毋失之怠寧過於恭毋失之簡寧過於委曲毋失之率意而徑行此亦可以杜無妄之災矣

僚案篇第四

縣之有僚寀兄弟等也兄弟有鬩墻之釁則家用不和何以幹蠱而禦侮哉縣僚本無慢長官之心而每有與令不相能者非他也令挾長以臨僚寀僚寀復睚眦不相下勢必至於睽且忌不知縣無州郡黜陟之權合轍而馳同舟而濟令苟怡怡相與孰不竭力以佐令乎然相得每難而相失每易公事分委佐廳俾之書判或意見偶異或請托所牽未能與令意合令輒自行改判或牒請再擬則其情易以相失孰若平心量酌其是否過廳面議使之欣然竄易而無怨心乎佐廳吏人有過令遽呼上杖之于庭縣吏或有咆哮佐官亦復自行鞭撻遂致彼此猜忌因成釁隙則其情易以相失孰若致委曲於其本官令其自行決遣使之赧然愧服而無怨心乎丞簿而下俸入極微曾不足以養廉而令輒拖壓累月令雖不明支已俸却或於官錢移易貸用其何以得同僚之心故同僚俸給須當按月支送或一時匱乏則明以相告令亦不當先支已俸及有移貸之私收支簿曆使之通知可也如是則又孰不怡然相體能與縣家同休戚乎令始至之日必延見僚寀歷述弊端悃愊無華肝膽相照職事關係彼此明言毋懷忍以含怒廳吏間諜彼此斥絕毋嗜聽以相猜心同一人事同一體則政和而民受其福矣豈惟民之幸亦令之幸也雖然同官皆忠良之士固自悉無可慮彼有沈鷙很戾者或挾才以相陵或侵權以相撓或陰謫長官之短或樂受讒者之言則將奈何哉令豈無假故疾病勢必委佐官暫攝而攝者輒變亂其統紀縣道庫眼亦有屬佐廳司掌及有財賦合屬佐廳催督者而佐官輒視爲已物不與縣道通融則又將奈何哉吁此當以誠感不當以勢爭以誠感則禮意必周懇白必豫使之自有所不敢爲以勢爭則意義日睽釁隙日甚或相訐或互申弊有不可勝救者此令所當深戒而早圖者也

御吏篇第五

人皆曰御吏不可不嚴受賕必懲無赦不知縣之有吏非臺郡家比臺郡之吏有名額有廩給名額視年勞而遞升廩給視名額而差等故人人皆有愛惜已身之意顧戀室家之心乃若縣吏則不然其來也無名額之限其役也無廩給之資一人奉公百指待哺此猶可也縣官日用則欲其買辦燈燭柴薪之屬縣官生辰則欲其置備星香圖綵之類士夫經從假寓館舍則輪次排辦臺郡文移專人追逮則裒金遣發其他貪黷之令誅求科罰何可勝紀嘻彼財何自來哉稍有貲産者又孰肯爲吏哉非飢寒亡業之徒則駔狡弄法之輩非私下盜領官物則背理欺取民財爾愚嘗妄思周官胥徒府史之制有名職廩稍之供是以吏皆廉平俗亦醇厚今時殊事異縣道財賦煎熬掠過不暇給而暇辦吏俸哉此說殆類談河爲令之計者亦不過曰廉以率之耳其身正不令而行常

堂供需生辰獻壽等一切罷去我既不科求於吏吏縱未知悛改在我責之可無愧辭然後弄權者必懲犯法者必斥至有稍能任事之人令或倚以爲用彼輒妄自誇説謂事無小大是非曲直率由於我汝乞我金若干我令汝事必勝已而果然甚至駕説於本官以爲巧取之地吏之溪壑未飽而令之惡聲已彰矣間有縣令精強者一切不肯任吏吏則廣説道理曲爲游揚使令不容不從其言此術又不行則必於令啓處之間自與儕伍私相評議使其語陰入於令之耳令不之察謂其無心之言從而信之而不知已墮其計中矣吏之姦詭萬狀最不可不深防密察故欲吏之不受賂斷無可行之策但使事事清明人無

觀望知吏之不必囑賄之不可行已爲政之善矣乃若俗自醇厚吏自廉平非如前所謂循周官之制不可也波流日靡孰挽而東徒增太息云爾

聽訟篇第六

孔子曰聽訟吾猶人也必也使無訟乎人情澆靡機事橫生已難使之無訟惟盡吾情以聽之而已縣道引詞類分三八始至之日多者數百少者亦以百數令憚其煩遂有展在後次併引者不知省訟固自有道若憚煩拖後積壓愈多雖竭其精神難理矣或謂不拘日子有狀即受可免積壓然縣家事多若日日引詞則訴牒紛委必將自困不若間日一次引詞却將鄉分廣狹分搭遇一則引其鄉狀遇三則引其鄉狀遇五遇七遇九各引其鄉狀不得攙越庶幾事簡易了且彼有一時忿激便欲投詞需日稍久怒解事定必有和勸而不復來者此其當行者一也分鄉定日此止可爲常事設若鬭毆殺傷水火盜賊不測等事亦俾待次不亦晚乎却如前之説置鑼於縣門之外不以早晚咸得自擊鑼鳴令即引問與之施行若有事情急迫合救應者便與救應合追捕者便與追捕合驗視者便與驗視却不可因循失事此其當行者二也詞訟到官類是增撰事理妄以重罪誣人如被毆必曰殺傷索財必曰劫奪入其家必誣以作竊侵境界必誣以發墓此類眞實固有而假此以覬有司之必與追治者亦多要當明立榜文嚴反坐之法

須令狀尾明書如虛甘伏反坐六字異時究竟果涉虛僞斷當以其罪罪之則人知畏而不敢飾詞矣此其當行者三也詞訟在官不與結絶所以愈見多事每一次受牒新訟無幾而舉詞者往往居十之七八徒費有司之閲視徒勞人户之陳請不若先行告示凡有詞在官如易於剖析即與施行但有追會不齊究實未到合聽有司區處不應疊疊陳詞今以兩月爲期如兩月之外不覩有司結絶方許舉詞不然並不收理此其當行者四也縣道每有姦狡頑嚚之人專以教唆詞訟把持公事爲業先當榜文曉諭使之盡革前非若有犯到官定行勘杖刺環押出縣界必懲無赦凡遇引問兩爭應荅之辭與狀款異此必有

敎唆把持之人也須與研窮根勘重寘于罰此其當行者五也凡與一人競訴詞内必牽引其父子兄弟七五人甚至無涉之家偶有宿憾亦輒指其婦女爲證意謂未辨是非且得追呼一擾費耗其錢物凌辱其婦女此風最不可長今須察其事勢輕重止將緊要人點追一兩名若婦女未可遽行追呼且須下鄉審責供狀待甚緊急方可引追此其當行者六也不應爲有罪不許因事告事法令昭然而今之爲令者喜聞人家隱微於是告訐之風滋長甚至收人白劄子見之施行於是愈無忌憚妄行指摘而民無寧居之日矣此亦合預行榜諭告訐者未問虛實先坐不應爲罪若狀詞本訴之外因而告首其家隱微者亦勿聽理併先坐罪此其當行者七也引到詞人供責必須當廳監視能書者自書不能者止令書鋪附口爲書當職官隨即押過其事輕理明不待證會者自可隨手決遣若涉追證費勘會亦只憑此初供最不可押下案致令胥曹得以恐脅誘説而使之變易其情此其當行者八也大凡蔽訟一是必有一非勝者悦而負者必不樂矣愚民懵無知識一時爲人鼓誘自謂有理故來求訴若令自據法理斷遣而不加曉諭豈能服負者之心哉故莫若呼理曲者來前明加開説使之自知虧理宛轉求和或求和不從彼受曲亦無辭矣此其當行者九也今每遇決一事案牘紛委憚於徧閲率令吏摘撮供具謂之事目不知吏受人囑其理長者不爲具出而理短者反爲聲説以此斷決多誤不若令自逐一披覽案卷切不要案吏具單兼勝者固有理而負者亦未嘗無道理可説特不若勝者之多耳今合先述其是而折其非則負者雖欲番訴不可得矣此其當行者十也此姑論其大略若夫隨機應變遇事酌裁神而明之使民宜之則在明有司

治獄篇第七

刑獄重事也犴狴惡地也人一入其中大者死小者流又小者亦杖寧有白出之理脫或差悞胥吏奚恤其咎必屬之令縱可逃陽罰亦必損陰德詎可不加謹哉一曰禁繫必審二曰鞫視必親三曰墻壁必完四曰飢寒必究五曰疾病必察六曰疑似必辨七曰出入必防令每有私忿怒輒置人于囹兩爭追會未圓亦且押下佐廳亦時有遣至者謂之寄收長官多事漫不暇省遂致因循淹延不知一人坐獄闔户抱憂飽暖失時疾病傳染殆有甚可慮之事而又有合共處不合共處者蓋兩爭若使異牢則有賂者可使獄吏傳狀稟通信息而無賂者必被其害孰若使之共處可以互相察視乎健訟之徒樂入囹圄因得以唆敎獄辭變亂情節孰若別處一牢而使之不得與餘囚相近乎羸老之人必察其有無疾病或致沉重徒見費力婦人女子必察其有無娠孕脫有墮墜無以自明此所以禁繫之不可不審也在法鞫勘必長

官親臨令也令多憚煩率令獄吏自行審問但視成款僉署便爲一定甚至有獄囚不得一見知縣之面者不知吏逼求賄賂視多寡爲曲直非法拷打何罪不招令合戒約推款不得自行訊鞫公事無小大必令躬自喚上詰問再三頑狡不伏盡情然後量施箠榜周官有五聽之法亦以獄情難測不可專事箠楚也在法一吏三點長官親自定牢令也聽政無暇則委佐官飲酒相妨則委典押不知脫有逃逸咎將誰執況吏輩受賂則雖重囚亦與釋放安寢無賂則雖散禁亦必加之縲紲最不可不躬自檢察昔熊子復宰暨陽日間不時趨獄點視夜則置一鈴其索直達寢所夜半掣鈴獄卒應喏否則必罰由是並無不測之虞最爲可法此所以鞫視之不可不親也今在在州縣獄多有頹墻敗壁不甚完固者固當亟加整葺然罪囚姦態萬狀尤宜深防每有獄吏受重囚賂放其自便日間因以飲水爲名將水潑壁浸漬泥濕夜深則鑽壁踰墻倏然而遁吏卒睡熟無由知覺洎覺則追之已無及矣此最利害令當審量罪囚輕重重者勿使處近壁之匣墻之上必加以茨壁之內必夾以板每五日一次躬自巡行相視有不完處隨加修補戒飭吏卒每夜不可止留一人直更須要每更輪流兩三人明燭巡視諸牢次早令出聽先詣獄點名然後僉押文字日以爲常墻壁之當完者如此獄囚合給糧食自當於經費支破有因縣道匱乏而責諸吏者不知官給尚欲減尅而可使吏供輸乎寧節他費此不可節也人當日給米二升鹽菜錢十文朝巳晚申立定程式獄子聲喏報覆令躬點視然後傳入其有家自送飯者當即傳與仍點檢夾帶毒藥刀仗銅鐵器皿文字之屬春夏天氣蒸鬱須與疎其牕牖蠲其穢汙使不至卑濕與渫致興疫癘如稍向寒便當糊飾戶牖支給綿炭使各得溫暖和適可免疾患飢寒之當究者如此不幸獄囚有以疾病告者將奈何哉曰此不可不察也有實病而吏不以告者有未嘗病而吏誣以告者蓋吏視囚猶犬豕不甚經意初有小病不加審詰必待困重方以聞官甚至死而後告者若有貲之囚吏則令其詐病巧爲敷說以覬責出漸爲脫免之地此令所當深察責在推司日具有無疾病申令於點視之際又自躬加審察如以病告者且與召醫治療日申增減其甚困頓不可支者然後責令親屬保識前去若必待病重方始聞官者推吏必寘于罰不然萬一死者接踵憲司歲計人多令能免咎乎又不幸獄情有疑似而難明者將奈何乎曰此不可不辨也世固有畏懼監繫覬欲早出而妄自誣伏者矣又有吏務速了強加拷訊逼令招認者矣亦有長官自恃己見妄行臆度吏輩承順旨意不容不以爲然者矣不知監繫最不可泛及拷訊最不可妄加而臆度之見最不可恃以爲是也史傳所載耳目所知以疑似受枉而死而流而伏辜者何可勝

數諺曰捉賊須捉贓捉姦須捉雙此雖俚言極爲有道故凡罪囚供款必須事事著實方可憑信不然萬一逼人于罪使無辜者受枉罰令得無恔於心乎乃若獄門出入之禁其責專在當日推司監牢嚴行拘督應當日而拋離不到者有罰吏卒非係在獄而輒入者有罰令自點察之外許人告訐罪人水火茶飯各須有人監臨事畢即入元處不得放令閑散逐牢内門無故不得輒開若家屬傳送茶食不得私令與囚相見吏卒亦不得因而與之傳遞信息漏泄獄情此皆所當深致其防者也夫縣獄與州郡不同州郡專設一官故防閑曲盡縣令期會促迫財賦煎熬於獄事每不暇詳謹罪之小者縣得自行決遣罪之大

者雖必申州而州家亦惟視縣款爲之憑據則縣獄豈不甚重而令之任責豈容不曲盡縣心哉故愚於此反覆諄複不嫌於贅

催科篇第八

今之作縣者莫不以催科爲先務而其弊有不勝言者最是鄉胥走弄簿籍漫漶不惟驅督不登縣受郡之責抑亦逼抑過甚民受官之害邇者廷紳奏請以十户爲一甲一甲之中擇管額多者爲首承帖拘催自浙而江往往行之已徧今不當别爲規約止是就此察其弊而圖其官民兩不相病者爲善耳愚嘗思之去官之病者爲説有三去民之病者爲説亦有三其一曰民户合管産業籍之于縣縣道合抱税額籍之于州州視額督趣縣視産起催此常式也然多有坍廢有逃絶郡雖迫之縣縣實無可催者官之與吏徒被督責不若先與剔具事故數目實計若干申州乞差官究實與蠲其額容俟他時興復仍舊起催仍申省部照會或太守難之令能於合催財賦盡數趣辦使郡用不至匱乏當亦自能聽從也其二曰起催税物例是勒逐鄉鄉胥供具合管數目以憑給引不知鄉胥與富強之家素相表裏有税未即具上或不盡具至有每年不曾輸官者却上將善良下户先具催數或多科尺寸逼令輸納此只合選稍公實吏人具出等則先次起催上三等而後徐及四等以下户令又自將前兩年産税簿點看如吏人當具而不具

與夫當催而不催者皆有罰所以不用新造簿而必用舊簿者防鄉胥爲欺也若諺曰升降不等過割不時畢竟田主雖易而田則未嘗易自可挨究官物之所在如是則無陷失之患其三曰每日催到官錢至夜方有定數已難入庫多是寄留廊頭或公吏處遂至侵貸移易或有止以虛數影過者其法合置兩大櫃且與權行收鎖來早或躬親或委官點數入庫不可因循又須擇家計稍温行止稍明有親戚保識人充庫子每旬休與之點視及將收支簿曆驅磨其庫壁須用板夾持十分堅固待其欺瞞侵盜之後雖斷刺估籍與夫抑勒衆人塡納亦無及矣此去官之病當爾其一曰甲帖之設本以優役户今乃以困官户蓋

起催本是户長之責今官户不應役者亦承帖催科矣姑置勿論但差甲首之時弊倖尤多有囑者稅額雖多乃與分爲三數引而常爲甲下户矣無囑者稅額雖少乃與最少下戸同引而常爲甲首矣不特先期輸納而甲下十標欲其分給人户有居于縣市者有居于外都者安能一一識認其家最爲被擾莫若各隨都分等則分差一等户止與一等共甲仍不許將合納數目分作別引其納足乞改付下次者案吏不得邀阻違許執覆將吏科斷其二曰民户之受害者莫甚於已納重追皆由案吏不相關照鄉胥不與銷豁夫先期樂輸本是畏法而點追苛擾與未納同又且呈鈔繳引分外費用人誰肯先輸乎此合責之

典吏每日將已納户名逐項銷豁若泛常引標成見印給者須要典押用保明印子若不時點追令自判押者兼要鄉胥保明即非重追如虛甘罪異時或有以重追訴者必加罪於保明之人其三曰妄攤之弊尤不可不禁夫官户輸納多憑幹人鄉户則憑攬子二稅起催之初係攬幹各於逐處領錢入已輒將移易盜用逮官司催督嚴緊却妄稱已出與某人合係某人抱納將來追會明白之後固自不可逃隱但圖一時且得抵睚數限遂旋措辦而被攤被追者果何辜哉下户之頑狡姦猾者計亦出是要須每遇追到供攤者先責狀附案如虛甘受欺隱官司之罰然後方與追理事果虛妄斷在必懲此去民之病當爾夫

有田則有賦頑猾抵官者誠所當治而善良樂輸者要當與之覆護其大要則合於移割加之意焉蓋産去稅存不可不察民有以出業報者便當關會受業之家割稅歸户然後却與除退庶幾無泛追無濫罰無推攤抵睚之弊此則正本澄原之地也

理財篇第九

縣自常賦之外一孔不可妄取諸民雖有理財之策奚其施亦惟於酒稅加之意而已酒稅解郡月有常額措辦不及亦懷惴惴之憂況望其餘裕可助縣用哉雖然經理有方亦夫嘗不沛然也今之言酒者不過曰官課之所以不行者私酤害之爾貼榜張旗專遣巷陌鳴鑼拽隊遍走街坊脫有斗升敗獲到官便

輒枷訊禁繫累月蕩其生理妨其營趂率至於飢餓病困之域猶之可也人有私隙者便輒誣以鬻酤容來首陳意在擾害官司不問虛實輒差弓手轎番數十爲羣持仗突入遍搜房室繞打墻圍無異於大劫盜不知人之所以冒法私飲者皆由官醞不堪入口我苟留情酒政六物必良其在庫也謹滲漏隱瞞之弊其在店也防夾和尅退之欺酒司之外專差典押吏人各一名任責措置如發賣流通利息增衍則典押吏人酒司酒匠皆量支犒賞否則有罰官醞既多且旨誰肯私飲以自速辜故雖榷禁不嚴驅之亦不從矣今之言稅者不過曰官額之所以不登者商賈瞞隱爾於是嚴搜邏之策遣差攔頭弓手等輩於界

首攔截動至三數十里之外誅求客旅溪壑亡厭得厚賂則私與放行徑不令其到務商稅不伏予以賂者則被擒到官倍稅之外費用如故猶之可也其所差攔頭弓手又復將帶游手惡少遍走鄉村以捉稅爲名打甈人家雞犬搶奪行旅籠仗固有望風畏遁轉相告報取他道而去者矣不知督促之嚴征斂之重是乃驅之使不敢至不若多出手榜四散貼示明諭重征之弊自此革絶照則例合行收稅一貫文者今且權收八百或九百其攔典合干人等費用一切痛革商稅一畢便給由子證應出縣吏不許攔典稽滯乞覓若商旅不經縣務投稅輒行私路遁去爲本縣所獲定將物貨倍稅之外更與勘斷令衆候替斷

不輕貸蓋取之雖少而來者則多課利自然盈衍孰不願出其塗哉此外則有牛驗醋息與夫茶麥牙契免丁房賃自可隨宜拘確近來諸邑別欲增衍多有出賣官紙者吏人行遣人户投詞非官紙不用此本非法令所許若縣道藉此支用已非一日難於頓罷姑與循舊但不可創例作俑耳今之士大夫又有專務科罰者公吏有過則令罰直若干人户論訴理曲合與斷罪乃以修造爲名各罰錢入官若干不知此錢果歸何地耶甚而羅織罪名恣行抄估信受妄狀没人産業皆令所當深懲而痛革者也若夫坊場經總役錢等多屬佐廳故不復云云

差役篇第十

有身斯有役而民之畏役甚於畏死蓋百年治生壞於一年之充役而其患之大者在於催科始則用財囑托期於脱免中則逃亡死絶被抑填陪終則箠楚禁錮連年莫脱其勢不至於傾家蕩産鬻妻賣子不止也吁置産以養身而反因産以害身亦可悲已今既行紹興甲首之法可免稅長催頭之責則應役者不過輯保伍應期會而已民亦不至甚憚而巧計以求免也況自嘉定間朝廷主張義役自處婺舉行馴至諸郡邑莫不響應行之既久官民咸以爲便昔有持庾節者乃獨深惡義役其説專謂利上户而不利下户便富民而不便貧民蓋視産出財固爲均適而平日産力鮮少未嘗充役者乃因義役例被斂金及

有管掌不得其人或致侵漁盜用又不免再行科率故深以爲民病不知義役本美事但止令合充役人裒金聚廪而不及未嘗充役者兼令出財户輪年掌管萬一虧折亦有責償之地便爲盡善何必深惡之耶今在在州縣多是義役若猶未也亦宜勸勉爲之萬一事勢或有難行止合從官司每歲差役則其要當先委佐官驅磨産力簿及許人陳首詭挾併簿書物力一定然後照各鄉則例物力及若干方令充役最小者充一年或半年倍與倍差者各隨多寡增年限循環充周而復始如是則亦無物力高而歇役近與物力低而歇役久者爭執之患若有元係不應充役白脚而近來增置田産歸併詭挾物力亦當及役

則且差白脚仍爲圖揭之坐右以便閱視其都其人其日當滿每將滿數月前先行擬差下次役人告示知委如差不當仰即來陳理不許臨役方行推托蓋近來官司多是役滿方差下次人被差之人不問當否且行推托圖得遷延待就役時已被其睚過若干月日矣而烽火盜賊等事無人任責最爲利害今之鄉司差役率是受賂甲訴不當則轉而差乙乙訴不當則轉而差丙此風尤不可長使前之所差非則鄉胥豈得無罪前之所差是則今豈應復改而至於再至於三耶若當職官自能參酌簿籍從公定差當無是非舛錯之患差定合具圖子申倉司照會以杜其妄訴之漸則所差既當而民斯樂於就役矣

賑恤篇第十一

歲獲大有家用平康不惟民之幸實令之幸一罹灾歉何事不生若流離若剽奪若死者相枕籍啼飢連阡陌豈非令之責哉故不幸而疫癘倏興則當遣吏抄劄家數人口命醫給藥支錢付米其全家在寢者官爲庸倩丐徒看直每日兩次點察其因病不救者官爲辦給函木仍支錢與之津送或不幸而盜賊竊發則當下都申嚴保伍每五家爲一甲五小甲爲一大甲保長統之有警則鳴梆集衆協力勦捕捕到則官支犒賞激厲其餘若乞兵防拓若出榜撫諭皆當隨宜行之其有水火挺灾人民離散者當稟白州郡借貸錢米人各以若干米給之若干錢貸之使之整理室廬興復生業不贍則咨目徧白不被害上户量物力借貸併與貸給賚民許其一月之後日償若干官却以其所償者償之上户償之州家此策不虧官而便民最爲盡善若但知賑給則恐如曾南豐所謂相率日待二升之廩于上勢不暇乎他爲吾恐官之所給無已時而民之不復業如故也其有旱潦傷稼民食用艱者當勸諭上户各自貸給其農佃直至秋成計貸過若干官爲給文墨仰作三年償本主其逃遁逋負者官爲追督懲治蓋田主資貸佃户此理當然不爲科擾且亦免費官司區處官之所當處者只市户耳却以官錢貸米鋪户令其往外郡邑販米出糶但要有米可糶却不可限其價直米纔輻輳價自

廉平雖無待開廣惠倉可也昔先君宰金谿兩年值歉只行此策民用無飢不可不知也然此皆爲灾歉設也非令所願聞也平居無事令所以恤民者惟蠲放儌金耳雨暘祈禱大暑極寒固所當行甚而知縣無以邀民之譽或到官或生辰或轉秩循資或差除薦舉率放免若干日至有一歲放及太半者不知儌金既已折閲誰肯以屋子人積至塌壞傾摧不復整葺而民愈無屋可居矣是蓋不知貧富相資之義者也令果能以恤民爲心也則政必簡刑必清毋濫追毋久繫不以科斂傷民力不以土役妨民時果何事而不可行吾恤之之心哉

用刑篇第十二

縣無甚重之刑小則訊大則決又大則止於杖一百而已吏民無甚愆過便輒以杖一百加之不知罪或大於此又將何術以處之哉而況行杖者或覰望聲勢或接受賄賂行遣之時殆同兒戲此非所以使人畏乃所以使人玩也愚謂杖一百之刑最不可數施訊決亦止可十數下若大杖止七五下或十下須令如法決遣下下嚴峻然後人自畏服初不在乎數目之多徒爲行杖者賣弄耶若杖一百却留爲極典非大過犯大愆誤不施須令人人畏懼而不敢犯此則省刑之大略也每姦盜辟因獲到之初首行腿訊多至二三百下此其不可者一也蓋被獲到官沿涂縶縛拷打或飢餓困頓已非一日若又即從而訊決多

有斃於杖下者孰若徑押下獄明正典刑耶豪強之家論訴鄰里官司不問是非便與行遣此其不可者二也蓋杖決雖微王法攸寓不可妄加無罪豈應副人情之具若徇其私請張其聲勢將來武斷鄉曲稔惡積愆欲救之無及矣盜賊累犯合與刺環今有初犯及盜不滿疋者一爲勢利所怵便與斷刺不知鞭撻至慘肌膚猶有可完之時一經刺環瘢痕永無可去之理所犯出於一時不得已而被罪至於終身不雪此所當戒者三也凶惡害民合與永鎖今有偶觸長官之怒及勢家所惡者便與幽之囹圄縶之尉寨不知罪不至死一身之困躓難逃身既被囚數口之飢寒孰給所謂破家縣令皆是之類此所當戒者四

也乃若用刑之節如入夜有禁遇日當禁皆當時時警省老幼不及疾孕不加皆當事事審察今甲備著毋待多云然又有三說一我醉二彼醉三羸瘠蓋我醉而行刑則傍觀必以使酒疑我萬一果有過當雖悔奚追彼醉而加刑則酩酊之中何知畏懼萬一挾酒淩犯取辱貽羞羸瘠而受刑則必其人飲食之闕違氣力之困憊笞箠之下尤有不可測者今又有人求加於杖一百之外自知徒流以上不可用乃輒搥折手足尤爲殘忍某事某罪國有彝章法外戕人豈字民之官所當爲者戒之哉戒之哉

期限篇第十三

凡事非信不集況一邑之事至爲總總一令之威無

甚赫赫乃使期限不信號令不肅其何以行之哉故其要莫先於立限之堅然立限有別應限有程泛常追會止給到限許其三次申展三展未圓厥罰訊若干然後換給定到許其二次申展二展又未了厥罰決若干仍換給不展引此則誠不可復展矣若更稽違則當勘杖若干枷監追集如有督捕緊切之事則當徑出定到之引或不展引拘確如前然或恐縣道有十分緊急事務非可以頃刻稽違斷欲必集者則當給加牌不展引此牌引違則有大罰如勘錮如傳都皆當先示戒警又須以不數用爲尊一歲之中才三數次給發非有大故不發亦可凡限當展不展敢於故意藏匿者厥罰則視限之重輕立限之別如此

都有廣狹地有遠近當量其力使之可以趂赴其去縣五十里以上及地分稍廣隔涉溪嶺者每限以七日或十日爲約下此者則以五日爲約此合先考遠近廣狹之數預立規式置簿明署其都限例十日或七日某都限例五日遠給限之時須令直日聽吏就案頭隨即抄記以俟令之自行稽察應限之程又如此夫上之役下固欲集事下之應役亦欲事集以免過爾而今之里正以期會不報被笞索者纍纍也其弊在於上之給引泛濫而無統甚至一次當限累數十引追逮一日餘輩其里正之代役者自知應赴不及必遭笞決於是併與其可以辦集者一切稽違却遍求被追者之賂其意以爲十違二三與十違七八被

杖等爾何苦不求賂哉由是事愈難集此蓋役之者非宜自難責其下之必應也要當先令限司立定規式每都一限給引不得過十件如事多十引之外餘引與給後限若里正違引一件與免笞兩件量加笞決三件四件各決若干甚至十違八九則勘杖錮身不容輕貸呈比之初令限司先自具出其都申展若干件照約束合若何行遣其追人見到者謂之著到別作一沓其止是申展者謂之蹺申又別作一沓然後令視檟判行庶乎上不煩而下不慢此亦拘限之大綱也

勢利篇第十四

今之從政者類以抑強扶弱爲能其說曰貴者勢燄熏灼而喑嗚叱咤可使賤者奪氣富者田連阡陌而指麾拱揖可使貧者吞聲吾能中立不移劘貴沮富故凡以勢利至者不問是否例與摧抑嘻彼有畏首畏尾惴惴焉勢利之臨曲法徇情奉承惟謹求以爲自全自媚之計者是誠不足齒矣然使一切以抑強扶弱爲說亦豈中道哉夫挾貴以陵人固有之矣亦豈無不驕者乎挾富以傲物固有之矣亦豈無好禮者乎使其例以矯世絕俗爲心而不問其事之曲直非是則此風既長佃者得以抗主強奴悍婢得以慢其弱子寡妻以至姦滑之徒飾爲藍縷而市井小輩凌辱衣冠末流將奈何哉故吾惟平心以遇物則其政平矣孟子曰爲政不難不得罪於巨室巨室者一

鄉之望也齊民之所依倚者也其間有道義重士文獻故家過從往來儘可以問政請益植財潤屋積粟盈囷緩急凶荒亦欲其捐有濟無巨室本未嘗得罪於我而我乃遽以抑強扶弱之說先入乎其心因得罪於巨室不知巨室果何負於邑大夫哉其有陵轢善良欺慢寡弱或武斷於鄉曲或羅織於平民事若到官所當照法剖決然使小人無知蔑有名分因事以咆哮乘醉以憑陵詎容不與之懲戒乎其有聲勢凌人慘酷御下或吞併他人財產或強占他人婦女被苦有訴所合盡法施行然使頑狡行竊誣賴主家租債不伏了還界至輒行侵易詎容不與之理直乎户門有故封狀過廳當量酌可否判行若兇攬關節

爲他人致委曲此合平時預行禀白雖痛絶力卻其奚辭追陪節序饋遺往來當審度辭受酬荅若因有懇禱遂以賄賂相及此合明示嫌疑力與巽避將之以委曲之意其奚怨夫律已未至處事不公一妄庸人亦得以有辭于我以誠敬相與以禮意相遇彼雖挾勢與利其敢以撓吾之政哉故愚謂勢利之交固不當委曲以相承亦不必矯亢以自異平居交際笑語相歡非意相干可以理遣在我自有定論若惴惴然懼其持我疑其浼我思所以爲防閑抑過之道亦非爲政之善者也

遠嫌篇第十五

禮經曰決嫌疑明是非夫我本無有他也而使人得

以疑似之迹議我妄一男子蓋已不便於此況出而爲政將正已以正人乎故我未嘗私且怠也而人或以是而疑我是必有不公不勤之迹有以召人之疑我未嘗貪且濫也而人或以是疑我是必有不廉不正之迹有以召人之疑一事可疑將無事而不疑之矣一日可疑將無日而不疑之矣蒙是疑也我知之尚不可辨況人未必肯以是告我而人之疑我已自籍籍積而傳之道路達之臺府厥害豈淺鮮哉故君子於嫌疑是非之間最當早正其微而力遠其迹也且賓朋遊謁所不可辭自令延之書院或別室於是邑人相與語曰某往來甚密其款話甚久情好必甚相得利病可以悉言凡有訴在官詞理甚虧之人往往輻輳其門而請託之路開矣甚者賣聽角打筆套甲乞我金若干當爲轉達百里乙有請亦若是飛蓋馳轂趨謁縣齋語話移時倏然而退則告甲與乙曰已爲致委曲矣實未嘗及齒也他日令決其事必有一勝則如約取金曰將以納之琴堂令何辜而受此名哉愚謂納謁之時例止當於公廳相見吏民共覩自難致疑但使禮貌有加彼自不以我爲慢也且節序宴會所不可廢自聚集娼妓出入宅堂其間子弟館客相見既密戲謔寧無賢者固不爲是然瓜田李下寧免相疑一語乖邪便輒傳播萬口喧籍動生風波而非褻之謗興矣其甚者多買姬妾卻令妓女之精於樂藝者教習歌舞出入無間笑語無時豈惟管

絃之聲轉徹於街坊抑亦淫辟之語浸入於閨闥情好稠密事體叵量縱能潔身其他尤有難於防閑檢柅者令亦何利而爲此舉哉愚謂燕會之時非得台旨妓女不許輒入宅堂若旬休公暇欲與寮寀士友會聚只爲文字清飲彼當不以我爲簡也剖決公事自有公理正法吾亦何心其間但自知縣懈怠多令吏人納案俟暇隙看閱或呼吏人入與評議或令吏人擬撰判葉於是或者得以疑其受成吏手矣要當於公廳之側幕帟一室遇暇則據胡床披案牘不必使吏至前也收到官錢自有庫眼封閉吾亦何私其間但自知縣過慮或恐胥吏侵貸盜賊鑽窺乃令分管別庫或俾寄留宅堂於是或者得以疑其萌意漁

獵矣要當謹固壁落精擇司帑切不可率意移徙徒涉難明之迹其他疑似招謗固亦多端難以筆舌盡述但令每處一事必須昭晰明白如水清之無滓如止水之無波則彼雖欲點汙吹颺殆有不可得者若曰我此心平正無愧俯仰足矣奚必規規然遠嫌辨迹求以示人哉殆恐將來或有悔尤必自嫌之不遠迹之不辨始雖噬臍無及矣

晝簾緒論

愚守栝之明年親友陶雲翔寄晝簾緒論一編來曰子前二十載遺我先君使善治邑香谿者也我謹藏不敢墜今子統邑七治之皆善不善子之事盡還以淑諸愚閱之矍然既而劃然大笑有客在傍從吏因又慨然曰教玉人琢玉愚所不敢也與吾寮寀同歸於振職寡過愚所深願也敬聞命筆吏尋以謄繕煩猥告乃傳諸梓寶祐改元仲夏吉日天台胡太初識

官箴

紫微舍人呂　本中　居仁

當官之法唯有三事曰清曰愼曰勤知此三者可以保祿位可以遠恥辱可以得上之知可以得下之援然世之仕者臨財當事不能自克常自以爲不必敗持不必敗之意則無所不爲矣然事常至於敗而不能自已故設心處事戒之在初不可不察借使役用權智百端補治幸而得免所損已多不若初不爲之爲愈也司馬子微坐忘論云與其巧持於末孰若拙戒於初此天下之要言當官處事之大法用力簡而見功多無如此言者人能思之豈復有悔吝耶

事君如事親事官長如事兄與同僚如家人待群吏如奴僕愛百姓如妻子處官事如家事然後爲能盡吾之心如有毫末不至皆吾心有所未盡也故事親孝故忠可移於君事兄弟故順可移於長居家理故事可移於官豈有二理哉

當官處事常思有以及人如科率之行既不能免便就其間求其所以使民省力不使重爲民害其益多矣不與人爭者常得利多退一步者常進百步取之廉者得之常過其初約於今者必有垂報於後不可不思也惟不能少自忍者必敗此實未知利害之分賢愚之別也

予嘗爲泰州獄掾顔歧夷仲以書勸予治獄次第每一事寫一幅相戒如夏月取罪人早間在西廊晚間在東廊以辟日色之類又如獄中遣人勾追之類必使之畢此事不可更別遣人恐其受賂已足不肯畢事也又如監司郡守嚴刻過當者須平心定氣與之委曲詳盡使之相從而後已如未肯從再當如此詳盡其不聽者少矣

當官之法直道爲先其有未可一向直前或直前反敗大事者須用馮宣徽惠穆秤停之說此非特小官然也爲天下國家當知之

黄兌劉中嘗爲予言頃爲縣尉每遇檢尸雖盛暑亦先飲少酒捉鼻親視人命至重不可避少臭穢使人横死無所申訴也

范侍郎育作庫務官隨人箱籠只置廳上以防疑謗凡若此類皆守臣所宜詳知也

當官既自廉潔又須關防小人如文字曆引之類皆須明白以防中傷不可不至愼不可不詳知也

當官者難事勿辭而深避嫌疑以至誠遇人而深避文法如此則可以免

前輩常言小人之性專務苟且明日有事今日得休且休當官者不可徇其私意忽而不治諺有之曰勞心不如勞力此實要言也

徐丞相擇之嘗言前輩盡心職事仁廟朝有爲京西轉運使者一日見監窯官問日所燒柴凡幾竈曰十八九竈曰吾所見者十一竈何也窯官愕然蓋轉運使者晨起望窯中所出煙幾道知之其盡心如此

前輩嘗言吏人不怕嚴只怕讀蓋當官者詳讀公案則情僞自見不待嚴明也

當官者凡異色人皆不宜與之相接巫祝尼媪之類尤宜疎絕要以清心省事爲本

後生少年乍到官守多爲猾吏所餌不自省察所得毫末而一任之間不復敢舉動大抵作官嗜利所得甚少而吏人所盜不貲矣以此被重譴良可惜也

當官者先以暴怒爲戒事有不可當詳處之必無不中若先暴怒只能自害豈能害人前輩嘗言凡事只怕待待者詳處之謂也蓋詳處之則思慮自出人不能中傷也

嘗見前輩作州縣或獄官每一公事難決者必沉思

静慮累日忽然若有得者則是非判矣是道也惟不苟者能之

處事者不以聰明爲先而以盡心爲急不以集事爲急而以方便爲上

孫思邈嘗言憂於身者不拘於人畏於己者不制於彼慎於小者不懼於大戒於近者不侈於遠如此則人事畢矣實當官之要也

同僚之契交承之分有兄弟之義至其子孫亦世講之前輩專以此爲務今人知之者蓋少矣又如舊舉將及舊嘗爲舊任按察官者後已官雖在上前輩皆避坐下坐風俗如此安得不厚乎

叔曾祖尚書當官至爲廉潔蓋嘗市縑帛欲製造衣服召當行者取縑帛使縫匠就坐裁取之并還所直錢與所剩帛就坐中還之滎陽公爲單州凡每月所用雜物悉書之庫門買民間未嘗過此數民皆悅服

關沼止叔獲盜法當改官曰不以人命易官終不就賞可謂清矣然恐非通道或當時所獲盜有情輕法重者止叔不忍以此被賞也

當官取傭錢般家錢之類多爲之程而過受其直所得至微所喪多矣亦殊不知此數亦吾分外物也

當官者前輩多不敢就上位求薦章但盡心職事所以求知也心誠盡職求之雖不中不遠矣未有學養子而後嫁者也當官遇事以此爲心鮮不濟矣

畏避文法固是常情然世人自私者常以文法難任

委之於人殊不知人之自私亦猶己之自私也以此處事其能有濟乎其能有後福乎其能使子孫昌盛

當官處事務合人情忠恕違道不遠觀於己而得之未有舍此二字而能有濟者也嘗有人作郡守延一術士同處書室後術士以公事干之大怒叱下竟致之理杖背編置招延此人已是犯義既與之稔熟而干以公事亦人常情也不從之足矣而治之如此之峻殆似絕滅人理

嘗謂仁人所處能變虎狼如人類如虎不入境不害物蝗不傷稼之類是也如其不然則變人類如虎狼凡若此類及告訐中傷謗人欲寘於死地是也

唐充之廣仁賢者也深爲陳鄒二公所知大觀政和

間守官蘇州朱氏方盛充之數剌譏之朱氏深以爲怨傳致之罪劉器之以爲充之爲善欲人之見知故不免自異以致禍患非明哲保身之謂

當官大要直不犯禍和不害義在人消詳斟酌之尓然求合於道理本非私心專爲己也

當官處事但務着實如塗擦文書追改日月重易押字萬一敗露得罪反重亦非所以養誠心事君不欺之道也百種奸僞不如一實反覆變詐不如慎始防人疑衆不如自慎智數周密不如省事不易之道事有當死不死其詬有甚於死者後亦未免死當去不去其禍有甚於去者後亦未必得安世人至此多惑亂失常皆不知輕重義之分也此理非平居熟講臨事必不能自立不可不預思古之欲委質事人其父兄日夜先以此教之矣中材以下豈臨事一朝一夕所能至哉教之有素其心安焉所謂有所養也

忍之一事衆妙之門當官處事尤是先務若能清慎勤之外更行一忍何事不辦書曰必有忍其乃有濟此處事之本也諺曰忍事敵災星少陵詩云忍過事堪喜此皆切於事理爲世大法非空言也王沂公常說喫得三斗釅醋方做得宰相蓋言忍受得事

劉器之建中崇寧初知潞州部使者觀望治郡中事無巨細皆詳考然竟不得毫髮過雖過往驛券亦無違法予者部使者亦歎伏之後居南京有府尹取兵官白直點磨它寓居無有不借禁軍者獨器之未嘗借一人其廉慎如此

故人龔節亨彦承嘗爲予言後生當官其使令人無乞丐錢物處即此職事可爲有乞丐錢物處則此職事不可爲蓋言有乞丐錢物處人多陷主人以利或致嫌疑也

前輩嘗言公罪不可無私罪不可有此亦要言私罪固不可有若無公罪則自保太過無任事之意

范忠宣公鎮西京日嘗戒屬官受納租稅不要令兩頭探或問何謂公曰賢問是也不要令人户探官員等候受納官員不要探納者多少然後入場此謂兩頭探但自絶早入場等人户則自無人户稽留之弊

官箴終

昉顓蒙之資叨膺吏事塵冗馳騖無所津梁既得此書稍知自勉敬鋟于梓與有志者同之寶慶丁亥歲三月既望永嘉陳昉

謹書

祛疑說　雲間　儲　泳

易占說

筮易以蓍古法也近世以錢擲爻欲其簡便要不能盡卜筮之道自昔以錢之有字者爲陰無字者爲陽故兩背爲拆二畫也兩字爲單一畫也朱文公以爲錢之有字者爲面無字者爲背凡物面皆屬陽背皆屬陰反舊法而用之故建安諸學者悉主其說或謂古者鑄金爲貝曰刀曰泉其陰或紀國號如鏡陰之有款識也一以爲陰一以爲陽未知孰是大抵筮必以蓍求爲簡便必盡其法余嘗以木爲三彈丸丸各六面三面各刻三畫三面刻二畫呵而擲之以盡老少陰陽之變三九各六面十有八變之義也三面爲三乾之九也三面爲二坤之六也此用九用六之義也三者乾之一畫函三也二者坤之一畫分二也此叄天兩地之說也三丸擲之皆三則成九老陽數也三丸皆二則成六老陰數也兩二一三則成七少陽數也兩三一二則成八少陰數也所用者乾坤之畫以成八卦是乾坤生六子之象也九象太極之一也三三爲乾二二爲坤象兩也三丸者象天地人之三才也每丸得數十五洛書皇極數也合三丸之數而爲四十有五河圖九宮數也上二則下三上三則下二動靜皆五故五藏於用參以四十五數太衍之數五十也三九成九於上則三丸伏六於下此老陽變陰之體也三九成六於上則三丸伏九於下此老陰變陽之體也二三相對每丸各具三五此三五以變錯綜其數之旨也體圓而轉變動不居也六位相乘周流六虛也三丸六擲而成卦亦十有八變之義也既無錢背錢面陰陽之疑又合老少陰陽之變嘗於舟中以語同志朱子美大以爲然因著其法與好事者同其用

辨脉

醫者可以生人可以殺人所係尤重故世子拜醫重之至也切脉之際沈微弦緊之小差投藥之間表裏汗下之小誤則不復有再生之理此世之所通患然亦在所未暇論夫所謂脉者世皆知王叔和之脉訣矣左心小腸肝膽腎右肺大腸脾胃命此五臟六腑一定之位也醫者於一指之間以前半指爲心後半指爲小腸他部皆然而或者以六腑乃五臟之應以輕取重按之間爲五臟六腑之别切脉之法其說有二彼是則此非彼非則此是部位未定況望其不繆於證耶又有大可疑者婦人之脉惟以尺脉之常盛常弱與男子爲相反而脉訣謂反此背看切疑其有說也夫男子婦人形體絶異陰陽殊途也故男生而覆女生而仰男則左旋女則右轉凡陽氣則自下而上陰氣則自上而下男主施與陰主翕受而男子之至命在腎而處五臟六腑之極下女人之命在乳而處五臟六腑之極上氣形皆異脉傳於氣形之間者

也何乃男子之與女人略不少異耶況背看二字殆必有說既言反此又言背看必不止於常弱常強之分而已也及觀褚澄尊生經而前之疑者始以自信世未始有以女人之脉背看如褚澄之說者尊生經曰脉分兩手手分三部隔寸尺者命之曰關去肘度尺曰尺關前一寸爲寸左手之寸極上右手之尺極下男子順自下生上故極下之地右尺爲受命之根本如天地未分元氣混沌也既受命矣萬物從土而出惟脾爲先故尺上之關爲脾脾土生金故關上之寸爲肺肺金生水故右手之寸越左手之尺爲腎腎水生木故左手尺上之關爲肝肝木生火故關上之寸爲心女子陰逆自上生下故極上之地左手之寸

爲受命之根本既受命矣萬物從土而出惟脾爲先故左手寸下之關爲脾脾土生金故關下之尺爲肺肺金生水故左手之尺越右手之寸爲腎腎水生木故右手寸下之關爲肝肝木生火故關下之尺爲心男子右手尺脉常弱初生微眇之氣也女子右手尺脉常強心火之位也非男非女之身感以婦人則男脉應診動以男子則女脉順指不察乎此難與言醫褚澄尚主爲宋駙馬都尉察脉如神著書十篇曰尊生秘經此其一也

辨針

陰陽家之說尚矣其間得失是否未易輕議要亦驗諸事折諸理而已地理之學莫先於辨方二十四山於焉取正以百二十位分金言之用丙午中針則差西南者兩位有半用子午正針則差東南者兩位有半吉凶禍福豈不大相遠哉此而不明他亦奚取曩者先君卜地日者一以丙午中針爲是一以子午正針爲是各自執其師傳之學世無先覺何所取正而兩者之說亦各有理主丙午中針者曰狐首古書專明此事所謂自子至丙東南司陽自午至壬西北司陰壬子丙午天地之中繼之曰針雖指南本實戀北其說蓋有所本矣又曰十二支辰以子午爲正厥後以六十四卦配爲二十四位丙實配午是午一位而丙共之丙午之中即十二支單午之中也其說又有理矣主子午正針者曰自伏羲以八卦定八方离坎

正南北之位丙丁輔離壬癸輔坎以八方析爲二十四位南方得丙午丁北方得壬子癸子午實居其中其說有理亦不容廢又曰日之躔度次丙位則爲丙時次午則爲午時今丙時前二定之位良亦勞止因著其說與好事者共之但用丙午中針亦多有驗適占本位耳

墨說

製墨之法取煙不過欲其輕遠而水之重輕膠之分兩隨時增減大槩不甚相遠世人往往入他藥以助其黑色發其光焰不知天下至黑何以加於油煙入藥一分減色一分耳惟當事治膠法煎膠之次恐其滯也有藥以醒之恐其烈也有藥以敗之故藥去而

性存膠成而體不雜膠煙之外不用一藥此墨之所謂膠法也夫煙之所以黑者擣練之功也今之製墨者以手捜劑緩則燥裂一再蒸之已失其性況敢擣練千杵耶得製膠之法又能緩膠之性則入鐵石臼中擣之一二千下膠性如飴惟意所適然後作鋌出煙之黑色發煙之光焰未有過於此者區區秦皮紫草之類適為膠法累耳雅意文房者不可不知此理

行持是正心誠意之學

道家之行持即吾儒格物之學也蓋行持以正心誠意為主心不正則不足以感物意不誠則不足以通神神運於此物應於彼故雖萬里可驅攝於呼吸間非至神孰能與此嗚呼廣大無際者心也隔礙潛通

者神也然心不存則不明神不養則不靈正以存之久而自明誠以養之極而自靈世之學者不務存養於平時而遽施行於一旦亦猶汲甘泉於枯井採英華於槁木吾見其不可得矣及其氣索神驚取侮致敗乃歸怨神之不靈法之不驗良可悲也

符印呪訣不靈　祭將召邪

符印呪訣行持之文具也精神運用行持之玄妙也感應乃其枝葉煉養乃其根本不知其根本玄妙而徒倚符印呪訣為事雖甚靈驗亦徒法耳蓋符印本不能自靈依神通而感應苟得感通之道何假符印呪訣哉彼時師不達深妙持將祭則靈之説以愚後人遂使後學一意祭賽損物傷生召引無依求食之

鬼日至月增結成徒黨自謂驅攝揮指如意不知以邪攻邪實有損於行持者之身也余自緫角愛行持傳授殆徧法書數箱印幾百顆意謂法止於此道心堅猛天誘其衷忽遇至人授以口訣不出數句遂縱横於諸法中方知將吏只在身中神明不離方寸符印呪訣皆符合之具也世之志尚清高雅意道法者不可不知此理

呪水自沸　移景法

正法出於自然故感應亦廣大邪法出於人為故多可喜之術余舊見呪水者不施藥物立使騰沸始甚奇之及得其説乃以猪囊藏袖中用手法助之耳如移景之法類多髣髴惟一法如烈日中影人無不見

視諸家移景之法特異及得其説乃隱像於鏡設燈於旁燈鏡交輝傳影於紙此術近多施之攝召良可笑也大抵行持正法不過正心誠意而物格本無心於奇怪之應非如邪法之專於愚世駭俗聳動見聞也至於召雷而雷禱雨而雨此亦誠通物格之妙自然而已豈容以人偽參之哉

叱劒斬鬼

㓜時嘗聞一道士有斬鬼之法每置劒空室中以水潠之叱其斬妖對衆封閉來日啓之流血滿地數年後旅寓中得親見此道士既久聞名厚加禮遇而求其法始甚珍祕久之許傳乃出示一草實容以擦劒含水大噴經夕視之水皆血色一見釋然蓋人之與

鬼陰陽一氣耳一氣受形而爲人一氣離形而爲鬼血因形而生既不受形何從有血天下未有無形而有血者君子可欺以方難罔以非其道惟達理者不受非道之欺

呪棗煙起　呪棗自焦

舊聞呪棗而煙起或呪而棗焦者心雖知其爲術不知其所以爲術也後因叩之道師乃知棗之煙者藏藥於棗託名以呪撚之則藥如煙起其棗之焦者藏鏡於頂感召陽精舉棗就鏡頂之自焦是知奇恠之事非藥則術不足多也

燒香召雷神　錢入水即化

向有行雷法者以夜遊艾納數藥合而爲香每燒則

煙聚爐上人身鳥翼恍如雷神所至敬向不知其爲藥術也師巫多挾術以欺世向見一女巫應有祈禱必納香錢使自投於淨盂中隨即不見人多神之後得其術乃用荸薺水銀雜草藥數種埋之地中七七藥成每密投少許於水中錢入即化挾邪術託鬼神以欺世如此類者甚多不欲盡紀姑敘數端以祛後來者之惑

請封書仙

降筆之法甚多封書降筆者最異其封愈多而牢其拆愈易而疾惑而信者多矣不動全封可隨意而書寫或以天麻子油書之不見其跡此實鬼拆書之術耳然有挾此資身者故不欲著其所以拆云

呼鶴自至

向遇一道友能呼鶴雀之類從而求之幾月乃許傳授其法用活雄鳩血書符殺命助靈心已不喜先授七字呪約旦日教以作用閱其呪語盡從反犬有狐狸等字方知此爲嶺南妖術耳遂不卒受其說彼察知不悅亦就辭去戲已無益況左道乎好恠傷生尤非仁人君子之事

呼鼠　祛蚊

自幼受接道友有一人能呼鼠羣聚久之遣去亦能祛蚊自謂以法追禁始亦疑之久相與處察其動靜悉非呪法每欲呼鼠必先期収市狼糞黑犬皮之類惟祛蚊之術不可知一夜醉寢取其篋中香末試燒

蚊悉遠去但不知其用藥然正作荷花香來日叩之微笑不荅想亦荷花之鬚耳

覆射

覆射之法甚多如覆命認錢之類無非暗號如左右多少之類出於筭法此不足道惟一法用七言詩兩首括天下字凡有音者皆包羅而不遺兩詩各四十九字分前後片前片四十九字內以三字分上去入聲一字爲疊實四十五字耳此四十五字分喉齒脣舌四音後四十九字總括諸韻合成反切故天下字無不可知人但見其或擊鑼鼓或用片紙反覆以錢不知其以四十九字寄倖於此也然可求者字之音難窮者字之體必能通文理而後可學否則亦徒然

爾然立法簡妙不可得以智識推度因著此以廣好事者之見

知術

欺世之術君子之未達者固多察之察而知其所以爲邪足矣如知其邪而邪之非上善之用心也故余特叙其術之大槩而不言其全正慮是也

邪正

人惟一覺性耳覺之一字可以斷疑情祛邪妄一雜亂返眞常人苟氣宇清明心神虛爽邪魅何從而入惟其昏擾濁亂自生顛倒見解故外邪客氣乗之然外邪客氣即我之顛倒見解而已非外來也由內不自正故曰外邪心無所主故曰客氣當知覺性易昏

惟誠以養之則明定以持之則清清明之極道乃可成盡敬事神不若還以事其性天之神也

鬼神之理

世之論鬼神者有二持福善禍淫之說者泥於有持萬法惟心之說者著於無不究端倪皆非至當夫鬼神者本無形迹之可見聲臭之可求謂之有則不可至於寒暑之代謝日星之運行雷電風雨之倏變倏化非鬼神之顯著者乎此謂之無則又不可蓋天地之間惟陰陽耳天地者陰陽之祖也神者天之陽精鬼者地之陰氣陰陽者天地之妙用鬼神者陰陽之變化自天統開於子輕清之炁一萬八百年升而爲天天之晶華凝結而爲日月星辰成象既著功用乃行地統開於丑重濁之炁一萬八百年凝而爲地地之靈氣融結而爲山川河嶽成形既定肹蠁攸召天之一氣列而爲清明之神主造化運四時地之一氣鍾而爲福德之鬼鎮土宇司五嶽如天一生水於北水之精化爲玄武位鎮朔方此天地自然之道豈驅而爲之哉鬼神者陰陽顯著之名耳二氣運行本無形迹之可見固不可謂之有及其機微之積錯揉之變則風霆流形妖祥示象此天地之鬼神也故聖人謂鬼神之德易謂鬼神之情狀又其可謂之無乎鬼神者陰陽之粹精也依氣而聚散氣者形之始也氣聚則顯然成象氣散則泯然無跡本於無而出則有出則有而入於無古人謂鬼隱龍匿莫知其蹤是也

夫幽深寥闃淪寂無聲視之不見聽之不聞者推本則無也或見光景或聞音聲如在其上如在左右者氣感而有也惟人禀陽於天受陰於地生神於陽成形於陰鬼神造化皆備於我特其體有小大故鬼神之功用與天地有等殊耳知此理則知鬼神之情狀

陽神陰靈之說

有客舉倩女離魂話因及張紫陽與雪竇禪師入定事謂雪竇以禪定成至陰之爽故不能持物而還紫陽以金丹凝至陽之神故能持果而返此事之有無不必深辨大槩先輩以此別性宗與形神俱妙之功用不同耳因語客曰陽神能運物陰神不能運固也今山魈物精邪鬼而已飛瓦走石運致寶貨瞬息千

里謂之陽神可乎客不能對後每以此問人莫得其說嗚呼知此說者其知性命之所以不同歟

天道不遠說

嘗觀劉向災異五行傳後世或以爲牽合天固未必以屑屑爲事然殃咎各以類至理不可誣若遽以牽合少之則箕子之五事庶證相爲影響顧亦可得而議乎試以一身言之五行者人身之五官也氣應五臟五氣調順則百骸俱理一氣不應一病生焉然人之受病必有所屬太陽爲水厥陰爲木是也而太陽之證爲項強爲腰疼爲發熱爲惡寒其患雜然而並出要其指歸則一出於太陽之證也猶貌不恭而爲常雨爲狂爲惡也況五官之中或貌言之間兩失其正即素問所謂陽明厥陰之合病也其爲病又豈一端之所能盡哉以一身而察之則五事庶證之應蓋可以類推矣劉向五行傳直指某事爲某證之應局於一端殆未察醫書兩證合病之理也後之人主五事多失其正受病蓋不止一證宜乎災異之互見迭出也局以一證論之未爲得也夫冬雷則草木華蟄虫奮人多疾疫一炁使然景星慶雲不生聖賢則産祥瑞象見于上則應在于下如虹蜺妖氣也當大夏而見則不能損物百物未告成也秋見則百穀用耗矣或入人家而能致火飲井則泉竭入醬則化水和氣致祥妖氣致異厥有明驗天道感物如響斯應人事感天其有不然者乎如風花出海而爲飄風山川出雲而爲時雨農家以霜降前一日見霜則知清明前一日霜止霜降後一日見霜則知清明後一日霜止五日十日而往前後同占欲出秧苗必待霜止每歲推驗若合符節天道果遠乎哉感於此則應於彼有此象則有此數乃不易之理也

神像所以靈

設土木像敬而事之顯應靈感此非土木之靈乃人心之靈耳夫壇場社廟或興或廢有靈有不靈者係人心之歸與不歸風水之聚與不聚蓋人者具眞覺之靈受中和之氣天地之内莫靈於人人心所聚靈氣之所聚也彼得風水之利者氣脉停止人心精爽得以依之此所以愈靈而愈興也其失風水之宜者和氣不聚人心精爽無所依棲隨而蕩散此所以日廢而不靈也凡壇場立於風水會聚之地而人心歸鄉未有不靈而福德者愚人不知此理欲助其靈乃取活蛇生鴉或縛獼猴藏於土木偶之胷腹此非助靈之道實助其妖孽耳知者不可以不戒

陰陽家多拘忌

太史公言陰陽家多拘忌信哉斯言將盡從之則彼可此否不勝其牽制將盡弃之則禍福顯驗有不可誣者然則何爲而可余爲之斷曰大而緊者避之小而緩者略之合於理者從之背於理者去之如太歲一星（出元經非歲建也）九梁會煞之類此大而緊者所當避忌如蠶室太陰狼籍流財之類此小而緩者可以略

去不必盡求合也如歲位吉凶九宮飛白六壬之四殺没於四維六神制於六道遁甲之趨三避五逼迫刑格旨意玄微立法深妙皆萬世不可刋者所當遵用夫復何說如四衝所通忌活曜則取以爲吉三方實死法五符謂百無所忌不通於理烏可準憑論陰陽者既知去取又當以智中活法參之如金神惡殺也其權司秋其位居兊正秋作之復值巳酉丑地決不免禍如作於夏或值丙離權去勢衰未爲深害即此而論則活法可類推矣故曰安得圓機之士語九流乎此太史公之微旨也夫人生天地間應變酬酢未有不爲陰陽束縛者烏可不知所趨避哉惟君與相勢位力量可以斡造化贊陰陽鎮靖方隅制伏神煞下此所不當忽也至於窮理盡性之聖賢得道心空之高士離五行超物外天地不得違其機鬼神不得窺其迹豈陰陽所能籠絡哉如此者又不可以槩論

辨身壬法

陰陽家多拘忌達者固不當一切求合然吉凶影響要不可廢如酒醋遇弦而生涎糟醬遇潮而作湧鷄子日中則正日昃則偏鵲避歲君燕避戊己一炁運化萬物莫逃人亦天地之一物豈能獨立於陰陽之外哉自羲和之學失其世守而文字之傳或多剽切世罕精於此道如造作一法人所當用大要先論身壬之法則大不可曉夫所謂身壬者陰陽二命皆起

於壬也其詩有曰陽遇牛門當返照陰逢雞嶺急須回故十歲起亥陽命遇丑而返陰命遇酉而回舉世用之殊不察理之所在其法一十起亥二十在丑者十在子四十在亥矣今逐年行運三十九歲在卯四十乃在寅寅與亥相去四位一凶一吉何去何從先賢立法宜不如此之舛且戾也惟朱子美家藏鼻祖祕書得其全法頗合於理未嘗語人其詩有曰陽遇牛門當返照陰逢雞嶺急須回跳過三宮雙女位一年一位逆歸來陰遇午申爲大利陽逢寅子永無灾得此全法乃合身壬之運其流年所至悉與起數脗合如四十在亥流年四十亦至亥並無差舛乃知剽切之學誤天下後世多矣此大而要切者其踈繆且如此况其他星煞乎大抵吉凶星煞不外乎數此法自壬而起壬水數一故起法悉本於一運於三而成於五合三五一之數以爲用此所謂身壬之法也立法而不本於理不合乎數吾未敢以爲智者之剏法也陽命一十起亥二十子三十丑三十一越三位而在巳順至子得四十陰命逆行一十起亥二十戌三十酉三十一申三十四至巳三十五丑

赤口煞

赤口小煞耳人或忤之率多鬬訟原其起法以四位求之常值於巳以十二支求之常值辰戌蓋魁罡乃天之惡神巳位屬蛇有囓人之毒也然用之亦活法不可以此小害遽廢良日如赤口值寅巳酉戌則不可用餘皆無害蓋四位所屬皆能以口傷物其煞乃

行他位值之不必盡避

驛馬是先天三合數

八卦未畫數泯於理自天出河圖而後有先天之八卦先天之數由是出焉故大撓氏作六十甲子亦以一二三四五而定火土木金水之數聖賢立法未有不參於理本於數者也今世之所謂驛馬者先天三合數也先天寅七午九而戌五合數二十有一故自子順至申凡二十有一而爲火局之驛馬亥卯未之數四六與八合爲十八故自子順至巳凡十八而爲木局之驛馬木火陽局也從子一陽而順轉金水陰局也從午一陰而逆■行故申子辰之數七九與五合爲二十有一故自午逆至寅凡二十有一而爲水局之驛馬巳酉丑之數四六與八合爲十八故自午逆至亥凡十有八而爲金局之驛馬此驛馬之法所由立也

三刑是極數

子卯一刑也寅巳申二刑也丑戌未三刑也自卯順至子子逆至卯極十數而爲無禮之刑寅逆至巳巳逆至申申極十數而爲無恩之刑丑順至戌戌順至未極十數而爲恃勢之刑故皇極中天以十爲殺數積數至十則悉空其數天道惡盈滿則覆也此三刑之法所由起也

六壬三殺乃先天四衝數

壬式之忌莫大於三煞三命家謂之破碎陰陽家之用莫先於身壬而身壬之忌亦莫大於三煞犯之則禍常不赦世人徒用之而不知其所以然也蓋巳酉丑者五行之殺氣也而巳酉丑之所以爲殺者先天數之四衝也夫子午之數各九卯酉各六總爲三十自子順行極三十而見巳是爲四仲之正殺寅申各七巳亥各四總二十有二自子順行極二十二而見酉是爲四孟之正殺辰戌各五丑未各八總二十有六自子順行極二十六數而見丑是爲四季之正殺此壬申三殺之所由起也

貴人是十干合氣

甲戊庚牛羊乙己鼠猴鄉自昔相傳以爲貴人或者謂當以甲戊在牛羊云云庚辛逢馬虎爲是兩位各主兩干在字與庚字相類六字與庚字相若此乃傳寫之誤始亦疑之後得其法則知當以古法爲正此特後人妄議之耳蓋貴人者十干之合氣也其法以十干布十二支而辰戌不居對衝爲虛夫辰戌乃貴人之獄所以不居貴人相對爲天空故虛其衝也日貴順布甲在子(甲與己合己貴在子)乙在丑(乙與庚合庚貴在丑)丙在寅(丙與辛合辛貴在寅)丁在卯(丁與壬合壬貴在卯)戊在巳(戊與癸合癸貴在巳)午爲對衝則虛之己在未(己與甲合甲貴在未)庚在申(庚與乙合乙貴在申)辛在酉(辛與丙合丙貴在酉)壬在亥(壬與丁合丁貴在亥)癸在丑(癸與戊合戊貴在丑)十干順布十位已周乃再以十干起申逆布之以求夜貴以甲在申乙在未丙在午丁在巳戊在卯寅爲申之衝則虛之己在丑庚在子辛在亥壬在酉癸在

未一逆一順而晝夜二貴定矣且甲之起於子申何也蓋貴人屬土正位丑未乃坤卦二五黃中之合氣也先天卦之坤在正北子位河圖之坤在西南申方故晝夜二貴所以起於子申也布而爲圖一見可決

黃白之術

世以黃白之術自誑者名爲藝客又曰爐火小則輕瘦金銀以爲摻制大則結成丹母名曰匱頭持燕雀

不生鳳狐兎不乳馬之文以證用母之說或切其眞母易以他物或制而爲匱以邀重謝凡水銀入匱必食其母以成寶再三爲之母氣既竭金銀已盡則水銀爲煙焰之歸矣或有用汞以取銀之體用藥以食金之色養火見寶名曰隔窻取母或以金銀爲鼎器實水銀於草藥煉而成寶名曰玉女飜身或以水銀膽凡煉於鐵鼎食頃成就然其體似銀則色黃而體頑似金則體堅而色淡似銅則質潤而色鮮蓋水銀食鐵之英華以爲體膽凡變鐵之顏色以爲黃自謂轉身便成眞寶未有不爲所欺者如薬荷之有水銀灰莧之有鉛錫皆在七十二種龍牙草藥之數此又爐火中之可觀者下此皆無足道不欲詳述士志於道幸勿於此加意

燒金煉銀

道家有金丹之說故學者多以煆煉黃白爲事不知金丹者人之眞陽乃向上妙道借諭爲金即禪宗之所謂金剛不壞身取其不生不滅永劫長存具不漏之體也丹者乾爲大赤純陽乾金故號爲丹豈徒以黃白爲事況黃白之術神仙用以助安貧樂道之士今志求黃白者心已貪甚豈肯授此以遂其貪哉借使得之日成萬兩何救於生死大事況復不易可得遂使設欺規利之徒投其所好多致敗家不思彼有是術自能致富惟恐人知又何待以傳授資身也大抵志於黃白者已非清高之士豈足以學道哉

煆硃砂說

硃砂體陽而性陰故外色丹而中含眞汞也用遠志龍齒之類煆之則可以養心用枸杞地黃之類則可以補腎用南星川烏之類則可以驅風以胡桃破故紙之類則可以治腰腎以川椒厚朴之類則可以實脾氣隨其佐使而見功無施不可向昧此理每得一方守以爲法歲月浸久所收既多所知稍廣因悟此理其後隨意用藥煉之無不適用每恨見之不早因以所得著之或可爲服食之助老於煆煉者試以此說質之亦必㸃首

服丹藥

金石伏火丹藥有嗜慾者率多服之冀其補助蓋方

書述其功效必曰益壽延年輕身不老執泥此說服之無疑不知其為害也彼方書所述誠非妄語惟修養之士嗜慾既寡腎水盈溢水能尅火恐陰陽偏勝乃服丹以助心火心為君腎為臣君臣相得故能延年況心不外役火雖盛而不炎以火留水以水制火水火交煉其形乃堅雖非向上修行亦養形之道也彼嗜慾者水竭於下火炎於上復助以丹火烈水枯陰陽偏勝精耗而不得聚血渴而不得行況復喜怒交攻抱薪救火發為消渴凝為癰疽或熱或狂百證俱見此丹藥之害也人既不能絕慾惟當助以溫平之劑使榮衛交養有寒證則間以丹藥投之病去則已或者不知此理每恃丹石以為補助實戕賊其根

本耳豈善攝生之道哉

論男女之分生殺之炁

兩儀立天地之體一炁妙陰陽之用一闔一闢之間陽生陰殺貫乎萬有受其正氣則為人冗雜之氣為異類莫不有雌雄焉原其受氣之初闢炁為男闔氣為女一闔一闢男女攸分道藏所載以龍吟虎嘯不後不先為結胎之始以精血相包處內處外定男女之像是則是矣殊不知所以使之然者蓋有自然而然者矣使之然者其動靜闔闢之機乎人之生也以此及其死也亦然某日而死則受某日之殺氣此理蓋行乎其中而不可見者也陰陽家所載有雌煞有雄煞有出有不出焉其說似不可信然雌煞不出則死者之右足鉗而向左雄煞不出則死者之左足鉗而向右雌雄煞皆不出則左右足皆鉗而相向皆出則左右足皆向外而不鉗豈非生殺之炁貫乎萬有而著見於外之象乎一炁之至著而可見者莫八風若也是故春而南風則雨夏而北風亦然八節之日風來正位則百穀成熟失位則否生殺之炁行乎其中風其發見者也嘗觀圃人當春之接花木一值南風十有九死雖老圃莫知其所以然者當盛陽而陰氣應也嗚呼人受天地之正氣以生蓋亦謹闔闢之機以全是炁之正乎不然則中立於兩間何所恃而生乎格物之士試深思之

龜卜說

龜卜之法自古有之周官立龜人之職洪範敘稽疑之疇太史著龜筴之傳理不可廢自官失其守世莫有精其術者洪範所載曰雨曰霽曰蒙曰驛曰克而食墨不食墨之說未聞焉太史公分四時而定吉凶以橫正安節觀其身以肣開俛大觀其首足而兩蒙之說不及焉今之龜人又不過定五鄉動靜首足肣直而已小得大遺莫詣其奧然其說亦復有三焉一兆固有五鄉首甲乙而足壬癸此舉世之所通用或以日辰為祖而定五鄉之變如丙丁日則首起丙丁而次戊己庚辛居戊己之中位甲乙乃居足焉十干皆然而甲乙之日乃居甲乙之正位謂古人以甲乙日為起例而後人遂以為定例也或又以本位為祖

而變五鄉之用如腰金之兆金位也則以甲乙爲財爻金克木也以丙丁爲官鬼火克金也木兆則以戊己鄉爲財爻庚辛鄉爲官鬼其説尤爲合理而又有一法則以五鄉之動者察其爲金木水火土之象隨本鄉而定吉凶如甲乙之鄉動而有金之象則爲官鬼有水之象則爲父母戰則不祥相生則吉所謂動者驛也戰者克也霽者食墨也蒙者不食墨也太史公以四時定吉凶其亦日辰變五鄉之義乎世無造妙之學其孰從而質之

刻漏説

自古刻漏必曰壺大幾何受水幾何又有水重水輕之别渴烏之觜吐水如髪惟恐不細向製此器以備

火候之用出水入水爲製不同大抵一塵入水渴烏旋塞未嘗有三日不間斷者中夜以思忽得其説但使渴烏之水大如中針則小小塵垢隨水而下不復可塞不過倍受水之壺而已製器一成不復間斷深思其故始得其説因著之以傳好事者

大五行説（近世謝黄牛作大五行歌附會不經曲爲之説不足取）

向爲先子卜地徧叩日者就參地理之學雖各守其師説深淺固未易知但二十四位之五行亦有兩説莫之適從自古所用大五行雖郭璞元經亦守其説謂之山家五行然先輩皆謂莫曉其立法之因既無可攷之理古今豈肯通用而不疑者哉近世蔣文舉只用正五行以配二十四位壬癸亥子爲水丙丁巳午爲火一如三命六壬之説自謂得楊松筠之學又有蜀中一家謂是希夷先生之傳亦以子亥爲水巳午爲火與蔣説同而獨以壬位爲火其書則闔闢八卦消息律吕其行山定穴一以卦象律吕爲本上生下生如黄鍾用林鍾之類是也年月日時則用卦氣生旺如辟乾候大有之類是也其學行於東川爲書十篇卦爻律吕之用有陰有陽有消有破有生有合其立法雖與蔣氏不同而五行之説甚不相遠然則大五行之説果可廢乎可得而廢則古人何以更相傳襲而用之於是深思其理求之太一統紀之數而不可得求之皇極先天中天之數而不可得求之後天化合五運六氣之説而不可得反而求之卦畫於

是得其説焉分列于后庶幾易見

水

乾卦納壬甲　乾爲天天一生水

戌（壬戌水）子（坎正卦）寅（甲寅水）甲（甲屬寅乾卦納申）

辰（壬辰水）巽（壬辰水巽屬辰）申（甲申水）辛（乙酉水辛屬酉）

戌屬乾自戌順一周匝至辛而極乾陽極而變坤故辛納乙

坤納乙癸　坤爲君火

火

午（離正卦）丙（乙巳火丙屬巳）

乙（坤卦納甲）壬（乙亥火壬屬亥）

坤用乙而不及癸者六癸皆不化火也癸却自化木

木

卯（震正卦）艮（癸丑木艮屬丑）

未（癸未木）己（己巳木）

金酉兌正卦乾庚戌金乾屬戌
亥辛亥金丁兌卦納甲
土坤卦本宮正丑辛丑土
癸庚子土癸屬子庚戌申土庚屬申
木受坤化終於已之陰土
土受乾化終於戌之陽土
乾用壬申而生水坤乙生火而癸生木各主八位乾坤用足繼以長男長女庚辛運化金土攸定五氣迭布造化之功備矣本以卦畫象數參之六十甲子始得窺其立法之端倪不悖經旨允合象數後有明者不易吾言矣

大五行出於乾坤者十二位出於六子者亦十二位

合六子足以當乾坤之數蓋乾坤之策三百六十合六子之策亦三百六十足以當乾坤之策也但郭景純所載未本屬木而金土木各得四位故山家五行篇曰癸丑坤庚名稼穡艮震巳未曲直痕今皆以未屬土殆必有所據其理亦通木三金四土五是也然一爲數之元總攝八位可也火何以不二不七而四耶二說未知孰是將以質諸專門之學造理之士云山家五行郭景純既以名篇又於葬元一篇論坎坤水土之山則曰崇土益申長生位也及論艮山則曰崇土益亥非木之長生乎論巽山則曰崇土益申水長生也此又景純筆之書而用大五行之明證也醫書有左癱右瘓之證人身一氣脉也一息往來骨節毛竅何往不達及其感疾左癱者病不及右右瘓者病不及左五臟六腑一而已矣豈有限界使左之病不得右而右之病不得左耶夫五臟皆一而腎獨有二左爲腎而藏精右爲命而藏氣神依氣立故曰神門配壬子之水是以人之精敗者必左癱氣敗者必右瘓兩腎各有所主故其病亦各有所歸壬子一位也子屬水而壬屬火左腎配子右腎配壬子水爲精壬火爲神五臟猶五行也六腑猶六神也甲乙配青龍丙丁配朱雀庚辛配白虎壬癸配玄武戊乃配勾陳已乃配騰蛇蓋坎水納戊离火納已故五行而有六神猶五臟而有六腑壬火子水之說近取諸身理尤明甚

辨歲本說

胡汝嘉歲本論謂今夜之子昨即是來日則今年之子月當爲來年立論詳而易明引證的而易信故近世多以十一月爲來年向因先子葬用子月悉主汝嘉之說或謂春夏秋冬一歲之叙也豈有冬而後春之理帝堯之曆象授時亦首春而次夏夫子謂行夏之時以其得天道之正也兩說交戰于中深思其故久之乃得其說然後決以吾夫子之言爲正夫每日之有十二時者太陽隨天之運而周行於方隅之十二位也故日到子方則爲子時到午方則爲午時每年之有十二月者太陽麗天而歷於天輪之十二星次也是以日次子位當虛宿之躔度而立春虛乃子

位之正天中之一陽也天道左旋日次子而為春之正月次亥為二月次戌為三月左旋而曆十二位以定十二月也地道右旋故每日之太陽在子位為子時順子丑寅卯歷十二位而定十二時也蓋太陽每一日順行十二方隅而為十二時太陽每一歲逆躔十二星次而為十二月胡汝嘉不曉曆法故為此論知天道更新於子而不知太陽次天輪之子為更新也是說也惟深於星曆者知之

正月建寅太陽次虛太陰次危日月皆在天輪之子位此天道之一陽更新也

祛疑說

夔州刺史劉　禹錫

劉子閒居作因論或問其旨曷歸歟對曰因之爲言有所自也夫造端乎無形垂訓於至當其立言之徒放詞乎無方措旨於至適其寓言之徒蒙之智不逮于是造形而有感因感而有詞匪寓以因爲目因論之旨也云爾

鑒藥　訊甿　嘆牛　儆舟　原力　說驥　述病

鑒藥

劉子閒居有負薪之憂食精良弗知其旨血氣交沴煬然焚如客有謂予子病病積日矣乃今我里有方士淪跡於醫厲者造焉而美肥輒者造焉而善馳矧常病也將子詣諸予然之之醫所切脉觀色聆聲參合而後言曰子之病其興居之節舛衣食之齊（去聲）乖所由致也今夫藏鮮能安穀府鮮能毋氣徒爲美疹之囊橐耳我能攻之乃出藥一丸可兼方寸以授予曰服是足以瀹昏煩而鉏蘊結銷蠱慝而歸耗氣然中有毒須其疾瘳而止過當則傷和是以微其齊也予受藥以餌過信而膇能輕痺能和涉旬而苛癢絶焉抑搔罷焉踰月而視分纖聽察微蹈危如平嗜糲如精或聞而慶予且鬨言曰子之獲是藥幾神乎誠難遭已顧醫之態多嗇術以自貴遺患以要財盍重求之所至益深矣予昧者也泥通方而狃既效猜至誠而惑勦說卒行其言逮再餌半旬厥毒果肆岑岑周體如痁作焉悟而走諸醫醫大吒曰吾固知夫子未達也促和蠲毒者投之濵於殆而有喜異日進和藥乃復初劉子慨然曰善哉醫乎用毒以攻疹用和以安神易則兩躓明矣苟循往以御變昧於節宣奚獨吾儕小人理身之弊而已

訊甿

劉子如京師過徐之右鄙其道旁午有甿增增扶班白挈羸角齋生器荷農用摩肩而西僕夫告予曰斯宋人梁人亳人潁人之逋者今復矣予愕而訊云予聞隴西公暢轂之止方踰月矣今爾曹之來也欣欣然似恐後者其聞有勞徠之簿歟蠲復之條歟振贍之[redacted]歟碩鼠亡歟瘈狗逐歟曰皆未聞也且夫浚都吾政之上游也自巨盜間釁而武臣顓焉牧守由將校以授皆虎而冠子男由胥徒以出皆鶴而軒故其上也子視卒而芥視民其下也鷙其理而蝟其賦民弗堪命是軼于它土然咸重遷也非阽危擠壑不能違之曩者雖歸歟成謠而故態相沿莫我敢復今聞吾帥故爲丞相也能清靜畫一必能以仁蘇我矣其佐嘗宰京邑也能誅鉏豪右必能以法衞我矣奉斯二必而來歸惡待事實之及也予因浩歎曰行積於彼而化行於此實未至而聲先馳聲之感人若是之速歟然而民知至至矣政在終終也嘗試論聲實之先後曰民黠政頗須理而後勸斯實先聲後也民離政亂須感而後化斯聲先實後也立實以致聲則難

在經始由聲以循實則難在克終操其柄者能審是理俾先後終始之不失斯誘民孔易也

歎牛

劉子行其野有叟牽跛牛于蹊偶問焉何形之瑰歟何足之病歟今觳觫然將安之歟叟攬縻而對云瑰其形飯之至也病其足役之過也請爲君畢詞焉我僦車以自給嘗驅是牛引千鈞北登太行南並商嶺掣以回之叱以聳之雖涉淖躋高轂如蓬而軔不偾及今廢矣顧其足雖傷而膚尚腯以畜豢之則無用以庖視之則有羸伊禁焉莫敢尸也甫聞邦君饗士卜剛日矣是往也當要（平聲）售於宰夫余尸之曰以叟言之則利以牛言之則悲若之何予方窶且無長物願解裘以贖將寘諸豐草之鄉可乎叟囅然而咍曰我之沽是屈指計其直可以持醪而齧肥飴子而衣妻若是之逸也奚事裘爲且昔之厚其生非愛之也利其力今之致其死非惡之也利其財子惡乎落吾事劉子度是叟不可用詞屈乃以杖扣牛角而嘆曰所求盡矣所利移矣是以員能霸吳屬鏤賜斯既帝秦五刑具長平威振杜郵死陔下敵擒鍾室誅皆用盡身賤功成禍歸可不悲哉可不悲哉嗚呼執不匱之用而應夫無方使時宜之莫吾害也苟拘於形器用極則憂明已

儆舟

劉子浮于汴涉淮而東亦既釋紼纚榜人告予曰方今湍悍而舟盬宜謹其具以虞焉予聞言若厲繇是衂以窒之灰以墐之爇以乾之僕怠而躬行夕惕而晝勤景霾晶而莫進風異響而遄止兢兢然累辰是用獲濟偃檣弭櫂次于淮陰於是舟之工咸沛然自暇自逸或游肆而觴矣或拊檣而歌矣隸也休役以尚寢矣吾曹無虞以宴息矣逮夜分而窾隙潛澍漁然陰潰至乎淹篢濡薦方卒愕傳呼跣跳登墟僅以身脫目未及瞬而樓傾軸墊圻于泥沙力莫能支也劉子缺然自視而言曰鄉予兢惕也汩洪漣而無害今予宴安也蹈常流而致危畏之途果無常所哉不生於所畏而生於所易也是以越子郄行吳君忽晉宣尸居魏臣怠白公厲劒子西哂李園養士春申易至于覆國夷族可不儆哉嗚呼禍福之胚胎也其動甚微倚伏之矛楯也其理甚明困而後儆斯弗及已

原力

劉子于邁舟次泗濱維舴艋之于傳傳吏適傳呼曰乘馹者方來誰何之則曰力人也稚以力聞於吳楚間中貴人器之謂宜爲爪士獻言于上有旨趣如京師頃其至則矻焉五輩咸碩其體毅其容動睛睥如曳趾岌如顧瞻遲回飲啜有聲泗濱守伍由將授也說而勞之饗以太牢飲以百壺酒酣氣振求試自矜傍如無人中若有馮有盪舟如沿者扶鼎如飛者絢鞬如麻者開兩弧而脉不偾者徙巨石而翕如流者異哉果以力駭世而聞于上也異日話於儒家者流

有客悱然自奮曰斯誠力矣上之不過誇胡人而戲角抵次之不過倅期門而振袀服我之力異然以道用之可以格三苗而賔左衽以威用之可以係六贏而斷右臂由是而言彼力也長雄於匹夫然猶馹其騑饑其食我力也無敵於天下亦當蒲其輪鶴其書矣予詰之曰彼之力用於形者也子之力用於心者也形近而易見心遠而難明理乎而言則子之力大矣時乎而言則彼之力大矣且夫小大迭用曷常哉彼固有小矣子固有大矣予所不能齊也客於邑垂涕洟劉子解之曰屠羊于肆適味於衆口也攻玉于山俟知於獨見也貪日得則鼓刀利要歲計而韞櫝多客聞之破涕曰吾方俟多於歲計也歲歟歲歟其我與歟

說驥

伯氏佐戎于朔陲獲良馬以遺予予不知其良也秣之稊秕飲之污池廐櫪也上痺而下蒸羈絡也綴索而續韋其易之如此予方病且窶求沽于肆肆之駔亦不知其良也評其價六十緡將劑矣有裴氏子贏其二以求之謂善價也卒與裴氏裴所善李生雅挾相術於馬也尤工覩之周體眙然視聽然笑既而抃隨之且曰久矣吾之不覯於是也是何柔心勁骨奇精妍態宛如鏘如瞱如翔如之備邪今夫之德也全然矣顧其維駒藏銳于內且秣之乖方是用不說于常目須其齒備而氣振（平）聲則衆美灼見上可以獻帝閑次可以鬻千金裝也聞言竦焉遂儆其僕蠲其皂筐其惡蚤其溲穉以美薦秣以薌粒起之居之溧之拒（音霰）之無分陰之怠斯以馬養養馬之至分也居無何果以驥德聞客有唁予以喪其寶且譏其所貿也儆予灑然曰始予有是馬也予常馬畜之今予易是馬也彼寶馬畜之寶與常在所遇耳且夫昔之翹陸也謂將蹄將齧柢以檛策不知其籥雲耳昔之噓吸也謂爲疵爲癘投以藥石不知其噴玉耳夫如是則雖曠日歷月將頓踣是以曾何寶之有焉繇是而言方之於上則八十其緡也不猶踰於五羖皮乎客謖而竦予遂言曰馬之德也存乎形者也可以目取然猶違之若此矧德蘊于心者乎斯從古之歎予不敢歎

述病

劉子嘗涉暑而征熱攻于腠以致病其僕也告痛亦莫能興逮浹日予有瘳醫診之曰疾幸間矣顧執沴而未平有遺類焉宜謹於攝衛衛之乖方則病復矣所苦既微而怠其說倦眠于衾而興焉倦隱于几而步焉面不能罷頮髮不能捎櫛口不能忘味心不能無思如是未移日而疾也瘮（錦踈反）如復瘝于躬進藥求汗凡三渙然後目能視視既分則嚮時之僕已睨然執栝圈侍予于前矣予訝而曰曩吾與若也病偕呻也譸也若酷而吾微藥也餌也吾殷而若薄何患之同而瘞之異哉僕譸譸而荅云已之被病也兀然

而無知有間也亦兀然而無知髮蓬如而忘乎亂面
黙如而忘乎垢洎疾之殺也雖飲食是念無滑甘之
思日致復初亦不知也予喟然嘆曰始予有斯僕也
命之理畦則蔬荒主庖則味乖顓庛則馬瘠常謂其
無適能適乃今以兀然而賢我遠甚利與鈍果相長
哉僕更矣劉子遂言曰樂於用則豫章貴厚其生則
社櫟賢唯理所之曾何膠於域也

因論終

宋景文公筆記上

釋俗

近世授觀察使者不帶金魚袋初名臣錢若水拜觀察使佩魚自若人皆疑而問之若水勸於酬辯錄唐故事一番在袖中人問者輒示之

宦者宮人言正月與上諱同音故共易爲初月王珪爲脩起居注頗熟其聞因上言秦始皇帝名政改正音政月爲端月以正音政爲正音征今乞廢正征音一字不用遂下兩制議兩制共是其請表去其字曾公亮疑而問予予曰不宜廢且月外尚有射正詩曰不出正兮不止正月矣曾寤密語丞相府罷之

國朝有骨朶子直衛士之親近者予嘗修日曆曾究其義關中人謂腹大者爲胍肫上孤下都俗因謂杖頭大者亦爲胍肫後訛爲骨朶朶從平聲然朶難得音今爲軍額固不可改矣

予昔領門下省會天子排正仗吏供洞案者設於前殿兩螭首閒案上設燎香爐修注官夾案立予詰吏何名洞吏辭不知予思之通朱漆爲案故名曰洞耳

丞相公亭謂然唐人鄭谷嘗用之

宣獻宋公著鹵簿記至⿰禾暴槊不能得其始徧問諸儒無知者予後十餘年方得其義云江左有瓝槊以首大如瓝故云⿰禾暴一作⿰木暴

陶穀本唐彥謙後石晉時避帝諱改曰陶後納唐氏爲壻亦可怪

古人寫書盡用黃紙故謂之黃卷顏之推曰讀天下書未徧不得妄下雌黃雌黃與紙色類故用之以滅誤今人用白紙而好事者多用雌黃滅誤殊不相類道佛二家寫書猶用黃紙齊民要術有治雌黃法或曰古人何須用黃紙曰蘗染之可用辟蟫今臺家詔敕用黃故私家避不敢用

孫炎作反切語本出於俚俗常言尚數百種故謂就爲鯽溜凡人不慧者即曰不鯽溜謂團曰突欒謂精曰鯽令謂孔曰窟籠不可勝舉而唐盧仝詩云不鯽溜鈍漢國朝林逋詩云團欒空遶百千回是不曉俚人反語逋雖變突爲團亦其謬也

碑者施於墓則下棺施於廟則繫牲古人因刻文其上今佛寺揭大石鏤文士大夫皆題曰碑銘何耶吾所未曉

樂石有磬今浮屠持銅鉢亦名磬世人不識樂石而儒者往往不曉磬折義故不獨不識磬又不能知鉢

擣辛物作虀南方喜之所謂金虀玉膾者古說虀曰受辛是臼中受辛物擣之

南方之人謂水皆曰江北方之人謂水皆曰河隨方言之便而淮濟之名不顯司馬遷作河渠書并四瀆言之子虛賦曰下屬江河事已相亂後人宜不能分別言之也

莒公言河陽出王鮪即今黃魚也形如豕口與目俱在腹下每春二月出於石穴逆河而上人乃取之其

腥不可近官以爲鮓獻御其味甚美然有毒所謂王
鮪岫居者
蜀人謂老爲皤(音波)取皤皤黃髮義後有賊王小皤作
亂今國史乃作小波非是
蜀人見物驚異輒曰噫嘻嚱李白作蜀道難因用之
汾晉之間尊者呼左右曰咄左右必曰喏而司空圖
作休休亭記又用之脩書學士劉羲叟爲予言晉書
言咄嗟而辦非是宜言咄喏而辦然咄嗟前世人文
章中多用之或自有義
今造屋勢有曲折者謂之庯峻齊魏間以人有儀矩
可喜者謂之庯峭蓋庯峻也(集韻曰庯庩屋不平也庯奔模切庩同都切)
儒者讀書多隨俗呼不從本音或終身不悟者凡讀
廷(音定)皆作廷(音亭)故廷中廷爭栢者罷之廷游神之廷
皆作庭假借之假(音嫁)皆作假(音賈)朝請(音才姓切)皆作請(屈請
之請)爛脫(音奪)皆作脫大守(音狩)作守周身之防(去聲)爲防廷
尉評(去聲)爲評中(去聲)興爲中興若此甚衆
莒公嘗言山東曰朝陽山西曰夕陽故詩曰度其夕
陽又曰梧桐生矣于彼朝陽指山之處耳後人便用
夕陽爲斜日誤矣予見劉琨詩夕陽忽西流然古人
亦誤用久矣夫
余見今人爲學不及古人之有根本每亦自愧嘗讀
祭式其中有任器字注曰未詳且任器乃擔荷之具
雜見子史何云未詳
古今語無雅俗惟世之罕道者似雅如古以大爲大
(音如舟拖之拖)則言大雅大夫大閱大舉類不及今人言大
(徒帶反)之雅古以車(音居)爲車(昌遮反)漢以來乃言車(居)俗
語則曰車(昌遮反)則今語爲雅
今公私文書以勑(音賚)爲敕吏既書畫有體不復能改
春秋說以人十四心爲德詩說以二在天下爲酉漢
書以貨泉爲白水眞人新論以金昆爲銀國志以天
上有口爲吳晉書以黃頭小人爲恭宋書以召力爲
劭
古無正字多假借以中爲仲以說爲帨以召爲邵以
閒爲閑後人以亂旁爲舌揖下無耳黿鼉從龜奪奮
從雀席中從帶惡上安西鼓外設皮鑿頭生毀離則
配禹壑乃施豁巫混經旁皋分澤外獵化爲獦(音葛獸名)
業左益土靈底著器其何法哉
余友楊備得古文尚書釋文讀之大喜於是書訊刺
字皆用古文僚友不之識指爲怪人
余少爲學本無師友家苦貧無書習作詩賦未始有
志立名於當世也願計粟米養親紹家閥耳年二十
四而以文投故宰相夏公公奇之以爲必取甲科吾
亦不知果是歟天聖甲子從鄉貢試禮部故龍圖學
士劉公歎所試辭賦大稱之朝以爲諸生冠吾始重
自淬礪力於學模寫有名士文章諸儒頗稱以爲是
年過五十被詔作唐書精思十餘年盡見前世諸著
乃悟文章之難也雖悟於心又求之古人始得其崖
略因取視五十已前所爲文赧然汗下知未嘗得作

者藩籬而所效皆糟粕芻狗矣（耳一作）夫文章必自名一家然後可以傳不朽若體規畫圓準方作矩終爲人之臣僕古人譏屋下作屋信然陸機曰謝朝花於已披啓夕秀於未振韓愈曰惟陳言之務去此乃爲文之要五經皆不同體孔子没後百家奮興類不相沿是前人皆得此旨嗚呼吾亦悟之晚矣雖然若天假吾年猶冀老而成云

莒公嘗言王沂公所試有教無類有物混成賦二篇在生平論著絶出有若神助云楊億大年亦云文章立名不必多如王君二賦一生衣之食之不能盡

李淑之文自高一代然最愛劉禹錫文章以爲唐稱柳劉劉宜在柳柳州之上淑所論著多似之末年尤與澁人讀之至有不能曉者

柳州爲文或取前人陳語用之不及韓吏部卓然不丏於古而一出諸己劉夢得巧於用事故韓柳不加品目焉

晏相國今世之工爲詩者也末年見編集者乃過萬篇唐人已來所未有然相國不自貴重其文凡門下客及官屬解聲韻者悉與酬唱

上即位天聖初元以來搢紳間爲詩者益少惟故丞相晏公殊錢公惟演翰林劉公筠數人而已至丞相王公曙參知政事宋公綬翰林學士李公淑文章外亦作詩而不專也其後石延年蘇舜欽梅堯臣皆自謂好爲詩不能自名矣

余於爲文似蘧瑗瑗年五十知四十九年非余年六十始知五十九年非其庶幾至於道乎天稟余才纔及中人中人之流未能名一世然自力於當時則綽綽矣

每見舊所作文章憎之必欲燒棄梅堯臣喜曰公之文進矣僕之爲詩亦然

文有屬對平側用事者供公家一時宣讀施行以便快然久之不可施於史傳余修唐書未嘗得唐人一詔一令可載於傳者唯捨對偶之文近高古乃可著於篇大抵史近古對偶宜今以對偶之文入史策如粉黛飾壯士笙匏佐鞏鼓非所施云

莒公常言宋宣獻公作西太乙宮碑文之極摯者也

晏丞相嘗問曾明仲云劉禹錫詩有濺西春水縠紋生生字作何意明仲曰作生育之生丞相曰非也作生熟之生語乃健（莊子曰生熟不盡於前王建詩曰自別城中禮數生）

宋景文公筆記上

宋景文公筆記中

考古

莒公言左氏國語越大夫舌庸今春秋傳作后庸而姓纂舌氏引越大夫爲祖

今人多誤以鮑照爲昭李商隱有詩云濃烹鮑照葵又金陵有人得地中石刻作鮑照字

衞宏漢儀注曰太史公武帝置位在丞相上天下計書先上太史公副上丞相序事如古春秋司馬遷死後宣帝以其官爲令行太史文書而已晉灼以宏言爲非是顔師古曰司馬談爲太史令耳遷尊之爲公予謂遷與任安書自言僕之先人文史星歷近乎卜祝之間固主上所戲弄倡優畜之流俗之所輕也若其位在丞相上安得此言耶百官表不著其官信其非矣

古者大夫字便用疊畫寫之以夫有大音故也莊子李斯嶧山碑如此

古者牛唯服車書曰肇牽車牛易曰服牛乘馬漢趙過始教人用牛耕王弼傳易曰牛稼穡之資是不原漢始牛耕之意

今國學行王弼易題曰周易乾傳第一下云王弼注且傳即注解名下當只云王弼乃允

莒公言詩有常棣之華逸詩有唐棣之華世人多誤以常棣爲唐棣於兄弟用之因唐誤常且常棣棣也唐棣移也移開而反合者也此兩物不相親

鄭玄注禮記謂樝梨之臧者今樝與梨絕不類恐玄所指非今樝也

莒公言物理不可必故聖人隨有無言之以教一世必於有則不可常見如彭祖七百歲黃帝升天秦穆趙簡之帝所也若必於無則又忽然而有也如魏明帝時有火浣布刊去文帝所論是已

易家有蜀才史記有臣瓚顔之推曰范長生自稱蜀才則蜀人也臣瓚者于瓚也

唐玄宗始以隸楷易尚書古文今儒者不識古文自唐開元始予見蘇頲撰朝覲壇頌有乩虞氏字館閣校讎官輒點乩字側云疑不知乩即稽字

顔之推說唐末文籍亡散故諸儒不知字學江南惟徐鉉徐鍇中朝郭恕先此三人信其博也鍇爲說文系傳恕先作汗簡佩觿時蜀有林氏作小說然狹於徐郭太宗朝句中正亦頗留意予頃請刻篆楷二體九經於國學予友高敏之笑之

李陽冰深於篆隸而名作冰音凝故參政王公堯臣但讀陽凝予曰陽凝無義唯陽冰有不冶之語

周大臣王朴名朴平豆反而自謂樸案說文朴無樸音俗以朴爲樸耳

後魏北齊時里俗作僞字最多如巧言爲辯文子爲學之比隋有柳䛒傳又䛒之訛以巩易巧矣予見佛書以言辯字多作䛒世人不復辨詰

學者不讀說文余以爲非是古者有六書安得不習春秋止戈爲武反正爲乏亥二首六身韓子八厶爲

公子夏辨三家度河仲尼登太山見七十二家字皆不同聖賢尚尒何必爲固陋哉

唐呂温作由鹿賦曰由此鹿以致他鹿故曰由鹿予案說文曰率鳥者繫生鳥以來之名𪇆𪇆音由呂得其意而不知說文有此𪇆字也

爲本鳥名能獸名爲猴名乙鷰名借鳳爲朋黨字朋本音鳳學者多不知不讀說文之過也

漢書李廣傳數奇注切爲所角反故學者皆曰數音朔奇孫宣公奭當世大儒亦從曰數朔後予得江南本乃所具反由是復觀顏注乃顏破朔從所具反云世人不之覺

漢書黃霸傳云京兆尹張敞舍鶡雀飛集丞相府霸以爲神爵議欲以聞顏師古曰此鶡音介字當作鴧此通用耳鴧雀大而青出羌中非武賁所載鶡也今官本介字誤作芬鴧字作鳻鳻亦音芬鳻是鳥聚皃非鳥名也予見徐鍇本亦如此改定

予曾見蕭該漢書音義若干篇時有異議然本書十二篇今無全本顏監集諸家漢書注獨遺此不收疑顏當時不見此書云今略記於後

儒林傳施讎傳云魯伯授太山毛莫如少路師古曰姓毛名莫如字少路該案風俗通姓氏篇混屯太昊之良佐漢有屯莫如爲常山太守又有毛姓云毛伯文王子也見左傳漢有毛㨉之爲壽張令案此莫如姓非毛乃應作屯字音徒本反今人相承呼爲毛忽聞爲屯驚怪者多但毛屯相類容是傳寫誤耳應劭解漢書世人皆用何爲風俗通而不信

趙子傳蔡誼授同郡食我子公師古無註該案風俗通食我韓公子也見戰國策漢有食子公爲博士食音嗣

顏安樂傳疏廣授琅琊莞路師古曰莞亦管字也路爲御史中丞該案艸下完音丸又音官今漢書本却作艸下完風俗通姓氏篇有管莞二姓云莞蘇楚大夫見呂氏春秋漢有莞路爲御史中丞即此是也又有管姓云管夷吾齊桓佐也見論語漢有管龢爲西河太守今莞路是艸下完非竹下完及竹下官由來讀者多惑檢風俗通乃知

瑕丘江公傳丁姓授楚申章昌曼君爲博士至長沙太傅李奇曰姓申章名昌字曼君該案風俗通姓氏篇云由余秦相也見史記漢有由章至長沙太傅

揚雄傳名曰畔牢愁李奇曰畔離牢聊也與君想離愁而無聊也該案牢字旁著水晉直作牢韋昭曰浶騷也鄭氏愁音曹又恐鶤鵠之先鳴師古鶤音大系反鵠音桂該案蘇林鶤鵠音殄絹　又挾獝狂該曰獝狂無頭鬼見字林

招搖泰壹顏以張晏注招搖泰壹皆神名該曰如淳作皐楔皐積柴於頭置牲玉於其上舉而燒之故曰皐搖

儲胥弩阹該引三蒼因山谷爲牛馬圈謂之阹黃圖

云弩陆在上林苑外灑沈菑呀䆿瀆該案灑沈菑而呀䆿瀆兮呀或作呵呵叱問四瀆也啾啾蹌蹌入西園切神光顏曰啾啾蹌蹌騰驤皃該說啾舊亦作愁韋昭音裁梟反今書或作口旁秋該引埤倉啾衆聲也又引楚辭鳴玉鸞之啾啾爲据云稽顙樹領扶服蛾伏如淳曰叩頭時頂下向則樹向上也該案韋本作梨顙樹領梨頹頹㩳地樹領領觸地也今作稽顙傳寫誤耳又玄有首衝錯測攡瑩數文掜圖告十一篇該案衝作衡云八十一家相對之弟如輻輳之衛又案別録告下有玄問一篇合十二篇今脱一篇疑今人不見太玄及別録不知其謬譔爲十三卷顏曰譔與撰同該案字林譔專教也音詮惟禮記音撰尚有一卷未尋得

予最愛李令伯表曰盡節於陛下之日長報劉之日短也此言之要也

古文卯本柳字後借爲辰卯之卯北本別字後借爲西北之北虞翻笑鄭玄不識古文以卯爲昧訓北曰北猶別也

古人語自有推拙不可掩者樂府曰何以銷憂惟有杜康劉越石曰何其不夢周又曰夫子悲獲麟西狩泣孔丘雖有意緒辭亦鈍樸矣又不及沈約云黃憲牛醫之子叔度名動京師云

古人名黑臀黑肩牛蝨犬子今不以爲雅迎猫爲食田鼠讀禮者不曰猫音茅而曰猫苗音避俗也莊子曰道在屎溺今爲鄙語漢書驢非驢馬非馬龜茲王乃騾也如此語麄甚可削去也

宣獻宋公嘗謂左丘明工言人事莊周工言天道二子之上無有文矣雖聖人復興蔑以加云予謂老子道德篇爲玄言之祖屈宋離騷爲辭賦之祖司馬遷史記爲紀傳之祖後人爲之如至方不能加矩至圓不能過規矣

柳子厚正符晉說雖模寫前人體裁然自出新意可謂文矣劉夢得著天論三篇理雖未極其辭至矣韓退之送窮文進學解毛潁傳原道等諸篇皆古人意思未到可以名家矣

王弼注易直發胷臆不如鄭玄等師承有來也或曰何以得立爲一家予曰弼弃易象互體專附小象衍成其文是以諸儒不能訾退之今講易者已讀弼注訖至小象則更無可數演矣劉齋善言易說曰六十四卦本之乾坤及諸卦中皆有乾坤象意孔子叙乾爲玉爲金坤爲牛爲輿之類本釋他卦所引非徒言也弼不可云得意忘象得象忘言

老子曰無物之象古語亦有想象韓非子曰人希見生象得死象圖之又案其圖以想其生也故人所以意想者皆謂之象然說亦怪矣

司馬相如贊曰春秋推見至隱易本隱之以顯大雅言王公大人德逮黎庶小雅推小己之得失其流及上所言雖殊其合德一也此語最佳

太史公曰趙勝翩翩濁世之佳公子也見自振澤纔爲亂世之士治世則罪人矣

春秋者天下之正法也孔子有王天下之才而不得位故見其志於春秋是以引天下之譽褎之賢者不敢私引天下之議貶之奸人不敢亂故漢人以春秋決獄所以法仲尼也

曾子年七十文學始就乃能著書孔子曰參也魯蓋少時止以孝顯未如晚節之該洽也

賈誼善言治鼂錯善言兵董仲舒善推天人司馬遷叙事相如揚雄文章劉向父子博洽至矣

韓退之稱孟軻醇乎醇者也至荀況揚雄曰大醇而小疵予以爲未之盡孟之學也雖醇於用緩荀之學也雖疵於用切揚則立言可矣不近於用

賈誼善言治健而快過董仲舒一等仲舒優軟不迫切純儒也

莒公言歐陽永叔推重歸去來以爲江左高文丞相以爲知言

或詆漢高祖非張良陳平不能得天下曰不然良平非高祖不能用夫智高於良平乃能聽其謀至項羽不知用范增則敗矣高祖之量之謀兼韓信彭越者八九故三分關東地與之而不疑當是時玩信等如股掌上一土丸爾

高祖知吕后與戚夫人有隙方病時去吕后若斷一巨拇然終不殺者以惠帝不能制陳平周勃蕭何曹參等故委戚氏不顧爲天下計俾后佐之惠帝六年后八年是時天下已定奸人不能揺亂文帝以一乘車自代來即位則高祖料之熟矣

世稱文帝漢盛德主也然在朝之儒賈誼一人而已所任宰相盡高祖時猥將庸人亦不深討禮樂典章於時詩書皆伏而未出然而天下太和兵革不興南越順德諸侯執道匈奴雖數盜邊亦不敢深入由是言之治天下者在質而已不必尚文故曰質近實文近名文弊則民詐興矣

曹操忌孔融崔琰殺之操之宇爲弗裕矣孫權引殺融爲比而斥虞翻誅張温權之量又下矣待賢少忌唯劉備爲綽綽云

荀彧之於曹操本許以天下及議者欲加九錫彧未之許非不之許欲出諸己耳操不悟遽殺之然則天奪其爽以誅彧寧不信乎

孫權用吴諸葛亮用蜀終不能得中國一尋一常地卒之并吴蜀者晉也

能以身爲國興亡者蜀諸葛晉謝安秦王猛是也

霍光學伊尹才不周用故宣帝立王莽學周公奸足以自文故平帝簒

詩曰蕭蕭馬鳴悠悠旆旌見整而靜也顔之推愛之楊柳依依雨雪霏霏寫物態慰人情也謝玄愛之遠猷辰告謝安以爲佳語

左太沖詩曰振衣千仞崗濯足萬里流使飄飄有世

表意不減嵇康目送飛鴻語
柳子厚云嘻笑之怒甚於裂眦長歌之音過於慟哭劉夢得云駭機一發浮謗如川信文之險語韓退之云婦順夫旨子嚴父詔又云耕於寛閑之野釣於寂寞之濵又云持被入直三省丁寧顧婢子語剌剌不得休此等皆新語也
莊周曰送君者皆自涯而反君自玆遠每讀至此令人蕭寥有遺世之意
經曰孝莫大於嚴父嚴父莫大於配天則周公其人也昔者周公郊祀后稷以配天宗祀文王於明堂以配上帝釋曰古者祭天於郊以其蕩蕩然蒼蒼然無乎不覆無乎不見故以至敬事之郊也者不屋者也

達自然之氣也掃地而祭器尚陶匏不敢以人之所愛奉之尊之也遠而敬之也人莫不本乎祖祖一而已尊無二上故曰率義而上至於祖祖尊而不親是所以配天也周推后稷配天盡矣至矣不可以加矣周公之攝政仁乎其父欲配之郊則抗乎祖欲遂無配則已有仁父之心不能見之天下不見之天下非仁也於是乎名天以上帝而配之上帝也者近人理者也人於萬物乃一物假令天若有知然宰制生育未必圓顱方趾耳鼻食息如人者也今名之帝以人事天引天以自近親之也人之親者莫若父故以文王配上帝不可以郊故内之明堂明堂王者最尊處也仁乎其父故親于天天有帝名則祭之明堂親與敬兼之矣孔子所以美周公能以是心達於天下而不失乎至禮禮者緣人情者也或曰經前曰天後曰上帝柰何曰天上帝一耳不通言則若兩物然故郊曰昊天明堂曰昊天上帝天人之分明也明祖不可以在明堂文王不可以配郊矣
夔曰蕭韶九成鳳凰來儀擊石拊石百獸率舞敢問何謂也對曰以爲虞氏之德上奉天下法地中得人萬物字茂寒而寒暑而暑殺之不暴貸之不私挈天下納於仁壽若奠器在壚以其成功次之歌詩轟然寫金石入匏竹無所加其德可矣鳳未始來也獸未始感也且樂作之朝作之廟作之郊乎朝有宫室之嚴廟有垣壖之護郊有營衛之禁則獸何自而至焉

自山林來則必夌突淮河戢戢林林蹙跜躑躅然連頓足掉首騰踏盤完何其怪也羣瞽在廷百工鴈行而獸參其間吾以爲怪而不祥曰然則孔子何爲不删而著之曰樂主成功不得不盛推吾誼侈吾言以肆之有如祖考來格又將見顓頊尭瞽叟闖然於堂上耶
子路問於孔子曰治國何如孔子曰尊賢而賤不肖子路曰范中行氏尊賢而賤不肖矣其亡何也曰中行氏尊賢而不能用賤不肖而不能去賢者知其不己用而怨之不肖者知其賤己而讎之賢者怨不肖者讎中行氏欲不亡得乎孔子可謂知言矣昔者郭公如是而國爲墟中行氏既知之矣而不能改又及

於滅
蜀關羽善待卒伍而驕士大夫張飛愛重君子而不恤小人二者特所偏耳身皆死於人手是不可忽也
燕小國也其地於天下若黶之著面然而昭王賢王也得郭隗尊事之故鄒衍樂毅以齊趙至蘇子屈景以周楚至於是舉兵而攻齊棲閔於莒鼠伏而不敢出悉返燕地計其衆不與齊醜然而能申意至此者由得士也故曰無常安之家無常治之民得賢則安昌失賢則危亡自古迄今未有不然者也明鑒所以照景前事所以知今夫知惡往古之所以危亡而不務矯蹟於其所以安昌未有以異夫却走而求及前人也

余謂佛西方之達人也其言汪茫漫誕貫生死鬼神無有濱涯合萬物之妄以爲一眞眞立而妄隨又去眞措妄以無脩無證爲極若曰無脩乃脩也無證乃證也雖脩而未嘗脩雖證而未嘗證故舉天下衆生皆入無餘涅槃而滅度之者如是無量實無衆生得滅度者又曰如來説即非衆生是名衆生于以脫滯縛泯有無自放於太空無垠之所雖然法待言而立不得無言迷待法而悟不得無法故惟釋迦文殊劉言之瘢刮法之痕矣自文殊而下已自執所見所見差駁纖垢淫夷故維摩詰以一嘿對之乃皆悟入佛與中國老聃莊周列禦寇之言相出入大抵至於道者無今古華戎若符節然

堯之四凶今之奸臣能之周之十亂今之賢臣能之古與今交相勝耳
堯舜之世比屋可封非盡可封也可封之人多也桀紂之世比屋可誅非盡可誅也可誅之人多也成康刑措四十年不用非也以爲二王能用法不濫殺可矣
春秋許夷狄者不一而足見中國之尊且見略於外也
蜀人謂柂師爲長年三老杜甫用之詩人不以事害意古者用事簡而當亦不以字害句故音韵清濁隨宜改易劉在新中入張韵留宴汾陰西入先韵直取意順則已至唐人以律格自拘不復敢用惟白居易

用其音於語中如照地麒用佶音麒袍雪擺胡用鶻音幐衫紅欄干三百六十橋用諶音等往往有之晏丞相殊嘗許之曰詩人乘語俊當如此用字
春秋霸之濟不在此舉也古人以濟不作兩字用謂濟與不濟也今人用不爲歟耶之比不一音孚鳩反
漢陳平封曲逆侯蕭何爲鄼侯霍去病爲驃姚將軍今學者讀曲逆爲去遇鄼作醝驃爲漂遙不作本音何耶
古人自有文語卓然可愛者穀梁子曰輕千乘之國則可矣蹈道則未也故柳宗元以爲潔三軍之士粲然皆笑粲明也知萬衆皆啓齒齒既白以粲義包之
仲尼居三著作尼説文作尻

亘從二間舟弃名亘字隸改舟爲曰何法盛以冉一爲舟航字

宋景文公筆記中

宋景文公筆記下

雜說

君得其健強陰戢戰臣執其旨百度乃凝欲正四方先定中央中央君也

天不待規而圓地不待矩而方天尊地卑其道有常君天道也臣地道也

天用其圓地用其方圓道主於生方道主於成天君德也地臣職也君操無爲以臨臣之有爲萬物自歸上逸於制下勞於事百度乃治無爲者非謂塞吾耳不聽也蔽吾目不視也閟吾言不出也謂審於有爲之內不爲於有爲之外也何謂內曰官不職責之相士不練責之將財匱責司農獄不正責廷尉是爲內何謂外曰歲有常賦而又賦焉是曰贖人有常役而又役焉是曰橫力不勝加如負則跌材已窮加如任則敗是爲外振其領羣毛整提其綱萬目張綱歟領歟君所執歟

君有常道臣有定守賞當功罰當罪與之惟我德奪之惟我懼君道也奉法循令竭己力以獻功於上臣道也故臣有所憎能以得君之罰以去之是謂作威有所愛能以得君之賞以貴之是謂作福法雖明意得輕重之謂之玩法令可遵情得出入之謂之侮令君喪道臣失守故曰害于而家凶于而國

能無卜而知吉凶乎曰以其治攻甚亂濟所以安除甚患能無祭而福乎曰不奪民時而順物宜能無膠

潒而合乎曰不以遠近內外與之同欲一推吾心納兆人之腹能不賞而使人勸乎曰先賞有功能無罰而使人畏乎曰先罰有罪弛惡不戮奸笑於腹當封吝寵勞臣諱勇奴耕于原婢執其爨丈人以安植表挺挺下無曲影善聲之唱應無醜響

不可得者上不以求不可止者上不以禁不可行者上不以令故曰求愈多得愈寡禁愈急止愈少令愈繁行愈慢上求而不得謂之失威求不可得而得謂之暴禁而不止謂之慢禁不可止而止謂之虐令而不行謂之陵上令不可行而行謂之亂故聖人慎舉錯去三不可則善矣

賤而不可不因者衆也剛而不可不用者兵也慘而不可不行者法也小而不可不防者盜也勞而不可不勸者農也穴（恐當作穴）而不可不嗇者財也曰因衆柰何曰人之情莫不惡勞而我逸之莫不欲富而我與之莫不憚危而我安之莫不畏死而我生之民已逸則可與共勞已富則可與共乏已安則可與同憂已生則可與濟難夫民國之基也五仞之牆所以不毀基厚也所以毀基薄也故曰（一無曰字）百足不僵則附者衆流水不窮則來者遠民之瘠無肥國下之悦有豫（一作裕）君

食者人仰以生也適則飽過則病甚病者死法者國仰以安也順則治逆則亂甚亂者滅商家之法一而湯以王桀以放周家之法一而文武以興幽厲以亡然則食無心於生死在人之適過法無必於治亂在君之順逆

古之人淳今之人詐柰何不然人無淳詐在治亂而已今日之治三皇是也唐五代之亡桀紂是也難曰古巢居今宮室古茹毛今饔熟柰何曰是直事有工拙耳創始者難踵成者易功百物皆是夫何足疑云

東南天地之奧藏寬柔而卑西北天地之勁方雄尊而嚴故帝王之興常在西北乾道也東南坤道也東南柰何曰其土薄而水淺其生物滋其財富其爲人剽而不重靡食而偷生士懦脆而少剛笮之則服西北柰何曰其土高而水寒其生物寡其財确其爲人毅而近愚食淡而勤生士沉厚而少慧屈之不撓

小人之情易見也其錚錚似辨其悻悻似直攻人之私似公觸大臣撼大事似強多所建請似才數讓小官辭小禄似高陰引其朋似薦賢攻其朋之細過似不黨故君人者權以眞僞則錚錚者敗訐其忠邪則悻悻者露語人之私隱而無驗則公者詐察大臣之可仗而不宜退則強者譎聽而不可施行則才非是權以要官厚禄醜然而謝則高者猥所憎者去所同者進則非賢時時取黨人之細過暴揚于外如甘辛相反而和水火不同性而濟上疑主心下欺輿人而君子已見其肺肝然施施自以爲莫我得也

夫生民晨作夜寢早起晡食寒絮暑絺常忽而不爲之節何哉然則攝生不可不知也冬許晚絮春許徐

謔早許飽夕許慊行立坐偃皆不得久此甚易行毋以吾胃熟生物暖冷物勿以吾氣贅喜怒且憂樂喜怒人所未嘗無也多憂傷神多思傷志過樂喪守喜極氣散怒極氣慉而不下若使吾心爲郵候憂樂喜怒至而不久舍毋令少宿則善矣若有留彼其以我爲囊橐矣（一作斁）

掩其耳而聽藐藐由洪洪然掩其目而視了了由眊眊然惡來掩紂之耳武王翺師於孟津之濱宰嚭掩夫差之目勾踐嘆笑於會稽之隒（一作㻂）

歌者不曼其聲則少和舞者不長其袂則寡態左顧者不能右眄勢不兼也

櫛之於髮不去亂不能治髻法之於人不誅有罪不能完善人此謂損之而益

古語曰斛滿人概之人滿神概之聖人其善概歟大奢概以中溢欲概以道寢慢概以威由是治身由是化人

樹果得實樹棘得刺樹德得和樹威得怨嗚呼爲國者審所樹而已

倉庚鳴春蟋蟀唫夏蜩螗喝秋螳子戰陰非有命之者氣自動耳

鑑向日而火至方諸向月而水至物有自然而感者無遠近之間

佞色不能悦堯目忠言不能入桀耳色非不美堯識之言非不至桀厭之

愚不可詐者民也賤不可勝者衆也撫之爲吾之力毒之爲吾之賊

重兵在邊京師乃單拂軀以尾尾不可大掉之不能反爲軀害臂大於指屈伸可使指大不使其臂乃廢

剛四肢者骨也剛大厦者棟也剛天下者兵也

莫仁於雨露而靡草夏枯莫嚴於霜雪而松栢冬青

作法者君守法者臣役法者民臣弄其法主威且劫

政在大臣人走私門私門可炙君户將闃

父慈於箠家有敗子將礪於鈇士乃忘軀

珠丸之珍雀不祈彈也金鼎之貴魚不求亨也

鬫金在途無不掇也吐珠在澤無不拾也

梟不憑夜弗能自怪政必先鋒奸人投詐

父否母然子無適從政產二門下乃告勤

君與臣不同而昌君與臣同而亡

謀不厭衆決之在一決不能專朝有爭言

金鼓既震卒騰於陣爵賜已明士勇于廷

重輕不同衡獻其公曲直相欺繩黜其私

造父亡轡馬顛於跬庸人厲策馬爲盡力

去山弗棲虎喪其威爪牙弗具失所爲虎

知賢不進朝有刓印知不肖不退挈明入昧

我與之生故能爲吾死我與之樂故能爲吾憂

喌于場者雞至嗟于牢者豕集惠於國者天下來

足食足衣禮往從之近寒與飢耻則去之

贗賈亂廛竊衆敗田讒夫撓邦害馬汙羣

忠與邪並黨衆者勝主乃失柄
不大其幹而衆其枝幹乃速披
言等出於口在賢者爲正在不肖爲佞
櫛所以去亂髮浴所以濯膚垢
工圃者飽於茹善邦者羨於食
規外求圓無圓矣法外索平無平矣
眞贗不同物治亂不同日
救亂之世不語儒求治之世不語戰
水淵則回道衍則聖
聖賢授受功不贊濡
拙製傷錦迂政損國
任賢而二五堯不治

含糊不斷上產其亂
謀道作舍三年弗架
鼎大魚小糜於數攪
入林失斧不能得楚
主不謹户盗者夜舞
樹枝太繁必摇其根
苦口之藥疾者甘之拂耳之言明君愛之
我憎之能得罰於君我愛之能得賞於君政在於臣
黨與成羣君則孤而無民
種禾不穫而懟其秋與食爲仇
兩上不得相事兩下不得相使

庭戒諸兒

教之持世者三家而已儒家本孔氏道家本老氏佛家本浮屠氏吾世爲儒今華吾體者衣冠也榮吾私者官禄也謹吾履者禮法也睿吾識者詩書也入以事親出以事君生以養死以葬莫非儒也由終日戴天不知天之高終日蹠地不知地之重故天下蚩蚩終無謝生於其本者德大而不可見也道家所尚清淨柔弱聞齒以剛而缺不聞舌以柔而折以有爲爲末無爲爲本故爲者敗之執者失之賊莫大於德有心心有眼吾有大患爲吾有身生生者不生化化者不化然其清淨可以治人柔弱可以治身若等服而行之不害爲儒也佛家自遠方流入中國其言荒茫夸大多所譬諭合羣迷爲眞指生死爲妄以太虚爲

體其法曰欲言則差欲心則謬如一漚生一漚滅還入於海漚自妄見海無生滅無有也亦無無有亦無無無淡然無所得而止止亦不止也

治戒

吾歿後稱家之有亡以治喪斂用濯浣之鶴氅紗表帽綫屨三日棺三月葬愼無爲陰陽拘忌棺用雜木漆其四會三塗即上使數十年足以腊吾骸朽衣巾而已吾之焄然即即有識者還於造物放之太虚可腐敗者合於黄壚下付無窮吾尚何患掘冢三丈小爲冢室劣取容棺及明器左置明水二盎酒二缸右置米麪二奩朝服一稱私服一稱鞾履自副左刻吾誌右刻吾銘即掩壙惟簡惟儉無以金銅雜物置

冢中吾學不名家文章僅及中人不足垂後爲吏在良二千石下可著數人故無功於國無惠於人不可以請謚有司不可受賵贈又不宜求巨公作誌及碑冢上樹五株栢墳高三尺石翁仲獸不得用蓋自摽置者非千載永安計爾不得作道佛二家齋醮此吾生平所志若等不可違命作之違命作之是死吾也是以吾爲遂無知也喪之詣塋以繪布纏棺四翣引勿得作方相偶人陳列衣服器用累吾之儉吾生平語言無過人者愼無妄編綴作集

左誌

祁之爲名宋之爲氏學也則儒亦顯其仕行年六十有四孤操完履三封之南葬從先子

右銘

生非吾生死非吾死吾亦妄吾要明吾理

吾侍上講勸凡十七年　上頗記吾面目姓名然身後不得妄丐恩澤爲無厭事若等兄弟十四人惟二孺兒未經任子此以諉莒國公莒公在若等不爲孤矣孔子稱天下有至德要道謂之孝故自作經一篇以教後人必到於善謂曰至莫不切於事謂曰要舉一孝百行罔不該焉故吾以此教若等凡孝於親則悌於長友於少慈於幼出於事君則爲忠於朋友則爲信於事爲無不敬無不敬則庶乎成人矣若等兄弟十四人雖有異母者但古人謂四海之内皆兄弟況同父均氣乎詩稱死喪之戚兄弟孔懷不可不念也兄弟之不懷求合他人他人渠肯信哉縱陽合之彼應背憎也若等視吾事莒公莒公友吾云何可以爲法矣大抵人不可以無學至於章奏牋記隨宜爲之天分自有所禀不可強也要得數百卷書在胸中則不爲人所輕誚矣

宋景文公筆記下

右筆記三弓以數本參訂粗少舛午景文公議論攷據精切如此然前輩猶有一二可疑如骨棨字蓋檛字古作棨嘗飾以骨故曰骨棨後世吏文略去木又棨朶二聲相近故譌爲朶耳鮑照因武曌而改爲昭非誤用也冉耕字伯牛而古犂字亦從牛則牛耕不始於漢矣移者今郁李也非開而反合者也酈道元水經註云薛瓚註漢書則謂臣瓚爲于瓚者非也集韻一書乃景文公與諸公撰定者去聲既出朴字蒲候切入聲又出朴字匹角切與樸同今謂朴無樸音何耶卯乃古卿字又音嬭今謂卯本柳字又何耶衎既加點勘又以所聞於前輩者識其後寶慶二年四月初

李衎謹書

鼠璞

媵妾　　桃源戴埴仲培父

江有汜序有嫡媵之説鄭引公羊諸侯一娶九女二國媵之及引昏禮注古者女嫁姪娣送之晦翁以此詩不見勞而無怨之説以序為疑予固不敢妄議然考經傳媵特送昏之名猶喪之賵與賻史記載伊尹為有莘媵臣古史載湯婚有莘乃以伊尹為媵送女春秋載公子結媵陳婦于鄄與執虞公及井伯以媵秦穆姬晉將嫁女于吳齊侯使析歸父媵之伊尹公子結虞公井伯析歸父皆嘗為媵初不言其國之女為其國之媵妾也左氏同姓媵之異姓則否不過謂同姓至親可講餽送嫁女之禮異姓則可略也然春秋書齊人來媵與衛晉無異辭書人不書女其事甚明矧當時魯為弱國嘗為齊晉所凌猶恐不屑以女為媵齊晉大國肯以女為魯女從妾乎古有一娶九女之事與否皆不可知攷之經傳斷不以妾訓媵楚辭九章云波滔滔兮來迎魚鱗鱗兮媵予晦菴注媵送也波來迎魚來送易咸卦象曰咸其輔頰舌滕口説也釋文云滕達也鄭康成虞翻作媵而亦訓為送以此證媵為送益明爾雅曰媵將送也注遠于將之釋曰謂從行孫炎曰將行之送也即不指為妾公羊禘于太廟用致夫人稱姜氏貶也譏以妾為妻脅於齊媵之先者漢志謂董仲舒以婺娶於楚而齊媵之脅公立為夫人此乃漢儒之論恐因詩序而訛自後記傳所載妾媵紛然矣

去國

丗以去朝廷為去國用孔子去父母國出處然今與列國時不同春秋之丗去魯之齊去秦之晉可言去國既天下一家非能北走胡南走越雖辭榮闕庭退藏巖谷何地非王土也

呼父為爹

梁蕭憺刺荆州還人歌曰始興王人之爹赴急如水火何時來哺乳我傳謂爹徒我反荆土方言今浙人以父為爹字同音異亦隨土聲而變廣韻爹陟斜切注羌呼父徒可切注北方呼父其説甚明耆正奢切注吳人呼父爺以遮切注俗為父聲音大率相似隋回紇傳以父為多亦此類

騶虞

以騶虞為獸始於相如封禪書囿騶虞之珍羣歐公引賈誼新書騶文王囿名虞虞人之官以闢之漢儒尚符瑞以龍麟鳳龜為四靈後增騶虞以配五行曰龍仁獸鳳禮獸騶虞義獸龜麟知與信獸誣罔可知騶虞為獸不見他書誼以虞為官得之矣以騶為囿則又穿鑿考之傳騶虞樂官備也又曰天子田獵七騶咸駕是虞固山澤之官而騶亦官也意文王田獵雖騶從與虞人之賤俱有仁心詩人於是嘆美之如宣王行狩必言徒御齊侯于沛必招虞人騶虞並稱

於經旨無礙若不食生食不踐生草之說予不敢信

篙師

海壖呼篙師爲長年按杜詩長年三老歌聲裏白晝攤錢高浪中古今詩話謂川陜以篙手爲三長老蓋推一船之最尊者言之

泮宮

魯泮宮漢儒以爲學予觀菁菁者莪序謂樂育人才而詩叙教養之盛中阿中陵孰不知爲育才之地惟泮水序止曰頌僖公能修泮宮而詩言無小無大從公于邁則征伐之事言順彼長道屈此群醜則克敵之功言淮夷攸服既克淮夷淮夷卒獲則頌淮夷之服借曰受成於學獻馘獻囚可也於此受琛元龜象

齒大賂南金之畀集何也或曰濟濟多士克廣德心此在泮之士然不言教養之功而繼以桓桓于征狄彼東南不過從邁之多賢何也又曰載色載笑匪怒伊教此公之設教然不言教化及於羣才而先以其馬蹻蹻其音昭昭不過宴遊之和樂何也合序與詩初無養才之說其可疑一也春秋二百四十二年所書莫大於復古僖公登臺望氣小事也左氏猶詳書之學校久廢而乍復蓋關吾道之盛衰何經傳略不一書其可疑二也坰序言史克作頌以脩伯禽之法足用愛民務農重穀數事使果能興崇學校克何不表而出之以侈君之盛美其可疑三也上庠虞制也東序西序夏制也左學右學東膠虞庠商周之制也孟子言庠校序皆古之學使諸侯之學果名泮宮何他國略無聞焉其可疑四也記禮多出於漢儒其言頖宮蓋因詩而訛鄭氏解詩泮言半諸侯之學東西門以南通水北無其解禮記頖言班以此班政教使鄭氏確信爲學何隨字致穿鑿之辭其可疑五也有此五疑予意僖公不過作宮於泮地樂成之際詩人善禱欲我公戾止於此永錫難老而服戎狄於此昭假孝享而致伊祜於此獻囚獻馘而受琛貢此篇與宣王考室之詩相表裏特周爲居處之室魯爲游從之宮祝頌有不同予按通典言魯郡乃古魯國郡有泗水縣泮水出焉然後知泮乃魯水名僖公建宮於上詩言翩彼飛鴞集于泮林林者林木所聚以泮水

爲半水泮林亦爲半林乎泮爲地名與楚之渚宮晉虒祁之宮無以異於是又求之莊子言歷代樂名黃帝堯舜禹湯武王周公有咸池大章韶夏濩武中曰文王有辟雍是以辟雍爲天子學亦非也詩言於論鼓鐘於樂辟廱又云鎬京辟廱無思不服亦無養才之意莊子去古未遠必有傳授漢儒因解泮水復言辟雍求之義不可得故轉辟爲璧解以貟水

正五九三長月

今俗人食三長月素按釋氏智論天帝釋以大寶鏡照四大神州每月一移察人善惡正五九月照南贍部洲唐人於此三月不行死刑曰三長月節鎮因戒屠宰不上官是以天帝釋爲可欺也妄誕可笑然月

令於春孟言無傷胎殀毋聚大衆不可稱兵於仲夏言君子齋戒必掩身毋躁薄滋味節嗜慾靜事毋刑於季秋言命衆百官無不務内以會天地之藏無有宣出豈時令當然耶

左氏筮易

易説變卦起於左氏如鄭伯廖論公子曼爲卿自豐上六變爲離晋師救鄭自師初六變臨子展論楚子之死自復上六變爲頤蔡墨論龍見于絳自乾初九變爲姤曰潛龍勿用九二變爲同人曰見龍在田九五變爲大有曰飛龍在天上九變爲夬曰亢龍有悔純乾變純坤曰見羣龍無首吉坤上九變爲剥曰龍戰于野其説變卦往往不過一爻及一卦泛立議論

固可若以筮法言自六爻皆有變動左氏所載占筮悉不出一爻之變陳敬仲之筮觀六四變否畢萬之筮屯初九變比季友之筮大有六五變乾晋伯姬之筮歸妹上六變睽卜偃勤王之筮大有九三變睽齊棠姜之筮困六三變大過魯穆子之筮明夷初九變謙婤姶生之筮屯初九變比南蒯叛之筮坤六五變比晋救鄭之筮泰六五變需此十事更無重爻以上變者惟晋伐鄭之筮遇復以全卦言而季武子報聘之筮艮八之隨以六二不變爻取義豈一卦與一爻變與不變者其象純一可以立論姑假是致附會之言不然春秋二百四十二年之間筮占之應何無兩爻以上變者可書耶左氏失之誣予於此得之

探花郎

摭言載唐進士賜燕曲江置團司年最少爲探花郎本朝胡旦榜馮拯爲探花太宗賜詩曰二三千客裏成事七十四人中少年蔡寛夫詩話亦言期集擇少年爲探花是杏園賞花之會使少年者探之本非貴重之稱今以稱鼎魁不知何義東軒筆録謂期集選年少三人爲探花使賦詩熈寧余中爲狀元乞罷宴席探花以厚風俗從之恐因此訛爲第三人

彭籛經

俗以素女術出於彭籛予攷列仙傳籛云上士别床中士異被服藥百裹不如獨卧後人集其採納之術號彭祖經是籛之採納以存眞葆衛爲先務與世之

論大相反所謂喪四十九妻五十四子特欲形容八百歳之壽且久耳漢藝文志有房中八家百八十六卷且謂聖王制外樂不禁内情爲之節文樂而有節則和平壽考迷者弗顧以生疾而隕命即此類也

扶桑

離騷云飲馬咸池揔轡扶桑東京賦云登天光於扶桑謝莊月賦云擅扶桑於東沼嗣若英於西冥張衡思玄賦憑雲遐逝夕宿扶桑東坡云一醉扶桑瞰半夜扶桑開淮南子曰日出暘谷拂於扶桑注曰東方之野山海經曰暘谷有扶桑十日所浴九日居下枝一日居上枝皆戴烏如此則扶桑在沉寥之表及觀南齊扶桑傳沙門慧深來説云扶桑在大漢東二萬

里土多扶桑木葉似桐初生如笋國人食之實如梨績其皮爲布錦及帋其地乃在中國東或謂日出扶桑以日自東方出耳猶倭自謂日出處天子耳山海經多誕不足爲據揚烱渾天賦謂扶桑臨於大海李白詩謂西海栽若木東溟植扶桑竟以扶桑爲日西京賦復與濛汜對説

俗字

俗字皆有所出釋常談載之詳矣予復得數字晉摯虞較古尺曰度量之由生皆紶閡（上胡詁反下胡愛反）而不通即今之紶閡字晉禮儀志有懊憹（上烏浩反下奴浩反）歌即今之懊憹字衛恒説字勢曰或黰（知）黗（上紙下主）點黵狀似連珠即今之黰黗字王沉釋時論曰𪖌鼽（上寥下弔）而刺

天成公綏嘯賦曰訇礚勞曹即今之𪖌鼽勞曹字古人用此等字不見爲俗何耶

虎石蛇盃

大率奇事易失實虎石蛇盃意義略同皆有二出漢書李廣出獵見虎射之没矢視之石也射不入矣韓詩外傳熊渠子夜見虎射之没金飲羽下視知石復射矢摧無跡晉書樂廣賜客酒盃中有蛇既而疾廣意廳壁角影復置酒客頓愈風俗通應郴請杜宣酒盃中如蛇宣得疾後於故處設酒蛇乃弩影耳意遂解二事於人名俱不合未知孰是

次對

今人以唐百官入閤待制次對以次對呼待制然唐初京官五品以上清官每日一兩人隨仗以備顧問正元七年於常參日引見二人次對訪以政事元和間武元衡有請合而爲一唐之待制非若本朝之有此官建隆詔每内殿起居文班朝臣及翰林學士等以次輪對淳化詔百官次對遇起居日常參官兩人次對皇祐詔兩制兩省臺諫三館帶職省府推判官次對是次對即輪對非待制之職也本朝侍從本與百官輪對元祐以王存奏罷之復行於紹聖四年紹興中用吕祉奏始有已見請對之制是則次對輪對本無别議

琉璃

琉璃自然之物彩澤光潤踰於衆玉其色不常魏畧

云大秦國出緑縹青紺赤白黄黒紅紫十種琉璃西京雜記載武帝以白光琉璃爲鞍闇室照十餘丈如晝是也今用青色琉璃皆銷冶石汁以衆藥灌而成之始於元魏月氏人商販到京能鑄石爲琉璃採礦鑄之自此賤不復珍非眞物也博雅以琉璃爲珠近之

餛飩

續釋常談引資暇録云餛飩以象渾沌不正書混沌從食不載故事事物紀原并無此名件唐逸史載李宗回客知人飲饌將同謁華陰令客曰與公喫五般餛飩及見果然酉陽雜俎云今衣冠家有蕭家餛飩漉去湯肥可以瀹茗是舊有此名本草載艾葉療一

切鬼氣炒作餛飩呑三五枚以飯壓之取混沌之義
信矣俱從食邊何耶

鬻爵

今之鬻爵泛濫極矣多咎晁錯之作俑余謂今之弊
非鬻爵也鬻官也鬻爵所鬻者虛利歸於上鬻官所鬻者實利歸於下鬻爵雖非正論然晁錯令
募天下入粟得以拜爵六百石爵上造四千石爲五
大夫萬二千石爲大庶長不過予之虛爵以免罪初
非任以官事文帝時張釋之以貲爲郎武帝令吏入
穀補官郎至六百石此不徒鬻爵而鬻官至靈帝鴻
都榜賣公卿及州郡黃散段熲張溫崔烈雖有功勤
名譽亦以貨賄得之晁錯復生必大爲所笑

傲骨

唐人言李白不能屈身以腰間有傲骨予觀世俗如
脂如韋之人亦本氣質之自然詩曰籧篨口柔也不
能俯戚施面柔也不能仰夸毗體柔也卑屈以柔順
人天苟賦以此質望其剛毅自立可乎

大人堂

四明大人堂在子城內府治北俗呼曰闞相公祠侍
郎高閌撰記謂節度使錢億祠土人不敢稱其名尊
曰大人新志疑之以其義不明也按億吳越王俶弟
自漢乾祐二年判明州乾德五年終於仕首尾二十
三年時俶據吳越億在鎮久官府即家也自乾德五
年至開寶七年雖莫考所繼之人然億以前如鏵元
球瓘元珦皆錢氏子弟億死非子世襲置家廟於府

治則開寶八年姪惟治爲節度使創爲祠以奉香火
蓋大人之名特子弟尊稱諸父之通號家語曾子曰
參得罪大人漢書高帝曰始大人常以臣亡賴疎受
荅叔廣曰從大人議以大人名祠錢氏子及姪惟治
祀億甚明謂之堂即祠堂也以便於往來立祠於府
治內矧億浚湖築塘修它山堰等有功於民建奉國
節度自億始與泛爲郡守不同億既久任惟治在鎮
又五六年繼此遂列祠於五廟若謂闞燔燔無顯功
且吳越家臣無緣錢氏子弟肯奉祠於治所以大人
稱之無嫌也今所謂闞相公者以燔乃錢氏臣曾守
此土從祀其旁民有祈禱者不敢瀆其尊而請於闞
後遂知有闞不知有億今又有闞相公五通神之號
尤可笑或訛爲吳太傅闞澤澤慈水人不曾守此土
郡未移治不應先有此祠大人之名益爲無據

姓從省文

古人姓氏省文多矣如謝射落洛跡束蔓萬姒似華
辛橋喬熊能隨隋止十餘姓惟去邑者多如邾朱郳
兒郤谷酆曾邵召鄣章鄁背亦有分爲二姓微有添
減則郫去邑從衣郇去邑添草郜去邑添水大率古
人用字務省繁文姓字從邑者多或謂避地避難避
仇未必皆然

旗纛將軍

唐百官志節度使辭日賜雙旌雙節行則建節立六
纛入境築節樓迎以鼓角本朝有六纛旌節門旗二

受賜藏之公宇私室號節堂朔望次日祭之號衙日蓋有旌節則有神祀今節鎮重此祠節堂衙禮廢矣

詩書篇名

書篇名所謂分大禹臯陶益稷爲三特竹簡不能多載不得不分以有曁益曁稷之辭名曰益稷猶論語孟子篇名孔以不忘益稷之功則求文義太過詩篇名之例不一關雎葛覃之類取其首章權輿騶虞之類取其末章召旻韓奕之類取一章之義合而成文氓與丰蕩與綿之類取章中一字維天之命昊天有成命則取章中一句惟雨無正酌賚於詩無所取毛氏强爲之辭曰雨自上下曰賚予也曰酌先祖之道中心不安雖支辭强辨與詩絕不類亦有例同而名

異者綿綿瓜瓞與綿綿葛藟同一取綿綿之義一以葛藟爲名綿蠻黃鳥與交交黃鳥同一取綿蠻之義一以黃鳥爲名意編詩者謾取以爲名耳

穆生疏廣知機

師儒所以明道出處尤當知機穆生因醴酒不設楚將鉗我於市遂稱疾而申生受胥靡之罰疏廣見元帝不慧謂官成名立不去將後悔遂移病而望之受牢獄之禍於是知穆疏蕭優劣

香藥卓

坡公與章質夫帖云公會用香藥皆珍物極爲番商坐賈之苦蓋近造此例若奏罷之於陰德非小補予考坡仙以紹聖元年抵五羊楶爲帥廣通舶出香藥時好事者創此它處未必然也今公宴香藥別卓爲盛禮私家亦用之作俑不可不謹

魏相許伯

士大夫出處如渾金白玉不可玷闕魏相賢相也始奏封事及白去副封乃借逕於許伯於是霍氏殺許后之謀乃得聞即詔相給事中給事中近習之官也漢初不加諸士大夫相安受之浸居相位何始進之不正也用平恩以護太子家疏廣能言相謂非臣所及相豈念不到此感汲引之恩不敢諫耳王吉言許史貴寵謝病歸而相不能留漢以外戚中絕是相啓之秉漢史直筆者當書曰漢由外戚取相位自相始

六曹尚書爲文昌

今以六曹尚書爲文昌按天官書斗魁戴匡六星曰文昌宮上將次將貴相司命司禄司災後漢志謂出納王命敷奏萬機乃文昌天府李固云尚書猶天之北斗令及左丞總領綱紀僕射右丞分掌廪穀是也漢又有録尚書事令録僕丞總以尚書言之即今尚書省古納言職也本朝令録不置有二僕二丞自更官制以左右僕射左右丞爲宰執即中興後之左右相及參政六曹分職既非尚書省長貳迺稱曰文昌是文昌宮之將相反爲列曹之屬矣

麟趾

今稱宗寺曰麟寺玉牒曰麟牒宗英曰麟趾之秀蓋本於詩序言衰世公子信厚如麟趾注謂後世雖衰

宗猶振振信厚前輩謂文王化行雖商衰世之公子亦信厚與有商孫子侯于周服同二説皆有衰世之辭亦是語忌王言宣布似不可用

星履曳履

六曹尚書用星履曳履熟事也二出處皆不可用漢鄭崇爲尚書僕射曳革履上曰我識鄭尚書履聲乃僕射事唐韋見素爲吏部侍郎杜甫詩曰持衡留藻鑑聽履上星辰乃吏部侍郎事

緑野堂白蓮社

閑居用緑野乃裴度於文宗時留守東都治堂雖野服蕭散不問事時尚保釐留臺非閑居事也宮觀用蓮社乃白居易致仕與僧如滿在香山修淨土號白

蓮社是致仕後事

鴈塔題名

予得唐鴈塔題名石刻細閲之凡留題姓名僧道士庶前後不一非止新進士也唐進士特於曲江宴賞之暇有此會猶今北使過錢塘例於浙江觀潮天竺燒香耳若泛以鴈塔題名爲登第慶賀之辭則觀潮燒香亦可類言穹廬之來使乎

防海

舟師始於吳越惟曹劉赤壁爲大戰南北分境仗以防江建炎南渡始有防海之説沈與求言虜造海舟慮爲虛聲以懼我議者多欲於明州向頭設備聞海舟自京東入海必由泰州港口通州料角東則通明鎭等次至平江而北洋次至金山次至向頭料角水勢湍險一失水道舟必淪溺得沙上水手方轉料胡人捨馬不能有所爲一舟容幾馬可謂至當之論紹興末年李寶放蘇州洋三日風怒舟散漫不能収酹酒自誓風止退泊明州關嶼追集散舟浹旬後方復故欲乘機速發而風作波濤如山經月不得進南人諳海道者也於舟楫非不便利猶艱阻如此況北人乎膠西之戰女眞在船匍匐而睡略不能動采石之勝亦以女眞不諳江道能施放弓箭者每舟不過數人盡死於中流今人不攷本末北風一警即湍湍於海道予嘗詢之並海篙工謂北舟皆棗諸雜木遇鹹水多濕且重滯登萊一帶惟平底可用過料用尖底

旣非一潮可到必有棲泊之處船少則無以取勝多則一放大洋豈能成蹤錢塘同時發渡遲速上下猶不可必其能併力以相援乎使船中皆習水尚彼此不相保況仗篙師欲一舉入吾腹心以全取勝決無此理昔葉義問謂土豪諳練海道憑恃海食之利能役船户欲於江海要處分寨以爲豪主使土豪撓於舟楫之間官兵扼於塘岸之上則官無虛費民無橫擾此策甚善鹽城石港料角等處皆可舉行近浙則各屯大軍規摹已備不必慮也

麗正門名

今行在内南門名曰麗正本取重離麗正之義然麗正乃唐集賢院名張説謂麗正乃禮樂之司麗正書

院開元五年建十三年改爲集賢院

中書見胡旦

湘山野録載胡旦乞入見王沂公奏曰瞽廢乞送中書問求見之因至堂沂公與諸相具諸生禮列拜旦長揖而坐中書堂宰相治事之地表儀百辟者在是外臣乞對送中書引問自有公禮何暇講師生之私敬旦於都堂巍然受諸相之拜而不辭決無此理

一字師

南唐野史載張迥寄遠詩蟬鬢彫將盡虬髭白也無齊己改爲虬髭黑在無迥拜爲一字師陶岳五代史補齊己携詩詣鄭谷詠早梅云前村深雪裏昨夜數枝開谷曰數枝非早也未若一枝齊己拜谷爲一字師一謂張迥禮齊己一謂齊己禮鄭谷豈一事訛爲兩人將齊己以其師人者還爲人師耶然改白也爲黑在則是兩字師也陳輔之詩話云蕭楚才知溧陽乖崖作牧有一絶云獨恨太平無一事江南閑殺老尚書蕭改恨作幸一字師也此却用前故事

温公申公議論

司馬温公與吕申公友善同召試知制誥温公試而申公辭改天章閣待制温公以爲不及命下力巽謂同召而獨就是公著廉遜而臣無恥遂亦除此職予意温公借此以辭寵耳士大夫立身行己各有規繩一進一退惟心之安豈在苟同范景仁與温公爲異姓兄弟心未嘗不合元祐出處各行其志不失爲同也人安得議其優劣

中涓

今人通箋牘言典籤王府官也記府掌記幕府官也巳難用之書吏中涓之稱尤更爲僭漢石奮爲中涓受書謁此豈臣下之所宜用

桂玉

馬存子長游謂子游京師薪如束桂膏肉如玉世以桂玉之地爲京師按戰國策蘇秦曰楚國食貴於玉薪貴於桂謁者難見如鬼王難見如天帝乃楚國故事

家道

聖賢言家道如齊家御家閑有家皆有肅然不犯之意嬀汭之嬪虞必曰刑于二女文王之於大姒必曰刑于寡妻齊御閑刑皆以嚴爲主易家人卦家人嗃嗃婦子嘻嘻終吝治家之道與其失於寬寧過於嚴嚴雖覺防範太過無寬裕氣象終則吉寬則縱溢放肆綱紀蕩然矣故家之將興父子夫婦濟濟有禮於肅正之中自然雍穆一失治家之節則寬縱太過父不父子不子夫婦不成夫婦亂倫敗度靡所不有乖爭凌犯之風反自此起故曰王假有家假亦正也

橄欖詩

東坡橄欖詩云待得微甘回齒頰已輸崖蜜十分甜注引杜詩崖蜜松花落本草崖蜜蜂黒色作房於巖崖高峻處然坡詩與橄欖對説非眞蜜也鬼谷子曰

崖蜜櫻桃也它無經見予讀南海志崖蜜子小而黃殼薄味甘增城惠陽山間有之雖不知與櫻桃爲一物與否要其類也注坡詩者引小説橄欖與棗爭棗曰待你回味我已甜特坡公換崖蜜作對耳山谷詠橄欖云想共餘甘有瓜葛苦中眞味晚方回坡公取其味相反山谷取其味相投李義山蜂詩紅壁寂寥崖蜜盡此但作蜜用非是

寓錢

法苑珠林載紙錢起於殷長史唐王璵傳載漢來皆有瘞錢後里俗稍以紙寓錢王璵乃用於祠祭今儒家以爲釋氏法於喪祭皆屏去予謂不然之死而致死之不仁之死而致生之不知謂之明器神明之也漢之瘞錢近於之死而致生以紙寓錢亦明器也與塗車芻靈何以異俗謂果資於冥塗則可笑

恩科

聞見録載至和間富公當國立一舉三十年推恩法蓋公與段希元魏升平同場屋相善不欲私之故爲天下之制世以推恩法始於富公予謂不然仁宗開天章閣召范富條當世務方以止僥倖澄汰不才吏爲説無縁以私意創此科攷本朝開寶三年詔禮部閲進士十五年以上司馬浦等賜出身祥符八年詔進士六舉以上雖不合格並奏賜特奏名七十八人天聖二年以特奏名李道宗等爲匠簿四年詔進士實應三舉免取解景祐元年詔進士五舉年五十雖試不合格以名聞自此率以爲常寶元元年被恩賜者九百八十四人至和中李柬之以校年累舉不責詞藝謂之恩澤四五百人欲革之孫汴等條具將上嘉祐元年詔罷特奏名時公正當國也嘉祐二年復賜特奏名及諸科二百十四人恐一時詔罷特奏廟堂因行裁減耳然嘉祐三年再詳定科舉條制亦不該載一舉三十年法何也

獬豸

吳薛綜謂孫權曰日南男女倮體可謂蟲豸五代盧程罵任圜曰爾何蟲豸按爾雅有足謂之蟲無足謂之豸豸字合丈尒反十二獬韻豸字下亦云蟲無足侯思止曰獬豸但能觸邪按説文獬廌獸也古者決訟令觸不直廌字合丈蟹反然四帋韻廌字下亦注獬豸獸名然則廌與豸義本互通若有獬字下雖丈尒切亦獸也如止一字縱丈蟹反亦蟲也今人見御史舊有獬豸冠單呼爲豸可笑

正衙常參

唐文武職事官九品以上望朔朝文官五品以上及兩省供奉監察御史員外太常博士日朝爲常參武官三品以上三日一朝爲九參五品以上及折衝當番五日一朝爲六參三日不赴常參即橫行參假時多御宣政正衙立仗廊飧而退開元以朔望上宗廟牙盤避正殿移御紫宸即喚仗及侯正衙者自東上閤門入謂之入閤唐末亂離既不常御外朝入閤亦

廢常參官赴正衙對立宰臣押班傳不坐即退後唐明宗令五日一度赴内殿起居自此宣政不御省臺寺監應在京釐務官以妨職事求免宰臣内朝奏事中書聚廳無暇押班不廢正衙獨待次及辭謝官武班諸衛無本品攝以使臣十員元豐間始罷常參日參則左右史及尚書侍郎御史大夫以上六參則三省及御史臺官寺監長貳以上兩參則寺監丞大理評事以上月參則寄禄官通直郎以上除朔望參外每以初五十一廿一廿五爲參日渡江後雖有日參官正衙既不日御又無入閤之制内殿廢起居之禮四參日分或大暑祈寒風雨沾濕及假故向車駕詣德壽或國䘏中行宫中之儀多免常朝參日無幾嘉

定末年臣僚申嚴此制寄禄官通直郎以上既不比承平之時一入國門即破白直及馬雖欲趂赴朔望不可得參日多免猶前日也

陳東伏闕

靖康孫覿論太學生陳東誘衆伏闕爲亂建炎黃潛善輩寘東極刑覿潛善不足道也張魏公亦奏胡珵筆削東書欲使布衣挾進退大臣之權幾至召亂遂以諷諭狂生規摇國是將珵追勒編置或謂魏公乃潛善客珵則李綱客也因借此去之公爲一代人物宗主亦復有此失所言六賊及薦李綱去潛善輩乃天下之公言珵果筆削之其心皆止於愛君乃不論所言之是非以草萊之士挾權爲罪瞽誦工諫何所逃譴使建炎果用東言必無渡淮航海之事然高宗特以靖康之鬩爲懼不欲伏闕却不以言罪人它日贈東官祭東墓贍其家而官其後以生前布衣爲身後法從於東亦無憾嘗曰朕即位聽用非人至今痛恨之贈官推恩未足稱朕悔過之意死者不可復生追痛無已聖心惻怛如此予深爲魏公惜之

十五國風二雅三頌

風雅之正變以治言自邶至曹治固多變鄘衛鄭秦有美有刺大王治豳風化所基何皆言變風節南山至魚藻治固變矣六月車攻斯干諸詩何以言變小雅民勞至桑柔治固變矣崧高韓奕烝民江漢諸詩何以言變大雅或曰衛鄭與秦皆國人私美其君不

合於治之正豳以周公遭變宣王功業不終悉難曰正風正雅然六月序言小雅盡廢四夷交侵中國微矣宣王出而周道粲然復興變雅不始於厲王而始於宣王何也若專以治言則溢美其君豈得爲詩夫子安得存之周禮籥章歌豳詩豳雅豳頌豳治未純於正胡用之於樂章況七月陳王業與公劉戒民事無以異一繫正雅一繫變風何也詩大小雅以治言則受命作周代商繼伐爲政之大燕羣臣嘉賓燕兄弟朋友爲政之小嘉魚山臺菁莪卷阿棫樸均爲養才用才之詩何以分政之小大六月采芑車攻江漢常武均爲宣王中興之詩何以分政之小大周魯商三頌以盛德成功爲主則周頌之薦宗廟告神明稱

述祖宗功業極其形容自稱曰惟予小子閔予小子曾孫篤之皆謙沖退托而商頌言假祖之孝曰湯孫奏假言赫赫之功曰於赫湯孫言奉祀之誠曰湯孫之將言天命之久曰在武丁孫子不過頌美主祭之君周頌簡嚴商頌敷暢已非一體魯頌稱美之辭益侈以衰微不振之魯奔走於霸主之號令惴惴自保不暇乃謂其懲荆舒服戎狄修復伯禽之法度與經傳大率相戾聖人合商周與魯並以頌稱又何也謂言天下之事形四方之風則豳何以有雅謂美盛德告成功則豳何以有頌予謂求詩於詩不若求詩於樂夫子自衛反魯然後樂正雅頌各得其所及言關雎之亂洋洋盈耳以樂正詩則風雅與頌以聲而別

古者詩存於樂延陵季子觀樂於魯使工爲之歌乃於五聲和八風平節有度守有常記禮言鄭宋衛齊之音與聲淫及商和非武音歌頌大小雅以爲聲歌各有所宜書詩言志歌永言聲依永律和聲周禮教六詩以六律爲之音左傳晉得楚囚問其族曰伶人也與之琴操南音文子曰樂操土風不忘舊也有娀之北音塗山之南音夏之東音周之西音專以音樂爲主聲相形故生變五音樂之正也應鍾爲變宫蕤賓爲變祉樂之變也後之言樂有三宫二十一變樂有正聲必有變聲夫子正詩於樂豈獨風雅有正聲而無變聲哉故國風十五國之土歌土歌之正爲正風土歌之變爲變風採諸者以聲別之列國非無正

音散而不傳耳豳風[redacted]風周之變音周南召南周之正音其雅樂之正變也亦然瞽誦工歌既別其聲之正變復析爲小雅大雅亦不過雅音之大者爲大樂章大燕享用之雅音之小者爲小樂章小燕享用之春秋穆子如晉晉侯享之金奏肆夏歌文王俱不拜歌鹿鳴而後拜韓子以捨其大拜其細爲問對曰三夏天子所以享元侯文王兩君相見之樂皆不敢當鹿鳴所以嘉寡君敢不拜嘉足見雅音小大即樂章之小大也以言於頌周頌雖簡商魯之頌雖繁周頌雖敬懼而謙恭商魯之頌雖侈麗而誇大其音苟合何往非頌人不以言求詩而以樂求詩始知風雅之正變小大與三頌之殊塗同歸矣孔穎達云取大雅

之音歌其政事之變者謂之變小雅言政而參以音其論得之矣蓋樂與政通謂無關於政固不可悉以政事解之則有不可解者今之樂章至不足道猶有正調轉調大曲小曲之異風雅頌既欲被之絃歌播之金石安得不別其聲之小大正變哉

王儉紅蓮

庾杲之爲王儉衛將軍長史蕭緬與儉書曰盛府元僚實難其選庾景行汎緑水依芙蓉何其麗也今臺郡幕客多用紅蓮故事始此按齊衛將軍實預朝政猶漢三公開府豈汎常僚屬可比用之樞宰掾則其類也不然則用於諸戎之幹官却無害

廟議

本朝以太祖太宗開基眞宗仁宗神宗配古三宗非英宗則裕陵無自而繼高宗又有中興之功於義皆百世不遷廟祧未可輕議寶慶廟議竟無定論予考鄭康成王肅輩議論雖詳朱震惟取劉歆之說謂天子三昭三穆與太祖之廟而七七者其正法可常數也宗不在此數宗變也苟有功德則宗之不可預爲設數於商太甲爲太宗太戊爲中宗武丁爲高宗無逸舉商三宗宗無數也勸帝者之德博矣禮功施於民則祀之以勞定國則祀之能救大菑則祀之異姓有功德猶且特祀況先祖乎又說中宗高宗宗其道而毁其廟名與實異非尊德貴功之意也以歆議觀之太祖廟固在七廟之內而三宗廟則在七廟之外

不然則商祖契而宗湯今太甲太戊武丁已爲五廟豈有身爲天子而祀不及曾祖者前漢守祖有功宗有德之說凡尊之爲宗則萬世不毁不待集議於遷易之時而尊謚之始其論已定光武既爲中興之祖其後宗名世爲陵寢號廟制不可行矣蔡邕以和帝而下功德無殊不應爲宗及餘非宗者皆奏毁是既宗其功德則不可祧欲祧則當如邕議省去其號方可本朝聖明相繼宗以虛名而復毁其廟於理未允

鬻熊孟嘗

鬻熊年九十見周文王曰老矣鬻子曰捕虎逐麋臣已老矣使坐而策國事尚少也孟嘗謂楚丘先生春秋高多遺忘矣楚丘曰使拔距投石追車赴馬何暇見老深謀遠計役精神而決嫌疑吾始壯矣周家尊事黃耇不過乞言非勞其筋力強之以事也大夫七十致仕禮之常也間有特異之賢尊而禮之任其德而不任其力也使鞭鈍策朽以盡瘁於羣有司何補於其國哉

姓氏改易

世之改姓氏如莊爲嚴殷爲戴恒爲元奭爲盛以義改也理爲李求爲仇㝵爲咎籍爲席弘爲洪朝爲晁以音改也棘爲棗䟽爲束仲爲种槃爲暨熊爲能鄖爲曾愼爲眞劉爲金胙爲作敬爲文爲苟以字改也蔓落姒華橋邾郳鄶鄣鄚郯邵隨藤爲萬洛似辛喬朱皃會章背成召隋滕合音與字而改也亦有因一

事爲萬世不易之姓田千秋乘小車改爲車謝服出征改射氏儀以氏無上改爲是劉遵考以忠諫比伍員改爲員猶有源流可考逃難山谷強氏曰潛遂失本姓一姓改爲數姓者如香横四子守墳基者改爲是居徐者爲香居幽者爲桂居華陰者爲娃此四姓同一香也勾姓本避高宗諱勾濤則仍字更音鉤光祖則加金絇紡則加絲苟諶則加草句思則易字勾龍如淵則加龍此六姓同一勾也後世昏姻何自而辨又有因二音而訛者貟音運俞勑救反莱音攝今從正音甄音堅宣和唱名以堅呼之不應訛爲眞矣繆或爲穆遂成二姓豈源流之固異耶複姓多北人而中國望族不可以義通者乃因所居而增諸葛則

諸縣之葛申屠則屠原之申毋胡則毋丘之胡閭丘則頓丘之閭所謂同門而異户也

楮券源流

券書聽稱責以傳别特民間私相稱責以為符驗公家未嘗為之漢皮幣王侯貴人用相朝覲遇聘享載以薦璧民間未用唐憲宗時商賈至京委錢諸道輕裝趍四方合券取之裴武欲禁盧坦請於三司飛錢給據更相兌為鈔祥符中張詠鎮蜀患鐵錢之重設質劑法一交一緡以三年為界使富民十六户主之資産寖耗不能即償薛田請官為置務天聖元年冦瑊守益置益州交子務紹興間錢端禮議令榷貨務給降諸軍見錢公據關子三百萬及以分數給朝士

俸於市肆要鬧處置五場同見錢收换每一千别輸錢十以為吏卒用總不過四百餘萬商賈入納外郡綱運悉同見錢無欠數貼償脚乘之費競欲得之有不止用官價者其後所造稍多價漸虧損乾道三年出内庫銀二百萬兩易楮幣焚之孝宗謂朕以會子十年睡不着淳熙間至二千四百萬令宰相葉衡用錢收换曰會子少則重多則輕可謂講究本末詳且悉也慶元後券日增開禧所出益夥第十一界三千六百三十二萬六千二百第十二界四千七百五十八萬九百第十三界五千五百四十八萬幾及一億四千萬其價浸損朝廷始詔江浙諸道必以七百七十行用終非令之所能禁嘉定初頓損其半法禁并行令既嚴而價未定持空楮於市無有肯售者公私大弊旱蝗求言用太學生吳幼存等封事還籍没富室之産悉弛其禁楮價反增雖七百六百諸處不等不至十分折閲以楮稍損於開禧自然而然也後無以為稟給忠義及慶寳之費且謂青齊皆可通用遂廣行印造旴楚江閩用兵所費日廣十四界十一千二百六十三萬十五界十一千六百九十八萬幾及二億三千萬蓋溢開禧之數鬱攸為災土木費多所印第十六界本為换易之用不免權宜出之至紹定癸巳歲用過九千四百餘萬一界計一億十三千三百五十五萬止三千九百萬未支出以三億二千萬之數欲強以七百七十之價人知其難孟冬易相懲

創兩貫换一之非高折金銀及以官誥度牒與第十七界新券貼换徒據榷貨務舊數紐筭都不知十四十五兩界舊多破損屢嘗换易積於封樁未及焚毁又復移用其數遂不可計僞造者不與焉雖可易舊為新而换兩界舊劵者止第十七界及用物貼换不能悉償凡州郡樁積與七月所納之劵悉為乾没設有水旱盜賊縣官既已無備且有兵事悉取辦於楮兩界之用於東南已踰二億所造日增常患不給乃以州郡不能秤提為病予謂錢與楮猶權衡也有輕重則有低昂分毫之力不與焉蓋錢與楮皆本無用可以貿有用之物則人用之使如古所謂粟易械器械器易粟有無可以相易則何資於錢如古所謂治

田百畝歲用千五百之類小大粗足於日用何資於楮自物貨難以阜通於是假圜法以流轉故言錢則曰平準所以見有是錢必有是物而後可準平也錢多易得則物價貴踊此漢唐以後議論也自商賈憚於般挈於是利交子之允換故言楮則曰秤提所以見有是楮必有是錢以秤提之也楮多易得則金錢貴重此紹興以後議論也準平秤提皆以權衡取義而低昂有在於重輕明矣陸贄謂錢多則輕必作法以斂之趙開謂楮多則輕必用錢以收之今日病在楮多不在錢少如欲錢與楮俱多則物益重矣且未有楮之時諸物皆賤楮愈多則物愈貴計以實錢猶增一倍蓋古貿通有無止錢耳錢難得則以物售錢

而錢重錢易得則以錢售物而錢輕復添楮以佐錢則爲貿通之用者愈多而物愈貴古人惟重本政穀粟桑麻及諸用物食物食物本也錢末也楮又末之末楮惟便於商賈今乃強之收藏價必用七百三十使刑禁可行則慶元開禧嘉定嘗用之旣無驗而復効尤焉且曰姦民銷毀也蕃商般販也吁此敝久矣固所當禁而不足以救目前之急蓋自王安石罷銅禁奸民銷錢爲器邊防海舶不復議錢之出非特今日今之所慮在楮日益而不知止耳柳宗元言平衡曰增之銖兩則俯反是則仰此秤提大術也今日悉欲取法　孝宗獨楮幣一事與　孝宗議論相反何耶

無恙

戰國策趙威后問齊使歲無恙耶王亦無恙耶晉顧愷之與殷仲堪牋行人安穩布帆無恙隋日本遣使稱日出處天子致書日沒處天子無恙風俗通云恙毒蟲也喜傷人古人草居露宿相勞問曰無恙神異經去北大荒中有獸咋人則病名曰𤢺𤢺恙也常入人室屋黃帝殺之北人無憂病謂無恙蘇氏演義亦以無憂病爲恙恙之字同或以爲蟲或以爲獸或謂無憂病廣干禄書兼取憂及蟲事物紀原兼取憂及獸予看廣韻其義極明於恙字下云憂也病也又噬蟲善食人心也於𤢺字下云𤢺獸如師子食虎豹及人是𤢺與恙爲二字合而一之神異經誕矣

前席

前席事不止賈誼誼之前則商鞅見孝公與語不自知厀之前席誼之後則蘇綽見周文帝陳申韓之道帝不覺膝之前席鞅綽言雜霸賈誼言鬼神感動主聽則均今獨取宣室事何耶

佽飛廟

四明舊圖經稱佽飛廟昔有碑今亡神姓氏無傳淮南子云荆佽飛渡江兩蛟夾撓拔劒斷蛟金翊纂異記唐開元改鄞爲明郡名奉化軍號佽飛考此蓋軍將有功而人祠之九域志引淮南子事乃非是之非非飛走之飛今廟榜稱荆佽飛俟豈好事者附會以荆字歟新志注有蛟池鎮以廟又云唐末刺史黄晟初爲佽飛都副兵馬使保護鄉井設而祠之是新舊

圖志皆無定論佽非事始見於呂春秋按漢百官表武帝更左弋射爲佽飛注周時渡江越人在船下將覆之佽飛入水殺之與呂春秋淮南子人與蛟小異以非爲飛則已久矣古字初未嘗拘隸釋載槀長蔡君頌曰飛陶唐其孰能非與飛其義自通何必有是非飛走之疑漢軍號既取荆佽飛之武勇如宣帝發飛射士詣金城元帝發佽飛射者擊羌隋大業改左右衛所領軍士名佽飛唐建佽飛軍於明節鎮之號乃遣衛士留屯若今飛虎虎翼軍耳郡有城隍軍有主宰當時佽飛屯軍於明必建本軍香火以荆佽飛侯王爲額如今東三班之祠關王秘書省之祠蒼史王及各建天王堂之類軍廢此祠遂存廟碑無攷所

信者額及九域志耳舊志指額爲附會又以名字不同疑九域志遂有軍將之說新志因刺史黄晟嘗爲兵馬使又訛爲晟自建軍爲使凡幾人安知爲晟何不言黄刺史而言荆佽飛侯王廟額已久既以侯王爲稱決難遷就又自蛟池立説尤爲臆度既立佽飛之廟必鑿池以象其事或舊有池因廟而訛若因池建廟古之斬蛟如周處許旌陽之類甚多何獨取於佽飛人與軍名相合耶

發人私柬

唐穆宗時錢徽掌貢舉叚文昌李紳以書屬所善士不從言於上曰今歲禮部不公皆關節得之乃貶徽刺江州或勸徽奏所屬書徽曰苟無愧心得喪一致柰何奏人私書取而焚之本朝皇祐元年六月臺諫李允等言比歲臣寮有繳交親往還簡尺遂成告訐之俗自今非情涉不順毋得繳簡尺以聞從之繳奏私書非特士君子不爲亦法令所禁

教官稱冷官

唐元宗愛鄭虔之才以不事事爲置廣文館以虔爲博士而無曹司杜甫詩諸公袞袞登臺省廣文先生官獨冷非以學館爲冷及以登臺省爲進用蓋言諸公日趍局獨廣文無職掌耳今以教導之職爲冷官意正相反廣文館與四門太學國子並列亦郡文學之職

巾箱本

今之刋印小册謂巾箱本起於南齊衡陽王鈞手寫五經置巾箱中賀玠曰家有墳素何須蝇頭細書答曰檢閲既易且手寫不忘諸王從而效之古未有刋本雖親王亦手自抄録今巾箱刋本無所不備嘉定間從學官楊璘之奏禁毁小板近又盛行第挾書非備巾箱之藏也

抑之詩序

詩序以抑爲衛武公刺厲王亦以自警予考史記諸侯年表宣王十六年衛武公共和元年在位五十五年平王十四年卒衛世家釐侯二十八年周宣王立四十二年武公立犬戎殺幽王武公將兵佐平戎命爲公五十五年卒温公稽古録悉用史記紀年劉恕

通鑑外紀用汲冢紀年以爲武公宣王十五年立平王十三年卒前後止差一年以此攷武公即位宣王之十三年中間又有共和之十四年是厲王之後二十七年公即位也國語云武公年九十五猶箴於國作懿詩以自警注曰懿詩大雅抑篇也武公之自警在於耄年去厲王之世幾九十載謂此詩爲刺厲王深所未曉

世事未嘗無對

唐宋遺史載張崇帥廬州不法民苦之既入覲人謂渠伊必不來崇計口率渠伊錢再入覲人不敢言捋鬚相慶崇率捋鬚錢五代史補載趙在禮自宋移永興人曰眼中拔卻釘矣在禮乞還每日率拔釘錢方

鎮不法信非一處此二事雅可爲對

唐進士貶官

唐以進士爲重入仕爲輕緗素雜記及禹錫嘉話載賈島事一謂累舉不第文宗時坐飛謗貶長江簿一謂島爲僧居法乾寺宣宗微行於案上取詩卷覽之島攘臂奪去帝慙恧遂除島長江簿唐宋遺史所載略同程錡有奪卷忤宣宗之句摭言載開成中温庭筠以文爲貨執政惡其攪擾場屋黜隨州方城尉裴坦爲責詞有澤畔長沙之比北夢瑣言載制辭孔門以德行爲先文章爲末徒負不羈之才罕有適時之用夫士子起布衣爲簿尉今爲異恩矣時則爲貶黜何唐士之貴且重也盧氏雜說云文宗言進士之盛時宰對舉場中云鄉貢進士不博上州刺史此實錄也

燕巢詩

雲溪友議載元和下第士人多爲詩刺主司獨章孝標爲歸燕詩留獻侍郎庾承宣云舊累危巢泥已落今年故向社前歸連雲大廈無棲處更望誰家門戶飛承宣吟諷恨遺才及重典禮闈孝標擢第青瑣高議載唐僖宗時干化成依中丞蔡授門館一日告去作燕離巢詩主人復留之與前章一同但改落空爲隳豈化成竊孝標之舊什將青瑣所傳之繆耶

蓄米

古窖藏多粟次以穀未嘗蓄米載於經史可攷武王發巨橋之粟廩人掌九穀之數倉人掌粟之藏廩人

繼粟晉飢秦輸之粟李斯入倉見鼠食積粟太倉之粟陳陳相因敖倉藏粟甚多趙充國日月用糧穀十九萬九千六百三十斛鄭吉田渠犁積穀魏太祖許下屯田所在積穀以太倉穀千斛垣下穀千斛賜袁渙家晉天文志胃三星天廚主藏廩五穀也南四星天庾積廚粟所也雖穀粟言其大槩然藏米絕少唐太宗置常平令粟藏九年米藏五年下濕之地粟五年米三年吳會並海卑濕尤甚且蓋藏無法不一二載即爲黑腐三年之令不復舉行何耶

御屏隔座

今人用御屏隔坐之事以兵尚書令紀亮與子中書令隲朝會以御屏隔坐然隔坐不始於亮後漢鄭弘

爲太尉舉第五倫爲司空班次在下每朝見弘曲躬自卑上遂聽置雲母屏分隔其坐由此爲故事是隔坐發端於門生坐主也

唐進士無恥

唐摭言載裴思謙從仇士良求狀頭高鍇庭譴之次年鍇知舉誡門下不得受書題思謙懷士良一緘易紫衣趨階下曰軍容有狀薦裴思謙書中與求巍莪鍇欲略見之思謙曰卑吏便是思謙人物堂堂鍇見改容從之集異録載王維文章音律爲岐王所重時公主已薦張九皋爲解頭王令維衣錦繡賫琵琶同詣主第諸伶旅進維妙年都美主顧問王荅曰知音者也令獨奏新曲主詢名維曰鬱輪袍大奇之王曰

此生詞學無出其右維獻詩卷主驚曰皆我所習常謂古人佳作乃子之爲乎因令更衣升之客右召試官至第遣宮婢傳教維作解頭一舉登第此二事無廉恥甚矣雖得一名何足爲重紀載以爲盛事何耶

左右

漢以右爲尊謂貶秩爲左遷仕諸侯爲左官居高位爲右職周昌相趙高帝曰吾極知其左遷陳平以右丞相遜周勃位第一平爲左丞相位第二謂左戚右賢居客之右朝廷無出其右皆此意也本朝官制如左右僕射左右丞相左右丞左右司左右曹左右諫議左右司諫正言皆不以右爲尊猶以右文爲祕省殿名何耶

程蘇爭致齋

東坡年譜載程蘇當致齋廚禀造食葷素蘇令辦葷程令辦素蘇謂致齋在心豈拘葷素爲劉者左袒時館中附蘇者令辦葷附程者令辦素予謂不然齋之禁葷見於法令乃禁五辛慮耗散人之氣間其精誠與禁飲酒聽樂嗜慾悲哀一同欲其致一之妙通於神明耳二公未免以葷爲魚肉徒有是非之辨莊子載顔回不飲酒不茹葷謂祭祀之齋是也

桃符

風俗通曰黄帝書稱上古之時有兄弟二人荼與鬱用度朔上桃樹以制百鬼於是縣官以臘除飾桃人垂葦索歲時記桃者五行之精壓伏邪氣制百鬼本

草經曰梟桃在樹不落殺百鬼山海經云東海度朔山有大桃樹蟠屈三千里其東北曰鬼門萬鬼出入也有二神曰神荼曰鬱壘黄帝象之立桃版於户淮南子曰羿死於桃棓注云棓大杖以擊殺羿由是鬼畏桃今人以桃梗作代歲旦植門以辟鬼後漢禮儀志曰代有所尚周人木德以桃爲更言氣相梗梗更也莊子曰插桃枝於户童子不畏而鬼畏之桃之制鬼見於傳記者不一而六經亦自可考檀弓曰君臨臣喪以巫祝桃茢傳曰楚人使公親襚公使巫以桃茢先祓殯周禮戎右贊牛耳桃茢鄭司農於喪祝云喪祝與巫以桃厲執戈在王前以桃茢除雖聖人不廢例以巫家之説而鄙之可乎

艾子

世傳艾子爲坡仙所作皆一時戲語亦有所本其說一蟹不如一蟹出聖宋掇遺陶穀奉使吳越因食蝤蛑詢其族類忠懿命自蝤蛑至蟚凡十餘種以進穀曰眞所謂一代不如一代也

令甲

漢令甲令乙令丙乃篇次也宣帝詔令甲死者不可生江充傳注令乙騎乘車馬行馳道中章帝詔曰令丙箠長有數當時各分篇次在甲言甲在乙言乙在丙言丙今例以法律爲令甲非也此與言乙夜之覽不同古人雖以更數爲甲乙丙丁之分却有唐太宗甲夜觀事乙夜觀書出處可用

東閣

今人以宰相子爲東閣按公孫弘爲丞相開東閣不過招延賓客之地於子弟初無預今之引用乃李商隱九日詩郎君官貴施行馬東閣無由再得窺上言郎君乃令狐綯下言東閣猶是令狐楚之舊館東坡九日詩因引此事合而言之聞道郎君閉東閣且容老子上南樓此雖使令狐綯絕義山故事然東閣之開閉於郎君何預又云南屏老宿閑相過東閣郎君懶重尋以郎君加於東閣下猶言宰相子也與汪龍溪云東閣郎君之未有用之皆無病今竟以東閣呼郎君豈爲父者不能顯招賢之責子得以盜其權耶

嚴更

西都賦衛以嚴更之署注嚴更督夜行鼓也此鹵部中所謂嚴更警長也嚴與發嚴及中嚴外辦同唐制日未明七刻槌一鼓爲一嚴侍中奏開宮門城門五刻槌二鼓爲再嚴侍中版奏請中嚴群臣五品以上俱集朝堂未明一刻槌三鼓爲三嚴侍中中書令以下俱詣西閣奉迎嚴即嚴肅之義今以辦嚴爲辦裝因諱而改恐難例論

鼯鼠五技

本草謂螻蛄爲鼫鼠即荀子鼯鼠五技而窮者謂之鼫鼠而引鼯鼠事全不可曉荀子注稱鼯能飛不能上屋能游不能渡谷能緣不能窮木能走不能及人能穴不能覆身許氏說文言今河東有碩鼠大能人

立前兩脚於頭上跳舞善鳴食人禾黍逐則走入空樹中有五技本草之論其果然耶爾雅於螜曰天螻也不聞有鼯鼫之說疏曰一名碩鼠疏作於本朝諸公非正文也於鼫鼠注雖引蔡邕螻蛄之說郭璞以爲形大如鼠頭似兔尾有毛青黄色好在田中食粟豆關中呼爲鼩鼠則與蔡說不同於鼯鼠夷由注云似蝙蝠肉翅飛且乳亦名飛生音如人食火煙又與螜不類郭璞鼯鼠贊曰鼯之爲鼠食煙棲林載飛載乳乍獸乍禽又精孕婦人爲大任鼫鼠贊曰五能之鼠伎無能執應氣而化翻飛駕集詩人歌之無食我粒是鼯鼫判然二物非螜明矣前輩詩用鼯處極多韓愈詩猿呼鼯嘯鸛鵠啼蛟龍出没猩鼯號李白詩

鼫啼桂方秋飢鼫嚬呻杜甫詩抨弓落鼫鼫飢鼫訴落藤蘇詩鼫鼫號古戍飢鼫嗅空案俱不及於五技黄詩雖云五技鼫鼠笑鳩拙亦不以爲鳖前輩嘗以蔡説爲非本草必因邕而附益之不然則螻蛄之五技偶與鼫鼫同因以名之若鼠頭兎尾人立跳舞與飛乳人音決非螻蛄明矣

樊遲學稼

樊遲學稼學圃子曰不如老農老圃且謂小人哉樊須也有大人之事有小人之事夫子固以須無志於大而鄙之然夫子所謂不如農圃則是眞實之辭古者人各有業一事一物皆有傳授問樂必須夔問刑必須臯農事非后稷不可禾麻菽麥秬秠穈芑各有土地之宜方芭種褎發秀頴粟各有前後之序本末源流特槩見於生民七月周禮於職事曰稼穡樹蓺及任農以耕事任圃以樹事是各有職老農老圃蓋習聞其故家遺俗窮耕植之理者也此許行所以學農家今以所傳齊民要術亦可想農圃之梗槩管子地員一篇載土地所宜比禹貢尤詳悉亢倉子説農道大有意義稼容足耨容擾耘容手謂之耕道人耨以旱使地肥而土緩稼欲産於塵而殖於堅其種勿使數亦無使踈施土無使不足亦無使有餘畎欲深而端畝欲沃以平下得陰上得陽然後盛生吾苗有行故速長强弱不相害故速大苗其弱也欲孤其長也欲相與居其熟也欲相扶其耨也長其兄而去其弟樹肥無扶踈樹墝不欲專生而獨居肥而扶踈則多粃墝而專居則多死其説禾黍稻麻菽麥得時失時尤詳且悉與吕氏春秋大槩略同昔李斯請史官非秦紀皆燒所不去者醫藥卜筮種樹之書藝文志神農二十篇野老十七篇宰氏十七篇董安國十六篇尹都尉十四篇趙氏五篇氾勝之十八篇王氏六篇蔡癸一篇九家百十四篇要之各有傳授不可例以夫子鄙須遂謂無此學也

倚門

俗説母之望子曰倚門按戰國策王孫賈事閔王王走失王之處其母曰女朝出晚而來則吾倚門望女女暮出而不還吾倚閭望女朝暮之出入固可言倚門若出稍久當言倚閭蓋門不可久倚故也今人但用倚門事豈以暮出不還爲俗忌耶

張范議論仁恕

唐裴伷先得罪張嘉正請杖之張説曰刑不上大夫爲其近於君故士可殺不可辱嘉貞不説説曰若國之大臣皆可笞辱但恐行及吾輩慶曆中晁仲約得罪富公議欲誅之范公曰事有可恕戮之非法意也富公愠范曰輕導人主以誅戮它日手滑雖吾輩未敢保張范二公可謂仁人君子之言然謂恐及吾輩與吾輩未敢保意借以開釋同列耳若預爲己計而故縱則不可昔豫遜報國士之知曰將以愧後世爲臣懷二心者高亢不欺於君曰恐負翟黑子事上以忠臣之

節也由己由人乎哉如唐武宗欲誅楊嗣復李珏杜悰見李德裕曰天子年少不宜手滑此語却無病

臨安金魚

坡公百斛明珠載舊讀蘇子美六和塔寺詩沿橋待金鯽竟日獨遲留初不諭此語及倅錢塘乃知寺後池中有此魚如金色投餅餌久之略出不食復入自子美至今四十年已有遲留之語苟非難進易退不妄食安得如此壽觀此則金鯽始於錢塘惟六和寺有之未若今之盛南渡駐蹕王公貴人園池競建豢養之法出焉有金銀兩種鯽魚金鰍時有之金鰲為難得魚子多自吐吞往往以萍草置池上待其放子撈起曝乾復換水復生魚黑而白始能成紅或謂因

所食紅蟲而變然投之餅餌無有不出能不食復入者蓋寡豈習俗移人雖潛鱗猶不能免耶

蠶馬同本

唐乘異集載蜀中寺觀多塑女人披馬皮謂馬頭娘以祈蠶搜神記載女思父語所養馬若得父歸吾將嫁汝馬迎得父見女輒怒父殺馬曝皮於庭中皮忽卷女飛去桑間俱為蠶俗謂蠶神為馬明菩薩以此然周禮馬質禁原蠶注天文辰為馬蠶書蠶為龍精月直大火蠶馬同氣物不能兩大禁再蠶者為傷馬舊祀先蠶與馬同祖亦未可知

盬鹽

西漢中食貨志猗頓用盬鹽注盬鹽池也於盬造鹽故盬音古予觀采薇注王事靡盬盬不堅固也頡羽注盬不攻緻周禮鹽人共其苦鹽杜子春讀為盬謂鹽盬直用不練治以詩禮注觀之則盬為不攻緻及不練治以食貨志注觀之則盬乃鹽池二說似異然海鹽練治後成其為鹽也難壞池盬出水即成其為鹽也易壞其理一也

傳注

藝文志易經二十九篇傳四十一篇毛詩三十九篇毛詩故訓傳三十卷周官經六篇周官傳四篇春秋經十一卷左氏傳三十卷公羊傳十一卷穀梁傳十一卷先漢經自為經傳自為傳自馬融注周禮省學士之兩讀以傳連經杜預為經傳集解亦合為一然

於一年之首必以一字別之讀者固知其彼為經而此為傳也易有文王周公孔子之辭初未嘗亂乾之卦首篇繇辭次以爻與彖象它卦以彖係於繇辭下以象係於逐爻之下均為聖人之言一之猶可歐陽公以十翼非夫子所作及言有何謂也與子曰乃講師對荅之辭所謂元亨利貞四句魯穆姜之言必講師引以伸其說詩序舊以為夫子子夏所作然鄭康成解詩於經謂箋箋重也以經文既有毛注鄭則重為發明於序則直注之使序非毛公之文則毛公豈得無注毛苟有注則鄭亦必言箋緇衣序云髙子曰靈星之尸也與定之方中注云仲梁子曰初立楚宮也閟宮注云孟仲子曰媒宮也無以異一繫之序一見

之注講師附益可見十月之交兩無正小宛小旻四詩序謂刺幽王鄭謂刺厲王之詩序謂衛莊姜送歸妾鄭於禮之坊記爲定姜之詩使序出於夫子子夏康成其敢爲異同之論乎經傳既混而爲一其間或有夫子及子夏之辭亦不可辨晦菴解詩純用正經蓋有見於此

温公蜀公議樂律

予觀范蜀公與司馬温公議樂律書蜀公謂房庶尺法古本漢書度起於黄鍾之長以子穀秬黍中者一黍之起積一千二百黍之廣度之九十分黄鍾之長一爲一分今文脱之起積一千二百黍八字故累黍爲尺縱置太長横置太短新尺横置之不能容一千

二百黍則大其空徑四釐六毫是以樂聲太高皆由談以一黍一分不若以一千二百黍實管中隨其長短斷之爲黄鍾九寸之管九十分其長一分取三分以度空徑數合則律正是度由量起温公據漢書正本謂律法以一黍之廣定爲度之九十分得黄鍾之長是度由律起予謂先王吹嶰竹以聽鳳鳴六律六吕生焉天地未嘗無自然之中聲復懼其中聲之不傳於是因十二筩以制律而驗之於氣氣之應有淺深管之入地有長短驗子於黄鍾驗未於林鍾驗寅於太簇氣至則灰飛管差則不驗律建而天地之中聲有所攷復起於黄鍾之長取子穀秬黍中者一黍之廣度之凡十分黄鍾之長一爲一分寸尺丈引定而度生焉度立而黍之長短有所攷復起於黄鍾之龠以子穀秬黍中者千有二百實其龠以井水準其槩合升斗斛定而量生焉量立而黍之小大有所攷復起於黄鍾之重一龠容千二百黍重十二銖兩斤鈞石定而衡生焉衡立而黍之輕重有所攷四者具存或自源而徂流如先王以律起度量衡可也或自流尋源因度量衡以起律亦可也四者既亡周漢之議已爲不同司馬遷劉歆班固以爲一上一下劉安京房鄭康成以蕤賓爲重上生吕不韋以大吕爲重下生或代律以準或代律以鍾或代律以笛卒無一定之論況二公當漢唐五代之後欲爭律歷志之全脱以定一代之制人固知其爲難然主蜀公之説者

但當辨子穀秬中者一黍之廣度之九十分黄鍾之長一爲一分之有合於度與否不必曰度之起律非也主温公之説者但當辨一千二百黍積實管中爲九寸取其三分以爲空徑果有合於量與否不必曰量之起度非也天文局觀天而驗曆太史局筭曆以測天所得苟精未嘗不合倘温公因律歷志之元本取爲度以作律驗之於氣灰飛苟應則度可爲律蜀公因律歷志之古本取爲量以作律驗之於氣灰飛苟應則量可爲律蓋有天地之中土則有天地之中氣而中聲應焉律度量衡者起於黄鍾月令於中央土有律中黄鍾宮之説是律吕之出於自然豈有古今之殊不能求律於人而求律於天氣驗則律驗度

量衡亦於是而論定矣正不待較古本今本之異同也

義役

今之義役朝臣以爲便奏欲通行之予謂此法在民則爲義在官則大不義義役莫如周比長察奇衺閭師縣師征賦貢皆以上中下士爲之不以役名也秦漢三老掌教化有秩嗇夫收税賦游徼廵盗賊無秩無秩則以非義徒役之矣元魏取鄉之強謹爲三長皆有復漢唐胥吏有公廨錢加役者免租調民猶樂於趨義本朝以鄉户爲胥役不堪衙前之破蕩靡寧令出錢助役雇吏正長復除然當時計物力差耆長曰役法以收税賦計户籍差正長曰保甲法以廵盗賊後廢縣之五等而都爲之等以正長收税而兩法

俱弊紹興取雇役錢封樁之隸經總司胥吏多無縁始虐正長代輸追捕與官吏往來科配供給之費皆取辦焉正長有破蕩之患於是衆鳩金買田以供役蓋出於大不得已不咎官吏以非義虐正長乃謂率錢以飽溪壑之欲者可通行於天下可乎夫力役之出庸併於兩税繼有徭役之雇錢以隸經總司復使率錢爲義役是三出錢而不免役以爲義未見其爲義也

性善惡

世之論性者二善惡而已人往往取孟而闢荀予合二書觀之孟子自天性見所謂善必指其正大者欲加持養之功大學誠其意之謂也荀卿自氣性見所謂惡必指其繆戾者欲加修治之功中庸強哉矯之謂也氣性與天性不同苟非上聖得無過與不及之病荀卿於是名之爲惡曰柔膽猛戾也曰齊給便利也曰庸衆駑散也或柔之以調和或一之以易良或輔或節或抗或劫力指其用力之要然則孟子之學澄其清而滓自去荀子之學去其滓而水自清有補於後覺則一

瓜戍

今人到官賀謝語必言瓜戍按齊侯使連稱管至之戍葵丘瓜時而往及瓜而代期戍公問不至請代弗許遂作亂弑齊侯此豈好出處矧戍役比之官則爲猥賤尤難用之於慶賀

太公六韜

武王問周公曰諸侯攻天子勝之有道乎公曰攻禮爲賊攻義爲殘失民爲匹夫王攻失民者也何天子乎此即誅獨夫紂未聞弑君之説雖出傳記於理無害孟子説至仁伐不仁何至血流漂杵於武成取二三策蓋恐失武王征伐之初意六韜之書凡文武反覆問難無非由姦詐以傾覆人國如言養其亂臣以迷之近美女淫聲以惑之親其所愛以分其威賂其左右以得其情八符陰秘三部分書詭伏設奇遠張誑誘少知道者不爲文武太公其爲之乎果爾則文武豈爲仁義之師太公豈爲王者之佐劉恕作通鑑外紀亦惑之至謂文王與太公陰謀以傾商政其事

多兵權奇計然漢書藝文志注謂呂望爲周尚父本有道者或有近世以太公術者所增加漢時已嘗疑之今反使右科習爲正經可耶

麥秀黍離之歌

箕子過故殷墟感宮室生禾黍作麥秀歌曰麥秀漸漸兮禾黍油油彼狡僮兮不與我好兮周大夫過故宗廟宮室盡爲禾黍閔其顛覆作黍離詩曰彼黍離離彼稷之苗悠悠蒼天此何人哉所以咎亡國之君與言狡僮無以異第箕子之歌簡而直周人之詩微而婉體有不同耳舊傳靖康淵聖狩虜營有人作憶君王辭云依依宮柳拂宮牆宮殿無人春晝長燕子歸來依舊

忙憶君王獨立黃昏人斷腸語意悲淒讀之令人淚墮眞愛君憂國之語也

高帝封雍齒

高帝未封諸將往往坐沙中語留侯欲帝封平生所憎以安之遂封雍齒爲什方侯羣臣喜曰雍齒尚侯我屬無患矣留侯此策亦有所本古史載晉文公過曹里鳧須盜其資而亡公餒介子推割股以食之至是里鳧須請見曰君去國久民臣多過自危鳧須爲賊大矣君誠使驂乘游於國中百姓見之自安文公說而從之民臣皆曰里鳧須不誅吾何懼也豈留侯之策與此暗合耶

鹽法

前輩謂歐陽公作罷茶鹽法詔言私藏盜販實繁有徒嚴刑重誅情所不忍是於江湖外數千里設陷阱而陷吾民也每嘆息以爲眞王言是時雖未至設陷阱以陷民其弊必至於此自崇寧初蔡京作茶鹽鈔初俾商人先輸錢請鈔赴產鹽郡授鹽已而變易對數買新鈔帶給舊鈔之半季年又變爲循環法未幾復令貼錢給鹽凡三輸錢始獲一直之貨民無貲更鈔已納錢悉乾沒商賈破蕩盜販者多追捕日繁而盜賊熾矣皆老姦之誤國也後之議臣乃祖述其說對折帶發更易不常近因易楮令貼納錢越次

打發非惟商賈無可貼納者多鈔鹽貴則私販行不免嚴追捕之令利之所趍何所顧藉數十爲群易至生變予嘗詢之亭丁謂倉臺給降本錢以一萬緡計之使司退三千緡爲敖底鹽錢二千緡爲官吏費止有五千緡到場移借侵用之餘散及亭戶者無幾每斤必雙秤所請本錢莫償澄滷買薪之費非藉私鬻破家蕩產豈足供官惟有逃竄而已鹽賈鹽丁窘困如此不思救其本而欲禁私販秖生事以激變耳紹興間何溥請禁科賣倉鹽高宗曰鹽雖居民間常用之物科賣則爲大害朕在京東目擊之其後盜繇此起今當嚴禁之大哉王言也

封章

俗謂章奏爲囊封本於漢凡章奏皆啓封至言密事不敢宣泄則用皁囊重封以進若州縣之紫袋劉向懼恭顯之傾危上乃上封章以諫其末云臣謹重封昧死上漢漏泄之法極重師丹使吏書奏丁傅得其草以告廷尉劾治策免　本朝於章奏凡論治大體及有關於聖躬者往往留中不出太宗得田錫諫疏悉類聚於禁中是也今例從内降付中書雖泛言敬天修德之類往往批依以入報非故事也

東宮東朝

今以太后爲東朝蓋用叔孫通傳惠帝東朝長樂事然顏延年詩曰君彼東朝金昭玉粹東朝則太子朝也今以太子爲東宮蓋用班彪傳東宮初建事然成帝報許后曰皇后其孝東宮毋闕朔望東宮則太后宮也此皆隨地以言初無定論後世以東朝爲太后以東宮爲太子可謂拘泥

萱堂

俗謂母爲萱堂考之詩云焉得諼草言樹之背顧言思伯使我心痗注云背北堂也箋云憂以生疾恐將危身欲忘之是詩既以君子行役爲王前驅而作以忘憂解之極通於母有何干預坡詩我非兒女萱却是鄙之之辭或引用樹萱事則不可用詩注之北堂

柳子厚文

柳子厚文壇之雄師世謂以作河間傳不入館閣然

亦有所本漢書原涉傳涉曰子獨不見家人寡婦耶始自約敕之時意迺慕宋伯姬及陳孝婦不幸壹爲盜賊所汙遂行淫行知其非禮然不能自還吾猶此矣其意正相類

月令

月令陸德明以爲呂氏春秋後人刪爲此記蔡邕王肅以爲周公所作先儒以贊桀俊遂賢良舉長大行爵出禄非太尉之職太尉秦官决非周公之書予謂不然月令之書自大撓作甲子占斗所建伶倫制十二律以節四時之度堯命羲和敬授人時分四仲以定中星析因夷隩驗之於人孳尾希革毛毨氄毛占之於鳥獸東作南訛西成朔易應之於事終之以允釐百工庶績咸熙此夏時之所由起夏小正之書辭簡理明固已備月令之體周以農開國猶以時令爲先務大槩具見七月周公制禮作樂得無一代之成書使此書盡出不韋之手不應以十二令爲紀各以數篇解釋於後合爲六十一篇太尉固秦官所命冢宰司徒司空司徒與太史樂正樂師澤人虞人四監之類皆周官也予意不韋不過改司馬爲太尉耳蓋贊桀俊遂賢良與行爵出禄雖非太尉之職而設儀辨位進賢興功制畿分封則大司馬之任也大率周公增益夏小正不韋增益周公之書其間豈得無改竄淮南時則訓比呂氏十二紀又有異同此可爲證

椒房

應劭漢官儀曰皇后稱椒房取其實蔓盈升子孜之江充傳先治甘泉宮轉至未央椒房上官桀傳將軍有椒房中宮之重劉輔傳於是減省椒房掖廷用度及馬援以椒房不預雲臺之次椒房殿爲后所居固分明師古注椒房謂以椒和泥塗取其温而芳却有此理詩曰貽我握椒注椒芬香也男女相說交情好也其義恐出此離騷經云播椒房兮成堂與石崇塗屋以椒不過取其芬香於蔓行盈升初無關涉成帝寵趙昭儀復建椒風殿以居之今例以椒風爲皇后事非是

宣帝憲宗厲精

宣帝厲精而漢中興卒任許史恭顯輩以基讒佞用

權之禍憲宗厲精而唐中興卒任梁守謙王守澄陳志玄輩肇太和甘露之變自昔英主政自己出雖不任群臣耳目必有所寄宮闈之内非在外戚則在宦寺勢所必至要之人主之職在論一相如挈裘振領但當選擇賢德以任之本朝托股肱於宰執付耳目於臺諫寄心膂喉舌於侍從百執事所以通下情絶壅蔽其紀綱極正委任一偏猶有弄權於廊廟之上者況宦寺外戚乎

士氣

本朝南渡後宰相得政最久且專者二一以威權劫制天下士誅竄愈多而士氣愈振無異東漢之季一以爵禄豢養天下士容受愈廣而士氣愈衰無異西漢之季紹興易相之後一時人才彬彬輩出天下猶可爲不至舉一世之人團揉如綿悉入籠絡駕馭之中委靡成風如燈消膏浸微浸滅精神氣焰索然無餘也於此時欲振起之以致厲精之治可乎

袁張相術

唐定命録李嶠昆弟皆年三十卒母憂之問天綱荅曰神氣清秀壽苦不永又請連榻而寢視嶠睡無喘息候其出入在耳中遂賀曰必大貴壽是龜息也廣異記云魏元忠謁張冏藏待之甚薄質通塞不荅公怒拂衣去冏藏遽曰君相在怒中當位極人臣袁張天下奇術也袁非得之睡將以壽爲夭張非得之怒將以貴爲賤見人於目睫間欲斷平生禍福誠難又

有因人事而變者如芝田録載葫蘆生始不許白中令之貴後因還婦人所遺寶帶謂近種陰德位極人臣遯齋閑覽載胡僧始言大宋不失甲科後因渡蟻謂丰神頓異如活數百萬命小宋今歲首捷公不出其下今人盡以禍福委之定命可乎

金縢

觀書不可先立議論只當平平看去金縢孔謂請命之書藏於匱緘以金石不欲人開二公倡王啓之故見此書伊川亦謂二公導之如此欲成王悟周公也予反覆讀之二公初不知周公有此事自武王疾二公始欲穆卜周公有代武王之說只得自以爲功史乃册祝以命于元龜乃卜三龜一習吉啓籥見書入

并是告啓籥即啓金縢之籥也太史占筮之書藏於金匱既取此書以觀筮文而未緘迨公歸乃納冊于金縢以公歸二字細味之則諸史自將所祀冊與所占書並藏於匱公亦未知其併藏此冊也既云自以爲功二公安得而知至群叔流言周公但告二公以我之弗辟無以告我先王亦不言此舉以明其心至天大雷電以風王與大夫盡弁命史開籥取占書以觀災祥忽見周公所自爲功代武王之說二公及王乃始問諸史與執事對曰信有此冊公命我勿敢言古人質直無緣二公知之詐以問諸史諸史嘗以告二公詐言我勿敢言也王執書以泣曰始欲卜天變之災祥今不必穆卜周公勤勞如此而我不及知此

固天大動威以彰公之德於是翻然悔悟天應昭格大抵君臣不交則爲否君臣交則爲泰精祲既孚呼召和氣在一念之間使成王非自然而感悟豈能致天應如此其速前後本末分明如此首尾以二公爲辭蓋言周公不令二公知我之心二公亦不知周公有此舉也成王之知公天實啓之使二公果知周公有此事何必遲遲二年之後待至天災巧爲設計啓王開之雖先儒有此說予不敢信

東坡非武王

坡公志林以武王非聖人且謂孔子曰大哉堯舜禹無間然蓋不足於湯武曰武盡美矣未盡善也又曰三分天下服事殷可謂至德夷齊謂武王爲弒君夫子予之其罪武王甚矣周公作無逸上不及湯下不及武王亦有以哉坡公藉是立萬世訓則可所取證據則非也子曰湯有天下選於衆舉伊尹不仁者遠矣使夫子以放桀罪湯則伊尹不仁之尤者何以取之堯曰載二帝三王之道皆孔子所常言自三聖及湯武歷述昭告之辭有湯誓所不載者復摭泰誓武成語以頌美之可見堯舜咨命湯武誓師同歸一道夫子得邦家猶是也衛公孫朝問仲尼學於賜賜以文武之道爲荅蓋夫子平日以此自任門弟子之所熟聞未始有文武之別其言三分事殷蓋明周家之應天順人出於不得已耳其說武盡美矣未盡善也則傳注之訛樂記載孔子與賓牟賈言武之聲淫及

商對曰非武音有司失其傳也若非失傳武王之志荒矣夫子謂萇弘亦有是言賓牟賈却問武遲之又久子曰樂象成者也緫干山立武王之事也發揚蹈厲太公之志也武亂皆坐周公之治也以及周道四達禮樂交通無非稱美武王之德業夫子特謂韶樂美矣而音聲不失又爲盡善武樂固美而音聲失傳未爲盡善使有慙德而象之武豈得爲盡美耶夫子稱夷齊蓋以二子棄其國封與不食周粟而死視景公有馬千駟貧富不同而民之所稱則在此不在彼它日言不降其志不辱其身必終之以我則異於是無可無不可因夫子予夷齊便謂加罪於武王可乎周公之作無逸大抵以享國之久長爲言中宗七十五

年高宗五十九年祖甲三十三年文王五十年皆享國之久者成湯即天子位止十三年武王在位止十一年所以終篇不及湯武公之告君奭以成湯受命則伊尹格于皇天武王誕將天威惟四人昭武王冒丕單稱德言伊尹四人之功則湯武可知立政之告嗣王及成湯丕釐帝命武王率惟敉功不敢替厥義德且欲揚武王之大烈周公之告成王果不及湯武乎興滅國繼絶世此天下所以歸心坡公乃以立武庚非武王本意謂武庚之必叛不待知者而後知復引弃父事讎爲證如此則舜之殛鯀用禹亦有可議者矣

權行守試

本朝職事官並以寄禄官品高下爲權行守試侍郎尚書始必除權即眞後始除試守行予考之漢試守即權也年紀令吏二百石以上滿秩如眞如淳曰諸官吏初除皆試守一歲爲眞食全俸趙廣漢守京兆韓延壽守馮翊尹翁歸守扶風皆滿歲爲眞是守試即權未得爲眞也權字唐始用之韓愈權知國子博士三歲爲眞今以權與守試分眞假全無意義

鼠璞卷終

善誘文序

丹穴老人吾家之長兄也僻好編集戒殺之文傳於世因戒而得善報者則編之因不戒而得惡報者則不敢編也雖然猶慮人不喜觀復以前賢警世格言渾殽乎其間聊欲誘人之一覩也或問之曰丹穴老人何苦如是　吾兄乃屈指笑而言曰予不願如楊寶得玉環予不願如宋郊奪魁選予不願如竇禹鈞有五枝芳予不願如黃兼濟登仙籍但願予在世蔬食菜羹不敢不飽飯蔬飲水樂在其中如斯而已盡乎天年既没之後願如壽師不見閻王徑歸淨土得幸西方聖人講論佛道且無輪廻之苦死喪之戚豈不樂哉　吾兄喜得此理欲與世人共之俾弟鍊趣刋版而印施之目曰善誘文噫觀　吾兄之所編則善誘之意可知矣嘉定十四年辛巳歳重陽日弟鍊再拜謹序

開卷有益

為善最樂

善誘文

丹穴陳録編施

趙清獻公座右銘

依本分 無煩惱

莫妄想 常快樂

待則甚 一任他

怎柰何 休理會

知足勝持齋 萬事隨緣何須特地

無求勝布施 無求自安布施貪福

懼法朝朝樂 懼則不為心地常樂

欺公日日驚 欺則自知心豈不驚

爭先徑路機關惡 急於趨利用心必惡

近後語言滋味長 謙退自守情況甚佳

爽口味多須作疾 偏勝之味疾疹隨作

快心事過必為殃 一時快意事過傷身

得便宜處莫再去 得失無常事不可必

怕人知事莫萌心 先察可否然後起意

盛喜中勿許人物 不副所願即成妄語

盛怒中勿答人簡 既形紙筆溢語難收

無心於事無事於心 兩者既無即得解脫

聞諸惡言如風如響 彼自妄發何須理會

人有不及可以情恕 嗔心自息事過無悔

非意相干可以理遣 當一無事胷中泰然

良田萬頃日食二升 一飽之外皆他人事

大厦千間夜卧八尺一席之外皆是餘地
説得一尺行得一寸説而不行損氣無益
但行好事莫問前程好事若行前程自在

人與物同

貪生畏死人與物同也愛戀親屬人與物同也當殺戮而痛苦人與物同也所以不同者人有智物則無智人能言物則不能言人之力強物之力則微弱人以其無智不能自蔽其身以其不能言而不能告訴以其力之微弱不能勝我因謂物之受生與我輕重不等遂殺而食之凡一飲一食不得肉則不美至於辦一食又不止殺一物也食鳩鴿鶴雀者殺十餘命方得一羹食蚌蛤蝦蜆者殺百餘命方得一羹又有

好美味求適意者則不止據現在之物順平常之理殺而食之或驅役奴隸遠致異品或畜養雞魚犬彘擇肥而旋殺生蟹投糟欲其味入鞭魚造膾欲有經紋聚炭燒蚌環火逼羊開腹取胎刺喉瀝血作計烹煎巧意鬬飣食之既飽則揚揚自得少不如意則怒罵庖者嗟乎染習成俗見聞久慣以爲飲食合當如此而不以爲怪深思痛念良可驚懼縣令俞偉撰

超然居士六法圖

日用八如

無私如天地光明如日月靜重如須彌深廣如大海無住如虛空隨順如流水榮辱如空華冤親如夢幻守此八如一生事畢

自警八莫

心念莫妄想光陰莫閑過名利莫貪求嗔怒莫恣縱見人莫妬忌世財莫常守強梁莫恃賴臨事莫害人守此八莫一生安樂

作官十宜

百姓宜安刑罰宜省稅斂宜薄冤抑宜察追呼宜簡判決宜審用度宜節興作宜謹燕會宜戒殺思患宜豫防守此十宜治道盡矣

處世十當

習氣當除心行當息諸惡當斷衆善當行五慾當減三業當淨盈滿當畏危難當救善事當成就爲人當竭力守此十當生死無愧

對治十常

居富貴常憐窮困受快樂常恐災禍見在常生知足未來常思戒懼冤結常求解免衣食常思來處起念常教純正出語常思因果逆境常當順受動靜常付無心守此十常更無煩惱

悲誓十願

願一切人安樂願一切人離苦願難行能行願難捨能捨願難忍能忍願難信能信願除憎愛願無欺誑願常滿人意願常依本分守此十願賢行必成

好生之德

天地以好生爲德故羽毛鱗介無一不遂其性諸佛以慈悲爲念故蠢動含靈無一不適其情此無他只

是存心廣大一切衆生皆吾愛子一切血屬皆吾性命則放生詎可緩耶世人當知戒殺止足以解物之寃若能放生不唯與物爲恩又集無窮之福今人處世豈無所願子孫則欲其昌榮名利則欲其超勝以至學道學佛必欲善行圓滿早成正覺余見世人皇皇百計求是數者無一如意曾未知放生因果其效甚速不觀古人已驗之事難發好生慈悲之心漢楊寶救一黃雀報以玉環令生清白子孫其後震秉賜彪四世三公覩前人子孫昌榮如此則凡爲子孫計者可不以放生爲急乎宋莒公戲編竹橋以度羣蟻遂魁天下福禄壽考當世無比覩前人名利超勝如此則凡爲名利計者可不以放生爲急乎孫眞人解

衣贖蛇得水府活人之方遂登仙籍壽禪師盜錢放生恬不畏死遂爲大善知識則道佛之獲報應又如何耶且放生之門非止一端或舉於四月八日供佛之時或施於慶誕日祝壽之際或遇本命或因疾病或過門而憐其無辜或出路而見其可憫皆因果也

會稽丁銑撰

司馬温公訓儉

孔子曰奢則不遜儉則固與其不遜也寧固又曰與其奢也寧儉又曰以約失之者鮮矣又曰士志於道而耻惡衣惡食者未足與議也古人以儉爲美德今人以儉相耻病嘻異哉昔張文節知白爲相自奉養如河陽掌書記時所親或規之曰公受俸不少而自奉如此雖自信清約外人頗有公孫布被之譏公宜少從衆公嘆曰吾今日之俸雖舉家衣錦玉食何患其不能顧人之常情由儉入奢易由奢入儉難吾今日之俸豈能常有身豈能常存一旦異於今日家人習奢已久不能頓儉必至失所豈若吾居位去位身存身亡如一日乎嗚呼賢者之深謀遠慮豈庸人所及哉御孫曰儉德之共也侈惡之大也共同也言有德者皆從儉來也夫儉則寡欲君子寡欲則不役於物可以直道而行小人寡欲則能謹身節用遠罪豐家故曰儉德之共也侈則多欲君子多欲則貪慕富貴枉道速禍小人多欲則多求妄用敗家喪身是以居官必賄居鄉必盜故曰侈惡之大也　丹穴老人

曰知温公之訓儉又當知其所以儉儉之中禮人皆悦服儉不中禮人皆鄙之故處己以儉謂之德待人以儉謂之鄙予恐世人守温公之訓馴致於鄙吝慳嗇也故云爾

求登科第

許叔微敬事白衣觀音求登科第夜夢觀音謂之曰汝前生無恩德及人如欲登第能以藥餌濟惠世人必獲福報叔微敬信其言將及二載復夢觀音以偈贈之曰藥有陰功陳樓間處殿上呼臚唱六得五其後以張九成榜中得第六名以太學恩例陞第五名而第四名乃陳祖言第六名乃樓才是應陳樓之間處其名也

衆生愛戀性命

經云一切畏刀杖無不愛壽命故王克殺羊羊奔客而拜訴鄒文立殺鹿鹿跪而流淚鷙禽投案請命於魏君窮獸入廬求生於區氏近者沈遇内翰通判江寧府時廚中殺羊屢失其刀窺之乃見羊銜刀而藏之牆下周豫學士嘗煮鱔見有鞠身向上而以首尾就湯者剖之見腹中有子乃知鞠身避湯者以愛子之故楊傑提刑遊明州育王山因晝卧夢有婦女十數人執紙若有所訴客遣人往視行廚果得蛤蜊十數枚訴者乃蛤蜊求生也有生愛戀其情如此當其被擒執時前見刀杖乞生無由旁見親聚欲戀不得抱苦就終銜悲向盡既受屠割復入鼎鑊種種痛苦

徹入骨髓當此之時彼心如何今人或爲湯火所傷或爲針刀誤傷手足痛已難忍必號叫求救至暫時頭昏腹痛或小可疾病便須呼醫買藥百端救療於我自身愛惜如此至於殺物則恣意屠宰不生憐憫未論佛法明有戒勸未論天理明有報應若不仁不恕惟知愛身不知愛物亦非君子長者之所當爲也諦觀物情當念衆生不可不戒不可不戒知縣俞偉撰

范文正公義田記

范文正公蘇人也平生好施與擇其親而貧疏而賢者咸施之方貴顯時於其里中買負郭常稔之田千畝號曰義田以養羣族之人日有食歲有衣嫁娶凶葬皆有贍擇族之長而賢者一人主其計而時其出納焉日食人米一升歲衣人一縑嫁女者錢五十千娶婦者錢二十千再嫁者錢三十千再娶者十五千葬者如再嫁之數葬幼者十千族之聚者九十口歲入粳稻八百斛以其所出給其所聚霈然有餘而無窮仕而家居俟代者預焉仕而之官者罷其給此其大較也初公之未貴顯也嘗有志於是矣而力之未逮者二十年既而西帥以至於叅大政於是始有祿賜之入終其志公既没後世子孫至今修其業承其志如公存也公雖位充祿厚而貧終其身既没之日身無以爲斂子無以爲喪惟以施貧活族之人遺其子而已公之忠義滿朝廷事業滿邊鄙功名滿天下後必有良吏者書之予可無書也獨書其義田以警

於世云公諱仲淹字希文嘉祐四年八月十日晉陵錢公輔記

慮傷蟄蟲冬不修葺

曹武惠王彬國朝名將勳業之盛無與爲比嘗曰自吾爲將殺人多矣然未嘗以私喜怒輒戮一人其所居堂屋弊壞子弟請加修葺公曰時方大冬牆壁瓦石之間百蟲所蟄不可傷其生其仁心愛物蓋如此丹穴老人曰國朝名將未免殺戮余心曾不爲怪以謂軫戒殺放生之心至大至廣者非斯人而何剿其寇使生民可以保其命此戒殺之大者也撫其境使生民可以安其居此放生之廣者也觀余所編施之文乃戒殺放生之小者誠有愧焉得非所謂窮則獨

善其身之意歟

張氏子

張氏子年十五歲嘗持鮮魚一籃就溪邊破之魚撥刺不已刀誤傷指痛殊甚忽念言曰我傷一指痛如是而羣魚刮鱗剔腮剖腹斷尾其痛可知特不能言耳盡放魚於溪中而歸自後更不復殺一物

撥刺上音鉢下音辣魚掉尾聲

竇諫議陰德記

竇禹鈞范陽人生五子儀儼侃偁僖儀禮部尚書儼禮部侍郎皆爲翰林學士侃左補闕偁左諫議大夫叅知政事僖起居郎初禹鈞家豐厚年三十無子夜夢祖考謂曰爾早修行緣爾無子又壽不永禹鈞唯

諾禹鈞爲人素長者先有家僮盜用房錢二百千慮事覺有女年十二三自寫券繫女臂云永賣此女與本宅償所負錢自是遠遁禹鈞見而憐之即焚其券以其女囑妻曰善撫養之既笄復以二百千擇良配得所歸後僕聞之乃歸感泣訴以前罪禹鈞不問由是父子圖禹鈞像晨興祝壽同宗外姻有喪不能舉公爲出錢葬之因公而葬者凡二十七喪孤遺女貧不能嫁者公爲出錢嫁之由公而嫁者凡二十八人故舊相知雖與公有一日之雅遇其窘困必擇其子弟可委以財者隨多寡貸以金帛俾之興販由公活者數十家四方賢士賴公舉者不可勝數公每歲量所入除伏臘供給外皆以濟人之急家惟儉素器無金玉之飾室無衣帛之妾於宅南建書院四十間聚書數千卷禮文行之儒延致師席凡四方孤寒之士無供須者公咸爲出之無問識不識有志爲學者聽其自至故其子見聞益博由公之門登貴仕者前後接踵來拜公之門必命左右扶公坐受及公之亡蒙恩深者有持心喪三年以報遺德公之祖考既夢以告無子壽促後十年復夢告之曰汝三十年前實無子且壽促我嘗告汝今汝數年以來名掛天曹陰府以汝有陰德特延壽三紀賜五子各榮顯仍以福壽而終後當留洞天充眞人位言訖復謂曰陰陽之理大抵不易善惡之應或發於見世或報於來生天網恢恢踈而不漏此無疑也公愈積陰功年八十二別

親戚談笑而盡世稱教子者必曰燕山竇十郎云仲淹祖與之爲故人實書其事于策以示子孫惜乎不傳于天下故録以示好善者庶見陰陽報應之理使惡者知所戒焉馮瀛王道贈公詩云燕山竇十郎教子有義方靈椿一株老仙桂五枝芳叅政范仲淹記

活蟻魁天下

二宋少時同在黌舍有胡僧相之曰小宋他日魁天下大宋亦不失甲科後十年胡僧復至執大宋手而驚曰公陰德文見於面如活數百萬人命者大宋笑曰寒儒豈能活人命僧曰不然蠢動之物皆命也大宋沉吟久之曰旬日前堂下有蟻穴爲暴雨所侵群蟻繚繞穴旁吾戲編竹橋以渡之僧曰是也小宋今

歲當首捷然公不出小宋之下比唱第小宋果中魁選　章憲太后臨朝謂弟不可先兄乃以大宋郊爲第一小宋祁爲第十

黄承事儲穀濟人

尚書張詠守成都嘗夜夢詣紫府眞君繼請到西門黄承事眞君降階接之其禮甚恭揖張尚書坐承事之下夢覺莫知所謂明日問左右西門有黄承事否左右云有亟命召之戒令具常服來旣至果如夢中所見者即以所夢告之問平生有何陰德眞君禮遇如此又坐吾上再三叩之不獲已承事云别無他長惟每歲收成之時隨意出錢收糴米糧俟至來年新陳未接之際糶與細民價例不增升斗如故尚書嘆曰此宜居我之上也使兩吏掖之而拜世傳紫府眞君主天下神仙籍如張尚書黄承事亦皆在籍中而黄承事又居其上其子孫青紫不絶非賑濟陰德之大者所致然耶黄承事諱兼濟

直疑自古無君子

夫禽獸之與人也何異焉有巢穴之居有夫婦之配有父子之性有生死之情烏反哺仁也隼憫胎義也蜂有君禮也羊跪乳智也雉不再接信也孰究其道萬物之中五常百行無所不有也而教之爲網罟使之務畋漁且夫焚其巢穴非仁也奪其親愛非義也以斯爲享非禮也教民殘暴非智也使萬物懷疑非信也夫羶臭之慾不止殺害之機不已羽毛雖無言

必狀我爲貪狼之與封豕鱗介雖無知必名我爲長鯨之與巨虺胡能自安焉得不吁直疑自古無君子

宋齊丘撰　丹穴老人曰齊丘之矯言類乎佛老余喜其戒殺故有取爾古者穴居野處茹毛飲血后稷教民播種烝民乃粒其好生之德與夫勝殘去殺之功自亘古以來未有大於此者也今齊丘議不及此而直疑自古無君子惜哉

修爲果報

儒家言施報佛家言布施果報其實一也佛言欲得穀食當勤耕種欲得智慧當勤學問欲得長壽當勤戒殺欲得富貴當勤布施布施有四一曰財施二曰法施三曰無畏施四曰心施財施者以財惠人法施者以善道教人無畏施者謂人及衆生當恐懼時吾安慰之使無畏或教以脱離恐懼使無畏心施者深雖不能濟物常存濟物之心佛以孝養父母亦爲布施是凡施於外者皆爲布施故爲下而忠難事上爲長而仁慈安衆爲師而謹於教導爲友而誠於琢磨一言一話之間必期有益一動一止之際必欲無傷種種方便利物勿使有所損害皆布施也所爲如此存心又如此後世豈得不獲富貴之報古語云人人知道有來年家家盡種來年穀人人知道有來生何不修取來生福是今生所受之福乃前世所修者猶今歲所食之穀乃前歲所種者人不能朝種穀而暮食猶不能旋修福而即受所以穀必半歲福必隔世

也孔子謂既以爲人已愈有既以與人已愈多皆布施之謂曾子謂出乎爾者反乎爾老子云天網恢恢踈而不漏皆果報之謂是儒道二教皆言施報但不言隔世爾佛以此身爲報身爲報我前世所爲故生此身所以貧富貴賤榮枯壽夭種種不同則前世所爲不同亦可知矣龍舒王日休撰

壽禪師放生得壽

禪師名延壽丹陽人初爲餘杭縣衙吏虧欠庫中錢幾半有司鞫之止是買放生用過不意虧耗遽如許也其罪當死臨刑顔色愉愉顧謂獄吏曰我在世放活萬萬生命今死去徑歸西方豈不樂哉錢王聞而奇之亟釋其罪遂爲僧夜夢觀音以甘露灌其口慧

性日明著萬善同歸集數百卷住持雪竇永明壽至九十八歲合掌坐化而終瘞于塔下有僧每日遶塔禮拜人問其故答曰我撫州僧也因病至陰府命未盡放還見殿角有僧畫像一軸閻王自來頂禮余問之主吏云此杭州永明寺壽禪師也凡人死者皆經此處唯壽禪師不經此處已在西方極樂世界上品上生王敬其人圖畫於此供養以此見好放生者徑生西方又爲陰府所重也如此　丹穴老人曰禪師好放生而自名曰延壽其後果得壽終生於淨土且無輪迴死喪之苦其得壽可知矣古人言有志者事竟成壽師得之矣

省心雜言

聞善言則拜告有過則喜有聖賢氣象○和以處衆寬以接下恕以待人君子人也○誠無悔恕無怨和無仇忍無辱○以責人之心責己則寡過以恕己之心恕人則全交○寡言省謗寡慾保身○多言獲利不如默而無害○以忠孝遺子孫者昌以智術遺子孫者亡以謙接物者強以善自衛者良○爲子孫作富貴計者十敗其九爲人作善方便者其後受惠○耳不聞人之非目不視人之短口不言人之過庶幾爲君子○廣積不如教子避禍不如省非○屈己者能處衆好勝者必遇敵○結怨於人謂之種禍捨善不爲謂之自賊○孝於親則子孝欽於人則衆欽○內睦者家道昌外睦者人事濟○食能止飢飲能止

渴畏能止禍足能止貪○知足則樂務貪則憂○爲政之要曰公與清成家之道曰儉與勤○不自重者取辱不自畏者招禍不自滿者受益不自是者博聞吉凶悔吝非天無有不由己者○張飽帆於大江驟駿馬於平陸天下之至快反思則憂處不争之地乘獨後之馬人或我嗤樂莫大焉敷文李士舉撰

五戒之首

佛言五戒以殺戒爲首佛言十業以殺業爲首楞伽經云若一切人不食肉者亦無有人殺害衆生由人食肉故屠者殺以販賣若能悉捨不食是眞修行堪受一切人天供養若於食肉未能盡斷願且以漸次方便除去殺心或者不食四等肉一者曾見殺則不

食二者曾聞殺則不食三者人專爲我殺則不食四者家所自殺則不食如是而戒既不廢常食且於衆生無殺害意至於蚤蝨蚊蚋形雖微小其遭殺受痛亦與牛羊一等勿謂微小便輕殺之至於蛇蝮蜂蝎偶然現前未曾傷人勿謂螫毒便輕殺之至於籠養飛鳥繫閑走獸爲其音聲形狀可以悅吾耳目爲我玩樂令彼憂愁又何不仁也若放之山林使得自在何異罪囚得脫牢獄今日自戒矣遂生慈心慈心既堅當世世無殺物之意一身自戒則一家必不殺一家不殺則一鄉必漸效之其爲功利不可稱量佛語無虛理又明白仁人君子幸垂聽而無忽也縣令俞偉撰

受用隨分說

佛言受即是空受謂受苦受樂及一切受用也如食列數味放筯即空出多騶從既到即空終日遊觀既歸即空又如爲善事既畢其勤勞即空而善業具在爲惡事既畢其快意即空而惡業具在若深悟此理則食可菲薄無過用殺害之冤債出可隨分無勞心苦人之煩惱遊觀可息無放蕩廢事之愆尤善可勉爲無懈怠因循之失惡可力戒無恣縱怨讎之罪余喜得此理願欲與人共之龍舒王日休撰

仁壽必鑑

大藏經云人不殺得長命報如愛護物命及放生施食皆得長壽○神農本草云凡禽鳥飛投於人其口體內必有物中傷當與除其害而放之大獲吉利必享高年○仙經云人能一生起不殺心一切衆生見之不生恐怖○老人云小兒嬉戲殺蝶蟻蠅蟲之類宜禁之非唯傷生亦熾其殺心長大不知仁恕○里諺云畜雞害物命甚衆日食活蟲五百主分半罪此說雖鄙俗然亦誠殺之一端也○老人云凡人於行住坐卧之間見一切衆生投身死地如蛾赴燭如蟲墮網如鳥雀被傷如螻蟻被踏之類方便救護使獲生全此皆福壽長者之所當爲也○蘇東坡云余少不喜殺生然未斷也近年始能不殺猪羊然性嗜蟹蛤故不免殺自去年得罪下獄始意不免既而得脫遂自此不復殺一物有見餉蟹蛤者皆放之江中雖

無活理然猶庶幾萬一便使不活亦愈於煎烹也非有所求覬但已親經患難不異雞鴨之在庖廚不復以口腹之故使有生之類受無量怖苦爾猶恨未能忘味食自死物也今日從者買一鯉長尺有咫雖困尚能微動乃置水瓮中須其死食生即放之

東平爲善

後漢東平憲王蒼顯宗母弟也上問處家何等最樂對曰爲善最樂及薨肅宗東巡幸其宮追感謂其子曰思其人至其鄉其處在其人亡肅宗大慟

司馬稱好

後漢司馬徽不談人短與人語美惡皆言好有人問徽安否荅曰好有人自陳子死荅曰大好妻責曰人

以君有德故相告何聞人子死便言好徽曰吾妻之言亦大好

楊寶黃雀

後漢楊寶華陰人年七歲因行至華山見一黃雀被傷墜地爲螻蟻所困寶見而憐之因收於巾箱中採黃花蘂飼之經旬日瘡愈旦去暮來忽一朝變爲黃衣年少見寶下拜持玉環一雙贈之曰俾爾壽年九十三而終俾爾子孫四世爲三公寶生震明帝時爲太尉震生秉和帝時爲太尉秉生賜安帝時爲司徒賜生彪靈帝時爲司空　丹究老人曰好戲作罪世俗以爲大戒又豈知七歲小兒能好戲作善者乎其後子孫蒙福壽報如此其大且久也異哉

天買放生

乾道年間海陵有販人載鱓魚數船欲往彼處貨之既至將艤岸俄有黑雲蔽船雷霆大震船中鱓魚皆羽化其販人覺腰間甚重解衣視之得黃金三十兩時人謂天買放生蓋鱓魚有鑊湯之苦就死大酷故天特捐金救之

李舟語

唐御史李舟曰使釋迦生中國設教當如周孔使周孔生西方設教當如釋迦天堂無則已有則君子生地獄無則已有則小人入君子羸得爲君子小人枉了爲小人

毛寶白龜

晉毛寶時年十二歲戲行於江口見漁人釣一白龜寶以錢贖之放之江中後二十餘年寶守邾城與石虎將軍交戰戰敗投江脚如踏石渡寶至岸回首視之乃昔時所放白龜也長四尺餘廻至中流猶反顧有不忍捨去之意

子瞻以己諭雞

蘇子瞻在元豐間赴詔下獄囑其長子邁送食惟菜與肉設有不測當送以魚以此爲候邁謹守踰月後委親戚代送誤以肥鮓送之子瞻大駭憂不免於死乃就獄中作二詩有魂飛湯火命如雞之句　神宗聞而憐之事從寬釋既而南行子瞻猶有慊意乃以阿彌陀佛一軸隨行人問其故荅曰此余投西方見

佛公據也及赦罪放免還家每見庖廚有活物即令人放之嘗有言曰吾得罪處囹圄何異雞鴨之在庖廚我今豈忍復殺彼之生命耶　丹究老人曰楊子言狴犴使人多禮又豈知囹圄使人戒殺乎以東坡之大才一旦遇難輒以己諭雞自後軫戒殺之念彌篤況我等無才之人未及於難遽然有戒殺之念與豈不善哉

狴犴　牢獄也上邊迷切下音岸

東坡放生

蘇東坡自謂竄逐海上去死地稍近心頗憂之願學壽禪師放生以證善果敬以亡母蜀郡太君程氏遺留簪珥盡買放生以薦父母冥福其子邁在東坡之側見所買放生盈軒蔽地或掉尾乞命或悚翅哀鳴

邁憐悲其意亟請放之旁有侍妾名朝雲見邁衣衿有蝡動視之乃蝨也妾遽以指爪隕其命東坡訓之曰聖人言近取諸身遠取諸物我今遠取諸物以放之汝今近取諸身以殺之耶妾曰奈齧我何東坡曰是汝氣體感召而生者不可罪彼要當拾而放之可也今人殺害禽魚之命是豈禽魚齧人耶妾大悟自後罕茹腥物多食蔬菜而已東坡舅氏諭之曰心即是佛不在斷肉東坡曰不可作如是言小人女子難感易流幸其作如是相有何不可 蝡音軟細蟲動也

黃魯直謂子瞻語

黃魯直謂子瞻曰鳥之將死其鳴也哀其適到市橋見生鵝繫足在地鳴叫不已得非哀祈於我耶子瞻曰某昨日買十鳩中有四活即放之餘者幸作一杯羹今日吾家常膳買魚數斤以水養之活者放而救渠命殪者烹而悦我口雖腥羶之慾未能盡斷且一時從權爾魯直曰吾兄從權之說善哉魯直因作頌曰我肉衆生肉名殊體不殊元同一種性只是別形軀苦惱從他受肥甘爲我須莫教閻老到自揣看何如子瞻聞斯語愀然嘆曰我猶未免食肉安知不逃閻老之責乎 愀七小切驚恐變色也

善誘文終

木石居士跋

丹穴老人授余善誘文一卷喜不自勝翫味無已嘗恠乎童稚見果餌則喜見書卷則惡又恠乎羝羊見草則悦見豹則戰今之不樂爲善者有如童稚之惡書卷也一旦見閻王又如羊之畏豹也可不懼哉吾儕在今日要當窒嗜慾之好節規利之私則善在其中矣東坡嘗以爲善悟空之語告魯直其言曰雞鳴起爲善蝶化夢歸空孟子言爲善必與爲利並稱以垂誡東坡言爲善乃與歸空聯句以自警未必孳孳爲善東坡猶以爲空耳況敢爲利爲惡乎願假軻軾之言警乎世少助丹穴編施之萬一也木石居士虞舜徒跋

百川學海 戊集

東坡先生志林集

武王克殷以殷遺民封紂子武庚禄父使其弟管叔鮮蔡叔度相禄父治殷武王崩禄父與管蔡作亂成王命周公誅之而立微子於宋蘇子曰武王非聖人也昔者孔子蓋罪湯武顧自以爲殷之子孫而周人也故不敢然數致意焉曰大哉巍巍乎堯舜也禹吾無間然其不足於湯武也亦明矣曰武盡美矣未盡善也又曰三分天下有其二以服事殷周之德其可謂至德也已矣伯夷叔齊之於武王也蓋謂之弑君至恥之不食其粟而孔子予之其罪武王也甚矣此孔氏之家法也世之君子苟自孔氏必守此法國之存亡民之死生將於是乎在其孰敢不嚴而孟軻始亂之曰吾聞武王誅獨夫紂未聞弑君也自是學者以湯武爲聖人之正若當然者皆孔氏之罪人也使當時有良史如董狐者南巢之事必以叛書牧野之事必以弑書而湯武仁人也必將爲法受惡周公作無逸曰殷王中宗高宗及祖甲及我周文王茲四人迪哲上不及湯下不及武王亦以是哉文王之時諸侯不求而自至是以受命稱王行天子之事周之王不王不計紂之存亡也使文王在必不伐紂紂不見伐而以考終或死於亂殷人立君以事周命爲二王後以祀殷君臣之道豈不兩全也哉武王觀兵於孟津而歸紂若改過否則殷人改立君武王之待殷亦若是而已矣天下無王有聖人者出而天下歸之聖

人所不得辭也而以兵取之而放之而殺之可乎漢末大亂豪傑並起荀文若聖人之徒也以爲非曹操莫與定海内故起而佐之所以與操謀者皆王者之事也文若豈教操反者哉以仁義救天下天下既平神器自至將不得已而受之不至不取也此文王之道文若之心也及操謀九錫則文若死之故吾常以文若爲聖人之徒者以其才似張子房而道似伯夷也殺其父封其子其子非人也則可使其子而果人也則必死之楚人將殺令尹子南子南之子棄疾爲王馭士王泣而告之既殺子南其徒曰行乎曰吾與殺吾父行將焉入然則臣王乎曰棄父事讎吾弗忍也遂縊而死武王親以黃鉞誅紂使武庚受封而不

叛豈復人也哉故武庚之必叛不待智者而後知也武王之封蓋亦有不得已焉耳殷有天下六百年賢聖之君六七作紂雖無道其故家遺民未盡滅也三分天下有其二殷不伐周而周伐之誅其君夷其社稷諸侯必有不悅者故封武庚以慰之此豈武王之意哉故曰武王非聖人也

太史公曰學者皆稱周伐紂居洛邑其實不然武王營之成王使召公卜居九鼎焉而周復都豐鄗至犬戎敗幽王周乃東徙于洛蘇子曰周之失計未有如東遷之繆者也自平王至於亡非有大無道者也顯王之神聖諸侯服享然終以不振則東遷之過也昔武王克商遷九鼎于洛邑成王周公復增營之周公既没蓋君陳畢公更居焉以重王室而已非有意於遷也周公欲葬成周而成王葬之畢此豈有意於遷哉今夫富民之家所以遺其子孫者田宅而已不幸而有敗至於乞假以生可也然終不敢議田宅今平王舉文武成康之業而大棄之此一敗而鬻田宅者也夏商之王皆五六百年其先王之德無以過周而後王之敗亦不減幽厲然至於桀紂而後亡其未亡也天下宗之不如東周之名存而實亡也是何也則不鬻田宅之效也盤庚之遷也復殷之舊也古公遷于岐方是時周人如狄人也逐水草而居豈所難哉衛文公東徙渡河恃齊而存耳齊遷臨菑晉遷于絳于新田皆其盛時非有所畏也其餘避寇而遷都未有

不亡雖不即亡未有能復振者也春秋時楚大饑羣蠻叛之申息之北門不啓楚人謀徙於阪高蒍賈曰不可我能往寇亦能往於是乎以秦人巴人滅庸而楚始大蘇峻之亂晉幾亡矣宗廟宫室盡爲灰燼温嶠欲遷都豫章三吴之豪欲遷會稽將從之矣獨王導不可曰金陵王者之都也王者不以豐儉移都若弘衛文大帛之冠何適而不可不然雖樂土爲墟矣且北寇方強一旦示弱竄於蠻越望實皆喪矣乃不果遷而晉復安賢哉導也可謂能定大事矣嗟夫平王之初周雖不如楚之強顧不愈於東晉之微乎使平王有一王導定不遷之計收豐鄗之遺民而脩文武成康之政以形勢臨東諸侯齊晉雖強未敢貳也

而秦何自覇哉魏惠王畏秦遷于大梁楚昭王畏吳遷于鄀頃襄王畏秦遷于陳考烈王畏秦遷于壽春皆不復振有亡徵焉東漢之末董卓劫帝遷于長安漢遂以亡近世李景遷于豫章亦亡故曰周之失計未有如東遷之繆者也

秦始皇帝十八年取韓二十二年取魏二十五年取趙取楚二十六年取燕取齊初并天下蘇子曰秦并天下非有道也特巧耳非幸也然吾以爲巧於取齊而拙於取楚其不敗於楚者幸也烏乎秦之巧亦創知伯而已魏韓肘足接而知伯死秦知創知伯而諸侯終不知師魏韓秦并天下不亦宜乎齊湣王死法章立君王后佐之秦猶伐齊也法章死王建立六年而秦攻趙齊楚救之趙乏食請粟於齊而齊不予秦遂圍邯鄲幾亡趙趙雖未亡而齊之亡形成矣秦人知之故不加兵於齊者四十餘年夫以法章之才而秦伐之建之不才而秦不伐何也太史公曰君王后事秦謹故不被兵夫秦欲并天下耳豈以謹故置齊也哉吾故曰巧於取齊者所以慰齊之心而解三晉之交也齊秦不兩立秦未嘗須臾忘齊也而四十餘年不加兵者豈其情乎齊人不悟而與秦合故秦得以其間取三晉三晉亡齊蓋岌岌矣方是時猶有楚與燕也三國合猶足以拒秦秦大出兵伐楚伐燕而齊不救故二國亡而齊亦虜不閱歲如晉取虞虢也可不謂巧乎二國既滅齊乃發兵守西界不通秦使烏乎亦晚矣秦初遣李信以二十萬人取楚不克乃使王翦以六十萬攻之蓋空國而戰也使齊有中主具臣知亡之無日而掃境以伐秦以久安之齊而入厭兵空虛之秦覆秦如反掌也吾故曰拙於取楚然則奈何曰古之取國者必有數如取齠齓也必以漸故齒脫而兒不知今秦易楚以爲是齠齓也可拔遂抉其口一拔而取之兒必傷吾指必齧故秦之不亡者幸也非數也吳爲三軍迭出以肄楚三年而入郢晉之平吳隋之平陳皆是物也惟苻堅不然使堅知出此以百倍之衆爲迭出之計雖韓白不能支而況謝玄牢之之流乎吾以是知二秦之一律也始皇幸勝而堅不幸耳

秦初并天下丞相綰等言燕齊荆地遠不置王無以塡之請立諸子始皇下其議羣臣皆以爲便廷尉斯曰周文武所封子弟同姓甚衆然後屬疏遠相攻擊如仇讎諸侯更相誅伐天子弗能禁止今海內賴陛下神靈一統皆爲郡縣諸子功臣公賦稅重賞賜之甚足易制天下無異意則安寧之術也置諸侯不便始皇曰天下共苦戰鬭不休以有侯王賴宗廟天下初定又復立國是樹兵也求其寧息豈不難哉廷尉議是分天下爲三十六郡郡置守尉監蘇子曰聖人不能爲時亦不失時時非聖人之所能爲也能不失時而已三代之興諸侯無罪不可奪削因而君之雖欲罷侯置守可得乎此所謂不能爲時者也周衰諸侯相并齊晉秦楚皆千餘里其勢足以建侯樹屏至

於七國皆稱王行天子之事然終不封諸侯不立強家世卿者以魯三桓晉六卿齊田氏爲戒也久矣世之畏諸侯之禍也非獨李斯始皇知之始皇既并天下分郡邑置守宰理固當然如冬裘夏葛時之所宜非人之私智獨見也所謂不失時者而學士大夫多非之漢高帝欲立六國後張子房以爲不可世未有非之者李斯之論與子房何異世特以成敗爲是非耳高帝聞子房之言吐哺罵酈生知諸侯之不可復明矣然卒王韓彭英盧豈獨高帝子房亦與焉故柳宗元曰封建非聖人意也勢也昔之論封建者曹元首陸機劉頌及唐太宗時魏徵李百藥顏師古其後有劉秩杜佑柳宗元宗元之論出而諸子之論廢矣雖聖人復起不能易也故吾取其説而附益之曰凡有血氣必爭爭必以利利莫大於封建封建者爭之端而亂之始也自書契以來臣弑其君子弑其父父子兄弟相賊殺有不出於襲封而爭位者乎自三代聖人以禮樂教化天下至刑措不用然終不能已簒弑之禍至漢以來君臣父子相賊虐者皆諸侯王子孫其餘卿大夫不世襲者蓋未嘗有也近世無復封建則此禍幾絶仁人君子忍復開之歟故吾以爲李斯始皇之言柳宗元之論當爲萬世法也

越既滅吳范蠡以爲句踐爲人長頸鳥喙可與共患難不可與共逸樂乃以其私徒屬浮海而行至齊以書遺大夫種曰蜚鳥盡良弓藏狡兎死走狗烹子可以去矣蘇子曰范蠡獨知相其君而已以吾相蠡蠡亦鳥喙也夫好貨天下賤士也以蠡之賢豈聚斂積實者何至耕于海濱父子力作以營千金屢散而復積此何爲者哉豈非才有餘而道不足故功成名遂身退而心終不能自放者乎使句踐有大度能始終用蠡蠡亦非清淨無爲以老於越者也故曰蠡亦鳥喙也魯仲連既退秦軍平原君欲封連以千金爲壽笑曰所貴於天下士者爲人排難解紛而無所取也即有取是商賈之事連不忍爲也遂去終身不復見逃隱於海上曰吾與富貴而詘於人寧貧賤而輕世肆志焉使范蠡之去如魯連則去聖人不遠矣嗚呼春秋以來用捨進退未有如蠡之全者也而不足於此吾是以累歎而深悲焉蘇子曰子胥種蠡皆人傑而揚雄曲士也欲以區區之學疵瑕此三人者以三諫不去鞭尸藉館爲子胥之罪以不強諫句踐而棲之會稽爲種蠡之過雄聞古有三諫當去之説即欲以律天下士豈不陋哉三諫而去爲人臣交淺者言也如宮之奇洩冶乃可耳至如子胥吳之宗臣與國存亡者也去將安往哉百諫不聽繼之以死可也孔子去魯未嘗一諫又安用三父不受誅子復讎禮也生則斬首死則鞭尸發其至痛無所擇也是以昔之君子皆哀而恕之雄獨非人子乎至於藉館闔廬與羣臣之罪非子胥意也句踐困於會稽乃能用二子若先戰而強諫以死之則雄又當以子胥之罪罪之

矣此皆兒童之見無足論者不忍三子之見誣故爲一言

魯定公十三年孔子言於公曰臣無藏甲大夫無百雉之城使仲由爲季氏宰將墮三都於是叔孫氏先墮郈季氏將墮費公山不狃叔孫輒率費人襲公公與三子入于季氏之宮孔子命申句須樂頎下伐之費人北二子奔齊遂墮費將墮成公斂處父以成叛公圍成弗克或曰殆哉孔子之爲政也亦危而難成矣孔融曰古者王畿千里寰内不封建諸侯曹操疑其論建漸廣遂殺融融特言之耳安能爲哉操以爲天子有千里之畿將不利己故殺之不旋踵季氏親逐昭公公死于外從公者皆不敢入雖子家羈亦亡

季氏之忌克忮害如此雖地勢不及曹氏然君臣相猜蓋不減操也孔子安能以是時墮其名都而出其藏甲也哉考於春秋方是時三桓雖若不悅然莫能違孔子也以爲孔子用事於魯得政與民而三桓畏之歟則季桓子之受女樂也孔子能却之矣彼婦之口可以出走是孔子畏季氏季氏不畏孔子也孔子蓋始修其政刑以俟三桓之隙也哉蘇子曰此孔子之所以聖也蓋田氏六卿不服則齊晉無不亡之道三桓不臣則魯無可治之理孔子之用於世其政無急於此者矣彼晏嬰者亦知之曰田氏之僭惟禮可以已之在禮家施不及國大夫不收公利齊景公曰善哉吾今而後知禮之可以爲國也嬰能知之而莫能爲之嬰非不賢也其浩然之氣以直養而無害塞乎天地之間者不及孔孟也孔子以羈旅之臣得政朞月而能舉治世之禮以律亡國之臣墮名都出藏甲而三桓不疑其害己此必有不言而信不怒而威者矣孔子之聖見於行事至此爲無疑也嬰之用於齊也久於孔子景公之信其臣也愈於定公而田氏之禍不少衰吾是以知孔子之難也孔子以哀公十六年卒十四年陳恒弒其君孔子沐浴而朝告於哀公請討之吾是以知孔子之欲治列國之君臣使如春秋之法者至於老且死而不忘也或曰孔子知哀公與三子之必不從而以禮告也歟曰否孔子實欲伐齊孔子既告公公曰魯爲齊弱久矣子之伐之將

若之何對曰陳恒弒其君民之不予者半以魯之衆加齊之半可克也此豈禮告而已哉哀公患三桓之偪嘗欲以越伐魯而去之夫以蠻夷伐國民不予也皐如出公之事斷可見矣豈若從孔子而伐齊乎若從孔子而伐齊則凡所以勝齊之道孔子任之有餘矣既克田氏則魯之公室自張三桓不治而自服也此孔子之志也

商鞅用於秦變法定令行之十年秦民大説道不拾遺山無盜賊家給人足民勇於公戰怯於私鬬秦人富強天子致胙於孝公諸侯畢賀蘇子曰此皆戰國之游士邪説詭論而司馬遷闇於大道取以爲史吾常以爲遷有大罪二其先黄老後六經退處士進姦

雄蓋其小小者耳所謂大罪二則論商鞅桑弘羊之功也自漢以來學者恥言商鞅桑弘羊而世主獨甘心焉皆陽諱其名而陰用其實甚者則名實皆宗之庶幾其成功此則司馬遷之罪也秦固天下之強國而孝公亦有志之君也修其政刑十年不爲聲色畋游之所敗雖微商鞅有不富強乎秦之所以富強者孝公務本力穡之效非鞅流血刻骨之功也而秦之所以見疾於民如豺虎毒藥一夫作難而子孫無遺種則鞅實使之至於桑弘羊斗筲之才穿窬之智無足言者而遷稱之曰不加賦而上用足善乎司馬光之言也曰天下安有此理天地所生財貨百物止有此數不在民則在官譬如雨澤夏澇則秋旱不加賦而上用足不過設法陰奪民利其害甚於加賦也二子之名在天下者如蛆蠅糞穢也言之則汙口舌書之則汙簡牘二子之術用於世者滅國殘民覆族亡軀者相踵也而世主獨甘心焉何哉樂其言之便己也夫堯舜禹世主之父師也諫臣拂士世主之藥石也恭敬慈儉勤勞憂畏世主繩約也今使世主日臨父師而親藥石履繩約非其所樂也故爲商鞅桑弘羊之術者必先鄙堯笑舜而陋禹也曰所謂賢主專以天下適己而已此世主之所以人人甘心而不悟也世有食鍾乳烏喙而縱酒色以求長年者蓋始於何晏晏少而富貴故服寒食散以濟其欲無足怪者彼其所爲足以殺身滅族者日相繼也得死於寒食散豈不幸哉而吾獨何爲效之世之服寒食散疽背嘔血者相踵也用商鞅桑弘羊之術破國亡宗者皆是也然而終不悟者樂其言之便美而忘其禍之慘烈也

漢用陳平計間疎楚君臣項羽疑范增與漢有私稍奪其權增大怒曰天下事大定矣君王自爲之願賜骸骨歸卒伍歸未至彭城疽發背死蘇子曰增之去善矣不去羽必殺增獨恨其不蚤耳然則當以何事去增勸羽殺沛公羽不聽終以此失天下當於是去耶曰否增之欲殺沛公人臣之分也羽之不殺猶有君人之度也增曷爲以此去哉易曰知幾其神乎詩曰相彼雨雪先集維霰增之去當於羽殺卿子冠軍時也陳涉之得民也以項燕扶蘇項氏之興也以立楚懷王孫心而諸侯叛之也以弒義帝也且義帝之立增爲謀主矣義帝之存亡豈獨爲楚之盛衰亦增之所與同禍福也未有義帝亡而增獨能久存者也羽之殺卿子冠軍也是弒義帝之兆也其弒義帝則疑增之本心也豈必待陳平哉物必先腐也而後蟲生之人必先疑也而後讒入之陳平雖智安能間無疑之主哉吾嘗論義帝天下之賢主也獨遣沛公入關而不遣項羽識卿子冠軍於稠人之中而擢以爲上將不賢而能如是乎羽既矯殺卿子冠軍義帝必不能堪非羽弒帝則帝殺羽不待智者而後知也增始勸項梁立義帝諸侯以此服從中道而弒之非增

之意也夫豈獨非其意將必力爭而不聽也不用其言而殺其所立羽之疑增必自是始矣方羽殺卿子冠軍增與羽比肩而事義帝君臣之分未定也爲增計也力能誅羽則誅之不能則去之豈不毅然大丈夫也哉增年已七十合則留不合則去不以此時明去就之分而欲依羽以成功陋矣雖然增高帝之所畏也增不去項羽不亡嗚乎增亦人傑也哉

春秋之末至于戰國諸侯卿相皆爭養士自謀夫說客談天雕龍堅白同異之流下至擊劒扛鼎雞鳴狗盜之徒莫不賓禮靡衣玉食以館於上者何可勝數越王句踐有君子六千人魏無忌齊田文趙勝黃歇呂不韋皆有客三千人而田文招致任俠姦人六萬

家於薛齊稷下談者亦千人魏文侯燕昭王太子丹皆致客無數下至秦漢之間張耳陳餘號多士賓客廝養皆天下豪俊而田横亦有士五百人其畧見於傳記者如此度其餘當倍官吏而半農夫也此皆姦民蠹國者民何以支而國何以堪乎蘇子曰此先王之所不能免也國之有姦也猶鳥獸之有鷙猛昆蟲之有毒螫也區處條理使各安其處則有之矣鋤而盡去之則無是道也吾考之世變知六國之所以久存而秦之所以速亡者蓋出於此不可以不察也夫智勇辯力此四者皆天民之秀傑者也類不能惡衣食以養人皆役人以自養者也故先王分天下之富貴與此四者共之此四者不失職則民靖矣四者雖異先王因俗設法使出于一三代以上出於學戰國至秦出於客漢以後出於郡縣吏魏晉以來出於九品中正隋唐至今出於科舉雖不盡然取其多者論之六國之君虐用其民不減始皇二世然當是時百姓無一人叛者以凡民之秀傑者多以客養之不失職也其力耕以奉上皆椎魯無能爲者雖欲怨叛而莫爲之先此其所以少安而不即亡也始皇初欲逐客用李斯之言而止既并天下則以客爲無用於是任法而不任人謂民可以恃法而治謂吏不必才取能守吾法而已故墮名城殺豪傑民之秀異者散而歸田畝向之食於四公子呂不韋之徒者皆安歸哉不知其能槁項黃馘以老死於布褐乎抑將輟耕太

息以俟時也秦之亂雖成於二世然使始皇知畏此四人者有以處之使不失職秦之亡不至若是速也縱百萬虎狼於山林而飢渴之不知其將噬人世以始皇爲智吾不信也楚漢之禍生民盡矣豪傑宜無幾而代相陳豨從車千乘蕭曹爲政莫之禁也至文景武之世法令至密然吳濞淮南梁王魏其武安之流皆爭致賓客世主不問也豈懲秦之禍以爲爵禄不能盡縻天下士故少寬之使得或出於此也耶若夫先王之政則不然曰君子學道則愛人小人學道則易使也嗚乎此豈秦漢之所及也哉

秦始皇帝時趙高有罪蒙毅案之當死始皇赦而用之長子扶蘇好直諫上怒使北監蒙恬兵於上郡始

皇東游會稽並海走琅邪少子胡亥李斯蒙毅趙高從道病使蒙毅還禱山川未反而上崩李斯趙高矯詔立胡亥殺扶蘇蒙恬蒙毅卒以亡秦蘇子曰始皇制天下輕重之勢使内外相形以禁姦備亂者可謂密矣蒙恬將三十萬人威振北方扶蘇監其軍而蒙毅侍帷幄爲謀臣雖有大姦賊敢睥睨其間哉不幸道病禱祠山川尚有人也而遣蒙毅故高斯得成其謀始皇之遣毅毅見始皇病太子未立而去左右皆不可以言智然天之亡人國其禍敗必出於智所不及聖人爲天下不恃智以防亂恃吾無致亂之道耳始皇致亂之道在用趙高夫閹尹之禍如毒藥猛獸未有不裂肝碎首者也自書契以來惟東漢呂強後

唐張承業二人號稱善良豈可望一二於千萬以僥必亡之禍哉然世主皆甘心而不悔如漢桓靈唐肅代猶不足深怪始皇漢宣皆英主亦湛於趙高恭顯之禍彼自以爲聰明人傑也奴僕熏腐之餘何能爲及其亡國亂朝乃與庸主不異吾故表而出之以戒後世人主如始皇漢宣者或曰李斯佐始皇定天下不可謂不智扶蘇親始皇子秦人戴之久矣陳勝假其名猶足以亂天下而蒙恬持重兵在外使二人不即受誅而復請之則斯高無遺類矣以斯之智而不慮此何哉蘇子曰烏乎秦之失道有自來矣豈獨始皇之罪自商鞅變法以殊死爲輕典以參夷爲常法人臣狼顧脅息以得死爲幸何暇復請方其法之行也求無不獲禁無不止鞅自以爲軼堯舜而駕湯武矣及其出亡而無所舍然後知爲法之弊夫豈獨鞅悔之秦亦悔之矣荆軻之變持兵者熟視始皇環柱而走莫之救者以秦法重故也李斯之立胡亥不復忌二人者知威令之素行而臣子不敢復請也二人之不敢請亦知始皇之鷙悍而不可回也豈料其僞也哉周公曰平易近民民必歸之孔子曰有一言而可以終身行之其恕矣乎夫以忠恕爲心而以平易爲政則上易知而下易達雖有賣國之姦無所投其隙倉卒之變無自發焉然其令行禁止蓋有不及商鞅者矣而聖人終不以彼易此商鞅立信於徙木立威於棄灰刑其親戚師傅積威信之極以及始皇秦

人視其君如雷電鬼神不可測也古者公族有罪三宥然後制刑今至使人矯殺其太子而不忌太子亦不敢請則威信之過也故夫以法毒天下者未有不反中其身及其子孫者也漢武與始皇皆果於殺者也故其子如扶蘇之仁則寧死而不請如戾太子之悍則寧反而不訴知訴之必不察也戾太子豈欲反者哉計出於無聊也故爲二君之子者有死與反而已李斯之智蓋足以知扶蘇之必不反也吾又表而出之以戒後世人主之果於殺者

魯隱公元年不書即位攝也公子翬請殺桓公公曰爲其少故也吾將授之矣使營菟裘吾將老焉翬懼反譖公於桓而使賊殺公歐陽子曰隱公非攝也使

隱而果攝也則春秋不書爲公春秋書爲公則隱非攝無疑也蘇子曰非也春秋信史也隱攝而桓弑著於史也詳矣周公攝而克復子者也以周公薨故不稱王隱公攝而不克復子者也以魯公薨故稱公史有謚國有廟春秋獨得不稱公乎然則隱公之攝也禮與曰禮也何自聞之曰聞之孔子曾子問曰君薨而世子生如之何孔子曰卿大夫士從攝主北面於西階南何謂攝主曰古者天子諸侯卿大夫之世子未生而死則其弟若兄弟之子次當立者爲攝主子生而女也則攝主立男也則攝主退此之謂攝主古之人有爲之者季康子是也季桓子且死命其臣正常曰南孺子之子男也則以告而立之女也則肥也可桓子卒康子即位既葬康子南朝南氏生男正常載以如朝告曰夫子有遺言命其圉臣曰南氏生男則以告於君與大夫而立之今生矣男也敢告康子請退康子之謂攝主古之道也孔子行之自秦漢以來不修是禮也而以母后攝孔子曰惟女子與小人爲難養也使與聞外事且不可牝雞之晨惟家之索而況可使攝位而臨天下乎女子爲政而國安惟齊之君王后吾宋之曹高向也蓋亦千一矣自東漢馬鄧不能無譏而漢呂后魏胡武靈唐武氏之流蓋不勝其亂王莽楊堅遂因以易姓由此觀之豈若攝主之庶幾乎使母后而可信也攝主亦可信也若均之不可信則攝主取之猶吾先君之子孫也不猶愈於

異姓之取哉或曰君薨百官摠己以聽于冢宰三年安用攝主曰非此之謂也嗣天子長矣宅憂而未出令則以禮設冢宰若太子未生生而弱未能君也則三代之禮孔子之學決不以天下付異姓其付之攝主也夫豈非禮而周公行之歟故隱公亦攝主也鄭玄儒之陋者也其傳攝主也曰上卿代君聽政者也使子生而女則上卿豈繼世者乎蘇子曰攝主先王之令典孔子之法言也而世不知習見母后之攝也而以爲當然故吾不可不論以待後世之君子公子翬請殺桓公以求太宰隱公曰爲其少故也吾將授之矣使營菟裘吾將老焉翬懼反譖公於桓公而弑之蘇子曰盜以兵擬人人必殺之夫豈獨其所擬塗之人皆捕擊之矣塗之人與盜非仇也以爲不擊則盜且并殺己也隱公之智曾不若是塗人也哀哉隱公惠公繼出之子也其爲非嫡與桓均耳而長於桓隱公追先君之志而授國焉可不謂仁人乎惜乎其不敏於智也使隱公誅翬而讓桓雖夷齊何以尚茲驪姬欲殺申生而難里克則施優來之二世欲殺扶蘇而難李斯則趙高來之此二人之智若出一人而其受禍亦不少異里克不免於惠公之誅李斯不免於二世之虐皆無足哀者吾獨表而出之爲世戒君子之爲仁義也非有計於利害然君子之所爲義利常兼而小人反是李斯聽趙高之謀非其本意獨畏蒙氏之奪其位故勉而聽高使斯聞高之言即

召百官陳六師而斬之其德於扶蘇豈有既乎何蒙氏之足憂釋此不爲而具五刑於市非下愚而何嗚呼亂臣賊子猶蝮蛇也其所螫草木猶足以殺人況其所噬齧者歟鄭小同爲高貴鄉公侍中嘗詣司馬師師有密疏未屏也如厠還問小同見吾疏乎曰不見師曰寧我負卿無卿負我遂酖之王允之從王敦夜飲辭醉先寢敦與錢鳳謀逆允之已醒悉聞其言慮敦疑己遂大吐衣面皆汙敦果照視之見允之臥吐中乃已哀哉小同殆哉岌岌乎允之也孔子曰危邦不入亂邦不居有以也夫吾讀史得魯隱公晉里克秦李斯鄭小同王允之五人感其所遇禍福如此故特書其事後有君子可以覽觀焉

鄭太子華言於齊桓公請去三族而以鄭爲内臣公將許之管仲不可公曰諸侯有討於鄭未捷苟有釁從之不亦可乎管仲曰君若綏之以德加之以訓辭而率諸侯以討鄭鄭將覆亡之不暇豈敢不懼若摠其罪人以臨之鄭有辭矣公辭子華鄭伯乃受盟蘇子曰大哉管仲之相桓公也辭子華之請而不違曹沫之盟皆盛德之事也齊可以王矣恨其不學道不自誠意正身以刑其國使家有三歸之病而國有六嬖之亂故桓公不王而孔子小之然其予之也亦至矣曰桓公九合諸侯不以兵車管仲之力也如其仁如其仁曰仲尼之徒無道桓文之事者孟子蓋過矣吾讀春秋以下史而得七人焉皆盛德之事可以爲萬世法又得八人焉皆反是可以爲萬世戒故具論之太公之治齊也舉賢而上功周公曰後世必有簒弑之臣天下誦之齊其知之矣田敬仲之始生也周史筮之其奔齊也齊懿氏卜之皆知其當有齊國也簒弑之疑蓋萃於敬仲矣然桓公管仲不以是廢之乃欲以爲卿非盛德能如此乎故吾以謂楚成王知晉之必霸而不殺重耳漢高祖知東南之必亂而不殺吳王濞晉武帝聞齊王攸之言而不殺劉元海符堅信王猛而不殺慕容垂唐明皇用張九齡而不殺安禄山皆盛德之事也而世之論者則以爲此七人者皆失於不殺以啓亂吾以謂不然七人者皆自有以致敗亡非不殺之過也齊景公不繁刑重賦雖有

田氏齊不可取楚成王不用子玉雖有晉文公兵不敗漢景帝不害吳太子不用晁錯雖有吳王濞無自發晉武帝不立孝惠雖有劉元海不能亂符堅不貪江左雖有慕容垂不能叛明皇不用李林甫楊國忠雖有安禄山亦何能爲秦之由余漢之金日磾唐之李光弼渾瑊之流皆蕃種也何負於中國哉而獨殺元海禄山乎且夫自今而言之則元海禄山死有餘罪自當時而言之則不免爲殺無罪豈有天子殺無罪而不得罪於天者上失其道塗之人皆敵國也天下豪傑其可勝既乎漢景帝以鞅鞅而殺周亞夫曹操以名重而殺孔融晉文帝以卧龍而殺嵇康晉景帝亦以名重而殺夏侯玄宋明帝以族大而殺王彧

齊後主以謡言而殺斛律光唐太宗以讖而殺李君羡武后以謡言而殺裴炎世皆以爲非也此八人者當時之慮豈非憂國備亂與憂元海禄山者同乎久矣世之以成敗爲是非也故夫嗜殺人者必以鄧侯不殺楚子爲口實以鄧之微無故殺大國之君使楚人舉國而仇之其亡不愈速乎吾以謂爲天下如養生憂國備亂如服藥養生者不過慎起居飲食節聲色而已節慎在未病之前而服藥在已病之後今吾憂寒疾而先服烏喙憂熱疾而先服甘遂則病未作而藥殺人矣彼八人者皆未病而服藥者也

東坡先生志林集　　二十

螢雪叢説卷第上

子　俞　子　撰

余自四十以後便不出應舉人笑其無能爲也是則然矣然而早能知退又有人之所不能爲焉以己之無能爲而能爲人之所不能爲此非其所長矣乎蓋四十而不惑四十五十而無聞焉斯亦不足畏也已夫子嘗有是言也幼誦夫子之言力行夫子之訓既而不惑抑又無聞宜乎退縮一頭地而莫之爲也自此功名灰念加以拙於謀利時復優游黄卷考究討論付之書記囊螢映雪無所不爲塵積日久遂成一編目曰螢雪叢説實其實也雖然囊螢映雪豈能照耀方册也哉于以見其學之篤而志之鋭也此史臣所以美其勤勤若是姑欲激昂後進云爾則知今之叢是説者其亦車胤孫康之意歟慶元庚申八月望日東陽俞成元德漫録

致字説

先儒解致字往往不盡如致中和天地位焉鄭康成云致行之至也致樂以治心云致深審也周易略例主心致一也孔穎達云致猶歸也禮器禮也者物之致也鄭云致之言至也極也其他諸經往往指爲極盡之意如喪致乎哀而止見危致命君子以致命遂志與病則致其憂之類是也此皆意有未盡蓋致有盡之意有取與納之意如喪致乎哀而止見危致命謂之極盡可也如致中和致知之類則又有取之意焉吾聞致師者亦有取之意也用致夫人九春秋以某事致七十而致事致爲臣而歸則又有納之意與盡之意凡此皆難以一字通解也今人謂招致者亦有取意也檀弓齊穀王姬之喪當爲告古毒反聲之誤也告下告上之辭故誤爲穀父母之喪哭無時使必知其反也知當爲如字之誤也言父母之喪號哭思慕如欲父母復反

忍字説

忍之名一也而用不同必有忍其乃有濟小不忍則亂大謀此皆聖賢之所謂忍忍於不善也所謂吉德也而世俗之所謂忍如猜忍剛忍之類乃是忍於善而就不善也所謂凶德也王導不忍美人之勸酒恐爲見殺則強爲之飲此則不忍也正所謂忍於不善而就善也非吉德而何王敦之不顧美人之死而不爲之飲此世俗之所謂忍忍於善而就不善也非凶德而何天之報施必以其類觀王導王敦之後興衰禍福蓋可見矣然則不忍者正人之本心孟子所謂人皆有不忍人之心是也而世俗之所謂忍者殘義害善之本殺身覆族之由也項羽爲人不忍雖不能成事要之良心猶在伍子胥爲人剛戾忍訽雖能成事然良心喪失盡矣子家子曰一慙之不忍而終身慙乎王導能忍事此皆忍於不善以就善之謂嘗觀唐張公藝九世同居家無異議人問其故公藝即書忍字以對亦鑒王敦之得失也

記史法

歷事幾主歷任幾官有何建立有可獻明何長可録何短可戒傳中有何佳對舊諸史賦如張良傳用赤松子對黄石公此賈挺才先生記史法也

解書訣

辭之内不可減減之則為鑿鑿則失本意辭之外不可增增之則為贅贅則壞本意此王虚中先生解書訣也

歌頌

盧仝茶歌至尊之餘合王公何事便到山人家上不忘君也安知百萬億蒼生命墮巔崖受辛苦下不忘民也此乃盡臣子敬上念下之意也元結中興頌前

代帝王有盛德大業者必見於歌頌若今歌頌大業便不言德此乃得春秋一字褒貶之意也夫以歌頌之作不専為稱美設也多寄意於譏諷一則有愛君之誠一則有貶上之意二者雖若相反而於措辭立言各有所主不得不然

祝壽

吳叔經先生代人上黄耕叟太夫人壽乃三月十四日生也其詞曰天邊將滿一輪月世上還鍾百歲人有一識者議論將滿一輪月之句若是十三日亦使得不若前去猶欠一分便見得直是十四日也甞見樂人

聖節致語闕初便使老子長上古而不老對董仲舒歷萬世以亡弊固已云好然而不老二字乃是語忌豈若詩人之婉其辭云永錫難老多少委曲和緩如曰天子萬年如曰如南山之壽如曰俾爾壽而臧皆曲盡祝壽之意也封人祝尭能如許乎

祭文

前輩甞説北狄致祭　皇后文楊大年捧讀空紙無一字隨自撰曰惟靈巫山一朶雲閬苑一團雪桃源一枝花秋空一輪月豈期雲散雪消花殘月缺伏惟尚饗　仁廟大喜其才敏給有壯國體洪忠宣公自嶺外徙宜春没於保昌張子韶致祭其文但云維某年月日具官某謹以清酌之奠昭告于某官之靈嗚呼哀哉伏惟尚饗景盧深美其情哀愴乃過於詞二

者體製大槩相類要之詞意渾含言語脱俗此誠倉卒之所難也

四凶辨

人皆知渾敦窮奇檮杌饕餮為四凶而不知所以謂之四凶者果何意耶蓋當舜之時見其罪惡如此而例以兇徒目之譬猶獸也正如今之罵人畜生禽獸據山海經載渾敦窮奇檮杌饕餮皆獸名也杜預解經不知出此妄以義理釋之無怪他人之不識也

賦假人名體狀題意

往年俞文緯監試預薦赴省相過因話賦假人名善體狀題意者莫若武為救世砭劑公唐室中興頼藥師而克濟漢家外患藉去病以皆除余甞賦化下猶

甄者欲以陶唐堯舜爲一聯使於變時雍猶挻已填風動四方器不苦窳事也曾與舍弟碩夫邁昆仲儕輩較量莫不領略此説

賦善使事

昔有士人在場屋間賦帝王之道出萬全絶無故實遂問一老先生荅云只有一舉空朔庭三箭定天山好使要在人斡旋爾或謂此事乃人臣非帝王也不可用疑誑之後於程文中見一舉人使得最妙其説題目甚透有曰一舉朔庭空實憲受成於漢室三箭天山定薛侯禀命於唐宗眞所謂九轉丹砂點鐵成金者也

韻學

涵泳聖涯詩蓋出唐史文藝敘傳也三字皆仄一字是平不免以涯字爲押然涯之一字而見於三韻五支魚奇反十三佳宜佳反九麻牛加反謹按韻略及廣韵注皆云水際水畔紬繹其義通庸可押嘗東萊先生渠亦是經義人也初未領略容檢詳如可後於錢塘見陳給事先生傅良仍以涯字三韻通用扣之即可而已因謂省題詩如小經義雖無多字亦是難事至如誤出早鶯之目錯認黃華之意可勝哂哉

詩隨景物下語

杜詩丹霞一縷輕漁父詞蚕縷一鈎輕胡少汲詩隋堤煙雨一帆輕至若騷人於漁父則曰一簑煙雨於農夫則曰一犁春雨於舟子則曰一篙春水皆曲盡形容之妙也

詩人警句

同舍李循道舉他秋景一聯曰池藕影疎龜甲冷井梧凋薄鳳毛寒又張一之舉黃元夫詩曰葦村風下鵶千點麥隴天垂月一梳皆警句也

史臣不載人臣實事

前漢蕭何傳不言律令新唐書李邕傳無一字及筆札五代史劉昫傳不書修領唐史

功臣特奏朝請

光武功臣所加特進朝請或者謂其官爵止乎如是而已殊不知春見曰朝秋見曰請示欲疎也蓋光武慮諸將功大權重有以脅勢而或變生肘腋乃所以遠之故也

試畫工形容詩題

徽宗政和中建設畫學用太學法補試四方畫工以古人詩句命題不知掄選幾許人也嘗試竹鎖橋邊賣酒家人皆可以形容無不向酒家上着工夫惟一善畫但於橋頭竹外掛一酒帘書酒字而已便見得酒家在竹内也又試踏花歸去馬蹄香不可得而形容何以見得親切有一名畫克盡其妙但掃數蝴蝶飛逐馬後而已便表得馬蹄香出也果皆中魁選夫以畫學之取人取其意思超拔者爲上亦猶科舉之取士取其文才角出者爲優二者之試雖下筆有所不同而於得失之際只較智與不智而已

陳同甫議論作文之法

嘗見陳同甫亮在太學議論作文之法經句不全兩史句不全三不用古人句只用古人意若用古人語不用古人句能造古人所不到處至於使事而不爲事使或似使事而不使事或似不使事而使事皆是使他事來影帶出題意非直使本事也若夫布置開闔首尾該貫曲折關鍵意思常新若方若圓若長若短斷自有成摹不可隨他規矩尺寸走也苟自得作文三昧又非常法所能盡也

文章活法

文章一技要自有活法若膠古人之陳迹而不能點化其句語此乃謂之死法死法專祖蹈襲則不能生於吾言之外活法奪胎換骨則不能斃於吾言之内斃吾言者生吾言也故爲活法伊川先生嘗說中庸鳶飛戾天須知天上者更有天魚躍于淵須知淵中更有地會得這个道理便活潑潑地吳處厚常作剪刀賦第五隔對去爪爲犧救湯王之旱歲斷鬚燒藥活唐帝之功臣當時屢竄易唐帝上一字不妥帖因看游鱗頓悟活字不覺手舞足蹈吕居仁嘗序江西宗派詩若言靈均自得之忽然有入然後惟意所出萬變不窮是名活法楊萬里又從而序之若曰學者屬文當悟活法所謂活法者要當優游厭飫是皆有得於活法也如此吁有胷中之活法蒙於伊川之說得之有紙上之活法蒙於處厚居仁萬里之說得之

注題目出處

印書箋題本爲晚學設也不爲無益然而所試詩賦題目或出經史傳記注疏文集諸子百家難以徧知今乃揭示本文其法亦善矣唐時試題不具出處如孤竹管賦滿場不知出周禮甚可笑也彼有經義亦效箋題果何爲也矧治經人所業專一若不識出處繆妄之甚茲固所當略也主文巳當鈌然

文字節要

今之節書甚亡謂也非惟增入注解又且攙入他說不勝其繁初不較其簡要緊切爲如何使人易於檢閱若用泛泛如此何似觀正本也前輩節書並用首尾該貫第一節其緊要第二節其好句第三節其故實繁辭盡削所以便於燈窻場屋之用爾如舊本司馬温公親節通鑑可觀可法

以論語法言章句戲有官君子

嘗見有官君子皆以舉削爲慮晦庵先生嘗以法言章句戲之曰勢援上也文章次也政事又其次也咸無焉爲選人其人大笑又見浙中官員子弟謁趙守問及晦翁學術政事孰優守乃以魯論篇章荅之學而第一爲政第二可謂善品題矣二者之言雖曰戲謔亦可助一時之談笑

夢見主盟道學

余文起主泮湘潭嘗宿嶽麓書院夢見朱晦翁與張南軒同在郡庠作意主盟道學忽伊川横渠先生從

外來云政不須如此這道理常使得何恤乎人言須史聞東廊有人誦中庸大學二篇覺來鷄唱遥想二公衛道如此之切

不責酒過

武夷有一狂者爛醉詈及屏山先生劉彦冲次日修書謝罪先生不責其過但於紙尾復之云蛇本無影弓悞揺之影既無之公又何疑白首如新傾蓋如故真達者之詞也

不恠炎凉

人之一身已自有輕重足履穢惡則不甚介意若手一沾汚浣濯無已豈可恠世情之炎凉也哉舊有題湯泉者最爲該理如云比鄰三井在山崗二井氷寒一井湯造化無私猶冷暖争教人世不炎凉

矢魚于棠

辛酉秋因如鄱陽閱三十六家春秋解若注矢魚于棠雖累數說不透皆以矢爲觀非也使其以矢爲觀當時何不直書其事而乃云云若是蓋有深意存焉余嘗謂矢者射也正周禮所謂矢其魚鼈而食之是也推而上之若皐陶矢厥謨亦射義也釋書者類訓直又非周道如砥其直如矢乃詩人比喻之辭故可以云直若書之矢謨春秋之矢魚皆出於任意而爲之故可以云射自皐陶有矢謨之說而後董仲舒有射策之文君子於此可以意推不可以例觀也

溺於陰陽

陳季陸嘗挽劉韜仲諸公同往武夷訪晦翁朱先生偶張體仁與焉會宴之次朱張忘形交談風水曰如是而爲笏山如是而爲靴山稱賞蔡季通無已季陸遂難云蔡丈不知世代攻於陰陽方始學此晦翁又從而褒譽之乃祖乃父明於龍脉季通尤精季陸復辨之曰據某所見嘗反此說若儒者世家故能成効若日者世家便不足取信於人何者公卿宰相皆自其門而出他人何望焉周居晦應聲曰他家也出官出巡官陳嘗譬如燒金煉銀之術父可傳之於子子可傳之於孫孫何必教外人古者人皇氏世人有九頭已無定形未有百官已有許多山了不知何者爲笏山何者爲靴山坐客皆笑晦翁揺指向季陸道此說不可與蔡丈知僕親聞是語故紀之以爲溺於陰陽者之戒

人之小名

今人生子妄自尊大多取文武富貴四字爲名不以睎顔爲名則以望回爲名不以次韓爲名則以齊愈爲名甚可笑也古者命名多自貶損或曰愚曰魯或曰拙曰賤皆取謙抑之義也如司馬氏幼字犬子至有慕名野狗何嘗擇稱呼之美哉嘗觀進士同年録江南人習尚機巧故其小名多是好字足見自高之心江北人大禮任真故其小名多非佳字足見自貶之意若夫鴈塔之題當先正名垂於不朽

事要有分

一切之事皆要有分若是無分而欲極力強求徒然而已王虛中先生譬如筵席安排十分已飲過數巡忽有親朋訪及雖欲挽之同坐奈酒闌歌罷不可得而相陪此乃謂之無分大凡功名富貴貧賤休戚皆是五行帶來無非分定安可嘆息怨恨於斯耶不然晦翁先生何爲有隨緣安分四字也

得失有時

人之得失各自有時初不知其所以然而然也有朋友於試罷之後聞望不著遂欲捨書學劒無所不至龍舒王先生舉似一絶曰得則欣欣失則悲桃紅李白各隨時雖然屬在東君手問着東君也不知

螢雪叢說卷之上

螢雪叢說卷下

忠恕違道不遠

曾子曰夫子之道忠恕而已矣中庸曰忠恕違道不遠學者疑爲不同伊川云中庸恐人不喻乃指而示之近又云忠恕固可以貫道子思恐人難曉故降一等言之又云中庸以曾子之言雖是如此又恐人尚疑忠恕未可便爲道故曰違道不遠游定夫云道一而已豈參彼此所能豫哉此忠恕所以違道爲其未能一以貫之也雖然欲求入道者莫近於此此所以違道不遠也楊中立云忠恕固未足以盡道然而違道不遠矣侯師聖云子思之忠恕施諸己而不願亦勿施於人此已是違道若聖人則不待施諸己而不願然後勿施諸人也諸公之說大抵不同予切以爲道不可名言既麗於忠恕之名則爲有迹故曰違道然非忠恕二字亦無可以明道者故曰不遠非謂其未足以盡道也違者違去之謂非違畔之謂老子曰上善若水水善利萬物而不爭處衆人之所惡故幾於道蘇子由解云道無所不在無所不利而水亦然然而既已麗於形則於道有間矣故曰幾於道然而可名之善未有若此者故曰上善其說與此略同

克己復禮天下歸仁

或問安定先生胡侍郎何謂克己復禮天下歸仁胡舉邵堯夫詩以荅之云門前路徑無令窄路徑窄時無過客過客無時路徑荒人間滿地生荊棘其人黙悟

聖人之於天道

陳洪範問文軒先生林祭酒聖人之於天道如何荅云恰是恁地未悟間復問魏聘君國録荅云正如京師人責床貼恰用得着觀此二説其意則一

學易無大過

聖人之處事與常人不同常人之處事多有不及惟聖人之處事不患不及秖恐太過夫子稱加我數年五十而學易可以無大過者蓋欲勉進中年而學洗心退藏之書則處事得中斷無不及之患今不曰無不及而特曰可以無大過者此聖人謙抑之辭也中庸曰有所不足不敢不勉有餘不敢盡寧非君子之中庸乎嘗觀夫子於三百篇之詩而蔽以思無邪之一言此見夫子得詩之中也於易則曰無過於詩則曰無邪是皆一意

解書

洪内翰景盧主泮三山以林少頴爲書學諭講帝釐下土數語曰知之爲知之堯典之所以可言也不知爲不知九共槀飫略之可也惜乎林書不載此説予故表而出之嘗見王盧中談及林少頴呂伯恭講究書學皆有所得各有所見學者當詳復其爲訓若前人解書言宥過無大刑故無小乃謂赦宥其過誤者雖大亦宥之刑責及特故過雖小亦刑之如此則於辞上脱無字添雖字矣是其辞已不明也若失火而延及官庫此過誤也此大者也其可宥乎若馳馬而蹂死小兒此過誤也此大者也其可宥乎是其理已不安矣若命人守果實拈以小果食之此故也此小者也亦將刑乎若命人守舍而竊穴之小竅以窺其外此故也此小者也亦將刑乎是其理已不安矣則若商鞅之法弃灰於道者有諸豈聖人之法哉若曰宥過誤則無大者謂小者則宥大者則不宥所以使人警畏非敢僻怠也若曰刑特故者則無小者謂稍大則刑小者則不刑所以示吾寛德非爲苛細也宥過無大是以見聖人之義刑故無小是以見聖人之仁是説蓋得於伯氏俞君從俞蓼達平時有得於書學者如此

解孟子

陳季陸常推賈挺才好先生非惟筆力過人又且講授不雷同且如説孟子引得杜詩爲證極是明白若解文王爲臺爲沼而民歡樂之正是丈人屋上烏人好烏亦好桀紂瑶臺瓊室正是君看墻頭桃樹花盡是行人眼中血夫以烏烏本是可惡之物而反喜之桃花本是可喜之物而反惡是何也蓋由人情所感而然爾靈臺瑶臺亦莫不然

東萊教學者作文之法

東萊先生呂伯恭嘗教學者作文之法先看精騎次看春秋權衡自然筆力雄樸格致老成每每出人一頭地

徐積悟作文之法

節孝先生徐積因讀史記貨殖傳見人弃我取人取我與遂悟作文之法

辨滕王閣序落霞之說

王勃作滕王閣序中間有落霞與孤鶩齊飛秋水共長天一色之句世率以爲警聯然而落霞者乃飛蛾也即非雲霞之霞土人呼爲霞蛾至若鶩者乃野鴨也野鴨飛逐蛾虫而欲食之故也所以齊飛若雲霞則不能飛也見吳獬事始

評論詞賦破題

嘗見俞馮老叔叔舉似外公暨中大陶天之曆數在舜躬賦破題云神聖相授天人會同何謳歌不之堯子盖曆數在於舜躬又見陳季陸先生談及陳元裕嘗主文衡出大椿八千歲爲春秋賦蒲塲破題皆闒茸焉遂自作云物數有極椿齡獨長以歲曆八千之久成春秋二序之常又見蔡曼卿稱賞上舍熊元用節十四歲作君人成天地之化賦破云物産於地形鍾自天賴君人之有作成化功之未全三賦四柱皆出人意表真所謂作賦手也嘗聞張從道鳳先生論文有及向之省試賦題出天子聽朔於南門之外蒲塲皆曰詣南門而聽焉惟魁者以詣爲出便見得在外意也當時父子同試尚留隱情及至揭榜方知父魁子亞而問之何不見誨父云不觧有兩魁也東坡以詩賦一序見工拙即此可知

賦以一字見工拙

曩者吳叔經郛在湖南漕試以本經詩義取觧魁次名陳尹賦文帝前席賈生破題云文帝好問賈生力陳忘其勢之前席重所言之過人叔經先生改勢字作分陳大欽服内有打花格云金蓮燭煥煌煌漢天子之儀玉漏聲沉纚纚洛陽人之語試官已喜此一聯又陳季陸在福州考較出皇極統三德五事賦魁者破題云極有所會理無或遺統三德與五事貫一中於百爲季陸先生極喜關初兩句只嫌第四句不是貫百爲於一中似乎倒置改貫字作寓較有意思尤喜陳舜申三策第三道策題問屯田乃先生撰也最是荅得工夫此皆二公之警誨也

假用夏字

往年上庠湯黄中試秋燕已如客詩破題近人方賀厦如客已驚秋以厦對秋權借用字也陳傅良作仲秋教治兵賦破題雖諸夏之偃武必仲秋而治兵張耒防秋詩云逆胡方猾夏中国重防秋以夏對秋正借用字也原其所作皆有自來豈非得張喬月中桂之遺意耶所謂根非生下土葉不墜秋風是也六吟入韻能於借對上得一二警聯便自高人一着作者不可不知

詩貴熟讀

梁揆叔子解試鵰鶚離風塵詩當時無不擊節天人徑說鵰鶚冲天品九禽未易倫三秋乘志氣一舉離風塵或者喜其自喻見志果超詣上上第幼嘗誦此一篇已自迅口轉過初不覺其所以妙處及至暮年

始悟高騰霄鳳渚下睨塞鴻賓借渚字對賓無如此之巧始嘆伏不能自已大凡玩古人糟粕須是字字究竟句句勘破方是讀書又要熟讀古人云讀書百遍其義自見又云舊書不厭百迴讀熟讀應須子自知

廷對二說

嘗見閩中一士人方領鄉舉叨冒過省廷對有蒙被教育之說又見浙中一先生四舉了當廷對有僻在一隅之說皆不欲言其名也都是套籠說話怕落第五甲也欲媒試官把做大學川中人看得數較優果是使得驗其狡猾如此後進之士當自奮勵取高第而躐巍科決在萬人頭上立不可效此曹爲碌碌計也千萬勉旃

祝賀生辰

伊川生日致齋恭肅不事飲燕歌樂蓋念劬勞之力今人誕辰極意懽娛祝壽之詞多用律呂體狀其月又用蓂莢形容其日固已親切然而蓂莢一事據其所見半好半不好也若在月半以前一日生長一葉乃是增數誠爲美事儘好使也若在月半以後一日彫零一葉乃是減數實爲語忌烏可使也用事當嚴所擇爲文又要脫俗方是作家且如八月十六生人或者爲之歌曰昨夜萬家齊笑語祝君千歲共團圓又如詩僧上秦師垣壽曰不祝公兮椿與松椿松老大空無用不祝公兮鶴與龜鶴龜汨沒徒泥中祝公頤作天上月歲歲年年常皎潔錦城初動五更鍾引領衆星朝北闕秦公大悅

嚴子陵本姓莊

嚴子陵本姓莊避顯宗諱遂稱嚴氏若釣臺若七里灘亦皆以嚴命名無非循習之訛而莫知其非也本朝宣和間方臘冠江浙改睦州爲嚴州蓋本於此至如范曄操東漢之史筆初不究其姓氏之由遂曰嚴光而傳之無乃以田千秋爲車千秋乎余是以寄意絕句於釣臺之上有曰千古英風想子陵釣臺緣此幾人登誰知避諱更嚴氏灘與州名總誤稱

淅川

丹水出上洛湍水出伊陽南流至淅川又南流入漢天下之水罔不殊源而合流者有一源而釃爲二者灘桂是也唯淅湍同川而異流本末不相犯故謂之淅焉

用夏變夷

據胡床畜番大舞拓拔（拓拔氏胡人設呼爲拓拔）動蠻樂皆士大夫之所不當爲而爲之無乃循習日久而恬不知怪乎有能奮拔於流俗之中而毅然以中國禮義爲己任亦風化之所由倡也殆見用夏變夷不聞用夷變夏

自悟前身

余因以類彰羊祐自省前身爲李氏之子邊鎬爲謝靈運後身韋皐既生一身有一胡僧造其家曰兒若有喜色韋氏問之僧曰此子乃諸葛武侯後身因以武侯字之見宣室志及觀王十朋絕句石橋未到神

先到日裏還同夢裏時僧教我名劉道者前身曾寫石橋碑石橋乃天台五百尊羅漢洞口也今世所以聰明所以福德所以不昧本來面目皆前世有以胎之不是大修行僧道便是大有德官員功成行滿道洽政治故有如是滅亦復有如是生彼有靈物託化星辰降誕神道出世爲我等相者應見自性如來豈他人之所能知哉

天堂地獄

人言天堂髙而在上地獄幽而在下疑其勢之相遼絶也據其所見大有不同蓋與人説好事一切依本分眼前便是天堂不必更求之於天上欺筭人物色教唆人公事眼前便是地獄不必更求之於地下爲

善即天堂爲惡即地獄天堂地獄不在乎他而在乎一念之間不可有毫髮差

修外功德内功德

人於利濟通達者力爲之患難困苦者力救之皆如己身之事修此爲外功德也修之勿責人報勿希天佑人若有知天若有靈此理當如何哉人能清心釋累懲忿窒慾修此爲内功德也修之勿期道勝勿希瑞應經若不誣教若不虚此理當如何哉

善惡有報

善惡若無報乾坤必有私此古語也善惡到頭終有報只爭來速與來遲此古詩也或者執其爲善未必福爲惡未必禍之説遂以謂善惡莫執無應妄啓輕福遠禍之心果能無應也耶夫善有善報善人爲善而天或不以善報非無報也蓋未報也惡有惡報惡人爲惡而天或不以惡報非無報也蓋未報也所謂未報者乃其未熟故耳逮夫熟時則其報之也其效如捷胡不觀大藏經云善若無報其善未熟其善熟時必受其福惡若無報其惡未熟其惡熟時必受其苦

偷割牛舌果報

吳少頴在長沙萍鄉作館親見胡屠愛小便宜多見衆人未知之際撬開牛口偷割其舌一日主家市大牯牛復又行盜削一竹刺穿其舌炙其牛奔逸亟呼胡屠襲逐胡恐拋下爲他人所竊急將竹刺咬定拔出其肉以酒嚥下不覺自斷半舌更不能飯強以粥飲

一月作牛吼而死其果報如此

心目相亂

仰面貪看鳥回頭錯應人是心爲眼所亂也忽目馬首見新月錯認蛾眉憶故人是眼爲心所亂也噫眼中有心心中有眼二者無意於相亂而不能不相亂也

責己説

責己不責人君子也責人不責己小人也小人惟知責人而不知責己所以多招外謗蓋嘗自恕也人之子弟或好賭博声色籠養游獵一切玩弄皆自有以誘之故外得以投之費用未千百而生事已二三爲父兄者當痛責其子弟之不肖而箠楚之又懲戒之可也

聲律對偶假借用字

天子居丹扆廷臣獻六箴此省題詩也白髮不愁身外事六幺且聽醉中詞此律詩也二公之所以對者見之於詩無非借數而已周以宗強賦故蒼籙之興起始諸姬而阜康東門種瓜詩青門無外事尺地足生涯二公之所以對者見於賦詩無非借數與噐而已詩史以皇眷對紫宸曲詞以清風對紅雨或以青州從事對烏有先生或以披綿黄雀對通印子魚因朱耶之板蕩致赤子之流離談笑有鴻儒來往無白丁是皆老於文學而見於駢四儷六之間者自然假借使得好不知膾炙幾千萬口也嘗記陳季陸應行先生舉似作賦之法用高皇對小白

詩題用全句對

省題詩考官以古人詩句命題尾字屬平全押在第二韻上不拆破者並用全句對全句曩嘗省試王度日清夷詩許琮以聖圖天廣大爲對並是老杜全句最爲難得曠古以來無此作又如上庠孫應時作奏賦入明光出杜甫壯遊對韓文公齪齪詩排雲叫閶闔亦自難得惜乎非一家詩也若無渾然天成之句不免拆破四柱中使只要穩貼下得好不拘倒置先後更於點化上着工夫亦自可以冠場余嘗欲以杜詩扈聖登黄閣(奉贈嚴八閣老)對亨衢照紫泥(奉贈太常卿)以泥融飛燕子對地僻舞鵾鷄(並絶句)蓋傚許公詩體也又欲以献納紆皇眷(奉贈鮮于京兆二十韻)聯衣冠拜紫宸之句(太歲日詩)蓋傚前輩假對詩格也當有流水高山之遇

戒食菰蕈

夏秋月雜菰蕈皆是惡虫蛇氣結成前後壞人甚多断不可喫尔農民何不勤力種菜四時無鈌何用將性命試此毒物特此勸諭莫招後悔(見王狀元夔府十誡)

螢雪叢說卷之下

蘇黃門龍川畧志引

予自筠徙雷自雷徙循二年之間水陸幾萬里老幼百數十指衣食僅自致也平生家無尤物有書數百卷盡付之他人既之龍川雖僧廬道室法皆不許入裒槖中之餘五十千以易民居大小十間補葺弊漏粗芘風雨北垣有隙地可以毓蔬有井可以灌乃與子遠荷鉏其間既數月韭葱葵芥得雨坌出可菹可芼蕭然無所復事矣然此郡人物衰少無可晤語者有黃氏老官學家也有書不能讀時假其一二將以寓目然老衰昏眩亦莫能久讀乃杜門閉目追思平昔恍然如記所夢雖十得一二而或詳或略蓋亦無足記也遠執筆在傍使書之於紙凡四十事十卷命之龍川略志

蘇黃門龍川略志目錄

蘇黄門龍川略志目録

蘇黄門龍川略志第一

左迪功郎新授撫州宜黄縣主簿主管學事劉

夢中見老子言楊綰好殺高郢嚴震

予幼居鄉閭從子瞻讀書天慶觀治平初在京師夢入三清殿殿上老子像高三二尺狀甚異能與人言問者非一也予亦謁而問焉謂予曰子知楊綰乎曰唐之賢相也子知高郢嚴震乎曰郢文臣震功臣也三人孰賢曰郢震雖賢其不及綰遠矣曰此人皆終尚書僕射然綰不至上壽而郢震皆耆艾乃死子知其說乎曰不知也曰綰好殺生而郢震皆不殺此其所以異也子其志之予夢中固不詳三人之然否也起閱唐書三人官秩壽考皆信獨不見好殺與否耳

燒金方術不可授人

予兄子瞻嘗從事扶風開元寺多古畫而子瞻少好畫往往匹馬入寺循壁終日有二老僧出揖之曰小院在近能一相訪否子瞻欣然從之僧曰貧道平生好藥術有一方能以朱砂化淡金爲精金老僧當傳人而患無可傳者知公可傳故欲一見子瞻曰吾不好此術雖得之將不能爲僧曰此方知而不可爲公若不爲正當傳矣是時陳希亮少卿守扶風平生溺於黄白嘗於此僧求方而僧不與子瞻曰陳卿求而不與吾不求而得何也僧曰貧道非不悅陳卿畏其得方不能不爲耳貧道昔嘗以方授人矣有爲之即死者有遭喪者有失官者故不敢輕以授人即出一

卷書曰此中皆名方其一則化金方也公必不肯輕作但勿輕以授人如陳卿愼勿傳也子瞻許諾歸視其方每淡金一兩視其分數不足一分試以丹砂一錢益之雜諸藥入甘鍋中煆之鎔即傾出金砂俱不耗但其色深淺班班相雜當再烹之色勻乃止後偶見陳卿語及此僧遽應之曰近得其方矣陳卿驚曰君何由得之子瞻具道僧不欲輕傳人之意不以方示之陳固請不已不得已與之陳試之良驗子瞻悔曰某不惜此方惜負此僧耳公愼爲之陳姑應曰諾未幾坐受鄰郡公使酒以贓敗去子瞻疑其以金故深自悔恨後謫居黃州陳公子慥在黃子瞻問曰少卿昔竟嘗爲此法否慥曰吾父既失官至洛陽無以買宅遂大作此然竟病指癰而没乃知僧言誠不妄也後十餘年謫居筠州有蜀僧儀介者師事克文禪師文之所至輒爲修造所費不貲而莫知錢所從來文秘其術問之不以告人介與省聰禪師善密爲聰道其方大類扶風開元僧所傳然介未嘗以一錢私自利故能保其術而無患

養生金丹訣

予治平末泝峽還蜀泊舟仙都山下有道士以陰眞君長生金丹訣石本相示予問之曰子知金丹訣否道士曰不知也然士大夫過此必以問之庶有知之者予佳其意試問以燒煉事對曰養生有內外精氣內也非金石所能堅凝四支百骸外也非精氣所能變化欲事內必調養精氣極而後內丹成內丹成則不能死矣然隱居人間久之或託尸假而去來變化輕舉不可得也蓋四大本外物和合而成非精氣所能易也惟外丹成然後可以點瓦礫化皮骨飛行無礙矣然內丹未成內無交之則服外丹者多死譬積枯草弊絮而寘火其下無不焚者予甚善其說告之曰昔人有服金丹不幸赴井而死既而五臟皆化爲黃金者又有服玉泉死於盛夏而尸不敗壞者皆無內丹以主之也子之說信然哉後十餘歲官於南京張公安道家有一道人陝人也爲公養金丹其法用紫金丹砂費數百千期年乃成公喜告予曰吾藥成可服矣予謂公何以知其藥成也公曰抱朴子言藥既成以手握之如泥出指間者藥眞成也今吾藥如是以是知其成無疑矣予爲公道仙都所聞謂公曰公自知內丹成則此藥可服若猶未也姑俟之若何公笑曰我姑俟之耶

愼勿以刑加道人

予在王公君貺大名幕府嘗有丐者以大扇傷一婦人而盜其首飾於法爲強盜當死予訊之盜曰我乃學道者且善相手魏人多知我我非盜也問之衆人信然然盜狀明白不可諱予言之君貺君貺曰道人勿加以刑使來吾自訊之即曰此風狂人也釋之予退問丐者所從來曰我利州山峽民家子也少病癩父母弃我山中三日哭不絶聲嶺上有一人循微逕

而下頤憐我我告之故曰吾家在谷中汝苟能從我爲我拾薪汲水足矣即起從之因教導引行氣數年癩疾良愈復謂我汝宿業厚當終身勤苦乃免於病此非汝所居出山行乞勿與平人齒若美衣甘食則病復作矣然汝無以免飢寒者誨汝相手可以自養有餘即以與人勿畜也我遊四方久矣未嘗敢違其言也予以告君貺君貺善待之因爲與言吾昔登科謁退傳張公公曰君異日必貴有道人犯法慎勿刑也吾請其故公曰吾少以爲射洪令縣方捕劫盜弓手於山中執一人不知所從來曰此劫者也吾視其人非凶人也命脱械釋之官吏皆爭吾告之曰果劫也吾任其咎其人既得釋乃前問曰公何以知我非劫也吾告之曰吾視汝非劫者耳曰公眞不可得我誠非劫而迹似之然我本學道有師在山後其徒僅十人使我出市藥不幸而執今歸告師三日復出見公矣如期即至曰我師奇公不凡使我召公入山學道吾笑曰吾有官守妻子未暇從汝師其人曰我師固知公未能也有藥在此可日服一丸藥盡我復來見公藥可數合許貯以小合如其言服之藥盡其人復至問藥安在曰服之盡矣其人驚曰此藥有毒他人服之必病今不能病公公眞奇人也今世必享上壽貴極人臣若求白日上昇則來世矣吾曰此未嘗以刑加一道人君貺孰視予曰君亦貴人也勿忘張公之言予應之曰諾後二年予爲戶部侍郎税居張公舊第之西偏見公諸孫道公將薨之歲有道人叩門公見之曰此射洪故人也與之飲終日留藥遺公退如逆旅蟬蜕而去服其藥則射洪所服藥皆下命埋之第中三清堂後沐浴盛服卧帳中使妓奏琵琶移時不止發帳視之公則蜕矣

蘇黃門龍川略志第一

蘇黃門龍川略志第二

醫術論三焦

彭山有隱者通古醫術與世諸醫所用法不同人莫之知單驤從之學盡得其術遂以醫名於世治平中予與驤遇廣都論古今術同異驤既言其略復歎曰古人論五藏六腑其説有謬者而相承不察今欲以告人人誰信者古説左腎其府膀胱右腎命門其府三焦丈夫以藏精女子以繫包以理主之三焦當如膀胱有形質可見而王叔和言三焦有藏無形不亦大謬乎蓋三焦有形如膀胱故可以藏有所繫若其無形尚何以藏繫哉且其所以謂之三焦者何也三焦分布人躰中有上中下之異方人心湛寂慾念不起則精氣散在三焦榮華百骸及其慾念一起心火熾然翕撮三焦精氣入命門之府輸寫而去故號此府爲三焦耳世承叔和之謬而不悟可爲長太息也予甚異其説後爲齊州從事有一舉子徐遁者石守道之壻也少嘗學醫於衞州聞高敏之遺説療病有精思予爲道驤之言遁喜曰齊嘗大飢羣匄相臠割而食有一人皮肉盡而骨脉全者遁以學醫故往觀其五臟見右腎下有脂膜如手大者正與膀胱相對有二白脉自其中出夾脊而上貫腦意此即導引家所謂夾脊雙關者而不悟脂膜如手大者之爲三焦也單君之言與所見懸合可以正古人之謬矣

王江善養生

丐者王江居宛丘喜飲酒醉卧塗潦中不以爲苦嘗大雪或以雪埋之其氣勃然雪輒融液遊於市中常髽角戴花小兒羣聚捽罵之江嬉笑自若往往販鬻餅餌晚不能售輒呼與共食入田舍父老招之食飲醉飽即睡婦女在側江不以自疑人亦信其無他也以此陳人敬愛之至畫其像事以香火劉述古爲西京漕至陳欲見江方入城江當道大罵劉亦不知其江也俾州撻之明日召江愧謝江笑曰罵運使受杖分也亦不謝士大夫知其異百計欲問其術輒佯醉極口罵終莫能問者熙寧中予爲陳學教授屢以酒邀之飲不甚多曰年老氣衰不能劇飲如往日矣大肉硬餅亦皆不食每欲啗輒中止而噎若喉中時有流水者然畏其罵不敢問也一日言及養生事江咈然欲罵予曰予以畏罵久無所問今日語適然耳非欲盜法也且吾欲學道開卷求之雖不盡得亦過半矣顧方溺世故妻孥滿目前雖使呂公來其如我何而況爾耶江笑曰君言是也予因曰吾決不問子術姑告我昔本何人緣何學道而已江曰我本考城人少亦娶妻家不事生業妻父屢譴我至加毆箠一日閉門不納我傍待其門者累日忽發憤弃之而遊少嘗舉學究能誦周易試之不遺一字久之太守陳述古招劒州李昊使作符禁昊爲人大言多誕欲見江江即逃去遂不知所在

趙生挾術而又知道

高安丐者趙生敝衣蓬髮未嘗洗浴好飲酒醉輒毆罵其市人雖有好事者時常與語生亦慢罵斥其過惡故高安之人皆謂之狂人不敢近也然其與人遇雖未相識皆能道其宿疾與其平生善惡以此或曰此誠有道者耶元豐三年予謫居高安時見之於途亦畏其狂不敢問是歲歲暮生來見予予詰之曰生未嘗求人而謁我何也生曰吾意欲見爾既而曰吾知君好道而不得要陽不降陰不昇故肉多而浮面赤而瘡吾將教君挽水以灌溉子斆經旬諸疾可去經歲不怠雖度世可也予用其說信然惟怠不能久故不能極其妙生嘗約予會宿既而不至予問其故曰吾將與君出遊度君不能無驚驚或傷神故不敢予曰生所遊何處曰吾嘗至太山下所見與世說地獄同君若見此歸當不願仕矣予曰何故生曰彼多僧與官吏僧逾分吏囊物故耳予曰生能至彼彼亦知相敬乎生曰不然吾則見彼彼不見吾也譬如鬼耳鬼入人家鬼能見人而人不見鬼也自歎曰此亦邪術非正法也君能自養使氣與性俱全則出入之際不學而能然後爲正也予曰養氣從生說可矣至於養性柰何生不荅一日遽問曰君亦嘗夢乎曰然亦嘗夢先公乎曰然方其夢也亦有存沒憂樂之知乎曰是不可常也生笑曰嘗問我養性今有夢覺之異則性不全矣予矍然異其言自此知生非特挾術亦知道者也生兩目皆翳視物不能明然時能脫翳見瞳子碧色自臍以上骨如龜殼自心已下骨如鋒刃兩骨相值其間不合如指自言生於甲寅今一百二十七年矣家本代州名吉事五臺僧不終弃之遊四方少年無行所爲多不法與揚州蔣君俱學蔣惡之以藥毒其目遂翳然生亦非蔣不循禮撟死無爲也是時予見子瞻謫居黃州求書而往一見喜其樂易留半歲不去及子瞻北歸從之與興國知軍楊繪見而留之生喜禽鳥六畜嘗以一物自隨寢食與之同居興國畜駿爲騾所傷而死繪具棺葬之元祐元年予與子瞻皆召還京師蜀僧法震來見曰震泝江將謁公黃州至雲安酒家見一丐者曰吾姓趙頃在黃州識蘇公爲我謝之予驚問其狀良是時知興國軍朱彥博在坐歸告其父發其葬空無所有惟一杖及兩脛在予聞有道者惡人知之多以惡言穢行自晦然亦不能自揜故德順時見於外予觀趙郤拙忿隘非專自晦者也然其言時有合於道蓋於道無所見則術不能神術雖已至而道未全盡雖能久亦未可以語古之真人也古書尸假之下者留腳一骨生豈假者耶

蘇黃門龍川略志第二

蘇黄門龍川略志第三

與王介甫論青苗鹽法鑄錢利害

熙寧三年予自蜀至京師上書言事　神宗皇帝即日召見延和殿授制置三司條例司檢詳文字時參政王介甫副樞陳暘叔同管條制事二公皆未嘗知予者乆之介甫召予與吕惠卿張端會今私第出一卷書曰此青苗法也君三人閲之有疑以告得詳議之無爲他人所稱也予知此書惠卿所爲其言多害事者即疏其尤甚以示惠卿惠卿面頸皆赤歸即改之予間謁介甫介甫問予可否予曰以錢貸民使出息二分本以援救民之困非爲利也然出納之際吏縁爲姦雖重法不可禁錢入民手雖良民不免非理

之費及其納錢雖富家不免違限如此則鞭箠必用自此恐州縣事不勝繁矣唐劉晏掌國用未嘗有所假貸有尤其靳者晏曰民僥得錢非國之福吏以法責督非民之利使吾雖未嘗假貸而四方豐凶貴賤知之不逾時有賤必糴有貴必糶故自掌利柄以來四方無甚貴甚賤之病又何必貸也晏之所言則漢常平之法矣今此法見在而患不修舉公誠有意於民舉而行之劉晏之功可立俟也介甫曰君言甚長當徐議而行之此後有異論幸相告勿相外也自此逾月不言青苗法會河北轉運判官王廣廉召議事閲條例司所撰諸法皆知其難行而廣廉常上言乞出度牒數十道糴而依關中漕司行青苗事春利秋斂以倖利與惠卿所造略相似即請之以出施河北而青苗法遂行於四方予在條例司王介甫問南鹽利害對曰舊説有三而已其一立鹽綱賞格使官鹽少拌和則私鹽難行其二減官價使私販少利其三增沿江巡檢使私販知所畏若三説並用則鹽利宜稍增然利之所在欲絶私販恐理難也介甫曰不然但法不峻耳對曰今私鹽法至死非不峻也而終不可止將何法以加之介甫曰不然一村百家俱販私鹽而敗者止一二其餘必曰此不善販安有敗此所以販不止也若五家敗則其餘少懼矣十家敗則其餘必戢矣若二十家至三十家敗則不敢販矣人知必敗何故不止此古人所謂鑠金百鎰盜跖不掇也

對曰如此誠不販矣但恐二三十家坐鹽而敗則起爲他變矣一日復問鑄錢對曰唐開通錢最善今難及矣天禧天聖以前錢猶好非今日之比故盜鑄難行然是時官鑄大率無利蓋錢法本以均通有無而不爲利也舊一日鑄八九百耳近歲務多以求利今一日千三四百矣熙寧初止此間後又增二千矣錢日濫惡故盜鑄日多今但稍復舊法漸正矣介甫曰何必鑄錢古人以銅爲器皿精而能久善於瓷漆今河東銅器其價極高若官勾鑄錢而鑄器其利比錢甚厚對曰自古所以禁鑄銅爲器皿者爲害錢法也今若不禁銅器則人爭壞錢爲器矣介甫曰鑄錢不如鑄器之利又安以錢爲對曰人私鑄銅器則官銅

器亦將不售介甫曰是不難勒工名可也不對而退其後銅器行而錢法壞

論榷河朔鹽利害

張端與予同在條例司賜叔門下士也深非介甫論事時對予深言予曰君如此意將何事曰河朔財賦常患窘急然鹽獨未榷今誠[redacted]之利不貲矣予曰予頃在河朔聞鹽本末稍詳河朔地鹻民刮鹻煎鹽不買而足用周世宗嘗榷海鹽共得三十萬緡民犯法者多死極苦之　藝祖征河東還父老進狀乞隨兩稅納錢三十萬緡而罷榷法　藝祖許焉今兩稅外食鹽錢是已是時民於澶州河橋作感聖恩道場父老至今能道之　仁宗朝王君貺爲三司使復議榷法未定君貺去職張安道繼之具本末以奏且曰河朔歲有河隄國信之勞比之諸道爲苦恐不宜復榷鹽以困之　仁宗驚曰朕不知也奈何重困河朔生靈卿爲朕撰數句語朕將親批出使河朔人知此意即批奏牘後曰朕恐河朔軍民斗食貴鹽所請宜不行時賈魏公昌朝留守北京聖語至即刻石於府園騎山樓瓔木亭上及賈公由并守魏而提刑薛向密奏乞行榷法託以他事入議朝廷許之賈公具知其計及其還置酒邀之中食引至騎山瓔木亭相對酒五行無他語向顧見石刻知事已露遂不復議榷事魏人以此深德賈公君奈何復言此論曰我初微聞此不意君知之詳也即不敢措口然元豐閒竟聽議

議遣八使搜訪遺利

陳賜叔雖與介甫共事而意本異所唱不深和之也旣召謝卿材侯叔獻陳知儉王廣廉王子韶程顥盧秉王汝翼等八人欲遣之四方搜訪遺利中外傳笑知所遣必生事以迎合朝廷然莫敢言者予見賜叔賜叔逆問曰君獨來見何也對曰有疑欲問公耳近日召八人者欲遣往諸路不審心旣知利害所在事有名件而使往按寔之耶其亦未知利害所在謾遣出外總捕諸事也賜叔曰君意謂如何對曰昔嘉祐末遣使寬恤諸路事無所措行者各務生事旣還奏例多難行爲天下笑今何以異此賜叔曰吾昔奉勑看詳寬恤等事如范堯夫輩所請皆中理對曰今所遣如堯夫者有幾賜叔又曰所遣果賢將不肯行君無深憂對曰公誠知遣使不便而恃遣者之不行何如賜叔召予及惠卿端於密院曰上即位之初命天下監司具本路利害以聞至今未上今當遣使宜得以議可以一劄子乞催行之惠卿覺非其黨中意不樂譔具草無益也然介甫竟不得賜叔冐中事及朝廷將命相以讓賜叔賜叔旣得位不復肯行條例事三人遂相失天下謂賜叔爲篬相

蘇黃門龍川略志第三

蘇黃門龍川略志第四

許遵議法雖妄而能活人以得福

知潤州許遵嘗爲法官奏讞婦人阿雲謀殺夫不死獄以按問欲舉乞減死舊說鬬殺劫殺鬬與劫爲殺因故按問欲舉可以減謀而殺則謀非因故不可減士大夫皆知遵之妄也時介甫在翰苑本不曉法而好議法乃主遵議自公卿以下爭之皆不能得自是謀殺遂有按問然舊法一問不承後雖犯者自言皆不得爲按問時欲廣其事雖累問不承亦爲按問天下皆厭其說予至齊齊多劫盜而不知法有按問則未有盜而非按問者二人同劫先問其左則按問在左先問其右則按問在右故獄之死生在問之先後而非盜之情又有甚者捕人類多盜之鄰里所欲活者輒先問之則死生又出於用情予見而嘆曰惜哉始議按問者之未究此弊也因以語齊守李誠之誠之亦嘆曰吾儕異日在朝當革此弊予曰雖然遵議則非而要能活人吾議則是而要能殺人予意亦難改之誠之曰信然奈何而可予曰昔劫盜贓三千而死今五千而死矣有常也必欲改是增至七千而死庶幾可耳後十餘年謫居筠州筠守許長卿遵之子也言其兄弟及諸子仕官者十餘人而郎官刺史至數人予復歎曰遵之議妄甚矣而子孫仕者若是其多也一能活人天理固不遺之也哉

張次山因一婢知周高而刺配海島

曲隄周氏以財雄於齊有祕書丞高者尤驕縱不法嘗自京師載妓妾數十人遊杭州其一人以妒害自沉死及還齊其父母邀賄謝不滿意訴之長請令張次山取證左治之亦無他矣會次山之婢本周氏隸也自牖窺之歷指所從來一人本高父妾嘗生一子次山即以長吏舉行之高坐刺配海島而死齊人快之李誠之嘗語及此稱善予曰使我爲長請決不舉也誠之曰何故曰民間如此事不爲少也偶一婢子知之因而發之以爲明彼不知者獨何幸高獨何不幸也事發有端長吏不得已治之可也其發無端自非叛逆不問可也誠之曰此長者之論次山之流固不及

契丹來議和親

予從張安道判南都聞契丹遣氾使求河東界上地宰相王安石謂咫尺地不足惜朝廷方置河北諸將後取之不難及北使至上親臨軒諭之曰此小事即指揮邊吏分畫使者出告人曰上許我矣有司欲與之辨卒莫能得予聞之以問安道安道曰昔慶曆中契丹遣劉六符等來議和親未許燕人有梁濟世爲雄州諜者嘗以詩書教契丹公卿子弟先得其國書本以獻　仁宗性畏慎時呂許公爲相奏曰蕃國求和親漢唐所不免當徐議以荅之者耳无深憂也仁宗深以爲然及六符至殿上讀書如平日無所問六符失色咨嗟出至殿外幄次曰事已漏矣由此有司與之評議無甚難也今兩朝地界犬牙相入本非

朝廷所詳若以實荅之以付邊議定以問邊臣以疆場爲職誰敢不盡力而其可否尚在朝廷事莫便於此何乃面與之決

議賣官麴與榷酒事

眞宗皇帝自亳還過宋御樓宣赦以宋爲南都仍弛其酒禁使民賣官麴十餘家共之更七八十年官課不虧有監麴院官　神宗立監司建議罷賣麴而榷酒時轉運司方苦財賦不足其判官章楶大喜親至南都集官吏議之予曰南都賣麴與建都同一敕今都邑如舊而罷賣麴一不便也昔南都西都皆賣麴近年西都已榷酒矣此轉運司所據以爲例也然西都麴户敗折列狀求罷官不得已而聽今南都麴户

未甞欠官一錢無故罷之二不便也使改法而官獲厚利不顧而行尚可也今八家造酒每家父子兄弟同幹酒事欲分城内與河土爲兩務每務不過監官二人前四人共十二人此酒户減半若較其忠志公私相遠至於官本於所費亦復不少但恐榷酒之利不如賣麴三不便也今不顧三害而決爲之柰何楶不能難但言本司窘迫萬一有利耳議未決而予謫筠州楶遂決成榷法後五年予過南都聞酒課不旋踵而敗又七年予適預議郊赦乃罷酒榷而復賣麴南都人大喜

江東諸縣括民馬

予爲績溪令適有朝旨江南諸郡市廣西戰馬江東素乏馬每縣雖不過十餘匹而諸縣括民馬吏緣爲姦有馬之家爲之騷然予謂縣尉惇愿曰廣西取馬使臣未至事忌太遽徐爲之備可也吾邑孰爲有馬者惇愿曰邑有遞馬簿歲月遠矣然有無之實尚得其半也即取簿封之又曰何從得馬牙人乎曰召猪牙詰之則馬牙出矣果得曾爲人賣馬者辭以不能曰吾不責汝以馬但爲我供文書耳曰諸州符日至縣督責買馬乃以夏稅過期爲名召諸鄉保正副問之曰汝保誰爲有及格馬者相顧辭不知曰保正副不知誰當知者弟勿以有爲無無爲有則免罪矣汝等所具吾將使衆人訴其不實而陳其脱落者不可不實也人知不免皆以實告復諭之曰買馬事止此矣廣西取馬者至郡則馬出若不至則已矣皆再拜曰邑人幸矣然取馬者卒不至

蘇黃門龍川略志第四

蘇黃門龍川略志第五

議定吏額

予爲中書舍人與范子功劉貢父同詳定六曹條例子功領吏部元豐所定吏額主者苟悅羣吏比舊額幾數倍朝廷患之命重加詳定事已再上再卻矣予偶坐局中吏有白中孚者進曰吏額不難定也中孚昔常典其事知弊所起予曰其弊安在中孚曰昔流内銓今侍郎左選也事之最繁莫過於此矣昔銓吏止十數今左選吏至數十事加如舊而用至數倍者昔無重法重禄吏通賕賂則不欲人多以分所入故竭力勤勞而不辭今行重法給重禄賕賂比舊爲少則不忌人多而幸於少事此吏額多少之大情也舊法日生事以難易分七等重者至一分輕者至一釐以下若干分爲一人今誠抽取逐司兩月事定其分數若此舊不加多則吏額多少之限無所逃矣予曰汝言似得之矣即以告屬官皆不應獨李誠之議曰是誠何爲即與之議曰此羣吏身計所係也若以分數爲人數必大有所逐將大至紛愬雖朝廷亦將不能守乃具以白宰執請據實立額竢吏之年滿轉出或事故死亡更不補塡及額而止如此不過十年自當消盡雖稍似稽緩而見在吏知非身患則自安心事乃爲便諸公皆以爲然遂申尚書省乞取諸司兩月生事而又吏人不知朝廷意皆莫肯供再申乞牓諸司使明知所立吏額候他日見闕不補非法行之日徑有減損如此數月之間文字皆足因裁損成書以申三省時左相呂微仲也極喜此事以問三省諸吏皆不能曉有任永壽者本非三省吏也嘗預元豐吏額事以事至三省能言其意微仲悅之即於尚書省吏額房使永壽與堂吏數人典之小人無遠慮而急於功利即背前約以立額日裁損吏員復以私所好惡變易諸吏局次凡近下吏人惡爲上名所壓即撥出上名於他司凡閑慢司分欲入要地者即自寺監撥入省曹凡奏上行下皆微仲專之不復經由三省法出中外紛然微仲既爲臺官所攻稱疾在告而永壽亦恣横贓汙狼籍下開封府推治府官觀望久不肯決至宣仁后以爲言乃以徒罪刺配久之微仲知衆不伏徐使都司再加詳定大率如予前議乃定

放買撲場務欠戶者

予爲戶部侍郎有言買撲場務者人戶自熙寧初至元豐末多者四界少者三界緣有實封投狀添價之法小民爭得務勝不復計較實利自始至末添錢多者至十倍由此破蕩家産傍及保戶陪納不足父子流離深可愍卹乞取累界内酌中一界爲額除元額已足外其元額雖未足而於酌中額得足者並與釋放唯未足者依舊催理候及酌中額而止予善其說奏乞施行天下欠戶蒙賜者不可勝數或號以諫官呂陶所請

不聽祕法能以鐵爲銅者

有商人自言於户部有秘法能以膽礬點鐵爲銅者，予召而詰之曰法所禁而汝能之誠秘法也今若試之於官則所爲必廣汝一人而不能自了必使他人助汝則人人知之非復秘也昔之所禁今將遍行天下且吾掌朝廷大計而首以行濫亂法吾不爲也其人跼俛而出即詣都省言之諸公惑之令試斬馬刀所後竟不成

王子淵爲轉運以賤價收私販乳香

熙寧中王子淵爲京東轉運判官知密州海舶多私販乳香即明召舶客入官中以賤價收之自以爲奇言於朝廷中書户房檢正官向宗儒得之喜曰此法所禁子淵爲監司知人犯法不能禁而出錢買之此罪人也子淵既得罪香皆没官一時以爲奇策元祐初販香者訴之朝廷令户部支還七分錢議者以爲過猶不及也有傳永亮者自言嘗入香於官今二券具在然皆非其本名詰其故曰皆家人耳問其所在及其親屬之在亡皆曰亡之予笑曰安知此非姦人乎尚書李常郎中趙偁皆曰此大商家業數萬緡安得爲姦乎予曰爲姦不問貧富此事蓋有三說而已永亮實曾入香今無以自明一也得闌遺文書以欺官二也殺此二人而得其書三也三說皆不可知而妄以錢與之本部吏必大有所受不可李趙皆曰永亮泉人可符下實其家財予曰永亮之可疑非爲貧也二人固爭之予不得已從之及泉申部家財止百餘千予笑曰今當如何二人猶執欲予會韓師朴爲户部乃止然永亮竟訴都省都省與之時予已去户部矣

辨人告户絶事

廣州商有投於户部者曰蕃商辛押陁羅者居廣州數十年矣家貲數百萬緡本獲一童奴過海遂養爲子陁羅近歲還蕃爲其國主所誅所養子遂主其家今有二人在京師各持數千緡皆養子所遣也　此於法爲户絶謹以告李公擇既而爲留狀而適在告郎官謂予曰陁羅家貲如此不可失也予呼而訊之曰陁羅死蕃國爲有報來廣州耶曰否傳聞耳陁羅養子所生父母所養父母有在者耶曰無有也法告户絶必於本州縣汝何故告於户部曰户部於財賦無所不治曰此三項皆違法汝姑伏此三不當吾貸汝其人未服告之曰汝不服可出詣御史臺尚書省訴之其人乃伏并召養子所遣二人謂之曰此本不預汝事所以召汝者恐人妄揺撼汝耳亦責狀遣之然郎中終以爲疑予曉之曰彼所告者皆法所許其所以不訴於廣州而訴於户部者自知難行欲假户部之重以動州縣耳郎中乃已

言水陸運米難易

元祐三年春關中水旱提刑司依法賑民不以聞朝廷呂微仲陝人憂之過甚有吴革者自白波輦運罷還欲求堂除因議水陸運米以濟關中之飢朝廷下

戶部且使革領其事革言陸運以車營務車駝坊駝騾運至陝水運以東南綱船般至洛口以白波綱船自洛口般入黃河華見予於戶部予謂之曰吾已謂君呼車營務駝坊職掌人矣君姑坐待之既至問之車營務無車駝坊無駞騾予曰此可以賀君矣若有車與駞騾君將若之何革曰何故曰陸運至難君不過欲多差小使臣軍大將謹其囊封耳車營務駝坊兵級多過犯配剌到既行必多作緣故使前後斷絕監者力不能及所至盜食且賣若不幸遇雨則化爲泥土君皆莫如之何也革無語復謂之曰至如水運亦且不易汴河自京城西門至洛口水極淺東南綱船底深不可行且方春綱先至者皆趂酬獎得力綱輟令曲去人情必大不樂及至洛口倉廩踈漏專斗不具雖卸納亦不如法白波綱運昔但聞有竹木不聞有糧食此天下之至險不可輕易吾已付輦過司令具可否矣然君難自言吾當見諸公議之及見微仲微仲業已爲之不肯盡罷予爲刷汴岸淺底船量載米以往未幾予罷戶部聞所運米中路留滯雖有至洛口散失敗壞不可訖

蘇黃門龍川略志第五

蘇黃門龍川略志第六

享祀明堂禮畢更不受賀

元祐四年上再享明堂三省以章獻皇后故事將俟禮畢百官班賀於會慶殿其儀注取旨太皇太后宣喻曰天聖中誠有此儀然以吾菲薄何敢事依先后之舊況祀事既成　皇帝賀於禁中百官皆賀於東門足矣復安用此爲羣臣稱歎以爲不可請及降手詔明示中外轍時在翰林請至都堂宣聖旨撰詔曰皇帝臨御海內晏然五經季秋再講宗祀克有君德以享天心顧吾何功獲被斯福今有司因天聖之故事修會慶之盛禮將俾文武稱賀於庭吾自臨決萬機日懷　祗畏豈以菲薄之德自比章獻之明矧復皇帝致賀于禁中羣臣奉表於閤左禮文既具夫又何求前朝舊儀吾不敢受將來明堂禮畢更不受賀百官並內東門拜表故茲詔示想宜知悉

戚里僕隸不得改官

高氏之隸有安靜者嘗得三班借職舊法戚里僕隸雖有官不得改安靜援曹氏例乞改官三省進呈欲許之太后曰當如何對曰舊例可與太皇太后曰此非例也對曰此非例而何曰昔　神宗臨御以慈聖故特爲彼人改官則孝慈之意也今吾在此而爲家僕改官其義安在依法而已衆皆服稱善轍退書之時政記

皇后外家皆當推恩

上納后禮畢三省具景祐元年十二月慈聖入宮故事和劉從廣楊景宗改官移鎮故事今高氏向氏朱氏皆合以故事加恩太皇太后曰吾輩人家所患官高不患官小罷之可也對曰本不謂官小當遷朝廷舊典不可闕耳太皇太后曰昔章獻垂簾郭后受策初無此例景宗等恩命蓋章后受尊號未久族人未有官高者　仁宗欲優其家故耳非垂簾之比也對曰太皇太后雖以高氏故欲深自抑畏其如故事何太皇太后曰外家恩澤方欲裁損又可增長乎對曰此盛德之事敢不奉詔當備錄付史官耳先是內降聖旨皇城使帶御器械朱伯材加遥郡刺史三省奏皇帝納后不遠舊例兩官及太妃閤皆當推恩親族今若先推恩伯材恐成重復乞且留俟詔可至是宣諭納后既不加恩外家今溫國長公主將下嫁舊例毋當進秩而太妃名位已隆無可復加可推與朱伯材對曰如此雖獨加恩伯材有名矣請俟溫國下嫁日施行三省又具內殿崇班孟固三班奉職孟陞右宣德郎孟昌齡榮陽縣尉董桓皆以皇后親乞赴闕朝賀今納后禮畢恐當擇其親近依景祐元年曹傳曹祐例轉官太皇太后曰見有親弟一人係白身須推恩對曰董桓亦係皇后姊夫太皇太后曰昔魯王亦慈聖光獻姊夫未嘗推恩對曰甚善皇后諸親將來年例恩典自可漸及也

李湜復議罷蒔竹

朝廷先使唐義問處置渠陽兵將敗亡僅乃廢之後使謝麟廢蒔竹麟以謂楊氏蟠據湖南北溪洞部族相連接湖北先廢渠陽湖南蠻知蒔竹必廢謀之已久今欲急行廢罷恐難以成功請稍遷延歲月以俟其便諸公疑其立異即罷麟潭州以李湜代之湜至議罷蒔竹復如麟說諸公相視而怒時予初爲尚書右丞謂諸公曰蒔竹之議經帥臣二人矣而所言如一胡不姑用其言若數月之間其功不成責之未晚也諸公色解乃從其請未幾湜誘說蠻酋楊光潛使親帥部族裹送蒔竹兵民器械還漢奏至許之仍以蒔竹見糧分賜蠻中飢人凡蒔竹畜聚皆安然而至不遺一矢不殺一人蓋麟之議本不爲過也

西夏請和議定地界

元祐初西邊諸將守朝廷約束不敢妄行侵掠夏人雖時遣信使然初不言疆埸之事朝廷深悉其意蓋欲疆議發自朝廷得以爲重故亦忍而不問二年夏人始遣使來賀登極歸未出境復遣使求和請地朝廷始降詔許之然約先議定地界然後付以歲賜久之議不能決三年春夏人多保忠以兵數萬壓涇原殺掠弓箭手數千人而去朝廷既隱不問又遣劉仲馮往賜策命夏人受禮倨慢以地界爲詞不復遣使入謝仍再以兵犯涇原四年乃復遣使來賀坤成且議地界朝廷急於懷柔即指揮不候分畫地界先以歲賜與之尋覺其非即於地界之議多方艱難不守

已定之約而熙河將佐范育种誼等復違背前約侵築堡寨屢以數致寇予自爲諫官及任中憲隨事獻言或蒙施行或不納用今不復載 事具奏議 五年備位政府明年六月熙州奏西人十萬騎壓通遠軍境上挑掘所爭崖巉殺人三日而退仍乞因其退軍未能復出之際移近裏堡寨於界上修築乘利而往不須復守誠信諸公會議都堂予問之呂微仲曰相公須先定議方今是欲用兵是不欲用兵然後議此事微仲曰如合用兵亦不得不用予曰凡欲用兵先論道理曲直我若小有不直則兵決不當用頃朝廷與西人商議地界此理最爲簡直欲用慶曆舊例以漢蕃見住處當中爲界西人不從朝廷亦便不報蓋朝廷從來失在先易後難此則先易之也後來既許用綏州例以二十里爲界十里爲堡鋪十里爲草地要約纔定朝廷又要兩寨中間侵係蕃地一抹取直西人黽俛是從要約未定朝廷又要蕃界更留草地十里通前三十里西人亦又相許凡此皆後難之實也後來朝廷又欲於定西城與隴諾堡相望一抹取直所侵西人地百數十里此則不直致寇之大者也且元約於非所賜城寨依綏州例立界仍言非所賜城寨係延州寨門義合石州吳堡蘭州諸城寨通遠軍定西城即不言秦州隴諾堡係祖宗舊疆豈得名爲非所賜城寨耶以此之故今執政太半知其不直而況於西人乎今雖欲不顧曲直一面用兵不知 二

聖肯未從來大言斷送朝廷用兵不過范育姚雄狂生一二人耳今西人壓境姚雄引兵於榆木坌中藏避不出王文郁引三萬於通遠軍閉城三日雖强弱衆寡不敵然亦足見此輩非如古人能以少擊衆可恃以制敵者也而朝廷信其妄言輕結邊釁難矣劉莘老曰持不用兵之説雖美然事有須用兵者亦不可固執予曰相公必欲用兵須道理十分全敵人横來相尋勢不得已然後可也今吾不直如此萬一兵起之後兵連禍結殺人費財三五年不得休奈何諸公乃許不行熙河之計然予欲詰其妄作終不肯明日面奏之轍曰西人引兵十萬壓熙河境上並不他處作過專於所爭處殺人掘崖巉其意可見非西人之罪皆朝廷指揮不直之故微仲曰朝廷指揮亦不至大段不直轍曰熙河帥臣輒敢生事奏乞不守誠信乘西人抽兵之際移築堡寨臣以爲方今堡寨雖或可築不知秋深馬肥西人能復引大兵來爭此否如此兵連禍結必從此始諸人皆曰今來朝廷已是不許轍曰幸而朝廷知其非而不許若不加詰責帥臣必自以爲是生事不已或復再有陳乞諸人曰俟其再乞詰責未晚太皇太后曰亦聞多緣引惹致寇且與約束轍曰領聖旨於今來文字添入約束語行下然諸人猶曲加保庇但添顯屬生事一句而已然蘭州六月巳遣人深入西界以遠探爲名殺十餘人予曰邊臣貪功生事不足示威但足以敗壞疆議理

須戒約不聽七月又以河灘打草遣兵防護爲名殺六七人生擒九人微仲覺其不便欲送還生口予力賛之乃具奏其事轍曰邊臣貪冒小勝不顧朝廷大計極害事今送還九人甚善然邊臣須當戒敕微仲曰近日延安將李儀等深入陷没已責降一行人足以爲戒轍曰李儀深入以敗事被責蘭州深入得功若不戒敕將謂朝廷責其敗事而喜其得功也太皇太后曰然便與戒敕乃行下然七年西人竟大入河東朝廷乃議絶歲賜禁和市使沿邊諸路爲淺攻之計仍令熙河進築定遠城西人不能爭未幾復大入環慶朝廷復議令熙河進築汝遮衆議皆允獨中書侍郎范子功立異議詰之無説予度其意趙卨昔作延安議疆事欲以綏州二十里爲例熙河指其不便議久不決而卨死子功與趙卨姻家仲馮分廳行且告之曰公才地界之議欲依綏州於延安則可他路遠者或至七八十里槩以二十里可乎雖然此非特公才之失朝廷亦自不審耳方今共論國事親舊得失不宜置胷中也韓劉撫掌稱善子功悻然不可會西人乞和議遂不成既而蘇子容以事罷相子功以同省待罪因遂其請似以汝遮故也

蘇黄門龍川略志第六

蘇黄門龍川略志第七

議修河決

元豐中河决大吳　先帝知不可復還故道因導之北流水性已順惟河道未深隄防未立歲有決溢之患本非深患也元祐初朝廷未能究悉河事文潞公爲太師平章事爲重臣微仲安厚卿從而和之始謂河行西流入泊泛久必游淺異日或從北界北入海則河朔無以禦狄故三人力主回河之計諸公皆莫能奪呂晦叔時爲中書相予爲舍人謂晦叔曰聞方欲回河公自視勇智孰與　先帝勢力隆重能鼓舞天下孰與　先帝晦叔曰何敢擬也曰河決而北自先帝不能回而諸公欲回之是自謂勇智勢力過先帝也且河決自元豐導之北流亦自元豐是非得失今日無所預諸公不因其舊而條其未備乃欲取而回之其爲力也難而爲責也重矣晦叔唯唯曰當與諸公籌之然自是回河之議紛然而起予自爲户部而論之至於中司章凡十餘年上中間晦叔爲司空病愈予間見之不復言河事晦叔自言曰河事終當與諸公講之尚可上也未幾公病不起竟莫之救予爲中司日最後言河上三事其一乞存東岸清豐口其二乞存西岸披灘水出去處其三乞除去西岸激水鋸牙朝廷以付河北監司及爲尚書右丞河北監司從二事惟鋸牙不可去予於殿廬中謂微仲鋸牙終當如何微仲曰若無鋸牙水則不東水若不東

北流必有患予曰分水雖善其如北京百萬生靈每歲夏秋常有決溺之憂何且分水東入故道見今故道雖中間通流兩邊淤合者多矣分水之利亦自不復能久莘老曰今歲歲開撩正爲此矣予曰淤却一丈開得三尺何益於漲水過後盡力修完北流隄防今能勝任漲水撤去鋸牙免北京甚急之患此實利也莘老曰河北監司皆不如此言爲之柰何予曰外官觀望故爾何以言之張邃明雖言鋸牙常存而乞大修北京簽橫隄所費不訾則準備鋸牙激水之患耳微仲曰河事至大難以臆斷予曰彼此皆非目前見則須以公議言之也及至　上前二相皆以分水爲便某且奏上件語　太皇太后曰右丞只要更商量爾轍曰朝廷若欲愼重乞候漲水過見得故道轉更淤高即併力修完北隄然後撤去鋸牙如此由且稍便既至都堂二相令批　聖旨並依都水監所定予謂堂吏適已奏知俟漲水過則別行相度莘老大不悅微仲知不直意稍緩明日改批不得添展而已至八年正月中進呈臺官言河事十章李之純董敦逸黃慶基乞回河東流揚畏乞差官相視又都水吳安持乞於北流作土堰閘定河流以免淤塡時微仲在告子容以下皆言商量未定轍奏曰河事至大議論久不決須至具奏本末昔　先帝自河決導之北流已得水性隄防未立每歲不免決溢此本黃河常事只爲數年朝廷要回河故王孝先吳安持等橫生河事昔者北京已南黃河西岸有闕村樊村等三斗門遇河水泛溢即用開此三門分水北行於無人之地至北京北却入合大河故北京生聚無大危急只自建議回河先塞此三門築西隄又作鋸牙馬頭約水向東直過北京之上故連年告急東流既久故今之東流遂多於往歲見今大臣力主分流之說然分流有利害何者每秋水泛漲分入兩流一時之間稍免決溢此分水之利也河水重濁緩則生淤既分爲二不得不緩故今日北流淤塞此分水之害也然將來漲水之後河流向東向北蓋未可知臣等昨於都堂問吳安持亦言去年河水自東今年安知河水不自北　太皇太后笑曰水官尚如此言他人又安敢保轍又奏臣今但欲徐觀夏秋河勢所向水若東流不塞自當淤斷水若北流則北河如舊自可容納似此占穩而行方是朝廷處置若要行嶮徼倖萬一成功此則水官之意臣不敢從乞令安持等結罪保明河流所向及土堰既成有無塡塞河道致將來之患然後遣使按行具可否利害　太皇太后笑曰若令結罪須道執政恐持他他水官由不能保河之東北時暫遣使又安能知且可重別商量轍曰臣迫於異同之論故乞遣官出自聖斷只朝廷商量亦可　太皇太后曰縱令結罪事敗然後施行何補於事臣曰誠如　聖旨昔條六塔河責李仲昌狀其後敗事隨加責降此昔富弼等之失今不足復用時微仲在

告二月方出予具述上件所奏微仲口雖不伏而意甚屈即日軟堰且令具功料申朝廷更行相度予曰如此終未得了當然亦且可初八日予在式假不預進呈三省得旨批云依都水監所奏候下手日具功料取指揮予謂非商量本意即入劄子論其不可至十二日入對奏曰臣近論河事今日吕大防不入不敢進呈然自去年十一月後來至今百日間耳水官凡四次妄造事端摇撼朝廷容臣一一數奏第一次安持十一月出行河先有狀乞一面措置河事臣記得舊有朝旨馬頭不得增損知安持意在添進馬頭即商量行下除兩河門外許一面措置安持姦意既不行第二次乞於東流北添進五七埽纏臣又知安持意欲得此指揮恩而多進埽纏約今北流入東即商量指揮令轉運司進埽纏不得過所乞數安持姦意復露第三次即乞留河門百五十步臣又知安持意在回河改進兩馬頭之名爲留河門以欺朝廷即又商量不行其言安持知説又用第四次即乞作軟堰大抵安持四次擘畫只是一箇回河意度朝廷必以其言爲是前來三次因何不行至今不見患害未後一次顯是不消行遣兼臣已令中書工房問水官兩事其一勘會北流元祐二年河門元闊幾里水面闊幾里逐年開排直至去年只闊三百二十步有何緣故其二勘會東流河門見今闊幾步每年漲水東出水面南北闊幾里南面有無隄岸北京順水隄不没者幾尺今來北流若果淤斷將來漲水東行係合併北流多少分數有無包畜不盡今來理合候取到上件二事方可予奪若不候此文字即便施行實大草草　太皇太后皆以爲然二十四日同微仲等進呈微仲曰蘇轍所議河事今來軟堰已不可作别無可施行蘇轍曰軟堰本自不可作然臣本論水官百日之間四次妄造事端動摇朝聽若今依舊供職病根不去今後準前妄作萬一朝廷照管不到行其所言河朔生靈被害不小蘇轍所乞差官按實是非明示賞罰此言極當乞依此施行大抵安持小人不可信用微仲曰水官弄泥弄水别用好人不得所以且用安持轍曰水稍落不能東行却射西岸打破張包吕外地勢卑下水勢猛惡見與東流皆通行河難遥度恐須令逐司共議乃得其實　上曰此事不小當使衆人議之方施行二十八日奏事罷　上特宣諭曰黄河利害非小事也可遣兩制以上二人按行相度堯夫等皆曰河上夫役將起方議遣官恐稽留役事轍曰臣去年嘗乞遣官按視得　太皇太后以謂水官久在河上由不能保河之東西今驟遣人恐亦難決　上曰此非細事但使議論得實雖遲一年亦何損堯夫等唯唯退差中書舍人吕希純殿中侍御史井亮采往二人歸極以北流爲便方施行劉仲馮援舊例乞密院預河議仲馮本文潞公呉仲卿門下士也所言紛然吕井之議遂格而轍以罪出其後六

年閒河遂復故道而元符元年秋河又東決浸陽穀河勢要不改舊而人事不可知耳明年河遂北流

蘇黃門龍川略志第七

蘇黃門龍川略志第八

陝西糧草般運告竭可撥內藏繼之

商賈入東南末鹽錢舊法屬榷貨務以應副河北見錢鈔熈寧以來諸路苗役坊場寬剩錢舊止在本路封樁非上供數元祐初苗役既罷寬剩錢所在山積諸公擘畫計綱般入京師特置元豐庫收管以應副陝西糧草元豐大抵以此錢爲根本其他蓋微末矣議者以謂左藏之外特置此庫與唐瓊林大盈何異後世啓人主侈心非良策也此庫時隸尚書予爲右丞有三老吏稍諳事呼問之曰末鹽錢其源無窮然辨河北軍糧所餘無幾矣所以應副陝西者賴苗役封樁錢耳此錢今雖尚多然十年後般運告竭柰陝西何二吏曰未嘗議及此請徐思之久之乃告曰此錢用盡則無繼矣然陝西糧草舊三司亦不能供蓋恃內藏庫時有撥賜耳予曰我所聞正如此乃與微仲議之微仲愕然蓋初不慮此也予曰內藏不撥賜久矣紬絹絲綿至積久損爛出賣每疋二三百者由此故也若今不講後難復矣微仲以元豐蓄聚爲己功不樂予說然以相拒乃因陝西闕乏乞撥一百萬貫朝廷應副其半及宣仁山陵事起舊例內藏撥二百萬貫微仲曰不必請之內藏只元豐可了予曰雖然不若循例而愛惜元豐不得已見從

議罷陝西鑄錢欲以內藏絲紬等折充漕司

陝西歲鑄錢折二錢二百萬貫用本一百萬貫鐵賤

銅貴而與銅錢並行又重而難徙由此陝西幣輕物重商販沿邊者回無以爲貨非換鹽鈔則負銅錢以出故銅錢日少鐵錢日多官吏卒伍月得料錢每一千當六百而已而入中邊糧及販賣絲絹者率要重價户部一造飛鈔以給邊郡邊郡以給商賈持入元豐庫請錢尤爲私便是時四方商賈不行惟陝西道路如織微仲陝人意尤主之議者言陝西舊不鑄錢而内藏庫歲以紬絲賜陝西漕西邊苦寒得之易售而今皆不行故陝西尤用元祐七年劉忱張景先以漕事同至京師見予於東府予問之曰聞鐵錢甚爲漕司之患今欲罷鑄一百萬貫漕司既收鑄本五十萬貫矣其餘五十萬貫以内藏紬絲綿止據元價折

充漕司自以人般運於邊郡依時價出賣以收軍糧於君便否景先起謝曰本司之幸也忱觀望而不荅然竟議不合而止

兩浙米貴欲以密院出軍闕額米先借

元祐六年兩浙大旱米價湧貴上供米百萬斛無所從得官不罷糴則米價益貴糴錢不出則民間錢荒其病尤甚憂之無以爲計予偶上殿廬中謂知樞密院韓師朴曰浙中米貴欲於密院出軍闕額米中借百萬斛如何師朴曰安敢借曰米陳不免賤賣今欲逐時先借而令浙中以上供價四貫銀折還豈不兩便師朴曰如是無不可遂奏行之是歲浙中依常歲得錢而米不出故米雖貴不至甚

天子親祀天地當用合祭之禮

三代舊禮一歲九祭天再祭地皆天子親之故所祀神祇逐祭名異而一歲皆遍自漢以來每歲親祀天地或合或別已不可常矣至唐開元中始定每歲常祀皆有司攝事一如三代舊典惟三歲天子親郊則於南郊合祭天地及從饗百神國朝因之凡冬至圓丘孟春祈穀孟夏雩祀季秋明堂大慶恭謝凡 皇帝親祀皆用合祭之禮蓋每歲常祀與三年親郊禮全異行宜不可復合其來舊矣至元豐末 神宗親祀圓丘罷皇地祇及從祀百神議者疑焉及元祐改元上將親饗明堂轍時爲右司諫奏乞依皇祐明堂神位諸公皆牽於古學不達時變奏入不省及七年

上將親祀圓丘予與諸公面講前議多以合祭爲允惟呂微仲本好古學鐫喻久之乃聽范子功横議意謂天子之事天地如家人之養父母雖不可廢一不養要不可同養於聽事耳予應之曰父母不可同養於聽事此禮之微文也三年祀而地不得預此則廢一養禮之大闕也爭之終不能合及議於上前轍奏曰合祭別祭各有所據若非朝廷酌量事體輕重大小斷自聖意臣恐無由了當竊見熙寧十年 神宗皇帝親祀南郊祭合天地至今已十五年 皇帝即位又已八年人主並未常親見地祇臣謂此乃朝廷大闕典不可不正也議由未決他日復於上前議之轍奏曰周禮一歲遍祀天地皆人主親行故郊丘有

南北禮樂有■同異自漢已來禮文日盛費用日廣
事與古異故一歲遍祀不可復行唐明皇天寶初始
定三歲一親郊於致齋之日先享太清宮次享太廟
然後合祀天地從祀百神所以然者蓋謂三年一次
大禮若又不遍則又於人情有所不安故也此近世
變禮非復三代之舊而議者欲以三代遺文雜亂其
間亦失之矣今別祭之議有欲常郊之歲　皇帝先
以夏至親祀北郊者有欲稽夏至之祀行於十月者
有欲三年祀天三年祀地者然夏至暑雨方作以行
大禮勢必不可夏至之禮行於孟冬其爲非周禮與
冬至無異而數月之間再舉大事力何以堪若天地
之祀互用三年則天地均爲六年乃獲一祭而以地
廢天以卑畧尊尤爲不順此皆朝廷之大體今范百
禄之言皆禮文末節耳恐難以施行吕大防曰范百
禄之言皆合周禮臣等亦知之但事不可行耳太皇
太后宣諭曰卿等非不知此蓋事有礙也議尚未決
他日將決於上前行至崇政殿門微仲驟謂予曰今
廢三代舊典而行開元故事可乎予曰今捨三代而
從漢唐者非止一事矣天子七廟今乃一廟九室廟
祀一帝一后今諸后並配事各適時豈必三代微仲
乃伏對太皇太后以衆議爲允於是始復合祭

蘇黄門龍川略志第八

蘇黄門龍川略志第九

董敦逸黄慶基言事不實並出知軍州

監察御史董敦逸言臣轍不公事黄慶基言臣兄軾
毁謗　先朝事三省進呈微仲奏曰敦逸四狀言蘇
轍多不應實三省同簽文字皆以爲某之罪慶基三
狀言禮部侍郎蘇軾任中書舍人日所撰李之純等
六人告文涉譏　先帝其間陸師告一道係范百禄
詞非軾所撰然臣竊觀　先帝聖意本欲富國強兵
以鞭撻四夷而一時羣臣將順大過故事或失當及
太皇太后與　皇帝臨御因民所欲隨事救民蓋理
然耳昔漢武好用兵重斂傷民昭帝嗣位博采衆議
多行寢罷明帝好察多興慘獄章帝承之以寛厚當
時天下悦服並未有以爲謗毁　先帝者至如本朝
眞宗即位弛放逋欠以厚民財　仁宗即位罷修宫
觀以息民力凡此皆因時施宜以補助　先朝闕政
亦未聞當時士大夫有以爲毁謗　先朝者近自元
祐以來言事官凡有彈擊多以毁謗　先朝爲詞非
惟中傷士人兼亦揺動朝廷意極不善若不禁止久
遠不便臣轍奏曰臣昨日取兄軾所撰吕惠卿告觀
之其言及　先帝者有曰始以帝堯之仁姑試伯鯀終
然孔子之聖不信宰予兄軾亦豈是譏毁　先帝者
耶然臣聞　先帝末年亦自深悔已行之事但未暇
改耳元祐初改正乃是追述　先帝美而已　太皇
太后曰先帝追悔往事至於泣下當時大臣數人其

閶極有不善不肯諫止微仲曰閶永洛敗後　先帝
常曰兩府大臣略無一人能相勸諫然則一時過舉
非　先帝本意明矣　太皇太后曰此事　皇帝宜
深知之微仲曰　皇帝聖明必能照察此事於是得
旨敦逸慶基並知軍事差遣
　議除張茂則換內侍舊人
元祐八年十月末　上遣張茂則傳宣非久替換內
中舊人却於轉出大使臣內抽取數人令寄資充內
中差遣轍曰　上左右須得是當人乃可況　上初
聽政中外觀望舉動不可不慎又　太皇太后在日
至公無私人情不免憎愛所用人尤宜慎擇留伏事
祖宗歲久今此用人宜　上選擇茂則唯唯而去十

一月二日崇政殿門幕次密院出劉瑗以下十人姓
名並換入內供奉官倉卒不審但將有過犯馮景等
二人先持服劉瑗李愨二人不行外抽取六人既退
講議乃知祖宗無抽取寄資例至初四日見　上論
之轍奏曰　陛下方親政中外賢士大夫未曾進用
而推恩先於近習外議深以爲非臣等淺陋前日失
不開陳今已無及　陛下今後慎之而已至十日密
院後出內批以劉惟簡隨龍權入內押班梁從政吳
靖方　先帝隨龍除從政內侍省都知靖方帶御器
械十一日垂拱殿幕次商量本欲伸前議以非初政
所宜方進呈未及開陳微仲卷起文字曰依已得
聖旨衆愕然而退十一日中書舍人呂希純封還詞

頭十二日中堂會議微仲曰先取六人　祖宗無例
密院倉卒將上失不理會予曰吾輩亦自失之不可
推過密院堯夫曰侍郎言是也微仲曰宰執論事當
據條例六人無例可以追改惟簡等三人皆有近例
不可論也予曰追論六人而僉三人似畏強凌弱不
如并論而罷之堯夫助微仲曰惟六人可論韓師朴
繼至亦言此三人有例無可言者劉仲馮曰只論三
人可也諸公若能協力何事不濟予曰相公欲并論
六人亦無不可使六人雖去而三人不罷呂舍人何
緣肯止縱改差姚舍人恥不若人亦須封還則益張
皇愚謂不若并論縱不盡從徐更籌之但吾儕一心
上前無一可一否之論即善矣微仲曰來日見

上若未從即奏疏再見詳議可也予稱善十四日進
呈希純狀　上曰只爲禁中闕人兼有近例微仲曰
雖知此衆議頗有未安師朴曰此與馮宗道梁惟簡
例正相似轍曰此事非謂無例蓋謂親政之初中外
拭目以觀　聖德首先擢用內臣故衆心驚疑耳然
臣等前者不能仰回聖意致使宣布於外以致有司
封駁此皆臣等罪也仲馮曰雖有近例外人不可戶
曉但以率施行爲非耳微仲曰致令人言浼瀆
聖聽以實臣罪今若不從不言其餘舍人亦未必肯
奉行轉益滋章於體不便況人君以納諫爲明若屈
己從衆於聖聽愈光臣聞　太祖一日退朝有不悅
之色左右覺而問之　太祖曰適對臣僚指揮事有

失當至此悔之由此觀之人君以無失爲明以能悔改之爲善耳上釋然曰除命且留俟祔廟取旨也轍又奏曰臣竊聞 仁宗聽政之初卽下手詔凡內批轉官或與差遣並未得施行仰中書樞密院審取處分史記之是時上方親閱庶政中外聞之人情大悅正與今日事相類矣 陛下誠以 仁宗爲法天下之幸

議奏薦門客

舊例制母后之家十年一奏門客元祐九年 皇太后之兄朱伯材以門客奏徐州富人竇氏舊未有法范堯夫無以裁之一日日中請予至都堂與李邦直議之予曰 上始親政 皇太后閤下事自當遍議

之車服儀制一也月給二也奏薦三也今車服儀制已付禮部矣 皇太后月給尚書已奏乞依 太皇太后矣皇后妃宜付戶部議定至於奏薦亦當量有所予亦付吏部可也凡事付有司必以法裁處朝廷又酌其可否而後施行於禮爲便明日奏之 上曰月給留俟內中批出奏薦 皇太后家減二年皇太妃十年議已定邦直獨奏曰此可爲後法今姑與之可也上從之他日殿廬中邦直言 仁宗朝殿前指揮使李璋違法有所陳乞 仁宗重違之張杲卿時在密院固執久之乃從又以璋亂法乞加罪責 仁宗黽俛許之韓魏公同在殿上歸而嗟嘆以爲不可及予曰此事他人不知邦直魏公之壻乃得知之

雖然非知之難蹈之實難坐中皆哂而邦直安然無愧容

議賑濟相滑等州流民

九年二月初司農卿王孝先言賑濟之餘軍糧匱竭又送伴北使張元方等還言相滑等州飢民衆多倉廩空虛予見范堯夫鄭公肅議曰此事不可不令 上知二人皆不欲曰侍郎何以爲計却恐 上聞及予曰雖未知所出然當令上知之昔 眞宗初卽位李沆作相每以四方水旱盜賊聞奏參知政事王旦謂沆曰今天下幸無事不宜以細事撓 上聽沆曰上少當令常聞四方艱難不爾侈心一生無如之何吾老不及見此參政異日憂也堯夫曰善劉仲馮

曰誠宜先白若 上先言及不便旣 堯夫先奏近日張元方自河朔來言流民甚衆轍曰元方言見相州見養流民四萬餘人通利軍一萬餘人滑州三千餘然軍中月糧止支一斗其餘盡令坐倉蓋廩已空矣恐別生事上曰爲之奈何轍曰滑州已支山陵餘糧萬石與之可以支持一兩月耳兼京東賑濟司準備糧食太多提刑司又太多已令安撫轉運司再相度去訖須俟見得去着更議應副又京城賑濟應副備至然省倉軍糧只有二年五箇月備臣曾令王孝先具的實數劄子在此 上曰何其寡備至此轍曰此非一日之故蓋累年官賣米太多去年臣曾與呂大防商量限市價九十以上乃賣今爲飢饉只賣六

十蓋不得已也熙寧初臣在條例司竊見是時有九年已下糧上曰須九年乃可輙曰九年未易遽置但陛下常以爲意愼事惜費令三五年間有三五年備亦漸可也臣之愚意以爲朝廷新經大喪繼以荒饉匱乏若災止如此尚可萬一更有水旱將何以繼之方今正是君臣恐懼修省之日不可不知耳

蘇黄門龍川略志第九

蘇黄門龍川略志第十

李昊言養生之術在忘物我之情

李昊來陳時年八九十歲矣顔色巳衰然善篆符人有鬼者得其符鬼或去陳述古官舍多鬼迨不復安居昊居其西堂鬼即爲止予問昊何以能爾昊曰述古多欲故爲鬼所侮吾斷欲久矣故鬼不敢見非他術也聞問其所以養生者昊曰人稟五行以生與天地均五行之運於天地無窮而人壽不過百歲者人自害之耳人生而知物我之辨内其在我而外其在物物我之情不忘於心我與物爲二則其所受五行之氣判然與五行之大分不通因其所受之厚薄各盡其所有而止故或壽或夭無足怪也今誠忘物我之異使此身與天地相通如五行之氣中外流注不竭人安有不長生者哉

鄭仙姑同父學道年八十不嫁

歙州鄭仙姑之父曰鄭八郎學道者也家於歙之東嶽廟前家有一小閣姑幼與父居閣上客至父見客閣下姑自上捧茶湯下率以爲常然人未常見閣上有煙火父死殮棺中不葬姑言父非死也如是數十年未嘗出城門人或見之百里外亦略言人災福以此歙人大敬之予爲績溪令欲一見會邂逅到縣謁之聞其舊宅歲久摧壞是歲大風雨夜中屋毁有聲鄰居疑其壓死且往視之偶有一木斜倚床上得不壓而姑鼾睡未覺人尤異之予問其年曰八十矣然

處女也予詰姑年八十而不嫁何也曰吾誦度人經故爾予曰度人經安能使人不嫁曰此經元始天尊所說元始天尊生於天地先立於天地外安得不爾予曰姑誤矣安有人能出天地上者曰此非他蓋亦道耳予曰道則能爾然何與姑事曰君謂道不在我然我身何者非道予歎曰姑乃知此耶明日略訪我當具一齋姑曰我隨有而食不擇葷素明日即至略能飲酒食肉予問以養生曰君今如器已破難成道予徧以術問之如導引嚥納燒鍊皆非是予曰竟以何者爲是徐曰人但養成嬰兒何事不了予曰嘗有人於百里之外見姑襁嬰兒往耶微笑不荅予偶復謂曰姑家在嶽廟前廟中望水西山林極佳姑亦常至廟上否曰我道家不信神佛未嘗往也予曰道家不信神可也如佛與道何異佛說般若心經與道家清淨經文意皆同姑誦清淨經予覺其不習佛法因問之曰經所謂五蘊何物也曰五行是也予笑曰姑未嘗學佛而遽忽之可乎五蘊則所謂色受想行識是矣姑默默而已

費長房以符制服百鬼其後鬼竊其符

成都道士蹇拱辰善持戒行天心正法符水多驗居京城爲人治病所獲不貲元祐末自天壇來予問之曰世傳費長房得符於壺公以是制服百鬼其後鬼竊其符因以殺長房予竊天心正法亦知此何等符耶且符既能制百鬼不免爲鬼所竊何也拱辰不能荅反問予曰公豈知此符也予告之曰此非有符以法救人而無求於人此則符也道士之行法者必始於廉終於貪此長房所以失符而死也拱辰稱善今不見拱辰六年矣聞其法不衰豈能信用吾言耶

徐三翁善言人災福

秦州天慶觀布衣徐三翁不知所從來日掃觀中地非衆道士殘食不食時言人災福必應予兄子瞻自黃州起知登州見而問之曰君無作官即善子瞻信之而不能用其後果有嶺南海南之行時予亦自績溪被召爲校書郎至高郵遇秦觀觀適欲見翁予因託問之翁書靈寶度人經二句授之曰運當滅度身經太陰道家言道士尸假謂之身經太陰後七年予自門下侍郎謫知汝州自汝復來袁州未至徙筠自筠徙雷自雷徙循自執政爲散官居嶺南豈非身經太陰耶然方赴袁州過淮南復遣人往問翁翁復書二句授之曰十遍轉經福德立至謂所遣人曰十數也過去十見在十觀中人言翁每有所書未嘗自解釋宜謹識之予見之驚曰術者言予已過戊運十年多福見行酉運十年多厄豈翁所謂也按經文身經太陰與十遍轉經一章前後語也今予流竄患難已六年矣豈十年之間當有再生之理即異日北歸當謁公謝之

蘇黃門龍川略志第十

西疇老人常言　盱江何　坦

講學

學貴有常而悠悠害道循序而進與日俱新有常也玩愒自恕曰我未嘗廢非悠悠乎顧一暴而十寒斯害也已孔子曰學如不及猶恐失之

學不可躐等先致察於日用常行人能孝於事親友于兄弟夫婦睦朋友信出而事君夙夜在公精白承德雖窮理盡性亦無越於躬履實行也

學以養心亦所以養身蓋邪念不萌則靈府清明血氣和平疾莫之攖善端油然而生矣是內外交相養也記曰心廣體胖此之謂也

士有假書於人者必熟復不厭有陳書盈几者乃坐老歲月是以白屋多起家膏粱易偷惰知儆則庶幾矣

君子之學體用具藏脩之餘時與事物疇酢因可以識人情世態其間是非利害豈能盡如吾意哉有困心衡慮則足以增益其所未能也

交朋必擇勝已者講貫切磋益也追隨游玩損也若佞諛相甘言不及義寧獨學寡聞猶可以無悔吝

勿忌人善以身取則焉孳孳不已惡知其非我有也勿揚人過反躬默省焉有或類是亟思悔而速改也去其不善而勉進於善是之謂善學

與剛直人居心所畏憚故言必擇行必謹初若不相安久而有益多矣與柔善人居意覺和易然而言必予替也過莫予警也日相親好積尤悔於身而不自知損孰大焉故美味多生疾疢藥石可保長年

孔門大學之道備九思三畏正心誠意也敬事而謹言脩身也孝友施於有政而家齊矣敬信節用愛民惜力而國治矣以至謹脩憲度而四方之政行振墜拔遺而天下之民歸心二帝三王平治之道莫或加此矣

節食則無疾擇言則無禍疾禍之生匪降自天皆自其口故君子於口之出納唯謹

禮以嚴分和以通情分嚴則尊卑貴賤不踰情通則是非利害易達齊家治國何莫由斯

恭儉美德也出於矯則過故足恭取辱苦節招凶君子約之以中而行之以誠則恭近禮儉中度矣

子貢謂性與天道不可得而聞夫子非隱也如入孝出弟數語必行有餘力而後可以學文蓋實行不先則徒文亡益況可遽聞性與天道乎後世學者從事口耳且茫無所從入乃竊襲陳言自謂窮理盡性亦妄矣

人心如槃水也措之正則表裏瑩然微風過之則湛濁動乎下而清明亂乎上矣夫水方未動時非有以去其滓汙也澄之而已風之過非有物入之也撓動則濁起而清自亂也君子其謹無撓之哉

爲己之學成已所以成物由本可以及末也爲人之學徇人至於喪已逐末而不知反本也

初學自誦數入若口誦而心不在焉罔然莫識其爲何說也學者展卷當屏弃外慮收心於方策間熟復玩味義理自明所謂習矣而知察也

水道曲折立岸者見而操舟者迷棊勢勝負對奕者惑而傍觀者審非智有明闇蓋靜可以觀動也人能不爲利害所汩則事物至前如數一二故君子養心以靜也

爲學日益須以人形己自課其功然後有所激於中而勇果奮發不能自已也人一己百雖柔必強

律己

上智安行乎善而無所睎避中人覬福慮禍故強爲善而不敢爲惡下愚昏不畏禍故肆爲惡而亡所忌

憚

日用飲食取給不必精也衣冠禮容苟備不必華也若閔耕念織將慙惕不暇敢過用乎哉

一毫善行皆可爲毋徼福望報一毫惡念不可萌當知出乎爾者反乎爾

惟儉足以養廉蓋費廣則用窘盻盻然每懷不足則所守必不固雖未至有非義之舉苟念慮紛擾已不克以廉靖自居矣

飲寧淺酌食必分器戒乎留殘衣必澣濯破必縫補戒於中弃蓋萬物皆造化所畀予深惡人殄壞之也

福者備也備者百順之名也人惟起居飲食日順其常福莫大焉昧者不悟其爲福而徒歆慕榮利不知榮利外物也顧可當哉

飲啄前定毋庸強求任目前所有則自如想珍異不獲則心慊矣自此理以推廣凡貴賤亨屯無入而不自得也

惠迪吉從逆凶惟影響然世固有多行悖戾而未罹殃咎者何也天有顯道踈網難逃霖淫浸漬人固未之覺迨雨止則墻隤矣

士能寡欲安於清澹不爲富貴所淫則其視外物也輕自然進退不失其正

人情憚拘檢而樂放縱初肆其情之所安若未害也操修不勤威儀不攝流入小人之域而不自覺可不懼乎所貴乎學問者所以制其情之安肆也

君子安分養恬凡物自外至者皆無容心也得則若固有之不得本非我有也欣戚不加焉豈不見其有餘夫何羨約不知其爲乏夫何慊義理先立乎其在我故人欲弗之累也

矜名譽畏譏毀自好也忘檢制肆偷惰自弃也自好者中人也可導之使爲善也自弃者民斯爲下矣不足與有爲也

知學則居貧無怨學而深於道則安貧能樂常人貧則怨小人貧則亂

學成行尊優入聖賢之域者上達也農工商賈各隨其業以成其志者下達也夫子論上達下達蓋以學者對小民而並言也若夫爲惡爲不義之小人彼則

有敗亂耳惡能達

名者實之賓也實有美惡名亦隨之故溢美則爲譽溢惡則爲毀是以古者無毀譽所謂直道而行也

過而能改者上也聖人也過而不貳者次也幾於聖也有過而知悔又其次也抑亦可以爲賢矣下此則有文過而遂非者矣舍曰欲之而必爲之辭也故曰吾未見能見其過而內自訟者也吾夫子之所以歎也

欲爲君子非積行累善莫之能致一念私邪一事悖戾立見其爲小人故曰終身爲善不足一旦爲惡有餘

常情處順適則安值猜沮則懼懼則知防安則靡戒故悔吝多生於念慮所不加而動必檢飭者可保無咎也

君子有偶爲小人所困抑若自反無愧怍於我何損又安知其不爲進德之助歟

應世

富兒因求官傾貲汙吏以黷貨失職初皆起於慊其所無而卒至於喪其所有也各泯其貪心而安分守節則何奪祿敗家之有

士有寬餘義當軫念窮乏然孰能徧愛之哉骨肉則論服屬戚疏交朋則計情義厚薄以次及之如力所不逮亦勿彊也

酒用於饋祀醼集以成禮若常飲則商刑所儆彝酒則周誥所戒況居官必有職業處家亦有應酬無故日飲則神昏思亂安保其不舛謬哉君子制之有節焉惟賓饗則卜晝餘非燭後不舉醆

江行者事神甚敬言動稍褻則飄風怒濤對面立見此誠有之愚俗蓋迫於勢耳君子不欺闇室處平地者顧可肆乎

凡居人上有勢分之臨惟以恕存心乃可以容下故行動必先謦欬步遠則有前導燕坐則毋簾窺壁聽是故君子不發人陰私不掩人之所不及也

無僕御莫事君子平時當拊存以恩而不可假之辭色微過勿問慵惰必儆大不忠則斥遠斯可以無後患女君之育婢獲亦莫不然

富貴利達是人之所欲也然而出處去就之異趣君子小人之攸分蓋君子必審夫理之是非而小人惟計乎事之利害審是非則虞人雖賤非招不往計利害則苟可獲禽雖詭遇爲之

惟天生人隨賦以祿蠶方蛻而桑先萌兒脫胞而乳已生如形聲影響之符孰主張是彼皇皇求財利如恐不及者豈不繆用其心耶

人事盡而聽天理猶耕墾有常勤豐歉所不可必也不先盡人事者是舍其田而弗芸也不安於靜聽者是揠苗而助之長也孔子進以禮退以義非盡人事與得之不得曰有命非聽天理與

君子之事上也必忠以敬其接下也必謙以和小人

之奉上也必諂以媚其待下也必傲以忽媚上而忽下小人無常心故君子惡之

齊人競與右師言媚其權也爲其能富貴己也孟子獨不與之言知良貴在我也不甘爲小人屈也去就有義窮達有命富貴在我豈權倖所能擅哉

在仕者事上官如嚴師待同僚如畏友視吏胥如僕隸撫良民如子弟則無徃而非學矣居家者事親如君敬尊屬如上官待兄弟親賓如同僚慈幼少恤耕役者如百姓御奔走使令者如吏卒而少加寛焉是亦爲政矣

世俗之愛其身曾不如愛其子之至也遣子入學必厲以勤教子治身必導以爲君子逮迹其自爲則因

循惰弛罕克自強措心積慮甘心爲小人而不以爲病茲非惑歟有能即其所以爲子謀者而爲己謀則思過半矣

明道

道統之傳自堯舜書雖載精一傳心而學之名未著也學聚問辨蓋夫子賛易之辭如三王四代惟其師出於記禮者之言爾堯學於君疇等說亦見於孫卿所述六經未之前聞也發明典學實自說命始至成王而後緝熙光明形於詩人之頌焉由是推之傳說之有功於名教大矣

舜命契敷五教泰誓數受狎侮五常茲有見於經者然初不列五者之目爲何事也所謂仁義禮智信孔門垂教因門人問及則隨爲之荅亦未嘗合五者而爲言至漢儒而後指名爲五常矣史氏以之協五行與五音上配五星下儷五事其說似鑿然質諸理而當揆之數而合蓋亦自然而然非強爲附會也

夫子論少壯老所當戒者三爲學者血氣戒也而未始言養氣養氣之說寔昉於孟子然則夫子曷爲不言養氣也曰夫子稱天生德於予而斯文在茲其高明廣大渾然天成視持養之功粗矣是謂誠者天之道也若孟子則必善養而無害也是謂思誠者人之道也充孟子之養猶曰威武不能屈則康人與宋司馬其如夫子何多見其不知量也

夫子荅仲弓子桑伯子之問聞子游弦歌之聲而笑

皆微啓其端以示之居敬而行簡學道則愛人必待二子自述夫然後進之曰雍之言然偃之言是也其初也夫子豈有隱乎曰開而弗達則思舉一隅使得以三隅自反也顔子終日不違既心通默識矣猶必退省其私而後稱其亦足以發非所謂循循善誘歟若夫造如愚之境則非二子所能及也

孔子曰我非生而知之者吾有知乎哉無知也孟子曰我知言我善養吾浩然之氣我非堯舜之道不陳齊人莫如我敬王也孔子每自抑孟子每夸大何也曰夫子宗主斯文故道洪德博如滄溟泰華無所不容孟子思濟斯民故行峻言厲如拯溺救焚不暇退遜聖賢分量固殊而所遭時勢又異自不得而強同

也

夫子品題諸子皆因問仁發之由也可使治千乘之賦求可宰千室之邑赤可使與賓客言三子皆卿大夫之才也出門如見大賓使民如承大祭則付雍以侯國之任矣一日克己復禮天下歸仁焉其與顏淵者何如哉異時爲邦之問獨以四代之禮樂許之次而雍也則可使南面至若由求輩則僅列政事科而已權衡誠設寧有錙銖之爽乎

一貫之旨曾子領其要曰忠恕而已矣及子思得其傳其論誠也極而可以贊天地之化育孟子嗣之其論養氣也大而至於塞乎天地之間夫聖門講學雍容唯諾而已至子思孟軻乃如此張大何歟曰聖道

本平夷夫子如一人在上不言而信羣弟子如百僚相師温乎其和也子思孟軻出自聖門如肅將王命建侯植屏以蕃王室八鸞四牡之盛威儀皇皇非復内朝之簡且易矣本厚而華實蕃不亦宜乎

孔子之於陽貨也瞰其亡而往見之不欲仕而諾以仕聖人之言行當如是乎待小人以權也如不能全身遠害而直隮惡人之阱則何以爲孔子

世未嘗無賢者也君不見用故績效不獲顯於時士未嘗無遺逸也不遇聖賢故聲迹亦不著於後微生畝楚接輿與晨門荷蕢耦耕荷蓧之徒雖議論趨嚮未合中道然而生不逢辰能卷懷遂志豈不遠勝夫同流合汙以自辱者哉不幸不遇明君不得以所長自見也抑又幸而遇吾夫子猶得以所懷自白也

夫子之不爲衛君也冉有何疑子貢又何待於問也孔門諸子直情無隱求實有疑既於心未安賜未能決亦不敢臆對逮聞夫子夷齊得仁何怨之論不惟二子之疑釋然後世雖愚懵者亦不待詔詰而自無疑惑矣

儒者之待異端甚於拒寇敵惟恐其得以潛窺側睨也若其回心鄉正亦欲招而納之如逃楊墨而願歸於儒孟子曰歸斯受之豈非招降納款開之以自新乎

楊墨害道孟子闢之在孔子時豈無邪説詖行乎不聞有以闢之何也曰聖人之待異端如十國之眡夷

狄人之眡禽獸也世治化行則蠻夷率服矣深居簡出雖有猛鷙其如人何孔子不過曰攻乎異端斯害也已子夏謂小道致遠恐泥而已處之於談笑之間而孟子乃深排峻抵雖曰出於不得已然亦辭費而力殆矣

七十子之在聖門皆可與共學也而未必皆可適道由求商賜諸子可與適道矣未可與立也可與立者顏子一人而已抑可與權乎曰其殆庶幾未達一間耳擇乎中庸未造乎時中也三月不違未至於安仁也曾子何如悟道於一唯之間而臨深履薄終身戒懼亦庶乎其爲立也

子所雅言詩書執禮而已子以四教文行忠信而已

聖道可謂簡易而冉求乃自病其力之不足子貢謂猶天之不可階而升何哉誰能出不由户何莫由斯道也匹夫之愚可以與知天何言哉四時行焉百物生焉冝孚者望道而不可及也

莅官

爲政寬嚴孰尚曰張嚴之聲行寬之實政有綱令有信使人望風肅畏者聲也法從輕賦從薄使人安靜自適者實也乃若始焉玩易啓侮終焉刑不勝奸雖欲行愛人利物之志吾知其有不能也

凡莅事之始不可自出意見以立科條雖嘗有所受之亦恐易地不便於俗也苟人情有咈而固行之終必扞格如病其難行而中變後有命令人弗信矣故

初政莫若一仍舊貫如行之冝焉何必改作或節目未便孰察而徐更之人徒見上下相安而泯不知其所自不亦善乎故君子視俗以施教察失而後立防也

官職崇庳當安義命自抱關擊柝以上苟能官修其方職思其憂雖未著殊庸偉績亦可無愧於心無負於國若苟且以僥求倖進將誰欺乎

居下位求應上之期會則涖事毋拘早晏也然須羣吏咸集則觀聽無疑吏或獨抱文書以進在我者固不爲其私請而曲徇萬一小人巧設陰計姑衒外以售其私則瓜李何能自明茲不可不防也

當官動必自防凡家之器服所需冝壹取諸其鄉不得已薪蔬常用市於官下亦須給納明文帳具予直適平而物毋苛擇庶免於悔吝

敝政有當革者必審稽源委如其更也於公私兼利夫復何疑若動而利少害多不若用靜吉也

舉事而人情俱順上也必不得已利無十全則寧詘己以求利乎人毋貽害於人而求便乎己

法示防閑非必盡用職存臨涖安在逞威但使條教章明則易避而難犯吾謹無以擾之任其耕食鑿飲彼此兩相忘矣

守曰牧民令曰字民撫養惟鈞而孳毓取義尤切也蓋求牧與芻不過使飽適而無散佚耳凡乳兒有所欲惡不能自言所以察其疾痒時其飢飽勿違其意

是司乳哺者責也若保赤子故縣令於民爲最親

近世長民者每立抑強扶弱之論往往所行多失之偏未免富豪有辭于罰夫強弱何常之有固有貲厚而謹畏者有怙貧而亡藉者當置強弱而論曲直可也直者伸之曲者挫之一當其情人誰不服若在事者律己不嚴而爲強有力者所持則政格不行孰執其咎哉

君子當官任職不計難易而志在必爲故動而成功小人苟祿營私擇己利便而多所辟就故用必敗事

仲弓問政夫子告之以舉賢才子游宰武城方扣其得人而遽以澹臺滅明對夫邑宰之卑仕非得志也而聖門之教必使之以舉賢爲先子游方簡暇時已

得人於察訪之熟後世有位通顯而蔽賢不與之立何以逃竊位之誚哉

原治

帝者以道懷民其治渾然而不可名也故其民安之而習於相忘王者以仁撫民其治至公而無私也故其民愛之而上下相樂覇者以法齊民其治假公以行其私也故其民畏而相制不敢違强國以威劫民其治無往而非私也故其民怨而易於相率以爲亂僅存之國厲民以自養無復有政治也故其君民相與危寄惴惴然朝不謀夕矣

周之士貴以肆秦之士拘且賤士生於秦士之不幸也而於秦乎何益以是知臯夔稷契知效忠嘉爲當

然至夏商之季亦豈逢干所願哉

人主立政造事圖惟永久則當參酌羣言是之謂僉謀智略畢達則當擇是而從是之謂獨斷若事必己出而弗加咨訪乃自用也謂之獨斷可乎自用則小最君人者之大戒也

君臣相與謀謨各由其心之相契而入文帝天資仁厚聞張釋之長者之言而悅景帝資禀不及而晁錯術數之說得以投之故以德化民克成刑措之風以智馭物循致七國之變一言契合治體以分可不謹夫

君子之事君當彌縫其闕而濟其所不逮漢武帝好大喜功方窮奢極靡而公孫洪爲相乃以人主病不廣大爲言孟子所謂逢君之惡者歟

人君以至誠治天下不容有一毫之僞也僞萌於心則發於政事有不可掩焉者如病作於心而脉已形飲未及醉而色已見可畏也哉

人主之心不可有所偏倚漢武初年獨任宰相致田蚡之專恣擅權厥後偏信諍臣致嚴朱吾丘主父諸人交私諸侯潛藴譖訴故曰偏聽生奸獨任成亂

大哉我宋之 祖 宗容受讜言養成臣下剛勁之氣也朝廷一黜陟不當一政令未便則正論輻湊各效其忠雖雷霆之威不避也漢唐惡足以語此哉

有過而諱言適重其過因言而遽改適彰其美晉靈

公冬寒而役民鑿池過也能聽宛春之諫而罷其役後世有取焉爲其能用人之善也况不爲靈公者可諱過而憚改乎

舜取人爲善咨四岳闢四門無所不訪也近君側之人有不待問而自言者或恐其有所挾而言未可遽信也故必察焉所謂好問而好察邇言是也

天下不能常治有弊所當革也猶人身不能常安有疾所當治也溺於宴安而因循弗革是卻藥屏醫而覬疾之自愈也率意更張而躁求速效是雜方俱試而幸其一中也

善保家者戒興訟善保國者戒用兵訟不可長訟長雖富家必敝兵不可久兵久雖大國必詘理有曲直

有司者治之曲者必受罰師有曲直天鑒寔臨之曲者必敗績故安分守己崇遜息爭可以長守富也飭備安邊愛民惜費可以長享治也

齊國嘗饑孟子言於王而爲之發棠他日饑齊人望之孟子忍不與復請何也孟子非有言責而齊王本無愛民之誠心一請而偶從亦覺其若蹈虎尾矣彼受牧者恝然立視殍不在其位而狃於數請得不貽攘臂之誚哉以孟子切於濟民且未免避遠形迹人君不能舍己從人則無望乎嘉言之罔伏也

進危言於平治之世明主不可易之以爲過計也齊威侯不說扁鵲有疾當治之言遠至疾深彼則望之而走矣圖治者其毋忽乎思患豫防之戒哉

四方有敗當國者諱言猶赤子受病保母爲之掩覆也故禍幾始作當杜其萌疾證方形當絕其根諱亂而不蚤治者危其國諱病而不亟療者亡其身

評古

季氏將伐顓臾由求同見而請問焉夫子未荅而獨呼求以責之蓋主是役者求也求因聞持危扶顛之戒而後獨陳夫近費當取之說夫子何以逆知其主是役哉爲兵謀者先聚斂聖門嘗鳴鼓以聲求之罪矣然則子路不與謀歟曰不與謀則不同請矣蓋求寔倡而由和之也宜夫子竝目之爲具臣也

不仁者不可以久處約爲其好勇而疾貧易於爲亂也然則如之何王者制民之産使有常業則不至於久處約矣彼有仰事俯育之資雖使不仁且勇非迫於貧之可疾肯捐所愛而爲亂乎

孟子不肯枉尺直尋及說時君則每因其所好而進說何也功利之與仁義猶水火之相反不乘其所樂聞而巽入之則正論難以動其聽也他日語齊王方問以四境不治則遽顧左右而言他矣不仁者可與言哉

齊梁之君地醜德齊孟子以仁義游於其間幸其聽用則皆可以澤民也卒乃謂齊王足用爲善至梁惠則以不仁斥之非有適莫也志莫患乎自滿而惟虛可以受人梁惠自矜其於國盡心而齊宣猶能謂吾惛不敏取齊棄梁於此乎決矣然而卒無成功者天也孟子亦自歎夫天未欲平治也

滕文公服膺孟子之教講明凡一再而行之身措之國者已有餘用民之被澤未也而仁心仁聞已達乎四境賢者聞風而悅之許行自楚往陳相自宋往何其速哉信乎飢渴者易爲飲食也

梁襄惠王之嗣也孟子鄙之謂望之不似人君齊王之子亦人子也孟子一望見之頃則興喟然之歎爲大哉之稱於此亦可見取齊棄梁之意也

什一中制也三代共之由春秋至戰國良法廢格而取民出於私意久矣戴盈之欲復什一而未能無勇也白圭欲二十而取一過猶不及也

唐杜佑建省官之議上稽有虞之制疾當時諸曹列

寺官名之重複也今六部長貳並制而諸司各具郎貟卿監與少皆除而丞屬亦俱充備方之古制冗不亦甚乎是又杜佑之所未見也

先儒論本朝兵制之善謂天下之兵本於樞密有發兵之權而無握兵之重京師之兵總於三師有握兵之重而無發兵之權意深矣遠矣歷數百年而無兵患可爲法於天下後世愈久而愈無弊也

古稱將帥名號一也今日之制實則異焉將所以握兵諸軍統制統領正副將是也帥所以御將諸道制置經略安撫知州帶節制是也體統相維上下相制朝廷遠慮過於前代矣

租賦田桑所出也自禹定制不使貢其所無今之取民視古什一何啻數倍矣穀帛之外又折估而使輸錢焉夫民不能自鼓鑄也使捐其所有損所直以就所售吏之不良又先期以趣之斯民益不堪命也古者山虞不賦魚鼈川衡不貢材木先王恤民之意槩可識矣

朝廷責守令以惠養德意美矣近制郡守更代以財計虧盈爲殿最於是常賦之在邑者郡皆掩取不遺而督迫于縣者日急令亡所從出則又苛責于民是澤上壅而害流于下也法不良而欲美意之行難矣

用人

使人當用其所長而略其所短則無棄才事上當度己量力以肅共王命則無敗事責人以其所不能是使馬代耕也強己才之所不逮是行舟於陸也

虞朝九官各因能任職而終身不易後世庸才不量能否而俾更九職之事以此責治不亦難乎而況鮮同寅協恭之誠無率作興事之志蓋由朝除夕改之不常考績黜陟之法廢也

朝廷需賢以爲用常患乎欲用而無才人才修飭以待用每阨於無路以自進蓋賢否之不辨則銓曹資格病之也奔競者得志則廟堂聽察不審也上下相求兩不相值欲賢才不遐遺官職無曠弛得乎

州縣置學以教養人才美意也設教官之科而許人求試是使人之好爲人師也師嚴然後道尊顧未能無患失之念惡在其爲尊乎

君子小人互相指爲朋黨辨之不蚤則君子常被誣而小人常得志也先儒有言曰君子至公引類小人徇私立黨善夫爲國者知所以扶植善類而不爲惡黨所傾其庶幾矣

何代不生賢雖戰國之世未嘗無也而曷爲不能致治魯之使樂正子爲政也用未必專也宋使薛居州在王所也愛莫助之也滕將行王政而選擇使畢戰也國褊小而無得展布也甚至居位而言不見用在下而上不見知如齊之蚳鼃孔距心者若之何而能致治哉故君臣相得古今所難也

正弊

甚矣風俗侈靡而法禁不行也泥金以飾服玩而山澤之產秏矣銷錢以爲器具而鼓鑄之利蠹矣京都列肆日價相夸遠方何禁焉王公戚里時尚競新士庶何責焉法行而後化流皆當自近始也

冠昏喪祭民生日用之禮不可苟也在上莫爲之制節而一聽俚俗之自爲鄙陋不經甚矣攷古酌今著爲彝典頒之四方以革猥習是當今之急務也

三代盛時民德歸厚農祥祈報而已今也祠社非時率斂征醵急於官府是以豐年常苦不給一遇饑歉則流亡矣上之教不明下由之而莫知悔也如之何而使斯民之富庶也

自左道亂俗有茹蔬雜聚而生廢人理者自妖巫惑衆有病不醫藥而死非正命者準之法令皆殺無赦今愚迷誑誘壁挂空文而刑戮不加焉何以革其非而導之歸正歟

國匱民貧莫今爲甚矣寺觀塔廟崇建未已也乃曰人自樂施非欺罔乎爲國者藏富於民今乃潛秏民力竭國本矣上之人宜亟爲禁止也況有導之者乎古者禁人羣飲今榷酤牟利設法以誘其來惟恐其不酣醉也古者制民常產今民自有田州縣利於稅契惟恐其不貿易也富教大略如此欲風俗還醇不可得也

西疇老人常言終

欒城先生遺言　　眉山　蘇　籀

公言春秋時先王之澤未遠士君子重義理輕其處死生之際卓然凜然非後世之士所及蓋三代之遺民也當時達者語三代遺事甚多今捨此無以考證

公爲籀講老子數篇曰高於孟子二三等矣

公言伊周以道德深妙得之管葛房杜姚宋以才智高偉得之皆不可窺測

公解孟子二十餘章讀至浩然之氣一段顧籀曰五百年無此作矣

公言仲尼春秋或是令丘明作傳以相發明

公常云在朝所見朝廷遺老數人而已如歐陽公永叔張公安道皆一世偉人蘇子容劉貢父博學強識亦可以名世予幸獲與之周旋聽其誦說放失舊聞多得其詳實其於天下事古今得失折衷典據甚多東坡與貢父會語及不獲已之事貢父曰充類至義之盡也東坡曰貢父乃善讀孟子歟

公試進士河南府問三代以禮樂爲治本刑政爲末後世反之儒者言禮樂之效與刑政之敝其相去甚遠然較其治亂盛衰漢文帝唐太宗海內安樂雖三代不能加今祖宗法令脩明求之前世未有治安若今之久者然而禮樂不如三代世之治安不在禮樂歟河南士人皆不能喻此意司馬温公問如此發策亦自有說乎公曰安敢無說温公默然既而見文定文定曰策題國論也蓋元豐間流俗多主介甫說而非議祖宗法制也

公言歐陽文忠公讀書五行俱下吾嘗見之但近覷耳若遠視何可當

公曰吾爲春秋集傳乃平生事業

公年十六爲夏商周論今見於古史年二十作詩傳

公言先曾祖晚歲讀易玩其爻象得其剛柔遠近喜怒逆順之情以觀其詞皆迎刃而解作易傳未完疾革命二公述其志東坡受命卒以成書初二公少年皆讀易爲之解說各仕它邦既而東坡獨得文王伏羲超然之旨公乃送所解予坡今蒙卦獨是公解

公少年與坡公治春秋公嘗作論明聖人喜怒好惡譏公穀以日月土地爲訓其說固自得之元祐間後進如張大亨嘉父亦攻此學大亨以問坡坡荅書云春秋儒者本務然此書有妙用學者罕能領會多求之繩約中乃近法家者流苛細繳繞竟亦何用惟丘明識其用終不肯盡談微見端兆欲使學者自求之故僕以爲難未敢輕論也

公自熙寧謫高安覽諸家之說爲集傳十二卷紹聖初再謫南方至元符三易地最後卜居龍川白雲橋集傳乃成歎曰此千載絕學也既而俾坡公觀之以爲古人所未至

公言東坡律詩最忌屬對偏枯不容一句不善者古

詩用韻必須偶數
公曰吾莫年於義理無所不通悟孔子一以貫之者
東坡幼年作却鼠刀銘公作釭硯賦曾祖稱之命佳紙修寫裝飾釘於所居壁上
公曰子瞻之文奇予文但穩耳
公曰吾讀楚辭以爲除書
公在諫垣論蜀茶祖宗朝量收税李杞劉佐蒲宗閔取息初輕後益重立法愈峻李稷始議極力掊取民間遂困稷引陸師閔共事額至一百萬貫陸師閔又乞額外以百萬貫爲獻成都置都茶場公條陳五害乞放摧法令民自作交易但收税錢不出長引止令所在場務據數抽買博馬茶勿失武備而已言師閔

百端凌虐細民除茶遞官吏養兵所費所收錢七八十萬貫蜀人泣血無所控告公講畫纖悉曲折利害昭炳時小吕申公當軸歎曰只謂蘇子由儒學不知吏事精詳至於如此公論役法尤爲詳盡識者韙之
公曰李德裕謫崖州著窮愁志言牛僧孺將圖不軌不意老臣爲此言也
張十二病後詩一卷頗得陶元亮體然余觀古人爲文各自用其才耳若用心專摸倣一人捨己徇人未必貴也
張十二之文波瀾有餘而出入整理骨骼不足秦七波瀾不及張而出入徑健簡捷過之要知二人後來文士之冠冕也

元祐間公及蘇子容劉貢父同在省中二人各云某輩少年所讀書老而遺忘公亦云然貢父云觀君爲文強記甚敏公辭焉二人皆曰某等自少記憶書籍不免抄節而後稍不忘觀君家昆仲未嘗抄節而下筆引據精切乃眞記得者也
賈誼宋玉賦皆天成自然張華鷦鷯賦亦佳妙
子瞻諸文皆有奇氣至赤壁賦髣髴屈原宋玉之作漢唐諸公皆莫及也
公曰余少年苦不達爲文之節度讀上林賦如觀君子佩玉冠冕還折揖讓音吐皆中規矩終日威儀無不可觀
公曰子少作文要使心如旋床大事大圓成小事小

圓轉每句如珠圓
公曰凡爲詩文不必多古人無許多也
公曰余黄樓賦學兩都也晚年來不作此工夫之文
貢父嘗謂公所爲訓詞曰君所作強於令兄
公曰申包胥哭秦庭一章子瞻誦之得爲文之法公曰范蜀公少年儀矩任眞爲文善腹藁作賦場屋中默坐至日晏無一語及下筆頃刻而就同試者笑之范公遂魁成都
公曰莊周養生一篇誦之如龍行空爪趾鱗翼所及皆自合規矩可謂奇文
唐儲光羲詩高處似陶淵明平處似王摩詰
歐公碑版今世第一集中怪竹辯乃甚無謂非所以

示後世
唐皇甫湜論朝廷文字以燕許爲宗文奇則怪矣
公曰李方叔文似唐蕭李所以可喜韓駒詩似儲光義
程正叔引論語云南郊行事廻不當哭温公公曰古人但云哭則不歌不曰歌則不哭蓋朋友之故何可預期
公曰讀書須學爲文餘事作詩人耳
公曰讀書百遍經義自見
族兄在廷問公學文如何曰前輩但看多做多而已區以別矣如瓜苧之區自反而縮如王祭不供無以縮酒
公曰去陳言初學者事也
公讀一江西臨川前輩集曰胡爲竊王介甫之說以爲己說
公言呂吉甫王子韶皆解三經并字說介甫專行其說兩人所作皆廢弗用王呂由此矛盾
公曰文貴有謂予少年聞人唱三臺今尚記得云云其詞至鄙俚而傳者有謂也
公讀由余事曰女樂敗人可以爲戒
公聞以螺鈿作茶器者凡事要敦簡素不然天罰
公曰漢武帝所得人才皆鷹犬馳驅之才非以道致君者也
公曰以伍員比管仲猶鷹隼與鳳鸞

王介甫用事富鄭公罷政過南京謂張文定公曰不料其如此亦嘗薦之文定操南音謂公曰富七獨不慙惶乎公問吾丈待之如何文定曰某則不然初見其讀書亦頗有意於彼既而同在試院見其議論乖僻自此踈之
黄魯直盛稱梅聖俞詩不容口公曰梅詩不逮君曾直甚喜
晁無咎作東皋記公見之曰古人之文也
姪孫元老呈所爲文一卷公曰似曾子固少年時文
陳恬題襄城北極觀鐵脚道人詩詩似退之
公大稱任象先之文以爲過其父德翁
徐蒙獻書公曰甚佳但波瀾不及李方叔
公每語籀云聞吾言當記之勿忘吾死無人爲汝言此矣
公曰莊周多是破執言至道無如五千文
公言班固諸叙可以爲作文法式
公曰六郎作詩騁騖追前人晝墨竹過李康年遠矣
或問公陳瑩中公曰英俊人也但喜用字說尚智
公曰李太白詩過人其平生所享如浮花浪蘂其詩云羅幃卷舒似有人開明月直入無心可猜不可及
公解詩時年未二十初出魚藻兎罝等說　曾祖編札以爲先儒所未喻作夏商周論纔年十有六古人所未到
公讀新經義曰乾纏了濕纏做殺也不好謂介甫曰

色取仁而行違居之不疑乃仲尼所謂聞者也

公曰唐士大夫少知道知道惟李習之白樂天喜復性書三篇嘗寫八漸偈于屏風

易曰一陰一陽之謂道坡公以爲陰陽未交公以坡公所說爲未允公曰陰陽未交元氣也非道也政如云一龍一蛇之謂道也謂之龍亦可謂之蛇亦可

公曰張文定死而復蘇自言所見地位清高又曰吾得不做宰相氣力

公論唐人開元燕許云文氣不振倔強其間自韓退之一變復古追還西漢之舊然在許昌觀唐文粹稱其碑頌往往愛張蘇之作又覽唐皇甫湜持正諭業云所譽燕許文極當文奇則涉怪施之朝廷不須怪也蓋亦取燕許

公中歲歸自江南過宋聞鐵龜山人善術數邀至舟中問休咎云此去十年如飛騰升進前十年流落已過然尚有十年流落也後皆如其言

曾祖母蜀國太夫人夢蛟龍伸臂而生公（壬子年拾遺記孔子當生之夜二蒼龍亘天而下來附徵在之房誕吉兆也）

籀年十有四侍 先祖潁昌首尾九年未嘗暫去侍側見公終日燕坐之餘或看書籍而已世俗藥餌玩好公漠然忘懷一日因謂籀講莊子二三段訖公曰顏子簞瓢陋巷我是謂矣所聞可追記者若干語傳諸筆墨以示子孫

公令籀作詩文五六年後忽謂籀曰汝學來學去透漏矣嘗與文氏家姑言之亦如此

公謂籀曰蘇環訓頲常令衣青布襦伏於床下出其頸受榎楚汝今懶墮可乎

馬公知節詩草一卷公跋云馬公子元臨事敢爲立朝敢言以將家子得讀書之助作詩蓋其餘事耳蚤知成都以抑強扶弱爲蜀人所喜然酷嗜圖畫能第其高下成都多古畫壁每至其下或終日不轉足蜀中有高士孫知微以畫得名然實非畫師也公欲見之而不可得知微與壽寧院僧相善嘗於其閣上畫惠遠送陸道士藥山見李習之二壁僧密以告公公徑往從之知微不得已擲筆而下不復終畫公不以爲忤禮之益厚知微亦愧其意作蜀江出山圖伺其罷去追至劒門贈之蓋公之喜士如此陽翟李君方叔公之外玄孫也以此詩相示因記所聞於後辛巳季春丙寅眉山蘇轍子由題（李名彖）

潁昌吾祖書閣有厨三隻春秋說一軸解注以公穀左氏孫復卷末後題丙申嘉祐元年冬寓居興國浴室東壁第二位讀三傳次年夏辰時坡公書名押字少年親書此卷壓積蠹簡中未嘗開緘籀偶開之一一對擬今黃門春秋集傳悉皆有指定之說想爾時與坡公同學潛心稽考老而著述大成遺書具在當以黃門集傳爲證據坡公晚歲謂春秋傳皆古人未至故附記之於斯

大悲圜通閣記公偶爲東坡作坡云好箇意思欲別

作而卒用公所著和陶詩擬古九首亦坡代公作

范淳父雜中問公求論題公以莊子孝未足以言至仁令范作范論詆斥莊子公曰曾閔匹夫之行堯舜仁及四海

公云王介甫解佛經三昧之語用字說示關西僧法秀秀曰相公文章村和尚不會介甫悻然又問如何秀曰梵語三昧此云正定相公用華言解之誤也公謂坐客曰字說穿鑿儒書亦如佛書矣

公與關西文長老相善公晚年自政府謫官筠州既而復責雷州威命甚峻時文老特來唁公留宿所寓宅中公被命即登轎出郭外文老亦相隨去歎曰克文處之尚恐不能公眞大過人者

東坡病殁于晉陵伯達叔仲歸許昌生事蕭然公篤愛天倫曩歲別業在浚都鬻之九阡數百緡悉以助焉囑勿輕用時公方降三官謫籍奪俸

公言呂微仲性闇邊事河事皆乖戾故子孫不遠公言易云精義入神以致用不是要說脫空

崇寧丙戌十一月八日四鼓夢中及古菖蒲詩云一人得飽蒲餘人皆不悅之句王介甫在側借觀亦之赧然有愧恨之色

公言場屋之敝曰昔南省賦題官韻於字舉子程文云何以加於其文中選後詩韻有同者或曰何以更加於大抵場屋多此類也

公言張文潜詩云龍驚漢武英雄射山笑秦皇爛漫遊晚節作詩似稍失其精處

公蚤歲教授宛丘或者屢以房中術自鬻於前公曰此必晚損上傳其養氣嗇神之法

公言近世學問濡染陳俗卻人雖善士亦或不免蓋不應鄉舉無以干祿但當謹擇師友湔洗之也

公讀易謂人曰有合討論處甚多但來理會籀輩弱齡驚怯憚公嚴峻不敢發問今悔之無及

東坡遺文流傳海內中庸論上中下篇墓碑云公少年讀莊子太息曰吾昔有見於中口不能言今見莊子得吾心矣乃出中庸論其言微妙皆古人所未喻今後集不載此三論誠爲闕典

公講論語至畏大人曰如文潞公亦須是加敬所言

信重之

先王議事以制不爲刑辟東坡有人法兼用之說公以爲勑令不可不具二公之論不同坡外集有策題一首乃此意

公云晉史唐賢房杜輩所作議論可據籀思之本朝新唐書歐宋諸公一代賢傑所作以文字浩博人不能該覽惜哉必有篤於此學者

公語韓子蒼云學者觀儒書至於佛書亦可多讀知其器能也

公妙齡舉方聞見在朝兩制諸公書云其學出於孟子而不可誣也有解說二十四章老年作詩云近存八十一章注從道老聃門下人蓋老而所造益妙録録者莫測矣

公悟悅禪定門人有以漁家傲祝生日及濟川者以非其志也乃賡和之七十餘年眞一夢朝來壽斝兒孫奉憂患已空無復痛心不動此間自有千鈞重蚤歲文章供世用中年禪味疑天縱石塔成時無一縫誰與共人間天上隨它送

箴眼醫王彥若在張文定公門下坡公於文定坐上贈之詩引喻證據博辯詳切高深後學讀之茫然坡公敏於著述如此先祖屢云

坡撰富公碑以擬寇公公稍不甚然之作德威堂銘居士集叙公極賞慨其文咨嗟不已

公頴昌牡丹時多作詩前後數四云澋上似雒濵青帝遺姚黃比玉眞之句又曰造物不違遺老意一枝頗似雒人家稱道雒家懃懃不已敬想富鄭公文潞公司馬温公范忠宣公皆看花耆德偉人也風流追憶不逮後生茫然尒 先祖葢歎前哲云或曰嵇康廣陵散亦歎也

東坡求龍井辯才師塔碑於黃門書云兄自覺談佛不如弟今此文見欒城後集又天竺海月塔碑以坡與之游故銘云我不識師面知其心中事儒者談佛爲坡公所取其火失其書翰

公言秦火後漢叔孫通賈誼董仲舒諸人以詩書禮樂弥縫其闕西漢之文後世莫能髣髴今朝廷求雋偉之才黜謬妄之學可以追兩漢之餘漸復三代之故後學當體此説

欒城先生遺言卷終

東谷所見

永嘉東谷李之彥撰

先壠

人子之於親苟虧生事之禮雖葬與祭致其力何足以言孝故曰祭之厚不如養之薄吾鄉多於至節歲節清明詣墳所半載餘寘其親於荒墟巳爲非禮乘祭之後大率與兄弟妻子親戚契交放情遊覽盡歡而歸至節歲節非掃松也祇賞梅耳清明非省墓也祇踏青耳然則人子何以慰此當揆之於心平日稍能孝養雖祭後舉杯酌亦未害若孝養有虧即當收歛酒饌返舍潛自剋責庶幾亦不至大得罪於名教大獲譴於造物余嘗喜一前輩作初入仕啓兩句云禄不及親飽妻孥而何益遂耦其兩句忠未報國對師友以多慚

壽命福德

願我壽命長常行一切善願我福德盛普濟一切人此語恐未爲的論人之念慮一正則萬善可觸類而通行一善則萬善皆萌蘖於此若必待壽命長而後行一切善則壽命不長一切善必不行矣顏子如之何而造道耶此兩句猶庶幾如下兩句則有大不然者願我福德盛普濟一切人則是我獨富足人多窘匱我常得爲人之惠主人皆仰我以周給是誠何心哉余欲改此兩句曰願人福德盛不待我普濟

殺人欠債

諺有之殺人償命欠債還錢理也近世豪家巨室威力使令逼人致死但捐財賄餌血屬坦然無事至如人或逋負督迫取償必使投溺自經然後巳由此觀之乃是殺人還錢欠債償命

異端

士君子莫不知崇尚正學排斥異端然朝廷及州縣間遇旱澇凶荒非黄冠設醮則浮屠禮懺平日排斥異端至此則倚仗異端豈吾儒之感格之道耶切所未喻

簡翰

每見近日簡翰動輙端拜申稟百拜稟申皇懼僣躐九頓百拜稟申有官君子趍事長官則有狀申劄申如申縣申州申監司申朝省之類吾輩家尋常書問往來何必用申字又有所謂加拜申稟尤爲可笑先

王制禮無過不及拜豈可加也哉昔韓昌黎上宰相書只寫再拜本朝前輩簡翰或再拜或頓首昌黎諸公豈傲世者正以禮不可過也今之端拜肅拜加拜百拜又有覆帖申待平交如此事君父當如何其勢必千拜萬拜可也且如奏疏亦只惶恐惶懼頓首頓首而已何嘗百拜何嘗九頓吾不知習俗所尚果誠實耶抑虛僞耶果謙遜耶抑諂媚耶因有一說往年楊慈湖先生守吾邦嘗作一書付局兵令急出關未幾遣人追回吏輩將謂書有錯誤局兵至慈湖取書寘中堂几上焚香再拜畢復付之蓋爲書中寫頓首再拜上覆偶遺忘不及拜必拜然後遣若加拜百拜者皆如慈湖用心此等書一日能寫得幾封今簡翰

只寫再拜或頓首乃見古人相與之意

物價

物價騰踊甚之甚矣若得人人同心事事節損皆務儉素不尚侈靡則物價亦可漸平室廬惟取容膝則木石等類自不可得而貴衣服惟取蔽體則羅綺文繡自不可得而貴飲食惟取充腹則美味珍品自不可得而貴器具惟取適用則珍奇精巧自不可得而貴以至非泛不切微末細瑣人家可省則省則物價亦有漸平之理柰何風俗好奢人情好勝競尚華居競服靡衣競嗜珍饌競用美器豪家巨族固宜嚮用小夫賤隸卒富暴貴豈惟效尤又且過之或先期予人以錢後期取人之物惟欲快吾之用度一聽其邀價之高穹如此則物安得不貴且如有物于此我方以爲僅直十金未幾人急欲得之雖倍其直不靳又爭欲得之更倍其直亦不靳不過踊貴之流反煽踊貴之焰如此則物安得不貴甚可慮者一日復貴一日一年復貴一年將若之何其勢必至於此吾故謂不必咎物價之踊貴但當咎風俗之侈靡轉移風俗豈無其道耶又豈無其術耶林野老拙不敢深言

養子

知子莫若父當年少時觀其讀書之利鈍行事之醇疵即可覘其終身之賢不肖也使其賢耶他日自能成立何必勞心勞力積財以遺之而損賢者之志也使其不肖耶他日必致敗壞又何必勞心勞力積財

以遺之而益不肖之過也縱不免儲蓄以爲憑藉之計亦豈可妄求而自取損德之殃世迺有明見其子之不肖猶挾兎狡而規利逞鼠技以貽謀殊不知一傳而傾覆有不待其父之瞑目而家貲已散而之他矣吁有此豚犬枉作馬牛

招師

招師教子弟正望其成人克紹實非細事不可忽也中產之家師席固不當需索富貴之家何待師席之需索書院中凡百自當如儀每見富貴者寧豐財多粟納好寵姬何嘗肯隆禮厚幣延好師席寵姬辦首飾則甚易子弟買書冊則甚難蘭房用度必是周緻書院缺典寘之不問氣象如此宜乎碩師去而庸師

來碩師有抱負有見識合則留不合則去庸師無學問以自持惟佞諛而媚主庸師固棲身之謀一年復留一年子弟乏開導之益一日昏鈍一日及其長也塊然一物而已耳

教導

嘗聞之先人曰昔一士子赴省試甚愜意在京華待榜因遊僧寺廊廡有鬻相者遂扣之相者曰公骨相寒苦縱才高班馬文過韓柳亦不能成名士子不信揭榜果黜再往問我之終身果何如相者曰以公之骨相豈敢相許若於功名用心之切莫若種大陰德恐可以回造化士子歸途心口自語我居窮迫貧濟人利物事安能爲之何以種陰德徐而思之我平日常假館每見爲師席者多誤人家子弟我從今只留心教導以此種德後三年復預計偕赴省復愜意尋寺中相者尚在一揖間相者曰公手神照人定應榮達士子曰我赴省待榜相者曰高中無疑揭榜果然士子往謝之曰何汝向者拒我之峻今日許我之確耶相者曰某不記公風采士子歷述前事相者曰公形骨俱換矣留心教人非陰德而何宜造物之黜相也余遊湖海四五十年教公卿大夫之子孫屢矣教尋常白屋之類亦多矣未嘗以其貧富貴賤吏脩多寡貳吾心此語可以對越但寸名不就身計茫然靜坐反思得非生平五典不飭百行有虧造物特以摧敗困踣罰之耶今年六十有八肢體康健耳目聰明飲啗自若百病不侵意者教導一節亦有可取造物姑壽之耶余不敢自恕但當自警然見近時教童蒙者語孟句讀亦多錯舛教作文者只謄公本蒐有新功誤人子弟寧逃陰譴甚而花街柳陌師生同遊嗜利下流靡所不至其閒有不孝不悌不友不恭曾未聞一言糾其過徒於小廉曲謹腐爛時文以此稱功盍亦即赴省士子事思之前輩謂不究心教導所得束脩與受贓同此言甚當

勸學文

勸學文曰書中自有黃金屋又曰賣金買書讀讀書買金易自斯言一入于胷中未得志之時已萌貪饕既得志之後恣其掊克惟以金多爲榮不以行穢爲辱屢玷白簡恬然自如雖有清議寘之不卹然司白簡持清議者又未必非若而人也毋怪乎玩視典憲爲具文一切寘廉恥於掃地氣習日勝若根天眞惟知肥家庇族而已亦不知其爲蠹國害民也得非蔽錮於勸學文而然耶是固不可不深責貪饕之徒亦不可不歸咎於勸學文有以誤之也

富貴貧賤

貧賤不如富貴耶抑富貴不如貧賤耶人莫急於溫飽靡衣華飾固美矣然補破遮寒其爲溫則一也甘味盛饌亦佳矣然糲食充飢其爲飽則一也溫飽之餘何必羨富貴哉彼委積愈厚鞭箠愈切鬚鬢愈白計慮愈深第宅田園器用服飾曷嘗見其厭足爲子

計又爲孫計惟恐其不克紹日間飲膳失期會夜亦不能甘寢貧賤者不如是之勞苦也肥甘沈酒乃致疾之媒粉白黛綠皆喪身之具動由順境難禁摧挫少不如意或飲氣嘔血而暴亾素嬴豢養不耐風霜稍有感觸雖良藥有所不能療貧賤者不如是之脆弱也損人致富召怨實多或有意外懷璧其罪水火盜賊刑禍戮辱其終必不能免官爵雖高冰山亦險葅醢烹戮載在史冊者不可枚數貧賤者不如是之驚危也富貴者勞苦貧賤者清閒富貴者脆弱貧賤者堅固富貴者驚危貧賤者安泰孰謂貧賤不如富貴耶吁富貴而傲忽貧賤惑之甚也貧賤而諂諛富貴惑之尤甚也

錢

半輪殘月掩塵埃依稀猶有開元字想見清光未破時買盡人間不平事古人詠錢如此以余觀之錢之爲錢人所共愛勢所必爭骨肉親知以之而搆怨稔釁公卿大夫以之而敗名喪節勞商遠賈以之而捐軀殞命市井交易以之而鬭毆戮辱乍來乍去倏貧倏富其籠絡乎一世者大抵福於人少而禍於人多嘗熟視其形模金旁着兩戈字眞殺人之物而世人莫之悟也吁錢乎錢乎以我之貧求汝活我而不可得我固無柰汝何以我之不貪汝欲殺我而不可得汝亦無柰我何

名利

或問殷浩曰將涖官而夢棺將得財而夢糞何也浩對曰官本臭腐故將涖官而夢尸財本糞土故將得財而夢穢世以爲知言余因喜曰余之不得名利者是造物不以臭腐待我也不以糞土予我也出之於汙穢之途而躋之於清高之境脫之於鄙陋之地而措之於道義之域拜造物之賜多矣世人名利稍不得志輒起怨尤何其蠢哉

朋友

君子以文會友以友輔仁友之者友其德也當親密之時握手論心必使君臣父子之倫兄弟夫婦之倫粹然一出於正此交友第一義也夫何世變日薄友道掃地惟酒饌追隨有無周濟穢言相謔術數相勝於是規圖便利諂諛取容此妾婦耳非友也諂以濡沫甘效奔走此奴隸耳非友也惟恐少有攖拂而取疏遠故隨事苟徇而覬親密乘其父子之睚眦即導之以不慈不孝乘其兄弟之鬩墻即導之以不友不恭乘其夫婦之反目即導之以不琴不瑟謬引古今眩亂是非指鹿爲馬野鳥爲鸞皆此等輩也其間稍有見識廉恥者必浩然而去所友者惟小人抑亦何所不至哉

故舊

故舊不遺則民不偷世俗薄故舊衰乎日同筆硯同出處同貧賤同患難相與相愛不啻骨肉一旦得志有若路人吁犬不忘家燕尋故壘彼既犬燕之不若

亦何足責世人多以富貴忘舊爲憾此特不能理遣耳理遣宜如何曰譬似當初不相識

藥石

方今藥材鄙賤者且數十倍於前貴細者有數百倍於前至携金遶市鋪求之不獲者人孰不知眞藥之難得如此凡設鋪而招人贖僞藥者愚也贖僞藥而覬療病者愚益甚矣吾輩家何策且宜於飲食衣服上加謹古人首重食醫春多酸夏多苦秋多辛冬多鹹調以滑甘平居必節飲食飯後行三十步不用開藥鋪飲食之加謹者此也急脫急着勝如服藥衣服之加謹者此也或有疾疢奉行不服藥得中醫之語藥石雖貴未害也㝡是孝子慈孫侍奉親庭豈忍坐

視其病而不救家有餘蓄尚可得良劑貧窶所迫將若之何貧者固難得良劑富者縱得良劑又未必有良醫余因念及此仰天而祝曰願天下人安樂

好官好人

偶見士大夫壁間碑刻云好官易做好人難做衆咸謂知言余切以爲不然好人何難做之有仁義禮智行之在我孝悌忠信行之在我人皆可爲堯舜途之人亦可爲禹人自不爲之耳乃若欲做好官必鑽刺必營求必俯仰脅肩諂笑懾氣促步惟恐人揮斥其趨事之不周外壞面目内壞心術曾莫之顧求而得者能幾人求而不得者揔揔也縱求而得所喪已大甚矣做好官之難也

謙遜

常見世人行不肯在人先坐不肯在人上歛絍退縮至再至三謙遜之風良可嘉尚及其見利則逝見便則奪惟恐或後於人雖骨肉亦踈絶契交反眼不相識當行不先人坐不上人之時亦知謙遜爲美事抑何臨小利害乃樂爲是不謙不遜耶矯情可强也眞情不可遏也

借親

父母垂死人子於此正哀痛徹骨幾不欲生之時也今人反以送死爲緩惟以借親爲急父母死未即入棺仍禁家人輩未得舉哀在親喪之禮而講合巹之儀寘括髮之戚而脩結髮之好此夷狄禽獸之所不

忍爲而世俗皆樂爲之雖簪纓詩禮之家亦相率而行恬不爲怪不知作俑者誰耶

養軍

近年郡家每月逼期旋糴軍粮支散浙右素號沃饒亦如此艱關萬狀蔑裂百端甚而折錢價直峻減又甚而拖欠未即補償軍人敢怨而不敢言蓋明知皆前太守屢任席卷之罪未可咎今太守不能措辦之過也吁飽目前之欲不顧後來之憂徇一家之謀不卹一郡之害留之家家未必能保付之子孫子孫未必能久徒貽害如斯其烈也使後之爲守者其果賢耶則背理傷道決有所不敢爲生財足用必無所措手足惟以即能罷去爲幸殆類范文子使祝宗祈死

無及於難其亦可哀也已果不賢耶則行爲富不仁之政用移東補西之術決江海以救焚焚滅而溺至飲鴆爵以止渴渴止而身亾號爲能吏不過如此且幾年養軍今日掣肘物價騰踊民不聊生萬一荒歉羣盜必起諸軍素抱乏糧之怨孰爲可備警急之人其辭甲使鶴禦暴者反爲暴滔滔皆是也當是時禍必先及於富貴充溢之家不知爲鄉貴爲巨室亦慮及此否然則慮之當如何積而能散

理學

理學湮汨久矣士子不能講貫考官亦罔聞知蓋今日之考官即前日之士子也方冊中文字害理者不勝其多不堪着眼姑即其一者言之事大體重莫如

省試近年欽哉屢省乃成欽哉乃賡載歌曰元首明哉股肱良哉經魁以敬立而德不孤立説易曰敬以直内義以方外敬義立而德不孤是則敬義可以相有而不可以相無豈得獨指敬耶聖經又豈可減一字耶不知當時爲知舉爲參詳爲小試官亦曾聞有所謂理學否經魁且爾一榜可想省試如此他試可知余所謂今日之考官即前日之士子是也我朝孝宗皇帝一日與崔敦詩論文章關世變敦詩曰臣觀 建炎詔文義理明而氣勢壯便知天下必能中興遂誦一篇 孝廟諦聽 天顔喜甚又問曰六朝五代之文如何敦詩曰六朝之文破碎遂有土地分裂之象五代之文麤悍遂有草茅崛起之象 上嘉嘆曰卿論得此甚好今日之文義理斲喪其象當如何有識者可以觀矣

獄訟

余近年歸故里首拜先壠爲不肖姪童其山當時不勝哀憤亟訪鄉貴求緘一狀投之郡守因見其書院榜示謂某望單言輕親故或欲緘狀不敢奉命當今之世得忍姑且忍求直未必直余遂不啓齒續見有官君子云某家亦曾訴伐墓木者十八狀追人不出徒重費用余含垢飲氣而已近有所聞又爲之驚駭今日囹圄供荅不由於民情可否一聽於吏手往往吏自撰情欵一本令囚人依本書之吏不可增損一字眞情無所赴愬呼天神不聞號地祇不聽痛哉痛

哉夫獄訟所以平曲直雪冤枉也今有財者勝無財者負有援者伸無援者屈豪強得志貧弱啣冤此豈國家之福耶愚願士大夫司聽斷者在在持平如衡事事至公如鑑天下何患不太平

寒暑

寒猶可禦而暑不可避涼亭水榭風車簟枕世不多有縱有之遇流金爍石之時其爲熱自若也方食冷物又恐生病方食熱物汗決如雨思之爲人何益於事矧得喪利害不能理遣而心火熾盛妻孥累重支吾不暇而家火逼迫當此流火而心火家火爲之俱焚鑊湯爐炭一時頓現一年復一年髮白面皺催入死途不自知也余觀此境界所以不願有生

茹素

世人以茹素爲齋戒豈知聖賢之所謂齋者齊也齊其心之所不齊所謂戒者戒其非心妄念也無一日不齊無一日不戒今之人每於斗降三八庚申甲子本命日茹素謂之齋戒不知其平日用心何如也況在茹素之日事至吾前輒趍利徇欲損人害物不知其茹素何爲也古語兩句甚好寧可葷口念佛莫將素口罵人

謀利

利者害之對纔謀利即有害然謀利營生世所不免爲富不仁人所當戒有能於其間寡願少取殆庶幾焉㝡是不仁之甚者糶糴一節聚錢運本乗粒米狼

戾之時賤價以糴翹首企足俟青黃不接之時貴價以糶其糴也多方折挫以取贏其糶也雜糠粃而虧斗斛天生百穀以存活一世而謀利之徒不欲其豐而幸其歉不喜其飽而願其饑逆天心拂人心以此致富而望綿遠萬萬無此理又有富貴之家積穀以邀價放債以取息開庫以解質與民爭利不一而足方且語人曰吾家支遣頗廣不得不如此耳吁儻用度果不足曷不減損環列之侍姬曷不謹節非泛之費用乃甘爲是狼貪使水火盜賊之災刑禍戮辱之危子孫蕩覆之報不在目前則在他日昭然有不能免者善乎孟子有言曰不仁者可與言哉不仁而可與言則何亾國敗家之有

閒

造物之於人不靳於功名富貴而獨靳於閒天地之間日月之運行星辰之躔度寒暑之推移山川之流峙草木之生息機發輪轉無一息停焉天地且不得閒而閒豈人之所易得哉高爵厚禄清資顯轍班于朝廷列于州縣不知其幾而樂恬退者倒指不一二日顛冥于仕途姑托親戚契識買田園營第宅不獲一見而身亾其有被劾之餘安意家食特迫於勢窮力屈而然非其本心也對賓客方有築室返耕高潔自許之清談入私室又作揺尾乞憐于時求進之尺櫝囊篋鎖鑰惴惴于手収支簿書介介于懷一日十二時無一隙得暇而好山好水清風明月何嘗見此

風景縱或見之又何嘗識此旨趣勞勞擾擾死而後已若夫富家翁守錢虜抑又不足道也名曰享富貴其實一俗子孰若安分清閒之野叟哉故曰身閒則爲富心閒則爲貴又曰不是閒人閒不得閒人不是等閒人

貪欲

五十不造宅六十不製衣縱饒得受用能有幾多時余年近七旬儘宜省事樂閒息心退步何必貪欲於受用無幾之日圓覺經云諸苦所因貪欲爲本余庶幾乎免矣蓋貪欲二字壞盡世間人得便宜處再往得便宜事再做終有悔吝之時今日進得一步明日又求進一步恐是顛隮之兆堆金積玉來處要明越

分過求餘殃在後臥病垂死術數未休幾年勞役一場春夢明珠一百斛更添百斛也只心不足侯印十九枚更添一倍也只眉不開孔丘盜跖俱塵埃少陵老子今亦安在哉

禱祈

世人不思積善積惡殃慶各以類至惟托緇黄誦經持呪或謂保扶或謂禳災或謂薦亡如此則有資財者皆可免禍矣昔寒山見人家懸幡因作頌曰半作幡身半作脚掛在空中驚鳥雀行住坐臥思量着只好把與窮漢做褌着達哉斯言

科舉

永嘉科舉極狼狽只緣多試一日以至士子多謄公本只書義終場自有三萬三千餘卷考官例以雷同冗長視之僅看兩三日已厭惡矣其間好文字多不及考而謬種之考官亦不能識中才之考官眩惑於卷之多又無所別白加之吏胥作弊不一取士之法於是大壞若得善舉送者申明條制痛革諸弊一人只許一卷庶無負國朝設科之美意

太行山

有一主一僕久行役忽登一山遇豐碑大書太行山三字主欣然曰今日得見太行山僕隨後撇撇官人不識字只是太行（如字）山安得太行山主叱之僕姍咲不已主有怒色僕反謂官人試問此間土人若是太行山其罰錢一貫與官人若是太行（音杭）山官人當賞其錢一貫主咲而肯之行至前聞市學讀書聲主曰只就讀書家問遂登其門老儒出接主具述其事老儒咲曰公當賞僕矣此只是太行（音杭）山僕在側視主曰又却某之言是主揖老儒退僕請錢即往沽飲主俟之稍久大不能平復求見老儒詰之將謂公是土居又讀書可證是否何亦如蠢僕之言太行（如字）耶老儒大咲曰公可謂不曉事一貫錢瑣末耳教此等輩朿不識是太行山老儒之言頗有味今之有眞是非遇無識者正不必與之辯

東谷所見

雞肋

余嗜書如簡中之蠹魚讀書如瀛莫之設畫性根弗靈無彊記能寘一編於几硯間隨筆録之夂而成卷以類抄聚其可去者十一亦有可觀者焉别爲一卷名曰雞肋古汴趙崇絢元素云

從理入口目有重瞳之異

漢周亞夫從理入口竟以餓死南史有水軍都督褚蘿面甚尖危從理入口竟保衣食而終　舜目重瞳項羽亦重瞳子而死垓下隋魚俱羅目有重瞳爲煬帝所忌斬東都市

羊侃勇力

南史羊侃膂力絶人所用弓至二十石馬上用六石弓嘗於兖州堯廟蹋壁直上至五尋横行得七跡泗橋有數石人長八尺大十圍侃執以相擊悉皆破碎少時仕魏爲郎以力聞魏帝嘗謂曰郎官謂卿爲武豈羊質虎皮乎試作武狀侃因伏以手扶殿没指後歸梁高祖幸樂遊苑侃預宴時少府奏新造兩刃矟成長二丈四尺圍一尺三寸帝令賜侃試之執矟上馬左右擊刺特盡其妙觀者登樹帝曰此樹必爲侍中折矣俄而果折因號矟爲折樹矟侃性豪侈姬妾列侍儛人張淨琬腰圍一尺六寸能掌上舞又有孫荊玉能反腰帖地銜得席上玉簪

肉飛僊

北史沈光仕隋太子勇引署學士驍捷趼弛禪定寺中幡竿高十餘丈適值繩絶非人力所能及光因取索口銜拍竿而上直至龍頭繫繩畢手足皆放透空而下以掌拓地倒行十餘步觀者嗟異時人號爲肉飛仙

蕭詧惡見婦人

南史梁王蕭詧尤惡見婦人相去數步遥聞其臭經御婦人之衣不復更着

劉邕嗜瘡痂

南史劉邕嗣南康郡公性嗜瘡痂以爲味似鰒魚嘗詣孟靈休炙瘡痂落床上邕取食之靈休大驚邕荅云性之所嗜靈休瘡痂未落者悉褫取以飴邕邕既去靈休與何勗書曰劉邕向見噉遂舉躰流血南康國吏二百許人不問有罪無罪遞互與鞭瘡痂常以給膳

到彥之初擔糞

南史到彥之初以擔糞自給後以功至南豫州刺史封建昌縣公

婦人有鬚

唐李光弼母有鬚數十長五寸許封韓國太夫人二子光弼封臨淮郡王光進封武威郡王皆爲名將死葬長安南原將相奠祭凡四十四幄

男子乳生湩

後漢李善本南陽李元蒼頭元家疾疫相繼死惟有孤兒續始生數旬諸奴婢欲殺續分財善潛負續逃

親自哺養乳爲生湩　唐元德秀兄子襁褓喪親無
資得乳媼乃自乳之數日湩流能食乃止

累世有列傳

晉呂虔有佩刀工相之以爲必登三公可服此刀以
與王祥祥臨薨以刀授弟覽曰汝後必興足稱此刀
覽後奕世多賢才覽孫導至十一世孫褒歷兩晉宋
齊梁陳後周凡七十餘人皆有列傳如羲之献之徽
之弘僧達曇首僧綽僧虔儉皆有孫裔此史傳所無
也若河東裴十代有傳非一祖流傳又晉謝氏及南
史江氏亦數代有傳皆不及也

千里駒

漢劉德　魏曹休　晉傅咸　劉曜　符朗
宋張敷　梁蕭暎　王規　劉杳　王茂
任昉　齊丘仲孚　袁昂　北魏李孝伯　袁躍
北齊馮翊王潤　崔昂　元文遥　後周杜杲
隋張乾威　唐李暠　成王千里

知囊

史記秦樗里子號丨丨漢鼂錯以辯號丨丨東漢魯
匡王莽時爲羲和有權數號丨丨晉宣帝舉兵廢曹
爽桓範出赴爽宣帝曰丨丨往矣　杜預號丨丨

八達

魏曹爽傳李勝明帝時人曰勝堂有四窻丨丨各有
主名　諸葛誕八人號丨丨　晉光逸與胡毋輔之謝
鯤畢卓等八人裸袒酣飲謂丨丨晉宣帝兄弟八人

俱以達爲字時號丨丨

萬石君

漢石奮號丨丨　馮揚宣帝時爲弘農太守八子皆
二千石號丨丨東漢秦彭與羣從同時爲二千石
者五人三輔號丨丨秦氏唐張文瓘高宗時爲侍中
四子皆至三品人謂之萬石張家又西漢嚴延年兄
弟五人皆至大官東海號其母曰萬石嚴嫗

佩六印

蘇秦丨國相丨漢五利將軍丨丨謂五利天士
地士大通天道五將軍樂通侯凡六印　戰國犀首
亦佩五國相印唐王忠嗣爲河西隴右節度使權朔
方河東節度使佩四將印

噀酒救火

後漢欒巴丨丨成都丨郭憲丨丨齊國丨晉佛
圖澄丨丨幽州丨

水鏡

蜀龐德公以司馬德操爲丨丨晉衛瓘奇樂廣曰此
人之丨丨北史蔡大寶見柳莊嘆曰襄陽丨丨復在
於茲

撲鏡

魏夏侯惇爲流矢傷左目每照鏡恚怒輒丨丨於地
蜀張裕曉相術每舉鏡自知刑死未嘗不丨丨於地
吳孫策殺于吉後被創方差引鏡自照見吉在鏡中
因丨丨大叫創裂而死

倒用印

唐朱泚僞迎天子叚秀實丨丨司農丨以追其兵五代劉皇后遣人殺郭崇韜李崧丨丨都統丨以定人心

大人跡

史記始皇時有丨丨見臨洮胁丨六尺　漢武帝求神仙公孫卿至東萊言見丨丨長數丈丨甚大魏咸熈二年丨丨見襄武縣丨長三尺二寸唐則天長安元年司刑寺囚僞作丨丨丨五尺改元大足

猨臂善射

漢李廣　吳太史慈　前趙劉淵　後唐李存孝

垂手下膝

蜀先主　晉武帝　後周太祖　陳武帝宣帝　前趙劉曜　秦符堅　後秦姚萇　南燕慕容垂　五代南漢劉龔　蜀王衍　南史陳柳皇后皆丨丨丨丨又北魏李祖昇南史宋王元初隋劉元進手垂過膝皆以誅死

口吃人

韓非　司馬相如　揚雄　周昌　魯恭王　魏明帝　鄧艾　宋孔顗　後周盧柔　鄭偉　隋盧楚　唐李固言　南唐孫盛

古人嗜好

文王嗜昌蒲　武王嗜鮑魚　吳王僚嗜魚炙　屈到嗜芰　曾晳嗜羊棗　公儀休嗜魚　王莽嗜鰒魚　王右軍嗜牛心　宋明帝嗜蜜漬鱁鮧　齊宣帝嗜起麪餅鴨臛　高帝嗜肉膾　陳後主嗜驢肉　齊蕭頴胄噉白肉膾至三斗　後魏辛紹先嗜羊肝　唐陸鴻漸嗜茶　魏明帝好槌鑿声

夢筆

江淹丨五色丨　王珣丨人與大丨如椽　紀少瑜甞丨陸倕以一束青縷丨授之　唐李嶠丨人遺之双丨　李白丨丨生花

軍中有女子

梁湘東王甞出軍有人將婦從者王曰才愧李陵未能先誅女子將非孫武遂欲驅戰婦人徐君蒨爲諮議參軍幼聰朗應声曰項籍壯士猶有虞兮之愛紀信成功亦資婭人之力　北魏太武令古弼征馮弘高麗救軍至弘令婦人被甲居中其精卒及高麗陳兵於外遂東奔高麗　唐韓弘惡李光顔忠力思有以抗蠛之乃飾名姝遺光顔光顔大合將校置酒使者引侍姝至秀曼都雅一軍驚視光顔徐曰我去室家乆以爲公憂誠無以報德然將士皆棄妻子蹈白刃柰何獨以女色爲樂厚賂使者遣之將卒感激　王智興破姚海獲美妾三人智興曰軍中有女子安得不敗即斬以徇　隋文帝以韋孝寬爲元帥擊尉遲迥孝寬有疾每卧帳中遣婦人傳教命　唐柴紹吐谷渾党項寇邊敕紹討之虜據高射紹軍紹安坐遣人彈琵琶使二女舞虜疑之休射觀紹伺其懈以精騎衝擊虜大潰敗

古人酒量

漢于定國爲廷尉食酒至數石不亂冬月治請讞飲酒益精明　鄭康成飲酒一斛盧植能飲一石　晉周顗飲一石　劉伶一石五斗解酲　前燕皇甫眞飲石餘不亂　後魏劉藻一石不亂　南齊沈文季飲至五斗妻王錫女飲酒亦至三斗對飲竟日而視事不廢　鄧元起飲至一斛不亂　北史柳謇之飲一石不亂　陳後主與子弟日飲一石　孔珪飲酒七八斗

漢兩張禹

前漢張禹字子文成帝時爲丞相封安昌侯後漢張禹字伯達和帝時爲太傅安帝時以定策功封安鄉侯

晉兩劉毅

一字仲雄公正峭直武帝時爲尚書左僕射一字希樂與劉裕起義兵討桓玄爲豫州刺史

唐兩李光進

其先皆蕃部人皆爲名將建節鉞一乃光弼之弟一乃光顔之兄

玉環

明皇雜録唐睿宗所御琵琶曰丨丨楊貴妃小名曰丨丨

玉樓

李賀爲白丨丨記集仙傳王母所居龜臺有丨丨十二又道家以兩肩爲丨丨故坡詩凍合丨丨寒起粟光摇銀海眩生花

銀海

道家以目爲丨丨乾臊子裴鈞大宴有丨丨受一斗飲器也

白鳥

陸機詩疏鷺謂之丨丨夏小正閩蚋謂之丨丨

玄駒

爾雅云駒小馬也夏小正謂蟻曰丨丨古今注謂黑鯉爲丨丨

夜光

鄒陽傳丨丨之壁古今注螢火一名丨丨淮南子月名丨丨

司花女

南部煙花記煬帝令袁寶兒持花號丨丨續仙傳鶴林寺杜鵑花開有紅裳女子遊花下謂殷七七曰妾久司此花今爲道者開之

繞梁

列子韓娥歌音丨丨樂書丨丨樂器也與箜篌相似宋武帝大明中沈懷遠爲之懷遠亡其器亦絶矣又楚莊王琴名丨丨

莫難

古今注丨丨珠色黃出東夷鄴中記扇之竒巧者名丨丨

小蠻

白樂天詩楊柳｜｜腰即白公侍兒也若晚春酒熟尋夢得云還携｜｜去試覓老劉看即酒榼也

忽雷

洽聞記鱷魚一名｜｜樂府雜録文宗朝内庫琵琶號大｜｜小｜｜

雞肋終

紹聖初黨錮禍起先公謫居臨汀竟捐館舍其平生出處誕略臨汀劉君序之爲詳後六十有八年兢以事來此訪先公之寓居與當時之故老求能道先公時事者邈不可得獨慨然太息久之偶携所謂談圃者隨行因請于外舅郡太守晁公欲傳于世欣然領略之遂鏨於木且以爲臨汀故事云乾道二年六月望日季孫兢謹書于州治之鎮山堂

紹聖之改元也凡仕於元祐而貴顯者例皆竄貶湖南嶺表相望而錯趾惟閩郡獨孫公一人遷于臨汀四年夏五月單車而至屏處林谷幅巾杖屨往來乎精藍幽塢之間其後避謗杜門不出余時侍親守官長汀縣竊從公游聞公言皆可以爲後世法亦足以見公平生所存之大節於是退而筆之集爲三卷命曰孫公談圃公狀皃奇特眉目孤聳望之凜然可畏元祐時歷三院遷左史入中書爲舍人危言讜論内外憚之已而忤時宰意以集賢殿修撰留守南都後遷天章閣待制其謫官也自南都爲歸州遂以散秩謫臨汀公在汀二年竟以疾終明年歲在庚辰

天子嗣位盡還公官職士大夫傷公之不及見也余辱公之知且久而公之語亦嘗屬余記焉公之子幼而孤則其事久或不傳於是詳而述之庶幾不爲負公者非特爲談圃道也公諱升字君孚高郵人建中靖國元年正月初四日臨江劉延世述之引

孫公談圃上

高郵孫升君孚

藝祖生西京夾馬營營前陳學究聚生徒爲學　宣祖遣　藝祖從之上微時尤嫉惡不容人過陳時時開諭後得趙學究即館于汴第杜后録陳之舊召至門下與趙俱爲門客然　藝祖獨與趙計事陳不與也其後　藝祖踐祚而陳居陳州村舍聚生徒如故逮　太宗判南衙使人召之居無何有言開封之政皆出於陳　藝祖怒問狀　太宗懼遂遣之且以白金贈行陳歸半道盡爲盜掠居陳村舍生徒日衰飢寒無與從者　太宗即位以左司諫召之官吏大集其門館于驛舍一夕醉飽而死趙學究即趙普也陳忘其名崔伯易能道其詳屢欲作傳

周孟陽春卿　英廟宫僚也　聖眷素厚書簡以老夫稱之當儲副時固辭不就而魏公亟欲定大計使人諭春卿春卿因造卧内諭意時　裕陵秉燭侍立　上曰所以不就者避禍也春卿曰今日之事太尉豈不知若果不就必當別立他人太尉能避禍乎　上大悟即拜春卿床下遂正儲位　裕陵在東宫朝廷復以春卿爲翼善春卿爲人純直謂不當爲父子宫僚上表力辭有親奉堯言躬承禹拜之句魏公怒曰不易丙吉初朝廷闕副樞人以春卿必膺是命已而寢不報迨　裕陵即位孫永述其事始進天章閣待制入謝　上撫慰甚厚未幾以疾終家貧不克葬露

殯佛寺元祐御史賈易請依王雱例中使護葬 宣仁曰待其子來子定民至盡哀 英廟所賜御扎上之賜銀千兩官其一孫

趙參政抃悅道初好神仙術在成都有僧上詩云須向維摩頂上行悅道遂悟後有道士獻紫金盂悅道拒不受道士求金三兩易之悅道曰吾以三兩九金換奇金不可在青州有何郎中相傳晉時人公招之至則鬚髮皓白肌膚如槁木龍鍾幾不能步而飲啖自若悅道閲其羸使兩吏扶掖而出至門外則行步如飛吏還報悅道大駭使健步追之已失所在悅道後歸鄉里一日忽遍辤親友其子屼恠其形色異常問後事悅道厲聲斥之少頃趺坐而化

秦州西溪多蚊使者行按左右以艾煙燻之有一廳吏醉仆爲蚊所嗜而死世傳飽似櫻桃重飢如柳絮輕但知從此去不要問前程范文正公詩也西溪瀚海堰呂蒙正所治至今屋記尚在後文正繼往故堰之城至今爲利

王青晏元獻公門下常賣人自號王實頭常遇奇士傳一相術時時相公之奴婢輒中夫人一日呼至堂下青遽相其女曰此國夫人也夫人笑曰爲我擇一佳婿青應聲曰恰有一秀才姓富須做宰相明年狀元及第在興國寺下元獻退朝夫人具道其事使人通好明年富黜於春官晏以青爲妄大悔之未幾富中大科恩比狀元即大丞相鄭公也青有女壻時秀才儀皃甚偉衆以青善相必得非常人青曰吾女命薄安敢適富貴人時生亦非遠到果及第而卒

司馬溫公之薨當明堂大享朝臣以致齋不及奠肆赦畢蘇子瞻率同輩以往而程頤固爭引論語子於是日哭則不歌子瞻曰明堂乃吉禮不可謂歌則不哭也頤又諭司馬諸孤不得受弔子瞻戲曰頤可謂燠糟鄙俚叔孫通聞者笑之

呂相端奉使高麗過洋祝之曰回日無虞當以金書維摩經爲謝比回風濤輒作遂取經沉之聞絲竹之聲起于舟下音韻清越非人間比經沉隱隱而去崔伯易在禮部求奉使高麗故實遂得申公事故楊康國錢勰皆寫此經往豐稷爲楊掌牋表言東海洋龍

官之寶藏所也氣如厚霧雖無風亦有巨浪使人卧木匣中雖蕩而身不摇食物盡嘔唯飲少漿舟前大龜如屋兩目如巨燭光耀沙上舟人以此卜之見則無虞也

荆公爲江西漕夢小龍呼相公求夾注維摩經十卷久而忘之後至友人家見佛堂中有是經因録而送廟及在相府夢小龍來謝

吴待問得解時母已八十餘歲欲赴禮部見鄰人泣下鄰人曰秀才但行吾遣妻見往母卹其失所待問下第不果歸次舉登第及門方知母已亡問殯所乃在一路隅待問欲遷鄰人云初已卜地無何至此柩繩自斷遂藁葬待問引術者求佳處數日無易路隅

之吉遂爲兆域後諸子相繼登第而冲卿入相

交趾犯邕州蘇緘知不可守自殘其家坐廳事罵賊而死朝廷命郭逵討之交趾地熱死者十八九至富梁江止存一二人所過暴犯無噍類士卒頗思戰逵下令敢言戰者斬相持久之食盡有覘者言窖粟江外可取焉逵疑有伏兵以番落騎五千衛而後往交趾洪眞太子素養卒五百禁嗜慾教以陣法銳甚人執金牌爲號果遇於窖傍逵以番落騎誘至平地大破於江中其卒猶執金牌而沒遂擒太子因是納欵當時多罪逵不深入乘勝覆其巢穴也

元豐修城李士京主其役日費四百千爲傭直元祐初公爲御史按圖眎開發處來山乾艮例皆發掘將

至震地即上言民庶之家猶有避忌況天子衆大之君乎其論甚切因是罷役浚濠時土中得一物狀類人而無眉目埋之他處所掘得及舁去之人皆死或言太歲也又獲大虵類龍送金明池是夜大風飄瓦

子瞻以溫公論薦兼眷其厚議者且爲執政矣公力言蘇軾爲翰林學士其任已極不可以加如用文章爲執政則國朝趙普王旦韓琦未嘗以文稱又言王安石在翰苑爲稱職及居相位天下多事以安石止可以爲翰林則軾不過如此而已若欲以軾爲輔佐願以安石爲戒

子瞻試館職策題論漢文帝宣帝及 仁宗 神宗公率傅堯俞王巖叟言以文帝有蔽則 仁宗不爲無蔽以宣 有失則 神宗不爲無失雖不明言其意在此久之 御批軾特放罪

仁廟聖誕乃李淑妃也謚章懿太后晏殊撰碑薨時上幼章獻養爲己子雖 上亦不知也及即位章獻稱制而楊太妃病革 上問疾楊密語其事 上大慟即見執政欲行服章獻難之衆無敢言獨吕夷簡不去進曰陛下萬歲後獨不念劉氏乎於是持心喪然宮中稍有異說章獻崩即日遣人發李太后棺驗之形色如生鬒髮欝然無少異 上於是存撫諸劉晏殊撰神道碑不白其事 上不悅後升祔 二后敕文孫抃當筆直言爲天下之母育天下之君 上覽之感涕孫遂參大政

司馬溫公隧碑賜名清忠粹德紹聖初毀磨之際大風走石羣吏莫敢近獨一匠氏揮斤而擊未盡碎忽仆于碑下而死

鄭毅夫未第時夢浴池中化爲大龍池邊小兒數十拍手呼爲龍公來既覺猶見其尾曳牀間卒于安州十年貧不克葬滕元發爲郡一日夢毅夫來但見轎中一白龍身首即毅夫也元發因出俸營窆

荆公爲許子春作家譜子春寄歐陽永叔而隱其名永叔未及觀後因曝書讀之稱善初疑荆公作既而曰介甫安能爲必子固也

蘇洵明允作權書永叔大奇之爲改書中所用崩乱十餘字奏于朝明允因得官

崔公度伯易自號曲輳先生作太行山賦以太行近時忌改作感山賦裴煜得之獻魏公未及品藻示永叔永叔題其後曰司馬子長之流也魏公因薦其文英廟欲擢以館職魏公言未見其人之賢否召與語未爲晚也後數日伯易與友人會話坐上忽賷詰身至乃授伯易潁川防禦推官國子監直講荆公嘗云感山賦不若明珠賦

公言昔曾得椰子酒嘗之余因曰椰子本出伽盧國其地熱衢植椰子木爲蔭剖其實中有酒能醉人若他國所釀多不同西域蒲萄酒南蠻檳榔酒扶南石榴酒辰溪鈎藤酒赤土國甘蔗酒

子瞻得罪時有朝士賣一詩策內有使墨君事者遂下獄李定何正臣劾其事以指斥論謂蘇曰學士素有名節何不與他招了蘇曰軾爲人臣不敢萌此心却未知何人造此意一日禁中遣馮宗道按獄止貶黄州團練副使

李撰徐禧爲同人時善景德寺嚴法華嚴死又與小法華善一日法華引禧撰往相國寺小巷中至一茅茨間見一老人藉薦而坐老人見撰曰華山童子也得也得次見禧詫曰許眞君兒五代時宰相殺人多減三品後禧敗永洛以給事中贈金紫光禄大夫果第四品也禧洪州人家住許眞君觀後是時京師盛傳老人有奇術西駙馬店火先一日往店後孫染家懷中出一木略如魚狀曰此行雨龍也我於玉皇大帝處借來取水一椀以木魚盡洒屋壁懷之而去是夜火孫氏完惟焚一廁乃木洒水不至處也

温公大更法令欽之子瞻密言宜慮後患温公起立拱手厲聲曰天若祚宋必無此事二人語塞而去方其病也猶肩輿見吕申公議改都省臨終牀簀蕭然惟枕間有役書一卷故公爲挽詞云漏殘餘一榻曾不爲黄金

儂智高陷邕州狄青討之列軍陣城下智高大宴城頭鼓吹振作一人衣道服罵官軍有善射者一矢斃之青隨行倚河東王簡子爲先鋒勇甚爲鏢所殺青見之汗出如雨世言青眞武神也至是曳兩皂旗麾兵而戰先用蕃落馬貫賊亂之大呼騎步夾進遂破智高是時智高可擒青疑有伏兵乃止

孫莘老知福州時民有欠市易錢繫獄甚衆有富人出錢五百萬葺佛殿請于莘老莘老徐曰汝輩所以施錢者何也衆曰願得福耳莘老曰佛殿未甚壞佛又無露坐者孰若以錢爲獄囚償官逋使數百人釋枷鏁之苦其得福豈不多乎富人不得已諾之即日輸錢囹圄遂空

杜祁公爲人清約平生非賓客不食羊肉時朝多恩賜請求無不從祁公尢抑倖所請即封還其有私謁上必曰朕無不可但這白鬚老子不肯

汀州地多香茸閩人呼爲香猶公曰孰是予曰左傳言一薰一猶十年尚有臭杜預曰猶臭草也漢書薰

以香自燒顔籀曰薰香草也左氏以薰對蕕是不得
爲香草今香茸自甲拆至花時投殽俎中馥然謂之
臭草可乎按本草香薷薷音柔味辛注云家家有之
主霍亂今醫家用香茸正療此疾味亦辛但淮南爲
香茸閩中呼爲香蕕此非當以本草爲證公曰信是
杜太監植少子灼爲李定所捃定曰莫要剥了緑衫
灼從容對曰緑衫未剥恐先剥了紫衫定大怒枷送
司理院求其贓罪不得以它事坐之衝替而已定未
幾果以不持所生母仇氏服貶官而死灼今爲循州
興寧尉
王德用號黑王相年十九從父討西賊威名大震西
人兒啼即呼黑大王來以懼之德用在朝屢引年
仁宗惜其去兩爲減年一日除樞密使孔道輔上言
德用狀類　藝祖宅枕乾岡即出知隨州謝表云狀
類　藝祖父母所生宅枕乾岡先朝所賜時人莫不
多其言
藝祖從世宗征淮南有徐氏世以酒坊爲業　上每
訪其家必進美酒無小大奉事甚謹徐氏知人望已
歸即從容屬異日計　上曰汝輩來吾何以驗之徐
氏曰某全家人手指節不全不過存中節世謂徐雞
爪㑊　上登極諸徐來皆願得酒坊許之今西樞曽
布其母朱氏即徐氏外生亦無中指節故西樞亦然
世以其異故貴不知其氣所傳自外氏諸徐也
仁宗甞患腰疼李公主薦一𪏆卒即召見用針刺腰
針才出即奏云官家起行　上如其言行步如故遂
賜號興龍穴
劉虚白金陵人善三輔學嘗言相兩府見曽子固曰
乞兒也陳執中爲撫州通判使者將劾之虚白曰無
患公當作宰相使者果被召半道而去王益知韶州
自期必至公輔韶有張九齡廟相傳兩府過雖赤日
亦下雨王過雨作尤自負還金陵盛服見虚白曰幾
時入兩府虚白笑曰只做得都官益大怒欲危以事
時茶禁嚴聞虚白自南來使人伺察爲一郡將庇之
得免後虚白竟以它事杖脊而益果終都官郎中
荆公以雱病夜焚紙錢平甫戲曰天曹也行倉法時
新立倉法胥史重禄者皆用馬人以爲不便故平甫
譏之也
夏文莊父爲侍禁時文莊尚幼有道士愛之乞爲養
子父止文莊一子弗許道士曰是兒有仙骨不尓位
極人臣但可惜墮落了後文莊爲通判又見昔日道
士曰尚可作地仙在成都復見道士跨驢於市揺手
曰無及矣遂不復見
公甞與孫莘老傳師喬師聖闍求仁約異日爲林下
友不至者以書督之公曰今莘老希聖相繼謝世獨
傳師尚顯求仁碌碌仕官而其謫遠方前日之約不
能及矣良可歎也余謂林泉軒冕雖去就不同皆有
命焉公曰然
孫公談圃上

孫公談圃中

高郵　孫　升　君孚

林英年七十致仕起爲大理卿氣皃不衰如四五十歲人或問何術致此英曰但平生不會煩惱明日無飯喫亦不憂事至則遣之釋然不留胷中治獄多所全活若有所見者豈其陰相耶

馮大參京嘗患傷寒已死家中哭之已而忽甦云適往五臺山見昔爲僧時室中之物皆在有言我俗緣未盡故遣歸因作文記之屬其子他日勿載墓誌中

玉清昭應宮丁晋公領其使監造土木之工極天下之巧繪畫無不用黃金四方古名畫皆取其壁龕廡下以其餘材建五岳觀世猶謂之木天則玉清之宏壯可知玉清宮道院則今萬壽觀是也後玉清五岳皆焚獨道院在丁之董役也晝夜不息每晝一栱燃臘炬一枝儲祥宮　太宗建之爲民祈福　神宗以其地屬震欲新之至元祐初落成官人陳衍領其事凡當用黃金處皆以丹朱代之宮成兩宮臨幸肆赦

蔡確安陸詩吳處厚告於朝臺官唯李公擇言不宜長此風盛陶言無意餘持兩端故讁辞用首鼠對寒蟬之句諫官四人朱光庭吳安詩劉安世梁燾交章排論兩府獨范純仁留身力解之時王存已去行數步爲范一言而留之蔡既貶新州范王皆罷政公言使確誠無意如滄海揚塵之句非佳語也

隋開汴河其勢正衝今南京至城外迂其勢以避之古老相傳爲留趙灣王　藝祖以宋州節度使即帝位乃其讖也

趙志忠自契丹歸明官至正郎嘗求差遣不報在都堂厲聲曰天下只有閻羅大王至公若教不公似志忠底已死了三二十箇志忠歸中國時上書及得契丹文字甚多蓋志忠嘗爲契丹史官也

劉安世范祖禹同作諫官或傳宮中誕公主時　上未納后二人即奏公言未必實二人固上之宣仁曰無此事大臣誤聽紹聖貶官安世自高州移梅州祖禹自賓州移化州

張文定嘗苦脚疾無藥可療一日游相國寺有賣藥者得菉豆兩粒服之遂愈曾魯公七十餘苦痢疾鄉人陳應之用水梅花臘茶服之遂愈子孝寬言其父異其術親記一小册子後

喬執中未過省時父竦素事普照像甚嚴日夕禱之夜夢一紫衣僧至堦前指庭之東見日初出甚近而光明不可正眎後　英廟登極遂中第御名從日也

蘇少保頌爲人深沉有度量不悦於荆公罷知制誥歸班二年赴常朝未嘗一日在告與人終日無一言及之元祐中與同列爭賈易事遂以朋黨罷相而蘇平生未嘗識易也知揚州日呂温卿出使杖孔目官以下四十餘人公怡然一聽所爲嘗奉親知婺州中途大風舟壞親濡水公皇遽入水負抱迓吏及卒數百人盡跳波間須臾風定親獲安全世言公所以作

相者孝德所召也又善言臺閣故事下至閭巷風俗士大夫吉凶禮無不能記嘗曰先朝人書狀簡尺後多用押字非自尊也從簡省以代名耳今人不復識見押字便怒

呉顚云荆公薨之前一歲凌晨閽者見一蓬頭小青衣送白楊木笏褁以青布荆公惡甚弃之墻下曰明年祖龍死予因言唐相趙憬將薨長安諸城門金吾見一小兒衣豹犢鼻携五色繩子覔趙相公不旬日憬薨此相類也

公曰昔人患冷疾用金石藥與土相和爲末種韭因論附子茯苓之性公曰附子不可常餌予曰是二藥正如君子小人之性所養彌久則所存彌厚如歲寒之松栢根節棄實膏脂皆能却老輕身其精氣靈液入於地中千歲爲茯苓又千歲爲琥珀又千歲爲瑿狀如黑玉小人反是積小惡以至大害如烏頭其銳而脩者爲天雄而兩歧者爲烏喙歧而八角老者爲附子八角又别名側子數者其名異而一種大抵愈久而愈毒至於發爲苗幹尚能殺人堇是也公異之

張靖言荆公在金陵未病前一歲白日見一人上堂再拜乃故羣牧吏其死也已久矣荆公驚問何故來吏曰蒙相公恩以待制故來荆公惝然問雱安在吏曰見今未結絶了如要見可於其夕幕廡下切勿驚呼唯可令一親信者在側荆公如其言頃之見一紫袍博帶據案而坐乃故吏也獄卒數人枷一囚自大門而入身具桎梏曳病足立廷下血汙地呻吟之聲殆不可聞乃雱也雱對吏云告早結絶良久而滅荆公幾失聲而哭爲一指使掩其口明年荆公薨靖公門人其說甚詳

國朝謚文公者楊億王洙二人歐陽永叔薨欲以文爲謚時議者謂韓愈得文已爲僭矣脩豈可得於是謚文忠有曰必留與介甫紹聖初荆公果謚文

仁廟皇嗣未立羣臣多言獨韓魏公有力一日殿上陳宗廟大計　上不得已頷之遂降詔立濮邸比車駕還宫不食者再左右問安否　上垂涕曰汝不知我今日已有交代宫人有數某妃將入閤者曰何遽使它人爲　上曰是他韓琦已處置了復泣下晚年每遇　眞廟諱日羣臣拜慰必聞　上慟哭其聲哀咽

黔川謝師德嘗收梁職貢圖小筆尤精後有隋尚書跋尾數百字開寶時親筆公甚愛之公云其畫絶妙世鮮有之師德公之女夫也

曹后稱制日韓琦欲還政天子而御寶在太后閤皇帝行幸即隨駕琦因請具素仗祈雨比乘輿還御寶更不入太后閤即於簾前具述皇帝聖德都人瞻仰無不歡慰且言天下事久煩　聖慮太后怒曰教做也由相公不教做也由相公琦獨立簾外不去及得一言有允意即再拜駕起遂促儀鑾司拆簾　上自此親政

神宗時旱一西僧呪水金明池雲氣蔽水如墨僧云

羅乂神灾劫重戰退天神不令下雨但可於某日内東門降雨數點而已果如其言

張日用知德清軍大旱民有争水者日用曰今爲汝借水三寸三日内還汝乃於水中刻表爲記日用即詣一廟爲文具述借水事立廟中以俟即日大雨使人視其表果及三寸而止

滕達道錢醇老孫莘老孫巨源治平初同在館中花時人各歷數京師花最盛處滕曰不足道約旬休日率同舍遊三人者如其言達道前行出封丘門入一小巷中行數步至一門陋甚又數步至大門特壯麗造廳下馬主人戴道帽衣紫半臂徐步而出達道素識之因曰今日風埃主人曰此中不覺諸公宜往小

廳至則雜花盛開雕欄畫楯樓觀甚麗水陸畢陳皆京師所未嘗見主人云此未足佳順旨開後堂門坐上已聞樂聲矣時在諒闇中莘老辞之衆遂去莘老嘗語人平生看花只此一處

公曰荆公三經學者以謂如何余曰荆公學尤邃於理非後生所易知故學者又爲穿鑿所謂秦有司負秦法度也然荆公亦有所失如周官言贊牛耳荆公言取其順聽不知牛有耳而無竅本以鼻聽詩誰謂鼠無牙荆公謂鼠實無牙不知鼠實有牙昔曾有人引一牛與荆公辨之又嘗捕一鼠與之較公曰然

石曼卿謫海州日使人拾桃核數斛人迹不到處以彈弓種之不數年桃花遍山谷中

盧桐昭州人蔡挺薦爲國子直講爲人朴質不脩人事至京杜門以故皆疎之唯孫莘老與之善莘老見桐看易詰其義皆非今世所學得京房歷數之説莘老出京桐夜半餞之言莘老禍福後無不中者

予問公今三歲一郊奏補賞賚有不貲之費漢唐無之豈祖宗有深意乎公曰然蓋自五代士卒驕無名邀賞故制此以厭人心議者欲裁損之不知此也

契丹有一佛寺甚壯麗使者至必焚香寺有大佛銀鑄金鍍豐稷奉使見其供具器皿皆　神宗賜高麗之物蓋高麗制於契丹每遇契丹使至其國所居殿上鴟尾皆暫徹去

鄭待制穆字閎中福州人與劉彝陳襄皆以德行爲

世所尊號四先生時鄭歸閩公亦有詩送之曰清曉都門祖帳開路人相與嘆賢哉流塵幾翳看山眼落日休停别酒盃何待諸生留北闕自存遺直在東臺連江四老嗟誰在白首今朝只獨來

丁晉公執政不許同列留身唯王曾一切委順未嘗忤其意曾謂丁曰欲面求恩澤又不敢留身丁曰如公不妨一日留身進文字一卷具道丁事丁去數步大悔之自是遂有朱崖之行

南北郊其牲用犢取其繭栗者牽持時必先引其母然後能行及殺之際其母哀鳴人不忍聞攝祀者多避之

真宗一日晡時宣兩府於崇政殿衆疑今日别無奏

事少頃乃賜食比暮召入禁中每人設一小閤子令易衫帽　上曰太平無事與卿等飲酒爲樂左右列宮人　上曰卿等家亦有之否獨王旦對曰無有上以二人賜之及罷又賜香藥皆珍寶也宮人解紅銷金項帕繫於袖中拜賜而出

陽城責道州未行有書生五人訪城冠帶甚弊城各以一縑與之比至道州城謁五龍祠其縑皆在神坐側今刻石載其事

公晚責歸州遂得唐翰林學士李矗事矗嘗責知此郡唐史即不載獨見於圖經今郡宅有翰林堂公至歸生男子遂以矗名之公在歸尤多詩什有北扉西掖青雲士千載飄零只兩人謂此也蓋公爲紫微日

嘗兼權直學士院

公曰硫黃神仙藥也每歲夏至三伏日必餌百粒去臟腑中穢滯有驗予因與公言硫黃與鍾乳皆生於石陽氣溶液凝結而就石陰也至陽發乎地相薄而不和故聚而爲大熱之藥硫黃伏於石下泉源所發則蒸爲湯池其沸可以烹飪是宜服之殺人粉以爲劑老幼可服得火者多發爲背疽若鍾乳生岩穴流如馬湩結如鵝管虛圓空中若不足畏者然不待火研以玉槌七晝夜不息而其性躁怒不解甚於硫黃昔夏文莊服藥粥有小吏食其餘流血而殂蓋用此二藥也硫黃信有驗迨不可多服若陸生韭葉柔脆可菹則名爲草鍾乳水產之芡其甘滑可食則名爲水硫黃豈二物亦性之煖歟不然徒盜其名也公撫掌而笑

公既責歸州路逢梁燾燾時貶化州分其子孫一半在鄆梁有幼子八歲孫三歲至潭州爲知州喻陟所逼家人數日環聚泣別至是梁奮然擲其子于地其孫方挽衣不肯去梁掣其手而行雨中徒步而出道路爲之泣下

南海有飛鳥自空中遺糞于舟穢不可聞丁晉公之貶崖鳥雛翔而糞不汙至崖盡縱所乘牛馬於山林間數年一夕皆集無遺者翌日遂有光州之命

公爲京東憲置黒漆牌雌黃字云刑獄冤濫詞理抑屈州縣不理立此牌下按部使人前佩之一日有婦

人慟哭牌下曰吾女死夫家不知其由公取其案劾之果得其冤一路震駭

公除監察御史行至泗上夜夢有人送皮筒旁有小牌子書黃州二字意謂當以言得罪責黃州後安置汀州時知州黃彥臣始知夢中黃州二字爲此行也

吳僧文捷戒律精至孫莘老知湖州日問呂吉甫如何時吉甫在潤州持服捷曰只三年便在官家左右更有一人白皙而肥一人美髯而長後三年吉甫果參大政同列韓子華馮當世皆如捷所言

公罷泰州幕時携家人謁泗州雍熙塔見聖容不悦如怒色復歸高郵大病相繼一子夭後調官西上復拜塔下見其容甚悦遂有六察之薦劉士彥爲泗州

日病甚其女刲股肉以進夜夢普照云我以與汝取得藥來明日有徐州巵劉鄉人也來獻袈裟于塔下方掛塔之次於聖像中得藥一貼題云和州歷陽縣秦家治風藥服之香氣徹頂即日遂安

公嘗學詩於孫莘老嘗曰近世作詩無復有唐人風余嘗得公詩集今略記數聯宣仁挽詞云玉笋千官散珠簾一夜空峽口送　詩云來書占喜鵲落日聽鳴蛩岳宅詩云若與蛟龍爭角黍應同漁父啜糟醨述懷詩云睡須山鳥喚酒聽竹枝斟長陽道中云窮搜詩句熟老練世情通袁安道中云白雲每逐晨光出紅鶴長隨暮靄還自南京和彭九江云采臺歌吹餘衰草溢浦琵琶悵晚風公在汀州避謗罕作詩有云慈竹笋抽疑夏簳木犀花發認春香此一聯道盡汀州景物

范文正少養於外氏朱家朱南京人今留府後朱少卿宅是也文正學於府庠同舍有病者文正親調藥以療病極囑文正曰吾無以報子平生有一術游遠方未嘗窮乏者術之力也今以遺子因授藥一囊方書一小冊文正不得已而留之未嘗取視後二十年得其子還之封識宛然

子瞻在黃州術士多從之游有僧相見數日不交一言將去懷中取藥兩貼如蓮蘂而黑色曰此燒煉藥也有緩急服之子瞻在京師爲公言至今收之後謫海島無恙疑得此藥之力

公至汀得服石菖蒲法武平縣官時爲收採公言服之數日已覺轉側甚輕信奇藥也余因曰本草載石菖蒲久服身輕一名菖陽退之所謂此言因師以菖陽引年欲進其豨苓以余觀之本草所謂輕身退之所謂引年迨今石菖蒲其生石磧上祁寒盛暑凝之以層氷暴之以烈石衆卉枯瘁方且欝然叢茂是宜服之能輕身却老也若生下濕之地至暑則根虛至秋則弃萎與蒲栁同豈足比哉公頷之

孫公談圃中

孫公談圃下

高郵 孫 升 君孚

子由甞爲黄白術先治一室甚密中置大爐將舉火見一大猫據爐而溺須臾不見子由以謂神仙之術天使濟貧乏待其人然後傳予非其人遂不復講

子瞻官鳳翔陳仲亮知府好黄白術府中有術僧甚異仲亮屢迫之輙逃匿不出子瞻乗間入寺排闥見僧問其事僧云仲亮貪不可傳因授子瞻其法用黄金一兩朱砂一錢同焼之須臾化爲紫金其價數倍子瞻因爲仲亮言即呼僧至驗之果然仲亮因造金治第未幾敗官而卒

呂文靖生四子公弼公著公奭公孺皆少時文靖與其夫人語四兒他日皆繫金帶但未知誰作宰相吾將驗之他日四子居外夫人使小鬟擎四寶器貯茶而往教令至門故跌而碎之三子皆失聲或走歸告夫人者獨公著凝然不動文靖謂夫人曰此子必作相元祐果大拜

丁崖州多智數在海外有一販夫輙與數百緡任其貨易　久不問商人疑其意且欲報之曰相公或使之雖死不避丁乃預計南京春宴必有中使在坐因作表丐還封爲書授府坐約商人曰汝必須於是日到仍須宴次投之商人欣躍而去至則如其言府坐得書懼不敢發欲匿之又中使已見遂因中使回附奏自是得移光州其表云雖遷陵之罪大應立主之功多

黄魯直得洪州解頭赴省試公與喬希聖數人待榜相傳魯直爲省元同舍置酒有僕自門被髪大呼而入舉三指問之乃公與同舍三人魯直不與坐上數人皆散去至有流涕者魯直飲酒自若飲酒罷與公同看榜不少見於顔色公甞爲其婦翁孫莘老言甚重之後妻死作發願文絶嗜慾不御酒肉至黔州命下亦不少動公在歸州日見其容皃愈光澤留貶所累年有見者無異仕官時議者疑魯直其德性殆夙成非學而能之

予甞小醸公聞而見訪後庋醸熟以詩見索云稍覺香薰鼻還思酒入唇盈缸止三斗可撥甕頭春予因和云紫貂寒擁鼻緑蟻細侵唇蓮燭當時事壷頭此日春

公問自昔貶官至汀者爲誰予對圖經不載按唐史蘇弁自户部侍郎以腐粟貶司户蔣防自翰林學士貶刺史裴冑自宣州刺史貶司馬張又新自行軍司馬貶刺史

何殿直黥卒也善行天心正法予由婦遇祟二年何治之初見四鬼環守後止見一何吏造天獄築壇追捕鞭笞之聲聞于外是夜婦如醉而醒者家人詢二年之病皆不記但如夢中耳公先娶撫州吴氏因言吴氏有女爲祟所苦得洪州道士治之而愈道士埋符廟下一夕廟屋盡圮至今修而復壞者數四其術

祕不傳世

安南不滅議者歸咎王荆公進郭逵而退李憲荆公笑曰使逵無功勝憲有功使宦者得志吾屬異日受禍矣他日有朝士在中書稱李憲字荆公厲聲叱之曰是何人即出爲監當

宋宣獻家藏書過祕府章獻明肅太后稱制未有故實於其家討論盡得之

王青未遇時貧甚有人告曰何不賣脂灰令人家補壘器青如其言家貲遂豐是時京師無人賣此今則多矣蓋自青始也公見高士英說少時見青監倉門時有一朝士在坐求青相青云眼昏看人不中朝士曰某不遠千里而來幸無辭也青曰無所諱則言官人山林中有寃氣所以平生坎坷守官多事不衝替即差替也朝士愕然曰某五歲時所生母死於江行父遽焚於水濱即解舟而去後求骨已亡矣無一日不恨青曰如此不須問相也

元祐初呂申公欲以張問爲給事中張老甚外議恟恟公上言朝廷欲用老成者謂其有成人之德豈特蒼頭白髮而已乎人有譏於申公申公以皓首又弟公績除慶帥辭疾不行請宮觀即以祕書少監領眞祠公言近嘗有某官亦如此請者因得罪不宜以宰相弟遂撓法申公不悅出公知濟州

胡兢除監察御史公連章言禁中何以知此人姓名且未嘗有大臣論薦及有投獻文字堅執不下引觀近臣以其所爲主觀遠臣以其所主孔子主癰疽侍人瘠環又主上春秋鼎盛太皇太后簾幃深密正當防竊美之人蓋指陳衍也其命遂寢（今按家集所載乃裴綸非胡兢）

凡稱臣寮上言即御史所陳舊日皆書御史姓名至仁宗朝因事罷之

蒲恭敏宗孟知鄆州日有盜黃麻胡者刼良民使自掘地倒埋之觀其足動以爲戲樂恭敏獲其黨先刖去足筋然後置于法先是寇依梁山濼縣官有用長梯窺蒲葦間者恭敏下令禁毋得乘小舟出入濼中賊既絕食遂散去公爲憲日一倚恭敏凡獲盜即日輦金至市中行賞以故人人用力斬捕略盡

閩中唯建劍汀邵武四處殺子士大夫家亦然章郇公建州人生時家嫗將不舉凡滅燭而復明者三有呼於梁者曰相公家人懼甚遽收養之

藍大卿丞知吉州日朝廷議行新法自念年老乞致仕忽有相手紋者曰大卿正做官何故要閑藍驚曰吾雖有意而未發言何以知之相者曰只爲手中一道紋分明藍之子方病觀其手曰有兩横紋相侵則不可救已而紋侵果卒

海陵徐神翁居天慶觀公爲僉判任滿别之神翁無他語但言做官時著緋後公入京授烏墩鎮至潤尋醫六年授常山撫勾未至覃恩賜五品服遂入臺自海陵至此五年方莅事應神翁之説又王和甫乞字書一諱乃授益州益其父名也開寶試院火泰州舉

人赴試求字皆從火傍徐王病遣中使設齋求字中使去得一蝕字蓋王以久不食至明年三月一日日蝕是日忽索粥自是病愈莊公岳為湖北漕得冥字未幾卒和甫又嘗得三山字後提舉嵩山崇福宮公未貴時遣人求字得乙未上地四字後乙亥年責歸州郡之公字向未也昔有監觀道士每歲見有一人至觀引神翁於三清像後閉門終日而去疑受道之異人也

許景山遜知維揚以辛子子春既除服往舊治將丐府公理遺表事時王丞相隨為郡子春以封狀見之謁通判拒不見子春大怒拂衣去而丞相聞之曰前日一封狀甚謹況其氣節如此因立奏遺表遂授太

廟齋郎時年已四十終天章閣待制

瓊崖四州在海島上中有黎戎國其族散處無酋長多沉香藥貨余靖知桂州時吳蒙為司户管内機宜文字以卒五百安撫黎戎蒙謂此不足以立功即深入其地反為掩殺蒙下馬請降戎得蒙待之甚厚以女妻之而蒙有子在瓊州令以銀五十星造兩餅贖之戎得餅甚喜遂放蒙還島上水出黎戎飲四州人少忤其意即毒其上流故鮮能入其巢穴國初時有一節度使忘其名姓王不悦於趙普因使討之王有知術使士卒以鐵底為襪入其地多使斬馘至今國中一石戎過之必懼而再拜相傳王節度曾坐其上蒙即荊公夫人之叔父公先妻吳與荊公夫人同母親見蒙說如此公再娶周即春卿家有賢行

張舜民芸叟從軍高遵裕有詩曰白骨似沙沙似雪勸君莫上望鄉臺　神廟見詩責郴州稅郴多碧蓮根大如盌張嘗以墨印於詩藁上以詫北人也

紹聖初復用元豐舊人呂吉甫起知金陵公責歸州過之燕勞甚厚回謁於清涼寺問曾上荊公墳否公言不曾到但妻母墳近一省之蓋是時士大夫上荊公冢者無虛日呂因是問之

巫山神女廟其像坐帳中秘不可觀馮沆學士之幼子美秀如玉年十五隨沆知夔州日戲于郡圃必拍手呼鹿鹿至則騎之人已為異後改蜀郡過巫山廟其子輒褰帷見神女目動歸時頭痛疾三日而卒

公言近歲乘輿唐突者多為衛士毆傷宜造一木匣如匭狀隨駕而行以御史一員掌之庶使冤抑可伸而良民無毆傷之害

晁堯民端仁嘗得冷疾無藥可治推日中炙背遂愈

范峒善風鑒公為中書舍人時峒曰凡坐絨毛要如半睡者公在馬上精神太衘恐不久居此未幾果出知南京

公昔與杜挺之梅聖俞同舟溯汴見聖俞吟詩日成一篇衆莫能和因密伺聖俞如何作詩蓋寢食游觀未嘗不吟諷思索也時時於坐上忽引去奮筆書一小紙内筭袋中同舟切取而觀皆詩句也或半聯或一字他日作詩有可用者入之有云作詩無古今惟

造平淡難乃筭袋中所書也

徐君平金陵人親見荆公病革時獨與一醫者對床而寢荆公矍然起云適夢與王禹玉露髻不巾同立一壇上已而遂薨此可怪也

杜常及第時在期集處爲公言先夢已及第猶着白衣見　主上被髮常在衆中騎馬意欲先行爲前三人擁而不得進又過一大澗幾墮後得一人狀皃甚偉扶掖而過果第四人及第則前有三人之應也後一人乃沈季長正如夢中所見時在諒闇中即被髮之應也

儂智高反時官軍屢敗孫沔余靖軍行不整所過殘掠狄青爲帥有婦人賣蔬於道一卒倍取青拽卒馬前斬之至廣召諸將責陳曉犯英廟御名違節制斥起大門外已羅酒炙遂斬之孫余坐上股栗自是軍聲大振秋毫無犯遂破賊焉

杜鎬龍圖江南名士植之祖也初登第時將試之前夕寤而燭之見大鼠銜卷于前視之乃孝經正義明日果於正義中出題三道

俞次尚與其妻素達理性次尚病呼其妻曰我將死時次尚二子在外妻曰我欲先死君俟諸子至未晚也其妻奄然而化次尚爲文誌其墓已而諸子至明日告曰吾亦行矣即薰沐趺坐而化孫莘老嘗表其墓次尚官至屯田郎湖州人字退翁云

燕達爲兒時賣鴨卵嚴法華取其卵悉啖之既而撫其背曰惜取身他日一箇節度使

契丹犯澶淵奏至寇準適在病告　上遣數輩召與計事準辭疾復遣衛士舁病而入亦不至明日準入對　上引視二圖一江南一蜀中也準曰江南必王欽若蜀中必陳堯咨也二人以其鄉里皆亡國詔不可固請鑾輿親征即出懷中所擬將校姓名凡數百人詔勑皆具天戈即日言邁遂平大寇準之力也

馬亮善相人爲夔路監司日吕文靖父爲州職官一見文靖即許以女嫁之其妻怒曰君嘗以此女爲國夫人何爲與選人子亮曰此所以爲國夫人也

孫公談圃卷終